U0567918

国外毛泽东研究译丛
主编　石仲泉　萧延中

Mao: A Biography

毛泽东传

名著珍藏版

（插图本）

[美] 罗斯·特里尔　著
Ross Terrill
何宇光　刘加英　译

中国人民大学出版社
·北京·

“国外毛泽东研究译丛”编委会

总　序

毛泽东是举世公认的20世纪最为重要的政治家、革命家和思想家之一，同时也是一位天才诗人。由于他对现代中国之思想、制度和社会产生的深刻影响，也由于他对建构20世纪国际政治格局做出的重要贡献，几十年来，对毛泽东本人及其思想体系的研究已经成为一个具有长久意义的学术领域。毛泽东不仅是属于中国的，也是属于世界的。尽管国外的毛泽东研究在理论目标、分析方式、社会功能和学术立场等方面与国内存在差异，但在全球化的宏观视角下，其研究成果，应当被看作整体毛泽东研究的一个重要组成部分。它们与国内毛泽东研究一起，对这一学术领域做出了积极的贡献。

基于这样的一种视阈和理解，我们在众多国外毛泽东研究的学术著作中，精选翻译了部分佳作，编成"国外毛泽东研究译丛"，以纪念这位旷世伟人，并进一步推进毛泽东及其思想研究的深入扩展。我们选译的基本原则是，站在21世纪全球化的历史视野上，严格遵奉学术理据和研究逻辑，精选经过历史检验，具有较强理论价值和持久性影响，持论较为公允客观，论说严谨缜密的名著。对于那些具有严肃治学精神和审慎推理论证的作品，即使与我们的学术观点不尽一致，甚至在一定程度上存在着观念冲突，也在选择范围之内。"他山之石，可以攻玉"，我们希望把这一睿智古训真正转变为学术行动。

"国外毛泽东研究译丛"是中国人民大学国际关系学院政治学系"中国政治研究"课题的一个子项目，是这个教学科研共同体集体努力的成果之一。我们期望这次翻译的几部著作不是译介编研工作的结束，而是一项系统科研工程的开始。我们愿意把这项工作继续下去。

在"国外毛泽东研究译丛"出版之际，我们首先感谢以下诸教授：

本杰明·I·史华慈（Benjamin I. Schwartz）；

斯图尔特·R·施拉姆（Stuart R. Schram）；

魏斐德（Frederic Wakeman，Jr.）；

莫里斯·迈斯纳（Maurice Meisner）；

约翰·布莱恩·斯塔尔（John Bryan Starr）；

布兰特利·沃马克（Brantly Womack）；

罗斯·特里尔（Ross Terrill）；

杨炳章（Benjamin Yang）。

这些教授不仅慷慨允诺让我们翻译其各具特色的学术名著，而且其中不少人专此为“国外毛泽东研究译丛”撰写了“中文版序言”，这无疑是对我们的信任和支持。

国内毛泽东研究的著名学者逄先知、龚育之、冷溶、朱佳木、李忠杰、金冲及、李君如、李捷和陈晋等教授，不仅慨然允诺担任本译丛的学术顾问，而且多次对翻译工作给予指导，这对我们是极大的鼓舞。李君如教授还就统一国外著者的译名作了专门指导，使翻译工作避免了不少差错。中共中央文献研究室第一编研部的专家们，在学术方向上的直接指导以及在史料的校译、勘误方面所提出的大量关键性意见，使本译丛的质量有了进一步提高。来自国家社会科学研究机构和著名高校的编委们，从不同学科的多元视角，为选编工作提出了许多中肯的意见。中共中央文献研究室原“国外研究毛泽东思想资料选辑”编辑组工作人员前此的开拓性研究和贡献，不仅给予编选以诸多经验和启发，而且直接为具体的译介工作提供了宝贵的便利条件。在此，我们向上述所有关心、支持本译丛的学者和单位以及图片的提供者，一并表示由衷的谢意。

对书中出现的引文，编译者采取如下的文献处理原则：凡国内有对应的公开发表的毛泽东著作者，均已按中文版本原文进行了核校；凡确属毛泽东文稿，但未公开发表者，按相关文献进行了核校，如凡引用日本学者竹内实主编《毛泽东集》和《毛泽东集》补卷者，按该书进行核校；凡属不能确定是否为毛泽东著作的引文，则尊重原作者的引文，未加处理，如凡引用《毛泽东思想万岁》和国外报刊报道的文献，一律按外文原文译出。

译介工作本是一件永远达不到尽善尽美境界的苦差，语际书写过程中的误读、遗漏和错置等都在所难免。我们恳切期望和真诚欢迎来自国内外专家学者以及广大读者的指教和批评。

石仲泉　萧延中

中文版序

最初我所写关于中国的书是一篇第一手报道：《八亿人：真实的中国》（*800 000 000：The Real China*）和对五个城市的研究：《铁树开花》（*Flowers on an Iron Tree*）。但是后来我认定，个人性格在中国政治中分量极重，于是我转而写传记。本书就是结果之一。国家领导人永远在起作用，政治从未把舞台完全让给经济。

《毛泽东传》最早发表于1980年，自那之后，中国变了，世界也变了。在邓小平及其后继者领导之下，中国开始了一个成功发展经济的时代。在这30年间，全世界都不再像20世纪早中期拥有列宁、丘吉尔、罗斯福、戴高乐、毛泽东以及其他伟人的时代那样重视强有力且专制的领袖了。这种“反英雄”的心态或许会继续下去——也或许不会继续下去。

在毛泽东的一生和他领导的时期，从他1893年出生开始，我们可以看到中国的历史变化：从清朝到苏联影响的全盛时期，从脚踏车到汽车，从农村到城市，从混乱到严格的治理，从软弱到强盛。毛泽东虽然是斯大林的信徒，但他摧垮了苏联阵营。他虽然信仰共产主义，却在1971—1972年转向资本主义的美国，并把一个二极世界变成一个三角关系世界。

您拿在手里的这本书比1980年的第一版更为强调的是，毛泽东从20世纪50年代末期开始，就屡屡对革命的成果产生怀疑，并逐渐回复到一种主观主义的世界观和循环轮回的历史观。在对1980年版的评价中，我受到过多注意毛泽东私人生活的批评。然而，若干年后，中国内外的严肃书籍都直言不讳地讲述毛泽东的私人生活。

一位外国作家有机会采访见到过毛泽东的世界级人物。本书就包含来自美国、印度尼西亚、澳大利亚、泰国和其他国家的这一级人物的回忆。现在，人们比从前能接触到多得多的文献，这让我修正了以前的看法：1949年以前中共的成功几乎是毛泽东单枪匹马取得的。现在我们看到，毛泽东的决定有时是临时特别作出的，而且并不是他所有的决定都得到同事们的支持，例如关于朝鲜战争的决定。

一部传记必须超越文献而刻画出人物的性格。我称毛泽东是“半虎气”、“半猴气”。毛泽东身上的虎气懂得怎样从A点到达B点。他身上的猴气则怀疑到达B点的价值。毛泽东热衷于社会工程，因而也尝到了由于他动员中国人民做某些事而产生的令人失望的后果。

我还称毛泽东是半知识分子。虽然思想能吸引他，但是，行动同样能诱惑他。虽然他热爱历史，并吟诗作赋，但他也希望创造历史并在中国这块画布上画出新的社会主义图案。毛泽东过高地估计了他能够改变人的本性的程度。在毛泽东的生涯中，我们能看到政治如何改变世界，但没有看到政治改变了人心。

在2010年，商业喧嚣的声音和建造摩天楼的轰鸣似乎使人们把毛泽东抛在了脑后。广播中《东方红》那嘹亮的歌声和火车到达首都时列车喇叭里传出的“我们就要到达北京，毛主席的家了”那种清脆的声音，似乎都成了非常久远的事情。

许多外国人，或许还有许多中国人，都对在2008年北京奥运会的开闭幕式上提到孔子而没有提到毛泽东感到奇怪。2008年8月，人们能在艺术画廊和书店里见到毛泽东，但在公众生活中却见不到他的影踪。然而，毛泽东还是间接地存在着。人们在奥林匹克运动会期间为新中国感到自豪，而毛泽东正是这个新中国的缔造者。在这一更广泛的意义上，毛泽东的工作结出了果实，虽然是在几十年之后。

流行歌星们以较为轻松的方式把毛泽东的话写进歌词，出租车司机为避免车祸而把他的肖像悬挂在方向盘上方，农民在遭遇水灾时紧紧地握着他的像，就像他们以前握着观音的像一样。

本书出版了德文版、西班牙文版、希伯来文版、葡萄牙文版和意大利文版，已经售出一百八十万册，像您一样的读者源源不断地发表评论和寄出信件。每一新生代都对毛泽东这个人的怪癖以及他为什么要做他所做的那些事感到好奇。

毛泽东的声誉将不会有最终的长眠处。随着毛泽东这株现年113岁的大橡树逐渐老去，包括它在内的大森林却展现出新的光彩和形状。每一代人，无论是成长于战争年代还是和平年代，都会根据自己的经验独自掂量毛泽东的价值。

不同的人摸到毛泽东这头大象的不同部分，从而得出不同的结论。在解放战争年代打过仗的老人摸到大象粗壮的大腿，把毛泽东敬为军事家。有着博士学位的老奶奶摸到象牙，她因为毛泽东在1949年以后剥夺了地主的财产而不喜欢他。第三个人摸到毛泽东呼扇着的大耳朵，认为毛泽东在1957年为了他自己的权力而转向攻击“右派分子”，是个无原则的人，从而鄙视他。一位曾在1967年以红卫兵身份在中国进行大串联的50多岁的妇女摸到晃动的大象鼻子，由于毛泽东对年轻人的信赖而会温柔地叹口气。

对毛泽东做出定论，将是中国未来要做的事。强有力的领导最为重要，还是出自下层的具有活力和激情的社会将塑造政治？如何在专制的传统和道家的奇想之间摇摆而取得平衡？是“黄色的”内陆取胜，还是“蓝色的”外向型沿海地区取胜？对于这些问题的最终答案，毛泽东会在他的陵墓里微笑或者皱眉。

如果证明 21 世纪是中国的世纪，即使毛泽东的马克思主义主张已经消失，他也将作为 20 世纪中国的统一者而受到颂扬。如果中国遭遇到严重的挫折，毛泽东时代将会在很大程度上被抹黑为走了不必要的社会主义弯路，推迟了邓小平重启曾国藩和李鸿章的自强计划和国民党领导的 30 年代的建设。时代在变化，时钟在滴答着前进，国家和社会的关系在改变，每一时代的要求永远是新的。毛泽东自己就说过，他的思想会像儒家学说、佛教和基督教的学说一样，最初的宗旨会消亡。

让毛泽东以当代黄帝的身份自然地进入民间传说是不够的，让他在上海百货店里成为绿色绸缎睡衣的时尚模特也是不够的。以如此非政治的方式对待有关毛泽东的争议是一种逃避。无论是对毛泽东的成就还是对他的错误，这样做都不能体现其应有的严肃性。

从哲学上说，要从毛泽东时代保留下来的主要价值是，社会需要一个道德指南。毛泽东时代的道德指南已经逝去。很有可能，当一种新的公众哲学出现时，它会汲取中国的儒学和其他人文传统中的营养，并且和人民共和国经验中最好的部分相结合。

法国哲学家孟德斯鸠说过：“社会形成之初，是领袖造就制度。”在中国，那就是毛泽东时代。他又说：“后来则是制度产生领袖。”这就是今天的中国。再后来，社会和经济的进一步发展又会重新塑造制度，这种制度在每个时代则产生具有临时权威的适当领袖，以迎接未来的挑战。

Ross Terrill

罗斯·特里尔

哈佛大学，2010 年 3 月

目　录

Mao: A Biography

本书封面及目录所用图片由吕厚民先生提供

引　子

由中间分向两边的黑发，安详的面容，细长的双手，盯着对象不放的犀利目光。奇特的上端扁平的耳朵，增加了头部的稳定感。下巴上的一颗黑痣，使得宽阔、略显苍白而没有皱纹的面孔有了立体感。“一个典型的大个子中国人，”一位认识毛泽东也认识其他中国领导人的缅甸人这样总结说，“他不像周恩来那样英俊，但很宽厚慈祥。”[1]

八十二岁高龄的毛泽东的仪容已有些变化，但并不很大。青年时期的毛泽东看上去略显焦虑，而作为公众领袖的毛泽东似乎相当自得。他逐渐发福，失去了执著的知识分子的神情。同时手的动作有了很强的目的性。“他看上去像头海象，”一位在毛泽东晚年时见过他的泰国领导人说，“身躯宽阔而庄重。”[2]

始终不变的是，他带有处在公众视线中心的那种人的意识，言行有度而持重。给人的印象是，他同时在思考六个问题。他从未丧失那种两重性：既习惯于严格的纯粹理性思考，又像猫一样追求感官的满足。

他会相当生硬枯燥地引用中国典故，使来访者摸不着头脑，或者长时间保持沉默，好像把人丢进热油里去受熬煎。他相当粗俗，会把手伸进他宽大的裤子里摸虱子，使来访者大感吃惊。[3]他面孔的上半部给人以知识分子的印象：宽大的额头，始终在追索的眼睛，长长的头发。下半部则属于一个寻求感官快乐的人：丰满的嘴唇，短粗的鼻子，圆得像孩子一样的下巴。[4]

毛泽东的步态并不优雅，是那种动作笨拙类型的人。艾格尼丝·史沫特莱是一位美国女权主义者，她的热情既有政治的一面，又有个人癖好的一面。在20世纪30年代，她曾像教其他共产党领导人那样，试图教毛泽东唱歌跳舞，但最终还是沮丧地放弃了。她说："他的傲气使他无法学跳舞。"同一时期流落在中国的一位日本共产党人野坂参三，也认识毛泽东。他说毛泽东跳舞就像做体操。[5]毛泽东的节奏感并不体现在身体方面。

毛泽东外在行为的不协调并不是一种误导。他生命中的平衡感（如果存在的话）来自两个极端之间的冲突之中。他曾说，他自己有一部分虎气，一部分猴气。冷酷的一面和堂·吉诃德式浪漫的一面，交替地体现在他身上。

他的书法显示，他是一个跟着情绪走而漠视规矩的人。写出来的字有大有小，龙飞凤舞，按雅士们的标准，那不是"好"的书法。

由于毛泽东复杂的人格，人们从不可能知道，在某个特定时候他会掏出什么东西。虽然他是个温和的人，但他是在控制着自己的情绪，他也会发脾气。来自密苏里州的记者埃德加·斯诺，早在20世纪30年代就与毛泽东有很多交往。他说毛泽东在任何事情上，都从不走中间路线或者被动地跟别人走。

毛泽东并不能经常引起别人的好感，这毫不奇怪。在这方面，他甚至不如周恩来，周是政策的具体执行人，甘愿站在毛泽东的影子里；也不如朱德，朱是长相老成、不拘小节、常带着灿烂笑容的中共军队的总司令（史沫特莱同周和朱都跳过舞，而且配合得很顺当）。

"我简直无法同毛泽东交流，"一位同毛泽东和周恩来都打过交道的印度尼西亚人说，"和周恩来讨论问题，你知道双方在说什么。

但和毛泽东，就不行了。”[6]

毛泽东出生于1893年，逝世于1976年。在这一时期里，好像中国的一切都被搞得天翻地覆。一个封建帝国灭亡了。战争像街车一样来了又去。数千万人丢了性命。曾经的亲密同志，因失宠而被贬。斗争的火炬传了一代又一代，而新人们并不像毛泽东那样感到这一火炬的温暖。

毛泽东活了下来。在各种不利的条件下，这个农家男孩活了下来，一直活到一个他被认为更像一个老祖宗，而不像一个政治家的时代。在几十年的战斗中，他没有丧失一只胳膊、一条腿或一只眼睛，实际上他从未受过伤。然而这一场战斗摧毁了统治占人类五分之一人口的旧制度，并使毛泽东四分之三的家人以身殉国。[7]

在他个人完整的身体里，保存着中国革命的历史。

应该用什么眼光去看待毛泽东？农民造反者？他成功地劝导那些游民走出湖南的水稻田和江西绿色的山峦，参加一支小规模的军队，而正是这支军队最终从中国的地主手中夺取了统治权。

军事将领？他说只有在打仗的时候他的身心才运转得最好。[8]

诗人？他很少不在打完一仗之后偷闲写首诗，抒发他对进行斗争和对中国山河的壮丽感到的快乐和激情。*

把眼光投向国外以寻求救治病入膏肓的中国的方法的一代代爱国志士中最新的一个？从欧洲，他借来的不是机器、宗教，也不是自由主义宪法的蓝图，而是共产主义。他施以技巧和灵活性，把共产主义煎煮成了一味药，用来使中国这个病人复生，虽然这个病人已让人觉得无药可救。

皇帝？他教导前后三代人对中国人两千年来所敬畏的禁忌和权威嗤之以鼻。然而，到头来可能连他自己也很失望。这可怕地说明，旧世界仍未死亡，还在新世界里游荡。

* 而且他对自己写得不错的诗也并不总是很谦虚（他写旧体诗，但他不鼓励中国的年轻人模仿旧体诗）。在1942年的一次演讲中，他大声说：“谁说我们没有富有创造力的工作人员？”他指着自己接着说，“这就是一个，就在这里！”见B. Compton's *Mao's China*, p. 34。

第一章

童年（1893—1910）

一个男孩坐在稻田中一张竹编的凳子上，他身穿一条宽裆阔腿的蓝色裤子，一头乱蓬蓬的黑发在阳光下泛着亮光。他身体瘦削，但对一个还不到青春期的孩子来说，个子已长得相当高。他大大的眼睛中似乎充满了梦想。他的任务很简单，就是把鸟雀赶走，不让它们吃稻谷的嫩芽。

轮廓清晰的翠绿小山环抱着开辟为农田的山谷。绿色中点缀着用土坯建墙、稻草秆铺房顶的农舍。一座坚固的石桥坐落在山谷的中央。除了坐在竹凳上的男孩身边已翻得很旧的那本书以外，一切都表明这里是刚进入 20 世纪的一处亚洲农家田地，周围是宁静的自然景色和惯常的生存状态。

这个农家男孩子家里姓毛，“毛发”的“毛”。他自己的名字叫泽东，意思是“滋润东方”。

在长满绿树的山坡旁一处高地上，有一座有四个房间的庭院，在这里毛顺生用铁腕控制着他的家庭。他是一个身体瘦小、面孔棱角分明的男人，留着一副八字胡。他对周围的一切都放心不下。在这个让他处处谨慎小心的世界上，那 18 亩农田是他的安全堡垒。

泽东就出生在这所厚实而宁静的土坯房子里。现在，随着他慢慢长大并且精力越来越旺盛，他正在变成这座房屋高高的房梁之下紧张关系的源头。

入夜。空气炎热而凝滞，只有蟋蟀的叫声划破寂静的长空。听不到人的说话声，也见不到有人走动的身影，山村似乎完全融入了大自然。但一个微弱的黄色斑点使房屋的一面墙隐约显现。在没有

毛泽东故居——湖南省湘潭县韶山冲上屋场。1893年12月26日，毛泽东诞生在这里。

毛泽东的卧室。少年毛泽东在这里休息和学习。酷爱读书的毛泽东在晚上常常把门窗遮起来，不让父亲看到灯光。

玻璃的窗子里面，泽东不在意已经入夜。在中国的农村里，天黑后只是睡觉的时间，而泽东正在埋头阅读一本古代中国罗宾汉式的传奇小说，叫做《水浒传》。他脸上满是汗水，紧紧靠着一盏小油灯，油灯的火苗小得像一粒黄豆，还用一条被子半掩着光亮和自己，因为毛顺生不喜欢他儿子读书或者浪费灯油。

一个池塘把毛家与村子的其他人家隔开了。在这个池塘边上，发生了这样一幕：一些人穿着做客时才穿的衣服，站在长满荷花的池塘边上，他们沉默不语，显得很尴尬。此时此刻，人们不再感觉到山谷的宁静，因为毛顺生正在大发雷霆。泽东站在他父亲面前，脸涨得通红，大家都看着他。

家里刚刚爆发了一场争吵。当着一屋子客人的面，父亲指责这个孩子懒惰无用。泽东骂了他父亲，跑出房去。他的父母都赶了出来，客人们也茫然地跟了出来。当跑到池塘边时，泽东说，如果他父亲再靠近一步，他就跳进池塘。

毛顺生的暴怒有所节制，停止了攻击而开始理论。他现在要求泽东为他的不敬认错，并磕头保证以后要听话。（在旧中国，磕头是一种繁琐的礼节，双膝要下跪，低头触地九次。）泽东在客人面前毫不屈服，他父亲只得退一步。和解的条件是互相妥协。泽东认了错，但只磕了半个头（单膝跪下），毛顺生则答应不再打他。

毛家比韶山村里多数人家要富裕一些。在20世纪初毛泽东的童年时期，毛顺生的家境从贫穷上升到小康。在1904年毛泽东10岁时，他家有18亩地，三年后增加到24亩。他家每年要消费大约

韶山冲的故居，毛泽东诞生在这里。

4 500斤大米，还剩余 7 000 斤可供出售。毛顺生雇了一个长工，并开始通过精明地做粮食和生猪买卖以及抠门的高利贷生意赚钱。他搞到一部分资金，开始购买其他农民抵押的土地。毛顺生的家业看来打理得很不错，有一个牛圈、一个粮仓、一个猪圈和一个小磨坊。

土坯住房本身是泽东的祖父于 1878 年所建，随着毛顺生一点一点地保障了生计之后，他对房子进行了扩建并装修得更好。最终这所房子住了两家人——邹家和毛家。泽东看到自家住的这部分换了瓦房顶，而邹家那一部分仍以草房顶凑合。

泽东在生活有保障的环境中长大。同时代的其他孩子可不如他过得好。他没有挨饿。他的衣服不多，但并不褴褛。他的母亲使这一家生活得井井有条并相当体面。泽东的大问题是他的父亲。他的渴望在精神方面。

韶山的环境优美而宁静。在那个时代，韶山距任何其他城镇都至少有好几个小时的路程——要知道那时全靠步行。韶山秀美的自然环境乃天造地设。这里有几百户人家，多数都通过毛姓的家族网联系在一起。人口不算多，因此韶山的主调是小山、树木和农作物。脚下是红壤。浇灌的稻田银色的水面上，点缀着一排排稻谷的嫩苗，在阳光下就像带有千万条划痕的巨大镜面反射着光影。一丛丛竹子以及它们精致的绿叶，构成了画框，衬托出后面雾气笼罩的青色山峰。松树肩并肩地站立在高处，似乎在威严地保卫着赋予它们阳刚生命力的山坡。

通过他们起的地名，就可以看出农民们对大自然的崇敬。韶山（音乐之山）的名字来源于一个关于古代皇帝的传说。[1]据称这位皇帝曾在这里休息，坐在俯视整个山谷的山顶上弹奏音乐。因不远处有湘江流过，距韶山最近的两座城市皆以“湘”命名（湘潭和湘乡），而且“湘”字还成了湖南省的简称。

在韶山读不到任何报纸。消息只能靠口头传播。任何事件发生后，相关报道到达这里都会耽搁一段时间，这使得韶山村与外界隔绝。如果从北京的宫廷内传来一纸告示，它将在全村的大会上被高声宣读，然后副本将贴在学校的围墙上。正像毛家独自坐落一处而没有近邻一样，韶山的两千多居民也拥有他们独立的世界。

韶山是毛泽东的世界。直至他 16 岁永远地离开此地之前，他从没有到过离韶山 70 里以外的任何地方。

湖南是一个富饶而生气勃勃的内陆省份，充满了传奇故事、斑斓的色彩和战争的烽烟。湖南人喜欢说，他们的家乡是七山一水二分田。这很好地概括了湖南现在的样子。

除了洞庭湖界定出北面的边界外，环绕湖南省三面的，都是起伏不平的山地。所以，这里的人们有吃苦耐劳的精神，也常遭受来自藏匿于山区的土匪的不断骚扰。湖南人精明慧黠，同时也勤俭质朴。泽东长大以后开始写诗和散文，其中山的形象充满了高贵、狂野和不可战胜的精神品质。

众多的湖泊和四条大的江河使湖南有“鱼米之乡”的美称。毛泽东从 6 岁起就喜欢游泳，后来他几乎是围绕着“中流击水，浪遏飞舟”这一喜好，形成了自己的世界观。

湖南的平原地带是中国的一个大粮仓。俗语说“湖广熟，天下足”。这块人口稠密的平原同样富有政治传统。省会城市长沙，常常在商业和思想领域走在中国的前列。

韶山不在湖南的高山区，而是在丘冈山麓之上。毛泽东继承了某些边远山区人的秉性：粗犷、造反精神、罗宾汉式的浪漫。他也吸纳了湖南平原人的某些传统：热爱读书、很好的组织意识、关心公众事务。如果说湖南人融合了山地人的品质和城里人平和安详的天性，那么毛泽东就是作为一个真正的湖南的儿子成长起来的。

在毛顺生的家里，挂在房梁上的一串串红辣椒为原本非常简陋的屋子增色不少。像多数湖南人一样，毛顺生喜欢把这种手榴弹一样的辣椒丢进他的饭菜中，使其像火一样辛辣。所以，毛泽东就此从这座房子开始了他喜爱辣味食品的一生。

其他的中国人不得不小心应对湖南人火辣与固执的性格。但他们不否认，辛辣伴随着勇敢无畏。有一个全国都知道的说法："若使中华国果亡，除非湖南人尽死。"

湖南人不论打仗、骂人还是表达他们的观点，都有一股冲劲。湖南人大多有宽阔的上额、深深的眼窝和发红的面颊，他们是中国的普鲁士人。毛泽东长大后不会是一个平庸而缺乏决断的人。

韶山的平静只是假象，因为山外已在发生急速的变化。在北京，中国最后的王朝在苟延残喘。中国现在很落后，尽管中国有光辉的历史，但在 1880 年毛顺生正要面对自己未来的生活时，堂堂中华帝国连一寸铁路都没有。

中国正被更为先进的欧洲列强瓜分。在毛泽东 1893 年 12 月出生后没几个月，日本加入了侵略中国的行列。日本在 1894 年打败了中国，大大震动了中国的精英们，使他们由当初的焦虑变得惊慌起来。

这时，外国的社会思潮随着列强的入侵，开始冲击中国，这是前所未有的。就在毛泽东出生之前，中国第一位驻外大使出了一本描写他英国经历的书。中国的儒学精英们从书中得知，中国之外还存在着先进的社会，这令他们大为吃惊。在毛泽东只有三岁、路还走不稳的时候，第一批赴日本的留学生乘船出发了。

反对清朝政府的各种势力，像泛滥的湖水一般兴起。毛顺生年轻时，太平天国农民起义几乎把清朝推翻。但 1864 年在欧洲人的帮助下，太平军被消灭了。毛泽东还不满十岁的时候，兴起了第一次为振兴清王朝而发动的重大政治改良运动。但它只是一个潮湿的小爆竹，因为只是改良已经不够了。

在毛泽东不到一岁时，孙中山（1866—1925）写了一份请愿书，标志着他从改良转向革命。请愿书中列出推翻旧中国的战斗计划。守旧的精英们谋划着，要对抗变革：他们悄悄地说，火车难道不是靠把小孩子丢进烟囱里来开动的吗？燃烧原理难道不是对火神的亵渎吗？旧中国是注定要灭亡了。毛泽东就出生在这个时代。

毛泽东的父亲毛顺生。1919年10月，毛泽东的母亲病逝之后，毛泽东的父亲来到长沙。1920年1月，毛顺生因伤寒病去世，终年52岁。

在父亲和儿子发生冲突之前，毛泽东是按中国的温和方式被养育的。他没有挨过打，穿着开裆裤，不用大人帮忙就可以随时解决大小便。他逮蛐蛐，玩跖骨游戏，收到大人给的红鸡蛋时眉开眼笑，看着大人为慈禧太后（1835—1908）烧香祝寿。

他注意到中厅红木桌子上供着的铜铸佛像，盯着看门外贴着的红纸对联上写的关于和谐和孝道的祝词，但不懂是什么意思。他开始琢磨中国书面语方块字的意思，并从周围的人们那里学得语调起伏不大的湖南口音，这种口音把“h”音发成“f”音。

当毛顺生知道他的第一个孩子是“宝石”而不是“瓦片”*，时，他像所有的其他农民一样非常高兴。一块瓦片（女孩）不能继承家产，在田里干活也不如宝石（男孩）有用。毛顺生只上过两年学，为逃避种田的苦日子，他16岁就当了兵。但是送泽东去上学还是符合中国传统的，虽然韶山的大多数孩子都没有这种机会。能读书识字符合毛顺生的要求，可以让“宝石”为他管理不断增加的农田、记账和书写田契与合同。学点儒家的教诲，也有助于把娇惯的男孩培养成懂得孝顺而能成材的年轻人。

*中国人古时称生男孩为“弄璋”，生女孩为“弄瓦”。璋：一种玉器；瓦：原始的纺锤。此处作者和译者仅从字面意义上化用。——编者注

在村里叫南岸的地方有一所私塾，是真正中国传统式的学堂。这里根本不教外国的东西，就像基督教主日学校只讲《圣经》一样，私塾里只教四书五经。毛泽东八岁开始上学，多年以后他冷冷

地说："我八岁时就厌恶儒学。"[2]

泽东和他的一些同学在他们的木头小书桌上读禁书，老师走近的时候就用经典遮住。这是一些讲战争和强盗故事的书——《水浒传》、《三国演义》、《西游记》，这些书比韶山的任何别的东西对毛泽东的思想世界影响都要大。

虽然这些书颠覆性并不很大，但清廷仍然时常把它们列为禁书。主流的儒家势力也对这些传奇皱眉头，因为它们对能读书的人，可能起到替代经典的作用，就像对泽东所起的作用那样。

毛泽东开蒙的韶山南岸私塾旧址。

到他 13 岁离开学堂的时候，他已对经典中包含的思路和道德规范十分反感。但他最初开始反对这种强调秩序和礼仪的古代道德哲学，是因为它教导人盲目服从。孩子们只能鹦鹉学舌地死背。他们一面按节奏晃动着身体，一面大声喊出晦涩而陈旧的格言，好像是东方念经的和尚。

就像拉丁文在今天西方学生看来既重要又难学一样，《论语》对于当时的中国学生也是如此。尤其对于泽东来说，儒学经典所起的作用甚至适得其反。他不喜欢孔子教人尊崇权威，对于私塾先生和父亲这两个约束他的人，他的敌意越来越大。

两个人都动手打泽东，这令他愤怒。虽然他还没有明确的认识，但他心中已有一种强烈的正义感。在成为一个造反者之前，他就我行我素。在成为一个革命者之前，他就是个思想有激情的孩子。

他最早表现出正义感，是在学堂里和人的交往中。有一个孩子穷得带不起午饭，他就每次把自己带的午饭分给他一半。他母亲搞不明白为什么他每天晚饭胃口会那么好。当她得知她精心准备的午饭的去向之后，这位善良的母亲从此就每天为泽东准备两份午饭，让他带到学堂去。[3]

这个孩子的正义感使他不肯逆来顺受。在 10 岁的时候，他和一个年龄更大的孩子打了一架。这使他母亲十分不安，对她来讲，暴力是万不可取的。

在南岸学堂上学两年之后，毛泽东很熟悉背诵四书五经的标准程式了。起立，走到老师的讲台前，背对老师，然后滔滔不绝地背出那些箴言。但有一天早晨，泽东没有遵从常规的形式。老师叫到他时，他没有站起来。

“既然我坐着背书你也听得清楚，那么为什么我要站起来背呢?”他这样对老师说，老师很吃惊。[4]

老师气得脸发白，命令毛泽东遵守历来的规矩。这个十岁的孩子拖着他的板凳走到老师的讲台前，面对着老师坐下来，违抗老师的命令而面不改色。老师气得要命，便拉他站起来。毛泽东挣脱老师的手，然后大步地走出了学堂。就像《水浒传》里造反的好汉一样，他要上山去避难。

毛泽东向城里走去，后果如何此时对他已无所谓。但实际上他只是在韶山周围打转转，根本没能走出 10 里以外。

大人们开始到处找他。泽东不肯回去，因为他觉得老师肯定会打他，他父亲也不会错过打他的机会。

三天以后，毛家有人找到了他。最终他被说服，回了家。

多年以后，这位前学生回忆这一不快事件时，更多是从政治角度，而不是从感情角度看待它。他对埃德加·斯诺说：“回到家里以后，想不到情形有点改善。父亲稍微比过去体谅些了，先生的态度也比较温和些了。我的抗议行动的效果，给了我深刻的印象。这次‘罢课’胜利了。”[5]

泽东是个聪颖的孩子，那些经典他学得很好，虽然他讨厌其传达的信条。很快，在吵架时，他就用一串串的经典格言来对付他父亲。在 20 世纪初的中国，熟读四书五经已经不能保证驯服和顺从。

毛泽东 13 岁时离开了私塾，因为只在上学前和放学后在家里干活，不能满足毛先生的需要。毛先生自己打算盘算账出了错，结果生意上吃了亏。泽东学过算术，所以能够填补生意上的这一缺失。泽东从 5 岁起已开始干男孩子的活，比如除草、打柴、饮牛和摘豆子等。现在，他白天已经是个成年劳动力，天黑以后就为他父亲记账。“宝石”已开始有回报了。

在一起的时间多了，也使父子之间产生更多的摩擦。泽东总能智胜他父亲，而且不动声色。儿子的执拗使吝啬鬼父亲烦恼不已。泽东不得不到村里各处去收取别人欠不断富裕起来的毛先生的款项，他讨厌这个差事。有一次他为父亲卖了一头猪，在回家的路上，他把赚来的钱送给了一个穷苦乞丐。[6]

冬天里常可以看到父亲坐在火炉旁抱怨泽东的种种“过失”，或者嘴里叼着长管旱烟袋长时间地生闷气。他曾输掉一场官司，就因为对方恰当地引用了一条经典引语，影响了法官的断案。现在泽东也能运用这些含义模糊的格言了。这个孩子不孝顺吗？但儒家的准则也规定，一个父亲必须和善而有爱心。

一天早晨，当泽东正在田边一座墓碑旁读一本小说时，毛顺生找了过来。他怒气冲冲地瞄了一眼泽东身边空空的篓筐，厉声喊道：“这么说，你决定不干了？”“不是，我只是休息一下。”毛先生指责泽东一上午根本就没有从猪圈送一点圈肥到田里。事实上，泽东已经送了五六筐肥。毛先生未再追究。但是，当天下午，毛先生又发现他儿子在墓碑旁读一本杂书。

他责备泽东受“坏书”毒害太深，不听父亲的教诲。“不是的！爸爸，我是听你话的，你要我做的事我都照做了。”当毛顺生知道中午以后泽东已送了十六七篓筐时，尴尬的他吃惊地下巴都耷拉下来了。[7]

“活我要照常干，书也要照常读。”泽东说。

当然，泽东也出差错（毫无疑问，出差错的情况肯定比我们能够看到的记载中肯说出来的要多）。有一次他过于沉醉在书中，结果牛跑开了，还吃了邻家种的菜。[8]

文七妹有个圆脸庞和一双慈祥的眼睛，与她丈夫瘦削而五官分明的面容形成对照。她心肠软，又很能通融体贴，而她丈夫却很粗暴，脾气死硬。长相上，泽东很像他母亲，都有一双大而敏感的眼睛，面带纯朴而开朗的微笑，举手投足间让人感到一种慷慨甚至浪漫的气质。

文七妹疼爱她的大儿子，毛泽东也始终深深地怀念他的母亲。泽东在他小时候最关键的几年里，是家里唯一的孩子*，不必与别

*第二个孩子毛泽民生于1896年，小毛泽东三岁。

人分享母亲的关爱（还有爷爷的关照；在毛泽东 14 岁爷爷去世以前，爷爷和他们住在一起）。

文七妹的娘家是南面不远一个县的一户普通人家。她同韶山的大多数人一样是文盲，也像大多数人一样是个佛教徒。在上学之前和上学期间，泽东常陪母亲到高高的凤凰山上的佛寺里去诵经，向神祈福。

毛先生不信佛，这使泽东不安。一个才 9 岁的孩子，就和母亲讨论过父亲不敬神的事，以及对这件事他们俩该怎么办。很多年后毛泽东回忆说："我们当时和后来多次劝他信佛，可没有成功。他只是骂我们。"

知道他父亲总把多赚钱看得重于一切，所以泽东说，虽然他父亲后来对信教改变了想法，但那不是真心向佛，而只是出于谨慎小心的考虑。有一天，毛先生出门去收账，半路上遇上一只老虎。老虎受惊跑掉了。毛先生松了一口气，甚至忘掉了害怕。泽东说："从此，他开始比较信佛，有时也烧烧香。"[9]

1905 年，第三个男孩出生了，这可能使毛先生更成熟了一些。老先生对待比泽东小 12 岁的泽覃比对待第一块"宝石"要更和善一些。但是泽东与他父亲的斗争并未因此而缓和下来，一家人令人痛苦地分化成两派。

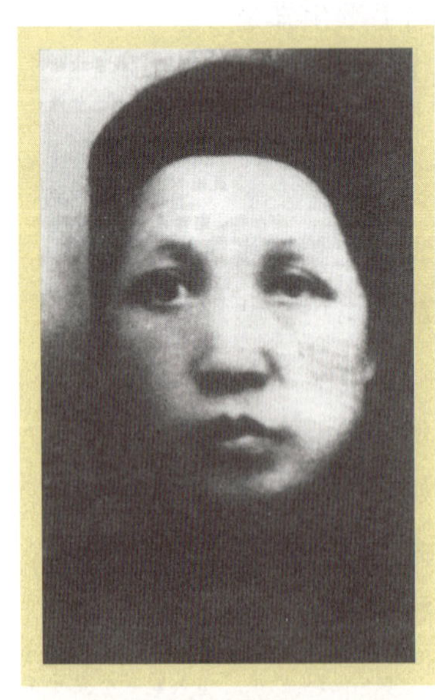

毛泽东的母亲文七妹。1919 年 10 月文氏病逝，终年 52 岁。

泽东和他母亲联合起来共同抵制他父亲。他们偷偷地把大米送给一个挨饿的村民。他们和那个长工站在一边，使毛先生的吝啬鬼做法行不通。他们偷偷地作了安排（在毛夫人亲属的帮助下），从而绕过了父亲对泽东继续上学的阻挠。

泽东认为这个家庭分为两"党"：他父亲是"执政党"，他自己、他母亲、他的大弟弟泽民和长工是联合的"反对党"。[10]

但是"反对党"就战术问题发生了分裂，因为泽东的决心和多谋，很快就使他温和的母亲不得不跟着他的战术转。他习惯正面对付他父亲，而他母亲不同意这样做。她说那"不是中国人的做法"。

在从书里吸收的思想以及打破韶山宁静状态的那些事件的影响下，泽东对佛教的信仰变得越来越淡漠，这也使毛夫人不安。[11]

在上学时，母亲是他的靠山，他对母亲也非常孝顺。但当他长大成为一个成年劳动力时，他有了新的眼光。在他离开韶山前的两三年里，母亲对他的影响减弱了，虽然他对母亲的爱并没有减弱。泽东对“中国人的做法”开战了。

一个被称做哥老会的秘密帮会的几个成员撬窃了毛家。“我认为那是好事，”泽东多年后回忆说，“因为他们偷的是他们没有的东西。”不仅他父亲不同意这孩子的古怪想法，“我母亲也不肯接受我的观点”，毛泽东坦承。[12]

1915 年，毛泽东归还给表兄文运昌的《盛世危言》和还书便条。

毛顺生有一个对付他这个爱幻想但又很固执的儿子的方法，在当时这是一种很典型的方法。他物色了一个女孩子，强迫 14 岁的泽东娶她。可怜的泽东惊呆了。他还是勉强做完那死板而可怕的仪式——第一次揭开那个被吓坏的新娘的盖头看一看，就像查看一包新买的物品一样。他甚至还按传统方式给每位宾客行了深深的叩头礼。但是毛泽东拒绝和这个大他 4 岁多的姑娘住在一起。他说他从没有碰过她一下。[13]

毛泽东打开了一个更广阔的思想和社会天地，从而走出了建筑在几亩田地上狭窄的家庭天地。上学使他获得了宝贵的阅读能力。像猫追老鼠一样，他追索在韶山能够搞到的每一本书。他曾拿到一本关于帝国主义对中国的威胁的小册子。几十年后泽东还能极为动情地回忆起那本书的第一句话：“呜呼！中国其将亡矣！”他说到那本小册子对他的冲击：“我读了以后，对国家的前途感到沮丧，开始意识到，‘国家兴亡，匹夫有责’。”[14]

一本叫做《盛世危言》的书提倡改革和技术进步，使毛泽东初次接触到中学为体、西学为用的思想，认为中国应当借鉴西方有用的东西，以拯救中国自己的核心文明。这本由一位有改革思想的买办所写的书使他深信，为了中国，他必须离开韶山，以学习更多的知识。

在韶山学堂结业前不久的一天，泽东和他的同学遇到几个从长沙步行过来的大豆贩子。[15]他们离开城里，是因为1906年的饥荒引起了大规模抢米暴动。暴民把湖南省总督赶出了清朝的衙门。当局缓过气来之后，派来一个新总督，接着是血腥的镇压。很多造反者被砍了头，人头还挂在旗杆上示众。

在学堂里，人们好几天都在热烈议论这一来自山外的惊雷。几乎所有泽东的朋友都站在暴乱者一边。这一事件铭刻在泽东一生的记忆之中，因为据他说，他做了一种甚至他的同学们都没有做的联系。他觉得他的同学们同情那些暴乱者“只是站在旁观者立场上”看问题，“他们并不懂得这同他们自己的生活有什么关系”。而泽东则看到一个世界在颤动。“我却始终忘不掉这件事。我觉得造反的人也是些像我自己的家人那样的普通百姓，对于他们受到的冤屈，我深感不平。”

造反，甚至在韶山本地也引起了震动。由农民组成的哥老会的一些成员（哥老会此时在整个湖南势力都很大），卷入了一场同韶山当地一个地主就交租事宜引起的纠纷。愤怒的地主把他的佃农告上了衙门，并且通过向地方官行贿赢了官司。哥老会成员们在一个姓彭的铁匠的带领下举行了暴动。彭铁匠遭到省政府部队的追捕，躲进附近的山里避难。那个地主散布流言说，那些叛乱分子举起造反大旗时还杀死了一个婴儿来祭旗。哥老会成员们很快就遭到围捕，彭铁匠被砍了头。

对泽东来说，历史似乎从《水浒传》的书页中跳了出来，并在他自己的村庄里游走。他听到彭铁匠被人称作“土匪”，就像在那部流传久远而激动人心的小说中农民领袖宋江被称作“土匪”一样。泽东又做了另一个联系。他后来回忆说：“在学生眼里，彭铁匠是第一个农民英雄。”[16]

很快，毛顺生自己也成了造反的对象。

泽东17岁那年，韶山发生了粮荒，冬天的大米吃完了，而新稻米还没有成熟。饥饿的目光转向了米商和地主的粮仓，饥饿的人们喊出“吃大户”的口号。毛先生这个“大户”自然也难逃“劫难”。毕竟，在韶山的饥荒日益严重之时，他居然还在向长沙贩卖粮食。他的一批粮食被饥饿的村民们截住，并被分吃了。[17]

提到他气急败坏的父亲，泽东说：“我不同情他。”[18]对毛泽东来说，他已经做出一个基本结论：他那令人讨厌的父亲是旧中国不公正社会秩序在当地的关键性人物。毛先生正在富起来，泽东已注意到这一点。这个老头子是中国获得真正解放的道路上的一只拦路虎，这个年轻人做出了这样令人毛骨悚然的结论。

泽东的一句关于他父亲的可怕的话，概括了全部含义：“我学会了恨他。”作为一个孩子，他已经把自己的生命同那个时代的生命联系在一起。

但是，已是成年人的毛泽东在26年后回忆往事时，说他当年并未毫无保留地支持那些暴动者。但同时，“我又觉得村民们的方法也不对。”[19]或许，他把他后来的信念加进当初的事件中去了：他深信，没有总体政治策略的单纯暴动，是不会有成果的。

到1910年，泽东和他父亲之间就他继续上学的事而发生的争吵，变得异常尖锐。毛顺生计划让泽东到70多里外湘潭县城的一个米店去当学徒。泽东并没有坚决反对这项计划，他觉得城里会有好机会。但他真正希望的是，在一所教“外国”课程的新式学堂里当全日制学生。他以冷静而尊敬的方式向父亲提出了这个愿望。毛先生的回应只是放声大笑。这使泽东心痛，此后很长时间里，他和父亲之间互不说话。

通过他母亲家的关系，泽东到湘潭一个失业的法律专业学生家独立地学习了6个月。虽然迫于他父亲的压力，也许还因为在湘潭遇到经济困难，他又回到家里，但这6个月的读书、听课和辩论，彻底改变了他的生活，从此他不再是父亲已成年的“宝石”。

16岁的泽东做好了不事声张但切实可行的计划。他从母亲娘家那边的亲戚以及这边的家庭朋友中，或5块或10块地借了一些钱。有一天吃晚饭时，泽东直直地盯着父亲的眼睛，郑重地宣布：“我决定到东山高小去上学。”

“你说话当真吗?”毛顺生急匆匆地说。他还有最后一张卑鄙的牌可打，来对付他这个任性的儿子，那就是钱：“莫不是你今天早晨中了彩票大奖，突然发财了?”

当毛先生搞明白泽东已经筹集到一些钱时，他贪婪的凶相完全暴露出来了。这个小气鬼刺耳地粗声说，如果泽东离家到湘乡去上学，就必须筹钱另雇一个长工来做泽东以前要做的那份活。[20]泽东虽然心里对此嗤之以鼻，但他不能因小失大。他从一个亲戚（母亲娘家方面）那里又多借了一些钱，这位亲戚很重视教育，还曾资助家里其他成员去上学。

当再次提及此事时，泽东对他父亲很不客气。他打断他父亲自怜的唠叨，单刀直入地问：“雇一个长工要多少钱?”可怜的毛先生说一年十二元。泽东把一个信封放在他父亲粗糙的手里。“这里是十二块钱，我明天早上就去东山。”[21]

天一亮，泽东就起床收拾行装。七妹关注地看着他，没有多说话。除了问他还需要带些什么之外，只说了一句：“你要不要跟你父亲道个别?”“不，不用。”泽东这样回答。

天亮后不久，他徒步离开了韶山。肩上的扁担是他常用的东西，但在这个清凉而泼洒着阳光的早晨，扁担上挂着的不再是粪筐。一头是一个包裹，里面是几件上衣、两条灰被单和一顶蚊帐。另一头是一个篮子，专门放《水浒传》和《三国演义》。到目前为止，他除了韶山之外，别的知之甚少。他将永远不会再回韶山来长期生活了。

在韶山的16年生活之后，泽东已经是个羽翼丰满的造反者了吗？在令人窒息的私塾和专制家庭环境下，基本来自他母亲的一种道德感，加上读书吸取来的社会责任感，促使泽东转向了反对权威偶像。

毛顺生是个不讨人喜欢的人。他经常打泽东，当着别人的面羞辱他，耻笑他想读书的愿望，并想方设法让孩子觉得自己真的很“懒惰”、“无用”，从而自尊心受到伤害。

传统观念主张，即便父亲是个魔鬼，儿子也要遵从父亲。泽东藐视这种传统。然而这孩子回应他父亲的其他一些方式，也给人以深刻印象。泽东不像那个时代成千上万造反者那样干脆把自己的家庭忘掉。他仍然与他的家庭成员保持联系，并从不同的亲属那里得到帮助。在说到他的家里人时，他称他们为“普通老百姓”，在面对不公平的世道时，可以和他们站在一起。[22]

泽东在家里采用的策略也不走极端。他常和他父亲进行妥协，他屈从了那桩令人痛苦的“婚姻”；他没有离开家去加入哥老会；在韶山的大多数年份里，他一直接受佛教的影响；而在他离开韶山时，他仍然相信君主制。

在韶山东面不远，另一个孩子与泽东在同一时期长大。这个孩子后来也成为中国共产党的领导人。年轻的张国焘和他富有而且受过良好教育的父亲相处得相当和谐。然而他后来也变成一个造反者。[23]

在泽东的生活中，毛顺生的家庭和南岸的私塾并不是压迫现象偶然的个例。它们是中国社会更大格局中僵硬森严的等级制度的缩影。是的，泽东从八岁起就痛恨孔子。“我的‘大部分同学’都讨厌这些经典”[24]。

这个16岁的青年，在一个历史变革非常特殊的时刻，变成了一个典型中国式的造反者。他并不是神经过敏。他鞭挞的对象与其说是他父亲，不如说是他父亲所代表的东西。他的造反精神是经过精心考虑的那种类型。

按照那个时代中国的习俗，毛顺生对他儿子的要求并非都属过分。泽东对他父亲的权威有反感，部分原因是他觉得那种权威是为极坏的而且注定要失败的目标服务的。如果家庭和村庄都像那样是分裂的，中国何以得救？如果韶山的家长制继续成为典范，中国妇女的命运会是怎样的？

泽东具有造反者的“个人性格”，就像一只手很适合地戴上了造反精神的“社会性格”的手套，而这种手套正在全国范围内织造形成。[25]造反者冷静地把个人的斗争纳入更大的社会斗争之中：“我反对的第一个资产者就是我父亲。”

然而，泽东和他父亲的紧张关系既是社会性的，也是心理性的。社会“压迫”并不是毛顺生对他大儿子影响的全部原因。人们注意到，泽东的两个弟弟，都没有像他那样跟他们的父亲发生龃龉，而且两个人都得到了父亲不肯答应泽东所要求的那样的教育。

泽东之所以要夸大其词地强调他父亲的卑鄙和专断*，是出于保护他自己强烈的自尊感的需要。

*有一些作者提到，“我学会了恨他”这一句出自20世纪初一个中国孩子之口的、让人吃惊的话，在斯诺写的毛泽东的自传性回忆的中文版本中被略去了。然而在哈佛的燕京图书馆中收藏的《西行漫记》的各种中文版中，都保留了这一句话。

很奇怪，毛先生粗野的做派（虽然不是他的目的），同七妹温和的性情一样，在泽东生命的深处沉积下来。虽然在心理上，泽东和他母亲很亲近，但这孩子身上并不具有他母亲的很多性格特点。而且在另外两个孩子降生并分享了她的关爱之后，以及在她认为泽东学来的很多新思想过于无情并很奇怪之后，他们之间的感情，也没有那么亲近了。

在离开韶山的时候，泽东内心带有一种强迫感，觉得一定要在父亲的眼里证明自己是正确的，并在服务于更有价值的目的方面，成长为比他父亲更全面、更完美的人。

在泽东表示出来的对他父亲的仇恨背后，还有一种没有公开承认的关联性。他内在的性格，使他不得不变成一个像他父亲一样的专断者，而且是在更为巨大的规模上。

1919年春，毛泽东同母亲文七妹、弟弟毛泽民（左二）、毛泽覃（左一）在长沙合影。

毛顺生并不十分了解他的儿子。泽东鄙视他的父亲，以一种深思熟虑的而不是冲动的方式同他作斗争，而且相当有成效。然而，毛顺生试图粗鲁地在他儿子身上培养的一些美德，却证明对泽东有很大的吸引力。泽东很快就说：“怠惰者，生之坟墓。”好像在重复他父亲的话。[26]

母亲对他的影响更单纯也更直接：她作为佛教信徒的善良和耐心，给他印象很深。多年之后回到韶山探望时，他指给同行人看当初供着佛龛的地方，他母亲常在那里烧香，并在儿子生病时，用那里的香灰当药为他治病。还有一次，在和一个警卫员聊天时，他发现那个年轻人更喜欢他善良的母亲，而不喜欢他爱发脾气的父亲。毛泽东说："你越是告诉我你们家里的事我就觉得和你越亲近。你母亲一定是个信佛的人。"年轻人问毛泽东怎么知道的。"你说她是个好心人。所有信佛的人都是热心肠。"[27]当然，他心里在想着他自己的母亲。

无论是他父亲还是他母亲，都没有引导他信奉一种社会革命的哲学。对他那一代受过教育的年轻人来说，那几乎是一种自然具有的特性。在韶山的童年生活，解释了为什么这位革命者会**成功**，以及为什么他后来会成为那种**类型**的革命领袖。新思想和旧中国的社会条件，使他成为一个造反者；在韶山的家庭磨难，则使他成为一个有非凡决心的造反者。

第二章

为何求知（1910—1918）

泽东开始了向湘乡的长途跋涉。离家不到几分钟，他碰到一位姓王的邻居。看到这个年轻人穿着新的布鞋和袜子，老王很吃惊，因为在韶山这不是日常的装束。

“石三*，你穿上鞋子看着真帅气。”吃过苦的老王开始说。“我要去上学了。”泽东得意地说，并开始解释他的神圣使命。但老王大声笑起来，直到眼泪在他粗糙的脸上闪闪发光。他取笑这个年轻人竟然要去上一个“洋学堂”。他取笑泽东，问他父亲是不是真会同意他这种发疯的念头。

*即毛泽东的小名，石三伢子。——编者注

这使泽东忍受不了。“你是个老脑筋，过时了！”[1]他喊道，随后就大步走开了。

他用竹扁担挑着两个行李包，穿过了东山高等小学堂的几道黑漆门。学堂是一座砖结构的建筑，周围环绕着一条深沟和圆形的围墙。这使他觉得像跨进一座庙宇（在韶山他曾经见过的最大建筑，就是一座佛寺）。

他跨过了架在深沟上的白色石桥，来到一座高高的大门前。他被当成了一个挑夫！对这种尴尬局面，泽东还没有社会经验让他从容应对。他眼前的场面之大就足以令他吃惊，他生来还从未见过一个地方有那么多孩子。

尖声的嘲笑和奚落响作一片：“东山是学堂，不是疯人院。”“一个土匪要闯进咱们的学堂。”他继续向前走，腿有些发僵。他鼓起勇气，找到了校长办公室。

“先生，请问您能让我在这里上学吗？”从他的发问中，似乎透出一点农民的特性。校长攥着他那长长的铜烟袋，半天说不出话来。他只问了一声这个一脸严肃的年轻人叫什么名字。

“先生，我叫毛泽东。”

毛泽东冷静而热切的态度，使校长瞄了他一眼。他允许这个孩子为他自己辩解，逐个反驳不收留他的理由：16 岁啦？还没学过数学或地理？写字这么难看？[2]

湖南省湘乡县立东山高等小学堂。

另一个在场的老师替这个农家孩子说了句好话。他获得了试读 5 个月的机会。他离开校长办公室，重新回到猛烈伤害了他自尊心的那一群老于世故的小野兽中间。

一个事实使毛泽东意识到，从韶山呆滞的乡村生活转而适应东山的环境，必须弥补多大的差距：虽然慈禧太后和光绪皇帝两年以前已经死去，但只是到了东山之后，毛泽东才得知他们已不在世。

一个姓文的表兄弟（母亲娘家的）早他之前已是这里的学生。他帮了毛泽东一些忙。但是在主流学生群中，毛泽东似乎只结交了两个朋友：姓萧的两兄弟。他们出身富裕的地主家庭，在此后的生活经历中，将有几年的时间同毛泽东相关联。

毛泽东是作为外来人挤进学堂的，他大部分时间是与那些不多的其他外来人一起度过的：那些也操着不标准的湘乡县口音的孩子*，以及穿着打补丁的衣服，从而使他们不同于那些穿着讲究的同学。

* 几乎所有的学生都来自湘乡并操湘乡口音。甚至来自湘乡不同地区的派别之间都常有争斗。毛泽东提到这种内部争斗时无可奈何地说：“我保持中立，因为我根本就不是本地人。”见 *RS*，p. 132。

两个关键的特点使得毛泽东甚至在外来人之中也是个外来人。在这个小团体意识很强的学堂里，他的年龄和个头远大于其他所有孩子。就他 16 岁的年龄而论已经是偏高的个子了，而在小他四五岁的同学中间，他简直是鹤立鸡群。

大部分学生是举止文雅、自命不凡的小绅士，毛泽东则是土地的儿子。他虽不是出身贫苦，但毕竟是来自一个乡下的质朴家庭。他的手比邻桌孩子的要粗糙，面孔也被太阳晒得比大多数其他孩子要黑；讲话语调缓慢，重音明显，他周围那些机灵孩子说起话来则像开机关枪。

他与这个环境很不协调，一个同学甚至提出愿意雇用他当随身仆人。

毛泽东个子瘦高，走路总是大步流星，很快就具有一种知识分子的面相。他的头发很长很蓬乱，尽管后面还拖着一条辫子。总的看，他有一种不修边幅的男子美，已经显现出一些男性的魅力了。

如果说毛泽东在做派上有些笨拙，但他心地真诚。东山对他来讲，不是一次社会旅行，或者为爬向更高地位而预先安排的阶梯，而是一个认真获取韶山的居民根本无从获取的那些知识的地方。

学堂的建筑坚固而整洁，同韶山到处是灰尘的草房大不一样。由此得见中国上层阶级舒适生活之一斑。

然而，在东山，人们已开始接受新的思想，这些思想将很快对社会的精英传统，甚至韶山的社会秩序，起到颠覆作用。学堂里在教授科学，社会改革主张受到赞扬。每天在早点名时，都有关于在贪婪的外国列强的欺压下中国正在遭受苦难的鼓动性讲话，以培养学生的民族意识。学生们穿着有不同颜色腰带的长袍，而他们长袍覆盖下的躯体，不久将被由这些思想导致的社会动乱的车轮所轧碎。

只有学习是毛泽东的真正朋友。说来可笑，童年在韶山的南岸学堂经受的煎熬，竟然使他对那些经典学得很好！他能以古体风格写出冲击力极强的文章。这样，他就积累了平衡他的弱点和冲动行为所迫切需要的资本。

所了解的当时改革运动的政治情况使他认识到，知识能够再造世界。

通常情况下，他在学校课程之外阅读两种主要的读物。姓文的表弟给他看一些由当时著名的政论家梁启超主编的《新民丛报》。此外还有《戊戌变法》，为改良运动最主要的倡导者康有为所作，它是改良运动最后一次高潮的宣言。这些书刊第一次给了毛泽东严格意义上的政治思想熏陶。

曾经留学日本的一位老师给毛泽东带来了最强烈的影响，尽管他教的英语和音乐这两门课毛泽东都未能得高分。原因是一个骄傲的日本对他有极大的诱惑力。描写1904年至1905年战争中打败俄国之后日本的荣耀的故事和诗歌，毛泽东非常喜欢。“我当时了解到并感觉到日本的美，也感受到一些她的骄傲和强大。”[3]

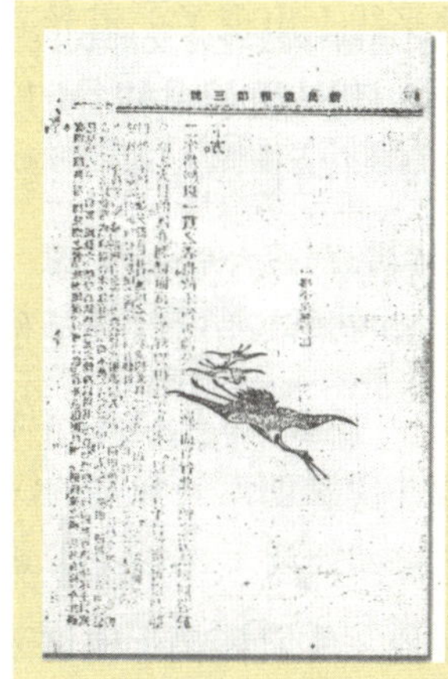

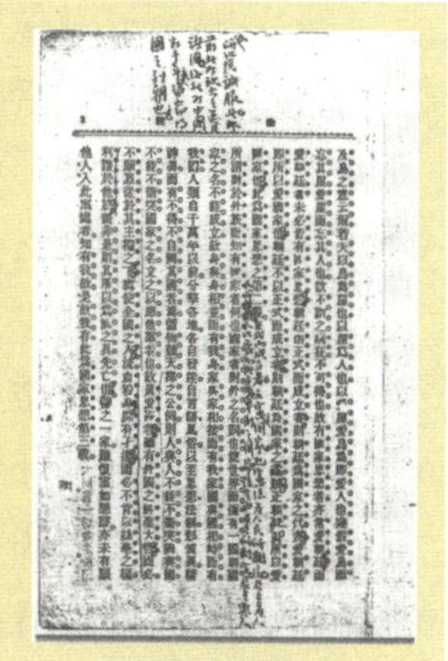

梁启超在日本编印的《新民丛报》。

这是他关于中国以外世界的第一个印象。从此，他逐渐建立起一个终生的信念：日本是中国亲密的小兄弟。

战争主题，也标志着毛泽东在世界历史方面迈出了最初的步子。有一天傍晚，体育活动之后上课铃响起，浑身是汗的学生们正走回教室，毛泽东正好碰上萧家两兄弟之一的萧三。“你手里拿的是什么书？”毛泽东问了一声。那是一本名为《世界英雄豪杰传》的选集。毛泽东爱读书，书对他有着强大的吸引力，于是问是否可以把书借来看看。随后的几天，他像人们艳遇新情人一样抱着书不放。[4]

当书还给萧三的时候，萧发现书已像排版校样一样标上了批注和符号。毛泽东在关于拿破仑、华盛顿、彼得大帝、格莱斯顿、林肯、叶卡捷琳娜二世、卢梭和孟德斯鸠的段落旁边，用铅笔画满了圈圈和点点（中国人表示强调的方式）。

“我们需要他们这样的伟大人物。”毛泽东热切地对萧三说。中国必须富强起来，“避免重蹈印度支那、朝鲜和印度的覆辙，”他引用了学者顾炎武（1613—1682）的名言：“天下兴亡，匹夫有责。”

他打开《世界英雄豪杰传》，对着他这位同学（萧三并不习惯领受毛的指教）高声朗读一段关于华盛顿的话：“只是在华盛顿的领导下，经过八年艰苦的战争，美利坚才赢得了胜利和独立。”

就像地平线上出现了一道光亮，年轻的毛泽东注意到了西方世界。同后来一样，当时西方之所以吸引毛泽东，并非因为西方本身的价值，更重要的是中国能从西方学到什么。美国进行了一场革命，那么中国呢？

为了了解更多的伟人以满足他对英雄的渴望，他喜欢读关于中国古代帝王的书，有两个人他终生不忘：统一中国的强人秦始皇和有军事才智并使汉朝走向强盛的汉武帝。

因为毛泽东对《三国演义》和其他一些英雄传奇了解很多，同学们很尊敬他。他们喜欢听他讲述其中一些有趣的章节。但毛泽东把这些小说当作历史事实，使大家都很吃惊。就此他还和历史老师进行争辩。他咒骂任何同意历史老师观点的学生，甚至抡起椅子打了其中一个。多年以后当他回忆起小学岁月时，他承认，他讨厌被人批评。[5]

为了小说的事，他甚至跑去见校长。当这位有学识的先生也打破了毛泽东关于三国故事是群雄逐鹿时代无可置疑的发生过的事实这一信念时，毛泽东起草了一份给湘乡市长的请愿书，要求撤换这位校长，并声色俱厉地试图迫使他无所适从的同学们也签上名。

毛泽东是个认死理的孩子，缺乏作为安全阀的灵活性。关于这些小说，他过于天真固执。在他还在韶山稻田中耕作的时期，这些小说对他确实非常重要。

这一《三国演义》事件使他在东山的日子更不好过，但同时也预示了毛泽东后来的思想风格：特立独行的思路，坚持己见，固执地不接受简单的事实，以及蔑视任何看问题同他不一样的人。

毛泽东学习成绩很好，所以校长同意他 5 个月的试读期过后继续上学。然而，虽然书读得好对他社会交往方面常出现的不愉快是个安慰，但这也像硬币一样有两面。那些认为他的热情过于褊狭的同学因此而更加看不起他。他开始考虑另寻他途。

毛泽东在东山已经开阔了眼界。现在他希望周游湖南，并看一看长沙这座城市。

这段时间里，毛泽东曾回过韶山两次，一次在中国旧历年，一次在初夏学期结束时。这两次回去让他更觉得需要坚持自己的想法。他父亲变得更成熟了一些，但仍然是眼光短浅。他问毛泽东："你什么时候才能完成学业当上先生，回来光宗耀祖？"[6]

1911 年春，毛泽东带着他的扁担和行李卷离开了湘乡。萧三也同毛泽东一起离开了，不过是由于他自己的原因而对东山不满意。他们步行到了湘潭。毛泽东向湘潭的一所高小提出申请，但由于他年龄太大、个子太高，申请被拒绝。

毛泽东还有一个后备计划。在东山时，他就请一位老师为他进长沙的一所中学打通了关系。萧三和毛泽东挤进了由湘潭开往省会轮船的三等舱。令毛泽东惊喜的是，他没费多大周折就被录取，进入这所专为湘乡人开设的很好的学校。

萧三回忆说，看着长沙纷纷攘攘的景象，毛泽东"激动得说不出话来"[7]。长沙天气炎热，地势平坦，到处布满灰尘，当时人口有 80 万。这座城市于 1904 年作为条约口岸对西方开放贸易，现已日益繁荣起来。但另一方面，它又是反对清朝政府的革命运动这棵树上成熟起来的一个果实。

毛泽东有生第一次见到一份报纸。他已经知道，印刷品是打开历史的一扇窗户。但在这里，报刊讲的是时事！

《民立报》是孙中山领导的民族主义运动的喉舌。毛泽东在该报竖排版挤得满满的栏目中，读到了在广州发生的一起不成功起义的消息。这次起义由湖南人黄兴领导。毛泽东回忆说："我深为这篇报道所感动，发现《民立报》充满了激动人心的材料。"[8]

在该报的激励下，毛泽东自己也写了一篇文章。关于这篇充满热望的文章，毛泽东说："这是我第一次发表政见，思想还有些糊涂。"当时他还把这篇文章贴在了学校的墙上。他在文章中建议组织一个半改良半革命的新政府，由孙中山任总统，康有为任总理，梁启超任外交部长！（这和 20 世纪 90 年代晚期的一个美国青年出于国家团结的热情，建议组成由杰克·肯普任总统、奥普拉·温弗瑞为副总统和阿尔·戈尔任国务卿的政府一样天真。）

英雄豪杰仍然是 17 岁的毛泽东关注的焦点。但君主已经不在他

* 留辫子是中国男人忠于半外来的清王朝的标志。

的英雄清单上。毛泽东成为学校里第一批剪掉辫子的学生*，这是一次激进的行动。随后他和另一个一同造反的同学追查到另外10个同学，他们本来也签署了“剪辫子协议”，但在最后一刻退却了。他们两个强行对那些同学的辫子施以剪刑，从而又为反清事业收获了10条辫子。

历史只给了毛泽东四个星期留在这所长沙的中学。1911年10月，革命者在武汉开始了推翻清廷的行动。经过267年之后，中国垂危的最后一个王朝行将崩溃。革命军在一个月之内就攻占了17个省。清王朝时代结束了。

长沙树荫覆盖的宽阔街道上充满了令人晕眩和激动的气氛。政治大潮已经突破了老的藩篱，但仍未形成新的格局。教科书已暂时被忘却。学生们不再写老式的八股文，改而写出要求美好未来的口号。

革命军的一位发言人来到毛泽东所在的学校，就新时代的前景作了讲演。毛泽东非常感动，决定“参加革命”。仔细考虑他今后的具体计划整整五天后，他加入了革命军在湖南的一支部队（称作新军）。[9]

毛泽东所在部队驻守长沙，他的军饷是每月七元。两元用作伙食费，剩余的大部分买报纸。他像读神圣的手稿一样专心致志地阅读这些报纸。按照定义，这些都是左翼出版物；这种媒体就是一种信息来源，因为在中国的政治生活中，报纸是一种全新的传播工具。

毛泽东在《湘汉新闻》上读到一则关于“社会党”的报道，该党刚刚由曾留学日本的一个湖南人所创建。其他文章也开始把“社会主义”作为重新组织社会的新奇思想加以讨论。毛泽东这是第一次见到这个提法。

社会主义在当时意味着社会改革，模糊地含有集体主义的意思。马克思主义还根本没有人提到。但是列兵毛泽东已经很受感动，他给以前的老同学逐一写信，介绍这一有吸引力的思想。但他只收到一封回信。

在整个历史进程中，当政治形势仍处于不成熟状态时，半知识分子往往是最具影响力的人。在军队中，毛泽东开始显露自己是个半知识分子。毛泽东拒绝参加学生团，不仅因为他比他的同学们都年龄大、个子高，而且还因为他对整个教育界怀有一种复杂的心态。

他对学校给他的影响有一种恐惧感。作为毛顺生的儿子，他现在比他自己所希望成为的人有了过多的受过教育的绅士味。在都是文盲的士兵中间，他喜欢当一个象征性的文化人。他曾回忆说："我能写字，有些书本知识，他们敬佩我的博学。"他给他们起草家信，还从报纸上读一些零星消息给他们听。[10]

其他士兵吃水都是自己从叫作白沙的那个地方的公用水井去取，而毛泽东是从送水到军营的水贩子那里买水吃。由于模糊地意识到自己将有新的前途，他只是不经意地说："但我是一个学生，不屑挑水，只好向挑夫买水。"[11]尽管他父亲实施了暴君式的管教，最终也没能把泽东调教成一个普通的种田人。

"我以为革命已经结束，"毛泽东回忆 1912 年春天的往事时说，"便退出军队，决定回到我的书本子上去。"[12]孙中山和袁世凯已达成协议。这个袁世凯是个靠不住的铁腕人物，他脚在革命阵营，可心还在旧王朝。革命的军事阶段结束了。

毛泽东没有培养出对军队的感情。他基本上没有参加过战斗，他的军旅生活主要是当勤务员伺候军官。他之所以参军，是因为他觉得军队将为建立新中国而有所作为。他毫不掩饰对儒家道德的不以为然，对一个朋友说："如果民众都软弱可欺，那么完善其道德又有何用？最重要的事情是使其强大起来。"[13]

连长和排长都劝他留下来。但是当军队不再回应时代的召唤时，他迅速地离开了。学校的吸引力又把这个 18 岁的半知识分子拉回来了。

但是去上什么学校呢？毛泽东拿不定主意。他浏览了《湘汉新闻》和其他报纸上教育栏的广告。还有，怎么付学费呢？从韶山传来的回答是，泽东现在应该找一个工作了。

这个退伍士兵在一间为湘乡人开设的廉价宿舍里租了一张床，并开始了他一生中第一次也是最后一次自由漂泊的日子。

一条警察学校的广告吸引了毛泽东。但他也看上了另一条广告，可以提供制造肥皂的课程，可能觉得这是一项清洁美化中国的行动？两所学校他都报考了，但到临开课时，他放弃了。

他又报考了另外两所学校，相信这两所学校对他的家人有足够的吸引力，可以从他父亲那里讨到学费。一所是法律与管理学校，另一所是商业中专。

毛泽东在提到写信向父亲要钱去上第一所学校时，他说："我把将来当法官的光明图景向他们描绘了一番。"但还没等到韶山方面的回音，这个拿不定主意的青年，对这两所学校又都失去了兴趣，同时又一次损失了报名费。[14]

毛泽东听取了他以前同学一个接一个的建议，但一个也没有敲定。按他自己的话说，用10个指头去抓10个跳蚤，干看着跳蚤都跑掉了。

很快，毛泽东看准了一个"跳蚤"作目标。他付了报名费，注册了一所高级商业学校。毛顺生同意支付学费。"我父亲很容易理解善于经商的好处。"于是年轻的毛泽东坐下来开始学习经济学。

他事先所作的调查可能不够细致，结果发现很多课堂讲授和课本都使用英语。他学语言的本事不好，只在东山学到英语的一点皮毛。

毛泽东回忆说："这种情况使我感到很讨厌，所以到月底就退学了，继续留心报上的广告。"[15]

毛泽东由于缺钱花，比以前更显得邋遢。他在长沙闷热而熙熙攘攘的街道上一个个木板房茶馆里坐下，睁大眼睛缓慢地扫视着报纸上的广告。做点什么呢？

在一段时间里，毛泽东对他周围的生活采取了一种戏弄的态度。他看到一切都有两面性。他不与其他人交往，圈在自己的世界里（他在想些什么，我们不得而知）。他坐在人生的露台上，凝视着下面人群徒劳地奔忙。

"我即宇宙。"他在道家一样的沉思中匆匆写下自己的感悟。[16]

他和几个朋友一起去观赏一场巨大的“篝火”。湖南省政府军的军火库爆炸，燃起熊熊大火。在一年之前，他还以火一般的热情加入了这支军队，然而现在他却只是幸灾乐祸地议论眼前的景象：“比起放爆竹来要好看得多了。”[17]

有一天，三个朋友在天心阁的顶层碰见毛泽东。他正独自一人从这座建在城墙上的七层楼高的明清风格的阁楼之上凝视着长沙层层叠叠的屋顶，很专注。毛泽东很快从他的白日梦中惊醒过来，于是四个人一起离开去喝茶吃瓜子。

这三个年轻人在社会地位上都比毛泽东高一等。其中一个还时常借钱给他。或许在实际生活中，他们对政治比毛泽东也知道得多一些。其中一个姓谭，父亲是个高官。他说，废除君主制就意味着“我们人人都可以当总统”[18]。

当另一个学生用俏皮话打断谭的议论时，毛泽东不再沉默：“让他说下去，我很感兴趣，让他说。”谭接着解释为什么对一个政治领袖来说，学问不如斗争意志那么重要。这一观念使毛泽东陷入沉思，就像刚才他看着长沙层层的红色屋顶时一样。

在一层迟疑不决的雾障后面，这个漂泊者似乎正在形成一种世界观。

他跨进另一所学校，这次是湖南省立第一中学，但 6 个月后他又离开了。关于学校，他已经充满了自信心。在第一中学的考生中，他的入学考分最高。

或许有点自鸣得意，他对这所学校有两点批评：“它的课程有限，校规也令人反感。”这种批评在很大程度上表现出青年毛泽东的性格。[19]

一位老师借给毛泽东一本他很喜欢的书，即官方的历史书《御批通鉴辑览》。这本书成为他随后采取下一步行动的出发点。比起教室里能够提供的资料，他更喜欢书中读到的敕令和皇帝们的备忘录，因此他决定自学一段时间。

就好像 6 个月是他能够集中注意力的限期，毛泽东把自己关在湖南省立图书馆里半年时间，像一名隐居修道士一样闭门读书。

每天早晨图书馆一开门他就到了，晚上关门时他才离开。他像一座低着头的狮身人面像，趴在桌上读书，旁边堆着一摞书。他只在中午离开阅览室一会儿，买一块饼或是一个肉包子当午饭。

他如饥似渴地阅读现代西方的历史和地理。为拓宽视野，他也读小说、中国诗歌和希腊神话。他攻读了新近由改良派严复翻译成中文的亚当·斯密、赫伯特·斯宾塞、约翰·斯图尔特·穆勒和达尔文的主要著作，还有他曾在东山学堂时在《世界英雄豪杰传》中读到过的两位哲学家——卢梭和孟德斯鸠——的著作。

他长时间地盯着图书馆墙上的一幅《世界堪舆大地图》。他还从来没有看到过这种地图，上面画出了中国，但只是遍布世界的几十个国家中的一个，而不是只有中央帝国并仅仅是礼貌性地加上周边模糊的非中国边缘地带。

他对萧三开玩笑地说，在湖南省立图书馆，他"像牛闯进了菜园子"。后来他认定这半年的读书生活，是他一生中的制高点之一。[20]

在和别人一起工作时他有猴子的特性，而当他必须依靠自己的意愿办事时，他可以成为一只老虎。

毛泽东每天晚上从图书馆回到那个廉价宿舍，这是为湘乡人开的一所俱乐部，住满了临时滞留的退伍兵、学生和流民。毛泽东会在周围闲逛，观察人生百态。

1913 年在湖南省立第一师范学校求学时的毛泽东。

一天晚上，士兵和学生之间大打出手。士兵冲上去，试图打死那些学生。毛泽东似乎仍然像个自保的道教信徒，而不把自己看作一个重要的公民。谈到那个血腥的夜晚时他说："我躲到厕所里去，直到斗殴结束以后才出来。"[21]

读书的热情不能用来付房租。没过多久，毛泽东又不得不重新开始浏览广告栏目。他碰巧看到一条关于教书的广告—— 一所师范学校的广告，"很有吸引力"。不用付学费，吃饭、住宿都很便宜，毕业以后当老师。

毛泽东的两个朋友也劝他进这所学校。他们

希望毛泽东在入学考试上帮他们的忙。[22]毛泽东答应下来，并写了三篇文章。“那时候我并不认为我为朋友代笔是不道德的行为。”他回忆说。他只把它看成是一种友谊。此外，他还从中获得一种乐趣，因为他可以显示一下他的文学才能，正像他曾在军队士兵中所做的那样。三篇文章在第一师范学校都通过了。* 韶山家里同意了毛泽东的选择并寄来了费用。此时他意识到，前段时间自己确实过于轻浮、率性，很可笑，现在这些终于结束了。23 年之后毛泽东回忆说：我从此“抵住了后来一切广告的引诱”。

* 毛泽东一开始上的实际上是第四师范学校，但在几个月后这所学校和第一师范学校合并了，不再独立存在。到 1914 年初，毛泽东就是第一师范的学生了。见 Li Jui，p. 42。

政治形势变得很糟。袁世凯竟然试图复辟帝制，改头换面要当皇帝。一方面是游戏式的新传统主义，另一方面是孙中山的激进主义，缺乏凝聚力的联盟处于风雨飘摇之中。这两种势力之间形成了紧张局势，而军阀们趁机爬到了前台。在长沙，一个军阀杀害了 1911 年起义之后在湖南掌权的两位激进派领导人。到 1917 年夏季，中国有两个政府：在北京是军阀杂拼的政府，在广州是孙中山领导的苦苦支撑的政权。

日本对中国正进行蚕食，但没有人出来组织全国性的抵抗。国内的军阀再加上外国列强正在冲撞中国脆弱的国门，给中国百姓造成了新的苦难。在 10 年之内，湖南的存栏生猪减少了一半，知识分子中间弥漫着悲观情绪。

中国甩掉了旧的外壳，但仍然抓不住新体制的核心。

这种形势对毛泽东来说倒不完全是坏事。他不得不仍然冷眼旁观，因为就他现在所处的地位，他还不能为一团糟的中国做什么事情。现在是取得良好教育的宝贵机会，他及时抓住了这个机会。早期的一段课堂笔记表现了他对学习的乐趣：“记下随时产生的想法，自由地表达我们想到的东西，这样可以帮助我们保持平衡。”

毛泽东和其他 400 名学生一样，穿着蓝色毛质校服。他们的校园建筑是英国式的（由日本人模仿修建），四周是带柱廊和拱门的两层楼，中间是庭院。

像中国所有的学院一样，第一师范学校是新建的，但它有很好的设施。教师们继承了湖南深厚的做学问的传统。学校的外墙上刻写着第一师范的校训：“实事求是”。这里的“实事”就像校园的建筑风格一样是兼收并蓄的。毛泽东午饭前在读中国历史，而到午休时又在读德国哲学。

他仍然身材瘦削，更突显了他严肃的大眼睛。他的两只手、他的发型和他穿的鞋子已显示出他是个年轻的知识分子。灰色的长袍替代了以前肥大束腰的粗布上衣。他的言谈和举止仍然是从容不迫的。他并没有变得像一般的中国学生那样口若悬河、指手画脚。在会议上他很少说话。

毛泽东在学校繁多的课程中有选择地进行学习。他研读了亚里士多德、霍布斯、柏拉图、康德、尼采和歌德的部分著作。在斯宾塞《社会学原理》一书的译本中，他读到一种思想，他用自己的话记在笔记本上："美国谚语说：'吾国说对即对，吾国说错即错。'"他显示出广泛的好奇心，并愉快地、兼收并蓄地吸纳各种知识与思想。在给萧瑜的一封信中，他说："耶稣被断章取义了。这样做的人未必有罪，即使真的有罪于一个睿智的人来说也不足挂齿。"[23]

"这所新学校有很多校规，"毛泽东说，"我赞成的极少。"[24]在第一师范，值得炫耀的事和丢人的事他都做过。有一次他在宿舍读书到深夜，把棉被扯得离油灯太近，结果引起了一场小小的火灾，烧坏了几张床。一个同学家里为他安排了一桩他很不情愿的婚姻，毛泽东非常同情他的痛苦，就跑到这位同学家，力劝他父母放弃这桩他们认为不错的婚事。

在第一师范，人们似乎不怎么称呼他的名字"泽东"，而称他的字"润之"，字面意思是"使受惠"或是"润滑剂"。

毛泽东当时读过的部分西方名著。

凡是毛泽东看不上的课程，如静物写生和自然科学，他连碰都不碰，常常得零分或接近零分。他喜欢的课程，如写关于文学和道德主题的文章或者社会科学，他就热情投入并出色发挥，常会得到100分。[25]

毛泽东的美术作业。恐怕是比较好的一次。

仅仅选择放弃枯燥乏味的静物写生，可不是毛泽东的习惯，他还要表示出对它嗤之以鼻。在一次图画考试中，他随手在纸上画了一个椭圆形的圈，题名为“鸡蛋”，随后就离开了考场。有一天，他为了可以早些离开教室想了一个办法：他只画了一条横线，上面再加个半圆，起名叫“半壁见海日”（借用唐朝李太白名诗中的一句）。静物写生他不及格。

毛泽东以其敬慕的改革英雄梁启超较自由的风格撰写热情的文章。但是绰号叫“袁大胡子”的国文老师却“看不起我视为楷模的梁启超，认为他半通不通”[26]。

袁还说毛泽东在他写的每篇文章的最后一页末尾注上日期太过傲慢。有一次这位老师当着全班的面，把毛泽东一篇文章注了写作日期的最后一页撕掉。毛泽东站起来，抓住袁的胳膊，问他究竟在干什么，并且要拉他到校长办公室去“评评理”。[27]

奇怪的是，对大多数的限制，这个年轻人都是反抗的，但却不反对自己被古典主义所改造。“我不得不改变我的文风。”他讲的并不完全是真心话。实际上他非常喜欢古文的形式，特别钟情于怀疑论学者韩愈（768—824）的风格特色。

22年之后，毛泽东对埃德加·斯诺说，“所以，多亏袁大胡子，今天我在必要时仍然能够写出一篇过得去的文言文。”[28]（“必要”是另有含义的，因为当时他已开始批评**其他**人用古体写文章。）

看来，在文学风格上毛泽东是在后退，而与此同时，在政治上他却快速地向前走，超过了改良主义分子。他以古典主义和革命这种两路夹击的攻势，推翻了梁启超在他心目中的英雄地位。

北京大学伦理学教授杨昌济。

他已经显示出对自己健康状况的关切。1915 年 9 月他在写给萧瑜的信中这样说："胃病折磨我好多天了"；"注意健康很重要。一个人只有身患恶疾时才知道健康的幸福。"[29]

毛泽东在第一师范接受教育，最主要的是道德哲学加读报，这成为他终生的两项最爱。

像大多数年轻人一样，毛泽东接受的影响既来自言教，也来自身教。从 1915 年起，他的伦理道德样板是一位具有一种罕见能力的人，很多年轻人成为他的忠实弟子。他是一位具有某种颠覆性的绅士，公开支持寡妇再婚的权利，这引起长沙社会的哗然——他就是杨昌济，一个被中国新时代潮流裹挟的旧中国传统的继承人。

杨昌济有一种家长风度，人们给他起了个绰号叫"老夫子"。他讲课是在课堂上朗读早已准备好的手稿，但他在一代渴求人生意义的年轻人心中，播下了可以结出激进主义果实的种子。

杨昌济崇敬宋代儒学（理学，始于 10 世纪），但他也在英国和德国度过了 4 年时光，吸取了康德、T. H. 格林和其他欧洲理想主义思想家的理论。把两者联系在一起的，是他对心灵和意志的信仰。善于思索，勇于实践，你头脑中新的思想就会使世界变样。毫无疑问，这是个人主义，但这是为社会优化事业服务的个人主义。

除了 20 世纪 30 年代和 40 年代很遥远的斯大林以外，没有哪一位仍然在世的导师比这位爱丁堡大学毕业的中国哲学博士给毛泽东的影响更为深刻。毛泽东受到杨昌济伦理课的极大激励，他甚至就一位不太重要的新康德主义者 F. 泡尔生所著 10 万字的教科书《伦理学原理》，写下了 1.2 万字的批注。星期天在杨昌济的住所，毛泽东和其他受先生宠爱的学生总是整个午饭时间都坐在那里，毕恭毕敬地倾听。毛泽东后来娶了杨昌济的女儿，他们最早见面就是在这种拘谨的午餐会上。作为老师、朋友和岳父，杨昌济很容易对毛泽东施加影响。

毛泽东以文章回应了杨昌济德育的激情。一篇题为《心之力》

的热情的文章得到了令人羡慕的100加5的分数。这使毛泽东非常兴奋，他把这事告诉了很多人。

很久以后，这位前学生在讲到他的那位教授时，说他是“一位道德高尚的人”[30]。这是一个很难得的赞誉，因为它不带阶级分析的色彩。

毛泽东总是晚上很晚还在学校图书馆里仔细阅读长沙和上海出版的报纸。其他学生会过来听他介绍一周来中国国内混乱的局势和第一次世界大战战局最新的变化。

来自欧洲的每一条消息，诸如凡尔登、兴登堡的战术、为保卫巴黎而征用出租车等，毛泽东总是举出中国历史中类似的事件加以说明。他是一个比较学“活历史”（这是他用来说明报纸的价值的术语）方面的顾问。

无论哪个同学要找毛泽东，人们都会告诉他：“到报刊阅览室去找。”[31]

毛泽东总是用家里寄来的很少的零用钱购买报纸（他父亲称这个习惯是“把钱浪费在废纸上”）。[32]他还把报纸的白边剪下，并把这些白纸条订成小本子。仔细看一下就会发现，毛泽东在这些纸条上写满了城市、河流、山脉的名字。他在读报上的新闻时，手边总是放着中国地图集和世界地图集，他把提到的每一个地名查出来，然后把它写下来。

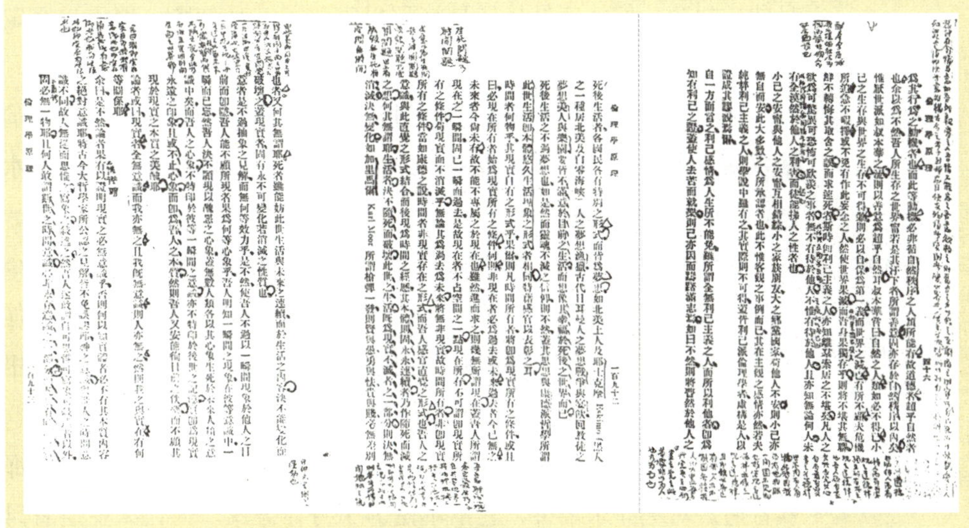

毛泽东写在课本《伦理学原理》（泡尔生著）上的批注。

杨昌济会专心地对社会施行一种道德疗法。而毛泽东一行一行地阅读报纸，这是通向社会行动的一扇门，这扇门此后会引导他超越杨昌济的道德世界，开始一个暴力的人生。在当时，对一个仍然坐在图书馆里读书的青年来说，德国的理想主义和热心的中国公民身份还是能够和谐并存的。

王夫之（1619—1692），号船山先生，明末清初的思想家、哲学家。

为了使毛泽东能紧随自己的路前行，杨昌济向毛泽东介绍“船山学社”和《新青年》。王船山是一位 17 世纪主张济世救民的爱国者和哲学家，而《新青年》杂志则把现代西方思想这把刀子插进了僵硬的中国传统的胸腔。

像杨昌济一样，毛泽东从未丢弃中国自己的文明这根支柱。如果说他急切地接受了西方思想，那他也是把这些思想当作医治重病的中国的药片和绷带。“国家为一有机体，犹人身之为一有机体也，非如机械然，可以拆卸之，而更可装置之也。”杨昌济这样写道，毛泽东同意这种观点。[33]

杨昌济身处现代中国起始时期。他在长沙出门时乘坐四人抬的轿子，同时他又笃信洗冷水浴、不吃早饭磨炼体魄的功效。毛泽东虽然反封建，但他还是从杨昌济那里吸取了一种信念，即通过坚定的努力，可以使人获得新生。

他着迷于身体训练，认为这是把自己的造反精神导向社会变革的第一种方法。在“文明其精神，野蛮其体魄”的口号下，他洗冷水浴，以便不依赖坐轿。

毛泽东和朋友们一起在长沙周围爬山，在冰冷的池塘里游泳，很长一段时间每天只吃一顿饭，长时间晒太阳（他认为太阳会给他带来力量），而且一年中的很多时间里在学校庭院里而不在宿舍里睡觉。所有这一切都是为了使自己的身体强健起来。*

*除了体魄以外，这又是怎样的性格锻炼！然而，毛泽东蔑视学校每天 10 分钟的哑铃和棍棒操，甚至还写了讽刺这种“机械性”锻炼的文章。毛泽东喜欢自编的身体“测验”。见 Li Jui，pp. 28－29。

“体格锻炼”（毛泽东这样称呼体育技能）在中国不像在西方那样普遍。对毛泽东来讲，它不单是为了身体健康。为什么要逆着风大声朗诵唐诗？当然不只是练嗓子，更是为了在意志力同一切阻力进行的搏斗中获取乐趣。

“与天奋斗，其乐无穷！与地奋斗，其乐无穷！”毛泽东在日记里这样写着。

上面的话摘自萧三的回忆录的译文。[34]但原来的中文里还有第三句话：“与人奋斗，其乐无穷！”某一位有马克思主义思想的人认为删去这句话为好。如此锻炼出来的不单是坚强的体魄，还有要进行社会斗争的更为坚定的意志。一天夜里，毛泽东突然来到蔡和森（他的一位志趣相投的朋友）的房间。外面下着暴雨，他全身浇得透湿——他刚从长沙著名的岳麓山山顶跑下来。[35]朋友问他为何如此。他说，因为他想体验一下古老的《尚书》中那句话的感觉：“纳于大麓，烈风雷雨弗迷。”

在长沙第一师范的第二个夏天，毛泽东和萧瑜（萧三帅气而平和的哥哥）一起步行周游了湖南的五个县。这一“游学”的灵感来自毛泽东在《民立报》上读到的一则报道，有两个学生周游了全中国，最远到了西藏。

毛泽东和他的朋友一路上根本没有带钱，他们吃住靠为当地士绅书写吉祥对联。这次游学持续了六个星期，走过了大约一千里地，确实使毛泽东对他的家乡湖南省增加了不少了解。

毛泽东在23岁时，把锻炼身体和写文章结合了起来。他第一次发表的文章《体育之研究》刊登在《新青年》杂志上。[36]他用的笔名是“二十八画生” （“毛泽东”这三个字的繁体写出来是28画）。[37]

文章用词激烈：“运动宜蛮拙。骑突枪鸣，十荡十决。喑呜颓山岳，叱咤变风云，力拔项王之山，勇贯由基之札，其道盖存乎蛮拙，而无与于纤巧之事。”

文章的论点有三个紧紧相扣的环节。充分发挥体能是意志的表现，而意志是身体与心灵的纽带。锤炼出坚强的体魄，最终则是为战斗做准备。毛泽东写道：“夫体育之主旨，武勇也。”无论是锻炼身体、进行战斗，还是感受愉悦，都是为了中华民族的昌盛。

“国力苶弱，武风不振”，这是毛泽东文章的第一句话，随后文章完全围绕如何改变这种局面而展开。

此时，在毛泽东对生活的渴求中还没有政治运作的观念，面对一个需要更新的中国，他只有普罗米修斯式的责任感。“自信人生二百年。”[38]后来他记起他当年曾这样说。

在第一师范，毛泽东是在当了学生领袖之后，才把生活理出一个头绪来的。从1915年起，他成为学友会重要的积极分子[39]，到1917年，他在34名当选的人中（全校共有学生400余人）名列前茅，并开始负责学友会的事务。为了补贴学友会的费用，他亲自到街上叫卖小吃。[40]

他鼓动学友会反对繁琐的办事程序，并冒着被开除的危险，不断地给古板守旧又腐败的校长找麻烦，毛泽东称这个校长为“复古派”。（有意思的是，竟然是“袁大胡子”出来为毛泽东辩护。毛泽东办事的决心甚至赢得了曾被他顶撞过的人的尊敬。）毛泽东动员学生们筑起路障，顶住了湖南的和北方军阀的士兵的入侵——他们看上了这座校园，想要占用并进行抢劫。

学友会在毛泽东的带领下，组织了反对日本“二十一条”和其他列强欺侮中国的抗议活动。毛泽东这时看到了日本黑暗的一面。[41]他读了一本关于中日危机的书，名为《明耻篇》。在封面上他写下：“五月七日（‘二十一条’签字的日子），民国奇耻，何以报仇，在我学子。”在给一个朋友的信中他问道：“拥有四万万人的民族岂受三千岛国之欺?”在1916年另一封写给萧瑜的信中，毛泽东预见中国和美国为与日本打仗，将会建立紧密的伙伴关系。[42]

在学友会的名义下，他为长沙工人创办了一所夜校。为这一实验性成人教育计划，他写了一份公告，贴在大街上。公告说：“都是个人，照这样看起来，岂不是同木石一样！所以大家要求点知识，写得几个字，认得几个字，算得几笔数方才是便益的。”他个人的工作作风也在公告中显现出来。公告接着说：“讲义归我们发给，并不要钱。”[43]

毛泽东忘了一点，没有几个学生对象能看得懂他这份高贵的公告。他不得不挨家挨户敲门进行动员。即使这样，学校也只维持了几个月。毛泽东确实进行了坚持不懈的努力。当物理课不受重视时，为了鼓励学生，他答应学生：“方才所讲，不过发端，将来如电灯之所以能用，轮船火车之所以能速，其理必皆告汝等知之。”[44]

在高年级的时候，毛泽东做了一件事，显示他获得了新的自信及最初的一些政治抱负。后来，他显然并非完全坦率地回忆说：“我这时感到心情舒畅，需要结交一些亲密的同伴，有一天我就在长沙一家报纸上刊登了一个广告，邀请有志于爱国工作的青年和我联系。我指明要结交能刻苦耐劳、意志坚定，随时准备为国捐躯的青年。”[45]* 启事的最后一句化用《诗经》：“愿嘤鸣以求友。”[46]毛泽东因为常常感到孤单，很可能也在寻找朋友。1915 年 11 月，毛泽东在给黎锦熙的一封信中说出了他的心里话：他的生活中还没有过朋友。“我朝夕忧心。” 1915 年 8 月他在写给萧瑜的信中这样说。[47]

* 实际上毛泽东只是把他的启事贴在长沙街道的一堵墙上。一家报纸发现了它，认为值得报道一下。毛泽东这一传单原来的题头是：“二十八画生征友启事”。

毛泽东只得到“三个半”回应。（这“半个”回应来自李立三，后来他成为一位著名的共产党领导人，毛泽东和他发生了冲突。提到李立三“未置可否”的回答时，毛泽东只是淡淡地说：“我们的友谊始终没有发展起来。”）然而这次看上去很幼稚的寻求爱国青年的做法，却导致后来极有意义的活动。不久毛泽东就创建了一个完全意义上的政治组织，称作“新民学会”。[48]这是湖南的天空中第一盏红色的信号灯。

“世界上有两种人，” 有一天毛泽东对萧三说，“一种人善于做具体事情，一种人善于做组织工作。前者要多于后者。但是，每个人都有他的长处。”[49]

毛泽东认为，组织者的天才就在于，他能够把各种人的长处结合起来。他不应暴露别人的弱点，或者反复指责别人的弱点，而应当鼓励把所有积极的因素联合起来。毛泽东的父亲未能做到这一点，而毛泽东将会做到。

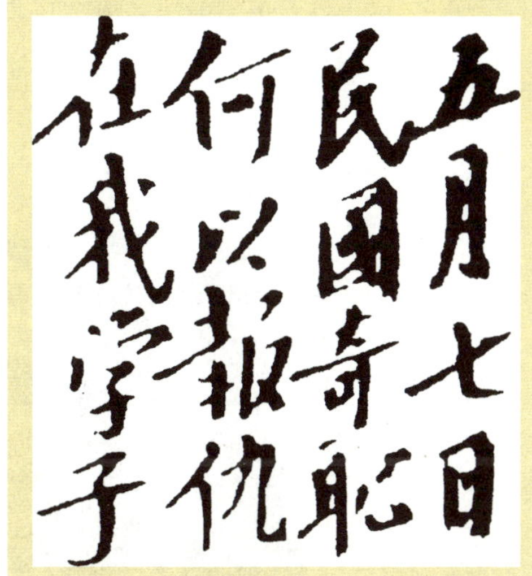

毛泽东《四言诗》手迹。诗中所提到的五月七日，是当时的袁世凯政府在日本提出的二十一项侵华条款上签字的日子。

1918 年 6 月，毛泽东从第一师范毕业了。像他朋友圈里其他人一样，在社会上，他是个持不同政见者，仍然没有归属感；在思想上，则充满了各种互相矛盾的观念。毕业前夕，他在给黎锦熙的信中说：“对于宇宙，对于人生，对于国家，对于教育，作何主张，均茫乎未定……抑且太觉糊涂。以糊涂为因，必得糊涂之果，为此而惧。”[50]

19世纪90年代的改良主义者们也是不同政见者，但他们在那个时代的社会中，还是拥有被认可的社会地位的。梁启超虽然被知识界视为圈外人，但在个人生活的结构中，他并不是局外人。

对于毛泽东这一代人来讲，旧中国已不再是一个统一的社会，甚至即将战火纷飞。传统的学问在一个军阀混战的时代没有任何意义。他也不能像在檀香山受过教育的孙中山那样，把自己看作一个西方化的中国人。他既不能像鱼一样“鱼翔浅底”，也不能像鸟一样“鹰击长空”。

然而，毛泽东已经彻底改变了他个人的生活。他不再受别人怪念头的驱使，已能够按自己的意愿行事。

毛泽东在第一师范是个了不起的成功者。杨昌济把他列为他在长沙曾教过的几千个学生里最出色学生中的第三名：萧瑜是第一名，蔡和森（也是毛泽东的朋友，后来成为共产党里一度辉煌但很快陨落的流星）是第二名。在他毕业前最后一年，他的同学们把他选为道德品质、勇气和演讲与文章雄辩能力方面全校的模范（校长

毛泽东求学的湖南省立第一师范学校。

可不会选他!)。一个同学称他是“一个奇才”，另一个同学说他“很有思想”。[51]

他自己的哲学观点正在形成。对中国人的尊严、荣誉，他始终保持清楚敏锐的看法。他信奉自作主张。他已经抛弃了他心目中早先的英雄梁启超和康有为的改良主义。他现在觉得，中国在惊天动地的变革中必须有新的东西出现。

在新民学会准备阶段，有一天晚上，在蔡和森家里，毛泽东激动地说：“现在国民思想狭隘，安得国人有大哲学革命家、大伦理革命家，如俄之托尔斯泰其人，以洗涤国民之旧思想，开发新思想?”[52]但问题是新思想会带来新社会么?

毛泽东在这些年里很少提及“革命”二字，但当他使用这一词语时，他的意思也仅仅是指扫除旧事物。他毕竟只有24岁，可塑性还很强，所以一位老师，甚至袁大胡子，更不用说杨昌济了，都可以对他的思想产生终生的影响。

毛泽东的风格是当混乱思想的澄清者，不容许任何自我放纵的自满情绪。在任何情况下，他都像一把尖刀。他会提出质疑、探究、进行检验并加以抵制。

在长沙第一师范的5年半中，他在书籍或副本的页边上，写下了不下100万字的分析性、有独特观点的批注。在页边上，他常常写下“荒谬”或“不通”之类的批语。[53]

他喜欢“学问”一词。[54]他常对萧三强调说，要学习就要发问、探究。在会见回应他征友启事的那“三个半”中每一个年轻人时，他的第一句话不是打个招呼，而是劈头就问对方最近读过哪些书。

毛泽东有一天造访一个家境富裕的新民学会中的朋友。年轻的主人打断了他们的政治谈话，叫进一个仆人，讨论了一会儿买肉的价格问题。毛泽东对这种用家务琐事干扰有关中国前途大事的做法非常不满，从此他结束了同这个富家子弟的友谊。

毛泽东严于律己。对待自己，也如同一把尖刀。有一件事最能说明他进行自我修炼的方法：他有一个习惯，带着书到距第一师范不远的一个叫南门的最喧闹的地方去看书，为的是检验自己集中注意力的能力。这是培养英雄的小小路径。如果说他还没有能力塑造他周围的世界，但他已能够塑造自己了。如果说毛泽东还没有一个胸有成竹的总体计划，但他现在已不是独自一人。在东山学堂时，他与众不同，但那是一种悲惨的孤立。到 1918 年，他仍然与众不同，但这种不同，成为他发挥影响力的优势。其他人随时会跟他走。他的怪癖举动变成他的策略。这位学生已经成为一个领袖人物。

毛泽东有一种坚持不懈的精神。他也随着时代向前跳跃。甚至在第一师范，他就把传统和权威打翻在地，因为这个不安于现状的新的未来精英，已经不信那一套。毛泽东现在只是个学生领袖，他的激进计划也仅仅是洗冷水澡而已。但是时代的性质，锁定了一种毛泽东自己可能还没有看到的联系：教育—体魄——场政治革命。

这三种东西之所以联系在一起，是因为在中国这种混乱的情况下，获得知识就是为了采取行动，而采取行动就意味着流汗和战斗。而在第一次世界大战期间，在长沙第一师范当一名学生造反者和狂热的体格锻炼者，其自然的逻辑就是，使其思想很容易接受马克思主义，尽管在 1918 年毛泽东长着乱蓬蓬头发的脑袋里，连一条马克思主义的基本原理都还没有。

毫无疑问，他脑子里是一堆互相矛盾的东西。纸上的解决方案不能医治实际生活中的弊端，古老传统和现代性不可能永远并行不悖。难道一个精力充沛而有教养的人，最后竟会像一只苍蝇一样撞死在中国大众苦难的墙上吗?

未来的日月将像一把剑一样穿透这些矛盾。但此时毛泽东有一个信条，他把它草草地写在他那本泡尔生的《伦理学原理》的页边上："凡有压抑个人，违背个性者，罪莫大焉。"[55]泡尔生在书中写道，如果所有的痛苦和灾难都被克服，对抗和争斗自然就消除了。毛泽东在页边上写道："人类不能久无变化。"[56]

1918 年 4 月，毛泽东的母亲患了结核性淋巴结炎。毛泽东的大弟弟泽民把她从韶山送到长沙进行治疗。他的小弟弟泽覃已经在长沙，毛泽东已安排他在第一师范附属小学上学。

文七妹于次年 10 月份去世，享年 52 岁。毛泽东后来在提到他母亲的去世时说："这样，我更不想回家了。"[57]为了母亲的安葬，他短暂地回到韶山。参加葬礼的人很多。

1919 年 10 月文氏病逝。毛泽东昼夜兼程从长沙赶回韶山守灵，并和泪写下一篇情深义长的《祭母文》。图为《祭母文》抄件。

多年后他对他的一个护士说："我母亲去世前，我对她说，我不忍心看她痛苦的样子。我想让她给我留下一个美好的印象。我要离开一下。我母亲是个通情达理的人，她同意了。"[58] 他母亲临终时，他不在韶山。后来他说，在葬礼上以及后来，大家对他母亲表达的那种感情，给了他极深的印象。

毛泽东为他母亲写了一篇献祭悼词[59]，悼词以古体写成，佛家的和儒家的思想各占一半：

> 吾母高风，首推博爱。远近亲疏，一皆覆载。恺恻慈祥，感动庶汇。爱力所及，原本真诚。不作诳言，不存欺心。

接着，毛泽东表达了直接的怀念：

> 病时揽手，酸心结肠。但呼儿辈，各务为良。

毛泽东在晚年提到他母亲时说："我作为儿子不够格呀，生不能尽忠，死不能尽孝。我就是这样的人。"

第三章

北京和上海的广阔世界（1918—1921）

毛泽东 26 岁生日前不久，他第一次离开家乡湖南省。

《三国演义》描写了三个豪杰，毛泽东和杨教授的另外两个学生也自称“三豪杰”。萧瑜是其中之一。再一个是蔡和森，他来自毛泽东母亲娘家那个县，是个激进的青年。

1918 年，杨昌济离开长沙到北京大学任教。他从首都给这“三豪杰”写信，谈到去西方勤工俭学为什么能帮助中国。新民学会讨论了这封信。蔡和森代表长沙就赴法国勤工俭学计划北上到了北京。毛泽东和另外 20 人于 1918 年秋也随其后去了北京。途中先是步行，又坐船到武汉，随后再坐火车到北京。

毛泽东本来就要去北京的。有了杨昌济搭桥，《新青年》杂志做中介，他已经进入新文化运动的外围。[1]关于北京出版的这份杂志，他对萧三说：“它有两个宗旨，其一是反对古文，其二是反对旧礼教。”

北京看上去是个了不起的大城市，但毛泽东的境况却不那么好。很多大学生在中小学的小池塘里是大鱼，但到了大学，感到又成了小鱼。毛泽东就体验到这种痛苦。他必须找个工作，否则无以度日。

杨教授住在北大后门附近的一所大房子里，毛泽东最初就和这所房子的看门人同住一间小屋子。后来他同另外七个湖南来的青年理想主义者在三眼井这个地方的一个大杂院里共同租住一间小房子。[2]他们八个人并排睡在北方民居特有的炕上，空气中散发着体臭味。毛泽东回忆那些像沙丁鱼一样挤在一起的夜晚时说："每逢我要翻身，得先同两旁的人打招呼。"[3]

北京物价比长沙高，买柴火烧炕使他们手头拮据。每人有一件棉外衣更是不可能的。他们八个人合买了一件（这种棉衣对湖南人来讲是罕见的，就像佛罗里达人罕有裘皮大衣一样），在严寒中他们只能轮流穿。北京很快就变得寒气逼人了。

毛泽东第一次来北京时的住处：景山东街三眼井吉安东夹道8号。

在这个陌生的地方怎样才能找到工作呢？毛泽东跑去请杨教授帮忙。毛泽东尽管很穷，但他在湖南上的是好学校，使他认识了一些人，也学会了想办法办事。杨教授给北大图书馆馆长写了一个便条：有没有一个差事给一个参加勤工俭学运动的穷学生？

在阅读《新青年》的过程中，毛泽东最敬仰两位作者。他说："他们一时成为我的楷模。"其中之一是李大钊教授，原来他就是北大图书馆馆长。

毛泽东得到一份在期刊室的工作，月薪8元。工作是很卑微的，薪水也很少。整理书架，打扫房间，登记借阅者的姓名。对一个具有师范学校毕业证书、已经26岁的人来讲，这简直称不上是一份工作。

对于北京大学，毛泽东不是来自长沙的一个出众的学生，而只是把杂志摆摆整齐的两只苍白瘦弱的手。毛泽东回忆说："我的职位低微，大家都不理我。"[4]

无论是在一个临窗的三屉桌前忙碌，还是沿书架巡查，穿着褪色的蓝布长褂和布鞋的毛泽东，不会漏过他眼前的事物。在借阅登记簿上，他认出新文化运动的主要领导人物。"我打算去和他们攀谈政治和文化问题，"他心酸地回忆说，"可是他们都是些大忙人，没有时间听一个图书助理员说南方话。"[5]

北京大学红楼。1918 年 8 月至 1919 年 3 月毛泽东在北京期间，曾在这里担任图书馆助理员。

在大学的其他地方，他的处境同样不好。他可以到课堂上去旁听，但不能发言。有一次他贸然向胡适提了一个问题。胡适是当时出名的激进分子，后来成为著名的自由主义者，并当过蒋介石的驻美大使。胡适问提问人是谁。发现毛泽东不是一个正式在册的学生时，这位激进而时髦的教授拒绝同他对话。

但是，毛泽东像水蛭一样，对周围任何好的东西都盯住不放。由于急切希望踏入知识界圈子，他参加了新闻研究会和哲学研究

北京大学图书馆馆长李大钊。

新文化运动的著名人物胡适。

会。这的确是恰当的选择，因为新闻和道德是他思想上主要的关切点。

他结识了一些新的人物，虽然他们之中没有一个成为毛泽东较亲密的朋友。这些人中包括张国焘，他出生于与韶山一山之隔的一个地主家庭。

中国的北方和南方在很多方面都有差异。毛泽东人生的前 26 年完全生活在南方的环境中。湖南和北京生活习惯的差别，至少像佛罗里达和蒙大拿之间生活习惯的差别一样大：严酷的冬天，不同的口音，饭菜缺少辣味等等；但是除了客观环境以外，更大的是心理问题。

北方是官僚传统的发源地。这里有很多官员和名流，他们认为苦力们除了出汗干活以外，头脑里不可能有什么思想。他们与在韶山的田里耕作的人们，如同隔世一般。

在 1918 年至 1919 年间，毛泽东有一种很强的地方性感觉。对于北京的生活方式，他终生有一种爱恨莫名的情绪，根子就是这年冬天种下的。然而，毛泽东也找到了他自己的北京。他常常独来独往，发现了北京及其郊区对他个人的吸引力。

那是从文学和古文物爱好的角度，他发现了他所喜欢的北京。他徜徉在公园和宫殿之中。在西山和长城，他去触摸古代中国的石头。他凝望着北海岸边垂柳枝头晶莹的冰挂，回味着唐代诗人岑参的诗句，岑参在诗中生动感人地描绘了这种水晶般的冬天景象。这个湖南农家青年，更深地把自己同这一超越时代的文明联系在一起。

在这座首都，每周都有政治苦难发生。但毛泽东似乎只关心那些更基本的事情。“北京数不尽的树木激起了我的惊叹和赞美。”[6]一时间，这个反偶像的长沙造反者，被喜欢诗歌、朦胧的山峦和中国古代传奇的梦幻者所替代了。

毛泽东决定不去法国。蔡和森和长沙来的其他朋友坐船出发了，但毛泽东觉得有些障碍使他不能走。去法国的一个要求是学法语，而毛泽东却学不好。此外，虽然这项计划是得到补贴的，但每个学生仍然要支付一笔打折的路费，毛泽东已经负债累累，不好意思再向他手头较为宽裕的熟人伸手借钱了。*

或许还有对杨小姐的牵挂。毛泽东最近常在杨教授舒适的家中

*毛泽东一文不名的尴尬状况，在少年中国学会组织的一次讨论会上发生的一件事中突出地表现出来。“总是坐着空谈没有用处，”毛泽东突然激动地说，“我们必须行动。把你们的衣服交给我，我来洗……不分大小件，价钱统统一个样。三天以后你们取回衣服付钱就行。”没人吭一声。最后，一个学生怕毛泽东太尴尬，就说：“明天你过来帮助洗衣服吧。我要看看你是不是做得好。”毛泽东洗了衣服，当然也得到很满意的报酬。见 Li Huang，《明报月刊》，HK，1969/6。

和新闻研究会的会议中见到杨教授的女儿。杨小姐是新闻专业的学生，也不打算到法国工厂去做工。

说到底，毛泽东之所以留在中国，是因为出国的意愿不够强烈。那些障碍之所以成为阻拦，是因为毛泽东并不真正相信他自己的，或许还有中国的，未来的关键在西方。他的思想集中在中国的传说、中国的壮美和中国近年来受到的屈辱上。

讲到放弃坐船去马赛的机会，毛泽东说："我觉得我对我自己的国家了解得还不够，把我的时间花在中国会更有益处。"[7]尽管他这话中有自谦和一本正经两种奇怪的意味，但我们还是可以相信他提出的理由。他的基本态度早已定下，这一决定是自然而然的。同时，这一决定对未来有重要的影响：它强化了毛泽东的本土主义。

就在此时，在北京东南方200余华里的天津，一名叫周恩来的青年人做出了相反的决定，越洋去了欧洲。在西南方的重庆，另一名叫作邓小平的青年，也加入勤工俭学的行列，打起行装去了法国。

中国的革命是从图书馆开始的。反叛旧中国的运动，此时仍然处于混沌之中，急需一种理论给以指导。其实有一种理论早已存在，自

1919年3月，环球中国学生会在上海送别留法学生合影。后排右一为毛泽东。

从毛泽东的祖父还是个孩子的时候，自从马克思坐在另一个图书馆——大不列颠博物馆图书馆——的时候，这种理论就存在了。在第一次世界大战前不久，这一理论已被零星地译成中文。但只是随着苏联的布尔什维克革命，这种理论才在中国人的思想中活跃起来。

马克思主义是一种理论，一种有趣的理论，它主要给先进国家传达某种信息。而列宁主义则是另一种理论。如果落后的俄国可以进行马克思主义革命，如果帝国主义的必然逻辑是导致社会主义(列宁这样说)，难道中国不能成为这种革命的一部分吗？或许马克思那些艰涩的文章值得更仔细地研读一番？所以在 1917 年之后，少数敏锐的中国人，在毛泽东工作的图书馆里译出了马克思主义的文章和宣传册。

毛泽东甚至不必买一份日报就可以饱览要读的文章，这对他可怜的钱包真是个极大的恩赐。这时他第一次读到马克思和列宁的著作。

然而那一年冬天，毛泽东没有抓住马克思主义。在他心灵的坩埚里膨胀得更大的是无政府主义。他读克鲁泡特金比读马克思更多。比起系统性很强的德国人来，毛泽东更容易理解一位富有激情的俄国人。

像任何一个无政府主义者一样，毛泽东更了解他反对的是什么，而不太清楚他拥护的是什么。此时，他还没有攻击军国主义和帝国主义的思想武器。而且就他个人而论，那年冬天他的生活没有明确目标，正好与无政府主义合辙。

1919 年春，北京爆发了学生大游行，后来这被称为五四运动。这次运动把《新青年》倡导的思想推向了高峰。但是毛泽东没有参与其中。他正处于一次情绪低潮之中，所以不能果断行事。正当北京的学生们为国家大事而群情激奋时，他却在想自己的心思。他独自离开了北京，去了一个令人意想不到的地方。

当学生们把孔、孟骂得体无完肤时，毛泽东却跑到山东拜谒了孔子的墓地。

“我看到了孔子的弟子们濯足的那条小溪，”他回忆说，“看到了圣人幼年所住的小镇。”[8] 在这次旅行中，他爬上了东岳泰山，考

1919 年 5 月 4 日，北京爆发学生反帝爱国运动。这是北京大学学生的示威游行队伍。

察了孟子的出生地，还去了梁山县，这里是小说《水浒传》好汉们聚义的地方。

正当北京的激进派视老传统为垃圾时，毛泽东却任由自己去探索老传统的源泉。作为中国历史上第一次知识分子群众运动的五四运动已经形成，其主旨是铲除旧传统和反抗日本对中国的侵略行径，但毛泽东此时却置身于中国的名山大川。

在几处儒家圣地做了逗留之后，毛泽东继续他的行程。半路上碰到一个同学时代的朋友，于是借到了足够的钱买火车票。于是他坐火车到了徐州。在徐州，他游览了由于《三国演义》中常常提到而出名的地方。随后，他到了南京，沿着古城墙漫步。在这里，他仅有的一双鞋被人偷走，而且他不得不再次借钱，以便买火车票去上海。

这一行程安排似乎超出了预定去上海的目标。毛泽东说，他的目的是为前往法国勤工俭学的一行人送行。他的确到了上海的码头送他们出发，但他并没有从北京陪伴他们中任何一个人到上海，而他自己对封建传统重要地点的参拜，却用了好几个星期。

无论如何，有一点是很清楚的，北京对他没有很大的吸引力。

他在北京只停留了 6 个月。

新文化运动的旗手陈独秀。

上海是西方在中国的一个立足点，自第一次世界大战以后，它成为中国的第一大城市（人口 200 万）。这是个血液中都充满商业气息的城市。毛泽东并不喜欢上海，这里没有古墓、古迹胜地和山峦来吸引他。

他去拜访通过《新青年》结识的他的第二位“楷模”陈独秀教授。陈独秀是来自北京的一位文学名家，因受军阀迫害，于 1917 年迁往上海。他们的第一次见面虽然为以后进一步联系播下种子，但此时两个人都没有使对方真正产生好感。

毛泽东在街上漫步，读读报纸，找一找湖南籍的朋友。

他不住地牵挂着长沙发生的事情。随后传来了一个好消息，负责组织到法国勤工俭学的小组给了他一些钱，使他能回到长沙。毛泽东收拾好他的书籍、衣物和文件，于 1919 年 4 月开始了他回长沙的曲折行程：先步行，再坐火车，最后又坐轮船。

有一段时间，毛泽东的生活很困难。他在湖南大学为准备应考的学生开设的青年招待所里租了一张床。不久，他开始在一所小学兼职教历史。这所小学由他的母校第一师范学校管理。毛泽东要做的事情太多，所以他不想从事一个全职的工作。

结果，他在低于常规的物质生活水平上勉强度日，而心灵却远高于常人的传统世界。他的大脚拖着一双草鞋（草鞋是布鞋的一种廉价替代品，只适合夏季穿用），吃的主要是大米和蚕豆混合煮成的粥。他还是像往常那样，经常靠别人接济过活。

事实证明，北方对他还是产生了影响。虽然在北京时他保持沉默，现在在长沙，他却有很多话要说。他的第一个尝试是作了一次公开演讲，主题是称作马克思主义的新潮思想。关于马克思主义，他知道一点点，但仅仅是一点点而已。

1919 年下半年，毛泽东成为长沙地区五四运动的先锋人物，提倡新文化和反对帝国主义这两个五四运动的主旨。主要斗争对象是湖南的军阀统治者张敬尧，这是一个半封建的、亲日的小丑式人物，一个政治骗子，五四时期的学生对他恨之入骨。

毛泽东领导了长沙地区五四运动的工作，在运动的两个主旨上都组织得很出色。在6月份骄阳似火的长沙，他帮助成立了湖南学生联合会。

这次学生运动的社会热情之高，至今仍是无可匹敌的，无论在中国还是在20世纪60年代的美国。学校里一半的时间在停课（理想的“真理”压过了现实的“真理”）。为了第二天举行新的抗议活动，他们通宵不眠，撰写政治宣言。学生们口袋里装上牙刷，背着毛巾裹着的雨伞，从长沙出发到周围地区去联络有共同理想的同伴。几乎每个人都和自己的家里人闹不和。印刷得很粗糙的小册子大量出现，从小册子的名称就可以看出高昂情绪：《觉悟》、《女界钟》、《新文化》、《热潮》、《向上》、《奋争》、《新声》。

按照60年代的标准，这些学生根本就称不上是现代的。他们多数是穿着长袍的绅士，可以心安理得地指使他们的仆人。然而，如果说他们的一只脚还踏在旧传统里，那么他们反对旧传统的言词却是很激烈的。就像美国的基督教福音宣教士们一样，他们过着和周围的人一样的生活，却轻蔑地嗤笑说，这一切会污染他们纯净的心灵。

一个学生砍掉了自己的两根手指，以抗议省长张敬尧的残暴措施。13岁的丁玲（后来成为中国最好的短篇小说作家之一）带领她的同班同学来到湖南省议会的议事厅，要求妇女同男性一样有平等的财产继承权。他们越是年轻，越是没有顾虑。

毛泽东在一次集会上发表演说，主题是“使用国货，抵制日货”，完全不顾中国产品不能满足人民需要这一事实。他组织了女生小队（从一开始他就把妇女纳入了湖南学生联合会的核心组织之中）去检查长沙的商店，声色俱厉地警告店主们毁掉日本的进口货。

毛泽东后来回忆说：“当时没有时间谈情说爱。”的确，男生和女生很正派地并排睡在一起。因政治活动而忙碌一整夜之后只能休息一两个小时，他们没有时间相互搂搂抱抱。毛泽东、“三豪杰”之一的蔡和森和他聪明漂亮的妹妹蔡畅，三个人发誓永不结婚。* 但三个人后来都没有遵守他们的诺言，而毛泽东则三次食言。

*在他仍然是杨昌济教授的学生时，毛泽东就曾写过一个便笺，说完全同意宋朝两兄弟哲学家的观点，认为“如果一个人不能克服金钱和色相的诱惑，此人就不值一提”。见 Li Jui，p. 27，*Road*，1，p. 18。

这三个人并非不真诚，更确切地说，他们是同时在几个层次上生活，而且像美国的福音宣教士们一样，他们生活在各种矛盾中而似乎并不觉得不好意思。他们觉得没有时间付给爱情，但爱情却不知不觉中到来，常常使他们做的每一件事情都带上爱情的味道。

学生们的社会环境使他们处于种种矛盾之中。他们是受屈辱的一代。旧传统的解体，使他们成为无根之苗；国家的苦难，使他们感到绝望。

做一个旧中国的反叛分子要求不顾一切的大胆精神。几个人把一个西瓜里精心装满了狗屎，然后投到一个在公众前露面而自命不凡的官员的头上。在场的群众开怀大笑。一个咒语被打破，那个脏臭的西瓜创造了奇迹。其实，扯去 1919 年中国虚张声势的外表，没有那么困难。

就在这个暴风骤雨的夏季，毛泽东代表学生联合会创建并编辑了一份周刊，名称取自地名——《湘江评论》。它刊登的很大一部分稿件是毛泽东撰写的。杂志的第一期2 000份在一天内就销售一空。随后各期印量是5 000份（在 1919 年的湖南，这是很大的印数）。

《湘江评论》的文章采用日常的口头语言。为表达五四运动的文化目的，杂志使用“白话文”，而不使用生硬古老的“文言文”。这种变革就像用流行歌剧《万世巨星》（*Jesus Christ Superstar*）的语言替换詹姆士一世钦定版《圣经》的语言一样巨大。

《湘江评论》。

的确，甚至像胡适教授所说的那样，毛泽东是个很能吸引人的作者。他的文章在有红色格子的薄纸上起草，文字直率而生动。他热衷于读报，这使他获得了表达一个观点时进行细致描述的能力。

“‘人类解放’的运动猛进。”编者毛泽东在创刊宣言中宣布，“什么不要怕?”他的回答表现出他当时的思想像超级市场一样包罗万象的特点：“天不要怕，鬼不要怕，死人不要怕，官僚不要怕，军阀不要怕，资本家不要怕。”[9]

在一份中国报纸上，我们发现了一篇由当时与毛泽东同为小学老师的周世钊写的文章，回忆毛泽东当编辑的情况。文章或许有过于夸赞的成分，但仍有参考价值：

> 《湘江评论》只编写5期，每期绝大部分的文章都是毛泽东自己写的。刊物要出版的前几天，预约的稿子常不能收齐，只好自己动笔赶写。他日间事情既多，来找他谈问题的人也是此来彼去，写稿常在夜晚。他不避暑气的熏蒸，不顾蚊子的叮扰，挥汗疾书，夜半还不得休息。他在修业小学住的一间小楼房和我住的房子只隔着一层板壁。我深夜睡醒时，从壁缝中看见他的房里灯光荧荧，知道他还在那儿赶写明天就要付印的稿子。文章写好了，他又要自己编辑、自己排版、自己校对，有时还自己到街上去叫卖。这时，他的生活仍很艰苦，修业小学给他的工资每月只有几元，吃饭以外就无余剩。他的行李也只有旧蚊帐、旧被套、旧竹席和几本兼作枕头用的书。身上的灰长衫和白布裤，穿得很破旧。[10]

毛泽东写了一篇文章，题为“民众的大联合”，总结了他的观点。文章很有说服力，表达了他的平民主义和爱国主义思想。文章虽与马克思主义不沾边，但与两年前他写的《体育之研究》已大不一样了。

毛泽东在文章的开头给出一个悲惨的诊断：“国家坏到了极处，人类苦到了极处，社会黑暗到了极处。”他不再认为只要有强健体格的人就能解决问题。把中国从黑暗中拯救出来，需要有自我修养的人，毛泽东就是个典范。但在《民众的大联合》一文中，毛泽东没有提及领导问题。[11]

他鼓动民众，以取得最大范围的支持。他号召来自各阶层的民众联合起来，并为反对压迫而“呐喊”。大联合既靠心灵的感召，又靠组织工作的力量，团结是关键。1911 年的革命没有调动普通民众，下一次革命唤起民众是必需的。

文中提到了马克思（德国人），为的是说明他的理论不如毛泽东最钟情的无政府主义者（俄国人，克鲁泡特金）的理论。毛泽东说，马克思的观点“很激烈”，克鲁泡特金较为稳健的观点或许不能立竿见影，但它最大的优点是，“先从平民的了解入手”。

他的文章是革命性的。但在 1919 年的长沙，比起其他五六位理论家，马克思并不理所当然地成为革命的首席理论家。毛泽东的愿景，是一种更为公正的社会秩序。他有一种擅长组织的本领，但是至此，他还没有一种成熟的意识形态。

毛泽东认为有一系列的联合，汇聚起来将促成革命的潮流。目标很简单：“与立在我们对面的强权者害人者相抗。”妇女、黄包车夫、农夫、学生，人人都包括在内，并没有按阶级来划分。

当他以第一人称的方式谈论这些阶层的苦难时，学生的痛苦令他最为动情：

> 我们的国文先生那么顽固。满嘴里“诗云”“子曰”，清底却是一字不通。他们不知道现今已到了二十世纪。还迫着我们行“古礼”守“古法”。一大堆古典式死尸式的臭文章，迫着向我们脑子里灌。[12]

在学校的时候，毛泽东就曾造过老古董的老师的反，现在要造整个社会的反。他说：“我们尚能齐声一呼，将这历史的势力冲破。”

这篇文章受到李大钊办的杂志《每周评论》的赞赏（“武人统治之下，能产生我们这样的一个好兄弟，真是我们意外的欢喜”）。[13]这促成了“湖南各界联合会”这一很难运作起来的联合组织的成立。*

毛泽东开始发表他的观点，这对他而言，是迈过了一道门槛。读书、学习、在教科书的页边上写出一万字的批注是一回事，在公众面前采取一种立场则是全新的另一回事。这是采取行动，是敞开自己的心扉，会造成一定后果。毛泽东现在不只是在探索自己周围

*毛泽东的《湘江评论》上关于西方事物的评论栏目总是很活跃，但有时也有点古怪。比如认为，对于德国来讲，“唯一的出路”是和苏俄、奥地利及捷克斯洛伐克联合成一个“共产主义共和国”。巴黎和会之后，他评论法国总理克利孟梭时说：“克利孟梭这个无知的老头子，仍然抱着他那厚厚的灰黄色宣传册（《凡尔赛和约》）不放，以为有了别人的签名在上面，就能像阿尔卑斯山一样牢固。”见 Li Jui, pp. 109 - 110。一位人士（Huang Yu-ch'uan，《毛泽东生平资料简编》，p. 45）说，毛泽东当时作为《湘江评论》的编辑，并不像李锐所描述的那样是个孤独的漫游者。

的世界，而且是在采取步骤塑造这个世界。

军阀张敬尧的一个惯常做法是查封左派的刊物，就像在能源危机时公寓管理人关掉照明灯一样。有一天半夜，一支武装小分队来到潇湘印刷出版公司，只出版了 5 期的《湘江评论》被扼杀了。它的主办单位湖南学生联合会，也在同一天夜里被取缔。

小型杂志就像鸟雀一样多，它们飞去飞来，有的转瞬即逝。毛泽东不久就加入了另一个杂志《新湖南》。这份杂志由湘雅医学专科学校的学生主办，同样在宣传五四运动。这年夏天它急需人手，所以欢迎毛泽东担任编辑。《新湖南》在 6 月份创刊，8 月份由毛泽东接手，10 月份就遭到同《湘江评论》一样的命运。但在这一期间，毛泽东的文章和笔力还是得到了全国左派力量更多的赏识。

作为一个政论作家，毛泽东有了一个很好的开始，他的几篇文章被长沙主要的报纸《大公报》刊登。突然间，发生了一起值得写一写的事件。

长沙有位赵小姐就要出嫁了，但她不喜欢为她挑选的未婚夫。然而两家的父母（她父亲是个眼镜制造商，而男方的父亲是个古董店老板）都坚持他们为这对新人精心安排的亲事。成婚的日子到了。赵小姐穿着华丽的衣服，坐上了新娘的花轿。送亲的队伍开始向新郎的宅第进发。刹那间，赵小姐从她的裙装下面抽出一把利刃，割断了自己的喉咙。

悲剧发生不到两天，毛泽东就发表了一篇题为“对于赵女士自杀的批评”的文章。在随后的两周内，他写了 8 篇关于婚姻、家庭压迫和旧社会罪恶的文章，接连发表在《大公报》的专栏里。

像通常那样，毛泽东从他自己的生活经历中挖掘一种社会罪恶的根源。

他指责社会：赵女士的自杀，“完全是由环境所决定”。他的文章句句掷地有声：这种环境包括“婚姻制度的腐败，社会制度的黑暗，思想的不能独立，恋爱的不能自由”。他把赵小姐的新娘花轿称作“囚笼槛车”。[14]

人们在毛泽东这 9 篇文章的字里行间，可以嗅到毛泽东自己的包办婚姻以及他母亲顺从地受丈夫欺压对他的影响的味道。对于他父亲这样的人，用“大男子主义”来形容，只是中国革命在当时的一种轻描淡写的提法。

毛泽东以一个父亲的口气写了一篇《婚姻问题敬告男女青年》的文章。在另一篇文章里，他号召读者“振臂一呼”，从而把迷信这一腐朽的东西摧垮。大胆行事才能成事，这已成为他的一个信条。“命定婚姻，大家都认作是一段美缘，谁也没有想到这是一个错举。”

从此时开始，毛泽东一生都反对自杀，无论在什么情况下。“截肠决战，玉碎而亡，则真天下之至刚勇，而悲剧之最足以印人脑府的了。”像赵小姐那样自杀，并不是在反对腐朽的旧社会；那是对注定灭亡的制度的肯定，是去适应它。“与自杀而死，宁奋斗被杀而亡。”毛泽东这样阐明他的观点。*

*毛泽东的这9篇文章不符合马克思主义，像《民众的大联合》一文一样，在体现毛泽东英明的结晶的《毛泽东选集》中被略去了。

毛泽东猛烈地抨击妇女贞节牌坊，这种牌坊当时在人们心中是很威严的。“你在哪里看见男子贞节牌坊吗?”他这样问道。随后，他让女学生上街去鼓动家庭主妇们抵制日货，并努力为反对军阀张敬尧的罢工活动争取支持。

毛泽东的思绪又回到早先创办的新民学会的名称上。妇女问题就是塑造新［的］民［众］的内容之一。但是毛泽东已经慢慢认识到，一个**新的社会**才是最终的目标。

毛泽东和他的朋友们，正沿着同张敬尧在湖南的统治发生正面冲突的方向发展。1919年12月，局势达到危急关头。张敬尧的部队动用刺刀和枪托驱散在教育广场上点火销毁日货的群众。一个接一个的筹备会在深夜召开。毛泽东起草了一份宣言书，号召推翻张敬尧这个亲日派封建屠夫。

13 000名学生和他们的支持者在毛泽东这份宣言书上签了名。更多的人参加了进来，长沙全市大罢工开始了。张敬尧的政权虽然受损，但没有被推翻。毛泽东和其他领导人成为追捕的对象。

张敬尧现在恨透了毛泽东。为了躲避张敬尧的追捕，毛泽东决定离开湖南，到湖南以外的反军阀人士中为反对张敬尧寻求支持。

毛泽东又回到北京。在北京的4个月对他来讲大有收获，虽然并不完全像他预期的那样。

这次送他去北京的是新民学会，他带领着一个百人请愿团，要求罢免张敬尧。毛泽东还带着《大公报》和其他单位的任务。这次他不再是身无分文了。

他们在武汉逗留了10天（在这里，毛泽东就当地的情况做了大量的笔记），随后就及时赶到北京，参加了在湘乡县会馆举行的反张敬尧千人大会。毛泽东为大会提出一条口号："张毒不除，湖南无望。"[15]

故宫护城河边的北长街有座古老破败的福佑寺，毛泽东租下了一部分。夜里，毛泽东睡在没有取暖设备的主殿里，就在镀金的佛像的眼皮底下。他晚间用作读书写字的台子是一条香案，点着一盏豆油灯，微弱的灯光使大殿里的氛围令人悚然。在香案旁边，摆着一台蜡纸油印机，这可是新时代进行政治组织宣传的圣器。这些组成了这位从地方上来的年轻政治家煞有介事地称为"平民通讯社"的印刷厂。

毛泽东在北京没能为反张事业做出多少成绩。北京是个有更重要的关注点、视野更广阔的世界：由一个大军阀统治的"国民"政府正在每况愈下；巴黎和会之后全世界的局势在动荡；俄国布尔什维克革命引起了反响；五四运动的精神正在传播。毛泽东挨户拜访了不少人物，但他一旦提到湖南的事态，常常是遭受冷遇。

毛泽东在北京的第一个收获是杨小姐。杨开慧比毛泽东小8岁，是个小巧玲珑的女孩，圆脸蛋，相当白净。毛泽东上次在北京时就对她产生了好感，现在感情又发展了一步。

杨教授在毛泽东到北京一个月后去世。他的去世为毛泽东亲近开慧敞开了大门。

两人的婚姻生活以"试婚"开始。对此，杨教授恐怕不会喜欢。但在北京，他们并没有正式住在一起。[16]他们会面或者在北长街毛泽东那座封建古庙中的神像旁，或者在杨家更暖和更舒适的卧室里。当春天来到时，他们就骑马到西山，沿着山坡漫游，找一个僻静处。他们的第一个孩子似乎是在北京那个春天之后不到一年出生的。

毛泽东和杨开慧的结合是按五四精神双方自由的选择，这在旧中国是罕见的。大约一年后，他们在长沙正式举行婚礼。但对他们来说，这并不重要，甚至没有人能记得起这件事，连毛泽东自己在1936年与埃德加·斯诺谈话时，都给不出一个确切的日期。

1920年8月，上海社会主义研究社出版了《共产党宣言》的第一个中文全译本，译者陈望道。

长沙的赵小姐没能活着去发扬“五四”的价值观。杨小姐则选择了在政治运动中，以斗争来表达这些价值观。死去的赵小姐曾激起了毛泽东的文思；活着的杨小姐则激发了他生活的激情。杨小姐通过把肉体和精神结合起来，帮助毛泽东在20世纪20年代把文思和武装斗争结合起来，弥补了赵小姐自杀的缺憾。

毛泽东伏在古庙里他那张香案上读完了《共产党宣言》（正如阅读其他重要的任何外国著作一样，不得不通过译文）。这一次，对马克思和恩格斯的思想，毛泽东真正弄明白了。部分原因是1919年11月出版的《共产党宣言》第一部分的中译本，是当时已出版的马克思主义著作译本中最有说服力的；部分原因是俄国的革命，像李大钊教授和其他人分析的那样，在中国人的眼中给马克思主义增加了新的光辉。

苏俄成为毛泽东心中的灯塔，正像法兰西是18世纪90年代英国激进分子心中的灯塔一样。毛泽东接受马克思的理论有一个逐步的过程，而布尔什维克的成功立即打动了他的心灵。

他对一位年轻的女士坦陈了他对新俄罗斯的热情。这位女士反驳说：“搞共产，好是好，但要好多人掉脑壳。”毛泽东激动地回答说：“脑壳落地，砍脑壳，当然，当然，但是你要晓得共产主义多么好！那时国家不再干涉我们了，你们妇女自由了，婚姻问题也不再拖连你们了。”[17]

马克思主义告诉毛泽东，历史是如何从一个阶段发展到下一个阶段的。

毛泽东没有想过革命将带来的未来社会的实际情况，也没有仔细考虑过夺取政权的组织工作的细节。但是，在1920年，他确实作为信仰接受了马克思主义，深信中国也会发生俄国式的革命。

从而，国家将得到拯救，落后状态将得以改观，受威胁的人民的能量将得以释放，“五四”英雄们的意愿将获得适当的社会表达渠道并得以实现。

马克思主义从来就不能像一道命令那样从一个历史环境简单地传给另一个历史环境，它在一个新的地点需要重生。毛泽东的情况也是如此。他自己理解的那种马克思主义，早在1916年他深受《新青年》的影响而成为拥护解放的青年时，就已在他的思想中播下了种子。成为中国革命新希望的马克思主义，作为一种愿景来自圣彼得堡。消化与吸收马克思、恩格斯和列宁的理论，对于毛泽东仅仅是第三个阶段。

“有三本书特别深地铭记在我的心中，”毛泽东提到他第二次在北京度过冬天时说，“建立起我对马克思主义的信仰。”[18]除了《共产党宣言》外，还有考茨基的一部著作，以及柯卡普的《社会主义史》。后两本书传达给毛泽东的马克思主义并不很准确。*

*至少列宁在很早就认为考茨基是反马克思主义的。而柯卡普的书则是个大杂烩，缺乏意识形态的锐利性。

但是毛泽东有了他的“信仰”。从1920年夏天开始，毛泽东就认为自己是一个马克思主义者了，而且此后他对自己的这种认同从未动摇过。无政府主义、改良主义、乌托邦主义作为他的政治思想框架，都已从他的思想中剔除了。

毛泽东并没有在一夜间就全盘接受马克思主义并成为一个脱胎换骨的新人，这在一件事情上表现得很清楚：他继续专注于湖南的自治运动。他于4月份离开了北京，一个原因就是，在北京他不能为湖南做什么事。

杨开慧在父亲去世后已同她母亲一起回到长沙。毛泽东也想在可能时回长沙同她团圆，当然也要等到湖南的政治形势允许时。

在当下，他希望同陈独秀教授讨论一下他自己新的马克思主义信仰。他卖掉他过冬的外衣，买了车票，登上了开往上海的火车，但在他的脑子里有一堆没有理清楚的想法。

毛泽东手头拮据，所以他为大班和富有的买办们洗衣服、熨衣服、送衣服。在这个港口城市当一名洗衣店帮手，他一个月能挣 12 到 15 元钱。其中约 8 元要用于乘电车把洗好的衣物送回顾客的公寓或酒店。如果说在后来的年代中一提起上海他很少有笑容，那么他自己在上海的这段经历或许就是原因。

毛泽东试图在湖南问题上取得陈独秀的支持。但这位革命的教授有更重大的事情要处理。由新成立的共产国际派来的苏俄顾问已经到达中国，为在中国建立一个布尔什维克组织向李大钊和陈独秀提供咨询。

陈独秀是那年春天给毛泽东以马克思主义影响最大的人，毛泽东后来在提到这位前北京的反传统者时说："陈独秀谈他自己信仰的那些话，在我一生中可能是关键性的这个时期，给我留下了深刻的印象。"[19]毫无疑问，他在洗衣店的经历，更加深了他对马克思"无产者"一词含义的理解。

毛泽东来到码头上送别一组前往法国勤工俭学的湖南学生。微弱的阳光映射在黄浦江浑浊的水面上。充满雾气的空气中回荡着船舶的喇叭声、人群的呼喊声和搬运货物的撞击声。毛泽东身穿的灰色的棉布长袍，由于在他打工的洗衣店里的木桶中反复拍洗，现已褪色泛白。

在开船之前，这群新民学会会员在附近的半淞园开了一个会议。毛泽东讲了话，他提出一个口号："改造中国与世界。"会议指

1920 年 5 月 8 日，新民学会部分会员在上海半淞园合影。左七为毛泽东。

定毛泽东回长沙担任勤工俭学计划的负责人。大家站好位置拍了一张合影，随后就沿着吴淞江的岸边漫步回到法国的货船上。

出去的人中也有女孩子。组织妇女参加这项计划是毛泽东作出的重要贡献。他曾对一个为女子组当领队的朋友说：“外引一人，即救一人。”[20]他对旧中国的憎恨，又一次集中体现在对妇女的苦难的同情上。

一个学生对毛泽东没有一起乘船去法国表示遗憾。毛泽东回答说：“革命不可能等到你们归来再着手。”[21]

毛泽东独自站在防波堤上，面对沿四等舱甲板船舷站着的将要离去的伙伴们。在转身返回城里之前，他高声喊道：“努力学习，拯救国家！”[22]

在湖南，实际上一场内战一直在进行着。但到1920年夏天，这场战争以政治上较为进步的谭延闿赶走张敬尧而告终。毛泽东带着一系列的政治计划回到湖南，希望可以利用新获得的宽松气氛。

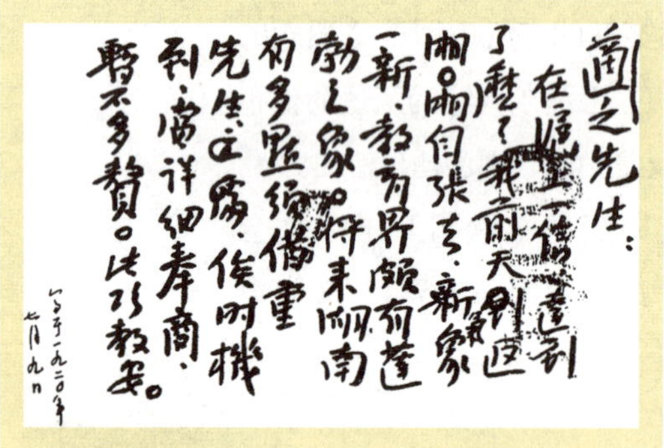
適之先生：在滬上一信達到了麼？我前天返湘。湘自張去，新氣象一新，教育界頗有蓬勃之象，將來湖南有多點須借重先生之處，俟時機到，當詳細奉商，暫不多贅。此頌教安。

澤東一九二〇年
七月九日

毛泽东写给胡适的明信片。

谭延闿为接管麻烦不断的第一师范学校选择的人，正巧是毛泽东早先的一位老师。这位老师不久就让毛泽东担任师范学校附属修业小学的主事。[23]他在编辑《湘江评论》时，曾在这所小学教书。此外，既然蔡和森和其他湖南名人正忙着在法国工厂里打工，那么毛泽东已成为新民学会无可争议的领导人。

修业小学的薪水较高，而且主事的职位享有很好的声誉。毛泽东很快就表现出，他并非为节俭而节俭。他和杨开慧搬进清水塘的一座房子，这是以前一个地主建在一个花园里的安静而雅致的住宅。租金是每月12元钱，这个数目同他在上海洗衣店拿到的月工资一样多，比他在北京大学图书馆的薪水高50%。从外表穿着上看，毛泽东已是长沙上层社会的一分子了。

1920 年至 1921 年是毛泽东对思想和行动进行调整的时期。这给他的政治生活带来了新的关注点，但也给他的一些亲戚多次带来了痛苦。

杨开慧母亲向振熙。

他继续推行具有五四精神的计划。他创办了一个文化书社，并和其他人一起恢复了湖南学生联合会。他到韶山逗留了几个星期，成立了一个教育促进会，从而把新文化的火炬带给他的家乡湘潭县。他开始编辑《通俗报》并为其撰稿，这是一份半官方的教育界报纸，由他的朋友何叔衡接掌以后转为左派报纸。

在一位和他关系很好的年轻女士（也是杨教授最好的学生之一）帮助之下，毛泽东成立了文化书社，为的是在湖南传播左派文学。"湖南人现在脑子饥荒，实在过于肚子饥荒。"毛泽东在书社开业宣言中这样写道。

毛泽东从湘雅医学专科学校以低租金为文化书社弄到三个房间。他还得到开慧母亲的经济支持。他甚至请到书法漂亮的军阀谭延闿为书社书写匾额并主持开业典礼。在这个下午，颠覆势力和守旧势力握手言欢。[24]*

*毛泽东开办了一家棉纺厂，以便为左翼事业筹资，但业绩不佳。

书社办得挺兴隆，在其他城镇又开了 7 家分店。[25]在开业初期，最热卖的书目（都是中文书刊）包括柯卡普的《社会主义史》、一本介绍马克思《资本论》的宣传册《马克思〈资本论〉入门》、《新俄国之研究》，以及《新青年》、《新生活》、《新教育》和《劳动界》等杂志。

毛泽东在五四运动的主题中增加了亲俄的成分。他和《通俗报》的何叔衡一起创建了一个俄罗斯研究会以及一项到苏俄去勤工俭学的计划。在马克思主义信仰的影响下，他力争找到组织工会的门路。通过从上海和北京寄来的信，他收到了来自共产国际的建议和指点，成立了一个共产主义小组，还成立了一个社会主义青年团的支部，它成为考察潜在共产党人的地方。*

*早期的一个青年团员以及第一批按勤工俭学计划去莫斯科远东劳动大学学习的学生之一，来自宁乡县一个地主家庭；他也毕业于第一师范，但比毛泽东晚 5 年。他们两人曾在毛泽东在京的第一个冬天见过面，并讨论了勤工俭学问题。这个年轻人叫刘少奇。见 Li Jui，p.156。

1921 年 5 月，何叔衡被教育局解聘，《通俗报》的激进人士也随他一起被解雇。毛泽东任用了他们中的很多人到他的小学当老师。凡有罢工罢课斗争，学生便构成其核心力量。而学校的老师就成为联结周围群众和毛泽东的马克思主义指挥中心的纽带。

在这一运作网络中，第一师范起着关键的作用。毛泽东不断地从这所学校招收追随者，依靠学校的薪水为好几个一起活动的领导人提供日常食宿，使用其校友会不错的设施召开会议，在那里为他的文化书社募集每人 10 元的捐助，允许年轻人把学校的图书馆当公交车站一样进进出出。第一师范对毛泽东这个崭露头角的共产党人来讲，就像一个扩大了的家庭。

毛泽东自己的家人也被吸收进来。毛泽东的父亲于 1920 年死于伤寒，享年 52 岁。此事毛泽东很少提及，只对少数人说到过参加葬礼的人很少。[26]毛泽东默默地继承了家长的角色。他安排大弟弟毛泽民进了长沙第一师范，二弟弟毛泽覃上了一所不错的中学。他又帮助过继的妹妹毛泽建进了附近城市衡阳的一所师范学校。

这三个人不久就开始直接在毛泽东的手下为共产党组织工作。毛泽东不断地指使他们做这做那，好像他完全在步他父亲的后尘。

毛泽东不再孤独。他和在上海、北京和法国的同事们不断地有书信来往。他已是长沙这个不大不小的池塘里的大鱼，在湖南全省他也有可靠的关系。他和开慧作为夫妻生活在一起，开慧不久就怀孕了。

毛泽东在 1920 年的主要作品是一系列支持湖南自治的文章。[27]这是毛泽东地方主义最后的爆发吗？是的，但这是一次强烈的爆发，映射出了毛泽东的全貌。

毛泽东在上海的洗衣店打工时，联系上编辑《天问》周刊的一个湖南积极分子，以及湖南改造促进会。既然现在谭延闿当了省长，毛泽东和其他一些人希望他能保证湖南的自治，并且“不引狼［北京］入室”。

毛泽东关于这一问题的文章还是按照他原先要求解放的思路写的，和马克思主义不沾边（这些文章未被收入《毛泽东选集》），也没有为将来独立的湖南提出任何社会目标，只是要为湖南卸掉一个负担。

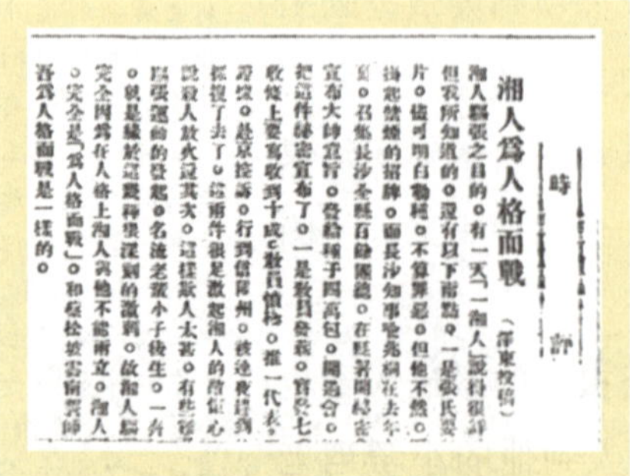
時評
湘人為人格而戰（澤東投稿）
湘人驅張之目的。有一天「一湘人」說得很詳
但我所知道的。還有以下幾點。一是張氏要
片。這可明白講了。不算什麼。但他不然。一
掛著禁煙的招牌。而長沙知事唯先從在去年
會。召集長沙全縣百餘團總。在縣署開秘密
宣布大帥宣旨。發給種子四萬包。闔邑合。
把這件秘密宣布了。一是教員發表。實餘七
收條上要寫收到十成。教員憤恨。推一代表。
為歡。赴京控訴。行到信陽州。被途夜打到
綁縛了去了。這兩件很是激起湘人的
說殺人放火說其次。這樣欺人太甚。有些
為張運動的發起。名流老爺小子後生。一齊
。就是緣於這幾種很深刻的激刺。故湘人驅
完全因為在人格上湘人與他不能兩立。湘人
。完全是「為人格而戰」。和蔡松坡雲南興師
為為人格而戰是一樣的。

1920 年，毛泽东在报纸上发表的对于“湖南改造”的主张。

毛泽东的论点实际上是反对帝国主义论点的翻版。他用“外国的”来指“非湖南的”。他呼吁建立“27个小中国”，因为“大中国主义”是一种阻碍草根生活“自然发展”的祸患。

毛泽东的思想逻辑当然是，一旦27个省办好他们自己的事，更大更光辉的中国自然就存在了。“这正像美、德两国由分而合的道路。”

然而，对一个已经是激烈的中国国家主义者来讲，他居然在支持分裂，这是令人吃惊的，他的一些左派朋友也认为这是错误的。

“在四千年的历史中，”他抱怨说，“湖南人未尝伸过腰，吐过气。湖南的历史，只是黑暗的历史，湖南的文明，只是灰色的文明！这是四千年来湖南受中国之累，不能遂其自然发展的结果。”

北京和它无能的“国民”政府（及其严寒的冬天和对南方口音的蔑视）当然是被抨击的一方。

到1921年春天，毛泽东已失去对湖南实行自治的兴趣。寄望于一个军阀来实现一个激进分子的愿望是不可靠的。1920年11月，谭延闿被替换，新来的统治者将自治运动使人民得到解放的念头完全变成了空想。

几个星期之内，毛泽东领导了一次对省议会的攻击，把卷轴和横幅从装饰优雅的墙壁上扯了下来。他已取得一个教训，认识到改良主义政策的局限性。他将不得不在现有的政治势力之外另行组织力量。

萧瑜完成他在法国的勤工俭学之后，又见到了毛泽东。他们一直谈到深夜。两个人都哭了，因为他们发现他们之间已经产生一条鸿沟。毛泽东亲苏俄，萧瑜不赞同。毛泽东主张强势的权威，而萧瑜则为可能失去个人自由而担心。[28]

毛泽东专注于组织力量夺取政权，萧瑜在骨子里则仍然是个学究。他对毛泽东说：“像刘邦和项羽［秦末的两个对立的政治家］那样争夺天下的斗争，在耶稣和释迦牟尼看来，就像街头顽童为争一个苹果打架斗殴一般。”

毛泽东只是回答说：“你不同意卡尔·马克思的理论，多遗

1920 年 7 月，赴法勤工俭学的新民学会会员在法国蒙达尔尼召开会议。这是与会会员的合影，其中有：向警予、萧三、蔡畅、蔡和森、萧瑜、罗学瓒、陈绍林、张昆第、葛健豪、欧阳泽、颜昌颐、李维汉。

憾。”新民学会早先像兄弟一样的团结，已经一去不复返了。

1921 年初，天上下着雪，新民学会在文化书社的房间里召开了一次为期三天的会议，形成一个高潮。毛泽东极力主张以“变革”为目标而反对“改良”。他主张采用俄国革命的方法，而反对通过“几十年的教育过程”。

毛泽东的主张遭到大多数去过法国的人以及那些仍然在法国的人的反对，在法国的人通过来信表达了他们的反对意见。他似乎在这场战斗中失败了，因为他宣布，新民学会已经“完成了它的历史任务”。

但从某种意义上来讲，他赢得了战争。他转换了他的阵地，把同他思想一致的人带进社会主义青年团，而把新民学会像一个空壳一样抛弃了。

五四运动的参加者已经分成两派。分歧点就是使毛泽东和萧瑜产生隔阂的那些议题。1919 年发生在《新青年》拥护者中的一场争论，已经对这些议题做了概括：“谈论主义”还是“研究问题”？知识分子是用理智分析研究具体问题，还是在一种思想观念的指导下付诸一定的行动？[29]

胡适教授领导着五四运动的自由派，坚持研究“问题”而与政治保持距离。李大钊教授则领导着马克思主义派，坚持一种涵盖一切的“主义”。毛泽东自然是站在“主义”一边。* 他希望发生分裂。如果把五四运动和某一意识形态联系在一起意味着这一运动的分裂，那么这种分裂是一件好事。

另一个分裂也隐约出现了。到 1920 年，无政府主义“兴起”了。当时存在若干团体，其中不乏有才华的年轻人，而这些年轻人只相信绝对的自由。这些团体包括湖南诗雨社、健学社、青年会和

* 胡适避免空谈思想，要求成立“好人政府”，这和毛泽东的理想的折中主义是一样的。在这种思想指导之下，毛泽东坚持孙中山做总统，康有为出任总理，梁启超任外交部长。

(影响最大的）湖南全省工团联合会。毛泽东对无政府主义的信条非常了解，1918 年至 1919 年在北京时，他曾被这种主张所诱惑。但在他现在的思想中，克鲁泡特金已被马克思赶走。他同湖南全省工团联合会及其纲领进行了激烈的斗争。

毛泽东把恩格斯的《社会主义从空想到科学的发展》用作马克思列宁主义的武器，驳斥湖南全省工团联合会的头面人物。他好言好语对他们进行劝服，又嘲笑希望“在 24 小时之内废除国家”的心血来潮，向他们抛出颠覆性的石头。每当他从无政府主义的迷雾中救出一只迷途羔羊，他就将其引进社会主义青年团这牢靠的羊圈里。

在北京时，他感到孤独并被人排斥，所以倒向了无政府主义。但他现在已无可争议地成为长沙左派的主要领导人，他把无政府主义视作令人恼火的思想沉迷。

1921 年夏天，毛泽东乘船北上。这次行程是他 10 个多月在长沙进行组织工作的最高点。作为准备工作，已成立了一些马克思主义和俄罗斯研究会，以便招揽人才。接着发生了新民学会的分裂。马克思主义忠诚的拥护者组成了社会主义青年团。接下来将采取一项重大举措。

在之前的几个月里，毛泽东曾多次接到临时共产主义小组在上海的联络处以及北京的马克思主义先驱们发来的指示。他也曾于 1920 年 9 月秘密地到上海去参加筹备会议。

这一次，毛泽东是作为湖南的两名主要的马克思主义者（两人都是教师）之一，连同其他来自另外 5 个省和日本的 11 名代表，去上海参加中国共产党第一次代表大会。

令人奇怪的是，毛泽东和萧瑜两人坐同一船舱，直至武汉。他们作为朋友辩论了一个通宵，同时毛泽东翻着一本名为《资本主义制度概论》的书认真地读着。难道牢固的友谊比判断力更为重要么？更大的可能是，在毛泽东的思想中很大程度上仍然保留着他接受马克思主义之前的心态。*

这 13 个马克思主义的信徒艰难地来到法租界，办了他们在博文女子学校预定的住房（学校正在放暑假）的入住手续。他们中大多数

*另一件事也令人好奇：关于谁当湖南的代表，是不是有过争论？一些长沙的激进人士认为毛泽东和何叔衡出发去上海一事很“突然”。见 Li Jui, p. 166。

中国共产党第一次全国代表大会会址——上海望志路106号（今兴业路76号）。1921年7月23日至8月初，毛泽东作为湖南省代表出席大会，参加创建中国共产党。

都很年轻，平均年龄26岁。他们没有一个人是工人或农民，几乎所有人的社会出身都比毛泽东高一等。

他们于7月中旬在位于望志路的一座灰色和红色砖相间的花园住宅里开始开会，黑漆的房门紧闭着。这是一座不显眼的房子，底层没有窗户。房子为一个上海代表的哥哥所有。

代表们，还有两位由共产国际派来的代表，在客厅里围着桌子坐在圆木凳上，桌子上散放着茶杯和文件。

毛泽东现在27岁。嘴唇更显坚定，眼睛下面出现了黑晕。毛泽东穿一件粗布长袍，一个代表记得他看上去很像是从湖南农村出来的道士。

有人记得毛泽东在与人谈话时不断地耸肩，而且在他的言谈里有一种争斗的味道："他喜欢在讲话中设圈套，他的对手们常不自觉地落入他的圈套，使他们显得似乎自相矛盾。随后他就大笑，显然很得意。"[30]这种情况使得那些认为自己有重要事情要讲的人感到不快。

他像是常常不洗澡，做派也不雅。"你能从他脖子上身上刮出一斤多的污垢。"一个同事这样认为。[31]在餐馆里，他会用衣袖去擦洒在桌子上的饭菜和酒水。他会赤脚穿鞋，或穿袜子而让袜筒耷拉在鞋面上（这种穿着习惯持续了几十年）。

从某种意义上说，这一个星期对毛泽东来讲是非常激动人心的。他一直以来都期望有这样一天。他在推行湖南自治运动时曾说过："无论什么事有一种'理论'，没有一种'运动'继起，这种理论的目的，是不能实现出来的。"[32]他已认识到，这场运动应该是布尔什维克式的。现在，他和两位布尔什维克一同坐在桌子旁，他们是共产国际的马林和共产国际远东书记处的尼科尔斯基。

建党初期的毛泽东。

13名中国代表来参会，他们各持不同的原因，但最主要的是布尔什维克的胜利激励了他们激进的思想。如果没有苏俄的启发和帮助，在1921年不可能召开这样的代表大会。

但是，长沙不同于整个中国，更不用说莫斯科。大会的核心思想和毛泽东这个地方政治家自己打造出的观念能一致吗？

似乎已有迹象表明，湖南代表与主流思想不一致，因为大会认为毛泽东的同伴何叔衡，对马克思主义的认同还不足以使他担当代表。毛泽东很敏感地体会到他的湖南同乡的心情，找了一个借口说，长沙有件急事需要何叔衡亲自去处理，让他离开了上海。

会议室里的气氛是低沉的。一些代表感觉思想混乱，所有的人都觉得又热又乏，代表们的目的也不一致，所以代表们并没有意识到这是一个有历史意义的时刻。毛泽东在这次相当随意的会议上，完全不是个重要人物（令人印象深刻的是，毛泽东在后来的年代很少提及此次会议）。

中国共产党第一次代表大会是不是雷声大雨点小呢？在某些方面或许是的。李大钊教授（仍然在北京）和陈独秀教授（在广州）都没有出席这次会议。

没有理由期望他们能在一夜之间把大山搬走。

他们远不是拥有共同世界观和统一作风的同一支团队的久经考验和锻炼的成员。一个代表住在豪华的远东大酒店，而不住女子学校，而且他花去大部分的精力去购物及陪伴他漂亮的妻子。

此外，这13名代表还不能事事完全做主。会议的形式和日程基本上是由共产国际和未到会的李大钊与陈独秀确定的。

特别使毛泽东垂头丧气的是，会议桌上表达的观点同他自己的基本思想不合拍。

会上出现了两种路线。占主导地位的是由共产国际提出，并得到能干的张国焘（来自韶山隔山另一边的那个年轻人）支持的路线：组织城市工人；推翻资本家；建立无产阶级专政；抛弃与孙中山国民党人的任何联系。

被否定的是渐进主义路线：需要一个对公众进行教育的阶段；中国的城市工人数量还太少，不足以推翻资本家；在反帝和反军阀事业中与孙中山合作是可能的。

过去经历过的事情的阴影还在毛泽东的眼前打转！去组织什么人？应采取温和的还是强硬的方法？对这两种思路他都有些了解。那么，在望志路这次会议上他为什么不坚决地支持任何一方呢？

原因很简单，他还没有理清楚自己的思想。苏俄的模式是他新的追求。然而，这一模式并未在他心中牢固地确立，一些信念已然更深地在他心里。在长沙打击无政府主义分子时，他曾对这种新理论充满信心。出于建立一个政党的热情，他把自己的疑虑放在了一边。但在上海更广阔的世界里，他新获得的信念似乎有点动摇了。

他湖南的同志们，全国 57 个共产党人中在他领导下的 16 个，能理解莫斯科的思路吗？这些新概念在韶山能被接受吗？毛泽东还没能消化布尔什维克主义这块从外国进口的肉。

有一天他们发现了一个可疑的来访者。事情很明白，法租界的秘密警察已经紧紧地盯上了这次大会。于是一个新的计划制定出来：他们要转移到上海以南不远的一处旅游胜地，会议将在南湖上租来的一条游船上继续召开。

萧瑜在回法国的途中正经过上海，他和毛泽东（据萧说是在毛泽东的提议下）一起坐火车去南湖，这看起来似乎很奇怪。会议的所有代表都坐同一列车，但他们并没有坐在一起。一路上毛泽东一直和萧瑜在聊天，到南湖后又住进同一个旅馆房间。在他们打开行李时，毛泽东仍然在力劝萧瑜参加这次会议。

代表们坐在色彩艳丽的16米长游船上，一面任其漂荡，一面继续开会。他们通过了若干决议：正式建立中国共产党，参加共产国际并向其设在莫斯科的总部按月汇报工作。在最后决议之前的休息时间，他们还品尝了南湖的烧鱼。

那天晚上，毛泽东很晚才回到宾馆，撩开蚊帐爬到和萧瑜共用的双人床上。他感觉热得出汗，但他不肯洗澡。

“代表们大多都不错，”毛泽东以老乡谈话的口吻对萧瑜说，他似乎在回味他已进入的这个更广阔的世界，“有些人还受过很好的教育，懂日语或英语。”[33]

毛泽东对萧瑜说到一个不同寻常的预见：“假如我们努力奋斗，有三五十年，共产党就有可能统治中国。”[34]但是往往预测在最初做出时，是不受重视的。萧瑜当时并未很在意，但他担心这会招致独裁主义。

第二天早晨，毛泽东没有去参加会议。前一天晚上他睡得很晚

浙江嘉兴南湖游船(仿制)。

(他喜欢晚睡),这一天他和萧瑜一起去了杭州,花了一天时间观光。他们游览了西湖周围的花园、小山和寺庙。

然而他们争吵起来。萧瑜很欣赏西湖的美景,但毛泽东扫了他的兴:“这是罪恶产生之地,多少人用他们的金钱干可耻勾当。”他们只在杭州过了一夜。

毛泽东很快就回到了长沙,承担起他作为初建的共产党的湘区委员会书记的职责。从此以后,他再也没有见过萧瑜。

毛泽东已经从一个小村庄的孤立状态发展到开始信仰一种世界革命的学说,正是在这一学说的名义下,俄国革命已震撼了世界。在他寻求改造社会的知识的第一个阶段中,他兴致勃勃地研读西方思想。在1919年,无政府主义曾对他产生极大的吸引力。在那些形成他基本思想的年代里,为了服务于更大范围的社会,他十分强调个人的锻炼。的确,在1917年到1918年那段时间,他常常让人觉得像个自由主义的个人主义者。然而,从第一次世界大战开始到1921年中国共产党在上海成立这几年间,他逐渐从主张自上而下地由一位强人促成变革,转而主张自下而上地通过革命进行变革。

第四章

组织工作（1921—1927）

情况完全变了，然而，过了一段时间，很多事情又恢复原样。上海的一次会议不能撼动长沙的政治格局，也没有导致毛泽东抛弃他钟爱的事业。中共第一次代表大会以后，他有了一些新的装备，不过他还是走着原已熟悉的“五四”之路。

毛泽东虽然是湖南党的领导人，但是并没有多少人要他去领导。他可以做他擅长的教育加组织工作。他试图把共产主义这杯新酒倒进湖南经过考验的激进主义的旧瓶里。

长沙仍然是他的活动地区。他在 1921 年至 1923 年所写的东西大部分出现在地方性的《大公报》上，而不是在党的或全国性的报刊上。1921 年和 1922 年的文章全带有“五四”启蒙的味道，甚至没有烧掉他和无政府主义者之间联系的桥梁。

第一师范的联系网仍完好地保留着。成为一名共产党员，并没有妨碍毛泽东继续在其小学部教书。他在第一师范的名义下开办了一所他喜爱的夜校。来学校学习的有铅笔制造工、电气公司职工、人力车夫、叫卖蔬菜的小贩和铁路职工。在长沙的第一师范圈子里，人们称毛泽东是“夜校的毛先生”。[1]

毛泽东还为 18 岁以上没有上过学，但想学习算术和语文的农民开办了补习班。这就让“乡下人”进入了第一师范宽阔的大厅。这些学生皮肤被晒成了古铜色，并且身上还散发着臭气；穿的衣服像帐篷布一样粗糙褴褛；在课堂上他们还会大声地嚼着烧饼和油条。

第一师范的一些人希望把这些人赶走。毛泽东试图取悦他母校的头头儿，并且以不屑的语气讲大道理说，穿着和吃东西的习惯是毛泽东的妻子杨开慧。1901年生，1921年加入中国共产党，随毛泽东在长沙、上海、韶山、广州、武汉等地从事革命活动。大革命失败后，留在家乡板仓坚持党的地下工作。1930年被湖南军阀何键逮捕，同年11月14日英勇就义，时年29岁。关山远隔的毛泽东闻讯痛苦莫名，悲愤地说："开慧之死，百身莫赎"。

"无伤大雅的小节"。他软硬兼施的战术很难对付，从而为补习班赢得了胜利。

在毛泽东规划的教育花园里，最美好的花朵是"湖南自修大学"。这所学校建于1921年秋，在古老的船山学社优雅的会所里。在其两年生存的高峰期，学校有200名学生，毛泽东的弟弟泽覃是其中之一。毛泽东把他新民学会的朋友聚拢起来当老师。他的妻子杨开慧也来帮忙。

可以肯定，学校的目的之一是宣传马克思主义。学校发行一份叫做《新时代》的富有激情的小月刊，刊登了毛泽东写的两篇最早带有马克思主义味道的文章：《观念史观批判》和《马克思学说与中国》。毛泽东解释说，这份杂志不是一般大学学报那样的"文字的杂货店"，它将有个确定的方向。这位年轻的组织者试图专注在已确定的宗旨上。

然而，毛泽东仍然首先是教师，其次才是思想体系的倡导者。他相信教育会提高"老百姓"的素质；作为教师，他是真心实意的。

在20世纪20年代早期，毛泽东没有写过比湖南自修大学创立宣言更有趣的东西了。[2]这项声明写于1921年8月，于1923年初由上海重要的杂志《东方杂志》刊登。在声明中，毛泽东把这所学校和普通学校区分开来。在普通学校，"先生抱一个金钱主义，学生抱一个文凭主义。'交易而退，各得其所'。"毛泽东对主流教育的尖刻观点，引领他杜撰了"学阀"这个词。在中文里，它和"军阀"相呼应。"学阀"缺乏人情，他们把学知识当成商业行为，他们的教学方式就是打开水龙头，然后让学生自行饮用。

在毛泽东这所学校，即将入学的学生不用参加入学考试，而是要"提出自己对社会的批评主张"或"阐明自己的人生观"[3]。课堂讲授很少，基本观念是要你自己去“阅读和思考”，学习的过程成为大家一起寻求更多真理的过程。毛泽东就是要尽量打破学生不肯自己思考问题的习惯。因为中国学习历史的紧迫性，历史课成为自修大学的“重要课程”。

正像学校借用了一座优雅的建筑一样，它也从现有的教育中借用了有价值的东西。毛泽东说他要把三件好东西组合起来：旧式书院的研究方法，现代学校的崭新教学内容，以及培养健全人格的常规体制。

学校办得很成功[4]，然而只是对知道自己想要些什么的精英们来说才是如此。湖南的中共组织从其历史班*、地理班、文学班和哲学班里吸收了很多成员。但是很多“老百姓”觉得要读的书太多，而且其中的思想太难理解。

*毛泽东自己教古代历史班，他相信研究中国的过去会激励学生的爱国主义。

20年代初期，能够并愿意在晚上学习世界历史的工匠和手艺人并不是普通人。毛泽东还没有深入到普通群众中。

在一个方面，上海的代表大会还是影响了毛泽东：他比以前更加重视劳工运动。

1922年迎来了中国劳工运动的一个高潮。人数不多的共产党人同这一形势很有关系。他们（以及支持他们的共产国际）把它看成代表中国未来的浪潮。马克思着眼于工业无产者，他在东方的信徒也应该如此。毛泽东有所怀疑，但他还是加入了进来。

毛泽东从上海回来时顶着两个头衔。他是湘区区委书记，以及劳动组合书记部湖南分部主任，这个组织是共产党幼年时期的重要部门。安源是他的第一个战场。[5]

安源在湖南东部，是个不大的城镇。但是那些由德国人和日本人在1898年开办的大煤矿，使安源成为中国迟到的工业革命的小小立足点。

60年代的一幅油画表现了年轻的毛泽东无畏地大步走在涌动的乌云下去唤起安源的矿工们。画中的他，比真人高大，穿着长衫，显得很庄严，看上去像是一个给不信教的人们带去真理的传教士。*

*真的像个传教士，因此这幅画的复制品在1969年悬挂在梵蒂冈时，下面的说明是“年轻的中国传教士”。见*TMD*，p.95。

毛泽东从1921年末到1923年初四次的安源之行，却根本不是像油画所描绘的那样。工作是试验性的，而且很艰难，有些工作没有什么结果。而且毛泽东不是独自一人去做的。

沿着铁路步行去安源时，毛泽东的确穿着长衫；但是到了看得见那座城镇时，他就把长衫脱下来。安源又脏又黑。12 000 名矿工因为在恶劣环境下每天工作 15 小时而变得麻木了。在方圆十多公里的范围内就有 24 座基督教教堂，然而只有一座小小医务站为6 000 名工人服务。这地方就像狄更斯小说里描写的情景，根本没有感受

中共“一大”后，各地相继成立中国劳动组合书记部分部，毛泽东任湖南分部主任。他领导的中共湖南支部，遵照中央精神把工作重点放在了领导工人运动方面。1921 年 12 月，他首次到安源路矿考察。这是刘春华以此为背景创作的油画《毛主席去安源》。

当年毛泽东在安源的住址——八方井44号（左）和他考察过的总巷平矿井（右）。

到五四运动的兴奋和激动。

毛泽东保持低调形象。他住在一个矿工家里，到矿井去看了看，在笔记本里写了不少东西。

当他走进房间要向矿工们讲话时，他们都站了起来。这种敬畏不适合他要完成的任务。社会地位的悬殊使毛泽东觉得在精神上错位了：难道他已不再是土地的儿子，而真的成为莫斯科真理的卫士了吗？但是他坚持在安源干下去。第二次是他弟弟泽民跟他一起去的。这一次，毛泽东戴着草帽，穿着伐木工人常穿的罩衫，脚踏草鞋，看上去就不那么讲究了。

1921年12月，他们在一家旅店里住了几个星期。在多雾的早晨，他们每天徒步出发去说服矿工。“历史掌握在你们的手里。”毛泽东不断地对着黑色的面孔和疲惫的眼睛说。

他在安源工作的主题是反宿命论。

安源成立了一个共产党小组，一个工人俱乐部，当然还有一所夜校。夜校的效果不好，毛泽东不久就改办了一个日间学校，招收矿工们的子女。

毛泽东学会了在黑板上使用简单的图解。[6]他讲解中国字“工”，它是“工作”或“工人”的第一个字。上面的一横，他解释说，是天；下面的一横是地；把天地联系起来的一竖就是工人阶级。工人站在地上但是可以顶起天！天地是他们的。对此，杨教授或许会皱眉头，但这是很好的教学手段。

1922年9月毛泽东第三次到安源时，那里有一种山雨欲来的情势。这一方面是由于矿工们客观上遭受的痛苦，他们不被当人对待，另一方面则是由于长沙来的知识分子日益成功的灌输。

毛泽东是负责人，但他不是主要的操作人。同样重要的是李立三，就是那个对毛泽东1917年征友告示“不明确表态”的“半个回应”者。直到1921年，李立三还在法国勤工俭学。

决定性的人物是地主家庭出身、曾在莫斯科学习过的那位年轻人——刘少奇。刘少奇是1922年秋一次成功罢工的英雄。这次罢工使安源在中国很大一部分土地上成为红色的旗帜，而且还成立了湖南全省工团联合会，毛泽东被任命为联合会的头号领导人。刘少奇帮忙在毛泽东的帽子上增加了一个新的头衔。[7]

安源的组织体系给人印象深刻，但那是个特例。在中国超过4亿的人口中，只有200万产业工人。安源工人俱乐部是大漠中的一个堡垒。毛泽东带到安源的口号“工人万岁”，在1922年的中国，是尖利而不中听的。

安源有阅览室、合作社、一套工人委员会系统。不下60%的安源工人参加了中共组织的俱乐部。游行为五一劳动节增加了光辉。在十月革命纪念日、列宁诞辰，甚至是遥远的德国马克思主义者李卜克内西的生日当天，都开展了庆祝活动。

安源是温暖了共产国际心窝的根据地（俱乐部的确被戏称为“小莫斯科”）。它似乎成为当时被称为世界革命的一个模范前哨。但是，这一切会走向何方？矿工们已经赢得了较好的工资和生存环境，下一步是什么？

在1922年期间，除了工会请愿书、信件和公报之外，毛泽东几乎没有写什么自己的东西。他正在为建立和加强一个又一个的组织而奔忙。清水塘现在是他的办公室。这是湘区区委的总部，也是长沙留着长头发的左派人士的俱乐部。直到凌晨，低矮的房子里的灯光还在照射着周围的菜地，共产党人一直在这里种着菜，以使这座房子不引人注意。

毛泽东力图保有自己的隐私。他没有像有些共产党人那样喜欢生活在文件堆和茶杯（会议）之间。杨女士和毛泽东后来搬出清水

毛泽东和杨开慧在清水塘的住所。清水塘地处长沙市郊小吴门外，因为环境比较僻静，所以挑选来作湖南党组织的秘密活动机关。毛泽东和杨开慧在这里住了两年半时间，这也是毛泽东成为职业革命家以后一段难得的温馨岁月。

塘，住进部分房间由自修大学使用的一座温馨舒适的住宅内。毛泽东的岳母跟他们住在一起，她自己有一个舒服的房间。毛泽东的长子岸英在 1922 年出生。家庭生活并没有由于工作的紧张而被挤掉。

到 1922 年，情况有了变化。不知是由于家庭关系出了问题，还是为了离办公室近一些，毛泽东又住到了清水塘。[8]

毛泽东领导了一次长沙 6 000 名建筑工人的罢工（工人们抱怨说，他们吃得起的就是每天两顿稀粥）。他穿上粗糙的衣服，假装是工人，吹着哨子指挥队伍喊口号。他还领着一群人在就餐时间冲进一名富有的承包商家里，让大家看看他桌子上的食品和工人们自己的食物之间的差别。

省长助理怀疑他不是在和一个普通建筑工人打交道，要毛泽东说出他的名字。毛泽东却开始和他讨论亚当·斯密，从而躲过了回答这个问题。

共产国际代表马林在于 1921 年 11 月路过长沙时，毛泽东和他谈过话（毛泽东没有提到过这件事）。[9]毛泽东帮助成立了泥木匠工会、理发工会、纺织工人工会、裁缝工会和印刷工人工会。他南下到衡阳，在那里，他的妹妹已经为他在第三师范学校建立党小组铺平了道路。

他投入到印刷工人的罢工中，他们反对他常常在上面发表文章的《大公报》。这件事或许毁掉了他和编辑的关系，因为在那以后他在这份报纸上基本上就再没有发表什么东西了。[10]

毛泽东对长沙 9 000 名人力车夫的艰苦生活特别关心。他带领中共支持他们向该市3 100辆人力车的车主们要求降低租金，这次运动取得了成功。在毛泽东为车夫们开办的夜校课堂上，他就“工”这个字又运用了另一个图解游戏。他把“工”字写在黑板上，在旁边又写了一个“人”字，两个字放在一起就是“工人”，然后写上“天”字。他微笑着向车夫们说明怎样把“人”字直接放在“工”字下面就成了“天”字。结论是：团结起来，工人的力量大如天。[11]

有些车夫符合入党的条件，毛泽东就在南门附近为他们举行了一个小小的仪式。他把中共的旗帜挂在榕树上，选中的车夫一个一个走上前来，举起右手，跟着毛泽东说：“严守革命秘密，服从纪律，工作努力，永不叛党。”毛泽东的眼中闪着满意的光芒，他给每个人发了一个党证和一纸袋的学习文件。

这是对中国历史由来已久的秩序的翻转。像一个西瓜或一只猫一样在政治上不受重视的最底层的工人，现在成为一个视自己为历史火车头的政党的成员。

不久以后，在北京北边，艾格尼丝·史沫特莱坐下来跟几个中国上层人物一起吃饭。当菜肴一盘一盘地端上来，美酒一轮一轮地斟上时，一位有教养的客人宣称：“在中国没有阶级。马克思主义者发明了这个思想。我的车夫拉我穿街走巷时，他和我能像老朋友一样谈笑。”史沫特莱反驳道：“如果你得拉他穿街走巷，你还是他的朋友吗？或者如果他造反呢？”[12]

20 年代的北京，还没有人了解毛泽东。然而，史沫特莱已经摸到了毛泽东事业的核心。在某种程度上，他**确实正在**发明阶级，而且是强有力地发明——向人力车夫说明，他们不是自然的一部分，而是历史的一部分（通过阶级斗争）。

1922 年 4 月，毛泽东到杭州参加了中共中央委员会的会议。他很突出，然而又不那么突出。“主要参会人，”参加杭州会议的共产国际代表回忆说，“有陈独秀、李大钊、张国焘……还有另外一个，一个很能干的湖南学生，他的名字我不记得了。”毛泽东虽然很卓越，但他仍然是地方性人物。[13]

到1923年，湖南的劳工运动发展到一个分水岭。一方面，运动很兴旺，势头在中国是最强盛的。毛泽东把安源事务大部分留给李立三、刘少奇和他有金融头脑的弟弟泽民去负责，自己则在湖南的其他地方去撒播革命的种子。

他组织工会，发动了十多次重要罢工。他还不时地悄悄成立新的党小组。工作很有成效，两年之内在湖南成立了拥有5万工人的20个工会。经过仔细和谨慎挑选的湖南中共基层党员，从1921年年中的10名，猛增到一年后的123名。每当一个新工会建立起来，毛泽东就设法安插一个中共干部做它的书记。

另一方面，劳工运动缺乏**全国性的**群众基础。铁路上的一次危机，让人更深地感受到这一点。

像大多数产业一样，铁路资本很多是外国的，反帝情绪加深了产业的紧张关系。铁路工人是最为先进的。在华北，铁路工作是幼儿期中共的摇篮。在上海的指示下，毛泽东转向粤汉铁路。中共把这条铁路和安源煤矿看作是湖南无产阶级革命的先锋。

毛泽东按照安源的模式开展工作。在长沙的新河火车站周围，他的工作进行得很顺利，感觉得心应手。他会在茶馆里召开会议，有时邀请铁路工人到清水塘整夜地进行策划。

在北边的岳州，毛泽东的工作不知为什么不那么有效。“工人是世界幸福之母”这句响亮的口号不足以带来成功。[14]1922年9月发动了一场罢工。列车像死蛇一样躺在调车场里。毛泽东特地安排其他工会和城市发来支持罢工的电报。但是控制汉口的北洋军阀调动军队镇压毛泽东在岳州的罢工工人。工人损失惨重，铁轨被鲜血染红。

尽管进行了反击，也还有些收获，但还是军阀操控着最后的决定权。到1923年2月，粤汉铁路工人运动已被镇压下去。湖南省长宣布工会为非法。无产阶级似乎离革命还很远。

就像是突然间，1921年至1923年这个阶段结束了。1923年4月，毛泽东逃离长沙，以躲避被作为“过激派”而被捕。[15]*

*多年后，这位湖南省长在台湾接受一次采访时，有人问，当他有机会像杀死其他许多激进分子那样杀死毛泽东时，他为什么没有那样做。他微笑着回答说：“我当时不知道他最后会那么有权力。”

他离开时没有带着开慧。她又怀孕了，她母亲在照顾她。此前的两年，是毛泽东跟他第一任自选的妻子在一起度过的最长的一段时间。

毛泽东脚步沉重地走向农村时，有很多东西需要思考。他是否真的相信城市工人**正处在**革命的前锋线呢？如果不是，中共是否并不那么绝对英明呢？

党在忙于艰难地沿着城市道路走下去。它的总书记仍然是陈独秀教授，他坚持正统的马克思主义，认为农村道路基本没有希望。从欧洲学习回来的那些人——像李立三和刘少奇——对于亚洲革命可能与欧洲革命非常不同这种可能性不予考虑。

然而，中国的无产阶级远远不足中国人口的1%。中共主要还是个知识分子的圈子。许多工会积极分子，还不知道“马克思主义”这个词是什么意思。

此外，军阀手里有枪。违抗他们，似乎就是自寻死路。跟他们讲道理似乎也是很悲哀的——毛泽东在1922年12月跟湖南省长引经据典的谈话中曾经这样做过。

毛泽东没有出席1922年7月的第二次中共代表大会，这是件让人奇怪的事。当代表们为了开会而聚集在上海时，毛泽东已经在上海了。毛泽东解释说：“我本想参加，可是忘记了开会的地点，又找不到任何同志，结果没有能出席。”[16]难以相信他在全上海就找不到任何可联系的人。看来，在1922年夏天，毛泽东跟党的事务协调得还不是很好。

他的热情似乎受困。劳工工会已经成为他的生命。为了它们，他牺牲了写作，放弃了小学的教学职位，而且不得不逃离长沙。

然而，城市组织工作没有发挥出毛泽东的长处。他从来没有在矿上或工厂里干过活。土地他了解，但机器或工业的日常运作，他不了解。在欧洲，通过无产阶级起义进行世界革命的理想思潮是很活跃的，但他没有到过欧洲。

总的看，他不如张国焘（地主的儿子，会说英语），或李立三（从法国归来），或刘少奇（从苏俄归来）适合搞劳工运动。

他跟刘少奇不一样，并不完全相信工业方面的组织工作向前发展了，就会像在重力的作用下一样，必然导向社会主义的大门。

工资问题和工时问题，并没有像新娘自杀或他父亲对佃户的贪婪行为那样，引起毛泽东的关注。

本土主义的影响使得毛泽东止步不前。苏俄顾问领尽了风骚，但是一个新的中国正在形成吗？把共产国际日程表上的项目一项一项地完成，就会改变可爱的中国的石头、田野和日常生活吗？

任务是要找到盟友，毛泽东知道这一点。他的文章《民众的大联合》表明，他倾向于广泛的联合。但是，在1919年毛泽东还是个自由人，想写什么就写什么。在1923年，他是一个有纪律约束的队伍的成员。团队的领导人比他更有影响力，其司令部远在1 000多公里以外的上海。

恰巧中共自己也在对1921—1922年的政策进行反思。在第一次代表大会上诞生的路线是褊狭的。当时全国只有微不足道的57个人，正力图把外围的人聚集在一起。莫斯科认为一大会议的决定是盲目自大的。

生于荷兰的布尔什维克主义推销员马林，试图代表共产国际来改变局势。虽然1922年的第二次代表大会曾考虑过马林的意见，然而，路线实际上并没有改变。但是不久，广州的事件就让马林有了弹药。

自1917年以来一直是广州政府首脑的孙中山，被一个军阀赶出了自己的根据地。性格独特、满腔热情、可塑性很强的孙中山没了着落。西方以前对他不大方，军阀们转而反对他。这时，莫斯科插手了。

1923年1月，一桩政治联姻促成了。孙中山在上海和苏联使者越飞签订了一份协议。中共和国民党人要联手。中共党员将以个人身份加入国民党，而中共仍将保持独立存在。但是“国民革命”（中共的新提法）的组织领导权归国民党。

这是一个攸关共产党命运的步骤。莫斯科很高兴，这是共产国际第一次成功地给中国革命打上它的烙印。但中共内部并不是每个人都赞成。

对毛泽东来说，一个新阶段开始了。在韶山冥思苦想了一段时间以后，他到上海报到了。他住在党提供的一间房子里，它位于外国人管理的一块飞地（微妙地被称为国际租界）的商业繁华地段。他向同事们介绍了湖南的工作。

1923 年夏天，他第一次到了广州。中共聚集在那里召开第三次代表大会，规划今后如何同孙中山合作。毛泽东在会议期间说："一定要有革命的大联合，不能孤军奋战。"[17]他很快就成了和孙中山的国民党人联合的热心人。

1924 年，孙中山在广州。

这座南方城市让他大开眼界。这里是有外国势力存在的通商口岸，这是地处内地的湖南所没有的。其喧闹的生活方式震惊了这个有些矜持的湖南人。毛泽东听不懂广东方言，感到不知所措。

另一方面，这是长江以南的中国。在气候、食物和生活习惯上，广州比北京更合乎长沙人的口味。广州人穿着木屐踢踏踢踏地穿越城市的大街小巷，毛泽东也喜欢上了穿木屐。

毛泽东为什么热心于和国民党人联合？* 他长久以来就认为，建立新中国的斗争是反对帝国主义的斗争，而 1923 年的国民党人是反对帝国主义的。的确，这个问题是孙中山、莫斯科、中共这个正在形成的三角之间合乎逻辑的，或许也是唯一的共同点。毛泽东赞同组成尽可能广泛的中国各阶层的统一阵线反对外国对中国的蹂躏。在第三次代表大会上，他预示了他将要对中国革命的战略作出的重大贡献。并不佩服毛泽东的张国焘承认："在这个特别的场合，毛泽东注意到了农民问题。"[18]张国焘记得毛泽东当时指出："在湖南，工人很少，国民党员和共产党员也少，而那里满山遍野都是农民。"

* 张国焘反对联合。陈独秀教授赞成联合，因为他认为中国还没有为革命做好准备。

大会就是否把对劳工运动的控制权交给国民党的统治机构进行

了表决。毛泽东起初对此犹豫不决。要把他珍贵的工会交给外来的权力机构吗？就湖南而言，这种机构只是一纸空文。

但是，当大多数人转向另一方向时，毛泽东改变了调子。他随了大流，他不得不这样做。丧失了他在长沙的根据地以后，他必须在中共的全国网络内寻求发展。

大会把他选进 14 人的中央委员会。在委员会里，他任组织部长，换下了极左的张国焘。这项工作使他的根据地变成了上海。他 1923 年的文章主要发表在中共的全国性刊物《向导》上，而不是在湖南的刊物上。

毛泽东现在是全国性组织的工作人员。他在长沙作为教育者的生涯结束了，他把在湖南全省工团联合会的领导岗位交给了一个同事。他把自己的东西从清水塘的房子里清理出来，从此他就再没有在湖南逗留超过连续 6 个月。

但是他还保留了与湖南的两个重要联系：韶山在他心中仍然占有一角，杨开慧没有离开长沙的家。1923 年末，毛泽东从来信中得知，他的第二个儿子已经出生，他和妻子商量起名叫岸青。但是这段婚姻已经有了阴影。毛泽东离开长沙时，为妻子写了一首词（《贺新郎·别友》），其中写道："更那堪凄然相向，苦情重诉。眼角眉梢都似恨……"词的结尾是："重比翼，和云翥。"[19]

第二年的大部分时间，毛泽东都住在上海。这是中共诞生的地方。这里的无产者队伍比中国任何其他城市的都要壮大得多。在上海，帝国主义就像小贩的叫卖声和黄浦江上的汽笛声一样无处不在。

有一天，毛泽东遇到一个长沙的同学，他刚从欧洲学习回来。毛泽东穿着褪色的中国长袍和草鞋，这位同学则穿着西装打着领带。"你最好换一下衣服。"毛泽东不屑地说。同学困惑了。"我带你去看看就明白了。"毛泽东接着说。[20]

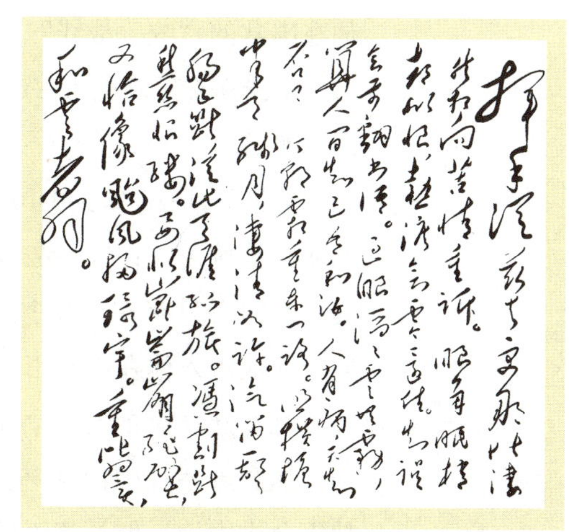

毛泽东《贺新郎·别友》手迹。

他领着同学沿着江岸一直走到外滩公园。铁栅栏上挂着一块写有公园规定的牌子，其中一条说不得摘花，另一条说狗不得入内，第三条说："除苦力外，华人不许入内。"

毛泽东和勤工俭学归来者之间的鸿沟，从来没有真正被跨过去。作为从内地来的人，毛泽东不习惯像通商口岸的中国人那样，不得不向西方人卑躬屈膝。

这年仲冬，毛泽东再次南下广州。在亲苏而软弱的孙中山领导下的国民党，召开了第一次全国代表大会。* 在这次会上以及此后，毛泽东比以往更深地投入到服务于国民党的工作中。此时他刚刚30岁，他第一次在一个比马克思主义派别更宽广的政治组织里留下了标记。在大会上，他抨击了在未来的中国议会中按比例派代表的主张（"一旦把自由交给反对派，就会把革命事业置于危险之中"）。他公开表态支持孙中山含义不明的非马克思主义的"三民主义"。他是被选入孙中山国民党的领导执行机构中的10名共产党员之一。他和另外两名共产党员一起进入一个由19人组成的精英团体，负责审查该党的新党章。

*虽然国民党建于1912年，甚至此前已经以同盟会的形式存在，但只是在遵循孙中山—越飞宣言重组后，它才以有严密组织的政党的方式召开代表大会。

他在国民党上海组织里担负了重要责任。不到一个月，他被任命为国民党上海执行部的组织部秘书，驻地就在这个口岸城市。他在1924年春回到上海，走路迈着轻快的大步子。他在两个党里都担任组织部长的职务。从湖南被赶出来以后，他需要一个新的开始。他在国共的"统一战线"中找到了起点。

毛泽东在跟新的人一起工作，其中有米哈尔·鲍罗廷和他的共产国际顾问团。

鲍罗廷1923年到中国工作时，还不到40岁。但是他认识列宁，并非常受尊重。在统一战线体制下，他既是中共的也是国民党的顾问。来访者只有在出示挂在金链子上绘有国民党党旗的珐琅徽章后，才能进入他在广州市区的别墅。

鲍罗廷高高的个子，有一头长而密的褐色头发和下垂的八字须。他穿着一身中山装和高筒靴在他那豪华的办公室里踱来踱去。他不会讲中文，但是英语说得很好（他的美国妻子是著名喜剧演员巴斯特·基顿的亲戚）。[21]

在广州，毛泽东有时跟这位一支接一支地抽烟、手势不断的苏联人谈话，倾听一套套的理论和源自苏联的忠告。但是他离鲍罗廷的世界太远，并不完全相信这位雄辩的布尔什维克所讲的那一套。*

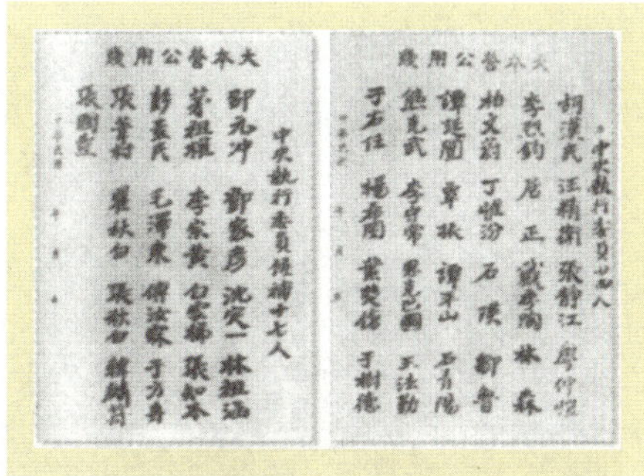

大本營公用箋
中央執行委員二十四人
胡漢民　汪精衛　張靜江　廖仲愷
李烈鈞　居正　戴季陶　林森
柳亞子　丁惟汾　石瑛　鄒魯
譚延闓　覃振　譚平山　石青陽
熊克武　李守常　恩克巴圖　王法勤
于右任　楊希閔　葉楚傖　于樹德

大本營公用箋
中央執行委員候補十七人
邵元沖　鄧家彥　沈定一　林祖涵
茅祖權　李宗黃　白雲梯　張知本
彭素民　毛澤東　傅汝霖　于方舟
張葦村　瞿秋白　張秋白　韓麟符
張國燾

孙中山手书的国民党第一届中央执行委员会委员和候补委员名单。

使团中的苏联人几乎都不会说中文，他们也不很了解中国。诚然，十月革命是世界革命的火花，但是它有血有肉的代表们，真的能准确把握革命的目标吗？

如果说毛泽东不像李立三那样对共产国际的使团心怀敬畏，那么他也没有像张国焘那样跟他们斗。他跟莫斯科来的活跃的年轻顾问们保持着一定距离。当时在广州还有一个年轻的亚洲马克思主义者，他对鲍罗廷更为看重。这个身着欧式白色亚麻西装的瘦削并患肺结核的人，在鲍罗廷的别墅度过很多时间。他被赶出了法属印度支那，中国国民党人给他提供了避难所。他的名字叫胡志明。[22]

* 鲍罗廷说他发现毛泽东“过分自信”。见 *Mao Tse-tung* by O. Vladimirov and Ryazantsev, Moscow, p. 47。

毛泽东还认识了国民党的领袖们。他在广州和孙中山打过照面。他少年时期的这位英雄，现在正处于其生命的最后一年，讲话好像有点啰嗦。“他不允许别人与他争论，”毛泽东抱怨说，“或提出自己的观点。”[23]

中国国民党第一次全国代表大会会址。1924年1月，毛泽东出席大会，当选为国民党中央执行委员会候补委员。

在上海还有两位毛泽东经常见到的国民党高层官员。汪精卫和胡汉民都是很能干、讲话很能打动人的政客。跟他们相比，毛泽东觉得自己是而且在别人眼里似乎也是一个平凡的乡下人。

在毛泽东看来，汪精卫和胡汉民十分自负而且爱唠叨。这两位（还有在广州的一个叫蒋介石的军官）都是孙中山衣钵的未来继承人，“国民革命”就掌握在他们白嫩的手中。但是，如果这些人将成为新中国的政治家，那么中国真的会是新的吗？

1924年5月，国民党上海执行部部分成员在孙中山寓所合影。后排左二为毛泽东。

如果说毛泽东有怀疑，那么中共领导层也同样如此。

从近处观察，陈教授看起来与国民党相处得并不那么好。他在中共里是一号人物，曾是给毛泽东以马克思主义影响的最主要的人。他仍然直率而谦虚，而那些苏联人或那两个妄自尊大的国民党人则并不总是具备这一优点。但是毛泽东感到奇怪：陈独秀作为一个偶像打碎者的棱角为什么会消失了？

一个细节说明了问题：陈独秀长期生活在上海，他穿西装；毛泽东则穿着粗布中式长衫。

当中共中央委员会4月在上海开会时，毛泽东显然没有出席。张国焘以不以为然的口吻说，毛泽东在忙于“国民党的工作”[24]。他似乎去了湖南，并在安源煤矿作了停留。

国共合作时期的毛泽东。中共“三大”后，毛泽东以个人身份加入国民党，开始参与筹备国共合作事宜。

与此同时，毛泽东对他的疑虑保持沉默。国民党的工作吸引了他。毛泽东对国民党的事业非常热情，以致李立三恶意地称他是“胡汉民的秘书”。

国民党在 2 月份采取了一个特别吸引毛泽东的步骤：成立了农民部。中共还从没有这样做过。这是毛泽东热心于统一战线的又一个理由。这更促使毛泽东走上意义重大的新道路。

毛泽东 1924 年的一次旅行是到香港。在这块由英国人管辖的附着在广东省的属地上，他和张国焘有些工会事务要处理。他们从上海坐船穿过南中国海晶莹的蓝色水域。在船上，一伙匪徒围住了毛泽东和张国焘，他们挥舞着刀子向两人要钱。毛泽东不肯屈服，要反抗，这显示了他的勇气和斗争的心态。张国焘劝说毛泽东，匪徒们索要的钱数不值得拼命。后来张国焘非常困难地，并且是在别人的帮助下，才最终抑制住了他那脾气火爆的湖南同事。

毛泽东在政治上不像张国焘那么左，但是当个人受到挑战时，他比张国焘更火爆。

1923 年至 1924 年间，毛泽东的文章反映了他的生活方式。他在中共机关报《向导》上写了一些关于当前政治的短篇文章。文章辛辣但缺乏理论。

在 1923 年的文章里，有两件事很突出。毛泽东把商人称为国民革命的关键。人们会纳闷儿：他在湖南工团联合会工作的两个弟弟对之会怎么想？他总是坚定地反对帝国主义。在《纸烟税》这篇文章里，他讽刺膝盖发软奉承讨好外国列强的北京政府。“洋大人打一个屁，”他厉声说，“都是好的‘香气’。”

但是，这些文章没有挖掘历史或提升至哲学。毛泽东放弃了解放这个主题。逐渐地，他的机关工作使他越来越关注细节问题，而跟解放主义者的志趣不相投了。

然而，有一条明显的前后一致的线索。他仍然相信人民，相信他们具有强大的力量。商人只有服从（希望如此）人民的利益，才有资格受到革命的眷顾。

推翻帝国主义像以前一样是毛泽东的日程表上最重要的项目。[25]在毛泽东的心目中，和国民党的统一战线可能（如果还不是正在展开的现实）是迈向“民众的大联合”以复兴中国的一个步骤。

农民问题只是遥远地平线上的一小片云，它还不是“五四”的主题。中国农村的85%是中共从未去注意的沉默的大多数。1924年，好像没有一个农民是中共党员。当时世界上任何地方都没有人认为农民具有革命的天赋。

中共“三大”旧址。

过去的14年，毛泽东是在城市度过的。他一直在学生和工人中活动。作为这种新生活的一部分，他已经脱去了大部分有农村味道的做派。中共党内没有鼓励他去思考农村问题。

在广州的中共第三次代表大会期间，第一次出现了毛泽东已经开始从政治上考虑农民阶层的迹象。他敦促持怀疑态度的同事把农民作为革命一部分的可能性加以评估。他甚至开始讨论中国历史——而不仅仅是布尔什维克先例——并且特别提到历史上农民起义的丰富传统。

但是，这只是个小小漩涡，没有产生什么结果。唯一的农民组织工作，是一个叫作彭湃的很有魅力的人在做。他是地主的儿子，已经改变立场转而支持农村的穷人。他在广东省东部开始组建农会。工作进行得很好，引起国民党的注意。

彭湃被任命为国民党新设的农民部的部长。在他的领导下，一个农民运动讲习所于1924年7月在广州成立。这是中国历史上，也许是人类历史上，第一所训练农民进行政治起义的学校。

彭湃是先锋，但毛泽东是彭湃寻求帮助的第一批同事之一。1924年8月，应彭湃邀请，毛泽东在农民运动讲习所给第一期学生讲课。他的热情给受训者留下很深的印象。讲习所反过来对他也很有吸引力。他的到访，是将要深深地打入中国未来的楔子的尖端。

回到上海以后，情况不大好。好像毛泽东在广州和彭湃一起度过的那些日子，暴露出他在上海机关的那几个月工作中的问题。

工作方式是一个问题。有些人完全满足于无论什么文件来到，都照章办事。可毛泽东不是这样。他不是一个办事循规蹈矩的人。有些人抱怨他办事没有规律，常常因为出远门，人就不见了。但这些只不过是现象。

李立三的嘲笑概括了一个更严重的问题：他说毛泽东在很大程度上受国民党利用，简直成了胡汉民的秘书。当孙中山处于肝癌晚期时，国民党内部正酝酿着风暴。明眼人都知道，在国民党基层党员中，反共产主义的情绪正高涨起来。

然而，毛泽东的眼睛只盯着统一战线。"一切工作都打着国民党的招牌。"[26]他在 1924 年夏坚持这一主张。几乎没有中共同事同意他的意见。

紧张情绪影响了毛泽东的健康。他睡不好觉，这在他来说是罕见的。他的身体状况越来越糟，这更加降低了他在中共党内的工作效率。到 1924 年末，他在共产党的总部已处于无权状态，不再可能成为中共和国民党之间可信赖的桥梁。

毛泽东 1924 年 2 月回到上海以后，在这一年余下的时间里，实际上没有写任何供发表的东西。他后来在 1925 年的作品，主要刊登在国民党的机关报《政治周报》上。他被任命为该刊物的编辑。

虽然毛泽东人在上海，但是他错过了 1925 年 1 月在那里召开的中共第四次代表大会。大会的基调是以城市为导向，同时也弥漫着对国民党的怀疑。会议结束后发表的公报每次提到"农民"这个词，都和"工人"这个词连起来，就好像农民不可能独立存在。

会议结果对毛泽东来说只是个形式。他被从中央委员会排挤出来了。

毛泽东心力交瘁，陷入困境。他在自述中对这时的紧张关系轻描淡写、含糊其辞，甚至不提第四次代表大会。他在对斯诺叙述时平淡地总结说："那年冬天，我回到湖南去休养——我在上海生了病。"[27]

毛泽东善于随机应变。这个技巧在他整个一生都对他很有用处。如果说他能够因冲动而行事，那么，他也懂得如何退却。当时的形势需要他撤退，他就回到了他的祖居地。

毛泽东比他的有些同事更多地保留了私人生活的领域。韶山的田产是他的，他没有放弃，也没有变卖。他对过去的记忆并不那样苦涩。

他父亲的田产获得的收益，毛泽东用来换取自由。如果他想独自改变走向，不管党会怎样看待，他有资金支持。如果他为了调查或谈话而需要向农民提供饭食，钱就在手头。[28]

在长沙时，毛泽东曾相当频繁地回到韶山休息一下。现在，1925年初，他回韶山作了较长的停留。近半年的时间，他从通商口岸城市上海抽身出来，也远离了文件、委员会和办公室的斗争。

毛泽东用家里的房子召开政治会议，田产的收益部分地用于共产主义事业。在韶山的乡亲们眼里，他肯定跟他父亲一样，还是个地主，尽管是个红色地主。他让旧东西服务于新事物。

他把血缘关系转变成政治关系。家里的每个人都为该事业工作，这在早期中共的高层人士中是不同寻常的。

泽民已经27岁，曾在安源工作，现在即将成为在上海的中共出版部的负责人。泽覃19岁，刚刚加入中共，他曾经忙于参加毛泽东在长沙的学生运动。妹妹泽建，在湖南的岳北做组织工作。开慧本人自1922年就是中共党员，一直在长沙和岳北做教育及组织工作。她有一段时间在上海工作，但没有和毛泽东在一起。

这段婚姻现在似乎不如1921年和1922年那样亲密了。"知误会前番书语"，1923年末毛泽东给开慧的诗词里有这样一句。在那个时期以后，他们没有在一起度过多少时间。[29]

除近亲以外，毛泽东还动员了许多其他亲戚。在记录毛泽东在韶山逗留的有关文章里，"毛"这个姓，就像歌曲的副歌部分一样反复出现。毛泽东跟毛福轩、毛远尧、毛新枚、毛月秋和许多其他人有过交往。家族联系对他很有用。

1925年春节时，全家又在韶山团聚了。开慧和两个小男孩都在场，泽民回家来了，也许还有泽建。家族和事业的结合，一定给了他们力量。

然而，在当时的情势中，如果他们感觉不到各种矛盾的拉扯，那他们真是超人了。在毛泽东的带领下，他们生活在矛盾之中。他们没有简单地蔑视投身共产主义事业之前的关系。他们似乎觉得，韶山是他们集合起来即将进行血与火的革命工作的地方。

有那么几周，毛泽东在四周闲逛，和邻居们聊聊天，在山谷里散散步，跟他的雇工们一起插插秧。

1924年，杨开慧和两个孩子在上海，右为岸英。

但是在2月，毛泽东行动起来。他离开韶山，往来于湘潭各地及该县以外的地方。他住在农民家里，从他遇到的每个人那里详尽地了解事实和观点。

他的笔记本都记满了。这是毛泽东十分喜爱的那种第一手调查工作。他在绿色山间行走，似乎化解了在上海遭受的种种挫折。

与他的孩童时代相比，他的心情发生了很大变化。湖南的农民们已经受够了。他们行动起来。发牢骚已经变成了反叛。他们现在拒绝向地主交租。衣衫褴褛的穷苦农民擅自闯进宗祠大吃大喝。豪绅们开始在农会的意见面前让步。

毛泽东迅速从调查研究转到进行协调。他不是湖南农民组织的首创人，不是彭湃式的草根英雄。广东的妇女在彭湃面前高举起她们的孩子，以便让他们能记住，他们曾经见到过这位"农民运动之王"。[30]

但是，毛泽东在他的行程中，对农会——这对上海来说简直就是异端——甚至对党小组进行了确认。他在田间地头、草棚陋室谈论共产主义，在和中国不再沉默的大多数进行联系。到1926年底，很大程度上由于毛泽东的鼓动，湖南75个县中有一半有了农会，

200万农民成为会员。

在湘潭县内，毛泽东成立了大约20所夜校。目的是进行普及教育（中国人称之为提高文化水平），并加进政治思想内容。他喜欢从“手”和“脚”开始讲中文课。大自然给了每个人同样数量的手和脚，一切财富都是手和脚创造的，然而，有钱人几乎不用手或脚，这有多么荒谬……

作为个人，毛泽东已经完成了一个完整的循环——从土地再回到土地。1910年，他作为一个造反者离开了韶山。那时对传统的反抗，只是出于一个孩子模糊的怀疑，觉得给他套上紧身衣束缚他的生命是不公正的。

1925年，毛泽东认为，造反不是一个受折磨的灵魂在拒绝服从，而是整个民族在寻求新的未来。他可以嘲笑自己以前对父亲的怀恨；真正的问题远不止这一点，不是心理上的而是政治上的。这样看来，他的父亲与其说是个恶人，不如说是个旧中国的遗老。

毛泽东终于从他所受的教育中醒悟过来。回到韶山加速了他对10年城市课堂上所学东西的消化。他对“洋学堂”的新态度，概括了这种调整。

以前放假回家的时候，他曾经站出来为东山小学和第一师范学校这样的学校辩护，抗拒村民们的批评。但是到1925年，毛泽东已经转变了观点。“我认识到，我错了，农民对了。”[31]现在他喜欢旧式中国学校甚于洋学校，不再反对父亲，开始在更广大的背景下看待事物。他悄悄地转向了本地化。

1925年8月，在毛泽东父母卧室上面的顶楼里，中国共产党韶山支部庄严成立了，第一批成员是32位农民。上海总部如何看待追求革命的这种方式，没有记载。

1925年中，在上海一家纺织厂里，一名工人被日本工头杀害了。在英国人的命令下，抗议示威遭到租界警察的开火镇压，造成十余人死亡，数十人受伤。

这一事件就像是把一根点燃的火柴扔向了火药桶。一轮又一轮的抗议、冲突和罢工席卷了很多城市。在香港，总罢工和抵制活动持续了 16 个月——世界历史上持续时间最长的罢工——而北京一度受人蔑视的人力车夫，则在车上挂起了小牌子：“不拉英国人和日本人”。

这些对农民的影响是全新的。农村第一次响起了反对帝国主义的群众呼声。共产党像热带的藤蔓一样迅速发展起来。1925 年 1 月，它的成员有 995 人，是一家网球俱乐部规模的，到 11 月就有 10 000人了，具有群众集会的规模了。

突然之间，革命不仅仅是激进派会议记录上的一个词语了。

恰在此时，国民党走到了岔路口。孙中山在春天去世了，他的身上覆盖着国民党红、蓝、白三色党旗，哭泣的人群在北京为他送葬。继任人能像他一样走钢丝吗？到了夏天，竞争国民党新领袖的活动开始了。

毛泽东在秋天回到了正规的竞技场。他新发现的问题——农运的兴起——将会主导这场争夺。

湖南省长拔出了刀子，准备对付这个在农村窜来窜去的 31 岁高个子激进分子。在乡下，毛泽东是足够安全的，在山区，军阀并不可怕；但是，他走出了进入长沙这冒险的一步。省长发现了他的踪迹，派军队去捉拿他。毛泽东逃到了广州。

把握着政权的这一外在力量，暂时征服了进行社会变革的这一更为基本的力量。

1924 年在上海写了几个月的委员会备忘录以后，毛泽东写了一首词作为他 1925 年在湖南重振旗鼓的几个月的总结，倒是很贴切。

《沁园春・长沙》是一首既怀旧，又有清醒的希望，二者完美地融合在一起的词。这首词回忆了学生时代：

忆往昔峥嵘岁月稠。
恰同学少年，
风华正茂；
书生意气，
挥斥方遒。
指点江山

....

毛泽东觉得失去了某些旧有信念的坚定性：

万类霜天竞自由。
怅寥廓，
问苍茫大地，
谁主沉浮？

整首词镶嵌于大自然的万象中，以一抹自信的闪亮结束：

曾记否，
到中流击水，
浪遏飞舟？[32]

具有年轻人特点的青春力量在年过三十的人身上已变成其他形式，它还会保有变革社会的能力吗？

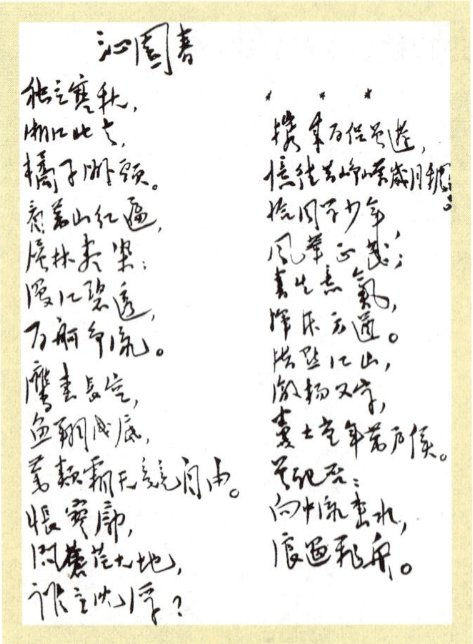
沁园春
独立寒秋，
湘江北去，
橘子洲头。
看万山红遍，
层林尽染；
漫江碧透，
百舸争流。
鹰击长空，
鱼翔浅底，
万类霜天竞自由。
怅寥廓，
问苍茫大地，
谁主沉浮？
携来百侣曾游，
忆往昔峥嵘岁月稠。
恰同学少年，
风华正茂；
书生意气，
挥斥方遒。
指点江山，
激扬文字，
粪土当年万户侯。
曾记否，
到中流击水，
浪遏飞舟。

毛泽东《沁园春·长沙》手迹。

毛泽东 10 月到达广州时，雨季刚开始。他已经离开珠江边这座繁荣的城市将近一年了。他已经变了，统一战线也变了。

要是知道毛泽东如何向同事们解释他在那九个月时间里都干了些什么，会很有趣。他们一定是用急迫的眼光看待这位曾悄然退隐的人。我们能够说的是，他当时是从容不迫的，没有试图引起戏剧性效果。他重新开始了在党的系统内的工作。

这主要是指在国民党内的工作，因为他现在在国民党中比在共产党中的职位要高。他是国民党领导集团的一员，而不再是中共领导集团的一员了。

毛泽东已成为国民党主要喉舌《政治周

报》的编辑。1925 年下半年，他自己写了大约 15 篇文章陆续刊登在该刊上，还用笔名“子任”写了一些其他文章；这说明他对编辑这个职务是很在意的。[33] 文章全都是他 1923 年在《向导》以及其他刊物上发表的对当前政治问题的激进评论的继续。

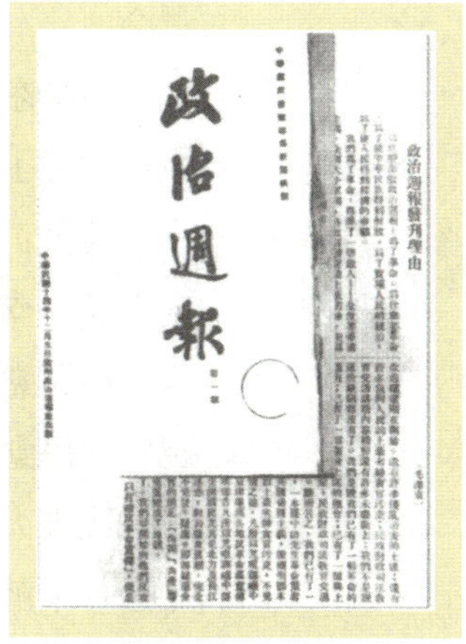

《政治周报》和毛泽东写的发刊词。

毛泽东在国民党内还有第二个重要职务。他在宣传部是第二号人物。由于宣传部长是广州政府总理，工作很忙，因此，实际上是毛泽东主持着国民党信息的交流。

但是，是毛泽东的第三个职务预示着未来。农民运动讲习所第五期于 1925 年 10 月开课。我们发现毛泽东讲了很多次课。湖南籍学生令人奇怪地增加到学生总数的 40%，还有一件事使人更容易看出毛泽东在背后的作用：他自己的弟弟泽民也在班上听课。

毛泽东在讲习所里正像明星一样升起。毛泽东已经作为教师，带着他新的信息走出那段黯然无光的日子。

毛泽东在国民党内的工作红红火火，这很不容易，因为国共两党的关系正在从紧张走向恶劣。

也许统一战线本来就不可能成功。无论如何，它到 1926 年春已经实行不下去了。一个右翼团体已经在国民党内出现，由于他们第一次聚会是在北京附近的西山，所以称为“西山会议派”。这个团体不想和中共有来往。

国民党最有势力的中间偏左的领袖，在毛泽东从湖南逃到广州前在广州被暗杀。大概是“西山会议派”出钱雇凶手扣动了扳机。

反对统一战线的潮流，在 1926 年 1 月国民党第二次全国代表大会上受到一些遏制。这次会议在广州繁华区热闹的喇叭声中召开，正值左翼群众组织在华南兴起之时。正像在国民党所有的会议上一样，第一项议程是大家在孙中山像前三鞠躬，然后听人大声诵读他的遗嘱。

毛泽东很活跃。他在辩论中发言，并且以 173 票这个不错的总票数当选为执行委员会候补委员（汪精卫得到 248 票的最高选票，共产党高层李大钊教授得到 192 票）。他被安排在国民党的农民委员会。

毛泽东在代表宣传部提交的报告中展示了新的思想："我们过多地注意了城市而忽略了农民。"[34]

他很正确。然而，这只像荒野中的一声呐喊。国民党在很大程度上是一支军队而非政党，这支军队的核心是家里拥有土地的军官。国民党怎么可能领导毛泽东在湖南接触和领导的那种农民运动呢？国民党肯定是这种运动的目标而非保护人。

代表大会上，"西山会议派"只占少数。会上就他们的违纪问题进行了辩论。他们反对统一战线，怎样为此而惩罚他们呢？毛泽东站在主张宽大的一边。

毛泽东要干什么？如果说他在国民党第二次代表大会上显得有些右倾，那么这种事以后还发生过多次。

蒋介石正在用枪杆子赢得对孙中山继承权的竞争。一旦把孙中山的衣钵抓在自己手中，他就转而走向反共道路。

1926年3月，蒋介石对统一战线发起了攻击。"中山舰事件"给他提供了借口。他逮捕了共产党人（其中包括周恩来），对中共势力较大的工会加以限制。他施计谋战胜了国民党内汪精卫的中左派，汪精卫被迫离开中国前往欧洲进行"考察"。蒋介石控制了已经向右转的广州政府。

不过，毛泽东与国民党的关系绝没有完结。是的，国民党把他从控制其宣传部的位置上撤下来了，然而他很快又登上一个新岗位。当广州的监狱里押满了他的同志时，他成了国民党广州农民运动讲习所第六期的主任。这一期讲习班开始于5月，一直持续到10月。

毛泽东是那些不幸的月份里仍然担当国民党某项计划的负责人的唯一共产党人。

中山舰。

讲习所位于广州中心一座优雅的旧孔庙里。毛泽东喜欢看到传统的东西以这种方式遭到颠覆。他在讲习所住在自己的一个小房间里，睡在一张没有蚊帐的木板床上（在广州只有穷人和受虐狂才这样做）。他亲自讲授3门课程。

在竹子做的书架上，摆着他在湖南时做的笔记。这是他就“中国农民问题”所作的23课时讲课的基础。

“农村教育方法”这门课他一共讲了9课时。他也讲了一点他自己非常喜欢的地理课。还有一门独立研究的课程，在课堂上对权威提出质疑。他还开了一个卫生实习课。他带这个班到海丰进行实地考察，在那里开辟了新的课堂，那里是彭湃使“牛马”（农民）变成人的地方。

他亲自挑选了15人的教师班子，多数都是有实地工作经验、实事求是类型的人。不过，关于军事战役课，他选择了有知识分子风度的周恩来（其时已出狱）。

周恩来有很多毛泽东不具备的东西：脾气随和，风度翩翩，擅长交际，是个好的调解人。周恩来虽然已经27岁，但看上去仍然像个少年，而毛泽东甚至在十几岁时就已经是少年老成了。周恩来的行为方式带着他在日本（1917—1918）以及法国和德国（1920—1924）度过的岁月的痕迹。他在一个书香世家长大，出于道德选择而走下社会阶梯参加了革命。他对军事战役还懂得不多，毛泽东也一样。[35]

在广东的那个夏天，毛泽东与周恩来开始了合作；他们的合作关

广州农民运动讲习所课堂。1926年，毛泽东任第六期农民运动讲习所所长。

黄埔军校时期的周恩来。

系将在经历若干困难时刻之后出乎人们预料地存在下来：周恩来是地主的儿子，刚从欧洲回来不久；毛泽东是一直扎根中国内地的土生土长的农民的儿子。

在蒋介石的眼里，即将开始的北伐战争是通过向北方军阀夺权而统一中国的军事行动。对毛泽东来说，还远不止这些。毛泽东期待国民党军队穿过处于起义前夕的村庄时，能引起社会震动。他是对的。他的目的是，训练出一支全国性农民领导力量，以引导这种变动的方向。

在这一期讲习班，毛泽东有限地恢复了他在中共的地位。由于开始关注农村形势，中共领导又让毛泽东回到了船上。

在 1926 年 7 月中共中央委员会的会议上，终于成立了农民部，毛泽东被任命为负责人。这显然让他在中央委员会中又有了一席之地。到年底，《向导》又登了他两篇关于农民的文章。

然而，农村的主动权并没有转到中共手上。令人难以相信的是，中共的农民部建立在上海这个大都会。与此同时，毛泽东仍忙于为国民党的广州讲习所授课。他短时间地到过上海两次，但是他农民工作的重心仍然放在国民党而非中共。

这解释了为什么毛泽东在政治上处于孤立地位。

对大多数中共领导人来说，20 年代中期棘手的问题是，中共如何能既享受统一战线的好处，而又不失为一个独立的党。

同样，对莫斯科来说，统一战线是他们在中国的价格不菲的珍珠。诚然，中共是苏联的宝贝，但是苏联人并没有高估这个婴儿的能力。就目前来说，国民党似乎重要得多。一说到中国，克里姆林宫就会说到统一战线。

毛泽东不一样。对国共关系的看待和处理并不是他最为出格的行为，行动方法问题并不是他最为关注的。

他最在意的是拥护者问题。革命是为了谁？什么样的火花能把中国庞大的躯体点燃，使革命之火炽热到足以熔化旧的中国，并塑造出新的中国？

毛泽东的答案来自湖南。革命是为了穷人，他们绝大多数是农村人。毛泽东判断，韶山周围各县90%的人是贫农或中农，革命就是为了他们。火花将在农村燃起，因为地主的压迫比城市里的大班们更为残忍，也更为广泛。在毛泽东的心目中，这是现在的基本事实。一切政治方法问题都是次要的。

毫不奇怪，他比他的中共同事们跟国民党在一起的时间要长。因为在20世纪20年代中期，国民党对待农民问题要比共产党认真得多。

看一看毛泽东在上海反对的是什么。陈教授学究式地理论道："农民是小资产者……他们怎么可能接受共产主义呢?"[36]刘少奇以居高临下的优越态度沾沾自喜地说，无产阶级必须"牵着"农民的手，引导他们走向革命。

莫斯科的倾向有点接近毛泽东观察到的基本事实，但是还有距离。马林对农民的藐视，让人想起马克思关于农村人愚钝的说法。但是马林已于1923年永远地离开了中国。共产国际看到了农村的躁动，到1926年初，他们在列宁的言论中找到了严肃对待农民的革命潜力的根据。[37]

然而，毛泽东的逻辑不是共产国际的逻辑。他赞同国民党的北伐，但莫斯科不赞成（在这点上毛泽东和蒋介石是一致的），虽然在中山舰事件以后，鲍罗廷只得赞成北伐。

苏联人想要农民参加革命，但一定要在好不容易构成的统一战线的牢固控制之下。他们害怕国民党军队北上，可能会引起拥有土地的国民党军官们无法控制的社会解体。

此外，莫斯科正在和3个北方大军阀合作（包括1923年屠杀铁路工人的那一位）。斯大林既不想得罪他的军阀朋友，也想要他的国民党盟友。他们之间的对决，不是他想要的符合苏联利益的中国政策。这可能迫使他不得不在中国革命和扩大苏联的势力之间做出他不希望做的抉择。

但是火花从何而来？每一场新的革命都是一次未加预演的创造性行动。基于别处的最新胜利而精心安排的计划，极少能够成功。谁也不能预料，从什么地方火花会跳出来。它是原发的、肆无忌惮

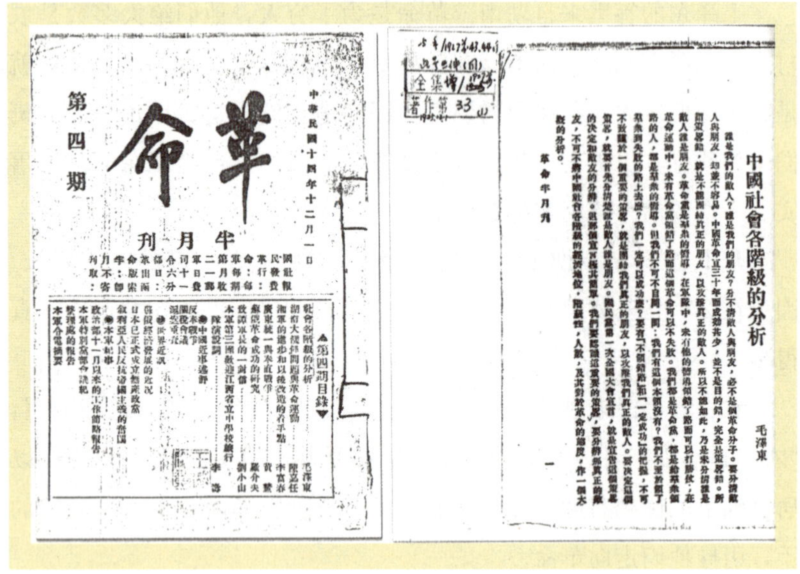

第四期

革命

半月刊

中華民國十四年十二月一日

國民革命軍第二軍司令部革命半月刊社

發行：每月一日十六日出版：不取

報費：每期收郵費一分：函索即寄

第四期目錄

社會各階級的分析……毛澤東

中國社會各階級的分析

毛澤東

誰是我們的敵人？誰是我們的朋友？分不清敵人與朋友，必不是個革命分子。要分清敵人與朋友，卻並不容易。中國革命亘三十年而成效甚少，並不是目的錯，完全是策略錯。所謂策略錯，就是不能團結真正的朋友，以攻擊真正的敵人。所以不能如此，乃是未分清誰是敵人誰是朋友。革命黨是群衆的嚮導，在軍隊中，未有他的嚮導領錯了路而可以打勝仗，在革命運動中，未有革命黨領錯了路而這個革命可以不失敗。我們都是革命黨，都是給群衆領路的人，都是群衆的嚮導。但我們不可不自問一問：我們有這個本領沒有？我們不至於領了群衆到失敗的路上去麼？我們一定可以成功麼？要有「不領錯路」和「一定成功」的把握，不可不注意於一個重要的策略，就是團結我們真正的朋友，以攻擊我們真正的敵人。要決定這個策略，就要首先分清楚誰是敵人誰是朋友。國民黨第一次全國大會宣言，就是宣告這個策略的決定和敵友的分辨。但那個宣言極其簡單，我們要認識這重要的策略，要分辨那真正的敵友，不可不將中國社會各階級的經濟地位，階級性，人數，及其對於革命的態度，作一個大概的分析。

革命半月刊　一

毛泽东在《革命》（半月刊）发表的重要文章《中国社会各阶级的分析》。

的。毛泽东看到了并且也希望有一场社会大震荡，从而使莫斯科和上海的文件柜变成废物。最终，从某种意义上讲，他达到了目的。

1925 年 12 月，毛泽东在广东发表了《中国社会各阶级的分析》一文。9 个月之后，当他北上时，发表了《国民革命与农民运动》。

“谁是我们的敌人？谁是我们的朋友？”这是毛泽东在《中国社会各阶级的分析》一文中的开头。他简略地描述了在中国的特殊情况下各群体的立场。城市工人的人数很少；帝国主义的欺凌肯定会使一部分中国资产阶级同情革命；农村的穷人会对革命有关键性的影响。[38]

他们“需要一个变更现状的革命”。——毛泽东是基于观察到的事实，而不是依靠马克思的教条，得出这个结论的。

不过，毛泽东《中国社会各阶级的分析》一文中还是把小小的工业无产阶级看作“我们革命的领导力量”。他设法做到了把农民力量之酒装进无产阶级至高无上这只瓶子里。

9 月的文章是另一回事。文章说，从任何方面说，农民都是革命的关键。**他们**感受到最沉重的压迫。买办们只是在沿海地区和沿江流域称雄。“不若地主阶级之领域在整个的中国各省各县各乡。”

毛泽东作了进一步的论证。买办只是跟在军阀的后面，军阀则是“地主阶级挑选出来的”。他的论据是经济上的。“财政上军阀政府每年几万万元的消耗，百分之九十都是直接间接从地主阶级驯制下之农民身上刮得来”。换句话说，中国的政权源自土地。

“都市工人阶级目前所争，”毛泽东大胆地说，“政治上只是求得集会结社之完全自由，尚不欲即时破坏资产阶级之政治地位。”他终于说出了在长沙时他就已感到的、关于劳工运动力量的怀疑。

他接着说：“乡村的农民，则一起来便碰着那土豪劣绅大地主几千年来持以压榨农民的政权……”由此才产生了他们的斗争精神。

1926 年 9 月，毛泽东发表《国民革命与农民运动》一文。

毛泽东自然得出结论：“若无农民从乡村中奋起打倒宗法封建的地主阶级之特权，则军阀与帝国主义势力总不会根本倒塌。”

这是个惊人的结论。革命的成败都在于农民，只有他们的崛起才能捣毁整个旧中国吱嘎作响摇摇欲坠的大殿，甚至反抗帝国主义的斗争也绝对取决于他们。随着这篇文章，卡尔·马克思陷进了亚洲的水稻田里。*

*我详细给出毛泽东的原话，是因为北京长期以来用一层模糊的薄纱遮盖着《国民革命和农民运动》一文。它终于在 1993 年的《毛泽东文集》第一卷中得以发表。

毛泽东已经摊牌。这些就是 1925 年间他在湖南所认识到并得出的结论。

农村像磁铁一样把毛泽东吸引回来。农民运动讲习所第六期于 1926 年 10 月结束。在广州没有什么需要他去做了，但是他并没有到上海去经营以他为首的中共农民部。他回到湖南家乡。他要在现场而不是在城市办公室直面农村的挑战。

湖南正在发生很多事情。该省不愧有“中国革命运动的中心”的名声。北伐军已于 1926 年夏末到达长沙。湖南现在是由一位打着国民党旗号的军阀统治着。同时农会正在实际上接管大片的乡村地区。

这两股力量之间正在酝酿着风暴。毛泽东不久将处于这场风暴的中心。他似乎在闷头沉思，模糊地意识到即将来临的麻烦。他到浙江和江西的农村去了解情况，然后在《向导》上发表报告说，农民运动正在“风起云涌”，并且在湖南农会第一次大集会上作了主题演讲。在这段时间的积极活动以后，毛泽东回到韶山去放松了一下。

他以前经常在冬天回到韶山，因为在这个季节里住在家乡以外是不舒服的。于是一种模式出现了。正像两年前的1月一样，撤回到家乡的山谷来居住，促成了他对周围村庄进行实地调查的旅行，在5个县用了32天。

这一次，他不必像吟游诗人那样到处游走寻找听众。500万湖南农民现在都加入了农会。他的任务不是把他们发动起来，而是要描绘出全景画面，并向非农村的世界展示。

这件事他做得非常出色。埃德加・斯诺的《西行漫记》，即《红星照耀中国》，不是第一部关于中国革命的经典。第一部是毛泽东的《湖南农民运动考察报告》。

毛泽东看到地主戴着高高的纸帽子，被敲着锣的人群驱赶着游街。他发现最受人痛恨的地主已经关在县监狱里。他们可恶的行为包括囤积居奇以抬高粮价，恰像毛泽东的父亲在1906年所做的那样。别的地主已经抛弃他们的财产，像狗一样逃跑了。

农民组成了梭镖队，以加强一种新秩序。孩子们迅速接受了这种新道德观。毛泽东注意到，在玩的时候，一个孩子对另一个孩子生气时会跺着脚喊：“打倒帝国主义!”他听到一个农民责备一个恶霸说：“土豪劣绅！晓得孙中山的三民主义吗?”

社会天翻地覆，其激烈程度甚至让这位一时不在造反震中的造反者都瞠目结舌。他的敬畏使他写道：“地主的体面威风，扫地以尽。”他的兴奋使他《湖南农民运动考察报告》的写作风格，殊异于国民党或中共通常的文件风格。[39]

毛泽东为过激行为而欢欣鼓舞。他开心地描述，农民在力图消灭赌博时烧掉了成筐成筐的麻将牌。有些普通老百姓也喜欢玩麻将，他对之似乎未加理会。他非常高兴地，而且没有丝毫不安地，报告说，被打倒的地主们已经开始称农民们为“乡里王”。他没有试图隐瞒一个被降低了身份的绅士的讽刺话："如今是委员世界呀，你看，屙尿都碰了委员。"

毛泽东见到轿子被砸碎，他轻松地说，农民"最恨那些坐轿子的"。他是否回想过在长沙他很尊敬的杨昌济教授呢？杨教授每天早晨都坐轿子让人抬着到学校去。

当然，革命已经变了。呼吁新社会是一回事，让人把你身下的轿子砸碎是另一回事。

毛泽东笑话叶公，这是刘向（公元前 77—前 6）写的故事中的一个人物。这个贵族很喜欢龙，让人把他的宫殿从地面到房檐都画上和雕刻上龙。一条真龙听说叶公对龙的喜爱后拜访了他，结果这个人几乎被吓死。

"嘴里天天说'唤起民众'，"毛泽东作结论说，"民众起来了又害怕得要死，这和叶公好龙有什么两样！"

或者说，这跟毛泽东的岳父稳重的激进主义之间有什么区别呢？

教师职业，在毛泽东的优先顺序中后退了。他已经转而反对洋学堂，而正是洋学堂曾经为他走向更广阔的世界铺平了道路。他现在会认为，作为政治同盟者，杨教授这样的人将是无用的。

《湖南农民运动考察报告》没有提城市工人在革命中的领导作用（北京在 20 世纪 50 年代的《毛泽东选集》中细心地把这点补充上去了）。但是该报告的内容，如果说即使不符合马克思主义，那也是非常激进的。

毛泽东把农民分成贫农（70%）、中农（20%）和富农（10%）。作为社会科学，这是很粗糙的。但是用作变革的杠杆，这却是聪明的。走向革命的第一步，是让穷人意识到自己的贫穷。

毛泽东宣称——部分来自调查，部分来自评估——最贫穷的也是最革命的。这是他的一个老主题。高山为谷，深谷为陵。这是毛泽东 1927 年时所说的"革命"的意思。他是代表革命在发出"振臂一呼"。

毛泽东不得不再次回到城市的政治世界：带着他旧得卷了角的报告手稿，到城里参加国民党中央执行委员会会议。会议 1927 年 3 月于武汉在热烈的气氛中召开。

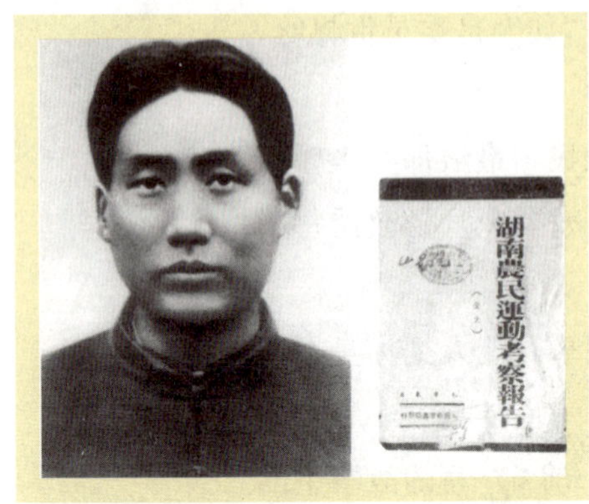

1927 年，毛泽东在武汉。右图是他从湖南回武汉后写的考察报告。

在 1927 年余下的时间里，武汉成为毛泽东生命的一部分。武汉是湖北首府，这座工业城市是华中的堡垒，它位于连接北京和广州的铁路线上，同时也是从重庆到上海入海的长江水道的枢纽。

国民党北伐军身着新式的绿色制服，头戴大檐帽，已于 1926 年 12 月到达武汉。一个由中左的国民党人加上几个共产党人组成的政府，试图像玩杂耍的人那样控制由中国活跃起来的革命连续掷出的难以控制的球。蒋介石当时正在东边的南昌，不会对武汉政府造成什么威胁。到 1927 年春天，武汉是中国革命运动不稳定的中心。

中共和国民党现在就像一对貌合神离的夫妇。它们都把总部搬到了武汉。

毛泽东在武昌的住址都府堤 41 号。

国民党为毛泽东找到一处不错的别墅。这座房子由一个商人建造，灰色的砖墙挡住了大街上的喧闹声，院子四周围以房屋，深色的墙板使院子显得更加宁静温馨。[40]

开慧从长沙过来跟毛泽东住在一起。她母亲也带着毛泽东的两个儿子到这里住了几个月。别墅的第三间卧室，由广东省的农民运动组织者彭湃居住。甚至还有个书房供毛泽东使用。他在这里对湖南农民运动的书稿作了最后的润色。

他兼职教书。附近有一所面积不小的宅第，它有红色柱子和通风很好的拱廊。在这里已经成立了广州农民运动讲习所的一个分校。这是国民党和共产党共同经营的一个机构。1927 年上半年，毛泽东在这里给湖北、湖南、江西和一些其他省份来的农民讲课。

毛泽东发现武汉的政治气候乌云密布。陈独秀教授不喜欢《湖南农民运动考察报告》，所以在《向导》上只发表了一部分。其全文，其中有对陈独秀所说的“过分行为”的赞扬，只得在湖南的刊物《战士》上发表。

来到城里的，还有毛泽东在安源的老同事李立三和刘少奇。他们来武汉这座中国第二大工业城市为劳工运动当先锋。他们认为毛泽东对农村过于着迷。

毛泽东曾在中共党内受到批评，被认为是右派。现在，他看上去像个激进分子了，而且他的确是个激进分子。他作为国民党的宠儿的日子即将结束。

紧张形势并没有使毛泽东的艺术细胞萎缩。他在龟山和蛇山上散步，这两座山隔长江相对而立。在蛇山上他发现一座让他着迷的古建筑——黄鹤楼，建于3世纪。毛泽东坐在那里沉思冥想。

他按古诗词的格律填了一首词，就好像要把自己重新置于中国传统的高雅文化之中，然而目光仍然不离政治：

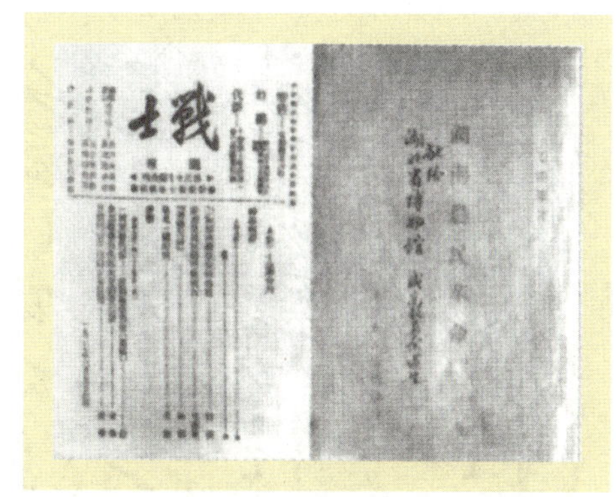

1927年，刊载《湖南农民运动考察报告》的《战士》周刊和出版的《报告》单行本。

武昌农民运动讲习所旧址。

烟雨莽苍苍，
龟蛇锁大江。

他的心沉浸在大自然和过去，然而总能从中看出他的政治意志：

黄鹤知何去？
剩有游人处。
把酒酹滔滔，
心潮逐浪高！[41]

他是否把湖南的农村置诸脑后了呢？并不真的如此。他只是在两个

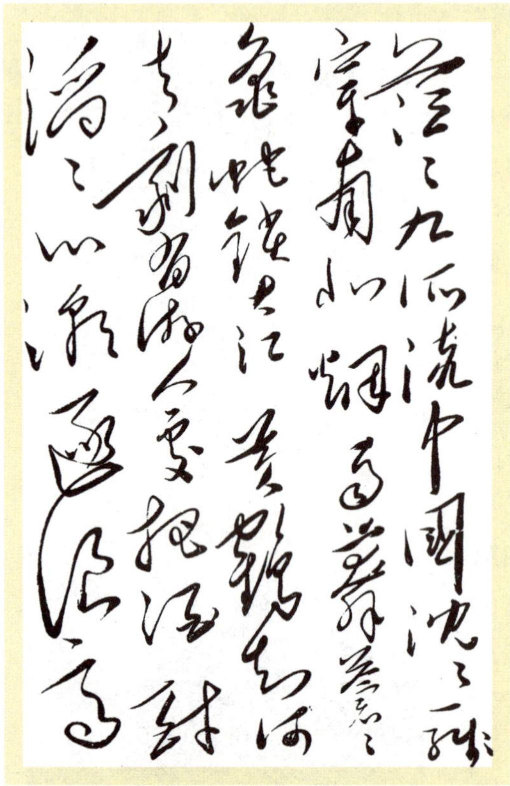

毛泽东《菩萨蛮·黄鹤楼》手迹。

世界之间来回转换，熟练的技巧让他来去自如。

毛泽东提出的问题——华南的农民运动浪潮以及如何对待它——正是当时的重大问题。在一系列的会议上，就这一问题进行了辩论。毛泽东是会议的关键性人物，因为他的《湖南农民运动考察报告》涉及时下棘手的难题。

然而，武汉政权的大多数领导人对沸腾的湖南形势却没有清醒的认识。

当毛泽东终于讲到的时候，国民党领导们吓了一大跳。

他希望农民没收土地（就是拒绝为他们耕种的土地交租）。他在国民党执行委员会和新成立的土地委员会上为此辩护。

在土地委员会所作的演讲中，他的障碍清楚可见："湖南的军官们是农民的剥削者。"毛泽东的话是有道理的。但恰恰是那些军官们和国民党是勾结在一起的。

在广东省，国民党可以激进而几乎不需付出什么代价，但是在北伐期间这样做就是自杀，因为大批在广东以北为国民党服务的军官拥有土地。毛泽东知道，他正处于和国民党断绝关系的边缘。

对于军官们谴责农民，说他们"简直是赤化了"，毛泽东表示轻蔑。他反驳说："这一点子赤化若没有时，还成个什么国民革命!"国民革命正在四分五裂。[42]

湖南不是中国的典型。毛泽东从韶山回来时带着一幅农民力量不可抗拒的幻象。在 1927 年，如果相信因为湖南那样做了，全中国也应该那样做，那将是个可怕的错误。

毛泽东以前在上海的上司、国民党领导人汪精卫，认为毛泽东是个狂热分子而不值得重视。甚至长沙一个亲密的朋友——一位共产党人，而且是毛泽东自己挑选出来领导湖南国民党的人——也告诉土地委员会，毛泽东的没收计划会导致“贫农和富农之间的直接斗争”。[43]

当时在国民党和共产党中都得到赞同的政策是，为了坚持国共统一战线和推进北伐，要抑制农民的“过火行为”*。

*毛泽东自己10年后也认为应这样做。

毛泽东住在别墅里，外出则是去参加委员会会议。但是这种政治活动似乎无足轻重。在武汉以外，中国正在两极分化。长江岸边的统一战线是一枝脆弱的竹子，不久就将被长江下游吹过来的强风折断。

蒋介石打出致命的一击。他早已放弃跟共产党结盟的主张。武力是他使用起来得心应手的唯一政治方法，他用武力把两党联盟彻底而永远地摧毁了。

蒋介石一到上海就屠杀左派（周恩来险些没能逃过厄运）。这残酷地揭示了蒋介石版北伐的内在含义，因为上海的左派为了替蒋介石保住这座城市，曾和北方的军阀部队进行过战斗！

在华南和华东的其他地方，军阀们也在调转枪口镇压激进组织。在北京，对苏俄使馆的一次袭击造成一批左派分子被屠杀。其

共产党人被抓的情形。

瞿秋白（1899—1936），马克思主义理论家、无产阶级革命家，中国共产党早期主要领导人之一。

中之一是毛泽东以前的上级李大钊。

毛泽东得知，李大钊被军阀张作霖的手下慢慢地绞死，十分悲惨；而且他自己在长沙的文化书社也被军阀捣毁。光明正在逝去。

中共在风雨飘摇的武汉召开了第五次代表大会。国民党第一次派一个代表团出席。毛泽东毫无热情地做了准备。事情比他预料的还糟。中共现在有6万党员，群众力量处于高潮时期。但是其最高层却已失去了方向。

主要问题是，莫斯科像膜拜图腾柱一样坚持国共统一战线。陈独秀教授对这一政策感到不愉快，但是他还是勉强跟着走。

毛泽东关于土地问题的观点遭到猛烈攻击。他的同事对他非常不满意，把他的投票权剥夺了。他几乎不发言。他肯定意识到，他将失去农民部长的职位。但是当斧子砍下来时（一位名叫瞿秋白的研究俄国文学的专家替代了他），毛泽东仍感到很郁闷。他不再出席会议。

当这次最终引入灾难的大会单调沉闷地继续时，毛泽东在他的别墅里来回踱步，在东湖边以及蛇山和龟山上长时间地散步。*

* M. N. 罗易回忆说，毛泽东在武汉非常不安。他偶尔会参加会议，待的时间足以让他发表犀利的言论，然后突然离开，说他在湖南的“农民大众在受苦受难时”，他在武汉“不可能过得舒服”。见 Roy in *New Republic*, 9/3/51。

在共产国际的指示下，中共正在被浸泡腌制，为送进蒋介石的烤炉做好准备。因为农民问题已经对中左的国民党的地位之稳固产生了坏影响。在不得不从这个问题上后退的情况下，他们把国民党的未来交给了蒋介石。现在的选择或者是农民革命，或者是蒋介石加军阀。

中共自己两者都没选！

国民党中的左翼最终选择了蒋介石。7月间，国民党的中左派在武汉转而反对共产党人。这里和中国其他很多地方一样，上演了镇压左派的恐怖行动。待到仲夏，中国革命似乎已经完结了。

湖南的事件使形势开始向右滑动。5月间，军阀省长手下的一些军官把枪口指向了左派。毛泽东化了装坐上一列货车，南下去组织抵抗。

在长沙，士兵开进工会和学生会办公室，一边喊着“蒋介石万岁”一边向手无寸铁的人开枪。那个夏天，有3万人在湖南被屠杀。毛泽东幸运地不在其中。

有点不知所措的毛泽东什么招都试过。他把工人和农民聚集起来反抗镇压。但是他也认为值得亲自去见省长，以便敦促这个已衰老的人理智些。

令人难以置信的是，陈独秀教授，还有莫斯科，仍然希望修补统一战线。陈独秀命令毛泽东从湖南撤出来去四川。毛泽东不是没有听陈独秀的话，就是设法让陈改变了主意，他像消防员一样站在大火之中。他跟他曾经崇拜的这个人，几乎是彻底决裂了。但是，陈独秀没有做到的，湖南军阀做到了。军阀下令逮捕毛泽东，所以毛泽东回到了武汉。

蒋介石摄于1927年1月10日。

毛泽东得知，长江以南许多地方都发生了恐怖事件，而那些地方曾经是左派的据点。罢工者被当场砍头。上海市中心摆着竹笼子，里面悬挂着被行刑者的头颅。年轻女共产党员被口吐脏话的士兵用枪打死。毛泽东为同志的苦难饮泪而泣。

在农村，来与农民联合的学生被浇上煤油活活烧死。左派分子被绑在树上，皮肉遭千刀万剐，并且伤口还被不断地揉进盐和沙子，最后被折磨致死。因为军阀崇尚封建主义，所以对牺牲者施行千刀万剐的残忍暴行又复活了。有的受害者脚上的筋被挖出割断。

毛泽东从湖南回到武汉，恰好见到苦涩的场面。鲍罗廷正忙于在他有电梯和锦缎墙纸的4层别墅里收拾行装。他正在合上他的论中国革命的讲义，把它放进皮箱。持续4年，莫斯科把这一任务交给了他。“一切都完了。”这是他离开中国回苏联时的临别祝福。[44]

对毛泽东来说，但不是对大多数中共领导人来说，苏联革命的声誉像鲍罗廷的火车一样确定无疑地退去了。与此同时，蒋介石从南京发了一封电报，祝贺武汉国民党的爱国行动，称他们把共产主义这颗毒瘤从国家身上割掉了。

如果这个夏天是悲剧性的，那么秋天则是怪诞的。因为中共突八七会议会址。1927 年 8 月 7 日，中共中央在汉口召开紧急会议，纠正陈独秀右倾投降主义错误，确定实行土地革命和武装反抗国民党反动派的总方针。毛泽东在发言中提出“政权是由枪杆子中取得的”重要思想。

然从一个极端走到另一个极端。它放弃了与敌人扭扭捏捏的合作——这已经太晚了，而转向充满暴力的武装起义——这又太早了。而且它把军事极端主义包裹在温和的政治里，因为斯大林几个月以后才会把与国民党的合作一笔勾销。

毛泽东被卷进了这场逆转。在注定无望的形势下，他没有显示出与众不同的把握能力。

中共开了一次特别会议。陈教授已经怀着对 7 月 15 日中共和武汉政权决裂的失望到上海去了。在他缺席的情况下，会议气氛是接受任何他会拒绝的东西。要在城市和乡村发动一连串暴动的按钮按下去了。

毛泽东要领导湖南的进攻，后来称其为秋收起义。* 毛泽东感到茫然，他四处奔走，但是起义的战略似乎要么是错误的，要么是并非他真正赞同的，或者两者兼有。

* 秋天是关系紧张的时刻，因为农民要向可恨的地主交粮食作为地租和还债，农民在收获以后也没有农活可干，因此被认为适宜组织起义。

可悲的是，新路线还是莫斯科所鼓动的。6 月里，斯大林突然要求中共执行富有战斗性的政策。其荒谬性在于，与此同时，这位苏联领导人从6 400多公里以外坚决要求中共继续支持武汉政权。那就像中国谚语说的，乱弹琴。

于是，8 月和 9 月里，中共在走向绝境。它在国民党的旗帜下开始了武装出击！首先是在南昌，领导人是周恩来，起义没有成功。但是，中共在心烦意乱的情绪下继续进行起义，这只能是没有政治逻辑的军事行动。

8月初，中共领导人的一次特别会议在混乱中召开。在武汉一间阁楼里华氏100度高温下，毛泽东出席了这次匆忙组织的会议。由11个成员参加的这次会议推翻了作为党的领袖的陈独秀。代替他的是瞿秋白，就是那个接替毛泽东就任农民部长的文学学者。

八七会议旧址。

就这样，陈教授走进了历史的垃圾堆。毛泽东后来强烈地责备他要为同国民党合作而导致的恐怖事件负责。这有点过分了，因为当毛泽东在1936年说这话时，他不想责备最大的罪人斯大林。

毛泽东对共产国际的两位主要驻华代表的评论非常严厉。“鲍罗廷站在陈独秀右边一点点。”的确，鲍罗廷信任国民党过于长久了。对从1925年起就担任职务的印度人罗易，毛泽东也没有更温和些。“他站在陈独秀和鲍罗廷的左边一点点，可是他只是站着而已。”[45]罗易激烈的言辞不解决问题，解决不了莫斯科离得太远、过分为其自己的利益着想而不可能运作一场发生在中国的革命这个问题。*

回首往事时，毛泽东说国民党是“一架空房子等着人去住”[46]。共产党人“像新姑娘上花轿一样勉强挪到此空房子去了，但始终无当此空房子主人的决心”。

毛泽东左转了。同后陈独秀时期中共其他人一样，毛泽东转向枪杆子。但跟大多数人不一样的是，他终于抛开了国民党。“国民党的旗子真不能打了。”当他为秋收起义做准备时，他从长沙给中共办公室写信说。[47]

在土地问题上，他仍然处于激进的孤立地位。

那些起义像是很多烟花，引爆了而后就熄灭了。毛泽东的起义也不比别人强。不仅在于毛泽东的“新左倾主义”理论还没有融为一个整体（他跟国民党一起工作的时间太长了，而农民军不可能一夜之间创造奇迹），还在于瞿秋白接受了另一类型的“左倾主义”。

瞿秋白希望从城市开始，毛泽东仍然相信中国革命的重心是在

*如果罗易的回忆可信，他和鲍罗廷都觉得毛泽东神秘不可测：

毛泽东来到汉口，在这里我第一次见到他。那是在午夜以后。我们正在共产党政治局进行热烈的讨论。鲍罗廷本人在座，坐在我旁边。一个个子高高的男人镇定而高傲地走进来，他有一张黝黑的宽脸庞，长长的直发从高高的额头向后梳着。“毛泽东。”鲍罗廷小声说。他没有注意我，甚至没有注意最有权势的鲍罗廷。我们两个外国人交换了一下眼神。鲍罗廷压低嗓音说：“一个难啃的干果，典型的中国人。”

见Roy in *New Republic*，9/3/51。

农村；瞿秋白认为一波群众暴力活动就能让左派掌权，毛泽东则正在仔细思考通过一种较慢的、更有组织的、搭建积木式的途径，来利用枪杆子取得政权。但是此时他还是若即若离地跟随着瞿秋白。

开弓没有回头箭。毛泽东只能把秋收起义进行到底。他夜里在长沙郊区召开策划会议。他设计了自己的新旗帜（这让党中央很恼火），图案是一颗星里面有镰刀和斧头。他利用全湖南的老关系建起了队伍，发动了一场最终要占领长沙的突击。

按照毛泽东的要求，由何长工等人设计制作的中国工农革命军第一面军旗。红底象征革命，星星代表中国共产党，镰刀斧头代表工农群众，表明这支军队是由中国共产党独立领导的。

他占领了靠近江西边界的东门镇，并赢得几个小胜利。但是，不久，失败就像湖南火辣的太阳一样盯着他不放。许多事情都出了问题。毛泽东的队伍是杂牌军，有些部队最终起了内讧。遭到夏天镇压以后，激进运动的群众基础萎缩了（自 5 月以来，湖南中共失去了其两万党员的四分之三）。对毛泽东来说，重访他以前去过的工会、农会和学校时，看到的几乎都是死亡和被废弃的场景，那真是一场噩梦。

当群众运动在 1925—1926 年处于高潮时，中共像法官一样小心翼翼。当它于 1927 年中受到重创时，中共突然迸发出激进的火焰。这就是 20 世纪中国第一次尝试社会革命时的悲剧。

中共总部里的混乱造成了严重的伤害。毛泽东在起义过程中一直跟党中央辩论。中央认为他太关注军队，说他对群众没有信心，指控他的部队在事情不顺利时“自己尿了裤子”。

作为回答，毛泽东指责中央“忽视军事而又希望群众性的武装起义的矛盾政策”[48]。糟糕的协作使来自湖南以外的增援成为不可能。

最后，被拿下的是毛泽东，而不是长沙。

在赶往衡阳争取矿工们加入他的部队时，毛泽东被地主武装捉住了。他被押往一个场院执行枪毙。当接近终点时，毛泽东镇定而精明。首先他向另一名俘虏借了一些钱，随后试图贿赂看押他的人放他走。这个计划显然没有奏效。

离场地不足200米时，他决心逃走。他仍然精瘦得足以像闪电一样行动。他躲过了子弹，跑到池塘边的深草中藏身。

押解的部队追了过来，他们招募农民在草里搜索。毛泽东怀着一线希望静静地蜷缩着。有一两次，士兵们离他很近，他都可以伸出手去摸着他们了。有五六次他都不抱希望了，觉得他们肯定已经看见了他。

黄昏的到来救了他的命。士兵们停止搜寻去吃饭了。

整个夜晚他都在走山地，穿灌木丛。他光着脚，押解他的人把他的鞋拿走了——作为战利品。根据迷信的说法，被处死的人穿着鞋死去之后，会变成鬼找行刑者进行报复。

浑身是伤又十分疲累的毛泽东在一个他不认识的地区转来转去。最终他碰到一个农民，说服了他掩护自己。毛泽东又找到了方向。在他花钱试图贿赂之后，还剩下7元钱，因此他能吃饭并买到在那个中国革命低潮时刻他最需要的两样东西：鞋子和雨伞。

八七会议后，毛泽东回湖南领导湘赣边界秋收起义。这是毛泽东在延安和当年参加秋收起义的部分同志合影。右一为贺子珍。(1937年5月9日)

1927年9月湘赣边秋收起义后，毛泽东率领起义的工农革命军向井冈山进军（油画）。何孔德　陈玉先　高虹　高泉　作

毛泽东又回到他的剩余部队里。但是秋收起义失败了。毛泽东跟党中央的关系现在比以前任何时候都更糟糕。既然如此，他决定干脆拒绝攻打长沙，因为把他的残余部队投向毁灭看来是愚蠢的。

中共领导自动地把毛泽东降职，把他从中央委员会撤了下来。甚至党的湖南分部也把他从领导机构中驱逐出去了。

但是，毛泽东并没有及时得到这些关于官僚机构处分他的消息。他已经抛弃了城市，并且不再理会现有的组织机构。当10月的寒气赶走了夏天的炎热时，他领着区区1 000名幸存者来到湖南东部边界上一个崎岖不平的无人地带。

他将用**自己的方式**利用枪杆子。

第五章

斗争（1927—1935）

毛泽东带领队伍向山区走去，这是他们唯一可去的地方。他在中途多次停下来对千来名情绪低落的追随者讲话。

当来到一个叫做文家市的镇子时，毛泽东已经有了一个计划。他要像《水浒传》里造反的农民那样上山安营扎寨。他有办法收拾残局，使革命重整旗鼓。但他的士兵还敢追随他吗？

有些人敢，有些士兵则因前景黯淡而离开了。很多人想家，有的人想回去种地，也有人觉得替国民党打仗更划得来。

毛泽东的队伍在三湾村的一座旧庙里集合，他们在这里躲一躲秋雨和红土泥巴，泥巴把他们的草鞋粘得不成样子。毛泽东做了好几个小时的演讲。他解释了他要组建一支军队的想法，但这对有些人来说，更像是政治学习班而不是部队。他极力主张在军队内部实行民主，但是有些军官觉得这会抹杀必要的上下级差别。

虽然这似乎不是提出有争议的建议的时机，但在低潮时大胆行事是毛泽东的作风。

左图　文家市里仁学校旧址。　右图　三湾枫树坪。

中共遭到重创。几个月前它有大约五万名党员，现在只有一万人了。国民党里中间偏左的人士要么消失了，要么流亡到国外。湖南和广东农民运动领袖大多已死亡或很快将死亡。

毛泽东一个月前发动秋收起义时的工农武装，损失了不下百分之九十。余下的百分之十被要求接受一项奇特的新计划，而回报却只有汗水和泪水。他们肯定已经猜到毛泽东在中共领导层失宠了，这个另辟蹊径的领袖是否值得他们追随呢？

毛泽东自己一定也有疑问。虽然三个月以后有关他被撤销一切党内职务的消息才会到达，但他早已料到了。上海方面（中央委员会不顾客观条件，像蚂蚁追蜜糖一样要着性子又迁回到那里）不赞成他的计划，这已经够糟糕了，更糟的是毛泽东自己创建的湖南的中共党组织也同样谴责他。

他肯定会因夏天遭受的磨难而感到痛心。他被迫与杨开慧及所有其他亲近的人分离。他瘦弱而疲惫，眼神黯然，头发像一把旧笤帚，衣衫褴褛，长满虱子。

不过，如果毛泽东有所怀疑，他也没有说出来。他在这几周里显示了坚忍不拔的意志，这使一个阴暗的冬天成为走向把握时局的转折点。

粮食会短缺，战士们的薪饷会很少，因为贫瘠的山里没有几家地主可供没收其财产。他的军官中共产党员不多，其中一部分可能会离去，有一两个被军队民主的想法激怒了，在离开三湾的艰苦跋涉中，他们显然曾试图刺杀毛泽东。[1]

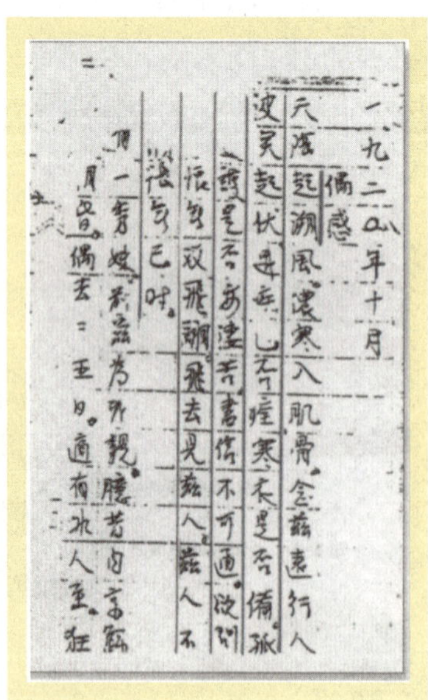
一九二八年十月

偶感

天阴起溯风，浓寒入肌骨，念兹远行人，平波突起伏，足疾已否痊，寒衣是否备，孤眠谁爱护，是否亦凄苦，书信不可通，欲问无人语，恨无双飞翮，飞去见兹人，兹人不得见，惆怅无已时。

这是1928年10月杨开慧写下的《偶感》。诗中表达了她对毛泽东的思念之情："天阴起溯(朔)风，浓寒入肌骨。念兹远行人，平波突起伏。足疾已否痊？寒衣是否备？孤眠(谁)爱护，是否亦凄苦？书信不可通，欲问无(人语)。恨无双飞翮，飞去见兹人，兹人不得见，(惆)怅无已时。"

但毛泽东毫不动摇。他怀着湖南人的固执劲儿开始了征程，内心的火花支持着他前进。在夺取城市失败以后，他心中一个全新的战略成形了。他想试一试。

另外一些火花闪现自一种防

卫机制。中共中央现在对他看法极坏，回过头去与他们联系已毫无意义，最好把自己的孤立变成自己的长处。

许多著名左派分子在1927年流亡到欧洲，毛泽东没有动过这种念头。在评论这种势头时，他的表述说明他是多么心向农村："许多共产党领导人这时得到党的命令，要他们离开中国，到苏联去或者到上海和其他安全的地方去。"[2]

毛泽东似乎孤注一掷地投入大自然，好像他与他所选择要居住的峻峭山峰之间有一种秘密的、能使人活力四射的联系。毛泽东的那一小块中共机体，因其扎根于土壤，也许可以由于大自然自身的周期循环而重获生机。

罗霄山脉中段的井冈山。1927年10月，毛泽东率领起义部队在这里开创第一个农村革命根据地，点燃工农武装割据的星星之火。

毛泽东在一个叫做井冈山的雾蒙蒙的山峰上安顿下来。这是一个雄伟但荒芜的封闭世界，毛泽东以一个农民和政治家的精明眼光选中了它。想法很简单：他的残存部队很弱小；但是敌人肯定也有弱点，如何识别这些弱点并加以利用呢？

军阀不是统一的力量。他们由于互相竞争（为了应付在中国的外国列强的明争暗斗则更是如此），不可能与此同时对中国地方性农业经济的边远地区加以控制。

而且敌人的肚子是弱点。他们占领着城镇，但食物却来自农村。中国人若以食为天的话，那么共产党人就应该扎根于水稻田之中。但是，几乎跟食物同等重要的是钢。造反者必须具备自我防卫的武器。

毛泽东说中共必须在农村建立一支正规部队。党要在相当长的时间里真正成为军队。只有长期留在农村并确保完全控制农村以后，作为革命的最后一举，武装的党才可以去拔掉城市。

按照当时欧洲的，或上海的理解，这不是马克思主义。但是，后来这成为中国——以及非洲和拉丁美洲——所理解的毛泽东主义。

只是当毛泽东拿起枪杆子时，他才开始取得政治控制权。整个20世纪20年代初期，他都忙于广州和上海的组织工作，几乎没有注意过军事事务，他从没写过文章论述这个主题。他是个革命者，然而他显然从没有杀过一个人。

他没有因为从1925年转向农村事务而迅速对军事产生兴趣，《湖南农民运动考察报告》中也没有对军事力量的分析。

在1927年中期国共分裂之后，毛泽东就拿起了枪杆子。他的中共同事们（在陈独秀教授回到上海的书房以后）也都拿起了枪杆子，但目的是占领城市。而匆忙成立的部队远不是正规军。

井冈山绝不仅仅是个良好的藏身之地。在这里，在湖南以东的江西省西部山区，毛泽东建立了一个全新类型的政权。

城市活动在双重意义上退至后台。毛泽东现在开始生活在农民中间，直到20多年以后，他才再次定居城市。毛泽东的首要任务是暴力。他现在成了将军。“边界的斗争，完全是军事的斗争，”他坦率地说，“党和群众不得不一齐军事化。”[3]

五四运动在井冈山有了第一次真正的政治收获。真是件天下怪事！1919年的运动是城市的学生运动，它与孔家店斗争，并高喊反对帝国主义，它跟枪杆子和稻田有什么关系呢?

英雄们应该斗争。如果说毛泽东在1923年至1926年间的官僚机构密林中丧失了杨昌济教授的普罗米修斯愿景，那么他在井冈山，于1928年间则赋予了这一愿景以血和肉。“自觉的能动性是人类的特点，”毛泽东说道，“人类在战争中强烈地表现出这样的特点。”[4]

“五四”的学生只是在一定的范围内是坚定的英雄。他们在前进的路上拿的是牙刷而不是枪，他们只是在口头上斗争激烈。毛泽东的真正创新之处，在于把三个方面结合在一起：枪杆子、农民力量、马克思主义。毛泽东在其中任何一方面都不是先锋。但是，在把这三者结合成一个统一的战略方面，他是先锋。

毛泽东似乎不像个军人。他走起路来没有军人姿态；他很少注意外部仪表，或通常意义上的军纪。他拿一本书比拿一杆枪会让人看着更得体。

毛泽东使枪杆子成为人道主义世界观的一种表达方式。他一生中都相信，在战争中，人比武器更重要。其秘密很简单：战争是政治的一个分支，因此赢得人民的支持，对政治和战争都不可或缺。

就是在井冈山，他提出了著名的军队是“鱼”、人民是“水”的形象比喻。* 战争总有其历史背景，而这一点是很关键的。如果扣扳机的人不是献身于高尚事业的志士，枪就没有用处。

* 该比喻出自于中国传统文学中。

在军阀时代，这是个震撼人心的看法，但也是很古老的看法。在中国，侠客总被看成是有道之士。《水浒传》中的英雄们并没有用暴力斗争取代道义的斗争（许多战争理论接受暴力和道德这一可悲的二分法），而是在战争中继续他们的道义斗争，他们在和敌人辩论！毛泽东也是这样。在五十多年中，他从未丧失与敌人辩论的热情。

回溯到“五四”时期，当时有两条通向新中国的道路向毛泽东招手，分别由他崇敬的两位教授指点给他。一条道路是“进程”。陈独秀相信马克思、列宁的历史发展规律：封建主义—资本主义—社会主义—共产主义。

在追随马克思主义方面，陈独秀所抓住的是真正的社会变革的科学。地点是城市，关键是城市工人。资本主义的矛盾最终会成倍地增长，革命不过是收获时节。

另一条道路是“意志”。李大钊给马克思主义增加了一种道德的和心理冲动的因素。不管历史进程多么规范，塑造社会主义的还是中国人自己。大多数中国人是农民，当农村得到改造，一个新的中国就诞生了。

在毛泽东成为马克思主义者初期，他追寻的是“进程”。工会、城市和布尔什维克先例——他像守在历史大门前的职员那样等待“高潮”的到来。他在组织的接待室里苦等。这是陈教授时期。

但井冈山是另一个阶段。1927—1928年的那个冬天，在创建新政治的斗争中，雕塑家甚为孤独地陪伴着他的黏土。“意志”必然要胜过“进程”。

李大钊曾在1919年为知识分子写道：我们应当到“田间工作……文化的空气，才能与山林里村落里的树影炊烟联成一气”[5]。

井冈山分散的村庄里只有两千居民。他们的生活很节俭。红壤的土层很薄，到处都是石头。根本没有带车轮的运输工具。取火是用燧石互相敲击。

“老表，你叫什么名字?”毛泽东在碰到羞涩或有疑心的农夫时会这样说。[6]他表现礼貌而谨慎是有道理的。井冈山上的政治比城市政治来得粗糙而色彩更加斑斓。

当地有各种秘密帮会。本地老居民和来自北方的客家人关系紧张，当地有些乡绅与山下平原上的军阀和国民党有联系。而毛泽东是个外来人。

袁文才（左）和王佐（右）。
井冈山地区原先就有袁文才、王佐两支武装，在当地有着不小的影响。毛泽东向袁、王二人做了耐心的争取、团结、改造工作，使他们参加了革命军。起义部队在井冈山站住了脚跟。

他必须像手艺人一样非常细致谨慎地工作。他不能敲着大鼓进行土地改革，因为可供分配的土地太少了。他夹在地主和土匪之间，他们几乎是互生的。受到地主压榨的农民几乎没有选择余地，只能成为到处游荡的土匪。这里的阶级结构跟中共备忘录中或毛泽东此前文章中所记述的都不相同。

毛泽东在需要灵活性和智谋的挑战中如鱼得水，游刃有余。他和两名臭名昭著的土匪头子做了一笔交易，从而得到600个人和120支枪。[7]他以游民和“二流子”充实部队。不到两年，刚开始发展壮大的红军的大部分人就是这些被工人和农民都看不起的游民了。毛泽东转向无业游民是因为他几乎没有别的出路，不过他并没有完全把他们视为社会渣滓。他在提到游民时说，他们都是人，都有五官和四肢。如果要归类，那么游民是受压迫的人。[8]毛泽东觉得自己能改造他们。他在1928年给上海方面写信说，他打算“加强政治训练以给这些成分带来质的变化”[9]。有趣的是，毛泽东1928年所写的这些话，在50年代的北京版本《毛泽东选集》中，却略去了。

工作是多方面的。要打仗，因国民党部队开始频频来袭；要制定社会政策：对地主要强硬到什么程度？能不能既征税而又不伤害普通农民？

毛泽东确实剥夺了地主的财产——在初期，这比通过向普通农民征税而获得款项的方式要好——而且还把其中一些人在群众大会上枪毙了。但是他尽量不疏远中间分子。他打击大恶霸，但对其他人都尽量示好。

他组织了民兵和赤卫队作为正规军的补充。他又开始重拾他搞教育的办法，开办干部班、战士班，还有教皮肤粗糙的农夫认字的识字班。

没有课本，纸非常缺乏，老师只能用树枝在地上写字。

毛泽东在全面的挑战面前成熟起来。他的面孔不像一年前在武汉时那样紧绷了，而是由于有了明确的目的性和与人的交流而更富表情，更富生气。他的脸上现出权威的神情。如果说他的父亲曾是韶山的“白色”绅士，三十四岁的毛泽东则是井冈山的“红色”绅士。由于地理位置上的孤立，他似乎就是精神中心了。

中共中央有了变化，但没有改进。莫斯科不久就对瞿秋白不满意了。一个工人阶级出身的挂名的领导人向忠发将代替他，而真正的权力则逐渐转给李立三。李立三是湖南人，毛泽东很了解他，周恩来对他也有些了解。由于苏联政治集团内部的“左倾”风，也由于毛泽东的根据地与中共在湖南和上海的党组织之间联系不畅，毛泽东的处境仍然是风雨飘摇，因此无法解决党的困难局面。对于中共的以及莫斯科的一些人来说，在“高潮”这个词背后完全是空头理论。这种几乎是超越历史地认为高潮将至的前景描述，就像某些基督徒眼中的基督再来一样，在不信者的眼睛里，当前的情形与前景描绘相去甚远。

上面做出努力，要约束一下毛泽东。1928 年 3 月，湖南党组织派出一个代表，带着上面的批评和指示来到井冈山。对毛泽东来说，结果很严重。

关于自己被撤销一切职务的消息，没有让毛泽东动摇。它迟到了四个月，带来的打击肯定已大大削弱。但是，这个代表还攻击了毛泽东的社会政策。党中央觉得应该对阶级敌人多一些“烧和杀”。“工人阶级化”应该成为党和军队的格言（但是工人从何而来?）。

在井冈山上毛泽东有点右倾。这是出于需要，也因为把形形色色的人拉进来并改造他们是他的权宜之计（他宽容到称他的两个土匪头子为“忠诚的共产主义者”）。

毛泽东受命到湖南南部与军阀武装打阵地战。他在这件事上没有选择余地，因为井冈山已划归长沙党组织领导。向南转移的代价很高。井冈山被敌人占领（虽然一个月后又夺回来），毛泽东的部队损失了一半。

中共又向井冈山派来一个代表，目的还是为了纠正毛泽东，结果却大不一样。这个代表是一个不那么完全可预料的人，他没有指责毛泽东，而是入了毛泽东的伙，与之结为伙伴关系，这改变了中国的面貌。

1928 年 4 月，朱德到达井冈山。中共的极左路线导致他在中国南部遭遇一系列失败，队伍人数很少。但是，中央委员会还是指示他批评毛泽东的行为像《水浒传》里的土匪。上海方面觉得毛泽东过于重视军事。毛泽东试图代表群众像罗宾汉那样行事，而不是鼓励群众在他们自己的革命高潮中奋起。

在朱德的军官们的眼中，毛泽东看上去不像军人。他们回忆说，他个子高高的，是个热心而认真的人。他身着褪色的灰布中山

1928年4月，朱德、陈毅率领南昌起义余部和湘南暴动农军同毛泽东部在宁冈砻市会师。随后，两支部队合编为工农革命军第四军（后改称红军第四军），朱德任军长，毛泽东任军委书记兼党代表。这年朱德42岁，毛泽东35岁，从此开始了他们密切合作的战斗生涯。图为砻市龙江书院。朱德、毛泽东曾在这里长谈。

装，头发乱蓬蓬地向上翘起，胡子没刮，遮住了下巴上的痣。他们还注意到，他的手掌热乎乎的、呈粉红色，还有些光润。[10]

他不摆架子。朱德本人到来之前，毛泽东很高兴地坐下，端着一杯热水，和次一级的领导人开始预备性谈话。*

毛泽东和朱德在水坑村的一条山间小溪旁会面并互相拥抱。他们把武装部队合并成一支一万人的队伍。这是朱毛红军（共产党的队伍后来以此闻名）的真正诞生。[11]

这两位领袖有很多可谈的（一年前在一次中共会议上他们见过面，但很难说是会见，因为几乎没有机会谈话）。更重要的是，他们有仗要打，因为一支军阀武装正在进攻井冈山。他们一起击退了这次进攻。

毛泽东和朱德在有些方面相像，但在其他方面不相像。两个人

*朱德部队的总政委是陈毅，后来成为毛泽东的外交部长；朱的最有才华的年轻军官之一是林彪，他后来与毛泽东关系亲近，但在四十年后几乎成为毛泽东最难对付的敌人。

1928年4月，朱德、陈毅率领南昌起义军余部和湘南农民军同毛泽东领导的工农革命军会师于井冈山。（油画）何孔德　作

都是农村出身，都能和农民交谈而不让人觉得是故作姿态。但是，无论是在作风上还是在理论的把握上，朱德都不如毛泽东更像个知识分子。毛泽东有一丝朱德身上的泥土气息，但他不像朱德那样直率坦然。朱德是个卓越而纯粹的军人，毛泽东则使自己成为一个怀有超越一般军人愿景的军人。

朱德很快就尊崇毛泽东为思想家，他代表上海带来的指责刚到嘴边就消失了。而毛泽东则需要朱德惊人的军事才能。毛泽东总是更愿意自己处理重大战略问题而把具体的作战行动留给其他人；现在他可以这样做了，虽然朱德逐渐觉得毛泽东把宣传做得过分了，并试图“直接管理过多的事”。[12]在中共命运的危险关头，两个人都从对方汲取力量。由于他们的汇合，从井冈山闪现出一道抵抗抽象“左倾主义”的火光。“朱毛”这一绰号*诞生了。二十年后，数千万中国人以为这是某一个英雄人物的名字。

*当时的记载是这个形式，而不是后来的“毛朱”，表明在20世纪20年代末期和30年代初期，人们认为朱德在两者中更为突出。

毛泽东现在有了一个同级的同事。毛泽东曾经在长沙赢得了忠心的追随者；他曾尊崇过高人：大学里的杨昌济、“五四”时期的陈独秀、国民党上海办公室的胡汉民。但是，毛泽东与同级的人一起工作能配合好吗？朱德是第一个考验。

毛泽东使每一个单位都变成一个政治车间。不是按照上海要求的那样成立政治部，而是建立普通士兵的委员会，士兵们通过谈论政治互相提高觉悟。不是正在进行一场针对地主集团武装部队的战役吗？委员会就会声讨地主是如何给农民的生活造成苦难的。

毛泽东坚持主张，每个班要有党小组，每个连队要有党支部，每个营都要有党的委员会。这就把遥远而抽象的党，化解为日常可见的东西，把党带到营地的篝火会上、带到每个持枪的人手中。

红军战士创作的宣传画，形象地反映了支部建在连队上的作用和部队团结友爱的融洽气氛。

军官禁止打士兵。账目是公开的，每个人都可以检查。毛泽东在每次战斗之后都召集公开会议，谁都可以发言，可以对军官点名道姓地提出批评或表扬。有时军官会因为一次晚间讨论得出的意见而被降级。这样，作为教师和道德家的毛泽东创建了一种新的军事精神。

中国军队以前需要士兵的身体，从不需要士兵的心灵！虽然朱德有时对毛泽东的做法感到不舒服，但这是向民主心理学前进了一步。每个战士都开始觉得自己是共同事业的一部分。这使一些旧式军官仇恨毛泽东，他们愿意为未来叫做民主的目标奋斗，但他们不希望在当时当地看到军队内部的民主。

毛泽东还为战士们在群众中活动制定了新的规矩。以前中国士兵的惯例，正如毛泽东在长沙当学生时了解到的那样，是把周围的社会当作可以满足他们任何需要的储藏库。掠夺和奸淫是其中一部分。

一周又一周过去了，井冈山不放心的村民们了解到，毛泽东推翻了千百年来的恶习。战士们帮助农民春播，给体弱者砍柴，返还向农民借的镰刀，从农民那里拿白菜要付钱，在年轻女孩附近过夜但不骚扰她们。似乎地覆天翻了。

毛泽东在努力展示一支占领军（中国人民对此太熟悉了）跟一支与百姓有鱼水关系的军队之间的差别。

毛泽东从没有像红军中许多人那样进过军事院校。* 他只有给长沙驻军的军官当过六个月传令兵的经历。毛泽东跟农民一样也不喜欢他见到过的那些军队的行为。

* 例如周恩来（黄埔军校）、林彪（黄埔军校）、彭德怀（湖南陆军军官讲武堂）、朱德（云南陆军讲武堂）。参看毛泽东许多年后的话："打仗的时候，我从不读兵书，我们也从来不带着书本打仗。"见 A. Bouc's *Mao Tse-tung*, p. 190。

他不是士兵，直接当了将军。他论证说，一支军队必须永远有个目的，其生活方式应该与其目的相适应。毛泽东作为将军很有战斗力，这是因为他是个外行，他的视角并不是纯军事的。

我们能说毛泽东是个民主主义者吗？在为夺取政权而开辟道路时，他听起来像是个民主主义者，相信最高权力属于人民。他不赞成没有结果的争论，也不认为多样性有什么好处；但他认为每个人都有某些优点，总的说，人基本都互相平等。他愿意倾听圈外人的观点：不适应环境的（如毛泽东在东山小学时），无权向他人提要求的（毛泽东 1919—1920 年在北京的处境），没有资质的（毛泽东差不多一直是这样）。这些年的毛泽东以组织者的智慧看到，只有在征询了普通战士们的意见后才能取得良好的效果。

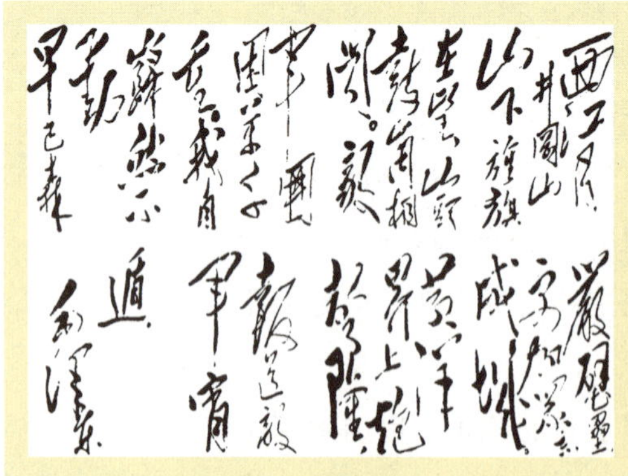

左图 1928 年 8 月 30 日，留守井冈山的部队以不足一个营的兵力，在井冈山黄洋界击退国民党军四个团的猛烈进攻。毛泽东听到喜讯，挥毫写下《西江月·井冈山》，热情讴歌黄洋界保卫战的胜利。

右图 毛泽东撰写《中国的红色政权为什么能够存在？》、《井冈山的斗争》这两部名著的地点——茅坪八角楼。

毛泽东需要朱德能够拿出全部力量给他，因为他处在两扇磨盘之间。上海的一些人认为他软弱无力，但是，井冈山上受到惊吓的乡绅们发现毛泽东一点都不温和，他们招来国民党军队征讨“赤匪”。

井冈山时期的毛泽东。

毛泽东在茅坪镇的关键会议上坚持两点。一点他叫做“集中兵力”。打仗有时要扇形展开发动进攻，但只有当你强大时才可以这样做。按毛泽东的判断，红军当时太弱了。

第二点是工作作风，但又不只是工作作风问题。毛泽东把政治和作战看作是同一个硬币的两面。“每个人都既能打仗，又能做政治工作。”[13]

毛泽东赞成武装的马克思主义运动——枪杆子和书本相结合，即是说，运动要在农村扎根，并以夺取城市作为革命的最后高潮。中共的总部还在上海，这使得这个观点和党中央的观点之间的基本冲突更为突出。中共是个城市知识分子的系统，党根本不是一支军队。

当初，毛泽东并没有设想过从长远来讲井冈山会扮演这样的角色。根据地不是在凯旋中而是在退却中开始建立的，是以此前的负面教训为基础进行的实验。但是，毛泽东逐渐认识到，即使国民党继续在南京统治着大部分中国，红色政权也能在山区存在。

毛泽东总结说：“根据地对于红军就像人的屁股。”[14]一个人如果没有机会坐下来休息，很快就会因筋疲力尽而垮掉。1928 年中国的红军，情况就是这样的。

茅坪路线仍然是个悬在空中的优秀的理论。毛泽东不可能将其充分付诸实践。他整个夏天都不得不跟党中央作斗争。上海和长沙坐在扶手椅里头脑发热的人使他十分不快，他像鲑鱼那样随着“高潮”跳出来。

这一争议在 7 月到达危急关头。中共湖南的党组织来了两个代表，敦促他贯彻党中央老生常谈的目标，要使毛泽东驯服，让他继续搞起义。

毛泽东匆忙寻找支持。他拼凑了一个会议，会上大家投票反对服从向南进军的命令。湖南代表拿出两张王牌：朱德准备接受他们的主张，并且许多来自湖南南部的战士热切希望回到靠近家乡的地区。部队无视毛泽东的反对而开始南进。

结果是灾难性的。仗打败了，一些战士开小差了，红军原先占领的乡镇落入敌手。毛泽东急忙赶到南方，劝说朱德回井冈山并坚持茅坪战略。他说服了朱德，但是发现他不在的时候井冈山已大部陷落。

湖南南部并没有出现高潮。这是应该进行建设和教育的时期，而不应冒险进入军阀和国民党牢固的城市老巢。

长沙的代表嘲笑说："山里怎么可能有马克思主义？"[15]从马克思的观点看，的确是不可能有。但是中国的现实才是毛泽东毫不动摇的视角。在取得政权方面，莫斯科和上海也许有帮助，也许没帮助，但山区则是关键。

到1928年10月，毛泽东和朱德已经夺回了他们原有的大部分山区。大概是这样的斗争打造了他们之间更紧密的关系。朱德对向南方进军的行动感到悔恨，而且对毛泽东的观点日益敬佩。

也许"屁股"的比喻真的有点道理？或许毛泽东温和的土地政策终归是英明的？上海方面仍然对毛泽东皱眉头，但是在当地，他已赢得道德上的胜利。到1928年底，毛泽东在四分五裂的湖南中共党组织里已是领军人物了。

与此同时，中共第六次代表大会在莫斯科召开。在中国没有一个足够安全的地方可以召开这个会议，大会的任何一条决议都不能比这种严酷的事实更有说服力；也没有任何一条决议比这样的现实更重要：大会的报告花了五个月的时间才到达井冈山。

第六次代表大会选出一个极左的政治局。李立三主持工作。周恩来批评毛泽东"闯州过府、流通游击"[16]。没人会提议缺席的毛泽东进入政治局，就像没有人提议对极糟糕的苏联食物表示感谢一样。但是他被任命为中央委员会委员，而且大会（显然由苏联人力促）确实说到农村革命根据地是通往革命有效的一步。这很新鲜，它平息了对毛泽东的井冈山行动的主要批评，至少毛泽东又回到了中央委员会。

然而，第六次代表大会与毛泽东的方法势不两立。农村根据地仅仅被看作是等待高潮的休息室。城市工人仍被视为被革命选中的少数人（真的是太少了!）。以乌合之众充实中共的想法被认为是错误的，还不如根本不要任何充实。

毛泽东是否回想过他在历届中共代表大会上的角色呢？中共已经召开了六次代表大会。有两次（第一次和第三次）他正式参加了，有两次（第四次和第五次）他只是旁观者，还有两次他根本就没能参加。

毛泽东发现自己又陷入一种三角争斗中。在20世纪20年代初期是中共—莫斯科—国民党的三角，现在的三角是中共（上海）—莫斯科—井冈山。

中共组织的成员很少在一起会面。代表大会中人数最多的一次是武汉的第五次代表大会，也只会聚了八十人。党进行组织、发展和斗争都是通过信件。

有时在写出信件和收到信件之间要花好几个月时间。接到上海指示以政策B取代政策A之时，可能恰是上海正在写信要求重新执行政策A之时，说不定这时另一封来自莫斯科的信正在途中，极力赞同政策B。在回顾往事也真是令人吃惊，这些“空谈家”竟然是在试图赢得对4.5亿人的统治权。

毛泽东的大弟弟毛泽民。1896年生，1922年加入中国共产党，是中国共产党最早的金融专家之一。曾任中华苏维埃共和国国家银行行长、中央工农民主政府经济部部长。1943年在新疆从事抗日民族统一战线工作时被军阀盛世才杀害，时年47岁。

有的时候，毛泽东倒也从这种中世纪的通信速度中得到好处。1927年11月的极左路线，直到4个月以后他才听说。这给了他超过一个季度的行动自由。

不过，有时候也因为信件用的时间太久而使他的队伍遭受损失。1928年年中莫斯科对极左路线的批评，直到11月他才听到。在这期间，他因感受到那条路线的压力而实施了某些土地政策，致使红军丧失了很多支持。

毛泽东在纸上常常具有挑衅性。然而，在党内斗争中，一支擅长辩论的笔并不总能给人带来好处。当同事们在实地工作中跟他在一起时（像

毛泽东的小弟弟毛泽覃。1905年生，1923年加入中国共产党。1927年参加南昌起义后上井冈山。曾任中共苏区中央局秘书长等职。红军主力长征后，留在中央苏区坚持游击战争，任红军独立师师长，1935年在江西瑞金与国民党军作战时牺牲，时年29岁。

朱德那样)，他们发现他总是很有说服力，但是他在纸上的语气则常常激怒别人。他好像是在宣布真理，这让那些不同意这些观点的人恼怒。他应用典故的技巧是把双刃剑，这种技巧使他的表达生动，但如果同事们自己不会用典故的话，他们就不喜欢这种做法。

如果说毛泽东的典故和比喻显得傲慢，或许是因为相比党内通常平淡又晦涩的写作风格，它们很显眼。瞿秋白和李立三都不是与毛泽东同一层次的战略家，而周恩来是既过于谨慎而不越李立三的雷池，又不如毛泽东有独到见解。

毛泽东把他的家庭成员紧紧地带在身边。他在公众生活上的困难，使他特别需要亲人。这在韶山发生过几回，现在在井冈山也是如此，只不过主角的扮演者发生了巨大的变化。

毛泽东的兄弟们都过来出一把力。弟弟泽民设法脱离了在上海的中共总部（尽管党中央抱有反毛泽东观点，但他本来在那里一直干得很好），而忠心地参加毛泽东在落后地区的实验。泽覃从湖南平原来到山上，在朱德首次从南方来到时，就是泽覃作为毛泽东的代表执行了会见朱德的微妙任务。两个兄弟在此后的几年里都实实在在地为毛泽东做了不少事。结果他们的妻子都分别被捕至少一次。

他那过继的妹妹泽建，对井冈山事业的贡献甚至超过男人们。她成年以后一直是湖南左翼活动分子。从1927年末期开始，她在危险情况下奔走于井冈山和平原之间。1929年，一个国民党雇用的杀手抓住并杀害了她。

杨开慧带着两个男孩留在韶山。* 她要到井冈山来会有困难，但大概不是绝不可能。也许在当时的情况下，她不得不做出选择：是跟毛泽东在一起，还是跟两个孩子在一起。上一次跟毛泽东在一起的情况，已记不清楚了：这对夫妇已经有两年没见面了。

根本没有证据表明毛泽东抛弃了杨开慧，他的确终生爱她。[17]

* 1927年，毛泽东和杨开慧生了第三个孩子毛岸龙。在母亲于1930年去世以后，毛岸龙处境危险，没人知道他在30年代初期以后的情况。1995年曾出现一本书，主要是讲毛岸龙的故事，说他在浙江重新出现，但其真实性可疑。见Ah Yin，Ma Jian：《我是毛泽东的儿子》，香港，大地出版社，1992。

但是，他也无疑在1928年中期深深地爱上了一个高中学生。贺子珍吸引了毛泽东的目光时是18岁，她聪明而活泼。朱德的一个指挥员写下了他对毛泽东的这个“革命爱侣”的印象。她有吸引力，又很文雅，讲话清晰而有节奏。她的眼睛像“水晶一般”，她“给人一种甜如蜜的感觉”[18]。

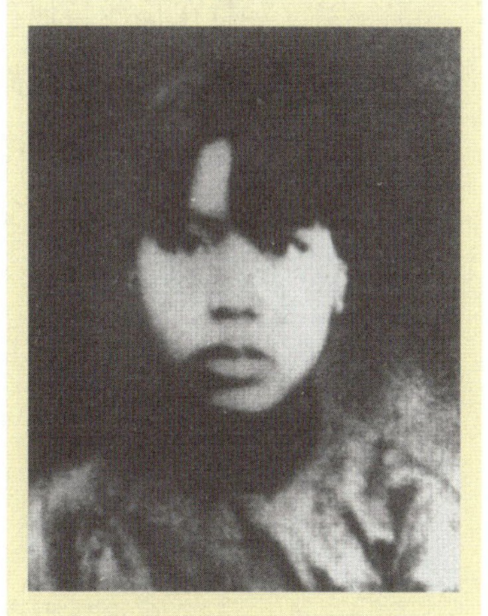

毛泽东的堂妹毛泽建。1905年生，从小过继给毛泽东家。1923年加入中国共产党，曾在衡阳省立第三女子师范学校学习。1928年参加湘南起义，第二年在衡山就义，时年24岁。

贺子珍也是有政治头脑的。她父亲是个有进步思想的小地主，开了一家卖左翼作品的书店。贺子珍1927年加入中共，在井冈山上反国民党的斗争中很活跃。[19]

1928年6月的一个晚上，毛泽东在党的会议上讲话。凑巧的是，这里正好是贺子珍担任共青团支部书记的永新县城。她出席了党的会议。散会以后毛泽东跟她聊天，他们一起吃了一顿夜宵——两只鸡加两瓶酒。

几天以后，贺子珍花了一整天帮毛泽东处理工作事务。这次她留下来过夜。第二天早晨，他向同事们宣布：“贺子珍同志和我相爱了。”

又过了几天，另一位军官和毛泽东有个约好的会面。事情谈完以后，他笑了笑，风趣地向毛泽东表示祝贺。毛泽东大笑，问道：“哪个说给你听的?”

“军营里的喜讯，哪个不知道。怎么样，邀我来庆贺一下?”

毛泽东于是安排了一次会餐。

“永新一枝花”贺子珍。

这件事来得很突然，是年轻的魅力激发的。这似乎表明毛泽东在井冈山已经找到新的信心。虽然在更大的舞台上形势对他不利，但他现在大胆而生气勃勃。

在1928年以后的差不多十年里，毛泽东一直和贺子珍在一起。他们的相爱宣告了毛泽东一段富有创造力的时期的开始（就像八年前与杨开慧的相爱那样）。她很快就给他生了两个小孩（就像杨开慧在长沙与他在一起的富有成果的两年那样）。

在一个方面，毛泽东跟贺子珍的关系与他跟杨开慧的关系大不相同。这个 18 岁的姑娘完全是革命斗争的产物，而杨开慧与毛泽东见面时还在她父亲的保护下，毛泽东对她父亲有着一种超越政治的崇敬。贺子珍不具备这点（毛泽东显然从没见过她父母），她只是个热切的共产党女孩。[20]

毛泽东在 1929 年初离开井冈山。其原因是实际问题，而非哲学考虑。他离开一个根据地试图去建立一个更好的根据地。

有来自中央的压力，要求他们向南转移并鼓动立竿见影的革命。还有国民党对井冈山的进攻，使每一个冰冷的夜晚都成为生与死的搏斗。还有土地政策上的极左错误，这些错误使红军失去农村中农的好感和粮食供应。再有，彭德怀将军于 1928 年 12 月来到当地。

参加井冈山斗争的部分同志 1938 年在延安的合影。前排左起：宋裕和、谭冠三、谭政、滕代远、萧克、林彪、毛泽东、高自立、何长工、曾玉、欧阳毅；二排左三起：谢汉文、江华、朱良才、吴溉之、李寿轩，左十二龙克夫，左十四刘型，左十五陈伯钧，左十六张令彬；三排左二曹里怀。

彭德怀成为中国革命的伟大人物之一。但是他带着1 000人到来时，并不完全受欢迎。因为他们的到来使这个远不富饶的地区的粮食供应变得紧张。

彭德怀在前线。徐肖冰　摄

毛泽东决定向江西东南转移。这个绿色多山的地方有很多吸引他和朱德的理由。通过进入另一个省份，他们可以摆脱爱找茬的湖南党组织。朱德在江西的国民党中的关系像一座金矿（他跟他们关系融洽已经好久了）。而且江西的国民党政府比起长沙和广州的右翼，得到的用于与红军作战的款项和外援要少。彭德怀留下来控制井冈山。

1月，一次极其艰难的行军开始了。战士们排成单行沿着冰冻的山脊行进。4 000名战士（其中有一百名妇女，包括贺子珍）每个人携带一斤炒熟的大米。他们的棉衣长满虱子，而且一点也不保暖。他们用凑合来的东西戴在头上，这让他们看上去像是清仓拍卖的买主。没有药品。两千多人没有步枪，他们拿的是红缨枪。

毛泽东像个稻草人：瘦削，衣衫褴褛，头发垂到肩上。

停下休息两次以后，大米就都吃光了。4 000人（因死于疾病或饥饿已减少一些人）步履艰难地继续跋涉。如果没有仗可打，就又有数百人会饿死；如果不能很快吃上一顿饱饭，就很少有人再能打仗了。他们及时地发现了敌人。从井冈山出来的第三个夜晚，他们制服了一支国民党驻军。那天晚上他们吃上了饭。

毛泽东继续前进，但是付出了代价。在到达较为暖和的南方以前，他损失了几十人，他们死于衣不蔽寒。有的时候红军从树上折下树枝来武装自己以对付敌人。大余镇是一个钨矿丰富的地区，在这里，毛泽东犯了一个非常人性的错误，他让他那可怜的队伍在这个相对舒适的绿洲逗留得过长了一点。敌人追上了他们，杀了几百人。

毛泽东和朱德到达江西瑞金小城时，正是中国的阴历新年。当地的驻军刚刚从战场回来，他们以为他们打败了“朱毛土匪”，摆起了庆功宴。气氛很喜庆。木板支起的桌子上摆着红蜡烛，和贴在每个营房门口的红纸春联很相配。觥筹交错，笑声冲天。

忽然间枪声齐鸣。狂欢的人们目瞪口呆。“朱毛土匪”把住了每个门口。在枪口下，整团的敌人被押出营房，锁在一个祠堂里。“我们替他们吃完了年夜饭。”朱德大笑着回忆道。[21]

毛泽东很快就在瑞金建立了一个根据地。从井冈山向南行军以来，他损失了一半的人马。但是他获得了一个机会，可以使他“农民革命战争”的想法逐渐丰满起来。

在1929年以后的时间里，他试图用枪杆子把江西南部变成红色的天地。

每攻陷一座城镇，毛泽东就给这座城打上他的印记。他让人在墙上刷上共产党的口号，召开会议解释红军的起源和目的，建立起人民苏维埃政权。有的时候苏维埃能生存下去，有时候不能。

瑞金地区不像井冈山那么穷。毛泽东的日常生活用品比以前高档了一些，食物也可口了一些，衣服有可换的了，还能得到一些药品。

当朱德、毛泽东的队伍占领长汀时，他们发现自己拥有了许多缝纫机。工人们用这些机器缝制了红军的第一批标准制服——灰蓝色，还有绑腿和一顶带红五星的帽子。

毛泽东又回到水稻田和绿色的山峦之中。不过他的处境已不同于20世纪20年代中期湖南的情况。他现在有一块安全的地方可以在其中运筹帷幄，而在秋收起义时，他却是很不幸地没有这种条件。

红军不可能是革命的单纯而简单的工具——毛泽东不是拿破仑——但是它的力量对革命来说至关重要，它是革命的保证。

如果李立三能够等到种子成熟就好了！二十年以后，毛泽东会做性急的李立三现在想要做的事——让红军开进中国熙熙攘攘的城市。

不断的转移并没有减少毛泽东与上海中央的麻烦。传送极左指示的信件暴风雪般地追上了他。

李立三坐在办公桌后面，仍在发号施令。他按照自己的需要解读中共第六次代表大会的决定（就像毛泽东就要做的那样）。整个

1929年，他都在连珠炮般地下指令：把城市作为关键；不要建立根据地；不要进行土地改革——时机还不成熟；把红军分散成运动的小股部队。他指示毛泽东和朱德离开部队到上海来进行磋商。

朱德愤怒了，毛泽东却很平静。两个人都违背李立三的政策精神，虽然他们在可能的情况下还是遵从其字面意义。有一年的时间，他们就这样阳奉阴违地混过去了。

也许令人奇怪的是，毛泽东从未脱离中共：在1924年当他被蔑称为“胡汉民的秘书”时，在1927年当第五次代表大会反对他所笃信的土地政策时，在1928年当上面要求他离开井冈山时，以及目前，在1929年以及一两个即将到来的时刻。

他仍然待在共产党行列里，因为他仍然笃信马克思主义的革命会到来。他在方法上的灵活已经滑到了机会主义的边缘，但是他的目标仍然是共产主义。

另外，建立只有一两个省的王国，他不可能满足。中国比整个欧洲还要广阔，20世纪20年代的湖南一个省的人口就相当于1789年革命时全法国的人口。一个为中国的未来而奋斗的最终胜利者，必须有各方面的关系，使其成为真正全国性的力量。在1930年，如果没有中国共产党，毛泽东和朱德还不是这样一支力量。

毛泽东在走地方路线，但他心怀天下。

如果毛泽东在20年代末期或30年代初期脱离中共，那么不会有几个人跟他走。毛泽东被视为能给人以深刻印象的人物，但他只是在权力结构的中间。*

*第二次茅坪会议选出一个班子——第二特别委员会，全权处理中共在湘赣边区的事务。毛泽东在19人的名单中位列第十五。

毛泽东不大可能把自己看作是中国的救星。他有自己的观点，而且常常与党中央的观点不一致。然而，引人注目的是，为了留在中共的组织中，毛泽东做出很多努力，并曾多次做出妥协。

1929年毛泽东得了疟疾。有三个月的时间，他病得非常厉害，有时徘徊在生与死之间。[22]在江西得不到奎宁。药从上海由信使非常困难而缓慢得令人痛苦地送到了（两个信使带着珍贵的药瓶出发，一个在半路上被砍头，另一个成功到达）。

毛泽东在江西东部边界之外的福建省高山地区的一个农舍里休

养。[23]他的生命大概是一个基督徒医生傅医生救回来的。红军把傅医生争取过来投入它的事业。傅医生在长汀的英国浸礼会传教活动中皈依基督教时，获得了他的教名尼尔森。

在江西时，毛泽东的主要问题是李立三的影响，这一点从毛泽东生病时期朱德的行动中得到证实。就好像没有方向舵似的，朱德开始半心半意地跟着李立三走，这大概是由于林彪离间他和毛泽东的努力奏效了。[24]朱德离开瑞金，带领着“游击小部队”去“发动群众”了。

天知道毛泽东在听说朱德与上海毫无意义的妥协之后有多么痛苦！无论如何，朱德的出击没有取得什么成果。几个月以后他又回到与毛泽东一致的路线上来。

1929年底毛泽东回来了。他从疾病和对朱德的失望中恢复过来，计划在福建集市小镇古田召开紧急会议。他趴在山里铺着草的床上起草了现在著名的《古田会议决议》。

毛泽东就像一个杂耍艺人，同时在空中耍弄好几个球。他和李立三在辩论熟悉的话题。

中共红四军第九次代表大会会址——福建省上杭县古田村。1929年12月在这里召开的代表大会，通过了毛泽东起草的决议案，即《古田会议决议》，这是指导人民军队建设和党的建设的纲领性文献。

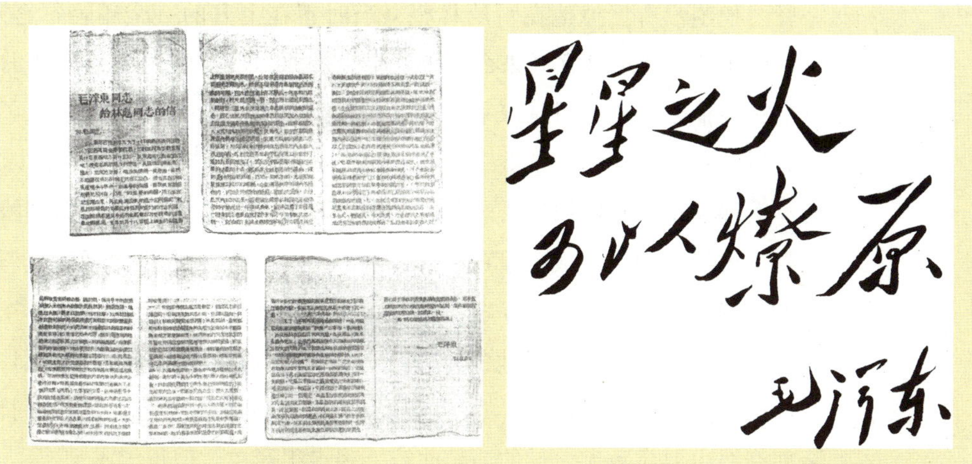

左图　古田会议之后，毛泽东继续思考着“对于时局的估量和伴随而来的我们的行动问题”。1930 年 1 月 5 日，他针对林彪等不少同志的悲观情绪，写信给林彪并印发给部队干部，指出中国革命的高潮快要到来，“星星之火，可以燎原”。20 年后，这封信以“星星之火，可以燎原”为题收入《毛泽东选集》。
右图　毛泽东题词：“星星之火，可以燎原”。

毛泽东对如何管理军队也有鲜明的观点，他对“单纯军事观点”的攻击好像是对朱德打出的痛苦而坚决的一拳。[25]毛泽东坚持主张：“军事只是完成政治任务的工具之一。”[26]

地方上忠于党中央的人对毛泽东来说也是个问题。古田会议绝不是胜利进军，从头至尾都是权力斗争。为了制胜，毛泽东巧妙地运用了若干拿手的方法。他转向强调秩序和纪律。

红军不是井冈山上的那支兄弟般的队伍。军官和士兵不再为了讨论政治问题而编在一个小组。让几乎不讲政治原则，甚至更没有政治头脑的军官成为党员，只因为他们是军官，毛泽东批评此种政策，但他有时也随大流。

他在《古田会议决议》里主要强调秩序。他攻击“极端民主化”和“绝对平均主义”。军官们可以有骑马的特别待遇，分配给司令部的房间应该比分配给普通士兵的房间大些……

他提出一个新想法，好像扇了李立三和其他较年轻的归国学生一个耳光。好的党员的一个标志是，他必须“没有发洋财的观念”。那些靠外国奖学金上学的人不过如此，那些把一半时间花在穿越西伯利亚的火车上的党的领袖们也不过如此。

他绝没有丢掉他在写给林彪（当时正在上升的一个年轻军官）的信中所表露的并在后来命名为“星火燎原”的见解。1930 年 1 月的这封信，除了表明对未来毫不含糊的信念以外，还清楚地显示了毛泽东对具体情况的尊重。

他在这个时候相当乐观。革命的希望看得见摸得着，就像“躁动于母腹中的快要成熟了的一个婴儿”[27]。毛泽东是接受了李立三的高潮空谈吗？不，恰好李立三和中央委员会这时很悲观，毛泽东为此责备他们，但是，他的理由比他的乐观态度本身更引人注目：斗争以整个形势为转移。绘制它的盛衰图不仅要靠自己力量的消长曲线，也要靠敌人力量的消长曲线。观点很简单，但很根本。

1928 年初，毛泽东很谨慎，因为军阀们没有互相争斗，所以上海方面希望他全面出击让他惊愕。到 1930 年，他赞成大胆的行动，因为这时候蒋介石受到两股军阀势力的攻击，而且日本也在对中国施压。

1930 年 3 月，笨拙的第三国际官僚机构奏出一个怪诞的音符。它的新闻简报上公布了毛泽东的讣告！宣布他死于肺结核，讣辞说他是“中国无产阶级的先驱”[28]。

这个失误绝不是克里姆林宫在中国问题上众多错误中最严重的一个。

随着 1930 年一天天过去，李立三在周恩来的支持下开始像一只把自己的肚子吹得很大而后爆裂的蟾蜍。他和毛泽东私人之间古怪的拔河撼动了每个人脚下的土地。

具有讽刺意味的是，毛泽东在江西的成功使他与李立三和周恩来之间的问题更糟糕。甚至李立三也对红军日益扩大的影响印象深刻。这支朱德、毛泽东的部队——正式名称是红四军——毫不含糊地是左派手中目前在全中国最有威力的武器。这并没有使李立三转而支持毛泽东长期坚持农村根据地的思想，他把试图在“山里”建立政权称为“一个笑话”。[29]

然而，李立三确实想利用朱德、毛泽东的部队来推进他对若干主要城市发动攻击的想法。他突然赢得了这样做的权力。

彭德怀将军进军长沙。他勉强占领长沙十天，随后就被赶了出来。贺龙将军（他的生命不久将与毛泽东的生命相交织）被派往武汉，但他没能夺取那座关键性的大都市。

毛泽东和朱德敷衍了事地开往南昌：他们占领这座江西首府 24 小时，但毫无结果。工人没有起义，国民党人没垮台，军阀部队没有大量开小差。

在向南昌悲哀而无功的进军中，毛泽东唯一的安慰是，李立三的路线被证明已经破产了。

当失败的尘埃还未落定时，李立三又打出另一张牌。彭德怀丢掉长沙一个月后，李立三要他再试一次，并命令毛泽东和朱德跟他一起发动这次战役。红军武装超过两万人，这是共产党部队最大的一次集结，投下了很大的赌注。毛泽东服从了 12 天时间。但是，国民党有飞机、重炮和炮艇……

毛泽东放弃了战斗。他违背了李立三的命令（而且带上了彭德怀和朱德）。他用脚投出了抵制错误的一票，回到了江西南部。虽然毛泽东在 1930 年充满革命乐观主义，但不是李立三带有全球意义的城市起义的乐观主义。在李立三的眼里，毛泽东患了“农民意识”病。[30]

李立三这只蟾蜍爆裂了。两个月之内他丢掉了党的一切职务。跟之前的瞿秋白一样，他被召到莫斯科在他导师的牛圈里舔他的伤口，后来还进了他们的监狱。毛泽东关心的是他自己统率的部队的生存和现实目标，上海和莫斯科的风向对他来说不那么重要（也不那么清楚）。所以，事情不是毛泽东和李立三之间的简单对立。实际上，毛泽东的事业在李立三时期的混乱中还向前发展了[31]；到这一时期结束时，如毛泽东所愿，农村而不是城市，成为中共注意的焦点。

开慧之死，百身莫赎——哀痛的毛泽东捐去 30 大洋为她修墓立碑。

1930 年 2 月，杨开慧被捕了，这是试图进攻长沙的后果之一。她拒绝和毛泽东脱离婚姻关系，后来被杀害了。毛泽东本来可以在共产党进攻长沙之前把他妻子和两个儿子转移出来，他们因为是毛泽东的家属而处于特别的危险之中。为什么毛泽东不把杨开慧和儿子们弄到安全的地方？三个月以前他在给李立三的信中说他没有杨开慧的地址，但是，没有说没有办法和她联系。[32]人们怀疑，他的理由严格说来是私人性的。毛泽东已经与贺子珍生活在一起，他最不想见到的，就是旧妻与新妻相遇。如果真是这样，这个动机就和毛泽东当时和日后坚决主张“政治路线”是道德行为的指南的原则，形成了可悲的矛盾。毛泽东在后来的岁月里特别努力去亲近杨家的人和他作为杨开慧丈夫时的熟人，看来是受到内疚的困扰。

虽然毛泽东的两个儿子得救了，但是他在许多年之内都没能见到他们。他的农田让国民党抢去了，他们为了报复还掘了他父母的坟墓。[33]毛泽东再也收不到租，“红色绅士”再不能把他的农田当作退避之所了。毛泽东在井冈山曾没收了许多地主的土地，现在他知道被剥夺土地是什么感受了。

毛泽东以独特的方式品味他在韶山的好名声。他后来沉思着向埃德加·斯诺讲到他在那里的形象。[34]提到 1930 年初时，他说：“当地的农民相信我不久就会回到家乡去。”看来他还有点自我陶醉。

毛泽东还有话要说：“有一天，一架飞机从上空飞过，他们就断定飞机上坐的是我。他们警告那时种我的地的人，说我回来看我的地了，看看地里有没有树木被砍掉。他们说，如果有砍掉的，我一定会向蒋介石要求赔偿。”毛泽东感觉那个很安全的小世界总还使他牵挂。

批评李立三的人主要不是那些因他而吃过苦头的人，是一个才从苏联学习回来不久的新的群体，他们抓住往事不放。毛泽东在这点上值得赞扬，他向前看。他有更重要的事要做，有新的敌人需要对付——28 个布尔什维克。

“28 个布尔什维克”是在莫斯科的一群聪颖的“左倾”中国学生，他们因为采取反托洛茨基立场而受到斯大林的青睐。他们的导师是他们在那里学习的孙中山大学*的校长。巴威尔·米夫校长也是斯大林喜欢的远东问题顾问，这不久就使他离开学院的小树林而

* 孙中山大学，即莫斯科中山大学，其俄文全称为“中国劳动者孙逸仙大学”。——编者注

来到上海的弄堂，成为 20 世纪 30 年代初期的鲍罗廷。

28 个布尔什维克擅长理论，但在其他大多数事情上却很糟糕。他们当然缺乏经验。两位明星，王明和博古，从李立三手中接过中共领导权时是二十五六岁。

中国人之间的差别能有多大，这两个人和毛泽东之间的差别就有多大。王明是地主的儿子，性情温和。博古的父亲当过旧中国的知县。两个人都是上海学校出来的，很圆滑，都是十几岁就离开中国到苏俄去了（毛泽东在那个年纪甚至还没有离开湖南）。

他们 1930 年从孙中山大学回国。令人吃惊的是，1931 年初在上海的一次中央委员会会议上，他们接过了中共的最高权力。

1927 年至 1933 年，毛泽东在革命根据地内进行了大量的调查研究和理论创新。这是当时写的农村调查报告和《调查工作》（即《反对本本主义》）一文。

就好像是为了欢迎王明和博古回到中国，毛泽东写了一篇掷地有声的短文——《反对本本主义》。[35]文章的主题总结了“山沟里的马克思主义”和在莫斯科学来的马克思主义之间的差异。毛泽东的口号是“没有调查，就没有发言权”。

有一段时间毛泽东的日子比 1926 年以来都要好过一些了。李立三不再挡路，中共开始对农村工作稍微多了一点笑脸，虽然它的总部仍远在上海。1930 年 9 月毛泽东作为候补委员进了政治局（1927 年以来第一次）。

以毛泽东为政治领导的江西根据地干得很好。到 1930 年年底，它占地约 5 万平方公里，总共有 300 万人处在苏维埃政权之下。进攻城市的惨败提高了江西和其他红色农村根据地的威信。

李立三的“笑话”变成了现实。部长在山区出现了。中共决定建立“苏维埃政权”作为中国的替代政府，这就把以农村为重点的新政策明朗化了。在后李立三时代的气氛下，毛泽东必定是关键性的政治人物。

毛泽东不得不处理他和李立三三年斗争未竟事务中的一个麻烦事。李立三在江西南部的那些不喜欢毛泽东或毛的想法的追随者，造了毛泽东的反。那些持不同政见的人也许是遭到了国民党特意建

中央苏区首府——江西瑞金。

立的“反布尔什维克团”的渗透。

毛泽东很吃惊。他迅速行动起来，在富田镇监禁了几名持不同意见的领导人。这使反叛达到高潮，几千人涌向富田，试图解救被监禁者，发生了牵涉几千名武装人员的战斗，并持续了好几周。这是共产党阵营内部发生的第一个重大事件。[36]毛泽东胜利了，但是在胜利时他并不宽宏大量。他违背了自己关于处理内部矛盾的箴言：“治病救人”，处理了几百也许几千人。这一事件如果说使得毛泽东不像以前那么受爱戴的话，但却让他的地位较以前更稳固了。这件事也显示了外来的和当地的共产党员之间的紧张关系。

有一天，一个自称是毛泽东的老同学的来访者来看毛泽东。是东山小学的萧三。萧三投入了共产党的事业（不像他那爱挑剔的哥哥萧瑜，萧瑜加入了国民党阵营，然后又退出来，再后来又到欧洲从事文化活动）。毛泽东邀他谈了一晚上。

两个人谈论到教文盲识字的问题。谈话就像是毛泽东拿起枪之前的生活的回放，不过，它也预示着他今后放下枪以后的生活。根据地的稳定给了他再次像教师一样思考的机会。这是他的癖好，他重操教师职业就像拿起喜爱的纸烟一样。

毛泽东领导下的江西政权迎来了一个自由的时期。[37]离婚可以不带情感，就像发送一封信。婚姻建立在爱情的基础上。生孩子本身并不是爱情的标志。

毛泽东的自由结婚、自由离婚政策，跟他以前拥护的任何政策一样具有革命性。在旧中国，最底层的人觉得结婚很难；毛泽东在江西调查中震惊地发现，只有百分之十的农村游民和百分之一的农村雇佣劳动者能找到妻子。在旧中国，离婚几乎不可能，而对妇女来说就根本不可能。

毛泽东的新法律实行以后，开始了名副其实的走马灯似的结婚和离婚。女孩子们把地方苏维埃办公室当作婚姻介绍所，在那里安营扎寨，直到被纠缠的干部们为她们找到男人为止。

夫妇们早晨结婚，晚上就离婚。共产主义青年团团员以“反封建主义”的名义发动了令人头晕的所谓自由婚姻运动。

毛泽东好像开启了他在1919年某新娘自杀后所写到的那种“恋爱自由”运动。不过，在新派老派的交战中，毛泽东采取了中间立场；这揭示了关于中国革命的一个基本特点。他希望每个人都得到婚姻的极乐，但他不希望有纵欲、过早结婚、独身或其他出格现象。

他有些政策过于严格，许多同事不欢迎。他不肯像有人强烈要求的那样降低男二十、女十八的最低结婚年龄。他坚持主张，红军的妻子* 只有在丈夫同意时，或者已经两年没有听到他的消息时才能同丈夫离婚。

*这有别于平民的妻子。这种区别预示毛泽东在结婚、离婚和性的问题上在延安转向不那么自由的立场；20世纪30年代晚期较为强硬的路线因抗日战争的需要而被证明是正确的。

他使普通农民可以选择自主的婚姻。但是他不赞成20世纪20年代一些布尔什维克知识分子的“一杯水”式的两性观点。农民可以在传统习俗的高地上得到一块地方，但不允许在高山顶峰上进行两性冒险。

这符合毛泽东的性情。他相信实在的农村道德观。他不是某些“五四”知识分子类型的人；对那些知识分子来说，大胆的社会实验本身就令人激动，这本身就具有正当性。他与杨开慧和贺子珍的婚姻是比较传统的。是的，结婚仪式对他来说几乎没什么意义——他跟两位都是举行婚礼前就住在一起了。但是，婚姻一旦开始，就会稳定地持续，直至外部因素带来激烈变化时为止。

毛泽东的江西婚姻法完全反映了他自己的经历。两个人开始住在一起就被视为已经结婚，无论他们是否领了证书。这就废除了私生子的观念，这在中国跨出了巨大的一步。同时，毛泽东的法律的全部目的，就是要把稳定的家庭中的性关系推崇为所有人的准则和权利。

毛泽东演示了他的革命的最终社会影响的讽刺性。中共取得政权改变了一切，因为它改变了中国社会中的“人”的地位，但它在一定程度上保留了中国社会中的“如何”（人的行为规范）做，所以它又几乎什么也没有改变。

1931年7月，蒋介石又调动30万大军向中央革命根据地发动第三次“围剿”，并亲自督战。

蒋介石采用战争手段以铲除共产党。在某种程度上，这是在李立三对蒋的城市大规模强攻后的以牙还牙，但是，是毛泽东和朱德这两个人不得不面对蒋介石的愤怒。在1930年12月和1931年7月之间，他们击退了国民党三次“围剿”的企图。他们在极为不利的情况下所取得的胜利，是军事史上光辉的一页。

毛泽东选择了诱敌深入战术，诱使国民党进入不熟悉的山区。这样，毛泽东以空间为交易，赢得了对时间的控制。他看着敌人散开，等待着其弱点明显出现，然后以能抽出的最多军力猛扑过去。这种策略他称之为“以十对一”。

这种战术是灵活的。灵活的战术让毛泽东的部队能够利用其与周围农民的良好鱼水关系。对一支敌人数量远超出自己的武装来说，这十分必要。在第一次“围剿”运动中，蒋介石投入了10万军队对付毛泽东的3万人。第二次，他调集了20万人对付毛泽东的3万人。作第三次努力时，蒋愤怒地飞往武汉亲自指挥，他有30万人可支配，而毛泽东只有这个数字的十分之一。

第三次反“围剿”的结果是毛泽东若干年来最好的补药。数万国民党部队向共产党方面投降，多名国民党将军被杀死，还有不少投奔到毛泽东这方面来。朱德、毛泽东的部队缴获的步枪之多，是他们以前从未见过的。他们在战利品中发现了几部奇怪的机器，他们既不认识也不知道怎样操作——无线电设备。占领福建漳州以后，毛泽东和一个年轻女干部曾志（陶铸未来的妻子）一起来到一所中学，它因有一个很好的图书馆而出名。他在图书馆查阅了一个小时。“曾志，给我找几个箱子，”他说，“我们要把一些书拿走。”曾志装了三四箱书，和毛泽东一起回到江西。[38]

1931年夏天，毛泽东写了他最抒情的词之一——《反第二次大“围剿”》，这个题目对如此令人激动的诗句来说好像太平淡了：

白云山头云欲立，
白云山下呼声急，
枯木朽株齐努力。
枪林逼，
飞将军自重霄入。

七百里驱十五日，
赣水苍茫闽山碧，
横扫千军如卷席。
有人泣，
为营步步嗟何及！[39]

毛泽东和朱德或许能击退蒋介石，但是要击退28个布尔什维克就困难得多了。1931年这一年对毛泽东来说是有吉又有凶。他把人民战争付诸实践，很有成效。但是中共党内的形势却是不祥的。

毛泽东利用党内多变的情况而享有运作活动的空间。中共的总部远在上海。江西苏维埃政权是新形式的政权。一段时间里，它有自己的生活方式，在大多数方面不受党的权威的制约。1931年军事危机的气氛延长了它可以自主的时间。

所有这一切都反映在瑞金的第一次全国苏维埃代表大会上。这是共产党至此组织的规模最大的一次会议。在十月革命胜利14周年纪念日的1931年11月7日清晨，610名代表在开幕式上举行了游行。

1931年11月27日，中华苏维埃共和国中央执行委员会第一次会议在瑞金召开。毛泽东当选为中华苏维埃共和国中央执行委员会主席。这是毛泽东（站立者）在会议上讲话。

28个布尔什维克在大会上是一股力量，但是他们不能控制大会。毛泽东被选为中华苏维埃共和国主席。（这个脆弱的政权把中国中南部的几十个苏维埃——大多数都很小——联结在一起，进行有希望的合作。）这是到此时为止毛泽东得到的最动听的头衔。他是一个政府的首脑，虽然大多数中国人都没有听说过这个政府或这位主席的存在。他被夹在两个副主席之间，其中之一是张国焘，他是地主的儿子，毛泽东好像总是跟他意见不一致。此外，毛泽东失去了对军事事务的直接控制权。

在上海，王明和博古得到莫斯科的认可，加强了他们对中共古怪的组织结构的统治。1932 年，他们采取了合乎自己逻辑的一步。中共总部从上海搬到江西，这里是中共精神最活跃的地方。这对毛泽东是个打击。“从 1931 年到 1934 年，”他后来宣称，“我在中央根本没有发言权。”[40]

28 个布尔什维克对毛泽东有什么可反对的？争论的主题还是两个老问题：军事战略和土地政策。在落后的中国，枪杆子和农民群众在革命的未来这一天平上的分量是最重的。28 个布尔什维克无论在军事政策或土地政策上，都没有远离李立三基于书本的夸夸其谈。

在 28 个布尔什维克的眼中，毛泽东只是个农民游击队员，他的

1931 年 11 月，中共苏区中央局成员在江西瑞金。右起：王稼祥、毛泽东、项英、邓发、朱德、任弼时、顾作霖。

队伍有点像游民的乌合之众，他战术上的灵活性——“敌进我退……敌退我追”——在他们看来是完全无视占领根据地。“要占领关键城市！”他们这样叫喊，就好像从未发生过 1927 年和 1930 年那样的事。28 个布尔什维克把毛泽东看作是从《水浒传》故事里走出来的农民造反者，而不是无产阶级布尔什维克式的军队领导人。“一个红皮萝卜，斯大林是这样称呼我的，”毛泽东后来说，“红皮白心。”[41]

在江西，毛泽东修改了他的土地政策，以适应其人民战争政策的需要。“鱼”需要“水”，没收财产应该有分寸，不可疏远中农。对于处在共产党的修道院中的 28 个布尔什维克来说，绝望地摊开他们优雅而年轻的双手是件很容易的事。毛泽东采取的是一条“富农路线”。

对于中共的头十年，28 个布尔什维克没有任何记忆，他们也没有因此而受过伤。但另一方面，他们说的并非不真实。在某些情况下，他们的批评在技术上讲是有根据的。

毛泽东确实把封建的现实（例如氏族）织进了他农村领地的挂毯之中。

毛泽东此时还不很通晓马克思和列宁。他的内心世界的确部分地还是《水浒传》里的世界。

毛泽东甚至在语言上也与 28 个布尔什维克进行斗争。他认为只是把“苏维埃”和“布尔什维克”音译成中文是没有意义的，对普通农民来说，这是天书。很多人都以为“苏维埃”是某个人的名字，而布尔什维克比用刀叉吃饭还不像是中国的东西。毛泽东尽量少用“布尔什维克”这个词，而对“苏维埃”，他选择了一个对普通中国人来说含义更具体的词：“工农兵代表会”。

但是，对 28 个布尔什维克来说，毛泽东善于倾听村民愿意接受的意见，就证明他对马克思主义掌握得不好。

到 1933 年，毛泽东受排挤，不能再参加制定政策（虽然他保住了政府头衔）。40 多万蒋介石部队开始进行第四次“围剿”，但这次不是毛泽东负责反“围剿”。

负责人是周恩来。1932 年 10 月在宁都举行的一次会议上，周恩来已取代丧失信任的毛泽东担任了红军的总政委。

在这些年里，周恩来没有站在毛泽东一边。他相信阵地战，当时的口号就是“御敌于国门外”。他觉得毛泽东偏执古怪。在宁都会议上，两人之间有过激烈的言辞之战。周恩来肯定不像毛泽东那样愿意顶着 28 个布尔什维克汹涌的潮流游泳。[42]

红军击退了蒋介石的第四次进攻。这次胜利究竟是周恩来在 28 个布尔什维克启发下采用的方法所取得，还是毛泽东、朱德战略的残留影响的结果，这是中共历史上莫衷一是的争论话题。无论如何，这次胜利加重了毛泽东的孤立。他的“胆怯的游击主义”此后被认为像自动化时代的手动纺车一样过时了。

1933 年 4 月召开了一次反“围剿”胜利之后的会议。会议在毛泽东军事声誉的棺木上又钉了几个钉子。毛泽东没有出席会议，他得了疟疾，挫折又一次把他引向病床。

那个基督徒医生来了，命令毛泽东住四个月的医院。他不到四个月就好转了。不久，他就责备傅连暲点的菜太浪费：“我们绝不可忘记现在在打仗。”这次是医生看上去生病了。“突然，”傅回忆说，“我的脸红得像个胡萝卜。”[43]

1933 年，毛泽东写出《必须注意经济工作》一文，这是很长时间以来出自毛泽东笔下的第一篇文章，也是他第一次写这个话题。[44]毛泽东失去军事事务的控制权以后，就以学徒般的认真态度致力于基层的民间事务。

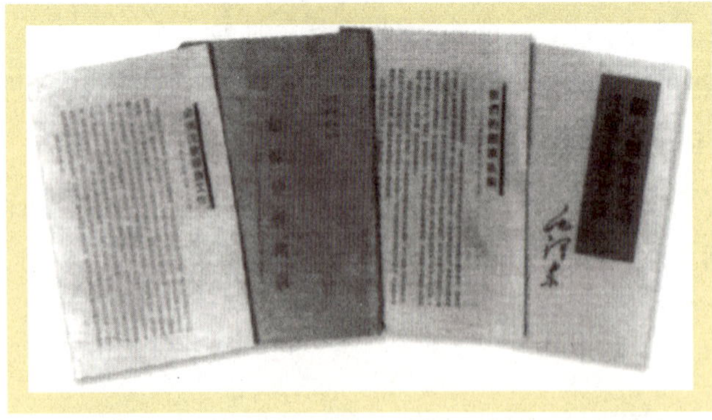

到 1933 年春夏，中央革命根据地经济情况严重恶化。为了扭转这种局面，1933 年 8 月和 1934 年 1 月，毛泽东分别在中央苏区南部 17 县经济建设工作会议和第二次全苏代表大会上作《必须注意经济工作》、《我们的经济政策》和《关心群众生活、注意工作方法》等报告，强调经济建设和关心群众生活的重要意义。

他骑着马巡视苏维埃地区，计算粮食的担数，组织食盐走私小组到蒋管区偷可能得到的咸盐。他倾听农民讲话，这在井冈山时期以后他还没有再做过。

中央委员会发动了一场

运动，要把红军建成一支 100 万人的部队（在 1933 年初还不到 50 万）。它计划在每个根据地周围都建起土墙，称作“铜墙铁壁”。毛泽东提醒说，这样建设部队会从农田里夺去所需的劳力。他还认为这些墙会把红军锁在阵地战中。“真正的铜墙铁壁是什么?”他在讲民生问题的一个报告里问道，“是群众，是千百万真心实意地拥护革命的群众。”

日本的侵略乌云又开始笼罩中华大地。它像遮住太阳的一片乌云，使得共产党和国民党之间的作战显得十分古怪。他们究竟在为什么而战？难道这比保护中国不受外敌侵略更可贵吗?

东京迈出了侵略它觊觎庞大邻国的第一步，这被微妙地称为“九一八事件”。这件事最初的结果是稍微分散了一点蒋介石“剿灭”红色分子的注意力。它的长远影响的确是重大的。

毛泽东的民族主义没有退潮。在中共领袖中，几乎只有他一个人在农民集会上讲反对帝国主义。他警告说，国民党干的最坏的事情之一，是和外国人结成同盟，并敞开大门让外国人来统治中国。

1932 年 4 月，毛泽东和朱德对日宣战。这在当时让人（中华苏维埃之外听到这话的少数人）听了发笑，但是十年以后，这看上去就像是天才的一笔，虽然他们在几年之内没见到一个日本人，虽然他们只控制很小比例的中国人口（他们只能管辖不到 900 万人）。

但是毛泽东是有眼光的。

他的目标不是抽象的社会主义方案，不是俄国革命的重复，并不是“另一个十月”就可以概括在江西山区里流汗流血的目的。他关于世界革命的梦想并不清晰。中国是底线。如果中国处于危险之中，那就没有什么比挽救中国更重要。中国没有了，那么一切关于革命的谈论就只是没有根的知识分子的空谈。

毛泽东开始侧重于一项建立抗日统一战线的计划。他没有必要的权力，只能进行一些思考。中央委员会没有宣布对日作战的声明。的确，28 个布尔什维克没有一点民族主义的意思，他们认为日本对中国进攻的主要意义，是帝国主义联合进攻苏联的开始![45]

1933 年 12 月，在福建省发生了一场悲剧。一支优秀的国民党军队，蔡廷锴领导的第十九路军，转而反对蒋介石。蔡想和日本作战，而不是和中国同胞共产党人作战。他向中共伸出了试探的触须。

中共犹豫不决，对待福建造反者，内部有不同的态度，从不冷不热到完全仇视。王明在他莫斯科的巢穴中谴责蔡廷锴："要想让我跟他握手，除非我能向他脸上啐一口痰。"[46]中共还没来得及对蔡廷锴稍作援助，蒋介石已经设法把英雄的第十九路军消灭了。

毛泽东肯定同情蔡廷锴。他希望有一个广泛得足以包括一切不反动的非共产党爱国者在内的抗日民族统一战线。1936 年回顾这些时，他说中共没有与蔡廷锴联合是错误的。

然而，毛泽东并没有为蔡廷锴而公开发表不同意见，他的确还尖锐地批评蔡廷锴在共产主义和反动派之间寻求"不存在的第三条道路"。关键是毛泽东缺乏反潮流而制胜的影响力，而当他知道不可能取胜时，他是从不出击的。他随大流。他牺牲蔡廷锴，是为了守住他在江西政权中仍保有的一点权力。这是毛泽东怀着不安而回顾的一个插曲。

1934 年 1 月，毛泽东拖着沉重的步伐来到瑞金参加第二次全国苏维埃代表大会。他是苏维埃政权的主席——尽管到现在只是个有名无实的主席——因此他得宣布会议开幕。他盯着挤满了一千名代

瑞金中华苏维埃共和国临时中央政府大礼堂。

表和用红绿旗子装饰的大厅。他看到“只有苏维埃才能够救中国”的标语。一排礼炮和一阵焰火启动了会议议程。

毛泽东做了一个简短而又古板的演说。演说缺乏他特有的清楚明了和独创性。大会的所有决议都是在一次中央委员会的会议上事先做好的，而这次会议毛泽东不是没有参加，就是没留下什么印记。

第五次“围剿”已经在进行，但是毛泽东只是个旁观者。战斗计划是德国人制定的。蒋介石急于最终解决问题，因而转向希特勒求助；冯·西格特和冯·福尔肯豪森将军现在是他的顾问。在28个布尔什维克掌握下的中共几乎同样急切地讨好外国人；对蒋介石的抵抗由奥托·布劳恩（李德）指导，他是德国共产党员，是共产国际送给中国革命的最新的礼物。

代表大会沉浸在王明空洞的乐观主义之中。直到此时，李德操纵的战役进行得还不错，毛泽东只得把他对当时正在实施的阵地战的怀疑憋在肚子里。他在主持大会时是个任期将满而已经落选的人，没有人对罢免他的主席职务感到奇怪。但是，他甚至没能继续担任政府（人民委员会）的一个委员，这对毛泽东来说是个残酷的重挫，因为他已经连续三年担任这个委员会的主席。

蒋介石开始达到他三年都没有达到的“围剿”目标。如果敌人可以破门而入，那么，“御敌于国门之外”的梦想就会很容易地变成梦魇。这就是实际在发生的事情，表明了阵地战的愚蠢。李德重视领土超过军队，结果他两者都丢了。

1934年的春天并没有给瑞金带来欢乐。

冯·西格特建起了碉堡和将碉堡联系起来的公路。这一计划见效了，因为共产党人也选择把自己圈了起来。但中共太弱，装备太差，不适合这样的战略；红军的机动性不足，不能一个一个地打击国民党军队中脆弱的部分。而且国民党能对陷入困境的、给养困难的共产党人施以可怕的经济封锁。

到了8月，中共所属的70个县只剩下6个，甚至长汀也落入国民党手中，很多红军军官牺牲了。毛泽东几乎不可能做什么，他也不说什么。有人说他的处境像西方理解的那样——从1934年仲夏开始，他就蛰居在瑞金西边于都山区的一个农舍里，被“软禁”了。

有一天晚上，朱德部队的一名军官来跟毛泽东聊天。他带来酒和一只鸡，这确实是那个困苦时期里的美食。他们大吃了一顿。[47]

在毛泽东的农舍院子里，他们坐在柳条椅子里一口一口地抿着剩下的酒。当谈话转到缅怀往事时，毛泽东叹了口气，对这名他很熟悉的军官说：“唉，现在不再是井冈山同志们的天下了。”

毛泽东试图回到书本中。他随意作些笔记和批注，他写诗，而诗是他回归永远忠贞不贰的大自然的养心胜地，他教警卫员认字。但是，他不能使自己的精神解脱出来，总是惦记着美丽的山峦之外那些可怕事件的发展进程。在一个凄凉的时刻，他又病倒了。

1934年，毛泽东与警卫员在瑞金合影。左起：毛泽东、吴光荣、陈昌奉、戴田福。

他体温高达41度。这一次疟疾发作差不多跟1929年与死亡搏斗的那次发作同样严重（虽然博古轻描淡写地说他得的是“外交病”）。[48]从8月的一天到9月底，他都病得很厉害。除疟疾之外，他还得了肠痉挛的毛病。他一定想过他是否还能好起来。

傅医生带着药箱来到于都。有一天，傅医生弄来一只烤鸡给毛泽东吃。毛泽东是个要求不高的病人，他反复地说，对他来讲，有个护士就够了，用不着医生了。他拒绝接受这只鸡。他身上某种职业性的东西（有几分被迫？有几分真心？）让他不那么愿意像接受那个军官的鸡那样接受傅医生的鸡。他让傅医生自己把鸡吃了。[49]

毛泽东硬是从傅医生的病床上站起来，恢复了健康。他9月底离开于都时发现世界已破碎了。不过混乱也提供了一个不受人约束的机会。毛泽东当时很不被重视，但他还有牌可打。他是当时28个布尔什维克路线理所当然的“反对派发言人”。[50]

蒋介石在第五次“围剿”中赢的非常漂亮，他差不多确实铲除了中国的“共产主义灾难”。中共决定放弃江西。

毛泽东觉得这个决定过于“草率”。然而，决定是博古和李德做出的，而不是他。红军残部要向西北行进，希望同贺龙领导下的一个湖南的苏维埃相会合。

面对事态这种痛苦的转折，28个布尔什维克只能感到羞愧。毛泽东这才好不容易回到刚刚成立起来指挥撤退的军事委员会里。这是他东山再起的小小一步。至少和他差不多所有的同事比起来，毛泽东不那么应该受责备。

红军像波涛汹涌的大海上一条没有舵的船。8万士兵（加上几百名妇女）不知道他们正走向何处。他们许多人一定认为，他们只是在走向死亡。不少人都有心伺机叛逃。

长征就这样开始了。

两周以后，莫斯科发来无线电报，叫中共从江西撤离。

除每个人都要携带的够三天吃的大米以外，毛泽东还设法带了一匹马（是早些时候战胜一支国民党军队而得来的战利品）、一把伞和一捆书。

他没有带他通常装文件和地图用的那个破旧的小文件包——在他同事的眼中，这是他的标志。这很奇怪。他周围的人把不带那个小包看作是毛泽东悲观情绪的迹象：如果他认为自己就要掌握权力，那么他会把那个小包带在自己身边。[51]

江西于都红军桥，毛泽东从这里告别了他和战友一起苦心经营7年的中央革命根据地，开始了长征。

第六章

把握未来（1935—1936）

潮流那遥远的尽头已开始转向对毛泽东有利，但这只有很敏锐的眼光才有可能在 1934 年灰暗的最后几个星期看得出。

确实，他在党内的对手失去了一些势头（虽然博古和李德在长征开始时仍在掌权），但是就中国整体的关系来看，共产党人就好像犀牛背上的几只虻蝇那样不能预示未来。

中共党外的大多数人（肯定还有党内的一些人）认为，在 1927 年的失败和江西根据地遭肢解以后，中共大势已去。长征最初悲惨的几个月并没有改变这种预兆。

对毛泽东来说，他曾是这个根据地政府的主要领导人，现在要弃之而去，真让他太伤心了。另外，留下来的人——理论上他们的任务是骚扰国民党，但实际上不可能期望他们能活下来——绝大部分是毛泽东的同情者，而不是 28 个布尔什维克的同情者。

毛泽东的弟弟泽覃是其中之一，他在任何场合下，都好像是毛泽东的影子。毛泽东在 1932 年和 1933 年被贬抑时，泽覃曾受到责备，而在毛泽东 1934 年实际遭软禁期间，他一直站在毛泽东一边。

五个月之内，泽覃就死在敌人之手（不走运的前领导人瞿秋白也遭到同样命运，他留在江西主要是因为患了肺结核）。

毛泽东还留下了子珍所生的两个小儿子。红军的规定是，只有年龄大到能行军的孩子才能随队撤退。毛泽东这对刚会走路的孩子，托给一家不知名的农民照看。他此后再没有见过他们。*

* 1949 年以后，曾做过零星的努力要寻找这两个孩子。在中国，有些人相信周恩来成功地完成了这个任务并照顾他们的生计。但是这两个孩子从未有名有姓地露面。

子珍是从始至终参加了长征的 35 个中共领导人的妻子之一。长征开始的时候，她正怀着第三个孩子；这个孩子显然是在毛泽东遭软禁期间怀上的。艰苦的跋涉对子珍的身体来说太残酷了，实际上也毁掉了这桩婚姻。

长征结束以后采访共产党人的一位英国记者冈瑟·斯坦因问毛泽东，他是否曾发现自己处于少数而不可能得势的情况。“是的，我曾是少数派，”毛泽东回答道，“这种时候，我所做的唯一的事情就是等待。”[1] 1935 年，他的机会来了。

长征是在进行过程中才逐渐成形并有了策略和目的。长征在它结束很久以后才被人称为“长征”；在开始时，那只是痛苦的撤退。[2]* “我们的目的，是摆脱‘围剿’并与其他苏区会合，”毛泽东后来告诉罗伯特·佩恩，“除此以外，我们还深切希望自己能够处在抗日的位置上。”[3]

*埃德加·斯诺于 1936 年春发现，当时仍用“二万五千里行军”来指称这一有历史意义的大迁移。

在行军的每一个阶段，压倒一切的目的就是突破国民党的围追堵截而生存下来。长征面临四个依次关联的任务是每天必须考虑的：突破在江西的困境；与西边的一个或多个其他苏区会合；在中国的某个地方再建继承江西苏区的政权；在新的根据地代表全中国人民进行抗日。

中共领袖们只是在第一项任务上不吵架。这种不团结的破坏性的确太严重，所以长征还有第五项任务，虽没有明说但却至关重要，就是为中共建立新的领导机构。长征要使部队脱离那群（布尔什维克）毛头小伙子的控制。

毛泽东自己的三万人（即第一方面军，约占长征部队的四分之

湘江是敌人布置的第四道封锁线。由于“左”倾冒险主义的领导者的决策错误，中央红军经过几个昼夜的死战，虽然突破湘江封锁，但损失惨重，总兵力由出发时的八万六千人锐减为三万多人。红军烈士的鲜血流淌在湘江上。

一）与敌人第一次大的遭遇战，发生在毛泽东童年之梦的湘江岸边。这次战斗使中共党内的斗争接近于摊牌。

面对蒋介石强大得多的军事机器，并因为蒋介石准确地预计到红军向西北的行军路线，中共显然损失了多达五万余人。受伤的人由于极度疼痛而把衣服塞进嘴里，以便抑制住喊叫声。

国民党消灭了差不多一半的红军。渡河的代价太大了，毛泽东决定向博古和李德发起新的挑战。

残酷的事实是，红军不可能实现与湘北贺龙的苏维埃相会合的计划。蒋介石已经安排了六倍于红军的部队对付他们。在这种情况下，毛泽东挺身而出，提出一个新计划，并向28个布尔什维克发起一轮犀利的批判。

红军应该向西南进军以进入贵州，这是敌人力量较弱的一个省份，然后与川北的一支共产党军队会合。毛泽东的这个想法压倒了李德向北行进的主张而获胜。

同时，毛泽东在1934年12月的会议上大胆发言，指责因两个错误战术而造成湘江边的巨大损失。博古和李德划定的路线是一条直线，这才让蒋介石有可能埋伏在那里等待红军入套。

毛泽东还抱怨说，共产党人没有运用佯攻这一战术。他们处于不断的运动中，本应合乎逻辑地使用这种佯攻战术。共产党人也没有表现出对战士地方情感的体谅，或意识到当地地形的多变。

毛泽东还觉得红军行军负担太重。它携带着一个政府的全部家当从一个城市转移到另一个城市：骡子和驴子驮着家具、印刷设备和一整套文件档案，在重压下蹒跚行进。

毛泽东在这点上与28个布尔什维克的斗争，触及一个根本性的问题：中共是个临时处于转移中的国家政权（28个布尔什维克的观点），还是一个有计划地进行疏散而缓慢成熟起来的政治运动，把回归土地作为以渐进的方式夺取全国政权的第一步（毛泽东的观点）？

有一个细节最能充分说明28个布尔什维克的风格：在行军的最初几个月里，红军事实上根本没有准确的地图。他们的确坚持要携带一切装备和文件，但博古和李德却没有想到要带上一把提高自己行动准确性的钥匙。(当一个瑞士传教士被捕并被控帮助国民党办事时，他通过帮助红军指挥员们察看一份法语的江西省地图而缓解了自己的困境!)[4]

当然，28个布尔什维克缺乏军事经验，甚至不及毛泽东和朱德在将近十年的时间里积累起的经验的几分之一。博古在1932年成为中共领导人时，还从没有在战斗中放过一枪；长征开始时他只有26岁。李德——虽然他是共产国际派到中共的军事顾问——也既没有受过军事训练，也没有打过仗，而且李德根本不会说中国话!

参加长征的人54%在24岁以下，和他们比起来，42岁的毛泽东已经是一个老年人了；只有4%的人超过40岁；甚至还有一些十一二岁的孩子，他们担任司号员、勤务员、打水员、通信员或者做其他普通事情。傅连暲医生宣称，依他判断，这些热切而朴实天真的农民出身的长征者，90%不曾有过性经验。

最初的损失是由28个布尔什维克造成的，毛泽东不应为此受责备。事实上，毛泽东在中共党内的影响正在迅速上升。他并非一夜之间就赢得了权力，但是他的权力在湘江之战以后的数周中在稳步增长。

他开始在政策上有了自己的影响力。文件烧掉了，家具扔进了山沟里，多余的枪支送到当地可靠的农民手中，大大精简的运输队只在夜晚行进，避免成为敌人的目标。

每一项行动都要事先向部队解释清楚并概括为一句简单上口的口号；在许多村庄都召开了群众大会，解释红军的使命并招募新兵；鼓励有艺术才能的战士编出歌舞节目以吸引当地观众：这一切都是毛泽东的手笔。

有一次，一个连队被派到两座显眼的山顶上，并受命在开阔地上暴露出来，以便看起来显得比实际的人数多。国民党确实把这些忙碌的战士当成了红军的大部队；被共产党截获的国民党一条无线电通信中得意地说："红军主力已被包围，无可逃遁。"而在此时，一支大得多的共产党部队从背后发起了对国民党的进攻。

这次非常有毛泽东特色的声东击西战果可观。"整个行动，"一位将军回忆说，“就像在一条狭窄的小巷里猴子要弄一头牛。”[5]

这样的战术让红军能够渡过220米宽、水流湍急、两岸是巨石峭壁的乌江，从而进入贵州省的中心地区。蒋介石似乎察觉到，他真正的对手正在浮出水面，于是飞到省会贵阳亲自指挥20万特别部队作战，以阻止红军经过贵州向四川这块富庶的宝地前进。毛泽东和蒋介石对抗的形势正在成形。

红军占领了富饶的遵义古城。这是通过一条巧妙的计策完成的，从而使朱德、毛泽东的队伍获得了魔术师的声誉。（红军需要运用智慧：在贵州，敌人的杂牌军与红军的力量比例是100比1。）

首先，共产党占领了遵义30里外的一个村庄，抓了俘虏，这些俘虏是这个计策的关键。红军审讯人员用哄诱和恐吓相结合的方法对付这些人，给了他们一些银元，还诚恳地告诉他们“苏维埃道路”（中国特点的社会主义当时的表述）的优越性。

共产党很快就获得了他们所知道的关于遵义驻军的每一个细节——还有他们的军服。接下来的部分既应记入中国的战争史，也应记入中国的戏剧史。

那天晚上，红军假装成刚打了一仗返回的国民党部队，煞有声势地向遵义行进！他们穿着国民党的军装，说着当地口音的土话，甚至让司号兵吹着军号走在前边，大摇大摆地宣告他们的到来。

当天夜里，天气恶劣，一片漆黑，他们到达城门楼并开始与守军卫兵对话时，被当成是友军。他们解释说，他们在和赤色分子的战斗中失去了连长。卫兵还没来得及怀疑，共产党士兵已经进了城门，他们端起刺刀大叫：“我们是中国工农红军！”

毛泽东在一个小军阀讲究的小楼上的房间里一直睡到第二天早上很晚才起床。

一连12天，他在这座有公园有宫殿的优雅城市里，睡在一张软床上，好好休息了一下。贵州很大一部分从一个军阀手下得到了“解放”（这是个新词），红军现在已准备好包围四川。

毛泽东在遵义成为中共高层领导人。他毫不拖延地在那个小军阀的家里召开了一个会议；他转变了形势，压倒了28个布尔什维克，并重新定义了长征。

遵义会议会址。1935 年 1 月，中共中央政治局在这里召开扩大会议，确立以毛泽东为代表的新的中央领导集体。

毛泽东自己并不拥有一个强大的派别。他也不属于已有的两派之一：28 个布尔什维克一派和黄埔军校出身的一派，周恩来是后者中最著名的人物之一。

毛泽东是个可信赖的领导人，因为他和朱德一起在江西早期反“围剿”的战斗中有良好的记录。毛泽东胜利了，但是他之所以**此时胜利**，是由于 28 个布尔什维克已明显地失败了，并且也由于有几个关键的中共领导人看到了这一点，决定抑制住他们对毛泽东的疑虑。

博古作了一个报告，开启了会议议程。周恩来接着发言。然后毛泽东发言批评最近的军事路线，王稼祥支持毛泽东的立场。[6]重要的是，后来周恩来转向支持毛泽东。“一直以来，他都是对的，我们应该听他的。”周恩来谈到毛泽东时说。[7]他提出辞去军事委员会的职务，并敦促让毛泽东来领导。

在周恩来采取行动之后，28 个布尔什维克再也没有重获主动权。在遵义会议之后，周恩来就再也没有向毛泽东的领导地位或思想提出过重要的挑战。

毛泽东新的权力，基本上是在军事方面。至少在长征过程中，枪杆子是通向一切权力的关键。他成为共产党五个最高领导人之一，而且是五人中上升最明显的人物。* 这使他对红军将领们的权力，比他在井冈山或江西时享有的权力大得多。朱德仍是红军总司令，并继续保持与毛泽东相当稳定的一致。

* 毛泽东没有成为党的总书记；张闻天担任这个职务，他是 28 个布尔什维克的成员，但对博古和李德持批评态度。毛泽东得到的是在政治局常设委员会中占据一席。在军事事务方面，从技术上说，他是次于周恩来的二把手。在 1935 年还不存在中共主席这个后来成为最高职位的职务。然而，总书记的职务也不再是此前那样的最高职位。中共在遵义会议之后模糊的领导结构，在北京官方的历史中也反映出来：他们提到毛泽东时，只说取得了“领导地位”。邓小平以书记员的身份出席了会议。

毛泽东在遵义会议提议通过了一系列决议，这些决议读来就像是对他钟爱的全部军事思想的总结。

- 敌强我弱，红军须集中兵力打歼灭战。
- 不打无把握之仗，大踏步进退，以捕捉战机。
- 诱敌深入，避免打阵地战。
- 红军既是战斗队，又是宣传队。对犯错误者应予以教育，而不能私下处罚，应让每一位战士都知道下一步行动的目的和艰险。

在遵义市天主教教堂里为解释决议而召开的群众大会上，毛泽东为未来几个月提出一个口号：“北上抗日。”

在遵义的那 12 天，长征从精疲力竭的军事撤退，转变成既有革命目的又有民族目的的政治行动。

另外一点也很清楚了，中国革命已经走出莫斯科的阴影。斯大林现在有比对付四处流窜的中共更重要的事要办。他也不可能想象一支以农村为根据地的军队能够革命。

甚至更重要的是，中共第一次由一个不敬畏苏联的人领导。权力向毛泽东倾斜，恰恰发生在与莫斯科的联系极为困难、共产国际与中共间的来往通信几乎完全消失时，这绝不是偶然的。

毛泽东仍然景仰十月革命。30 年以后，当他按照自己的信念已经没有任何理由说苏联的好话时，他告诉安德烈·马尔罗，当时向西北进军的一个理由是“以能与苏联接上联系”[8]。但是，对毛泽东来说，中国革命的重心仍然是在农村。

另外，在党内和军内，毛泽东的组织方法，总括起来就意味着抵制斯大林主义：就他对人进行改造的信念而言，以及就他灵活的、本土主义的、强调思想因素胜于物质因素的军事战术而言，尤其如此。

毛泽东的最终目的是到达陕北并从那里开始抗日。此时他要努力与川北的张国焘部队会合，并在那个了不起的省份建立一个苏区。

行军重新开始的时候，毛泽东看上去很是整洁帅气。一个警卫员注意到，他在遵义弄到一件非常合身的灰色上衣。

他有一匹马，但除了筋疲力尽时很少骑它。有两次他得了严重的疟疾，甚至在马上都坐不住。他委靡不振地瘫坐在两个战士抬着的滑竿上。

在他个人的行李中永远都有那把伞和一些书。行军的过程中那些书是会变化的，但《水浒传》一直都形影不离。没有任何证据表明，他携带着任何马克思或列宁的著作。

他经常通宵工作，但也有时候会旧态复萌，在吊床上睡到第二天日上三竿。他总能依赖几个年轻人做助手，包括一个秘书、一个护理员和一个也是兼做贴身服务员的警卫员。

警卫员二十多岁，叫陈昌奉，他逐渐地理解了毛泽东的准确要求和喜欢独处的习惯。在停下来准备过夜时，毛泽东会立即要开水喝。如果形势需要通宵工作，他会坚持让别人帮他保持清醒。陈昌奉必须迅速准备好一个工作的地方——一个山洞或者哪怕是一块干净的石头。[9]

有的时候，毛泽东发现有机会奢侈一下。他的工作人员就会很高兴地为他安排在地主带院子的家中睡觉和工作一两个晚上，床上有稻草，桌子上还有难得的文房四宝和电话。

对毛泽东来说，找到一些香烟就足以使哪怕最灰暗的日子也明朗起来。有报告甚至说他的手下人曾用鸦片向敌方部队换取香烟。得不到烟草的时候，他就试验用各种有刺鼻气味的叶子作替代品，足显其机智灵活。李德也跟他一起做这种冒险试验；寻找一种东西好好吸一口，大概是这位爱挑剔的德国人和这位镇定的中国人之间唯一的共同爱好。

落日的最后一抹余晖使天空变成深红色的挂毯，把毛泽东的上衣从灰色染成橘红色。满月下，一堆乱石突然变得像一对正在争斗的龙。在漆黑的夜晚，一支部队用松枝做成火把，用以取暖并照亮峡谷间的小路，山坡呈现出魔幻般的雄伟景象。

毛泽东把这样的时刻描述在他的诗词中。他觉得自己“离天三尺三”；他把纷纷落下的雪花看作“飞起玉龙三百万”；他把河流湍急描绘成“人或为鱼鳖”；连绵起伏的山峦在他看来是“原驰蜡象”。

在长征中，毛泽东的确找到了自我。尽管极端艰苦，有人生地不熟的挑战，一度与死亡擦肩而过，再一次发生令人心痛的党内争斗，还有几次艰难时刻，红军能否生存下去都似乎成了问题，但是，在十个月里艰苦跋涉两万五千余里，使他充分发挥了他独特的才干。

看似矛盾的是，这不是他退至个人情绪小圈子的阶段之一，反而是他成就公众事业的时候。他孤单一人，然而又系于集体使命之中。虽然子珍参加了长征，但在这十个月中间，她几乎没有陪伴毛泽东。那些在身旁为毛泽东服务的人，在他们很详细的回忆录中甚至都没有提到她。他和活下来的弟弟泽民，也没有经常的接触；毛泽民负责看管钱款、文件和装备。

另一方面，毛泽东还很少像长征途中那样写那么多诗词。“在马背上，人有的是时间，”20年后他怀旧地说，“可以找到字和韵节，可以思索。”[10]他的诗句表达了大自然与历史的结合，这一点就是毛泽东最终成为革命家和亚洲首位马克思主义理论家的秘密。

他把山地看作一系列战斗的一部分：

山，
倒海翻江卷巨澜。
奔腾急，
万马战犹酣。

山，
刺破青天锷未残。
天欲堕，
赖以拄其间。[11]

毛泽东似乎在土地中为革命找到了证据，就好像长征所经过的这 11 个省份的生活和地貌，为毛泽东提供了新的权威，取代了莫斯科的权威，使毛泽东能够做出他一心要对中国的面貌想做的改造。

长征结束时，他甚至引出一条山脉，作为超出中国自己的革命之上的世界和平的景象：

而今我谓昆仑：
不要这高，
不要这多雪。
安得倚天抽宝剑，
把汝裁为三截？
一截遗欧，
一截赠美，
一截还东国。
太平世界，
环球同此凉热。[12]

在战役之间，毛泽东是自己国家广阔地域的探险者。他见到了他 20 年前读到过的寺庙和大山。之前，他曾经离开中国南方到北京去，但他在那里没有感受到自由精神。现在的旅行他可以自己做主；他把山河当作锤炼他新的革命风格的熔炉，当作他的生身之地。

毛泽东在 1935 年最真实的形象是放眼远眺的诗人；是以农民的精明和将军的远见研读地图的战略家；是一位领袖，他远离家人或朋友，和他的热切而年轻的警卫员像哲学家那样交谈，或花 15 分钟教他的秘书几个生字。

他在大多数的伟大时刻都是独自一人，但也像山脉一样是公众

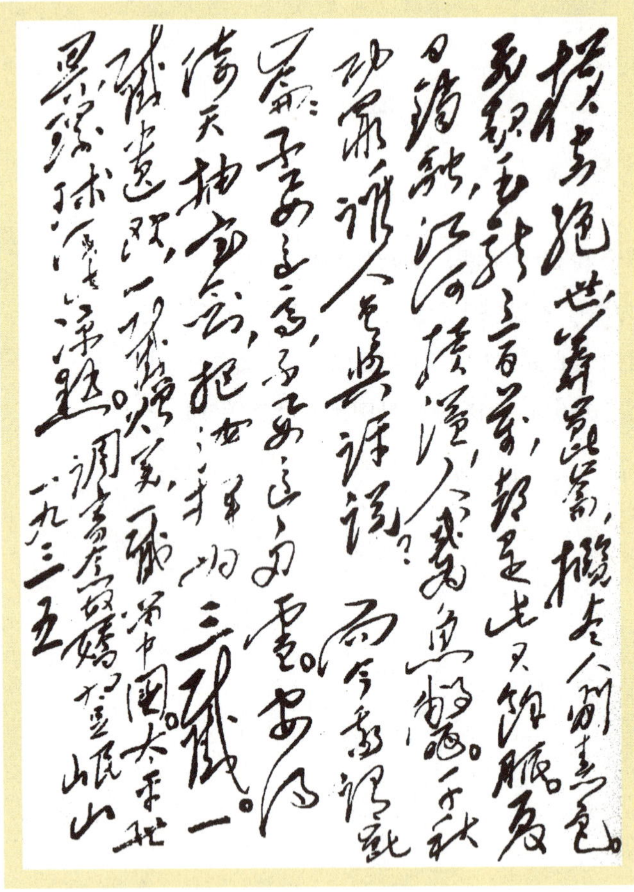

毛泽东《念奴娇·昆仑》手迹。

的。在他充当中国的摩西的一年中，他与土地神交，似乎不需要妻子、朋友或顾问作为中介。

四川比毛泽东预料的更难啃。蒋介石在现场事无巨细地指挥着大规模的部队与红军作战。他在电报里对他手下的军官们说："此役命系党国，务将红军困在江南。"一些军阀也鼓起劲来进行非同寻常的强力防御。

而张国焘却放弃了在四川北部的苏维埃，悲观地向西藏的无人区撤退，这在毛泽东看来，是在危难时刻对红军的背信弃义。这意味着，毛泽东在他向北渡过长江的大规模行动中，不可能从张国焘很有实力的第四方面军那里得到任何帮助。这让蒋介石能够把毛泽东的长征队伍挤压进由几条难以逾越的河流交织成的网中。

在去往四川的精疲力竭的行动中，红军来到茅台镇，这里是举世闻名的劲道十足的高粱酒的故乡。共产党人发现自己处在酿酒作坊里，周围排着一百个大桶，每个桶里装着 20 担酿造的酒。

红军的年轻人不习惯这种类型（或任何其他类型）的奢侈品。有些人以为桶里的液体是洗澡用的，他们把饱受折磨的脚泡在里面！李德懂得多一点，很快就有醉意了。有些红军在那个酒作坊里增加了一点经验，因为到共产党离开茅台时，"洗脚水"一滴也不剩了。

只是由于毛泽东精彩的佯攻，红军才避开了蒋介石的围堵。看来，这时最好是向西迂回进入云南。毛泽东假装进攻贵州省会，在这里，蒋介石的人已经非常舒服地安顿下来，等待最后的胜利。“如果我们能把敌人诱出云南的话，”毛泽东在派遣牵制敌人的部队时说，“我们就能打赢这场战斗。”红军做到了这点，1935 年 4 月，毛泽东率领他的队伍进入云南。

毛泽东遇到一个灿烂的春天，这个与越南交界的地区以“四季如春”闻名。稻田因新苗而生机盎然，野花和蝴蝶把山野装点得五彩斑斓。但是，他只能满足于匆忙享受一下长征中第一个和暖的天气。因为蒋介石就像云南盛开的花丛中追逐花蜜的蜜蜂，已经在省会昆明迅速集结了 10 多万可供调遣的新装备起来的部队。

毛泽东向昆明发起佯攻。这让他有机会渡过长江，长江的这一段被称为金沙江，是云南和北面的四川之间的分界线。金沙江流过岩石裸露的山岭，落差达每公里约 3.4 米。蒋介石深信他已把红军钉死在条件恶劣的金沙江岸边了。他命令将靠近红军行军路线各地点的渡船全部烧毁。

但是，毛泽东的机智弥补了他的队伍在兵力和武器上的不足。当林彪率领的一支部队向昆明佯攻，另一支部队在蒋介石的监视下开始费劲地建造一座竹桥时，毛泽东把一个营派到西边很远的一个渡口。在这里，伪装战术使共产党部队开始冒险抢渡金沙江；这一招说明，毛泽东永不疲倦地反复阅读那些描写农民造反的旧小说，没有白读。

一支先头部队打扮成警察、国民党侦察兵和因税务事宜而出行的人，坐着颠簸的船划过了湍急的水流。他们溜达着进了当地驻军的院子，发现军人们正着迷地打麻将，这些人的枪毫无威胁地靠在墙边，于是他们解除了这个地方所有的武装。工于心计但不够细心的蒋介石，没有想到要把这里的船也烧掉。接下来的九天里，六条大渡船把红军送过金沙江，进入四川。

红军进入了一个非汉族（所谓少数民族）部落聚居区，他们的生活方式像他们所居住地区的地形一样蛮荒。毛泽东对待他们既有原则性又有高度的灵活性。

他坚持主张，他的部队要尊重部落民。即使对喜欢强取豪夺的倮㑩（一个彝族部落）[13]，红军也要为得到的每一只鸡和每一两粮食付给他们银元。* 这是由于毛泽东真诚地相信，少数民族在旧中国受尽欺凌，在即将建立的社会主义中国，他们应该成为完全平等的伙伴。

* 一个与毛泽东有交往的人（他在长征中失去了双腿）后来对埃德加·斯诺夫人说："这些倮㑩是头等的剥夺者，发现在这方面有人比我们还厉害，我们并不觉得很有趣。"见 N. Wales's *Red Dust*，p. 71。

但是，毛泽东也在部落之间的纷争中渔利。他使用的方法让人想起他在井冈山上对付土匪的手段，并预示了 70 年代中华人民共和国外交政策的力量均衡战术。

毛泽东评估了一下情况，有白倮和黑倮，他们之间的仇恨程度不比红军与国民党之间的仇恨程度小。依靠黑倮更适合他。他对他们讲道理说，不是所有的汉人都是坏人，就像不是所有的倮㑩都是坏人一样。他建议黑倮和红军结盟对付他们共同的敌人：白色汉人（蒋介石）。

不久，毛泽东的一个将军就和一个当地的首领歃血为盟，结为兄弟；向一个倮㑩女王磕头，以确保在给她 200 支枪和 1 000 银元以后，她就允许红军穿越她那可怕的领地。

如果这就是毛泽东主义，不管 28 个布尔什维克会怎样想，它至少是有效的；几百个倮㑩加入红军并完成了后续的长征，到达中国的大西北。

长征中最后一次重要的渡河行动可能是全部军事史中最令人敬畏的。蒋介石决心把共产党挡在大渡河以西，在那里他们极可能在西藏东部的冰天雪地中灭亡。在这个河畔，甚至《三国演义》里的英雄们据说也遭到了惨败，伟大的太平天国领袖石达开在 19 世纪 60 年代也有同样的遭遇。这两个故事都是毛泽东所熟知的，这两次造反运动也都是他所景仰的。

蒋介石飞到重庆，再次亲自指挥对共产党的"围歼"；他也知道这两个著名的造反运动，但都为他所蔑视。他的飞机向红军散发传单，说毛泽东就要"步石达开的后尘"（这位太平军首领在惨败以后被处死）。

大渡河太凶猛，一般不通航，即使用渡船横渡也是一种与急流的冒险赌博。唯一的一座桥稳固地掌握在国民党手里。

大渡河上的泸定铁索桥。

泸定桥看上去像是杂技演员走的钢丝。它由 13 根铁链构成，两头用水泥固定在山崖上，铁链距下面的激流大约 60 米。无数的木板一块挨一块地铺在长长的链子上。

国民党表示欢迎的方式，是把共产党这半边桥上的木板都搬掉，只留下赤裸裸的令人生畏的链子。为了把敌人进一步搞这种准备的时间减到最少——毛泽东相信贻误时机让以前的造反军队损失惨重——红军战士在难以想象的 24 小时内，走完了他们向泸定桥前进的最后 120 多公里路程。

一小股先遣部队的殊死任务，是像猴子一样一根链子一根链子地荡悠着向前爬，手榴弹和毛瑟枪绑在背上。然后，如果还活着，他们就逼近并进攻另一半桥板尽头的国民党桥头堡。当然，他们大部分罹难了，被国民党子弹击中后掉进水里。但是，第一批 22 人中有 5 人前进到足以开始把手榴弹投进敌人堆里。

那天下午，在大渡河畔，精神确实战胜了物质。其他战士跟上了 5 名幸存者，力量壮大了起来。国民党惊慌失措，用尽一切办法，也无济于事。他们开始试图拿掉桥上他们这边的木板。这太慢了，于是他们又试图浇上煤油把木头点燃。

但是，毛泽东的部队争先恐后涌了上来，好像被强大的吸引力牵引着勇往直前。越来越多的部队从链子下面荡悠过来，这时飞来的子弹也少了，他们一边跑过着火的木板一边令人心惊胆寒地大声喊叫着。就好像被红军疯狂的英雄主义吓破了胆，敌人甚至在失败还没有落在他们头上之前，就慌里慌张地逃离了阵地。大约有 100 名国民党军人当场要求参加红军。

志愿先遣渡过大渡河的全体战士都在 25 岁以下。

计划的下一个步骤，是与张国焘的第四方面军会合。大自然和

红军翻越的大雪山。

少数民族部落居民使这一计划殊非易事。年中的斗争迫使毛泽东认识到，蒋介石不是他唯一的问题。

海拔很高的大雪山带来气候的剧烈变化。刚过半个下午，天就黑了。这里没有大米，能弄到的青稞面让大多数人的胃不舒服。在频频来临的暴风雪中，马铃薯一般大的冰雹从天上倾泻而下。在5 000多米的高度，数千衣着单薄的战士，特别是身体单薄的南方人，因暴露于严寒之中而倒下，永远地深埋于四川雪层下面。

更糟的是，蕃族部落居民杀气腾腾地把巨石滚下山坡，以表示他们对红军入侵的不满。

毛泽东努力用诗歌和故事让人们高兴起来。不知他从什么地方学来一种暖身热汤的配方，把辣椒和生姜煮在一起做成热汤，让快冻僵的战士喝下去。但是，艰苦的条件，大概还有对即将与张国焘会合的焦虑，损害了毛泽东的身体，他又患了疟疾。

毛泽东自己的健康观认为，核心作用是精神。毛泽东与长征路上的两名医生，傅连暲和姬鹏飞（后来姬成为中华人民共和国外交部长），聊起了身心疾病这个话题。[14]他表示相信，有时人们可以只凭强烈的意志而活下去。[15]

鉴于毛泽东自己每次生病都与其工作中的挫折惊人地巧合，他对疾病中超出身体以外因素的思索，是具有提示意义的。

比如，1923年在上海（面对针对他亲国民党的态度的批评），一年以后在中共第四次代表大会期间（当他失去中央委员会委员的位置时），在1925年冬以及1926年退至韶山时（在如何评价农民在革命中的作用这一问题上，他的人事关系日趋紧张），在1929年底（来自李立三的压力增加时），以及在1934年夏（当与28个布尔什维克的冲突导致他实际上遭软禁时），情况都是这样。

现在又一次，当他因张国焘而闷闷不乐时，焦虑又成了疾病的前兆。* 他整个一生都是如此。

* 毛泽东1938年在延安与梁漱溟长谈时说，他时不时地受神经衰弱症的折磨。见G. Alitto, *The Last Confucian*, p. 285。

艰苦岁月（雕塑）。潘鹤　作

有一天，一块比番族部落的石头友好些的石头落在一个红军战士脚下。石头外面包着一张纸，上面潦草地写着："我们是红四方面军。河上游 40 里处……有一条绳索吊桥，你们可以从那里过河。"士兵们高兴极了。

毛泽东没有高兴。因为他将要面对一个人的挑战，这个人——尽管遵义会议开过了——认为他自己是中共的领袖人物。

从毛泽东上次见到张国焘，已经 8 年过去了，但毛泽东并非刻意躲避他。两个人都不喜欢 28 个布尔什维克，虽然张国焘到过莫斯科，还懂俄语。两个人都比 28 个布尔什维克要老练。他们互相的不信任要早于对 28 个布尔什维克的不信任。

他们在作风和背景上相去甚远，这在他们于 1918 年第一次见面时就已表露无遗。张国焘，地主的儿子，是北京大学正式生，而毛泽东只能焦急地徘徊在大学的边缘。在毛泽东已在农村深深扎根很久以后，张国焘还在唱着城市劳工运动的调子。

长征带来新的分歧。张国焘认为毛泽东陷入了"游击主义"，认为中共领导全民抗日的想法是想入非非而不予重视，认为遵义会议是"武断的"举动，它的决定应该重新考察。[16]

而毛泽东则抱怨说，张国焘不相信关于苏维埃根据地的想法。他断定，张国焘曾两次从根据地"逃跑"，让毛泽东、朱德的队伍吃了亏。在他看来，张国焘的第四方面军几乎没有共产主义精神，而是有精英主义的倾向。

在四川非常靠西的一条路边竖起了旗子、标语牌和演讲台，毛泽东在瓢泼大雨中等待张国焘的来临。30 人的随从队伍骑在马上向毛泽东奔驰而来。

毛泽东和张国焘紧张关系的实质根源，明显地表露在那些漂亮的马匹身上。张国焘的队伍（5 万人）在人数上多于毛泽东、朱德的队伍（4.5 万人）。他们身体更健康，装备也更好。和长征的经历相比，张国焘部队躲藏起来的生活，像是假日露营。

在张国焘把马停下时，毛泽东神经质地笑了一笑，小声对身边的人说："别羡慕那些马。"[17]他也许回想起，他自己这支红军队伍一路上吃掉了不少本来数量就不多的马匹。

张国焘回述这件事的方法不同。"我一看见他们，就从马上下来，向他们跑去拥抱他们，和他们握手。"[18]

一位亲毛泽东的军官回忆说："（张国焘）骑着马跟他那也骑马的30人警卫队一起过来，像是演员上台。朱德和毛泽东跑过去欢迎他，他等着他们过去。他甚至没有向前走几步去迎接他们。"[19]

真情到底如何，无关紧要。可以肯定的是，毛泽东和张国焘关系紧张。他们每次见面，毛泽东都开个玩笑，然后才开始他们的谈话，这让张国焘感到不知所措。[20]

那天晚上，毛泽东、张国焘和其他领导人一起吃饭。张国焘以失败者的身份注意到，饭桌上根本没有进行严肃的谈话："他们甚至没有兴趣听我讲红四方面军的事。"[21]

毛泽东的机智闲谈让心情沉重的张国焘感到气馁。毛泽东自己是酷爱吃辣椒的，他散播一种说法，认为喜欢吃辣椒的人更革命。很可能张国焘不喜欢辣椒，他的回忆录中抛出一句毫无幽默感的结束语："（毛泽东）遭到博古的反驳……博古是不吃辣椒的。"

如果说这是长征在道德上的低点，也是有原因的。两支队伍试图会合起来，但各自都有自己的特点、经验和一系列雄心。几个月来已被淡忘的问题现在凸显出来：性格上的癖好、制度上的自豪感、穷苦战士们未来的平民梦想。

毛泽东和张国焘每人打造了一支带有个人印记的军队，谁也不想失去对自己带出的队伍的控制。

至于未来，毛泽东希望向北推进去打日本，张国焘则宁愿留在西边（他已经很了解这里了）并积蓄更多的力量。

8月，在毛儿盖镇召开了决定性的政治局会议。这个地区藏民居多。毛泽东被安置在一个藏族家庭的两层木屋中，第一层供牲口用，第二层供人用。政治局在喇嘛庙里开会。

毛泽东明显地占优势，但同样明显的是，张国焘指挥着中共最好的作战部队。妥协达成了。两支队伍**分头**向北进军。

在实施这个计划时，出现了戏剧性的曲折。紧张关系如此之深，以至张国焘找了个借口——地形困难——向西走而不是向北走。而毛泽东则令人奇怪地突然就离开了四川西部。很可能他害怕张国焘占优势的部队真的会攻击他的部队。无论如何，他认为毛儿盖的不和，是他生涯中最危急的时刻之一。[22]他根本对付不了张国焘。

这次分裂令人心痛的一个证据是，朱德跟着张国焘一起走了。这样的转折事件，一定使毛泽东十分震惊。他后来声称，朱德是在枪口威胁下才跟着张国焘走的。而张国焘到死都说，朱德是自愿跟他走的，是因为对毛泽东自命为军事天才感到愤怒。

真相也许处于两者之间。

朱德的动机并不单纯，这似乎可以从他在以后的岁月里拒绝谈论这个插曲而得到证明。动机之一或许是，作为四川人，他希望留在自己熟悉的地区内。另一个动机可能是希望借此报复毛泽东的专横作风。

但是，朱德关注的核心，极可能是分裂本身。他很可能是分头行军这一妥协政策的提出者，决定跟张国焘走，可能是用以阻止第一和第四方面军之间发生火并的一个方法。

无论如何，朱德跟张国焘在一起一年之后（张国焘的队伍遭遇很惨）又到了延安，开始同毛泽东一起工作。从此以后，关于张国焘，他讲得少得出奇。

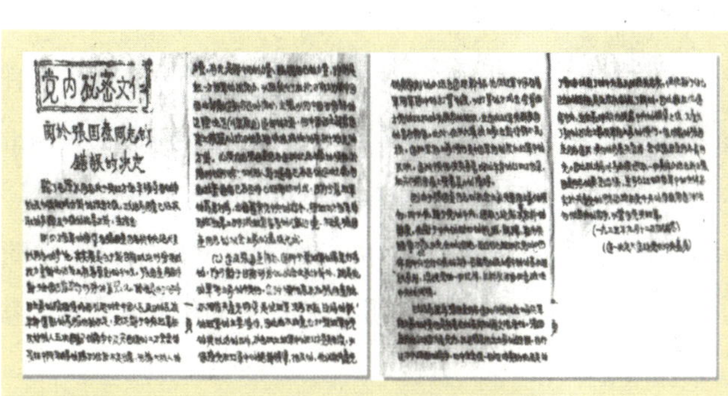

党内秘密文件

關於張國燾同志的錯誤的決定

1935年9月11日，中央红军北进到达甘肃南部迭部县俄界村。翌日，中央政治局召开紧急会议，毛泽东在会上作了《关于与四方面军领导者的争论及今后战略方针》的报告，公开批判了张国焘的反党分裂活动和军阀主义倾向，讨论了北上的任务和到达甘南后的方针。图为俄界会议通过的《关于张国焘同志的错误的决定》。这个决定当时只传达到中央委员，没有向全党公布。

除非朱德跟张国焘走是出于毛泽东的预先安排（这好像不太可能），否则，毛泽东在从毛儿盖向北的行军中，一定是除身体痛

数百里荒无人烟的松潘大草地。

苦以外，也受到心灵痛苦的折磨。

四川省西北部与甘肃省交界处的茫茫草地是长征中令人恐惧的主要困难之一。毛泽东的队伍因陷入泥潭、遭受饥饿和“蛮人”（少数民族）的攻击而损失了数千人，这些“蛮人”是他们在长征中遇到的首批不吃他各种各样计谋的当地人。“蛮人”的女头人非常痛恨汉人，她威胁说，要把每个帮助红军的人活活煮死。

长征的战士们为了得到像样的食物，第一次不得不偷（不然的话主食就只有松果、菌类和草）。“这是我们唯一的外债，”毛泽东后来说，“有朝一日我们一定要偿还当时不得不从藏民那里拿走的给养。”[23]没有迹象表明，他们后来这样做了。

长征勉强结束了。毛泽东在翻过六盘山以后，进入了紧靠长城南侧的陕西。共产党员徐海东（已经在这个地区）麾下的一支小部队*欢迎了这些形容枯槁的幸存者。毛泽东走向前去，平静地问：“你是海东同志吗?”的确是徐海东。[24]长征的艰险和英雄主义结束了。

毛泽东渡过了24条河，翻过了18座山，遭遇的天气一会儿是酷热，一会儿是严寒。他到达大西北的黄土高原**时，带来的队伍只有一年前离开江西时的十分之一。

在当时的心情下，毛泽东只是淡淡地说：“谢谢你不辞劳苦地来接我们。”那天夜里，他有生以来第一次睡在黄土窑洞里。

*这支部队为20世纪30年代早期的江西苏维埃所抛弃而在陕西安顿下来，它与20年代发展起来的陕西农民运动相结合，并在毛泽东曾于1926年在广州农民运动讲习所教过的16个陕西青年的领导下发展壮大起来。

**黄土是很多世纪以前从现在的戈壁沙漠吹到中国的黄色粉状土壤。

长征“创造”了毛泽东，使他成为一个把思想和行动结合起来的人。它把他置于成为中国最有希望的政治领袖的边缘，为他提供了一支铁打的队伍，他们一直跟他站在一起，直到20世纪60年代的“文化大革命”爆发。

是的，长征是一次撤退。[25]在1935年末，中共的前景仍充满不确定性。然而，长征具有深刻的影响，远远超出把红军运送了相当于美国宽度两倍距离的物理结果。长征对于毛泽东的中国来说，其意义就像走出埃及对于以色列一样。[26]它把一个由不同成分组成的人群，锻造成一个对其事业具有坚定信念的强有力的队伍。

吴起镇的火炬碑文：长征是宣言书，长征是宣传队，长征是播种机。

这个行程具有宣传功能。通过穿越两亿人居住的国土，战士们宣传了他们的事业。毛泽东坚持主张，如果一夜的停留不能做别的什么事，至少可以有时间教一些农民写“打土豪，分田地”这几个字。

陕西北部的吴起镇，1935 年 10 月 22 日毛泽东在这里宣告长征结束。

参加长征的人开始具有预言家的光环。每一个新的英雄主义行为都似乎在证实，关于明天的社会主义中国的承诺是有效的。

一切新的社会制度都必定从某种理想开始——资本主义在其发展的早期也不例外——共产主义中国的理想诞生于长征的血、汗和冰雪之中。他们激起新秩序后续建设者们的责任感。在一段时间里，毛泽东是他那个时代的摩西。

如果没有年轻战士们每天的勇敢行动，长征不会成功；战士们都是理想主义者，因为他们不可能成为其他什么人。运气也起了作用；如果贵州和云南的军阀集中力量要消灭红军的话，他们是能够办到的。但是第三个不可或缺的组成部分，是毛泽东的魄力和智慧。

毛泽东在领导长征过程中所展现的政治才华，是他的远见卓识：他认为中共此后的主要任务，应该是担当全国抗击日本侵略的先锋。这项事业，把毛泽东主义的所有成分聚成互相关联的整体。它提出把大西北作为目的地，它提供了江西根据地惨败以后中共仍要生存下去的理由，它让共产党人走出了宗派主义的牢笼，使共产党人在无数不知道马克思是何许人的中国人眼中，成了爱国者。

毛泽东之所以成为中共的领袖，并不单纯是依靠其组织技巧，也绝不是由于莫斯科的保佑，更不是因为发展出对马克思主义新的应用。他的崛起，是由于他专心致志和坚忍不拔，因为他把某些简单的心理和社会真理付诸行动。

意识形态上的系统阐述是以后的事，是在毛泽东有时间通盘加以思考时候的事。

此时，毛泽东已经使中共扎根于自己的土地上。他对中国的感受，比对任何事或任何人都更加深切。这让他能做28个布尔什维克不能做的事：使中国革命真正成为适合中国的革命。

在此时，敬仰毛泽东的一个人是邓小平，一个20年代初期曾在法国和苏联工作和学习过的四川人。邓小平最终将成为毛泽东的一根肋骨，成为他不可分割的一部分；毛泽东承认这一点，但希望他只待在外围。

毛泽东与邓小平最初的谈话是在1936年初，那时在瓦窑堡，周恩来和邓小平来拜访毛泽东（1935年12月政治局在此开会），以接受关于去甘肃省执行任务的指示。毛泽东换了个话题问道："你们这些人在法国学了些什么？"邓小平谈了谈他在工厂工作的情况。想到他这两个副手10多年前在欧洲当工人和学生，毛泽东兴奋起来，说道："据说法国女人很漂亮，是吗？"有绅士风度的周恩来有点尴尬，说不出话来。邓小平发了言："也不尽然。女人都一样——特别是在暗处。"[27]毛泽东和邓小平都大笑起来，周恩来窘迫地笑了笑。由于邓小平与毛泽东志趣相投并与毛泽东步调一

毛泽东《七律·长征》手迹。

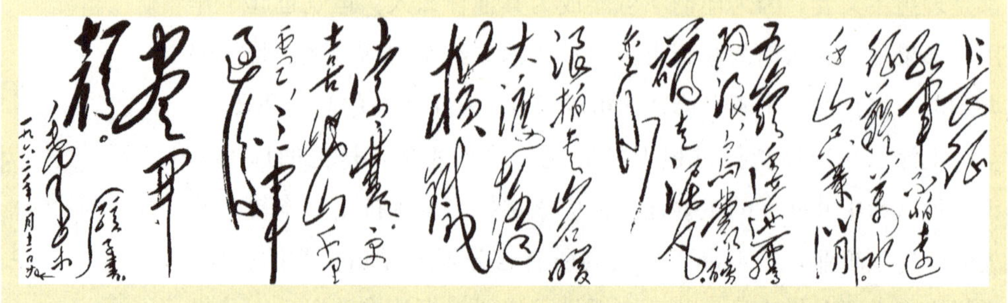

致，他的事业很顺利。

在六盘山上，离陕西只有几天路程的时候，毛泽东填了一阕展望未来的词：

1935 年 11 月 3 日，毛泽东就任中国工农红军西北革命军事委员会主席、红一方面军政治委员。这是长征后到达陕北的毛泽东。

天高云淡，
望断南飞雁。
不到长城非好汉，
屈指行程二万。

六盘山上高峰，
红旗漫卷西风。
今日长缨在手，
何时缚住苍龙？[28]

“苍龙”是东方七宿的名称。在毛泽东的诗句里，它指的是日本。对付日本人，的确是下一个十年的首要任务，长征是投入这场战斗的跳板。

1935 年 12 月 27 日，毛泽东在陕北瓦窑堡党的活动分子会议上作《论反对日本帝国主义的策略》报告。

第七章

抗日（1936—1945）

在西北，毛泽东有了搞建设的机会。他的方案就是“延安道路”，它很快就成为一个含义极为丰富的词。

20 世纪 30 年代的陕西是一块苦难、愚昧和前程灰暗的土地。

农民身穿蓝粗布衣，头扎一条毛巾。他们好不容易搞到的食物与南方的食谱几乎毫无共同之处。他们很多人不知道北京在哪里，或者日本人是谁。

在 1928—1929 年的饥荒中，陕西至少有 300 万人饿死；毛泽东发现有的村子全村没有一个 6 岁以下的孩子。

有一个人告诉埃德加·斯诺，他看见过农民扒倒自己房子的墙壁变卖，以便向收税人交税；另一个人告诉他说，他曾跟随一头猪从主人家直到买主家，见到为这笔交易交了 6 种不同的税。[1]

在南方激起毛泽东的怒火的那种近代帝国主义，还没有渗透到西北。毛泽东在延安没有发现西方“剥削者”。另一方面，陕西省从来都是中国北方各种关系中的战略要地。这就是为什么这片黄土地现在成为中共活动中心的一个原因。

毛泽东的方案是，代表整个中华民族进行抗日，并且在这场民族斗争中锤炼共产党的力量。

由于共产党顽强地抗日，所以红军在接下来的三年里，像热带的藤蔓植物一样迅速发展起来。由于毛泽东既是共产党人，又是热情的民族主义者，故而他赢得了中国的共产主义没有他就不可能赢得的胜利。由于他不容忍任何反对他的“延安道路”的意见，所以他排除掉了中共日益扩展的组织结构中每一点非毛泽东主义的成分。

总部最初设在保安，然后在 1937 年 1 月安全地移往更大、更牢靠的延安。毛泽东的延安，实质上是中共抗日游击战的培训与协调中心。

1936 年的毛泽东。

延安有 3 000 年历史。直到日本人的飞机在 1938—1939 年把它的建筑物炸成瓦砾之前，它一直保留着古老的外貌——一座由土山环绕的有城墙的小城。随着建筑物倒塌，窑洞成倍地增加了。

这种窑洞实际上只是土山上的一个洞，正面是拱形，加上有格子、糊着纸的窗户。地面铺上灰色的石头，后墙是铲平的黄土山坡。

毛泽东在陕西这个边远的前哨基地的十年间，住过四处这样的窑洞。他曾见过更好的房子，也见过更坏的住处。他把三个粉刷过的房间之一用作书房，蜡烛放在桌子上，还有一个伸手就能够得着的酒瓶子[2]和几个书架，书架上几乎没有外国作者写的书。[3]

他小小的奢侈品，是一个木质澡盆。他坚持要一个南方式的床，有四根立柱和一顶蚊帐。他一直没能习惯北方农民睡的火炕，虽然他在保安尝试过。

日本人的轰炸把毛泽东赶出他住的第一个窑洞。第二个窑洞他放弃了，因为附近正在建一个礼堂，早晨的噪音让他这个晚睡的人只能睡半宿觉。第三个窑洞在一个枣树园里，安静的小树林里还有中央委员会的办公室。由于战争加剧，毛泽东希望离军事委员会的办公室近一些，所以他又搬了一次家。

在每个窑洞前都有一块平坦的地面，放着一把圈椅或一些石凳。毛泽东一般都会自己种一小块菜地。

毛泽东日常生活和工作的条件有所好转。对他来说，不断地直接参加打仗的日子已经结束了。虽然时不时地还有敌机轰炸，特别是 1939 年以后，但是直到十年以后他才又走上战斗的前线。

在中国西北待了几个月后才能听懂当地老乡的方言。毛泽东在西北听到过上百种方言，但是几乎没有遇到一个会讲官话的人。陕北没有大米，所以毛泽东吃金黄色的小米作为新的主食，还偶尔地打打牙祭，吃回山羊肉。

毛泽东把精心照顾他的警卫员送去上学。“你已经跟着我六年了，”他对陈昌奉说，“一直没有很好的学习机会。”陈昌奉说，想到要离开老首长，他心里很不是滋味，低头哭起来，眼泪掉进他拿来给毛泽东早晨洗漱用的水盆里。[4]

毛泽东不再需要贴身警卫员和随从人员。他有一个挺大的办公室人员班子。在延安，他不再和文盲青年深夜里进行哲学性的闲聊了。不久，他有了一个新妻子，还有许多访客和一些亲密的朋友。

如果陈昌奉哭泣是因为不愿意结束他与毛泽东的亲密关系，那么毛泽东在陈昌奉离开去上学时送给他的本子和铅笔，则概括地说明了替代这一关系的两个人此后的常规生活。

日本和苏联现在又并列地出现在毛泽东的世界视野的屏幕上。

他最早听说俄国是作为中国的剥削者，而此时的俄国已长期陷于独裁制度的泥沼。十月革命以后，在他看来，布尔什维克的新俄国是世界的希望。然而，毛泽东逐渐开始不尊重斯大林向中共提出的大多数建议，他的崛起是土地之子对28个布尔什维克亲苏主义的胜利。

毛泽东心目中对日本最初的印象是英雄一般的。日本在1904—1905年的战争中让俄国显露出其衰弱的本来面目，因而作为亚洲的强国闪耀着光芒。甚至在日本已开始长期横行霸道地对待中国之后，毛泽东仍然相信中日间是潜在的兄弟关系。然而，到30年代末期，毛泽东就成为抗日主义的“高级传教士”了。抗日似乎成了他做出任何判断的衡量尺度。

毛泽东的抗日主义，实际上只不过是对中国怎样才能生存下来的仔细分析。对30年代末期的毛泽东来说，考虑日本和苏联时的关键在于，是日本而不是苏联会保证中共能够夺取中国的政权。

日本无心地帮助了中共，这是肯定的。相反，莫斯科公开宣称的意图，是让中国发生社会主义革命。但是，毛泽东的兴趣只在于最终结果。没有斯大林20年代对中国共产党的帮助，毛泽东仍然极为可能成为中共的领袖。但是，如果没有日本30年代对中国的进攻，毛泽东就不会在1949年成为中国的最高领导人。

在1936年已经很明显，毛泽东一心要恢复同蒋介石的统一战线，就是曾导致1927年如此苦涩逆转的那种安排！合作的对象就是曾谋杀了他第一任妻子、他兄弟、他过继的妹妹和他半数的亲密朋友的那群人！将要合作的两支军队，曾在过去的十年间像昆虫一样互相残杀！

毛泽东转向与蒋介石共同行动有若干理由。一个是单纯的爱国之心。就像他在1936年初所写的一首期望大有作为的词里所表达的那样，他在长征途中已经很渴望全国的统一。词的题目很谦恭："雪"。其诗句却不谦恭。但是，如果说这些诗句是雄心勃勃的，那更多的是代表中国而不仅是代表毛泽东本人：

北国风光，
千里冰封，
万里雪飘。
望长城内外，
惟余莽莽；
大河上下，
顿失滔滔。
山舞银蛇，
原驰蜡象，
欲与天公试比高。
须晴日，
看红装素裹，
分外妖娆。

毛泽东从赞美大自然的荣耀转向赞美意志的荣耀。他提到四位受尊敬的中国皇帝（他们统治的朝代的名称构成他们自己称呼的一部分），甚至提到那位可畏的蒙古族征服者：

江山如此多娇，
引无数英雄竞折腰。
惜秦皇汉武，
略输文采；
唐宗宋祖，
稍逊风骚。
一代天骄，
成吉思汗，
只识弯弓射大雕。
俱往矣，
数风流人物，
还看今朝。[5]

诗句充满着毛泽东的个人命运感。往昔的英雄们均已逝去，当太阳在新的角斗场上升起时，他们都不值一提了。是不是只有毛泽东一个人才是中国壮丽山河的受托人呢?*

*最后两行似乎受到《三国演义》的影响。在毛泽东钟爱的这部小说里，可怕的半英雄半枭雄的曹操，对名叫刘备的汉室后裔说："今天下英雄，唯使君与操耳。"见Rise，p. 114。

然而，《雪》是一首洋溢着民族主义豪情的词。是中国的壮丽山河激励毛泽东异乎寻常地相信，现在这一时刻比4 000年历史上的

1936年1月底，毛泽东为准备东征离开瓦窑堡到黄河边察看地形。2月上旬，在清涧县袁家沟遇上一场大雪。他心潮澎湃，吟就一首气势豪迈的千古篇章《沁园春·雪》："北国风光，千里冰封，万里雪飘。""江山如此多娇，引无数英雄竞折腰。……俱往矣，数风流人物，还看今朝。"

任何时刻都更加荣耀。

毛泽东写这首词是在即将把要抗日的全体人民都团结起来组成统一战线之时。他的英雄主义梦想，出现在拯救中国本身这一最高事业受到威胁的时候，而这一威胁是自成吉思汗以来最为严重的。

毛泽东想到的英雄不包括列宁、乔治·华盛顿或任何西方人物。他的英雄全是中国历史上的人物，而且全都去世了。

马克思主义者常常绊倒在民族主义这块石头上。由于他们认为人类最终极的忠诚的关键是阶级，所以他们对民族感情的顽固性感到惶惑。因此，当第一次世界大战的阴云聚集起来时，第二国际就垮了。

毛泽东从没有犯过这个错误，这是他在30年代和40年代取得成功的重要原因。1936年，毛泽东每次给国民党发电报，都有一只眼睛盯着中国人民的反应。他的双重任务是，既要羞辱蒋介石，又要把中国的群众团结、调动起来。

那么，关于新的统一战线，毛泽东是真心的吗？他肯定不相信共产党和国民党能共享未来，甚至不相信能在战争进行期间联合起来组成一个单一的政府。

但是，毛泽东的确相信，只要强盗还在中国，共产党和国民党就能以各自的方式专注于抗击日本的斗争，并且不给彼此造成决定性的损害。

毛泽东在保安对斯诺说的话里有一种迷人的坦率：“如果我们的国家被人掠占了，也就无从谈起建设共产主义的问题。”[6]

而他在会见艾格尼丝·史沫特莱时，则这样说：“共产党……最关心中华民族的命运和我们后代子孙的命运。”[7]

蒋介石试着要做个爱国者。不过他的政治正统性的本质，使他不像毛泽东那么讲求民族主义。他的国民党在中国占多数的农民中缺乏基础。似乎为了填补支持上的空白，国民党寻求外国的支持。最终，蒋介石完全背弃了中国老百姓，带着自怜的无奈投入到美国的怀抱中。

但山姆大叔过于脱离中国的形势，救不了他。

毛泽东打抗日这张牌是很英明的。此外，他也很幸运，日本进攻中国恰是在毛泽东自己的反蒋策略处在未确定之时。不过，如果代表中国打仗没有触及毛泽东思想的最深处的话，那么，无论上述任何一个因素或是两个因素加在一起，都不会起作用。

统一战线是个双重游戏，然而毛泽东那时也有双重的信念。在他心目中，马克思主义的全部意义就是充当医治中国这个病人的药物。除了用在病人身上，这个药物根本不存在还有什么价值的问题。

同时，与蒋介石的药比起来，毛泽东更喜欢自己生产的药物，而且准备为它而战，就像长征所显示的以及40年代后期重起的内战将要显示的那样。他相信对药品的选择本身就体现着对病人的关爱。*

*毛泽东对统一战线态度的一个方面，在1938年一次露天集会上的妙语中有所揭示。“国民党错了的时候，我们要批评他们，”他微笑着说，“过去我们用机关枪批评他们，现在我们用笔和舌头批评他们。”见Huang，《毛泽东生平资料简编》，p.177。

毛泽东于1935—1936年向少数民族和被查禁组织提出诉求的重要思想，有其精明和热爱中国的双重性质，这使他抗日民族统一战线的政策获得成功。他鼓动蒙古族人同中共携手，以“保存成吉思汗时代的荣耀”。他敦促穆斯林做同样的事，以确保“突厥人的民族复兴”。

在哥老会面前，他真的竭尽了全力：

> 哥老会历来是代表民族志士及广大农民与劳苦群众的组织……被目为“下等人”，被诬为“盗匪”，而不能公开存在。哥老会遭受统治阶级的待遇，同我们所遭受的待遇，实是大同而小异。你们过去主张兴汉灭满，我们现在主张抗日救国；你们主张打富济贫，我们主张打土豪分田地；你们轻财仗义，结纳天下英雄好汉，我们舍身救中国、救世界……我们彼此之间的观点主张都相差不远，我们的敌人及我们的出路更完全相同。[8]

毛泽东在这个秘密结社的传单最后说：“哥老会和全中国人民团结起来打日本兴中华。”理查德·尼克松的这位未来的朋友，如果没有灵活性，是成不了事的。

当毛泽东正在号召组成抗日民族统一战线的时候，蒋介石所作的一次演讲，说明了他会失败的一半原因。“现在，不要谈论日本人的威胁，”1936 年 10 月这位傲慢的大元帅在西安说，当时他正在访问西北的这个城市，以策划第六次“剿匪”运动，“任何只谈抗日不谈剿共的人都不是中国士兵。日本人还远着呢，可是共产党就在我们眼皮底下。”[9] 共产党甚至比蒋介石所知道的还要近。两个月以后，在一连串惊心动魄的事件之后，蒋介石在西安附近成了毛泽东的俘虏。

毛泽东在 1936 年提出的一系列建议（也得到莫斯科支持）使蒋介石处于窘境。后果之一是，在蒋介石自己的将军中造成了骚动。对张学良（著名军阀张作霖的儿子）来说，蒋介石反共和拖抗日后腿的做法，到秋天时已经不可忍受。这个聪明而易动感情的人是东北军的头领，东北军的士兵特别反日，因为他们在东北的家乡，在

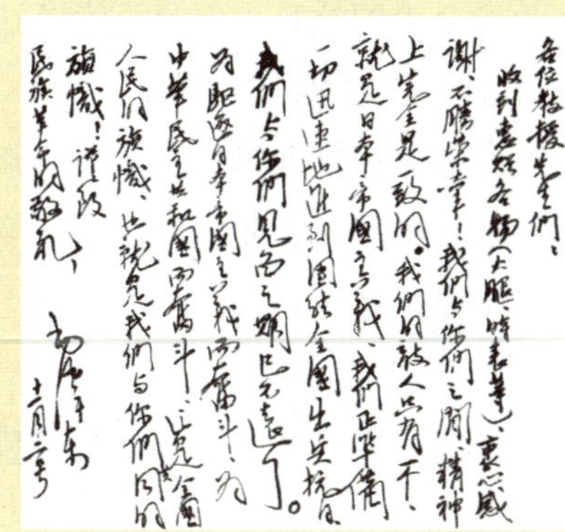

上图　1936 年，毛泽东给国民党的党政军要员、各方名流和社会贤达写了大量书信，力陈抗日救国大义，阐明停止内战，一致抗日的主张，呼吁共赴国难，团结御侮。

下图　1936 年 10 月 5 日，毛泽东给张学良的信。

1931年以后就被日本军队侵占。在毛泽东发表提倡停止内战的公开信以后，张学良和共产党有了接触。双方之间心照不宣的谅解逐渐加强；在1936年里，有3 000名张学良的士兵觉察到风向而投奔了红军。

随后在12月的一天夜里，张学良包围了位于西安东边为蒋介石精心安置的临时公馆。他开了火并打死了30名蒋介石的随从。

动作敏捷的大元帅，光着脚穿着睡衣逃跑，匆忙中把假牙都丢了。他在翻墙并伤了脊背以后躲到附近的一座小山。张学良的一位军官发现他痛苦而愤怒地蜷缩在一个石缝里。

蒋介石生硬地提醒这位军官说，他是他的总司令。这位军官礼貌地敬了个礼后回答说："你也成了我们的阶下囚了。"[10]

毛泽东和他的同事们面临着棘手的问题，很难做出决定。张学良的目的，也是毛泽东的目的——动员全中国抗日。但是，为了达到这个目的，该如何最好地处理他们这位显要的俘虏呢？

有些中共领导人想把蒋介石无限期地关在监狱里，甚至作为叛徒公开审判。毛泽东的想法不一样。他希望此时在此事上表现出宽宏大量，这将让他赢得**作为爱国者**压倒那位中国名义领袖的道德上的胜利。

"我们一周时间没睡觉，都在做决定。"周恩来说道（他是赞成宽大处理的）。[11]

当中共领导们盯着面前的这块烫手山芋时，莫斯科来了一封让人难以相信的电报。斯大林的观点是，劫持蒋介石一定是日本人的阴谋，张学良和中共应该立即把他无条件释放。据说毛泽东见到电报后大发雷霆。他撕碎电报，并跺着脚诅咒。

这是斯大林最后一次在根本问题上给中共下达直接的命令。[12]毛泽东心烦意乱——而不是一笑了之（嗤之以鼻的一笑是他了不起的武器）——说明他绝不是在藐视斯大林。然而，毛泽东还是没理会斯大林的指示，这场危机增加了他心里对莫斯科的智慧和诚意的保留看法。*

经过三方——张学良、中共以及蒋介石与他难对付的妻子——之间十多次的会谈之后，"西安事变"的结果从表面上看是一项惊

* 不过，莫斯科的电报有助于压倒持强硬路线的人的主张（他们要求审判蒋介石），这可能是真的。刘少奇引用这个事件作为一个例子，说明"少数人有时是正确的"，因为当时无数的人都持强硬路线。莫洛托夫后来声称，苏联的行动方针救了蒋介石的命。见 Rise，p. 91。关于斯大林的电报，也见《中国共产党史稿》，3，p. 728。

人的妥协。

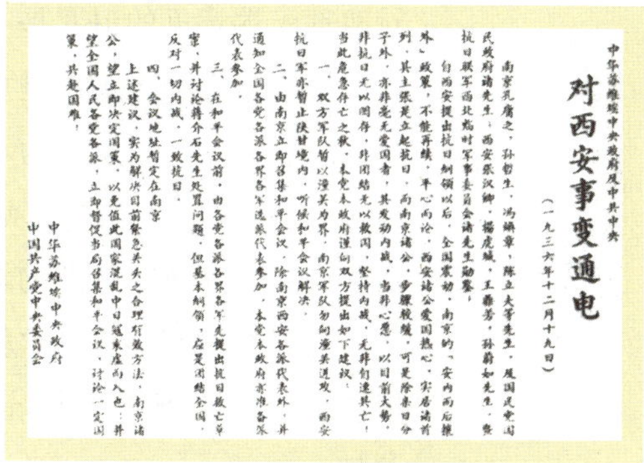
中华苏维埃中央政府及中共中央

对西安事变通电

（一九三六年十二月十九日）

南京孔庸之，孙哲生，冯焕章，陈立夫等先生，及国民党国民政府诸先生，西安张汉卿，杨虎城，王鼎芳，孙蔚如先生，暨抗日联军西北临时军事委员会诸先生勋鉴：

自西安提出抗日纲领以后，全国震动，南京的“安内而后攘外”政策，不能再续，平心而论，西安诸公爱国热心，实居诸首列，其主张是立起抗日，而南京诸公，步骤较缓，可是除亲日分子外，亦并非毫无爱国者，其发动内战，当非心愿。以目前大势，非抗日无以图存，非团结无以救国，坚持内战，无非自速其亡！当此危急存亡之秋，本党本政府谨向双方提出如下建议：

一、双方军队暂以潼关为界，南京军队勿向潼关进攻，西安抗日军亦暂止陕甘境内，听候和平会议解决。

二、由南京立即召集和平会议，除南京西安各派代表外，并通知全国各党各派各界各军选派代表参加，本党本政府亦准备派代表参加。

三、在和平会议前，由各党各派各界各军先提出抗日救亡草案，并讨论蒋介石先生处置问题，但基本纲领，应是团结全国，反对一切内战，一致抗日。

四、会议地址暂定在南京

上述建议，实为解决目前紧急关头之合理有效方法，南京诸公，望立即决定国策，以免值此国家混乱中日寇乘虚而入也；并望全国人民各党各派，立即督促南京召集和平会议，讨论一定国策，共赴国难！

中华苏维埃中央政府
中国共产党中央委员会

1936 年 12 月 19 日中华苏维埃中央政府及中共中央发表的主张和平解决西安事变的通电。

蒋介石飞回南京，获得了自由。张学良跟他一起去了南京，不久就成了蒋介石实际上的囚徒。但是作为交换，蒋介石放弃了自命是中国唯一的政府权威的地位。

几个月之后，在“卢沟桥事变”刺激下，国共两党的抗日民族统一战线建立起来。“卢沟桥事变”标志着日本开始对中国进行全面侵略，到 1937 年夏末，北京和天津已经陷落。

红军以第八路军的身份获得重组，形式上成为中国全国武装力量的一部分。西北苏维埃，不再是以取代南京为目的的替代政府，而是成为边区政府。在级别上，共产党降为附属于“抗日救国委员会”。毛泽东得到蒋介石的国库发给的薪水——每月五块钱。

蒋介石拿回了他的假牙，但对全国的控制权只拿回了一部分。全国对他这次痛苦经历的关注是空前的，在中国历史上鲜有一个事件这样受人关注。蒋介石个人赢得了被释放的胜利。但是，中共因为释放他而使共产主义运动在全国人民的心目中赢得了更高的声誉。

毛泽东从来没有像在西安那样突出地表现他优越于蒋介石的地位。他有远见，而蒋介石只为眼前的小利患得患失。他保持镇定（除了看斯大林的电报时），让蒋介石的惊慌失措显得没有教养。他不拘泥于任何特定场合的形式，而蒋介石则尽力抓住自己作为大元帅应受到的任何一点礼仪待遇不放。

然而，西安事变像镜子一样显示出，中共决没有把党内争吵抛在身后，28 个布尔什维克并没有在遵义被彻底压垮。没有人再试图置毛泽东于被推翻的边缘——虽然有两个人会很愿意这样做——但还是有很多来自两翼的攻击。

毛泽东作为领袖，总喜欢感觉自己处于左右不同政见者的中间位置。在第二次统一战线形成的过程中，他就是处在这个位置。他对两种极端意见的诅咒是“投降主义”和“关门主义”。

第一组人的领头人是左右摇摆的张国焘（他一度是非常坚决的“关门主义者”，以至成为毛泽东左翼上的一个污点）和王明（他作为28个布尔什维克的头领，在莫斯科待了六年之后已经回来了。莫斯科认为蒋介石是亚洲的希望）。张和王希望与蒋介石全面结盟。

毛泽东精明地将喜欢糖果的孩子严密地关押在糖果店里——他很快就让王明当了中共统一战线部门的负责人，驻扎在蒋介石的首都。

倡导“关门主义”的人，引起毛泽东很强的敌意。由于他们没有人像张国焘或王明那样能为争做中共领袖而向毛泽东叫阵，这种敌意尤其给人深刻印象。这些狂热的人希望审判蒋介石，或许还希望把他处死。他们排斥与国民党的任何合作，认为那与阶级斗争的逻辑相悖。

毛泽东对他们缺乏民族危机感非常反感。他觉得他们在机械地运用马克思和列宁的概念，而没有充分考虑到中国的特点。他认为他们是托洛茨基分子——他对托洛茨基一直不看好。

很多真诚的“左倾”分子同意“关门主义”，只是因为陕西农民运动实施的土地改革，对普通农民来说很有好处。他们害怕重新与蒋介石打交道，会冲淡中共的这种社会计划。事实的确如此。毛泽东毫不迟疑地赞同救国要先于土改。

毛泽东对“关门主义”比对“投降主义”的敌意要大。确实，直到1940年为止，他对同国民党新的联合所寄予的希望是过多了。不是因为他信任蒋介石这个人，而是因为他过高估计了共产党在国民党眼中的重要性。

毛泽东已经相信，未来掌握在他的手中。但是蒋介石仍然认为，共产党能够很快被消灭，他没有像毛泽东估计的那样看重共产党。

洛川会议会址。1937年8月，毛泽东在这里主持召开中共中央政治局扩大会议，会议通过抗日救国十大纲领，确定实行独立自主的山地游击战方针。

毛泽东抗日的方法后来被称为“人民战争”。人民战争让中国的军事传统颠覆了。它远不是把战争当作专门家的深奥技巧来看待，而是把这个任务抛给了普通人民。

在井冈山以及在江西苏维埃的全盛时期，毛泽东和朱德已经在这条路上走了一段，现在他们踏上了更宏大的舞台。有多少演员需要指挥调度，多少情绪需要引导！当对象不仅是人口中受剥夺的那一部分——如十年前那样——而且是中华民族全体时，人民战争真的是人民的战争。

当毛泽东这位首席革命者打造出抗日民族统一战线并代表中国讲话之时，“人民”就走入了中国革命。

与国民党结盟不是毛泽东一个人的想法，莫斯科也在通过共产国际的中国代表王明推进统一战线。但是，在所有的共产党领导人中，只有毛泽东有足够的声望使统一战线概念得以实施。

毛泽东题词：“坚持抗战，坚持统一战线，坚持持久战，最后胜利必然是中国的。”

由于能够如鱼得水般在人民中间活动，共产党军队壮大到创纪录的规模。到 1940 年春天，八路军已经有 40 万人。中共党员从 1937 年的 4 万人发展到 1940 年的五倍于这个数字。

蒋介石无法和红色战士相比，他不是水中鱼。他也无法对他们实施任何控制，因为他们大部分都分成只有一千人左右的游击小部队。*

战争对国民党和共产党的影响大相径庭，令人惊愕。当国民党被日本的推进赶到中国西部时，在北部和东部中共的敌后根据地却越来越壮大。到 1940 年已经有5 000万人生活在北部中国毛泽东的根据地了。通过打日本，毛泽东将打败蒋介石。

当红色战士说到“解放”一词的时候，普通中国人以为是说从日本人那里得到解放。然而，它在毛泽东心里已经有了新的含义，即社会从旧中国的地主、各种杂税、高利贷、军阀和儒家的精英主义里解放出来。

红色战士通过他们的行为，以及由于他们作为穷苦农民军队的

* 毛泽东在军事战术上的谨慎和技巧，表现在他对林彪的一种表述所做的改正上。林彪在 1938 年 5 月在抗日军政大学的讲话里提出一个口号：“无条件的进攻，有条件的防御。”毛泽东给林彪写信说“进攻也有条件”，并告诉他把口号改为“作为中心的进攻，作为辅助的防御”。见《年谱》，2，p.70。

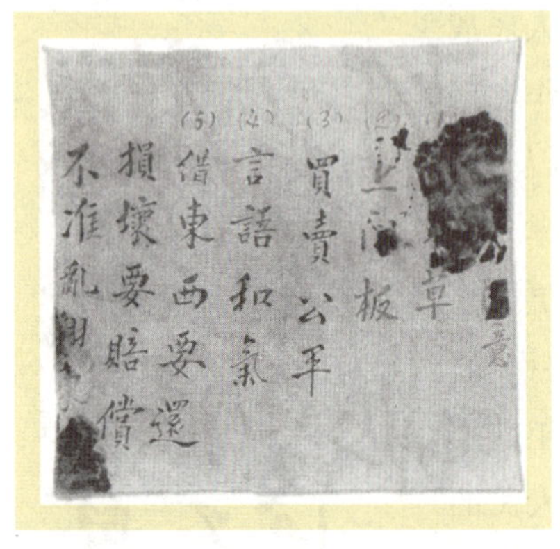

红军战士写在包袱皮上的“八项注意”。

本质，极大地增加了社会解放即将到来的可能性。毛泽东把他的军队用于和蒋介石共同进行的民族事业上。但是，在这支军队的精神中，有一种对革命的承诺。

很多外国人吃惊地观察到，在这支红色军队身上，有一种坚韧的英雄主义精神。蒋介石本该向八路军提供军火和给养，但是1939年以后，他什么也没有提供。苏联的援助除了帮助蒋介石自己的队伍以外，也没有多少送到任何其他中国军队那里。八路军靠从敌人那里的缴获和自己的智慧生存。这是一支主要由穷苦农民组成的队伍，他们的期望有限，而且有某种宿命观。

艾格尼丝·史沫特莱看到一个受重伤的战士讨要药品。但是没有药品，她能给他的，就是她自己最后的一片安眠药。输血更是从来没有过。战士们穿着很糟糕，光着脚趟过冻结的小河，用脚踏碎冰层。

艾格尼丝·史沫特莱跟着一支队伍活动。他们打了一天的仗，战斗结束时没有饭吃。小米倒是能搞到，但是部队没有钱付款，指挥员不允许不付款就把小米拿走。

在这个残酷的夜晚，指挥员开始对他的战士们讲解毛泽东在古田提出的“三大纪律八项注意”。“三大纪律”和“八项注意”里有一些是关于不给钱不能从当地人那里拿走任何东西的规定。让艾格尼丝·史沫特莱呆若木鸡的是，这支饥饿的队伍用嘹亮的歌声唱着《三大纪律八项注意》度过了这个夜晚。“他们的歌声像弦乐交响曲。”她这样写道。[13]

所有这些都是由不会读也不会写的人所做的；他们烧掉日圆，因为他们不知道除中国的钱以外还有别的钱；他们第一次见到火车头就像十多岁的美国孩子可能会好奇地观察剑龙玩具一样；他们偶尔到了西安时，像男孩在汉堡包柜台前一样排起队来，等着轮到自己按一下电灯按钮，看着电灯泡在他手指的命令下亮起来。

毛泽东是个不是军人的军人，他懂得，军队是社会的一部分，而社会给他们指派了角色。对八路军战士来说，奸淫就是在侮辱与其并肩战斗的战友的姐妹。通过在中国被剥夺者中组建八路军，并且使它知道为何而战，毛泽东让人民战争为他这一方的斗争服务。

八路军的先头部队不久就让农民像追猎毒蛇一样追猎日本人。把小孩子从猪狗不如的生活中解救出来，给他饭吃，教他念书，让他当通信员或卫生员，他们自然地成为共产主义的信仰者。

八路军的宣传员，以中世纪游吟诗人的方式，在鼓和竹板的伴奏下，押韵地叙述最近的战斗。绘有中共领导人的招贴画，让单调乏味的村庄看起来赏心悦目。画像上毛泽东的脸消瘦修长。

在1938年上半年迸发的写作高潮中，毛泽东写出了他自1927年第一次拿起枪以来一直在试验的军事思想的大部分：《基础战术》，是给军官阅读的手册；《抗日游击战争的战略问题》，是他对人民战争含义做出的经典阐述；以及从中国的视角对中日战争做全面审视的《论持久战》。[14]

他的一个警卫员出神地看他写《论持久战》。毛泽东坐在窑洞里的桌子前，蜡烛的光亮让他苍白的脸略显灰黄。他有两天没睡觉，只零零星星地吃一点东西。他浑身出汗，但只是用块湿毛巾擦擦脸。他的笔记本旁边放了一块石头，当手因为不停地书写而麻木时，他就攥攥石头以放松手指。

五天以后，写满了他那龙飞凤舞的字的稿纸，就越摞越高了。但是他的体重减轻了，眼睛布满了血丝。当他“赏脸”吃下他的工作人员为他热过不止一次的饭菜时，他们认为那是他们的重大胜利。与此同时，有才华的秘书们开始编辑修改毛泽东的书稿。

第七天，毛泽东突然疼痛得跳起来：由于他沉湎于写作，火盆里的火把他右脚穿的鞋烧了个窟窿。他喝了一杯酒，坐下来挥起毛笔继续向《论持久战》的结尾推进。第八天他犯了头疼，感觉虚弱，医生来跟他理论，但是他继续写下去，并在第九天完成了这篇文章。文章排印了80页。[15]

他把编辑过的书稿送到刘少奇和其他领导人的窑洞，要他们提意见。

1938 年，毛泽东在延安窑洞撰写《论持久战》。这篇著作是指导全国抗战的纲领性文献。

毛泽东的军事文章很生动，具有以中国为中心的民族本位主义特点，甚至几近沙文主义，而且对“左倾”极端主义深为痛恨。

他极力主张，下判断以前要对事实作周密的调查。他嘲笑那些冒着不知不觉在整体上犯错误的风险而拘泥于局部的人。他忠告性急的“左倾”分子要耐心，不能期望刚把配料放进去，汤就可以喝了。

为了让出其不意的策略（弱者对付强者的少数武器之一）最有效，他应用传统中国军事思想的二元性：进攻和防御，运动战和阵地战，拖延和突然行动，集中力量和各个击破。

他反复提到他 1927 年第一次使用的格言：“枪杆子里面出政权。”[16]这并不意味着军事事务控制政治事务。相反，毛泽东相信，一支队伍的工作如果没有中心目标就毫无意义。但是，毛泽东在 30 年代已经知道，在中国落后的条件下，共产党人必须有他们自己的军队，以赢得政治行动的独立。

即使毛泽东在说到枪的时候，他的目光也是超出枪之外的。他是个反战战士，但是他相信，在他那个时代的中国，战争是政治合法性的仲裁人。

他把战争拆解到不可能再分割的组成成分——人：“我们是人，敌人也是人，我们都是人，那我们还怕些什么呢?”[17]

他很精明，甚至能让共产党的弱点变成优点：“［我们］反对两个拳头同时打人的战略，应集中兵力向一个方向作战。”

他以政治为根据，反对那些从不希望进行防御的人：“一切正义的战争，战略防御不仅可以吸引政治上的异己分子，还可能集合一部分落后的群众加入战争。”

他的视野是深远的，但也是傲慢的：“从此以后，人类将亿万斯年看不见战争。已经开始了的革命的战争，是这个为永久和平而

1938年9月至11月，中共扩大的六届六中全会在延安举行。会上传达共产国际关于中共抗日民族统一战线的政治路线是正确的和以毛泽东为首解决统一领导问题的指示。这是六中全会主席团成员合影。前排左起：康生、毛泽东、王稼祥、朱德、项英、陈绍禹（即王明）；后排左起：陈云、秦邦宪（即博古）、彭德怀、刘少奇、周恩来、张闻天。

战的战争的一部分。”

毛泽东认为抗日战争分三个阶段。[18]在第一阶段——已经接近尾声——日本人处于进攻态势，中国的大片领土会丢失给他们。毛泽东并不为这种损失而惊慌失措。最好要诱敌深入，这样日本人会犯错误，他们会被广大的、同仇敌忾的人民包围。

漫长的第二阶段将随之而来，特点是双方之间的某种平衡，以及敌后的蚕食性的游击战。这会极大地削弱敌人。随后，第三阶段就会到来：中国将能够进行反攻，用传统的大规模战役代替游击战术。

这一切，大致就是1937—1945年实际发生的事，除了在第二阶段，共产党游击队不是削弱日本的唯一力量。

毛泽东在延安的许多军事著作，都基于20年代的内战经验，但是也有新的内容。他在 30 年代的民族危机中，比在 20 年代农村问题上的党派性争斗中，少了一些宗派主义。

他开始像一个世界级政治家那样讲话。在延安，他有生以来第一次把跟踪世界事务作为日常工作日程的一部分。他需要这样做。把中国的斗争描述成全球危机的一部分，对他的事业有利。

毛泽东预见到西方民主国家反德国的行动对他自己的抗日斗争所具有的潜在价值。他的文章雄辩地指出全球性的反法西斯主义斗争的必要性。他对西方不时地显现出的软弱感到担心：这是否会导致蒋介石在绝望中和东京作交易？他称赞英国和美国强有力的战争努力。总之一句话，毛泽东正在世界范围内应用他的统一战线思想。

他开始谈论中国的大变动对不发达世界的意义。关于非洲和拉丁美洲，他没有什么概念，但是他注意到正在兴起的泛亚洲争取从殖民主义获得民族解放的运动。印度开始出现在他的讲话和文章中，这是他后来关于整个第三世界革命的设想的最初迹象。

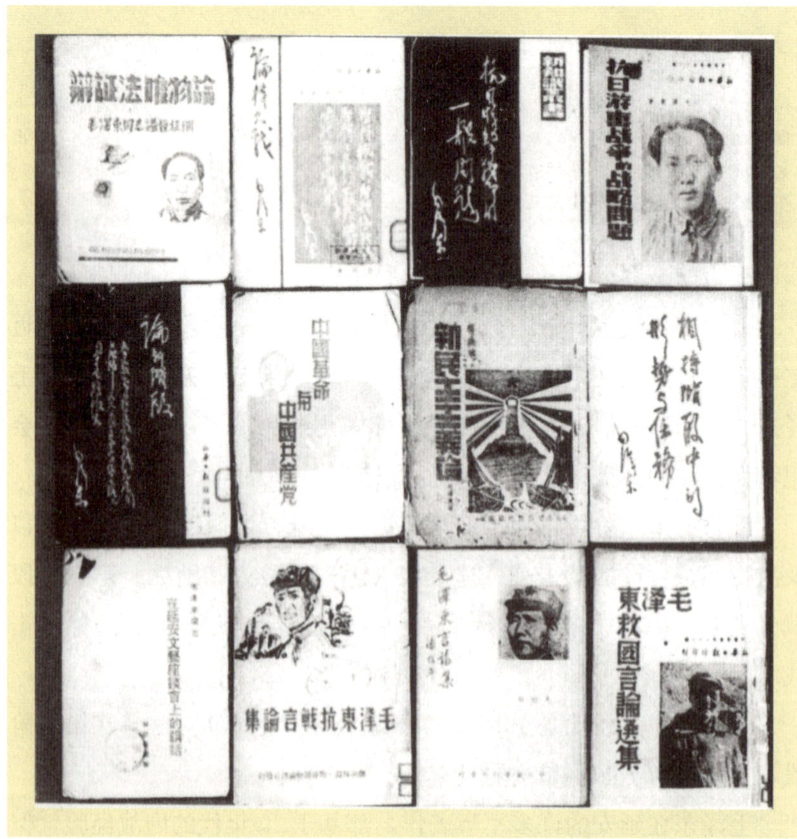

毛泽东在抗日战争时期撰写的主要著作。为指导中国革命，统一全党思想，他在延安大力从事理论著述，系统地阐明中国革命的理论、路线、纲领和政策，标志着马克思列宁主义普遍原理同中国革命具体实践相结合的毛泽东思想达到成熟。

毛泽东没有和很多外国人建立联系，比其他中共人物这方面的联系要少。

共产国际特派员实际上是毛泽东当时打过交道的仅有的外国人。而他对这些人，从鲍罗廷到李德，没有什么好感，跟他们在一起，他也很不自在。但是，他在四十三四岁时遇到的有些西方人（主要是美国人）得到了他的信任。

中国有个传统，就是把杰出的外国人吸收进它的生活方式中。17世纪的耶稣会传教士来中国，是要中国人皈依基督教，但是自己却被半中国化了，甚至在中国宫廷里担任职务，直到教皇警觉起来，才制止了这种逆向传教。

然而，外国人以前极少参与中国的政治事件，此后也从未像在1949年以前这段历史中参与得那样多。先是20世纪20年代共产国际的助手们，然后是第二次世界大战之前及期间在延安逗留的那些外国人。

有一天下午三点，英国记者冈瑟·斯坦因到毛泽东的窑洞进行"采访"。毛泽东一直说到吃饭的时间。然后两个人出来在一棵大苹果树下吃饭，毛泽东仍然是一支接一支地抽烟，而斯坦因，则还是在纸上记下大量关于中共及其在第二次世界大战中的目标的资料。

饭后，他们一边继续谈话，一边喝着酒。毛泽东注意到，斯坦因放笔记本的桌子摇摇晃晃不稳当，他出去从院子里拿来一块扁平的石头，跪下把石头垫在出毛病的桌腿底下。斯坦因在这个晚上几次站起来要离去，毛泽东都不允许。

毛泽东跟这位敏锐但一点也不出名的记者一气谈了12个小时。"凌晨3点钟，"斯坦因回忆说，"当我四肢酸痛，眼睛火辣，怀着内疚终于站起来要走时，他仍然像下午一样精神饱满，生气勃勃，讲话条理清晰。"*

* 几天之后，毛泽东在街上见到斯坦因并对他说："我就我跟你所讲的那些东西，跟朱德和周恩来同志商量了一下。他们都赞同。"见Stein，p. 106。

艾格尼丝·史沫特莱会来拜访毛泽东——他也拜访她——她会拍拍他的背，甚至试图教他跳舞。"我会给毛泽东一个便条，希望他来聊天，"史沫特莱回忆说，"他很快就会过来，还带着一包花生。"[19]

毛泽东精明地通过斯坦因和史沫特莱这样的来访者向西方世界讲话。他也利用外国人向中国人民讲话。就引人瞩目的埃德加·斯诺的情况而言，他既向西方也向中国人民讲话。

在1936年夏天和以后，毛泽东跟这位来自美国密苏里州的有才华的冒险者一起度过了几百个小时，第一次和一个外国人建立了从容自在的关系。有一次他在斯诺在座（林彪也在座）的情况下脱下长裤，以便在大热天进行长谈时更舒服些。

斯诺在《西行漫记》和其他著作中，讲出了一个大多数中国人都不知道的故事——毛泽东在30年代没有机会利用中国的新闻界——他的著作的中译本帮助毛泽东在他自己的国家成了名。

1939年10月，毛泽东会见重访延安的美国记者斯诺。

毛泽东也通过与斯诺的关系对美国有了些了解，这一点在若干年后，证明非常重要。

毛泽东并不幻想一个外国人也赞同他的社会主义中国的目标。但是，20世纪30年代，在延安的窑洞里，他的确相信一个外国人能够理解他的目标。否则的话，毛泽东不会走出向一个美国人讲他个人生活的故事这一步；这在中共领导人和任何其他国家的共产党领导人中，都是不寻常的。

在斯诺和毛泽东谈话时，贺子珍经常会拿来炒辣椒或一盘酸李子。当毛泽东在党内崛起并掌权以后，他妻子的处境却变得不好了。

她生了三个孩子以后，从一个活跃的、政治上的同志，变成一个寡言少语的家庭妇女。长征经过贵州时，在一次敌机轰炸中，有20块弹片留在了她体内。她看上去骨瘦如柴，而且精神方面也出了毛病。

1937年的一天晚上，毛泽东来到艾格尼丝·史沫特莱的窑洞吃饭。另外的客人只有埃德加·斯诺的夫人尼姆·威尔斯和美丽的女演员吴莉莉。吴莉莉非常大胆和海派，就像共产党兴起以前那样抹着口红，留着长发。但是，不是吴莉莉，而是另一个女演员，让毛泽东的感情世界起了新的风暴。

有一天，毛泽东在鲁艺作报告。在听众中，紧靠着前边为干部们留出的几排座位后面，有一个眼睛明亮的年轻女人，她最近才从上海来到延安。她使劲地鼓掌，总是提问受欢迎的那一类问题。最后她和毛泽东就“意识形态的问题”进行私下谈话。

演员蓝苹，即成为毛泽东妻子的江青，上了《中华》画报的封面。(1937年，上海)

毛泽东不是蓝苹追过的第一个中共领导人。但是在鲁艺的那次邂逅以后，她就没有必要再把她的绣球抛给别人了。

蓝苹不是她的原名，也不是她最后的名字。她出身穷人家庭。（在这点上，她不同于子珍和几乎所有的中共名人。）她的童年很悲惨，她父亲用铁锹打妻子和女儿。她设法进了上海的戏剧界，而且经历了名副其实的暴风雨般的恩爱与情变。跟其他许多来自东部城市的艺术家和学生一样，她到西北来是由于对延安新的生活方式的挑战性感到兴奋，这在某种程度上是她性格中的一个特质。

她和毛泽东相遇的过程，让人联想起1928年井冈山附近的那次青年团会议，就是那个时候，毛泽东走出了早些时候的一段孤独的生活。但是，这两个女人吸引毛泽东注意的方式却完全不同。

蓝苹相当俊俏，她有着聪敏的黑色眼睛，能够熟练地调度自己的情感去得到自己想要的东西。她从来没有毫无保留地投入到比她自己个人的追求更大的事业中去。更确切地说，她在更广阔的世界里到处采购，是要寻求在她为个人名誉和权力的奋斗中可供利用的军火。

毛泽东在康生的帮助下轻快地，或许并非毫无困难地，走向第三次婚姻。康生是蓝苹的山东老乡，刚和王明一起从莫斯科归来。他是个猫头鹰式的人物，热爱艺术，擅长阴谋诡计。康生负责监督毛泽东的警卫员，这个位置适宜把蓝苹与毛泽东的最初接触变得容易。蓝苹后来说，她在恋慕毛泽东的过程中“每一个步骤”都得到

1936 年，毛泽东与贺子珍在陕北保安。

1937 年春，毛泽东和贺子珍在延安。

她山东同乡康生的帮助。[20]

中央委员会就毛泽东和蓝苹的问题进行了争论，大家情绪很激动。这个没有坚实政治背景、跃跃欲试的电影女演员是什么人？

毛泽东本人毫不动摇。他威胁要“回到老家当农民去”[21]。党默许了，但有一个条件（后来证明，这是容留了一只沉睡的老虎）：蓝苹必须保持家庭妇女的身份，不得在公众事务中担任任何角色。

这个联姻确实显示出令人兴奋的对比：毛泽东是个农村孩子，喜欢中国传统，致力于政治和战争；蓝苹是个没有根基的女演员，对中国经典一无所知，是在上海文化的温室中不同的植物之间飞来飞去的蝴蝶。

毛泽东在他个人生活危机中的一个晚上，在艾格尼丝·史沫特莱的窑洞中聊天。他从政治风云转向浪漫话题。他问艾格尼丝是否爱过男人，为什么，爱对她意味着什么？[22]接着，他开始背诵他自己为纪念七年前牺牲的第一个妻子杨开慧而写的诗。

这对毛泽东来讲，是一次异乎寻常的个人内心袒露。无疑这表现了他内心价值观的某种冲突。（不幸的是，性格坦荡的史沫特莱女士思想准备不足，没能进一步发掘毛泽东的感情。她的心思都在吉普车、绷带和纳粹主义方面。）

与此同时，蓝苹似乎已经认定，进攻是最好的防御手段。她和毛泽东给她取了一个雄心勃勃的新名字：江青，意思是绿色的水或江，但也有（根据谐音）第二个意思，“纯净的水”。“绿色的江”

似乎更贴切；这个词让人联想到，这个女人像一潭暗色的水，深不见底，有诱惑力，又有猫那种冷漠的魅力。*

毛泽东最小的弟弟娶了子珍的妹妹做他第二任妻子。泽覃在1925年第一次结婚。他妻子于1930年和毛泽东的第一任妻子以及他那过继的妹妹一起被捕。虽然泽覃的妻子后来被释放了——国民党认为泽覃是比毛泽东小的鱼，所以他的妻子比杨开慧的遭遇要好些——但泽覃并没有恢复和她的关系。他与贺子珍的妹妹贺怡的新的婚姻非常短暂，因为泽覃于1935年被杀害。

*在1972年的一次会见中，罗克珊·维特克发现，在被问到在延安选了另一个名字时，江青非常敏感："她反应迅速，就好像我非法踏进了一个纯私人的领域。"见Witke, p. 155。

但是就像家庭密室的幽灵一样，贺怡在1937—1938年又出现在别人面前。她又结婚了，并且来到延安。她和她的新任丈夫就毛泽东"遗弃"子珍掀起轩然大波。但于事无补。贺怡的丈夫被调往中国南方，而贺怡则仍在延安任职。这大概是平息这对夫妻反对毛泽东与江青结婚而大喊大叫的一个方法。[23]

毛泽东在1927年最后一次见到岸英和他弟弟岸青以后，他们两兄弟经历了无比担惊受怕的日子。在他们的母亲于1930年遭到折磨并被杀害以后，党组织和他们的外祖母努力把他们养大。但是因为是"共匪"的后代，生活并不容易。

他们在上海卖报纸。有一阵子，他们在一个破庙里找地方睡觉，在庙外竖了一个牌子：我们讲故事——每次一分钱。[24]

在30年代初期，他们使用的名字是杨运福和杨运寿，是随母亲娘家的姓。考虑到毛泽东不在，是外祖母抚养他们，这或许很自然，但还是十分令人瞩目。

1936年，中共地下党和男孩们联系上了，不久康生就护送刚坐船到马赛的两兄弟前往莫斯科的一所学校。后来孩子们到了延安，岸英与毛泽东一家住在一起，而岸青已表现出精神方面有问题的迹象，他住在一户农民家里。

毛岸英、毛岸青在异国的家：苏联莫尼诺国际儿童院。

在莫斯科，贺子珍的情况没有改善。她随意地打她的孩子，不久她就被送进城外的一家精神病院。40 年代后期，她被转到上海的一家精神病院。[25]毛泽东再次见到她时，已是将近 10 年以后的事了。

莫斯科虽然知道贺子珍的经历，也知道她生活在苏联土地上，但从来没有利用这一点批评过毛泽东对他第二任妻子不好。

到 1939 年，毛泽东和江青已经住在一起。1940 年秋，他们的第一个女儿出生了。任何地方都没有记载子珍究竟什么时候和毛泽东离的婚——江青说首先提出离婚的不是毛泽东[26]——或江青什么时候和他结的婚。对毛泽东以后的生涯来说，以及对 60 年代和 70 年代的中国来说，这都是一桩有重要影响的婚姻。

毛泽东的新妻子给她的女婴起了个名字叫李讷，似乎证实了她令人瞩目的专断作风。李是江女士原来的姓，讷则与她那位上海文学评论家前夫的名字同音（虽然写出的字稍有不同）。有许多年，江青并不那么专断，但是戏剧性的变化将会发生在毛泽东生命的最后时期。

毛泽东的两个儿子，岸英和岸青，1940 年末从莫斯科的学校里写信给他们的父亲，报告他们的学习情况。“唯有一事向你们建议，”毛泽东在 1941 年 1 月的回信中说，“趁着年纪尚轻，多向自然科学学习，少谈些政治……只有科学是真学问，将来用处无穷。”[27]

1938 年，有人从苏联带来了岸英、岸青兄弟俩的照片，这张照片让毛泽东十年来第一次见到了儿子的模样。他喜出望外，给儿子们写了回信。

第八章

圣人（1936—1945）

毛泽东现在从外表上就透露出把他推上权力顶点的那种机智，对见过他的有些人来说，那差不多是一种捉摸不透的样子。他变得举止从容不迫，而眼神和微笑令人捉摸不透。

有的时候与人谈话他会盯着对方，但头稍稍偏向一方，像在估量他刚才说的话有什么效果。他会噘起嘴一口一口地猛吸香烟，发出很大的哧哧声。[1]

有些外国人被吓得离开房间时完全记不得毛泽东跟他们说的是什么。

毛泽东内心的刚毅，被他话语的简洁隐藏起来，这种简洁让有些人误以为是女人气。“我们遗憾地注意到，毛泽东在表面上似乎是有女人气的那一类型。”[2]美国人克莱尔和威廉·班德感慨地说。

艾格尼丝·史沫特莱也有类似的印象。她已经在几大洲与各种各样的人有过交往。“这个高个子、令人生畏的人慢吞吞地向我们走来，用音调很高的嗓音向我们打招呼。然后两只手抓住了我的手；它们像女人的手一样又长又细腻……他那深色的、不可捉摸的脸长长的，前额宽而高，嘴巴有点女性化。无论他还有别的什么特点，他都肯定是个唯美主义者。”[3]

“他既不紧握你的手，也不摇动你的手，”她抱怨说，“而是把你的手放在他自己手里，然后把你的手推开。”[4]

史沫特莱认为中共领导人的标准形象是那种朴实而身强力壮的人，她认为朱德就是这样的人。但是，如果这位世界革命的侠女梅德·玛丽安希望在政治性谈话之外从毛泽东那里得到更多的东西，那么她还没坐到小凳子上，她的希望就已经破灭了。“事实上，我对他身上的女人气和周围环境的晦暗很反感。在我心里升起一种本能的敌意……”

史沫特莱跟斯诺（他最初觉得毛泽东很“怪异”[5]）一样，很快就认识到关键的一点：毛泽东不再是一本打开的书，不可能一眼就做出判断。他正在变成一个圣人。而圣人，可以是深奥莫测的，而且可以放纵自己。

我们在延安看到的毛泽东，正处于其事业的中期。他的目光已经从过去的战斗转向未来。他统治着一片领土，已经开始把自己看作是中国的下一个领袖。他相当自觉地把自己安排在权力的驾驶座上。作为 40 多岁的男人，他希望做自己喜欢做的事情。

毛泽东作为一个人，开始有一种不受任何约束的味道。

他失去了那种热切的神情。他的眼睛不再闪闪发光，倒像是镶在了释迦牟尼一般的不动声色的脸上。

毛泽东人格中不同的色彩在互相冲突。虽然他领导着一个复杂的组织，但他也是一个喜欢长时间独自内省的人。他只在精心安排的时段和别人交往。他不在乎，也许根本没有注意到，别人是否觉得他在其他时间里是“难以捉摸的”。

毛泽东既有足够的自信心，又在中共领袖的位子上坐得很稳当，这都足以使他认为在生活习惯上，他可以自行其是。

在把短发看作统一制服的一部分的群体里，毛泽东把自己的头发留得长长的，看上去像个音乐家。抽烟和晚起床，被认为是无纪律的表现。但是，毛泽东像烟囱似的抽烟，极少在中午以前起床。虽然他领导着一支军队，但是他敬礼的姿势就像是心不在焉地摸一下眉毛，他拖沓的步伐和农民一样。[6]

毛泽东在他的著作中敦促说，任何批评都应该谦虚而有节制地提出。然而，他可以跟同事发脾气，批评他们，直到被批评的人红着脸从房间里逃走。[7]

尽管党内对他皱眉头，毛泽东还是毫不迟疑地娶了一个有魅力的新妻子。虽然他常常是冷淡而不合群的，但是，他建立起一个喧闹的家庭，有生气勃勃的江青，还有他自己的和他弟弟的孩子们在书房中跑进跑出。实际上，任何其他的中共领导人都没有这样的家庭。

在延安，毛泽东体重增加了。他在长沙师范的老师徐特立，现在负责根据地的教育；徐老仍然很瘦。和毛泽东一样，徐特立 20 年前在湖南也热衷于身体锻炼和斯巴达式的生活。徐特立在延安仍然坚持这样做。他 60 多岁时还在冰冷的河里游泳，拒绝穿大衣，像麻雀似的吃得很少。[8]

1937 年，毛泽东和朱德、周恩来、秦邦宪在延安。

但是，毛泽东觉得自己超越了任何特定的养生法。他的很多做法徐特立都认为是受了魔鬼的诱惑。就毛泽东发福的情况而论，还不单单是个人懒散习惯的问题。

这个特殊的人违反规章，并不仅仅是因为他觉得这些规章难以遵守。他这样做，是因为他感觉有一种使命感，要求他排除一切条条框框。规章手册像个拐杖，有行走能力的人可以不用，虽然他仍然可以做一个像和尚一样守纪律的人。毛泽东在延安就是这样。

过于天真的史沫特莱，就如何完成她一直在准备的关于朱德生平的书，征求毛泽东的意见；那是 1937 年，正好是毛泽东向斯诺讲述他自己的生平一年以后。“我问毛泽东，他认为哪一个对我来说更重要，是留在延安写朱德传，还是到前线去写战争。”遗憾的是，她没有记录下毛泽东做出这一回答时的面部表情：“这场战争比过去的历史更重要。”[9]

在毛泽东身上，正在形成一种**帝王式的气象**。他感觉中国历史的重任已落在自己肩上，这就是为什么他已失去了从前的一些自然的东西。而他自负的特质，则变得越来越强烈。

1937年，毛泽东、朱德和访问延安的美国进步作家、记者史沫特莱在一起。

毛泽东的情况，更多的是一个圣人越来越意识到自己在时代的壮丽场景中的位置，而不是一个政治家正在办公室里发福并放纵自己。毛泽东没有变得喜欢奢侈，但他仍然是天不怕地不怕。

一种个人崇拜还是在他的周围形成了。毛泽东的画像开始出现，他的题字展示在公共场所。两个非凡的称呼戴在了他头上：林彪于1938年（其他人晚一些）称毛泽东是“天才”[10]；萧三于1941年（其他人也晚一些）称他是“我们的救星”[11]。

到40年代中期，会见毛泽东就不像斯诺和史沫特莱那样不拘礼节了。一个人被毛泽东召见，会感到非常突然而兴奋。手持上着刺刀的步枪的卫兵站在他的门前。一群忙忙碌碌的工作人员让毛泽东和来访者之间有了距离。毛泽东不再造访别人的窑洞。

毛泽东形象的树立，在某种程度上是战争动员的产物。在所有重要的国家，战争领导人都有点过分被美化。对毛泽东的崇拜，并没有超过对斯大林、丘吉尔或罗斯福的崇拜。

在中国，吹捧毛泽东的逻辑之所以使人信服，其特殊之点在于，中共总是处在与国民党的对抗中，需要向中华民族提供一个可以与蒋介石相匹敌的人物。确实，共产国际在1943年被取消（是对莫斯科的资本主义战争盟国所做的一个姿态），提高了毛泽东的地位；像王明这样的中国人，不能再越过毛泽东的权威而指望莫斯科。

延安城很小，毛泽东能够随时感受到它的情绪。很多人都认识他。普通人能经常见到“主席”在城里满是尘土的小巷散步。在这种情况下，个人崇拜并未超出人的本身的范围，还没有成为宗教；而在宗教的魔力之下，人们会哭喊膜拜，尽管他们对所崇敬的神一无所知。

毛泽东在延安的权威是功能性的，他仍然可以让人觉得是个真实的人。

即使他坐汽车，也并不挡起来不让人看见。他的“车”是一辆雪佛莱运货车，车上标着：“救护车：纽约华商洗衣工人救国联合会捐赠”。他会坐在前排座位上，看上去像是司机的助手。他不断地写作，并在会议上讲话。如果他有什么话要说，他可以把人召集起来直接说。政治局每周碰面一次。

在延安时期之前，他有很多的想法，但是只有很小一点权力。进入 50 年代，他有了权力，但是地球上这个人口最多的国家的庞大官僚机器，会让他作为导师的声音变得不那么有力。而延安令人兴奋之处在于，他既当导师，又是统治者。这使延安时期成为毛泽东作为中共首脑的黄金时代。

作为政治领袖，毛泽东既是战士又是知识分子。

他拿起枪，花一年时间步行横穿了广大的国土。中国的统治者以前从没这样做过。他坐在书房里，系统地打造出自己的想法，极少有重要国家的现代统治者（戴高乐除外）曾这样做。

他的风格没有一点儿仍被中国军阀奉为常规的封建主义的痕迹：轿子、供奉孔子、豪宅或者（像一个山东军阀那样）跟妾一起躺在床上接待来客。

同时，毛泽东似乎比 28 个布尔什维克、蒋介石、民主同盟（共产党和国民党之间的左翼第三势力）的领导人更有中国传统的味道。他经常用毛笔写字，他仍然喜欢把心思沉溺于中国历史小说中的古老世界。

“我还从未在这个地区见到一个人穿西服或中国的长袍马褂。”[12]美国记者伊斯雷尔·爱泼斯坦于 1944 年在西北转了一圈后写道。毛泽东这两种衣服都不穿。他（以及其他官员）穿农民穿的那种宽裆裤子和短上衣。

标准的棉布衣服似乎反映了一种新类型的公民：没有阶级之分，同时在某种意义上，抛弃了传统。延安精神肯定不是外来的，但在中国，也是没有先例的。

某种新的东西已经在这片黄土山区生根发芽了。

延安是毛泽东时代的开始，并将延续下去。已经有了一个稳定的政权，几乎可以称作**他的**政权。“毛泽东主义”的各个方面像蓓蕾一样开始出现。

相比之下，毛泽东在江西时的地位是脆弱的；在那里，毛泽东很少能按自己的意愿行事，他的社会主义思想既未充分形成，也没有得到比他职位高的中共人士的赞同。

毛泽东证明，他不是又一个以枪杆子为事业、以权力为目的的军阀。一种社会愿景引导他塑造出一种社会秩序，这种社会秩序赢得了那些长途跋涉来到这片黄土山区的人们的赞誉，还常常赢得他们的极大热情。

如果毛泽东的目标仅仅是权力，他就不会像在延安时那样，权力已经巩固以后还继续前进，试图改造 1945 年已经在他统治下的9 000万中国人的灵魂。

另一方面，毛泽东关于“改造”的观念，却是可怕的，它既源自马克思主义，也源自他孩童时期的创伤。事实证明，他具有权威性的性格，驱使他变成他父亲那种样子，而他父亲曾觉得年轻的泽东没有能力那样做。

到延安访问的人，会感受到童子军营地般的快乐和团结精神。非常明显，共同的目标使得人们不在乎物质上的困难。不存在财富带来的负担，也没有等级制度带来的焦虑。有一段时间，人们觉得他们正在用自己的双手建设一个新世界。[13]

延安——抗日战争时期中国共产党中央委员会和中央军事委员会所在地。

毛泽东在延安并没有实行共产主义。苏联式的国有工业遭到抵制，认为那是“画饼充饥”，是“空中楼阁”。但是，他把共产主义作为战后目标的思想，丝毫没有动摇。[14]

左图　1938 年 1 月，毛泽东会见访问延安的民主人士梁漱溟。
右图　全国各地爱国青年纷纷奔赴延安，参加抗日战争。

由于当时的问题是日本，毛泽东暂停了阶级斗争，以便把一切可能的社会集团吸引到共产党领导的、实质上是民族主义性质的救国战争中来。

土地政策是关键。与国民党的抗日民族统一战线一经双方同意，没收土地就停止了。地租保持较低水平（红色政权接手以前，地租高达土地价值的百分之六十），但还是有保证的。这种做法证明对经济和士气都有刺激作用。

毛泽东的税收政策，同样赢得了大多数人的衷心拥护。有一段时间，实际上根本没有征税（按照统一战线的条款，毛泽东的政府当时由蒋介石的财政部资助）。当后来开始征税时，也做得非常开明，只有不到百分之二十的家庭需要缴税。

整个边区都进行选举。每一级行政部门都采用“三三制”。共产党员出任不超过三分之一的政府职位，三分之一留给非中共的左翼人士，三分之一给予那些毛泽东称之为走中间道路的人。

这些措施不等于西方的民主，虽然共产党员偶尔也在行政机构的选举中落选。但是，它改变了西北的社会心理。延安精神的秘密，就是参与。

中国以前从来没有在普选权的基础上进行过选举（在江西苏维埃时期，“剥削阶级”被排除在外）。

的确，投票人没有在相互竞争的两组领导人之间进行选择的余地，然而，普通农民能说“我们的政府”这一事实，则是一个全新的现象。毛泽东在中国人对待其统治者的态度上，取得了根本性的改变。每一个男人、女人和孩子，都被放进一个负有集体责任的封闭的组织中。在最初的时候似乎就存在着一种民主意识。

毛泽东这个半知识分子开始对知识分子表现出一种尖锐的矛盾心理。随着对国民党的失望情绪在大城市越来越浓，学生、作家、艺术家及其他人，成群地涌向西北。他们寻求新的角色，生气勃勃又爱国的延安，似乎可以提供这样的角色。

有思想的男人和女人发现毛泽东的根据地是块磁铁，他为此而自豪。他欢迎他们，很重要的原因是蒋介石冷遇他们。然而，毛泽东在他的斗争中，并未赋予知识分子的角色以很大的重要性，而且毫不疲倦地压制他们想要更大自由的愿望。

他对文人学士又蔑视又着迷的复杂心理表明，在毛泽东的潜意识里，还存在着源自过去的两种影响。

毛泽东似乎还没有忘记北京大学1919年对他的冷淡，这使他有一种挥之不去的愿望，只要有机会，就要让知识分子回到他们应处的位子上。

他恨他父亲。然而结果是，他父亲的幽灵仍然没有远离他自己的灵魂。他父亲不喜欢见到毛泽东看书，年轻的毛泽东造这种狭隘意识的反。但是，毛泽东心里有某种东西要蔑视读书学习，就像他父亲在韶山所做的那样。

大概毛泽东的父亲对他的影响终归大过他母亲，如果说只是在下意识层面的话。他母亲在对抗他父亲的威胁上，是他的盟友，但是，他父亲是毛泽东在他人格的某个层次上所竭力模仿的榜样。

毛老先生始终看重体力劳动。年轻的毛泽东对不得不在田里干活儿非常反感。然而，延安的（以及此后的）毛泽东，却把知识分子赶出书斋去搞体力劳动。

毛老先生是个专横的人，斥责他儿子懒惰。但当毛泽东的社会主义哲学已经成形时，原来这种哲学的中心是赞扬意志力的作用。

在所有这些方面，毛顺生先生似乎不仅仅是他儿子的压迫者，而且通过他儿子下意识地要成为他父亲希望他成为的那种人的愿望，而成为压迫那些1941—1944年毛泽东延安“整风运动”对象的幽灵。

当来到北方投奔共产党的10个学生组成“自由恋爱俱乐部”时，毛泽东派人逮捕了他们。[15]

他变得更谨慎是有原因的。为了适应统一战线的温和特性，中共的社会激进主义，不得不在各方面都降低调门。此外，陕西的农民比江西的农民更落后。他们是“水”，中共军队这条“鱼”要在里面生存，不能不顾及他们保守的思想。

战争有其自己的逻辑。“我们大家的”集体奋斗，压倒一切；“我的”念头，算不了什么。民族战争，证明是各种不同情趣的伟大的校平器，是个人古怪的脆弱艺术气质的无情的熔炉。

毛泽东自己的婚姻起伏，也使他失去了对自由论的兴趣。他一直在问自己，爱情的意义是什么，就像他在和史沫特莱的谈话中说的那样。史沫特莱告诉他，她和印度人查托帕迪亚雅博士的婚姻情况。她告诉毛泽东，“查托”是她生命中唯一一次真正的爱情。毛泽东问史沫特莱，他们俩在日常生活中如何表达爱意，以及是不是真正心灵的结合，他们为什么争吵并分手。“毛泽东告诉我说，”史沫特莱回忆说，“他经常怀疑，他在西方的诗和小说中看到的那种爱情是否真的存在，以及那会是什么样子。”

他40多岁时，对子珍的感情消逝了。现在他似乎觉得需要一个长期的伴侣。他和江青开始了共同生活，这种生活以其独特的方式持续了30多年。当孩子们成为他日常生活的一部分时，他安定下来了。

他似乎认为，在他身上发生的事，为其他人树立了准则。丁玲批评毛泽东和中共在妇女问题上后退了。她用《三八节有感》这篇辛辣的文章纪念1942年的国际妇女节。文章质问中共（她是中共

20世纪40年代初，江青在延安。

党员）是否还是性解放的先锋。

跟毛泽东不一样，她蔑视婚姻。虽然毛泽东刚刚与江青攀登上家庭生活的小巢，但是，丁女士敢于谈论领导人妻子的命运这个尖锐的话题。

丁女士指出，如果一个女同志不结婚，她会受责备。然而，如果她结了婚，那么，要么她被指责因为参加工作而忽视了家庭义务，要么她只能生活在生孩子的重压下，而且还因为没能成为积极的社会主义社会新公民而同样受到批评。

毛泽东等人和参加延安文艺座谈会的人员合影。

毛泽东的延安变成了男性沙文主义者俱乐部，再加上几个有特别职位的莽撞的妇女。男人和女人之比，几乎和在军队里一样——18 比 1。据毛泽东在长沙解放运动早期的女性老朋友蔡畅说，在整个延安，没有一个劳动阶级出身的妇女(但是她把江青“忘记”了!)。

毛泽东在丁女士愤怒的文章之后不久，就抓住一个机会对这个他喜欢但又觉得难缠的女人讽刺了一下。看见丁女士来参加文化界集体合影，毛泽东很快从自己前排中央的位子上站起来，恭恭敬敬地把座位让给这位固执的女人，一边咕哝着说：“让我们的女同志坐在中间嘛，我们可不想在下一个三八节再挨骂。”[16]

毛泽东就政治与艺术如何相联系的问题，和从上海的阁楼来的知识分子进行了斗争。

毛泽东摒弃了“为艺术而艺术”。每一项脑力工作，都必须服务于加速中国解放这个明确的目的。这个观点使他不仅和丁玲，而且和大部分中国左翼有才华的人关系紧张。当他在延安文艺座谈会上的一系列谈话中制定出强硬的列宁主义文艺路线时，这些人进行了抵抗。[17]

毛泽东向挤满延安知识分子的战壕里，丢了几颗精神手榴弹。他嘲笑“独立呼吁”[18]。这与理论和赤裸裸的权力政治都有关系。“真”和“爱”如果脱离了当时具体的阶级斗争，就毫无意义。作家是党的事业这部大“机器”上的一个齿轮（这是毛泽东从列宁的理论武库中选取的武器）。

“一个人，只要他对别人讲话，”毛泽东宣称，“他就是在做宣传工作。”[19]这是个粗糙的概念，但是它源自毛泽东一度曾是创新性的思想。在长沙，他作为一个努力上进的年轻人，曾经认为学习是改造世界的武器。现在，他在延安看到，作家和艺术家们似乎把脑力工作只当作个人的偏爱。他们并不是像他那样，由于强烈地意识到思想是向新社会前进的车轮而进入文学的世界。

跟卢梭一样，他希望让世故很深的人回归到更朴实更热情的作风上来。对他来说，实实在在的、落后的陕西农民，似乎比东边沿海来的吹毛求疵的知识分子在战争中要有用得多得多。他对农民做出通融，因而才有了这些年的温和的土地政策。他没有感到同样需要通融文学界的那些男男女女。

他向延安文学界宣布：“不允许把看法变成结论。”[20]换句话说，你只有发表正确观点的自由。一个观点如果不正确，将不允许它成为公开发表的结论。

王实味是一位上海作家，《野百合花》一文的作者。他成为“整风运动”中文学界主要的目标。《野百合花》揭露了延安社会的某些不平等和其他缺点。他试图在延安这个世界里鼓励五四运动的个人主义，但却撞上了毛泽东新的精神集体主义这个不可抗拒的力

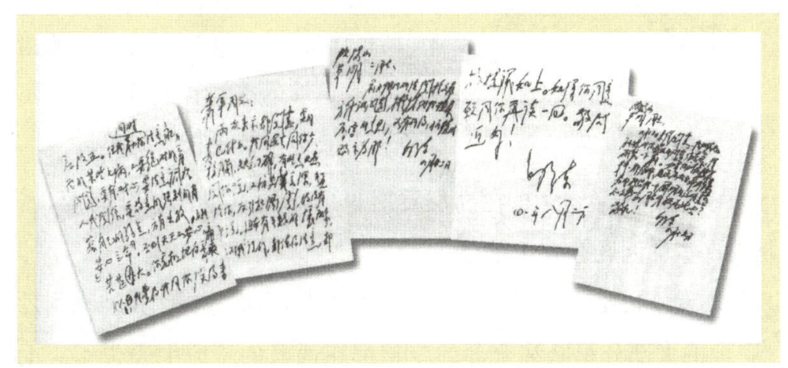

整风运动中，延安文艺界暴露出许多问题，毛泽东亲自找文艺界的同志谈话或给他们写信了解情况。这是毛泽东写给萧军、欧阳山、草明的信。

量的重锤。有一天晚上，毛泽东提着灯笼到中央研究院看墙报上王所写的以及关于王的材料。随后他说："思想斗争有目标了，放箭有靶子了。"王实味在1947年被处死。[21]

毛泽东在年轻时曾觉得，威吓是服务于真理的一个合适的武器。他从未愿意尊重别人犯错误的权利。在延安，这种本能开始具有国家政策的巨大威力。

毛泽东还要求知识分子在他们的文艺作品中只表现生活的光明面。小说应该"高于""现实生活"中的实际存在。

这些观点在40年代，并不是没有任何抱怨地被大家所接受。《在延安文艺座谈会上的讲话》开始了毛泽东和中国许多有创造力的知识分子之间的长期不和，一直持续到他此后的一生。

在所有的领域——不仅是文化领域——毛泽东在延安都制定了新的宗旨。毛泽东主义诞生了。它谈不上是理念和理念相结合而无瑕疵的概念的产物，而是作为又一次更激烈的求生战斗的副产品而诞生的。

抗战时期大生产运动中，八路军指战员在南泥湾开荒。

在1942年以前，日本是毛泽东压倒一切的考虑。东京采取了"烧光、杀光、抢光"的灭绝人性的政策来对付共产党，与美国在越南的做法相似。这对红色地区造成的损害尤其严重，因为国共统一战线已经萎缩，差不多等于一张废纸了。

蒋介石根本没有从财政上资助毛泽东的边区，反而对其实行严密的封锁。能有足够的空间和人员让"人民战争"有效地坚持更长时间吗？

在中共内部，毛泽东在高层要对付的不同意见比长征时要少，但是更严重的问题存在于基层。

张国焘不再是毛泽东的肉中刺。他在1937年一瘸一拐地来到延安*，他的大部分军队和全部的威望都在西藏的荒原上丧失了。毛

*跟他一起来的有朱德；朱德虽然在到达时内心不安，但他悄悄地恢复了他与毛泽东从前的关系。

泽东平静地让张在藤蔓上慢慢地枯萎。这位受挫的对手，在延安郊区为自己建了一所精致的房子，在抗日军政大学讲点课，仍像以前一样精心地照顾着自己。

1943 年，毛泽东等人在大生产运动中开荒种地。

张国焘最后一次看见毛泽东的时候，“参与”了一个小小的文字游戏。当时的场合是干部子弟学校的一场儿童歌舞表演。张国焘的儿子是这所学校的小学生（这所学校是延安平等主义高原上精英主义的苗子），这个男孩以有才华的歌手和演员而闻名，他理所当然地在哑剧里扮演了一个角色。

但是，让张国焘愤怒的是，分派给这男孩扮演的是一个名叫张慕焘的可怕的坏蛋和叛徒。

毛泽东当时也在场，和其他领导人一起欣赏表演。据张说，毛泽东看到坏蛋受到嘘声时开玩笑说：“由张国焘的儿子来扮演张慕焘，再合适不过了。”

毛泽东的这个老对手立即站起来，扯下儿子脸上的面具，领着儿子走出大厅，同时愤怒地大叫：“野蛮！残忍！禽兽不如！”[22]

不久以后，张国焘偷偷地离开了延安，投奔了国民党。毛泽东再也没有见过他（他在加拿大住了多年，直到 1979 年去世）。也许毛泽东舌头很尖刻，但是他并没有处死或伤害张国焘，张国焘一直担任高职，直到他改投了另一方。

毛泽东对他 30 年代的第二大对手，也采取了冷淡的方式。王明终于在 1937 年从莫斯科回来了。他从“投降主义”的立场出发对统一战线放冷枪，烦扰了毛泽东两年。但是，他和斯大林的关系太近，不可能成为民族救国事业中让人民效忠的中心人物。据推测，是他起草了斯大林在西安事变中打给毛泽东的那份令人震惊的电报。

在统一战线会议上的一次冲突中，一个国民党同事愤怒地问王明：“你是中国人还是苏联人？”另外，他从极左主义圆滑地转向支持和蒋介石建立联合政府，让他看起来有点像“红萝卜”——外面红里面白。虽然王明是中共政治局成员，却多次托病不出席会议，毛泽东从政治上和意识形态上对他的伏击，使他一点斗志都没有了。1939年以后，他在中共的权力结构中已不再重要，虽然他的影响还会残留一段时间。

然而，毛泽东并没有对28个布尔什维克的这位旗手进行报复。王明继续发表他的意见。在40年代和50年代，他一直留在中共中央委员会里。（博古也如此，直到他1946年去世。）* 毛泽东在秘书胡乔木的帮助下，精心地组织了一个关于中共自第6次代表大会以来政治和意识形态演变的描述。[23] 这既是一项思想性的，同时也是一项政治性的任务；作为一个硬币的两面，既表现了毛泽东思想上的老练，又表现了他的冷酷无情。

* 我们大概可以相信王明的下列叙述，它提示了40年代末期毛泽东和王明之间的关系。他们两个人正就苏联的事进行辩论，王明的妻子进来了。她说："我到处找你，原来你们两个人又在辩论了。最好回家吃晚饭吧。"江青一直在角落里听着，她同意王明的妻子的意见："你来了，太好了……这两只小公鸡让人受不了；他们一见面就斗上了……你抓住你的带他去吃饭，我抓住我的带他去吃饭，这样他们就不会再斗了。"见D. Wilson's *The People's Emperor*, p. 250。

事业的成功使中共的队伍由于有新来的年轻人而膨胀起来，他们不如长征的老战士们那样坚强。从1937年到1940年，统一战线对中共来说成绩辉煌，这似乎很矛盾地意味着，毛泽东面临着一个无声的危机：中共为什么要存在？爱国者成群地向他涌来，但是，在摊牌的时候——到1942年，毛泽东意识到他可能不得不再次和国民党作战——他们会支持他的共产主义目标吗？

当较为困难的日子在1941年来临时，毛泽东的经济问题要求他第一次向贫穷的农民征税，他甚至在1942年举行了一次奖品丰厚的彩票抽奖活动。他跟群众的蜜月完结了吗？

由于红色边区村落的分散性，中共以政府的形式发挥作用。这滋养了官僚主义，也滋养了那些把边区政权本身当作最终目的的人们追求名利的野心。

委员会成倍地增加了，小恺撒们冒出来了。出现了三种不同颜色的棉布服装，表示职位阶梯上的高低等级。延安精神不再是振奋群体的自然本能。

在这种情况下，毛泽东整理出毛泽东主义的要义，成为一举数得的工具。这最终保证了毛泽东在中共党内成功地压过所有的对手。

毛泽东主义成了为改进党的工作作风而进行的"整风运动"（毛泽东的提法）的简洁教材。

它使中国革命有了不是莫斯科制造，而是自家制造的意识形态。

“我们的理论还落后于革命实践。”[24]毛泽东在发动整风运动的一次千人大会上不安地说。在延安，这位反复多次斗争的胜利者，回顾了自己的那些方法，并有了时间和动机让它们披上哲学的礼服，以赋予它们尊严。

在长征途中，他没有精力甚至没有纸张去写政治文章。到了40年代，毛泽东已经阅读了不少的马克思、列宁和斯大林的著作；他们的名字出现在他延安时期的稿件上。

然而，在毛泽东引用欧洲大师这一新习惯上，有个自相矛盾之处，就是他读得越多，就越不敬畏他们。毛泽东引用马克思、列宁和斯大林，为的是支撑或美化不仅是欧洲式的而且是中国式的思想架构。

“你要知道梨子的滋味，”毛泽东在他自负地称为《实践论》的文章里写道，“你就得变革梨子，亲口吃一吃。”[25]毛泽东主义意味着从实际出发去思考问题。*

毛泽东把**经验**而不是物质，放在认知过程的核心位置。这是品牌奇特的唯物主义，或许会让马克思都感到吃惊。

28个布尔什维克批评毛泽东是“狭隘的经验主义”。但是，他顽固不化地坚持他在“整风运动”另一次讲话中表述的他所钟爱的准则：“没有调查，就没有发言权。”[26]毛泽东主义意味着一双结实的鞋子。

这位湖南土生土长的农民的儿子所进行的游历，再加上他有勇气坚信他的亲眼所见，使他相信农民是中国革命的骨干。

有些党的官员（这样的官员很多）把马克思主义学说当作一堆神圣的经文牌匾，而忘记马克思主义应当去应用。毛泽东对这些人

*看来毛泽东关于“梨子”的警句有可能与一位中国古代著名高僧的说法有关：“如人饮水，冷暖自知。”

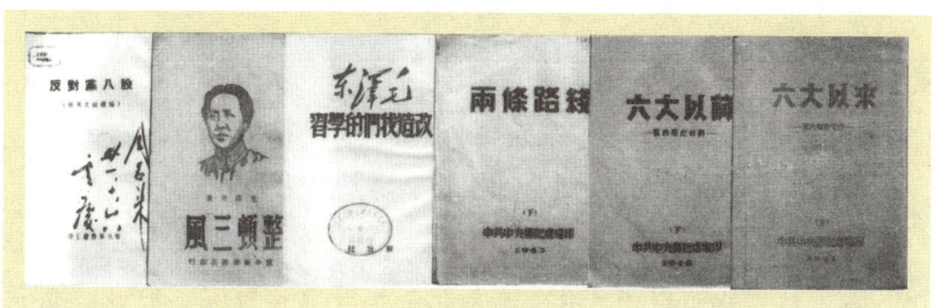

延安整风期间，毛泽东作整顿三风的报告，并主持编辑党的历史文献。这是当时出版的整风文献和编印的历史文献集。

大发脾气。

“无的放矢。”毛泽东在一次讲话中这样称呼这种错误，这篇讲话即他著名的文章《反对党八股》。毛泽东主义意味着既要把握要传达的信息，也要考虑到听众。

有一天，毛泽东注意到延安城墙上的一条抗日标语。这位半知识分子鹰一样的尖锐目光，看见“工人”两个字是以文人的特殊喜好写出来的。“工”这个字有一笔竖线拐了个弯，写成“互”，在“人”字的一捺上加了三撇作装饰，写成“人彡”，普通人根本看不懂这条标语。毛泽东在一次讲话中围绕着这位花式书法家抛出一整套愤怒的挖苦。[27]

下面是他关于有价值的知识的说辞：

> 煮饭做菜真正是一门艺术。书本上的知识呢？如果只是读死书，那末，只要你识得三五千字，学会了翻字典，手中又有一本什么书，公家又给了你小米吃，你就可以摇头摆脑地读起来。[28]

毛泽东这位民粹主义者说得很起劲。他反对烦琐哲学的调门使他听起来像他的父亲：

> 书是不会走路的，也可以随便把它打开或者关起，这是世界上最容易的事情。这比大司父（师傅）煮饭容易得多，比他杀猪更容易。你要捉猪，猪会跑，杀它，它会叫。一本书摆在桌子上既不会跑，又不会叫，随你怎样摆布都可以，世界上那有这样容易办的事呀！

随后，他又当起了教师，开出了一系列处方：

> 所以我劝那些只有书本知识但还没有接触实际的人，或者实际经验尚少的人，应该明白自己的缺点，将自己的态度放谦虚一些。

毛泽东不崇拜“现成书本”，他建议共产党员走进城镇和村庄，以便形成中国现实生活的口头历史。土匪和“名妓”会成为口头传记很好的题材。

同时，毛泽东仍然受儒家的影响，认为写下来的文字的确是有力量的。他让干部们掂量一下，向仍然对文字感到陌生的公众不停地发送官样公文是否可取。

“一个人偶然一天两天不洗脸，”毛泽东辩论说，“固然也不好，洗后脸上还留着一个两个小黑点，固然也不雅观，但倒并没有什么大危险。写文章做演说就不同了。”[29]毛泽东主义意味着应很真心实意地与群众对话。

这一切都是对 28 个布尔什维克的猛烈抨击。毛泽东提到，“十七八岁的毛孩子”（王明和博古都比他小得多），只是“读了点《资本论》、《反杜林论》的皮毛”。他甚至指责他们不是革命者。[30]

“马克思列宁主义和中国革命的关系，就是箭和靶的关系。”但是“有些同志”却是“仅仅把箭拿在手里搓来搓去，连声赞曰：‘好箭！好箭！’却老是不愿意放出去。”[31]

“马克思列宁主义之箭，必须用了去射中国革命之的。”毛泽东继续说道，“这个问题不讲明白，我们党的理论水平永远不会提高，中国革命也永远不会胜利。”毛泽东甚至在以中国为中心的实用主义道路上走得更远：“我们学马克思列宁主义不是为着好看，也不是因为它有什么神秘，只是因为它是领导无产阶级革命事业走向胜利的科学。”[32]毛泽东主义就是把来自马克思激进主义的德国哲学加以修剪，然后把它插在中国实用主义哲学的土壤里。

教条主义“实在比屎还没有用”，他向目中无人的极左分子宣称，他们是“整风运动”的主要对象，“狗屎可以肥田，人屎可以喂狗。教条呢？既不能肥田，也不能喂狗。有甚么用处呢？”

毛泽东简直使得那些认为能背诵苏联共产党的规章是一种成就的中共官员惊恐不安。他把这些误入歧途的狂热分子比作竹笋：“嘴尖皮厚腹中空。”[33]

这就像东山小学时期年轻的毛泽东。他不喜欢那些油嘴滑舌的

1945 年 4 月至 6 月，中国共产党第七次全国代表大会在延安举行。这是大会会场。徐肖冰　摄

纨绔子弟，他们把书本理所当然地当作他们自己在社会上晋升的便利武器。现在他批评那些以类似方式对待马克思主义经典的党内教条主义者。

毛泽东用来表示马克思的思想要适合中国情况的词“中国化”，是对马克思主义所使用的一个奇特的词。作为一种社会理论，马克思主义在其诞生时，是否过于“欧式的”而必须“中国化”呢？毛泽东是这样认为的。[34]

“没有抽象的马克思主义这回事，”他在 1938 年写道，“只有具体的马克思主义。”[35]

把马克思的思想译成中文，就已经使它们有了扭曲。* “无产阶级”这个词，在中国人的耳朵听起来，不只是城市的劳动阶级。

* 毛泽东从没读过德文的马克思著作；他见到的马克思主义，已经被灌进了中国思想架构的模子。

“大同社会”是毛泽东关于中国未来的美好设想，把它等同于“共产主义社会”，似乎令人惊奇，因为“大同”这两个字表示一个据信在古老的中国曾存在过的乌托邦式黄金时代，后来已经消失了。

马克思的有些结论，被毛泽东拒绝了。毛泽东认为，这位德国人关于历史发展分五个阶段的思想，不适用于中国西部的少数民族地区。他相信奴隶社会可以跳过封建的和资本主义的阶段，直接迈入社会主义社会。

马克思的其他结论，毛泽东作为大字标题接受了，但又通过下面的细小字体，把内容修改了。是的，城市工人必须“领导”革命，但是农民才是其“主力军”。毛泽东从马克思那里吸取灵感，但是毛泽东主义，后来并未证明和马克思主义是完全一样的。

在官方出版的五卷著作《毛泽东选集》的 228 篇文章中，有 112 篇是在西北写的，它们包含了他几乎所有的主要哲学论述。在这些文章里，说话的调子是圣人的语气。

“希望同志们把我所讲的加以考虑，加以分析，”他在一次讲课结尾时说，“每个人应该把自己好好地想一想……把自己的毛病切实改掉。”[36]

即使他尽量要谦虚一点时，其效果仍然如是，他是个声称自己是矮子的巨人。“我自己对于中国事情和国际事情依然还只是一知半解，”他在关于学习方法的前言中写道，“继续当一个小学生，这就是我的志愿。”[37]十五年前在湖南的《湖南农民运动考察报告》中热情洋溢的毛泽东的声音，已经让位于中华民族未来导师的声音。

在第二次世界大战即将结束时，毛泽东召开了一次中共代表大会。这是1928年在莫斯科召开第六次代表大会（毛泽东当时在井冈山，没有出席那次会议）以来的第一次。

第七次代表大会对毛泽东和毛泽东主义来说，是个大胜利。从“莫斯科1928”到“延安1945”，在时间上、空间上以及中国革命的盛衰上都是一个漫长的行程。

毛泽东贴切地称在延安果园里召开的这次会议是“一个胜利的大会，一个团结的大会”。会议开始的时候，恰恰是富兰克林·罗斯福去世和希特勒在柏林的瓦砾堆中自杀的时候。代表是从当时世界上第二大共产党的120万党员中挑选出来的。

他们坐在木头板凳上，面对一排盆栽绿色植物和毛泽东的大幅肖像。那里竖着24面红旗，表示中共已经诞生24年。大厅里的每根柱子上都挂着一个大大的“V”字，表示中共和盟国对法西斯主义的胜利。

灰色砖墙上的标语，有的带有一点儒家的道德说教意味。一幅标语上写着“坚持真理，修正错误”，另一幅写着“同心同德”，贴在后面墙上。这些标语都是毛泽东按照中国的思路重塑马克思主义的成果。

毛泽东和周恩来、刘少奇、朱德在七大主席台上。吴印咸　摄

新的党章宣布，“毛泽东思想”是中国革命的意识形态。它没有提斯大林的名字。莫斯科现在承认，毛泽东已经战胜王明，但是毛泽东没有回报

这个好意，没有向北方跪拜。

毛泽东总结了党内斗争。在早期，他失败了，自遵义会议以来，他胜利了。他的决议文本对苏联是礼貌的。但是在任何地方它都没有承认，苏联对 1927 年以后中国革命的任何阶段有过援助。

毛泽东以中共主席的身份领导了第七次代表大会，他是在 1943 年得到这个职位的。[38]

当刘少奇（现在在党内地位仅次于毛泽东）在一次讲话中 105 次提到毛泽东的名字，并且宣布“我们的伟大领袖毛泽东……把我国民族的思想水平提到了从来未有的合理的高度”[39]时，毛泽东并没有难为情。

而毛泽东则把刘少奇提拔到与他自己和任弼时共同组成的三人最高领导集体中，高于周恩来、朱德和陈云。他这样做，部分地是因为刘少奇经常抨击 28 个布尔什维克的“左倾主义”。但是也因为刘并不是一开始就在延安，不可能在重新审视党的历史并形成整风背景的问题上挑战毛泽东。

在第七次代表大会期间，毛泽东在跟代表一起举起茶杯时，一反常态地非常亲切友好，几乎是很随和。会议厅上边一层，有一个乒乓球室，在这里，不再讲“团结和胜利”，而是要一决高下。毛泽东拿起了球拍，他不是个高级玩家，但是他的一位同事注意到，他能够“非常平静地”输掉乒乓球比赛。[40]

朱德和毛泽东在中共第七次全国代表大会期间，一起研究对日作战（1945）。徐肖冰　摄

毛泽东于 1944 年 5 月在党校向“整风运动”中的受害者们作出了致歉的姿态，表现出他驾驭情势的盘旋曲折的技巧；他在一次谈话中承认，有些人受了苦，他们的愤怒可以理解。他向他们鞠躬。他说，如果他们不接受他的道歉，他就不能再抬起头，而必须再鞠一个躬。[41]他想要那些牺牲者们再回到他的身边。在很多情况下，若干年后，他成功地做到了这一点。

第九章

正在成熟的桃子（1945—1949）

对毛泽东来说，20 世纪 40 年代末期不是研究理论的时候，而是要快速行动，因为政权像正在成熟的桃子一样撩人地悬挂在他面前。

他做出一个接一个的决定。他与美国调情，然后苦涩地离去。他再次和蒋介石的国民党打仗，并且连他自己都很吃惊地轻易就打赢了。他还批准了和苏联不快乐的联姻。

美国对毛泽东来说，就像中国对罗斯福那样，只是远处的一点微光，并不明晰。零零碎碎的阅读，在他心目中树立起一个令人称赞的美国图像，那是乔治·华盛顿从英国的欺压下拯救出来的一片土地。

毛泽东在七大致闭幕词——《愚公移山》。他向大会提交《论联合政府》的书面政治报告，详细阐明了打败日本侵略者，建立新中国的路线、纲领和政策。

苏联和日本是现实存在的，而美国只是个概念。

到 1944 年，所有这一切都改变了。毛泽东为了打败日本而需要美国。但是，山姆大叔现在就在他的门口，不光彩地扮演着蒋介石赞助人的角色。毛泽东已经开始考虑美国在战后亚洲的作用。他预计中国将成为亚洲最引人注目的国家。

在延安，毛泽东向他遇到的美国记者反复提出很多问题，他对美国的好奇心让那些记者感到着迷。既然他能接触到国际新闻报道，他就像证券经纪人认真阅读股票报表那样，对美国进行仔细的分析。

他看过几部美国电影。他认为《愤怒的葡萄》很精彩。贝蒂·格拉布尔让他颤栗。一部关于美国大兵在意大利打仗的叫做《太阳之行》的片子，让他对美国士兵无忧无虑的作风感到惊奇——他们是在打仗，还是在野餐？他对查理·卓别林喜欢得不得了。[1]

1944 年夏天，一架装满了美国军人和外交人员的 C—47 飞机飞到黄土高原降落在延安。毛泽东坐着他那辆救护车改装的轿车颠簸着驶向机场，去迎接“迪克西使团”。

他有生以来第一次和一位美国政府官员握手。

当他见到戴维·巴雷特上校、二秘约翰·S·谢伟思和其他人时，他的目光是警觉的，但并不是没有期待。毛泽东和罗斯福派来

1944 年 7 月，毛泽东和朱德欢迎美国“迪克西使团”。右为团长戴维·巴雷特上校，左二为美国大使馆二等秘书约翰·S·谢伟思。

的各类代表开始对话。

在迪克西使团延安之行背后起作用的，是美国远东战区司令约瑟夫·史迪威将军，他希望评估共产党帮助美国打败日本的能力。“刻薄的乔”史迪威对中共的印象不错，想和他们更密切地合作，以加强战争力量。

看来毛泽东在1944年是亲美国的。在没有预见到会使用原子弹的情况下，他觉得，美国军队为了打败日本，将不得不登陆中国。他赞成这样做。他逐渐喜欢上美国来访者自由随意的风格。他甚至同意美国关于安排一位美国将军指挥全中国作战部队的建议（蒋介石不同意）。

他在与迪克西使团成员的谈话中，不断地使用“民主”这个词[2]，就好像它是延安和华盛顿之间共同的价值观。但是，毛泽东并没有成为西方所理解的民主的仰慕者。在谈到国际问题时，“反法西斯”是毛泽东提到民主时的全部含义。

20世纪50年代将会显示，毛泽东对美国的命运持有一种僵硬的马克思主义观点。*

了解情况的美国人，对蒋介石的国民党的自负、腐败和十足的愚蠢感到沮丧。毛泽东关于美国政策的想法，也基于集中在国民党

---

* 毛泽东对美国社会过于简单化的马克思主义观点，是在1947年和加拿大记者马克·盖恩的谈话中说出的。

毛泽东有点不耐烦地对我说：“你们西方自由主义者的麻烦在于，你们误解了美国社会的和政治的潮流。美国的劳苦大众已经受够了资本主义压迫和不公正。他们想要更好的生活，想要一个民主制度。当下一次萧条来临时，他们会向华盛顿进军，推翻华尔街政府。然后他们会建立一个民主政权，它会和包括中国在内的全世界一切民主力量合作。”

我告诉毛泽东，美国劳工向华盛顿进军推翻华尔街政府的画面，与我所了解的美国社会不完全相符。

毛泽东说：“我给你举个例子，能证明我的观点。你读过白修德和贾安娜写的《中国的惊雷》吗？”

我说我读过。

“你是否同意，这本书对蒋介石和国民党的暴政和腐败持有强烈的批评态度呢？”他问道。

我同意。

他又问：“你不认为它对我们很公平吗？”

我的确认为很公平。

“谁出版的这本书？”

我告诉毛泽东是由每月一书俱乐部发行的。当毛泽东问我这是不是一家资本主义企业时，我承认，是的，这家俱乐部的确是资本主义企业。

“好，那么，”毛泽东得胜似的说，“你已经得到答案！为什么一家资本主义公司会出版一本批评蒋介石而对我们公平的书呢？是因为受到了对中国友好、要求了解真相的美国劳苦大众的压力。”

见 *NYT Magazine*，1/30/66。

身上的考虑。

除了打败日本之外，他还希望罗斯福不再把美元和给养送给国民党，否则，中共和蒋介石的战斗将是长久而血腥的。

毛泽东试图说服美国相信共产党把握了未来。如果能够让美国认识到，蒋介石由于缺乏中国大多数农民的支持而注定要失败，或许内战能够避免。如果美国能够接受共产党和国民党现在是相互平等的，或许可以建立一个联合政府。毛泽东相信，在这种联合中，他会像黎明赶走黑夜一样必然击败蒋介石。

毛泽东发现，要说服罗斯福相信共产党正在迅速压倒国民党，一点都不比说服斯大林更容易。

当毛泽东认识到中国问题在美国政治中是一件多么难办的事时，已经为时太晚。蒋介石和他的妻子已经诱使一些关键的美国共和党人百分之百地支持国民党的事业。因此，罗斯福必须小心翼翼地与蒋介石打交道。

在中国，“刻薄的乔”和陈纳德将军有分歧，陈纳德不想与毛泽东协作，而是想通过炫耀空中力量打败日本。而罗斯福那来自俄克拉何马的“推土机”帕特里克·赫尔利少将，正在准备与史迪威参谋人员中的以及国务院中的中国问题专家作战。

可怜的毛泽东被弄糊涂了。没有人告诉过他，处理中国问题的美国人把百分之七十的时间花在互相辩论上，只有百分之三十的时间花在实际行动上。

帕特里克·赫尔利1944年末来到延安。毛泽东驱车到简易机场欢迎罗斯福的这位私人代表。赫尔利用能让尘土飞旋起来的乔克托印第安人的战争式叫喊宣布自己的到来。他动作麻利，军人姿态十分端正（据说他坐下也端着军人架子）。他穿着军官制服，挂满勋章。毛泽东穿着不像样的棉服和棉鞋，安静地向前走来。

“毛思同。”一个随从参谋听见赫尔利跟毛泽东打招呼时说。另一个听见的人以为这位迅速升迁的特使说的是“毛思董”。

毛泽东和赫尔利把自己塞进了救护车。国际上相互理解这一高尚目标，几乎从来没有面临比这更严峻的考验。

他们跨过延河时，毛泽东描绘河水怎样在冬天涨起来，怎样在夏天干涸。赫尔利回应说，在俄克拉何马，河水在夏天少得可以通过观察鱼群搅起的水纹而跟踪它们的路线。

1944年11月，毛泽东、朱德在延安会见美国总统罗斯福的私人代表赫尔利。

他们碰见一个农民正在用棍子赶骡子。赫尔利把头伸出窗外，用英语向农民提建议："打它的另一边，伙计！"毛泽东设法插嘴说，他小时候在韶山养过骡子。赫尔利解释说他曾经是牛仔，还一边讲那段生活一边不断地喊"呀呼！"。[3]

"这家伙是个小丑。"毛泽东后来告诉朱德，并且从那以后"小丑"就成了赫尔利在延安的绰号。[4]

赫尔利最大的问题是无知。他对中国或马克思主义的了解不比毛泽东对乔克托人的战争呐喊了解得更多。他甚至对他的朋友蒋介石也不理解。

毛泽东和赫尔利为国共的联合制定了一个计划。毛泽东对它很满意。他们两人都签了字。但是在重庆，国民党领导人嘲笑这个"五点方案"。

毛泽东曾向巴雷特上校说出他的怀疑，蒋介石是否真像赫尔利说的那样，在赫尔利把"五点方案"的要点带到延安来之前已经表示了同意，他这样想真是有先见之明。

赫尔利的做派像坦克，但是在智力上却像弹簧垫子一样软弱。几天之内他已经改变了他关于"五点方案"的主意。整个第二年——直到他怒气冲冲地辞职，并且解释说国民党运气直线下降是因为美国国务院亲共产党——他一直让美国的政策保持亲蒋介石。

毛泽东又打出一张牌——进行高层对话似乎是唯一的办法，他要求去华盛顿。

他的电文于1945年1月传到迪克西使团在延安的办公室，以便传送给“美国最高官员”。电文说，如果罗斯福把他们作为一个中国主要政党的发言人接待的话，毛泽东或周恩来，或者他们两人一起准备到美国来。[5]

毛泽东希望，如果罗斯福不邀请他，那就对提要求这件事保密；这是为了避免惊动蒋介石，共产党还在和他进行艰难的谈判。

赫尔利扣压了这份电文。这个俄克拉何马人已经成了驻重庆的美国大使。电文到了重庆，但是从没有到达“美国最高官员”手里。它只是作为向罗斯福提出抱怨的一部分，因而已经看不出原来的样子了；抱怨的是，巴雷特上校和中共之间有鬼鬼祟祟的联系。毛泽东等待着答复，但最终毫无结果。

十周以后，毛泽东得知，约翰·谢伟思已经受召要回华盛顿。他立即邀请这位年轻的美国外交家进行了半天的谈话。毫无疑问，他推测谢伟思是要回去安排毛泽东和周恩来拜访罗斯福。（谢伟思自己当时也不知道把他召回国的原因。）毛泽东这次可是大错特错了。

到仲夏，谢伟思被捕了，他被指控向左翼杂志《亚美》泄密。毛泽东心神不安。罗斯福已经在蒋介石的坚持下解除了史迪威的职务，而赫尔利现在正在大批地打倒那些相信毛泽东会在中国的未来起重要作用的美国官员。

毛泽东写了一篇叫做《赫尔利和蒋介石的双簧已经破产》的文章。[6]他和美国的调情，就像罗斯福的生命一样，几乎已经结束。

这位俄克拉何马人和蒋委员长使得一场共产党和国民党之间的新内战不可避免。这等于是赫尔利帮助把中国的未来交到毛泽东的手里，并且帮助把毛泽东推向与苏联更紧密的联系，而这种紧密联系是毛泽东未曾有过的，也是他并不想要的。

不久，赫尔利和蒋介石声言他们所支持的一切目标，很快就走上了下坡路。

当年秋天，毛泽东极不愉快地眼见苏联和蒋介石政府签订了友好同盟条约，这时他心里似乎闪现了和美国合作的新兴趣。但是，这只可能是短暂的闪现而已，因为华盛顿此时是唯蒋介石的马首是瞻。

毛泽东在美国“丧失中国”四年之前，就丧失了美国。

巴雷特在毛泽东和赫尔利之间左右为难。在赫尔利背弃了“五点方案”后，这位倒霉的上校被派去见毛泽东，看看能不能挽救点什么。毛泽东大发脾气，并怒斥蒋介石是“杂种”。

他大声说：“你们吃饱了面包，睡足了觉，要骂人，要撑蒋介石的腰，这是你们美国人的事，我不干涉。”[7]

毛泽东在愤怒中做出一个预言，它在即将展开的悲剧中得到应验：“你们爱撑蒋介石的腰就撑，愿撑多久就撑多久。不过要记住一条，中国是什么人的中国？中国绝不是蒋介石的，中国是中国人民的。总有一天你们会撑不下去！”

当巴雷特向“将军大使”做汇报时，赫尔利同样大发雷霆，骂“毛思同”先生是“混账东西”。[8]“将军大使”是一群对这位老板感到不快的工作人员用来指称他的头衔，因为他喜欢同时涉足于军界和外交界。

赫尔利在延安交给毛泽东的文本借用了很多美国革命的措辞。“人身保护法”，毛泽东可能从来没有听说过。“一个民有、民治、民享的政府”，是一句不容易用中文表达的话。赫尔利依靠《人权法案》来定义他认为战后国共联合应该坚持的价值观。[9]

毛泽东很反感吗？不是。对同赫尔利的第一轮谈判，他的反应还是不错的。事情的讽刺性以及悲剧性之处在于，为毛泽东请出美国宪法的那个人，也正是后来拆毛泽东台的那个人。

1945年8月9日，毛泽东发表声明《对日寇的最后一战》，号召八路军、新四军及其他人民军队对一切不愿投降的侵略者及其走狗进行广泛的进攻。这是八路军收复山海关。

学习美国民主的宗旨这种方式，没能起到让毛泽东在20世纪50年代和60年代非常信赖美国理想的作用。当他的“选集”出版的时候，关于40年代他对美国表现热情的叙述，大部分都被删除了。

如果毛泽东当初到了华盛顿，他或许会说服罗斯福相信他对未来的把握。这不可能阻止毛泽东和蒋介石之间的摊牌，但是中国内战就不会持续三年并且夺去300万人的生命。蒋介石也不会一直到最后都得到美国支持（实际上还不止到最后），而乔治·马歇尔也不至于在进行调停时受到掣肘。

也许，不管马歇尔可能做什么（即使他双手都自由），毛泽东都会打败蒋介石。但是，如果毛泽东在1945年真的作为政治领导人来到白宫，而不是作为遥远的命运之神悬在美国的想象中，那么，在美国引起的冲击会比较小，对“丧失中国”也不会有那么强烈的怨恨。

毛泽东在中国之外的第一次旅行本应是在51岁时到美国，而不是在56岁时到苏联。假如当时真的去了美国，他在后来25年间和美国的关系大概会较少地陷在苦涩中，会较少地夹杂着战争和战争威胁。

战争虽然结束了，但是和平似乎没有到来。在接受日本投降的方式上紧张关系达到顶点。共产党和国民党争着要接受敌人的投降；从日本人手里接过枪支，就是掌握未来。在这件事情上，充满愤怒的电报在毛泽东和蒋介石之间飞来飞去。

蒋介石暂时占优势，毛泽东只得作让步。两个世界强国都站在国民党一边。美国对蒋介石的后勤援助，使他在接受日本人投降上，比中共先走一步。莫斯科和蒋介石政府的条约让毛泽东担心，跟国民党的内战可能漫长而棘手。

因此，毛泽东决定到重庆和蒋介石谈判。“鄙人亟愿与先生会见，共商和平建国之大计……弟亦准备随即赴渝。”他用传统的礼貌措辞给蒋介石发了电报。[10]

一部分共产党领导人反对重庆之行。如果不是美国保证他在蒋介石地盘内的安全，如果不是斯大林强烈推动，毛泽东是不会去的。[11]他告诉刘澜涛，他是怀着开放的心态到重庆去的。“签约的手是长在我自己身上的。”他向刘强调他的自由意志时说。他还告诉第七次代表大会以后准备离开延安回到各地去的同事们：“回到前线去打仗吧，别为我在重庆的安全担心。实际上，你们在战场上的仗打得越好，我就越安全，而且跟蒋介石的谈判就会越有成果。”[12]

仍然热情奔放的赫尔利，于 1945 年 8 月乘飞机到延安去接毛泽东。毛泽东有生以来第一次爬上一架飞机，他也第一次公开进入蒋介石所统治的领土。在向南飞行的过程中，赫尔利对世界形势作了评述，毛泽东则填了一首词。

毛泽东有生以来第一次戴上了一顶有檐的帽子。他从飞机里出来，头戴一顶头盔状的遮阳帽，这是有人建议采取的一项安全措施。他的目光是警觉而冷峻的。

自从 1938 年汉口陷落给日本人以后，重庆一直是国民党的根据地。这个坐落在山上俯瞰长江的城市，对毛泽东来说是个新景象。他住在红岩区一条狭窄巷子中一套舒适的房子里。蒋介石派了一辆美国小轿车供他差遣。

距离毛泽东上次不是作为土匪进城，已经过去 18 年。同 1927 年在武汉一样，他的出现是合法的。不断有客人来访。报纸提到他的名字时也不加贬义的形容词。

他和老朋友以及老敌人碰面。他对他们所有的人都表现出大度，低声说些爱国的看法，互相交换字画。他把他的词《沁园春·雪》透露给《新华日报》（这是他的诗词第一次在重要刊物上发表）。全重庆都了解了他对中国山河的热爱以及他对自己命运的抱负。

20 年未曾见面的蒋介石和毛泽东握手了。

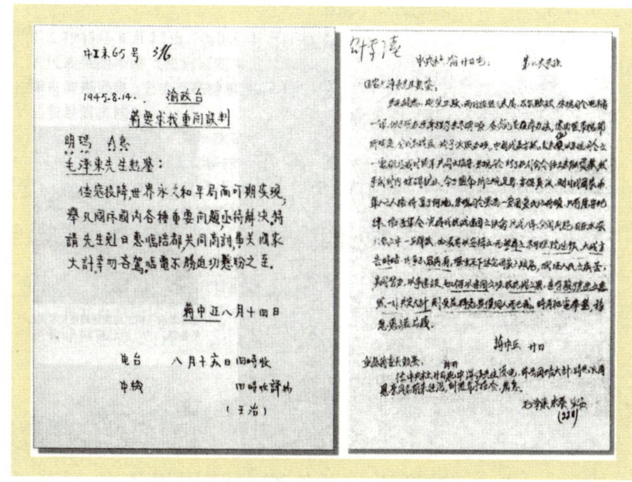

1945.8.14.　渝政台

蒋要求我重开谈判

明码　急

毛泽东先生勋鉴：

倭寇投降，世界永久和平局面可期实现，举凡国际国内各种重要问题，亟待解决，特請先生剋日惠临陪都，共同商討，事关国家大計，幸勿吝驾，临电不胜迫切悬盼之至。

蒋中正八月十四日

电台　八月十六日四时收

中機　四时收譯

（王治）

蒋介石三次电邀毛泽东赴重庆谈判。图为其中的两份电文。

一个看上去像个威严

1945年8月28日，为争取国内和平，毛泽东和周恩来、王若飞在赫尔利、张治中陪同下离开延安赴重庆谈判。吴印咸　摄

的普鲁士人，另一个像是波希米亚的流浪者。蒋介石的上衣经过精心熨烫，挂满了勋章。毛泽东的衣服皱巴巴的，普通得就像是从几百件衣服堆里捡来的（虽然他穿了一双新皮鞋）。

以前说蒋介石紧张而毛泽东镇定，这并不十分贴切。像毛泽东那样一支接一支地抽烟，不会是十分镇定的，虽然他尽量慢地把烟吐出。

毛泽东之所以在蒋介石面前保持镇定，是因为他知道他能智胜蒋介石，因为他相信他的事业（撇开人格不谈）会胜过蒋介石的事业。正是部分地出于这个原因，毛泽东是坦率的，而蒋介石则遮遮掩掩。

43天以后，毛泽东和蒋介石签署了一纸协议。蒋委员长用正楷签名，毛泽东则用草书写下他的名字。

协议没有解决任何根本性问题：国民党和共产党真的能共享权力吗？如果建立了联合政府，红军就要解散吗？但是，对国民议会的安排已在小心翼翼地进行准备，就一些领土的划分，也已取得一致意见。

这两个对手碰杯时，都笑得很过分，而宴会桌旁的其他人似乎被这不可能的景象所镇住，连半个微笑都做不出来。

在毛泽东就要返回延安的一天晚上，毛泽东作为蒋介石的客人去看了一场传统戏曲。在演出中间，共产党一行人得到一个消息。周恩来匆匆离开座位。

有人向停在剧院外面的毛泽东的汽车开枪，毛泽东的一个随从被打死。面色苍白的周恩来找到蒋介石的首席谈判官表达了他的愤怒。[13]

毛泽东留在座位上。他热爱中国的传统戏曲（虽然他在取得政权后要压制它），要享受这出戏的每一分钟。演出结束以后，领袖们聚在一起举行告别宴会。毛泽东是否忘记了对他汽车的袭击呢？他开心地笑着，举杯提议："为蒋介石先生长寿，干杯！"

1945年8月，毛泽东和蒋介石在重庆合影。经过43天的艰苦谈判，国共双方代表于10月10日签署《政府与中共代表会谈纪要》（即双十协定）。

毛泽东自那晚看过戏曲以后，再也没见过蒋介石。

毛泽东和蒋介石怎么可能互相信任呢？毛泽东不信任蒋介石。"世界上没有直路，要准备走曲折的路。"[14]他回到延安以后对几个随行人员说。他与重庆打交道是曲线的。就结束国共两党的斗争而论，他不认为和蒋介石的谈判能够成功。他做这次旅行，是国际形势所迫；苏联和美国都支持国民党（以不同方式），这就意味着，毛泽东必须适当认真地和蒋介石打交道。

他到重庆去，还因为中国的老百姓不希望内战，毛泽东不能让人以为他反对和平。

他去也是为了显示力量。对毛泽东来说，蒋介石不得不邀请他这件事本身，比谈判的内容更重要。中国——以及全世界——得到了及时的提醒：蒋介石有一个对手，他已经统治着一亿人口，指挥着一支100万人的军队。

"天无二日。"[15]蒋介石对随员说。但是毛泽东让人们知道，中国的天空有两个太阳可供选择。

毛泽东显然蔑视蒋介石。"蒋介石已经失了灵魂，"不久他总结说，"只是一具僵尸，什么人也不相信他了。"[16]然而，毛泽东在重庆期间一直控制着自己的情绪。*

蒋介石从1927年到1937年一直跟共产党打仗，现在又开始打了；有些共产党人对和这个人进行谈判不抱期望。有些人对战争厌倦了，他们让自己相信，和蒋介石谈判能够成功——周恩来可能是其中之一。

* 王明说，毛泽东在重庆谈判之后处于神经极度疲劳状态，经常头晕、心悸和失眠。见王明的 *Polbeka Kuk I Predatelstvo Mao Tse-tung* (Moscow), p. 201。

1945年10月11日，毛泽东在张治中陪同下离开重庆飞返延安。这是在重庆机场为毛泽东送行，前排右二为陈诚。

毛泽东巧妙地避开了这两个问题。他强调，世界是不断变化的，任何东西都不完全是它看上去的样子。当下这一时刻是真实的，但是，存在于未来的，也是真实的。如果人们既要尊重当前，又要抓住未来，运用非直接的方法是至关重要的。

马歇尔在1946年初来到延安，为缩小毛泽东和蒋介石之间的距离作最后的努力。陪同马歇尔的周恩来，对他进行的调停一直抱有希望。周恩来不像毛泽东，他总是不希望错过一条笔直道路的可能性，这就是为什么马歇尔觉得他更为直率。

毛泽东不抱什么期望。跟一年前不同，他好像是超然的；他在谈判中从始至终像演员似的扮演着自己的角色。

当他举杯向马歇尔祝酒时，肯定心无诚意："让我们为中美两国、为国共两党持久的合作，干杯！"

马歇尔诚心诚意地在浓雾中沿着一条笔直的道路前进。在延安机场准备离开时，他问毛泽东什么时候再去和蒋介石谈判。"蒋介石什么时候邀请我，我就什么时候去。"毛泽东回答说，声音像从远山传来。马歇尔富有感情地宣布："我可以断言，一个前所未有的进步时代，在等待着中国。"[17]在某种意义上，毛泽东同意马歇尔的观点。

1945年10月11日，毛泽东飞抵延安机场，向欢迎的军民发表讲话。

直到经过3次战争和4届美国总统之后，毛泽东才再次见到一个美国官员。

一切调停都失败了以后，马歇尔很快离开了中国。到1946年秋，毛泽东和蒋介石开始互相掐着脖子进行最后的决战。两个人都违背了达成的协议。

“两个想不开，合在一块，”毛泽东说道，“就要打仗。”[18]

接下来的3年在几个方面对毛泽东有利。在不幸的1946年过去以后，他的军事计划开始生效。他的政治预言，让他就像帽子里藏着好多兔子的魔术师。

在土地政策上以及在夺取政权的时间把握上，政治局意见不统一，但是，这些并没有演变成削弱己方力量的纷争。行政管理上的问题大多是由于成功带来的快速增长所造成的。

在1946年，国民党占有中国南方的全部以及贫瘠的、人烟稀少的遥远西部。共产党在北方势力强大。毛泽东的部队在人力上是蒋介石的三分之一，在武器上是五分之一。

第一年，当蒋介石到处进攻时，毛泽东选择了防御。到1947年初，特别是毛泽东在3月份放弃延安时，全世界都认为共产党正在藤蔓上凋谢。毛泽东的有些同事希望留下来为保卫延安而战。莫斯科认为撤走的决定是错误的，并觉得共产党即将失败。

1946年3月4日，毛泽东在延安设宴欢迎美国总统特使、军事三人小组成员马歇尔。

左图 1946年6月，蒋介石撕毁停战协定和政协决议，发动全国内战。毛泽东指挥解放区军民坚决进行自卫反击。这是毛泽东在审阅有关电文。
右图 1947年3月18日，中共中央机关主动撤离延安。毛泽东和周恩来、任弼时等继续留在陕北，指挥全国人民解放战争。这是转战陕北前夕的毛泽东。

毛泽东毫不牵挂。他提到延安时说："不就是几座窑洞吗?"他全神贯注于古代中国的一个战略："失掉一座空城有什么关系，目的是要打败敌人的军队。"但是最后，为了"要看看［国民党将军］胡宗南的军队像个什么样子"，毛泽东甘冒挨炸的危险迟迟不肯离去。当周恩来和彭德怀为毛泽东的不顾后果着急时，他还在抽烟并且细嚼慢咽地吃饭。彭德怀差不多是把筷子从毛泽东的手里抢过来，严厉地说："你还在这里等什么?"毛泽东最终站了起来。"一定注意不要掉了文件，"他慢吞吞地说，"带不走的书要摆好，马克思主义、列宁主义对胡宗南的军队是有用的。"[19]

蒋介石得意洋洋地飞到延安，就像一个到罪犯老巢踢翻锅碗瓢盆的警察。他预言只要再有3个月就能消灭人民解放军。3个月以后，他自己的军队正被一点一点地吃掉，而他只能对着一座座空城大声地下着命令。

毛泽东又回到了农村，他又拿起了枪。* 这一次他骑着一匹饲养得很好的马。他有了设法从东部沿海地区弄到的高质量的香烟，还

* 离开延安以后，中共领导分成了两路。毛泽东跟周恩来和任弼时在一起，朱德和刘少奇在一起。

有无线电收音机和一套很好的电话系统。夜晚工作、白天睡觉已成为他固定的习惯，因此，刘少奇、周恩来和其他领导人只得改变自己的时间以适应毛泽东。[20]

彭德怀在保卫陕甘宁边区动员大会上讲话。

一年的迁移让他身上的脂肪减少了，虽然食物一般来说还不错。他通常每天吃些肉、小米，或许还有萝卜或白菜。有一个星期，没什么吃的，只有用面粉和榆树叶做的粥。周恩来礼貌地说这种东西“好吃”，但毛泽东更喜欢有辣味的食物。[21]

他的电报充满具体的指示。他和别人在一个团队里工作，他只得这样做，因为部队指挥员是他的命令的执行者。他极少再单独地与大山交流感情。

由于毛泽东的生活已不像长征时那么艰苦，所以他的领导风格也变得更为传统。他花很多时间在室内和周恩来以及其他人一起开会，秘书们则拿着前线来的电文在窑洞里跑进跑出。

他设法让江青和在延安出生的女儿跟他在一起，组成一个紧密结合的奔波中的家庭圈子。

这期间他没有新的基本思想产生，也没写过一首诗，至少他没有让公众看到或听到他的任何诗。很典型的是，他唯一的诗文是为另一个人写的诗作了一个脚注。有一天早晨，一个警卫员因为看见太阳像火球似的从黄河上紫色的雾气中升起而受到启发，要写一首诗。但是他卡壳了。毛泽东听见他念诗，就说：“遗憾的是，诗没有结尾。”然后加了3行他自己的诗句。

在延安的岁月里，毛泽东的身旁总少不了小女儿李讷的陪伴。尝过太多离别辛酸的父亲不愿意让小女儿离开自己，甚至连保育院都不让去，干脆留在身边自己教育。

随着毛泽东这个名字的声誉越来越大，他用了一个假名——“李德胜”，是“离得胜”的意思。

他跟一个以前从没见过无线电收音机的王老汉闲聊。老王正准备把木头盒子劈了当柴烧。“李德胜”尽其所知给他解释电磁波的道理。“下次看到这样的东西，不要把它劈开当柴烧啰。”他劝告说。“不会的，”老王回答说，“我要用它听毛主席讲话。”[22]

毛泽东开始流露出他已意识到自己所掌握的权力。在他的作品中，他声称代表中国讲话（“要不是这样做，中国人民将认为是很不恰当的”[23]）。

在蟠龙大捷之后，毛泽东和周恩来在树下坐在小凳子上听共产党广播电台的报道。一部用电池供电的收音机放在一个底朝天的桶上，收音机传出广播员充满情感的声音。她说到蒋介石时声音里有一种刚劲，说到毛泽东时有一股热情。毛泽东对周恩来说：“这样就是爱憎分明！我们应该训练更多像她那样的广播员。”

在一个村子里安顿下来以后，毛泽东会在黄昏时从窑洞里出来，拿着一本《学英语》手册坐在小凳子上。他学外语仍然没有摸到窍门，但是，1944 年到 1945 年跟美国人打交道，使他想学一下美国的语言。一个战后政治家的自我形象似乎正在成形。*

＊到 60 年代中期，学英语从毛泽东优先要做的事的清单上取消了。他显然觉得在 40 年代晚期不应选择英语，而应把俄语、阿拉伯语或西班牙语，作为要学的语言。60 年代在北京出版的各种回忆录中，都提到毛泽东在内战时期学习“外语”。它们从不说是英语。但是在 70 年代，毛泽东又开始学习英语。

有一篇回忆录以对毛泽东不利的口吻，把毛泽东和周恩来的勤奋稍微作了一点比较。“有时候，为了减轻主席肩上的重担，周总理睡得比主席还迟，起得更早。”[24]用北京的标准，这是个尖锐的评论。

然而，从来没有人（甚至包括张国焘）暗示毛泽东缺乏个人勇气。

毛泽东和国民党的胡宗南将军进行了紧张的决战。胡宗南在毛泽东离开以后占领了延安。他在那里结了婚，他曾发誓不占领毛泽东的司令部不结婚。

毛泽东的部队不过两万，胡宗南有 23 万。毛泽东在陕北到处迂回穿插，使胡宗南的部队过于分散，不得不从解放军受到很大压力的其他一些战场抽调部队。

毛泽东让部队唱：“存人失地，人地皆存。存地失人，人地皆失。”由于他不在乎土地的得失，并且很多时间在与胡宗南捉迷藏，于是他常常随处坐下来和工作人员谈论小说。为了提高他们的写作能力，他鼓励警卫员们写日记，甚至帮他们修改日记。

解放区人民支援人民解放军作战的架子车队。

胡宗南的 23 万人四处铺开。他们不像毛泽东的“鱼”那样享有与农民的良好关系。胡宗南被诱入并被麻痹之后，毛泽东就行动起来。“胡宗南像是一只拳头，”他总结说，“我们要让他把手张开。现在，可以将他的手指一根一根地剁掉了。”[25]

1947 年末，毛泽东在全中国开始发起进攻。解放军在整个华北和华中像他对付胡宗南那样对付国民党。“人民是我们的铜墙铁壁。”[26]毛泽东的话好像有点夸口，但是事实证明他是对的。共产党有民众，国民党只有领土。一位美国军事观察家说，到了 1947 年，“华北百分之七十的农民都拥护共产党”[27]。

在从陕西到华北的途中，毛泽东在五台山的一个寺庙里待了两天。毛泽东就那个庙里的两位高僧（两名出家的退伍军人）问了僧人们许多问题，听他们讲该寺庙的历史和法事活动情况，最后他让佛教徒们放心：“共产党允许人民信教。我们的政策是保护宗教活动。”[28]

蒋介石在东北得到一个令人痛苦的教训：控制建筑物而不是人心，是没有用处的。他的火车打算从一个城市开向另一个城市时，却发现拥护毛泽东的农民已经把铁轨搬到山里去了，蒋介石只占领了几座车站！这种情形概括了内战的形势：农村毁掉城市，人战胜机器。

在城市里发生了大规模的游行浪潮，这对毛泽东来说是额外的恩惠。“要饭吃，要和平，要自由”是新的学生运动的口号。这些活动是反蒋的，因为国民党没有给人民这些东西中任何一件。

在农民的窑洞里，毛泽东离这个微型的五四运动很远。但是他的方法一直是驾驭，而不是直接加入到这样的知识先锋的行动中去。1919 年，当建立新世界的声浪升起时，毛泽东正在孔子诞生地默想。1935 年，当抗日学生运动在北京爆发时，他远在延安。这次的情况也一样。

然而，毛泽东在 1947 年立即看到城市反蒋情绪兴起的重要性。他把这称为“第二条战线”——第一战线是武装斗争。[29]

毛泽东在 1948 年春打了几个大仗，证明了他的灵活性。除了当他知道自己还太弱而不可能打赢时，他从不反对打这样的战役。现在他强大了。突然间，战争不是在毛泽东自己的地块上，而是在蒋介石政府的领土上打起来了。

蒋介石曾经写过一本书——《中国之命运》，书中预示了他完全的胜利。现在，局势的一个电影版好像正在以不寻常的速度掠过中国想象的大银幕，但却是向相反的方向演进。每一个画面都展示了国民党的灾难。蒋介石的一半部队都因为执行驻守任务而被困住……“共匪”突然看上去像是正在为祖国而战的中国年轻人……蒋介石对着损失了一半部队的将军大喊大叫……毛泽东在仔细思考，面孔像佛祖一样安详……蒋介石在跳进跳出他的飞机……毛泽东在步行穿过村庄。

斯大林邀请毛泽东访问莫斯科，以“照顾他的健康”，但是毛泽东对在风起云涌的 1948 年离开中国放心不下。斯大林派米高扬秘密到河北看望毛泽东。“斯大林有点杞人忧天。”聂荣臻回忆说。米高扬到来是为了检查中国共产党军队的力量；中国方面觉得，他疑心艰苦的作战已经让部队虚弱到危险的境地。

有一次在河北，聂荣臻在国民党一次神秘的轰炸中救了毛泽东的命。聂将军听到 B—25 飞机的声音，跑进毛泽东的房间想叫他进防空洞。毛泽东穿着蓝条睡衣平躺在床上。聂荣臻把他叫醒，但是毛泽东平静地坐在床沿上。“不要紧，没什么了不起，”他说，“无非是投下一点钢铁，正好打几把锄头开荒呢!”聂荣臻坚持要毛泽

左图 毛泽东起草的关于平津战役作战方针电报的手稿。
右图 1948年11月29日至1949年1月31日，东北野战军和华北军区部队共同发起平津战役，歼灭和改编国民党军傅作义集团52万余人。至此伟大的战略决战胜利结束。

东到防空洞去，毛泽东拒绝了。聂荣臻命令警卫员抬着担架进入毛泽东的卧室。当把它放得靠近毛泽东时，聂荣臻和他的参谋长灵巧地把毛泽东抬起来放到担架上；警卫员从两个首长手里接过担架，跑着进了防空洞。炸弹像雨点般投下来，一枚炸弹击中了毛泽东房间所在院子。毛泽东对聂的感激之情一时无以言表。后来聂荣臻逮捕并处死了两名国民党间谍，是他们泄露了毛泽东所在的位置，所以造成了这次轰炸袭击。[30]

毛泽东在占领东北以后没有直接向北京进军。这让蒋介石以为他没有能力这样做。但是毛泽东有他的道理。这样做，从时间上允许解放军休息一下，同时使得国民党在考虑他们的困境时，士气越来越低落。此外，又可以让林彪以及和他一起的司令员们把这个地区的全部50万国民党军队包围起来，并有计划、分阶段把他们消灭。

解放军先向天津和较小的城市进发——这和国民党的预期相反——然后以几乎和德国人一样的高效率一个一个地攻占它们。李立三和李德如果不是因为犯了非毛泽东主义的错误——在错误的时间追求正确的东西——而早已从操控职位上退下来，他们会很高兴看到这个景象。

毛泽东的有些同事，对战胜蒋介石的期待不如毛泽东那么高。"我们不会失败，"彭德怀将军显然在1946年说过，"不过，我们不一定能打赢。"[31]

有些人——其中几乎可以肯定包括刘少奇——觉得，共产党应

1949年4月20日，国民党政府拒绝在国共双方谈判代表达成的《国内和平协定》上签字。从当日子夜起，人民解放军开始强渡长江天堑，23日解放南京，结束国民党的统治。

该暂时满足于在华北和华南分别形成两个政权。根据这种谨慎的观点，渡过长江作战不仅和斯大林的建议相悖，还可能会惹得杜鲁门不受欢迎地进行干预（1948年在中国有10万美国军队）。

1948年的毛泽东蔑视这种悲观主义。

1921年，当毛泽东和萧瑜坐船到上海，说到中共多长时间能赢得政权时，毛泽东的估计是“三十至五十年”[32]。他在1946年夏天预言说：“一年半的战斗。”在1948年春天说：“1951年7月。”在1948年下半年宣布：“一年左右的时间。”[33]最终证明，这一估计差不多是正确的。

蒋介石成了一个寻求和平的人，充满温和言辞的电文不断从南京发来。但是，现在毛泽东成了不想分享权力的那个人。他的条件像势不可挡的解放军的刺刀一样僵硬。他对南京真正的回答在4月到来，那时解放军从绿色的山上冲下来，攻占了这座可爱的城市。“南方的京城”陷落了，不久，南方也陷落了。

毛泽东写了一段时间以来的第一首诗。他写到巨龙一样盘踞在南京东边的钟山。历史上，南京是藏龙卧虎之地。

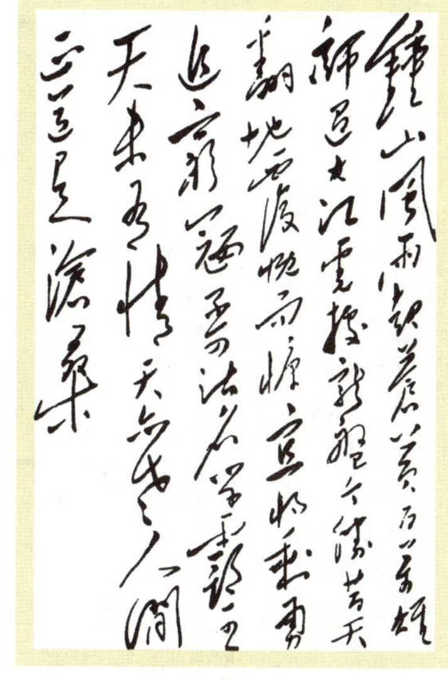

毛泽东《七律·人民解放军占领南京》手迹。

钟山风雨起苍黄，
百万雄师过大江。
虎踞龙盘今胜昔，
天翻地覆慨而慷。

诗的最后几行似乎发自于毛泽东的“虎胆”：

宜将剩勇追穷寇，
不可沽名学霸王。
天若有情天亦老，
人间正道是沧桑。[34]

“人间正道”是儒家味道非常浓的措辞。但是诗句的第二部分把孔子从行动事项中抹去了，任何信奉儒学的人都不会把政治权力用于沧海桑田一般的改变。

毛泽东一直在读《伊索寓言》，在“善有恶报”中发现了冷酷无情的逻辑。农夫发现一条冻僵了的蛇。农夫可怜他，把它揣在怀里。这条蛇由于温暖而复苏，又恢复了通常的脾性，咬了可怜的农夫。毛泽东引用农夫临终时的悲叹：“我怜惜恶人，应该受这个恶报！”[35]

在这个算总账的时刻，不允许毛泽东内心的“猴性”玩花招。楚霸王饶了对手，却最终使自己毁于他手下。沧桑之变的机会已经到来，没有一丝的情感会阻止毛泽东抓住它。

毛泽东以他的胜利狠狠地责备蒋介石：

抗战胜利的果实应该属谁？这是很明白的。比如一棵桃树，树上结了桃子，这桃子就是胜利果实。桃子该由谁摘？这要问桃树是由谁栽的，谁挑水浇的。蒋介石蹲在山上一担水也不挑，现在他却把手伸得老长老长地要摘桃子。他说：“此桃子的所有权属于我蒋介石，我是地主，你们是农奴，我不准你们摘。”我

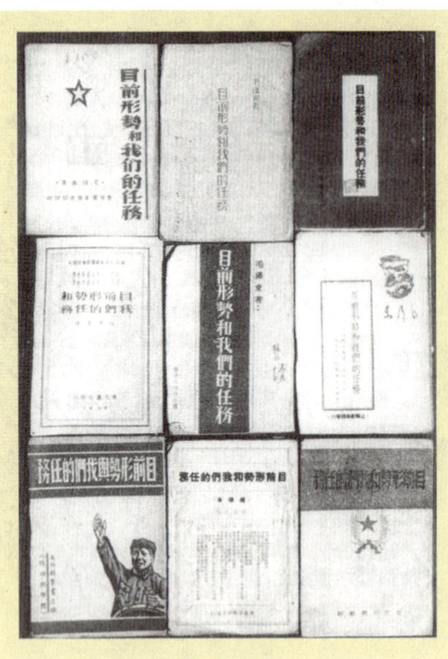

1947 年 12 月，中共中央在陕北米脂县杨家沟召开会议。毛泽东向会议提交了《目前形势和我们的任务》的书面报告，指出夺取全国胜利的各项任务。这是当时出版的《目前形势和我们的任务》。

们说："你没有挑过水，所以没有摘桃子的权利。"[36]

毛泽东现在已登上世界政治舞台。1945 年的重庆之行让他成名，1947 年在战场上的胜利让他变得可怕。

他在延安办公室的墙上挂了四个大人物的肖像：蒋介石、丘吉尔、罗斯福、斯大林（像延安普遍做的那样，以西方字母表排序）。这种摆法把中国置于世界大国的行列中。

到 1948 年，毛泽东觉得他几乎就要取代蒋介石成为中国领导人了。（他已经开始指使蒋介石了："这是不容许的。"[37] 这是指国民党计划释放一名臭名昭著的日本战犯。）在他自己心目里，他已经登上世界政治舞台。随后发生了一件事，清楚地表明他是正确的。

英国派了一艘护卫舰沿长江溯流而上，好像东方还是约翰牛的后院似的。"紫石英号"向南京开进，既是为了展示国旗，也是为了给在那个摇摇欲坠的首都的英国大使馆送去雪茄烟和波尔多葡萄酒，并提供避难所。

但是，长江流域不再像伦敦所认为的那样掌握在蒋介石的手中，而伦敦已经习惯于掌控顺从的中国人。毛泽东的士兵向"紫石英号"开火并使它遭到重创。23 名英国人被打死。由于船长拒绝签署一份承认"犯有非法侵入中国水域之罪"的文件，该护卫舰像一条死鱼一样躺在那里达 101 天。[38]

英国的众议院义愤填膺。丘吉尔把解放军的行动称为"公然的暴行"。毛泽东的回答简单地指出，一个主权国家不能允许外国船只在其内河随意航行。这位"共匪"现在代表中国说话。

"外国政府如果愿意考虑同我们建立外交关系，"毛泽东在一个当时让英国人愤怒但在今天看来很合逻辑的声明中宣布，"它就必须断绝同国民党残余力量的关系，并且把它在中国的武装力量撤回去。”

斯大林对毛泽东的胜利的“贡献”，就是在他已到达权力边缘的时候敦促他放弃。“我们当时认为，在中国，开展起义没有前途，”斯大林后来承认，“中国同志应该寻求跟蒋介石妥协，他们应该加入蒋介石的政府，解散自己的军队。”[39]

毛泽东正确地感觉到，战后的亚洲正在形成超出 4 大国所设想的格局。他后来对“超级大国”的不信任，部分地是由于一个事实：在 1948 年，几个大国没有表现出任何欢迎他加入他们的俱乐部的意思。

蒋介石向南转移到广州。这一回，美国大使没有跟着蒋介石一起走。其他重要国家的大使也没有走，他们都留在南京。只有一个例外：当华北在毛泽东领导下变成红色时，苏联大使却去了广州，依然抱着蒋介石的“白骨”不放。

毛泽东邀请司徒雷登大使过来进行会谈。这是以镜像的形式为毛泽东 1945 年自己期望到华盛顿和罗斯福进行会谈所做的脚注。毛泽东已经决定中国暂时倾向于苏联，但是，毛泽东的中国是否要和美国保持公事公办的关系，依然未定。*

但是，司徒雷登有些不知所措，而华盛顿对毛泽东和司徒雷登的会谈，连半心半意都谈不上。**

在 1945 年，当毛泽东的力量还很弱小时，他或许会到华盛顿来，然而美国没有邀请他；在 1949 年，他强大了，不必**到任何地方去**，但是他的确邀请一位地位比自己低的美国官员到他那里去。美国又一次表示不很感兴趣。

1945 年，华盛顿认为毛泽东太弱，用不着理会他。仅仅 4 年以后，华盛顿又认为他太强大了，而不可能从他那里得到什么。

毛泽东十分愤懑。不久，他下令严厉而不容分说地处理留在华北的美国领事人员，指控他们是“间谍”，许多人被不公正地匆匆赶出了这个国家。

美国人在南京和共产党的最后接触很不愉快。“黄华直率地说，他们把美国看作敌人。”[40]司徒雷登在他的日记中写道。这位身体虚

* 正如周恩来在 1946 年对马歇尔所说：“当然，我们会倒向一边，但是倒向哪一边，将取决于你们。”见 Vladimirov and Ryazantsev，p. 106。

** 美国从未公布过毛泽东对司徒雷登的邀请。

弱的大使回到美国，并且不久就得了中风。毛泽东用《别了，司徒雷登》[41]对他说再见，这是他所写关于美国的最尖锐的文章。

他回顾说，马歇尔调停的目的是尽可能“不战而控制全中国”。他把蒋介石政权称为“美国殖民政府”。文章行文尖刻，不顾后果地反美，还以中国古书里的典故来冷嘲热讽。

美国很富有，而中国很贫穷；毛泽东不能掩饰他对此抱有的愤愤不平。他憎恨美国的慈善行动甚至超过憎恨美国的武器。“美国人在北平，在天津，在上海，都撒了些救济粉，看一看什么人愿意弯腰拾起来。”

美国对它的救济对象表现的傲慢态度，让他想到周朝（公元前1046—前256）的一个“渔夫”（姜太公），他只用一根没有钓钩和鱼饵的光秃秃的竿子，渔线垂在水面上约1米高的地方，同时宣称：“愿者上钩。”

他用古代经典《礼记》中的一句话警告那些可能仍然希望向山姆大叔伸手乞讨的中国人：“嗟来之食，吃下去肚子要痛的。”

在毛泽东表面的英雄气概下面掩藏着一段伤痛。他自认为曾受到蔑视，所以现在大声地向美国表示蔑视。“没有美国就不能活命吗?”他喊道。喊声很大，显出他内心没有安全感。

为什么毛泽东攻击自由主义者——司徒雷登、艾奇逊——而不太注意麦卡锡右派们呢？美国的自由主义者成为毛泽东的主要敌人，是因为他们对中国自由主义者的吸引力，已引起了后者对毛泽东的亲苏主义的质疑。

一些“第三势力”的人，甚至一些共产党人，向往美国的民主。他们觉得美国（毕竟离得那么远）比苏联的危害要轻一些。毛泽东在利用外交政策问题把箭射向国内的靶子，就像中国一句成语所说的，是“指桑骂槐”。

1949年，蒋介石不得不转移五次，并且在12月离开大陆撤到台湾。司徒雷登在日记中说：“蒋介石在台湾会引起许多问题。”[42]无论是司徒雷登还是毛泽东，当时都没有意识到这些问题会有多大。

是毛泽东胜利了，还是蒋介石失败了？两者都有。蒋介石本人在1948年的一次国民党会议上承认，共产党比国民党更具奉献精神，为中国人民服务得更好。人民解放军比国民党军队更会打仗，更有智慧。[43]而且中国经济在蒋介石外行的手中濒临崩溃了。

这两个失败其实是一个：蒋介石的拥护者太少了。

“人民战争不取决于一个城市的得失，”在美国记者安娜·路易斯·斯特朗问毛泽东关于失掉延安的事时，他告诉她说，“而取决于怎样解决土地问题。”毛泽东打败蒋介石，是因为他懂得在中国广阔的土地上打仗的社会意义：你赢得了中国农村的老百姓，你就赢得了胜利；而蒋介石不懂得这一点。*

*毛泽东虽然对蒋介石比刘少奇更为不妥协，但是在土地政策上却比刘少奇“温和”。“欲速则不达。”他在一封给刘少奇的电报中不耐烦地提醒他，电报主张要宽容地对待小土地拥有者。通过让“水”更适宜于“鱼”在里面游泳，毛泽东温和的社会政策有助于人民解放军打垮蒋介石的军队而取得胜利。见 *SW*，IV，p. 194。

毛泽东没有像蒋介石那样因为征兵和征粮而疏远人民。他的干部没有像蒋介石的干部那样，用一半的时间经营他们自己的窝。他也没有像蒋介石到1948年那样依靠外国人的支持。（抗日战争胜利以后，蒋介石得到美国30亿美元的援助；而在同一时期，毛泽东几乎没有得到任何外援。）

毛泽东赢得了知识分子的支持，他们发现，蒋介石在毫无诚意地宣布忠诚于自由世界的同时，在自己后院里自由却越来越少。毛泽东赢得了中国爱国者的支持，他们看一看四周就发现，自己的国家正在蒋介石的统治下走向崩溃与毁灭。毛泽东还赢得了另一些人的支持，他们宁愿对未来抱有模糊的希望，也不愿意忍受明显的令人厌恶的现实。

1946年8月6日，毛泽东会见美国进步作家、记者斯特朗，提出“一切反动派都是纸老虎”的著名论断。这是会见的地点和刊载这次谈话的《美亚》杂志。

蒋介石只是在对付相继而来的每一个危机的范围内表现出精明，他没有宽广的视野。毛泽东是以一个研究过历史的人的长远眼光看问题。

蒋介石是个爱虚荣的人，常常因为事情的细枝末节而转移注意力。毛泽东（在40年代）是个直截了当的人，只对他的目标的本体感兴趣。

蒋介石只是个军人。毛泽东是个有思想的人，对他来说，枪杆子是个工具。在1943年，当共产党还很弱时，蒋介石本来可以和毛泽东达成有利于他自己的协议。但是，他不像毛泽东那样理解政治和战争之间的关系，他对共产主义问题只寻求军事解决，结果既丧失了军队，也失去了中国人民。

毛泽东发现可用《红楼梦》中的一个人物形象来类比蒋介石和他的军队。小说中的贾宝玉生来就口含一块玉。这是“他的命根子”，必须日夜戴在脖子上。如果把它丢了，他就会失魂落魄。[44]毛泽东认为，蒋介石把军队看作旨在保护他不受外部世界侵扰的图腾。

毛泽东自己对军队的看法不一样。从根本上说，它是动员起来的人民，既不是一种机械装置，也不是什么神秘的东西，只是政治斗争的一种模式而已。就像贾宝玉没有丢失那块玉一样，毛泽东绝不可能失去他的军队，但是蒋介石像是鬼魂附身似的总是害怕失去他的军队。

到1948年中期，共产党已有300多万党员，250万人民解放军。军队分为野战军、地方部队和游击部队。纪律和协作问题出现了。毛泽东写了一些《关于建立报告制度》一类单调的备忘录。

在井冈山，毛泽东是个赶着羊群的牧羊人；现在，他指挥着世界五大军队之一。方法不可能相同。

城市生活给毛泽东这样的农村人带来从未面对过的生活方式上的困境。毛泽东赢得了夺取政权的战斗，同时他开始输掉保持纯洁性的战斗。他关于规模大是不是好事的矛盾心理越来越强，开始疑心表面得到的越多是不是可能实际得到的越少。

“猴子”毛泽东不允许“老虎”毛泽东倾其全力地自行其是。他作为导师的角色好像离他而去，而在延安时他曾经将这一角色与领袖的角色结合得很完美。

1948年4月，人民解放军收复了延安。但是它没有，也不可能，收复延安精神。毛泽东口述了一封电报，祝贺延安人重新回到自己的家园。而他再没有重访过延安。

河北省平山县西柏坡。1948年9月，毛泽东在这里主持召开中共中央政治局扩大会议，再次提出在五年左右的时间内（从1946年7月算起）从根本上打倒国民党的反动统治。会议讨论了新中国的经济建设方针和由新民主主义向社会主义过渡的设想。

毛泽东在解放来临时很少露面，他对表面形式几近厌烦。他坐在密室里做出种种决定。这些决定，主要是如何以及按什么顺序摘取诱人地悬在他周围的果实。

当1948年行将结束时，大卫·巴雷特上校在北京跟约翰·梅尔比一起吃午饭，梅尔比也来自南京的美国使馆。天气好极了，晴空中的艳阳照亮了红红的柿子。但是，一阵隆隆的大炮声震得筷子格格作响。人民解放军已经到达可以俯瞰平坦而平静的北京城的西山。炮弹正落在北京西郊的飞机场。[45]

还在困守该城的一位国民党将军向城外派了一个代表团，和毛泽东的农民武士们进行谈判，为投降作了安排，名义上是"联合"。这不再意味着共享权力，而只是由共产党进行操纵的一种象征。1949年1月，这位国民党将军交出了北京，还有他的20万军队。

毛泽东的战术挽救了这座城市，使它没有受到很大破坏。通过拖延了那么长时间，并首先占领了许多其他城市，他使国民党不大可能为北京而战。对这位蒋介石的将军理智的行为，毛泽东给他的回报是，让他当了水利部部长。

不久，人民解放军像到城里作周六出游的农村男孩一样走进城来。脚穿布鞋，表情腼腆，军装肥大。有的人还试图从电灯泡接火点烟。

一个扩音器在队伍前面开路，竭力虔诚地叫喊："祝贺北平人民得解放。"* 有的观众看到战士们农村孩子的"红脸蛋儿"，以为是长途跋涉后疲劳的表现，有的观众看到从身旁滚滚而过的坦克、吉普车和重炮差不多都是美国造，非常吃惊。

* 北京大约有500年一直是中国的首都。但是，当蒋介石在1928年建都南京时(和毛泽东一样，他对华北的感情也很复杂)，他把北京（北部的京城）的名字改为北平（北部平安)。毛泽东在正式建立政权以后，又重新命名该市为北京。从那以后，中共把"北平"看作是表示蒋介石时代的词。

"蒋介石是咱们的运输大队长。"毛泽东曾经开玩笑说，他说的是事实。

毛泽东和朱德的画像被举得高高的。朱德咧着嘴笑，毛泽东则面无表情。墙上和电线杆上到处贴着油印的关于"新中国"的传单。蒋介石新闻部的报纸《华北每日新闻》一夜之间变成了毛泽东的《人民日报》。

北京的编辑们非常聪明，迅速地跟上了新路线，因为毛泽东对任何事都不如对出版物监视得那样严。

他委派别人写文章。他要求看重要文章的校样，并用自己龙飞凤舞的字标出改动之处。他自己写了几十篇报纸专栏，但从不署名。若干年来他频繁雇用和解雇新闻人员，就好像他们是他的厨房工作人员。

北京在变成红色，然而北京的市民从未见过这位主要画师。当国民党投降7周以后毛泽东还没有到来时，不了解情况的人问，他真的存在吗？了解较多的人想知道，是不是北京在1918—1920年对他太冷淡了，他决定把新政权的基地放在别处？

1949年3月，毛泽东在西柏坡主持召开中共七届二中全会。

后来有一天，小道消息传遍大街小巷，说毛泽东正在从石家庄来北京的路上。石家庄在北京南200多公里处，是人民解放军攻克的第一座华北城市。毛泽东于3月23日到达北京。毛泽东在出发离开河北时对周恩来说："今天我们要进京了——我们进京去赶考！"周恩来笑着说："我们都应当能考试及格，不要退回来。"毛泽东说："退回来就失败了。我们绝不当李自成，希望考个好成绩。"[46]他提到的李自成，是在1644年寻求建立王朝的造反领袖。

1949年3月25日，毛泽东等率中共中央机关和人民解放军总部进入北平。这是同前来迎接的民主党派负责人和其他民主人士在西苑机场的合影。左起：沈钧儒、朱德、董必武、李济深、陈其瑗、郭沫若、黄炎培、毛泽东、林伯渠、马叙伦。

《人民日报》印了第一份号外。**"毛主席已抵达北京！"**报童高喊着，喊声响彻街巷。标题套红印刷，约7.5厘米高。顾客们抓住报童以便抢购到一份。号外45分钟就卖光了。

空想的社会改良家和左翼人士对事件的转折感到激动，富人感到苦涩又害怕，人力车夫平静地谈论前景。人人都在推测毛泽东的天性和他办事的先后顺序。

在北京大学，一位姓郭的看门人暂停下工作和一位图书管理员一起追忆往事。"他以前就在这间屋子里工作，在那边那张桌子前，查点报纸和杂志。"王姓管理员凝视着那个地方，"是的，我记得。从我最后一次见他已经过去30年了。从照片上看，他胖了一些……"[47]

王望着空中说："谁会知道……"或许他希望他在1920年对毛泽东照顾得更好一点，花更大的劲儿帮毛泽东找到要看的书。

王说毛泽东胖了一些，他是对的。"你比以前胖了，"一位4年前见过毛泽东的来访者说。"反动派把我变瘦，"毛泽东以胜利者的心情微笑着说，"既然他们被打跑了，我就又长胖了。"睡眠是部分原因——他上床早一点，就长胖一点。

当长沙落入人民解放军手里时，一封庆贺的电报送达毛泽东。电报来自他早年妻子杨开慧的哥哥。五天以后，毛泽东以较长篇幅作了回复。他给了杨先生一些家庭信息。开慧为毛泽东生的两个儿子都在北京。岸青在上学，岸英在中央机关做俄语翻译工作。“他们很想见外祖母。”毛泽东补充说。在接下来的几年中，他安排他的两个儿子探访了湖南。岸英在 1950 年、岸青在 1951 年分别到他们母亲的墓前拜谒，并走访了杨家的亲戚。毛泽东和陈玉英取得了联系，陈是在长沙清水塘他和杨开慧在一起时的保姆。她受毛泽东邀请 4 次到北京，毛泽东多次单独跟她长时间聊天。[48]

毛泽东没有上街，没有进一步去激发北京的兴奋情绪。他带着书籍、烟草、警卫员、穿旧了的衣服等等，在北京西边香山一座别墅里安顿下来。在这里，安全可以有保障。后来，在 1949 年冬末至 1950 年从莫斯科回来以后，毛泽东搬进紫禁城里去；曾经围住从前帝王们的那道朱红色墙壁，使他与外面的城市相隔开。他住的地方是一所叫做菊香书屋的房子，有松柏掩映，卧室同舞厅一样大。

选择这里居住的确不错。在接下来的若干年里，斧头砍向北京的很多老建筑，很多城墙和城门像歌剧结束后的布景一样被拆除。手艺人从做艺术品改行做肥皂。几乎所有的外国使馆都被要求离开使馆区体面优雅的宅第，搬到荒芜的郊区去安置。

寂静的中南海丰泽园菊香书屋。

然而，毛泽东没有为自己建造一座斯大林式的平房，他住在帝王曾经住过的地方。

这座“房子”是明朝的一个殿堂，占据历代王朝中心紫禁城内的一个安静的角落。它金黄色的琉璃瓦呈曲线形到达屋脊，上方覆盖着法国梧桐伸展开来的枝叶。红色的柱子像哨兵一样矗立在深褐色木墙的四周。

在毛泽东的窗户外面，是黄

铜铸就的龙，嘴张得很大，似乎想倾诉它过往的经历，但在1949年的北京，没有一个人能听得到。白色石头台阶通向一扇很宽的四扇构成的玻璃门，门的里面有素雅的帘子垂挂下来。

这个地方叫做中南海，毛泽东从他的正门可以看到像青花瓷的蓝色一样的湖面，湖中有很多鱼。

房间内部简朴而雅致。毛泽东不喜欢花草或任何其他装饰。非常高的天花板给人一种庄重的感觉。高高的窗户像在教堂里一样洒下光线。

木雕的屏风和长长的丝质帷幔营造出一种空旷的格调。吊灯像街灯一样挂在宽大的安乐椅上方两米多高的地方。书籍像中国古书那样平放着摞起来。书中间还有《大英百科全书》，大概是毛泽东不时地攻读英语时使用的工具书吧。

毛泽东铺了台布的办公桌上放着一个大茶杯和一只放大镜。他的工作椅是柳条编织的，是为了使他的衬衫在夏天不至于粘在上面。

卧室看上去和书斋没有太大的不同。在木床的一边有一个巨大的长凳，上面的书摞得高高的。* 在床的另一边是一个痰盂。衣服像医生的白大褂似的挂在衣架上。窗外是一块菜地，毛泽东会在沉思默想时溜达出去，侍弄种在那里的豆角。这是帝王们所不做的。

* "我不看书就睡不着觉。"毛泽东有一次对日本首相田中角荣说。见 *Tokyo Shimbun*, 9/27/72。

毛泽东的心目中肯定已经给"解放"拍了很多快照。谁在韶山把红旗挂在了他家农舍的上方？在长沙的《大公报》是否有斗争？人民解放军在占领武汉前行军路过蛇山和龟山旁边时，受到老百姓怎样的对待？

从什么获得解放，很快变成了过去的记忆。"中国共产党掌权"是"解放"这个词直截了当的新含义。虽然毛泽东在搬除中国背上旧有重负的过程中作用巨大，但是现在对他做判断，就要看他权力在握时，将为中国做什么。

"是这些破衣烂衫的泥腿子改变北平，"毛泽东开始掌权时默默思考，"还是北平改变泥腿子？"[49]

1949年5月，有人拿了一篇供发表的、庆祝上海解放的新华社社论草稿给毛泽东看，毛泽东加写了一句作为补充："外国政府必须从过去制定对中国外交事务的错误政策中吸取教训，对中国人民采取友好的政策。”[50]在当年年中，毛泽东派周恩来的妻子邓颖超到上海，捎去一封他写给宋庆龄的很恭敬的信。孙中山的这位遗孀受邀北上到北京参加人民政协会议。毛泽东 6 月 19 日的信谦恭而有礼貌。不到两个星期，7 月 1 日在上海，宋庆龄做了一次演讲，毛泽东听来十分悦耳：演讲祝贺共产党“从泥腿子成为最高领导”，并向他们“英雄的长征”致敬。[51]听到宋的话以后，毛泽东说：“邓颖超代表党中央出色地完成了上海之行的任务。”

在毛泽东的职业生涯中，1949 年是真正的分水岭——民主比任

面呈
宋庆龄先生
中國共産黨中央委員會

中國共産黨中央委員會

庆龄先生：

重庆违教，忽近四年。仰望之诚，与日俱积。兹者全国革命胜利在即，建设大计亟待商筹，特派邓颖超同志趋前致候，专诚欢迎先生北上。敬希命驾莅平，以便就近请教，至祈勿却为盼！专此。敬颂

大安！

毛泽东

一九四九年六月十九日

1949 年 8 月 28 日，毛泽东和周恩来、张治中在北平火车站迎接由上海北上的宋庆龄。下图是毛泽东邀请宋庆龄北上的亲笔信。徐肖冰　摄

何性格中的二重性都重要，因为这是“社会主义建设”的固有之意，“社会主义建设”正等待着他。到现在为止，毛泽东的“革命的理想主义”处于他“政治的现实主义”的控制之下。但是，未来的岁月，会完全颠倒两者的关系，毛泽东将会经常和自己作斗争。

第十章

“我们熟习的东西有些快要闲起来了”[1]（1949—1950）

毛泽东 55 岁时，在 1949 年 10 月 1 日，他走出书斋，正式宣告中华人民共和国成立，并升起国旗。

当毛泽东乘车在长安街上缓慢行进进行检阅时，一辆坦克行驶在他的汽车前面；那是一辆谢尔曼坦克，号码是 237438W14。这辆坦克是作为美国的礼物从底特律送到上海，帮助蒋介石消灭毛泽东的。谢尔曼 No. 237438W14 已经为自由世界服务了 3 个月，现在它从故宫前隆隆地开过，进入一个不同的世界。[2]

毛泽东穿着一身新衣服，站在高高的天安门城楼上。一张放大的孙中山肖像在南面微笑着向他发出祝福。几百万人按照天安门广场铺地的石板条上标出的数字站好位置，倾听毛泽东总结斗争的历程并最终宣布：“占人类总数四分之一的中国人从此站立起来了。……我们的民族将再也不是一个被人侮辱的民族了，我们已经站起来了。”[3]

首都 30 万群众在天安门广场集会，隆重庆祝中华人民共和国成立。

毛泽东题写了表示感谢的碑文。虽然公务繁忙，政府还是制定了建造人民英雄纪念碑的计划，而且毛泽东为其起草了碑文。碑文是以通常的战争纪念碑的风格写的：“人民英雄永垂不朽。”[4]

1949年10月1日下午3时，中华人民共和国开国大典在北京天安门广场隆重举行。这是在天安门城楼上的毛泽东。侯波 摄

碑文首先向“三年以来”在人民解放战争和人民革命战争中牺牲的人民英雄致敬，在第二段里怀念了“三十年以来”牺牲的人民英雄。令人吃惊的是还有第三段：毛泽东感谢所有那些“一千八百四十年，从那时起，为了反对内外敌人，争取民族独立和人民自由幸福，在历次斗争中牺牲的人民英雄们”。

毛泽东把**鸦片战争**定为**革命的起点**。他不只是在回顾3年的反蒋斗争，和中国共产党的30多年的历史，而且回顾了受外国凌辱100多年来的历史。

共产党时代并不是作为单独的时间段来看待，而是作为整个反帝斗争时代的顶点来看待，我想，毛泽东的同事中没有一个人会写出这样的碑文。刻着毛泽东的碑文的花岗岩纪念碑，矗立在面积约0.4平方公里的天安门广场上。它代表着一个诉求，要使毛泽东在中国的史册中占有合法的一席。

毛泽东在一次讲演中回忆说，他上学时崇拜的英雄康有为（在1911年他曾极力主张让康担任总理），“他没有也不可能找到一条到达大同的路”。毛泽东找到了这条路。“唯一的路，”毛泽东转回到马克思主义词句上说，“是经过工人阶级领导的人民共和国。”[5]

在这里，马克思主义成了实现跟中国的山峦一样古老的梦想的工具。

中国近代启蒙思想家、资产阶级维新派政治家和领袖康有为论述政治理想的著作。

毛泽东暗示，康有为懂得这个目标。毛泽东对马克思所做的，正是康有为对孔子所做的。康有为认为，现代世界里，生命的价值可以在孔子的思想中找到，如果你恰当地解读他的话。毛泽东认为，马克思的共产主义思想，确实在中国的过去存在着；它作为目标一直不能达到，是因为在共产党之前，没有人找到从起点到达这个目标的手段。

莫斯科肯定非常吃惊。毛泽东把马克思主义从它的欧洲族系中拔了出来，而给了它一个中国出生证。

毛泽东也让西方归位。“中国人被人认为不文明的时代已经过去了。”[6]他宣布，中国文化让西方可能提供的一切都黯然无光。毛泽东宣称，“艾奇逊之流”对现代世界的理解水平，“在中国人民解放军的一个普通战士的水平之下”[7]。

“我们熟习的东西有些快要闲起来了，”毛泽东在1949年中遗憾地说道，“我们不熟习的东西正在强迫我们去做。”[8]农村时期结束了，拿枪杆子的生活也结束了。前面是新的东西：预算问题，地区之间的争吵，官员之间的争斗，错综复杂的官僚体系，胜利所带来的道德问题。

在一段时间里，毛泽东的任务是明摆着的。有一些国土上的收尾工作需要完成。还未“解放”的是台湾、海南岛（靠近越南的一个盛产香蕉而微风习习的岛屿）和西藏。还有和五六个周边国家乱糟糟的边界问题，那是殖民者告别新中国时遗留下来的。

尽管斯大林在敦促，但毛泽东并不打算碰香港，这是一只虽然伸手可得，但是留在外面仍可为祖国下很多金蛋的鹅。

生产必须搞上去。中国已经打了12年的仗，而且在那之前已多年处于半战争状态。工厂已经破败。交通状况对中国这个有960万平方公里国土的国家来说，简直是个笑柄。在40年代末，钢铁生产差不多完全停顿了。

5.5亿中国人必须组织到一个网络中。这是共产党面对的一个关键问题，因为中国大部分地区还处在共产党神奇的统治之外。毛泽东把中国群众比喻为一张白纸，这张白纸除非在书法家面前铺好，否则，什么东西也写不上去。

为了让中国开动起来，毛泽东需要调动社会各个方面的力量。在他第一届政府的24名部长中，有11名是非共产党人。14个政党被允许在人民共和国的第一幕中饰演他们的角色。在1949—1950年毛泽东几乎没有使任何人害怕。

除非他们非常认真地阅读了他所写的东西。毛泽东把国家恢复阶段称为“新民主主义”。在这个阶段，私人企业可以和国有企业并存。但是，他的意思是，新民主主义只是一个阶段，而不是社会的一个固定模式。他从未隐瞒，随之而来的是向“社会主义过渡”。

而向社会主义过渡是要走向**阶级的目标**。[9]

毛泽东在一次内容充实的执政前演说《论人民民主专政》中制定了这一进程。他在提出马克思的“无产阶级专政”的中国版时，用“人民”代替了“无产阶级”。这不是在玩把戏。一个明显的原因是，毛泽东革命的参与者比列宁的更为广泛。在中共的敌人中，侵略中国的敌人曾经非常突出，因此很多阶层的中国人都支持共产党。一提“帝国主义”，回应就是“人民”。

1949年7月1日，《人民日报》发表毛泽东为纪念中国共产党成立28周年撰写的《论人民民主专政》一文。

另一方面，毛泽东使用“专政”一词，不只是从词句上向马克思致敬。他的意思是要把它作为重塑中国社会的方法。他泰然自若地宣布说：“对人民内部的民主方面和对反动派的专政方面，互相结合起来，就是人民民主专政。”任何事情——简直是太多的事情——都取决于在变革的时代究竟谁属于“人民”。

关于阶级目标，毛泽东也非常直率。他为建立人民共和国而升起的国旗上，在红色背景上有五颗黄色的星，有一颗星比其他四颗星大。在天安门上闪耀的五颗星，代表毛泽东在新民主主义阶段实行的妥协中包括的五个阶级。但是，那颗最大的星是无产阶级。

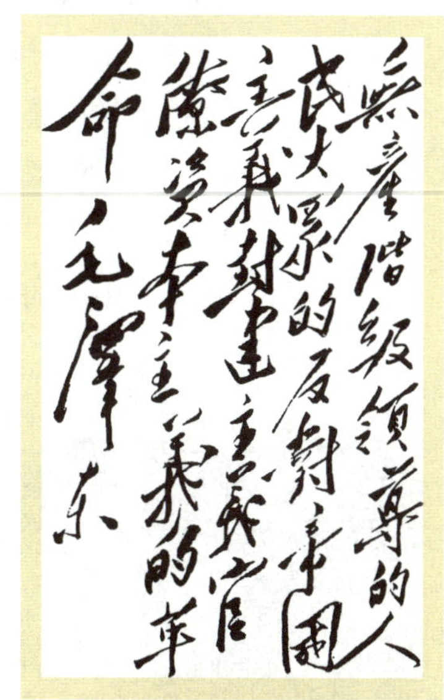
1948年4月1日，毛泽东在晋绥干部会议上讲话，阐明新民主主义革命的总路线和总政策。这是毛泽东关于总路线的题词。

人民共和国成立两个月时，毛泽东收拾行装准备做第一次国际之旅。他要到莫斯科和斯大林会面，正式表明人民共和国要一边倒。他觉得已准备好在共产党政权的源头露面——这是在他所有的高层同事这样做过几十年之后了。

56岁的毛泽东，这位5.5亿亚洲人的马克思主义首领，要去和全世界马克思主义的“教皇”，70岁的斯大林，讨论未来的问题。

毛泽东回到紫禁城时，大概对《别了，司徒雷登》的尖刻感到后悔了。因为对严寒的苏联首都的访问非常艰难。“斯大林不愿意签订条约，”毛泽东回忆说，“经过两个月的谈判，他终于签字了。”[10]

在莫斯科，毛泽东第一次看到了中国以外的世界。他观看了芭蕾舞，但并不欣赏。他努力吃下对中国人来说好像没有做熟的大鱼片和肉块。

毛泽东面对的是斯大林的傲慢态度，这个人仍然没有认识到中共胜利的重要性。“又一个铁托”，是这位苏联领导人1949年对毛泽东的诅咒语之一，“麦淇淋式的马克思主义者”[11]是另一个诅咒语。毛泽东在受到这种压力的时刻，又一次病倒了[12]；这似乎证明了生病的原因是焦虑，而不是俄罗斯甜菜汤和伏特加。

斯大林对中国的兴趣和毛泽东对中国命运的观点互不相容。斯大林把社会主义中国，看作是在他马克思主义课堂上新来的一个小学生，坐在一起的还有波兰、匈牙利和其他国家。他期望新中国像东欧所做的那样膜拜苏维埃祖国并“进贡”产品。

毛泽东把他的革命看作是自成一类。他觉得，他放的这一炮，在以后数十年中，将回响在整个非欧洲的世界中。对他来说，要让他把对中国的自豪感适应于在一个并非由中国造成的复杂世界局势，那不是一件容易的事。

左图　1949年12月21日，毛泽东出席斯大林七十寿辰庆祝大会。
右图　1950年2月14日，毛泽东和斯大林出席《中苏友好同盟互助条约》及有关协定的签字仪式。

斯大林有时让毛泽东像信差一样等待。一连几天，斯大林不跟毛泽东联系；而且，由于斯大林没有下令让任何别的人与毛泽东谈话，所以没有一个苏联人敢去看他。毛泽东感觉受到冷落，有一次，他威胁说要收拾行装回中国。

毛泽东从东道主那里只争取到3亿美元的贷款（5年期）。贷款必须以中国的产品和原材料偿还，还要加上百分之一的利息。这样的援助比莫斯科给波兰（不足中国的二十分之一大的一个国家）的还要少，只有苏联军队在20世纪40年代末期从东北搬回家的设备价值的大约三分之一。*

不仅如此，毛泽东刚回到北京，卢布就贬值了百分之二十，这使本来就不多的3亿美元又减少了6 000万美元。

斯大林为他的贷款讨到了大价钱。毛泽东同意了三个苛刻的条件。直到1952年（事实上是直到1955年），苏联都将保留对东北一些地方的控制权：大连和旅顺口这两个入海口和东北铁路。要建立合资公司以开发新疆西部沙漠中的矿藏。还有，蒙古人民共和国（毛泽东至此一直指称它属于中国）得到中华人民共和国承认为主权国家。

* 在整个中苏同盟有效期内，即从1949年到1960年，苏联对中国的援助总共只有15亿美元，不到美国同期向蒋介石小小的台湾提供的援助的40%。见J. Harrison's *The Long March to Power*, p. 435。

毛泽东看上去很烦恼，也确实如此。这些让步，触动了他民族自豪感的核心。而且，只得到一笔他所希望的数目的十分之一的贷款（据印度政府人士消息），是一件丢面子的事。

从毛泽东成为党的领袖以来，他第一次面临着一些中国人的批评，他们希望对待斯大林应比他当时所做的更强硬些。[13]《为什么要一边倒?》是一份提出质疑而在民间流传的传单。北京的一些人在一个巧妙的口号下，公开抗拒和斯大林结盟：“不要国际援助，也可以胜利。”[14]

毛泽东是一个比斯大林更细致的人，但是斯大林比毛泽东有更多的世界经验。毛泽东在外国土地上较量，就不如在一摞摞的古书、紫禁城的红色柱子和浓密树荫陪伴中进行较量那么得心应手了，比如像后来对赫鲁晓夫所做的那样。

甚至连毛泽东确实得到的那个《中苏友好同盟互助条约》，在十一二年内，也在他口中变成了无用的东西。北京的一些人物（不是中共高层同事，而是知识分子）不久就低声咕哝道："我早就告诉过你会是这样。"

当被问到此行的目的时，毛泽东对斯大林说："我要的这个东西应该是既好看又好吃。"[15]斯大林不懂毛泽东的意思，但是在中国驻苏大使向苏联外交部长做了解释以后，莫斯科知道了毛泽东的目的：他想要一个条约，它在世人眼中要好看，同时又好吃，就是要对中国有好处。斯大林同意了，希望跟毛泽东一起签署所达成的条约。毛泽东反对说，他是党的领导人，不是政府首脑，斯大林应该和周恩来一起签字。斯大林不愿意跟周恩来一起签字，所以由两位外交部长签署了条约。

苏维埃中国是否要受莫斯科控制？斯诺曾在20世纪30年代问过毛泽东。毛泽东少有地潇洒了一把，回答说，如果能发生这样的事，那"也就可以修一条铁路到火星上去，并从赫伯特·乔治·威尔斯*先生那里买火车票"[16]。然而，在1949—1950年，毛泽东觉得他没有别的选择，只有在斯大林面前屈膝。他已经失去美国，他需要北方的安全和对付日本的保证，他能拿到在别处得不到的这3亿美元也算可以了。

* 赫伯特·乔治·威尔斯(Herbert George Wells, 1866—1946)，英国著名小说家，尤以科幻小说创作闻名于世。——编者注

毛泽东似乎也敬畏斯大林。

他意识到他对斯大林的重视，大于斯大林对他的重视，但是，这没有让他转而反对这位马克思主义的"教皇"。的确，近期有足够的理由让毛泽东怀疑斯大林。直到马歇尔已经放弃了蒋介石以后很久，莫斯科还一直抱着蒋不放。** 斯大林至少间接地帮助了共产党党内那些在1948年愿意和蒋介石打交道的人。

** 晚至1949年8月，斯大林还在和国民党政府谈判，试图在新疆诈取一些特权。毛泽东的1949年新年贺词《将革命进行到底》提到"有些人""耍着花腔"并"化成美女"，试图冲淡最后的革命高潮，这里显然包括斯大林。见 *SW, IV*, pp. 301, 304。

不过，对毛泽东来说，斯大林还是比杜鲁门和艾德礼要好一些的朋友（怀疑毕竟不比敌意更坏）。莫斯科在中华人民共和国宣告成立后24小时就承认了它。如果说斯大林是最后一个承认蒋介石失掉了大陆的重要领导人，那么，他是第一个承认毛泽东赢得了大陆的人。

虽然斯大林在东北的行为像有时所认为的那样，并不是反中共的，但是这些行为是基于惊人地低估了中共对未来的把握。当斯大林洗劫沈阳的工厂时，他做梦也没有想到，毛泽东在一两年之内就

控制了这个城市。*

毛泽东的莫斯科之行以后不久，斯大林开始喜欢上菠萝。“发封电报给中国人，”他命令马林柯夫，“说我想要他们拨给我们一块地方，我们可以在那里建一个菠萝罐头厂。”赫鲁晓夫和气地警告斯大林说，中共不喜欢在中国土地上有外国工厂。“这肯定会让毛泽东不高兴。”这位后来成为做这种事的专家的人说。

毛泽东不喜欢斯大林的想法，但是他的电报是温和的：“如果你们对菠萝罐头感兴趣，可以给我们贷款，我们自己建工厂，用工厂的产品偿还贷款。”斯大林又怒又骂。结果是中国菠萝没有为克里姆林宫的餐桌增光。[17]

然而，毛泽东从没有像放弃很多其他人那样放弃斯大林。

毛泽东在1950年降低了他自称是有独特创见的马克思主义思想家的调子，以避免让斯大林的形象冒受到损害的风险。这表现出毛泽东对莫斯科抱有一定程度的、固执得离奇的尊敬。他甚至要求斯大林派一位有才智的苏联马克思主义者到北京，以便在《毛泽东选集》于1951年开始付印前进行审查。

在毛泽东进入60岁这一年，传来斯大林逝世的消息。毛泽东称这位苏联暴君是“当代最伟大的天才”**[18]。另一方面，他没有飞往莫斯科参加葬礼，他是苏联阵营唯一没有前去的共产党领导人。

这两种反应都是有意义的。毛泽东佩服斯大林，同时又觉得只有他自己有资格成为世界上下一个斯大林。通过不参加葬礼***，毛泽东似乎把自己提升到高于苏联阵营其他领导人的地位上。

若干年后，甚至在斯大林被他自己的同事剥去神圣的外衣以后，毛泽东也拒绝在公众场合批评斯大林。但是，他在1956年11月告诉他的同事：“在我的一生中，我有三次写文章称赞斯大林。在延安是他六十岁生日的时候，在莫斯科是他七十岁生日的时候，这次是在他逝世之后（1953年）。所写的这些没有什么意义——是不得不说这些事。”[19]

毛泽东最早的重要国家法案是婚姻法和土地法。这两部法律都是对旧中国的沉重打击，都似乎是把个性给予了至此还没有个性区

* 毛泽东在东北问题上一直小心翼翼。他的老对手、长期在苏联的李立三，1945年和苏军一起进入东北。毛泽东没有阻止李立三在40年代末期在那里担任共产党相当高级的职务。同时，毛泽东谨慎地保持中共的神经中心远离东北和那些“莫斯科男孩”。离开延安以后，他没有如他本可以很容易做到的那样在沈阳建都，而是在一段时间里，把他的政权放在马背上不断转移。

** 他的声明《最伟大的友谊》没有收入《毛泽东选集》。

*** 周恩来去了莫斯科，而且是参加扶柩的唯一外国人。毛泽东的妻子当时在莫斯科的一家医院里住院，穿着斯大林亲自下令为她定做的深绿色衣服，但是她没有参加葬礼，也没有和苏联领导人有任何直接接触。

分的中国大众。毛泽东寻求让农民可以自由选择配偶，并拥有一块他自己的土地。但是让人民获得自由而成为自由的个体，不是毛泽东的最终目标。他心里有个崭新的宏伟设计。在这个设计里，中国群众再一次成为摆设，就像他们曾经是封建主义的宏伟设计的摆设一样。毛泽东不打算把中国变成一片杰斐逊式小耕作者的土地。

消灭地主并把土地分给耕作者是第一步。对于身上没有了枷锁的中国农民来说，这是一大步，几乎像是皈依另一种宗教一样。农村的穷人因为没有了约束，处死了成千上万的地主。

不过，这只是一次风暴，而不是气候的改变。耕作者不久就不得不把自己的土地入伙于公社。

在政治上，毛泽东仍然是一个家长式的统治者。中国过于落后，不可能稳定地一跃而进入现代社会。要达到毛泽东信奉的民主与平等这两个价值观，的确是很复杂的。

一部婚姻法和一部土地法，不可能一夜之间就结束旧中国顽固的社会差别。对社会进行监护仍然是当时要做的事。

意识形态至少赢得了中国的词语。“人民”终于当家做主了。和平到处受到“帝国主义”的威胁。苏联是世界上“民主”的展示窗。《毛泽东选集》的第一卷在1951年印了200万册，它提供了这些固定的提法。嘴皮子上，如果不是灵魂上的话，达到了协调一致。

在几十年以后的今天，我们看到的人民共和国的样子，在1950年就基本成形了。属于二元统治的舞台道具已经搭好。在前台位置的，是适于生活中每个舞台和阶层的组织：妇联、共青团、工会、少先队。在后台位置，是共产党——它无处不在，而且是有武装的。

左图　第三次国内革命战争时期，解放区群众宣传《中国土地法大纲》。
中图　中国人民解放军向人民群众宣传土地改革政策。
右图　第三次国内革命战争时期，河北省万全县的农民在丈量分得的土地。

去开会成为一个人新生活的标志。一些厌倦开委员会会议的人，或许会哭笑不得地注意到在毛泽东的《湖南农民运动考察报告》中的一段话。“如今是委员世界呀，”毛泽东引用一个地主在1927年抱怨新的农民协会时说的话，“你看，屙尿都碰了委员。”[20]

“哲学”，每个书店都有一个部分标着这样的标签。在它后面是马克思、列宁、斯大林和毛泽东的著作。新中国成立以后，哲学还能意味着别的什么东西呢？探索已经结束，答案都在书架上。

在四川省的某些地方，1948年后期，人们还从没听说过毛泽东。尽管毛泽东已经通过控制部分华北地区15年而提前走了一步，但是，由于中国非常庞大，要想把统治网覆盖全国，仍需要若干年的时间。毛泽东把邓小平派去负责四川和西南其他省份的事务。

在上海一次没完没了的里弄会议上，一位文盲老妇被要求就新宪法草案发表看法。在上海话里，“宪法”和“戏法”的发音几乎是一样的。对这位老妇来说，讨论似乎是关于“支持新的戏法”。当急切的共产党员催促她发言时，她鼓起勇气宣布：“我活了73年，我记得只看过一次戏法。人民政府现在要表演新戏法，因此我支持。我一定要去看看。”主持人气愤极了，会议一直开到半夜，直到这位老妇说出了一些热情支持宪法的话为止。[21]

“人到老年就要死亡，”毛泽东庄严地对着一批党内听众说，“党也是这样。”[22]这个自明之理可能使一些人吃惊。死亡并不总是一个礼貌的话题，在共产党人中间就自己的党谈论这个问题，尤其如此。

“革命的专政和反革命的专政，性质是相反的，”毛泽东在提到他引入的阶级制度时说，“而前者是从后者学来的。”[23]确实是这样，那么前者都会是好的吗？是不是毛泽东对他青年时期留在长沙的无政府主义，仍然有一点留恋不舍呢？

新民主主义青年团的领导们来看毛泽东。“要有较多的独立性。”毛泽东告诉他们，虽然他们周围的每一个声音都似乎在说相反的话。“革命带来很多好处，但也带来一个坏处，”他大声说，“就是大家太积极太热心了，以致过于疲劳。”他命令他的来访者确保“学生的睡眠时间再增加一小时”。[24]

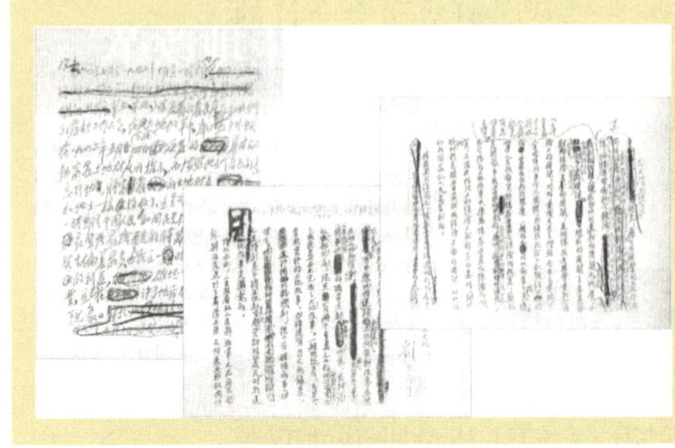

左图　毛泽东批阅修改的刘少奇《关于土地改革问题的报告》。
右图　1950 年 6 月，《中华人民共和国土地改革法》公布，立即受到了数万万农民群众的热烈拥护。

委员会确实是太多了？毛泽东接着说的就是这一点："积极分子开会太多，也应当减少。"

这些年轻的干部给他看一份他们提出的团章草稿。有一条说："不要背后乱讲。"已经对纸面规定和实际行动之间的差别有了解的这个人忠告说："不准人家在背后骂一句话，事实上办不到。"

"群众对领导者真正佩服，"他说道，"是在通过革命实践过程对领导者有了了解之后。"那么，既然革命的战斗都已经打赢了，年轻的干部们怎样才能建立信誉呢？

成功改变了毛泽东领导的性质。矛盾之处在于，当共产党控制了中国以后，毛泽东发现，党本身却难以控制了。在延安和内战期间，在他亲自领导的意义上说，一切都在他的控制之下。"我们一进城，"几年以后毛泽东在事后说，"就四分五散，各管一方。"[25]

"我在北京，差不多听不到什么，"毛泽东不久就抱怨说，"以后还要出外走走。"[26]治理一个将近 6 亿人的国家的工作量，需要在毛泽东和基层之间有迷宫般的中间层次。* 其条块的划分，让毛泽东觉得他正在失去控制。

在胜利前夕，毛泽东欣然谈到"一切权力"将落入"中国人民的手中"[27]。"一切权力"，被证明是个难以捉摸的东西，"人民"也不容易界定。1949 年的毛泽东，绝没有预见到 20 世纪 50 年代和 60 年代总体的局势。

第一个使他强烈吃惊的，是朝鲜战争。

* 毛泽东像卢梭一样只相信与群体的直接联系。"我不相信选举，"他有一次说道，"在中国有两千多个县，一个县选两个人，全国就有四千多人；选四个人，就有一万人。哪里有那么大的地方让那么多的人开会？谁能认识那么多的人？"见 *Talks*, p. 279。

1950 年 6 月很热的一天，毛泽东就强加给中国的“两个关”发表讲话。[28]“战争一关，已经基本上过去了。”他在长时间讲到土地改革这第二关之前说道。第二天，他推动同一个政府讨论会通过了一项关于让战士复员回到家乡省份的决议。

就在第二天，北朝鲜的军队进入南朝鲜。两天以后，杜鲁门发表声明，表示美国决心抗击对南朝鲜的进攻，并且派第七舰队保卫台湾海峡。

西藏和台湾是毛泽东仍然期望人民解放军进一步发挥作用的两个地方（海南已经在当年春天的一次干净利落的两栖作战中拿下）。在紧靠朝鲜的东北地区，还没有整装待发的解放军部队可以随时投入作战。

不过，从 1950 年春天，毛泽东就已知道金日成进攻南朝鲜的计划，并心怀同情。“我们应该帮助一下金日成。”他在莫斯科对斯大林说。[29]虽然他从危机一开始，就准备把中国军队投入朝鲜，但是这样做的时间和条件，都受到他与莫斯科关系的很大影响。虽然斯大林从 1948 年以来一直强迫毛泽东对美国更强硬些，但是莫斯科不想直接涉足朝鲜战争。“对你们（中国人）来说，是有可能帮助朝鲜人民的，”斯大林在中国军队准备进入朝鲜时对周恩来说，“但是对我们来说，这不可能，因为……我们没有准备好进行第三次世界大战。”[30]毛泽东很有理由对朝鲜进行干涉，但是他处境复杂，希望在行动之前得到斯大林的支持。斯大林希望金日成进攻南方，但只是在毛泽东参与其中的情况下。

毛泽东认为朝鲜这块地方和中国一样同受日本的蹂躏，而且从 1945 年起，也是杜鲁门一心要在中国家门口叮当作响的链条上的又一个环节。[31]

毛泽东认为对中国的利益而言，它还是个重要的地方。地理位置使其如此——中朝边界沿着鸭绿江和图们江蜿蜒达 800 公里。

当麦克阿瑟将军在战争目的上变得雄心勃勃时，毛泽东通过印度驻北京大使向美国转达了他的立场。[32]虽然不带有鹰派味道，但立场是明确无误的：如果麦克阿瑟把战争打到中国边境或者跨过中国边境，中国将介入。

然而这是战略性的。周恩来通过印度转达的警告，则意在让中国对朝鲜的介入具有防御性形象。在美军的仁川登陆使战况对金日成不利之前，而且肯定是在美国军队到达鸭绿江之前，毛泽东已经被金日成和斯大林拖入得很深，中国在朝鲜的军事行动，只是个时间问题了。

毛泽东 1950 年 5 月在北京秘密地会见了金日成。到 8 月，他在给彭德怀的一封电报里要求他准备好 12 个军，以备“机动用途”[33]，显然他心里想的是朝鲜。在仁川登陆以前，毛泽东在鸭绿江边有 25 万人的部队。在这段时间里，斯大林一直在催促毛泽东进入朝鲜，并暗示苏联会供应武器，而且给予空中支援。美国军队在 10 月 1 日跨过鸭绿江的主要后果是，金日成原本对中国直接介入持犹豫态度，现在他希望中国这样做了。骰子已经掷出。在政治局决定性的会议上，毛泽东举着斯大林的电报说：“老人家（斯大林）发文要我们行动。”[34]毛泽东投入行动以后，斯大林用军事援助支持了他。

在准备进行干预的过程中，毛泽东考虑到既要支持金日成的革命目标，也要关心他自己和斯大林的关系，还要照顾到意识形态信念，即中国革命的巩固需要革命的外交政策。他必须在这三者之间搞好平衡。他没有寻求和美国打仗，在同意金日成向南进攻的计划时，他认为华盛顿不会干涉，至少他是这样告诉斯大林的；同时希望斯大林相信，当毛泽东采取行动解放台湾时，华盛顿也不会进行干预。[35]

1950 年 10 月，毛泽东作出“抗美援朝，保家卫国”的决策。中国人民志愿军跨过鸭绿江。

但是基本事实是，尽管北京许多高级同事有疑虑[36]，而且苏联并没有提供所希望的空中掩护，毛泽东还是在朝鲜进行了大规模的干预。他的决心，部分地是由于他害怕朝鲜冲突会给中国自己引来“反革命”的威胁。“如果我们不派军队，”他说，“当敌人的军队逼近鸭绿江时，国内外的反革命就会头脑发热。”[37]他给当时在苏联的周恩来发电报，强烈地表示要进行干预：“总之，我们将要而且必须参加这场战争。这样做将会特别有好处，不这样做会特别有害处。”[38]

毛泽东对朝鲜的战斗实行事必躬亲的领导。他非常焦虑，在五天时间内，向在前线的彭德怀发去了不下18封含有详细指示的电报。在朝鲜战争期间，毛泽东的烟灰缸每两小时就得清空一下。

抗美援朝期间，毛泽东运筹帷幄之中，决胜千里之外，亲自起草或签发了大量指挥作战、谈判的电报。这是其中的两份。

毛泽东的大儿子岸英，在毛泽东开始与江青的新生活时，与贺子珍和他那精神有毛病的弟弟一起去了莫斯科。在整个第二次世界大战期间，岸英都是学生。他试图让自己适应苏联的生活（虽然他不是跟苏联人而是跟意大利共产党领导人路易吉·隆哥的儿子住一个房间），他的继母在精神病院度日，而他弟弟岸青，则大部分时间跟一位金发碧眼的俄国女郎一起下棋和嬉戏。

岸英1945年回到中国。毛泽东认定他对书本知识已经懂得够多了，但是对农活儿懂得不够。因此，岸英离开北京，在河南省的一个村庄干起了拉粪肥的农活儿——铲起粪肥装进袋子，并赶着驴子运送散发着恶臭的袋子。

毛泽东很高兴地看到他儿子学着做他自己在成为学生之前被要求做的杂活。毛泽东对待岸英的方式，有毛泽东的父亲对待毛泽东方式的影子。*

* 苏联学者认为，毛泽东对岸英在苏联学来的某些思想感到恼怒，他们还说岸英对围绕他父亲的“领袖崇拜”提出过批评，他们的说法可能有几分真实。他们说岸英被要求对他不合时宜的观点“写出检查”，而且有一段时间，若未经书面批准，则禁止他到毛泽东的住处去。

毛泽东的两个儿子在苏联期间，都读不好写不好中文，除了需要在伊万诺沃的国际学校学习俄语以外，还得在另一个学校学习中文。听说这些，毛泽东一定非常震惊。见 Vladimirov and Ryazantsev, p. 54。

岸英遇到了一位姓傅的漂亮女孩，希望和她结婚。虽然有江青为他说情，毛泽东还是反对。“见了漂亮的就都动心，这一条我就不敢理解你了。”他说，“婚姻对你来讲，既是婚姻大事，也关系着我们的革命事业。”[39]后来在西柏坡，岸英遇到了他希望迎娶的另一

1946年1月，毛岸英从莫斯科回到延安。父子重逢，喜悦溢于言表。

毛岸英、刘思齐结婚照。

个女孩。毛泽东假装同意，但是随着事情的发展，他又阻止了这个婚姻，理由是女孩才18岁，太年轻了。父亲和儿子发生了激烈的争辩，结果毛泽东气喘吁吁，浑身发抖，岸英则痛哭一场。毛泽东问警卫员："你看我对谁更亲啊，是我的儿子，还是你？"[40]

毛泽东觉得，他儿子既应该学习养猪，也应该学习打仗。他要彭德怀将军把岸英带到朝鲜前线去做中俄文翻译。有一天，美国飞机轰炸了设在朝鲜山区的人民志愿军第二军的司令部。由于直接命中，大部分工作人员阵亡了。岸英躺在血肉模糊的尸体中间，壮烈牺牲。听到这个消息，毛泽东一整天吃不下饭，也睡不着觉，坐在沙发上一根接一根地抽烟。

在拉锯战之后，到1952年，情况变得很可能任何一方都不能按照自己的条件取得朝鲜的统一。然而，毛泽东对同意停战是否英明存有疑问。"我告诉斯大林和金日成，"他说，"如果我们坚持再打一年，美国人将会失败，朝鲜就会统一。他们将什么也得不到。大老板（斯大林）和金日成都想停战。我能怎么办？只得停战。"[41]不过，在停战协议签署的那天，毛泽东走出办公室，扯着嗓子高兴地唱了一段京剧。

如果毛泽东不是在朝鲜闪了一下预示危险的黄灯，中国和美国可能会于20世纪50年代在台湾海峡打一仗，也可能于60年代在印度支那边缘打一仗。然而，朝鲜战争在毛泽东的生活和工作上投下了深深的阴影。他儿子的死一直悬在他心上。战争耗掉了中国大笔的钱。毛泽东在1952年说：“去年抗美援朝战争的费用，和国内建设的费用大体相等，一半一半。”[42]

另外的影响甚至持续的时间更长，影响到中国以后几年的国际地位。在1950年秋天的一天，两位仍然住在北京的美国人看到一群人站在北京大学图书馆附近的布告栏旁边。布告栏展示的是摘自《美国新闻与世界报道》和《柯里尔》双周刊的段落（《人民日报》上登载了译文）。这群中国人情绪极为激愤。[43]

从《美国新闻与世界报道》上摘下的一段，包括一幅北朝鲜和中国东北部分的地图，有箭头从北朝鲜指向中国各城市，还注明了飞行距离。摘自《柯里尔》双周刊的文章也有一幅地图，红色箭头从中国台湾、朝鲜、日本本土和冲绳岛伸进中国大陆。两幅地图都是在毛泽东派遣中国军队进入朝鲜**以前**在美国发表的。

“抗美援朝”的口号，很快就响遍了全中国。美国人和中国人之间的通信线路被割断，就像是突然断电了。一直对“绅士之国”——如毛泽东现在讥讽地称谓美国那样——持开放态度的中国知识分子一夜之间就僵住了。“特务”和“反革命分子”像兔子似

1953年9月12日，毛泽东主持召开中央人民政府委员会第24次会议，听取彭德怀关于中国人民志愿军抗美援朝工作的报告。侯波 摄

的被追逐。在1950年还是不受检查的生活结构一部分的思想、歌曲、绘画，到1951年就变成“颠覆性”的了。

朝鲜战争挽救了蒋介石政权。它使美国重新拥抱国民党，而这在六个月前似乎是不可能的。朝鲜战争确保了“毛主席万岁”的横幅，在毛泽东的有生之年不会飘扬在台湾上空。*

* 对毛泽东来说，一种令人恼怒的美国政策模式似乎在朝鲜又重演。在1944—1946年，他面临的问题，是要找出哪一种美国人的话可信。1950年也是这样。他应该对杜鲁门谨慎的语言感到放心，还是应该对麦克阿瑟救世主似的话感到惊恐呢？关于朝鲜问题，使他绞尽脑汁的情况大部分发生在杜鲁门通过解除麦克阿瑟职务而割除违抗命令的疖疮之前。这个经历，有助于他在20年后欣赏基辛格干脆利落的权威。

在毛泽东做出介入的决定以后，他给新华通讯社社长胡乔木发了一封电报，命令他不要再公开声明将在特定时间内解放台湾。“从现在起需注意，”他写道，“我们仅仅是说准备解放台湾和西藏，但并没有说在什么时候进攻。”[44]

在毛泽东的心目中有一个清晰的观点，即认为山姆大叔正在阴谋策划从三方面进攻中国：朝鲜、台湾和印度支那。华盛顿的所作所为大大地鼓励了这个观点。这种观点作为毛泽东亚洲观的核心，持续了15年。

“我们革命成功的时候，”毛泽东数年后在成都对一些党的领导人说，“斯大林说它是假的。”毛泽东接着通过对后来发生的事情的坦率总结而使听者震惊：“我们不与他争论。当我们一开始抗美援朝战争，我们的革命才变成真的了。”[45]然而，如果说斯大林学到了尊重，那么毛泽东则学到了不信任。如果说毛泽东在1949—1950年没有和斯大林“争论”，那么，中国在朝鲜的断瓦残垣中赢得的新的威望，就让他更想讲出反对莫斯科的话——在私下里。

毛泽东逐渐认识到，同盟并非坚如盘石。如果毛泽东没有把25万军队投入朝鲜，如果麦克阿瑟在得意忘形中从北边攻入中国，斯大林是否会保卫中国？我们不得而知，但是毛泽东对此持怀疑态度。

确实发生的事情是，毛泽东冒了所有的风险。中国开进了朝鲜并站在金日成一边进行战斗，而苏联则稳当地坐在那里，为金日成说话。

考虑到朝鲜战争在国内外对中国的影响，必须说，如果毛泽东没有介入的话，他的日子可能会更好过些。他失去了解放台湾并尽快在联合国取代国民党而占据中国席位的机会。在长达20年的时间里，他都失去了和美国建立合作关系的机会。更重要的是，朝鲜战争在中国内部的影响是，促进了阶级斗争而把经济建设放在了不恰当的地位。

若干年以后，在一次谈到在斗争与妥协之间找到平衡的必要性时，毛泽东提到了朝鲜战争。“妥协总是要的，”他说，“我们不是在朝鲜的三八线同美国人达成妥协了吗?”[46]

毛泽东追忆说，他曾准备让北朝鲜走它自己的战后之路。“遵照斯大林的逻辑，”他对王力说，“既然中国帮助朝鲜打了仗，朝鲜就是我们的了。我不同意。朝鲜是属于朝鲜人民的。我们帮助他们，他们也帮助我们。我们会从朝鲜撤出我们最后一名战士。朝鲜不仅要摆脱美国人，也要摆脱苏联人——他们应自由地管理他们的事务。”[47]

胡志明在1950年和1951年两次秘密到北京会见毛泽东，毛泽东慷慨地安排了对越南革命者的援助。胡告诉毛泽东他想让罗贵波（毛泽东已经指派罗担任越南人的中国顾问）充分参加河内共产党的政治局会议，在必要时提出批评意见。毛泽东同意了，但是告诉胡志明必须由越南人独自作决定。胡志明离开之后，毛泽东对他的特使罗贵波说：“长征前你在苏区，你一定知道李德（奥托·布劳恩）了?”罗的确知道这位共产国际派到中国共产党的顾问。毛泽东开始滔滔不绝地讲李德怎样不懂中国情况，怎样不听跟自己不同的意见。“你在越南工作，”他对罗说，“要好好吸取李德在中国的教训。”毛泽东了解在亚洲共产党人中民族主义的力量，朝鲜使他在这方面有了丰富的经验。[48]

第十一章

改造（1951—1953）

“毛主席给了我们土地。”一个新近得到土地的人说。“土地改革”，这个词让一些人发抖，让另一些人高兴地叫喊起来。

中国是由农村构成的，中国还没有哪一个政府曾经像毛泽东的政府开始做的那样深入到每一个村庄。这种变化不是经济性的或工艺技术性的。那时中国的村庄看上去（现在仍然如此）跟亚洲其他地方的村庄大体上差不多。

农村仍然是一个面朝黄土背朝天，日出而作、日落而息，思想闭塞得令人窒息，使用镰刀和锄头——两千年前的耕作者就认识了的地方，是人们完全陷入出生—结婚—死亡这一常规循环的地方。娱乐形式极其简单，只有化装表演是不可或缺的。

1952年3月，毛泽东在北京近郊德胜门外访问农民。

跟毛泽东30年前参与鼓动起来的湖南农村一样，20世纪50年代中国农村的变化是组织上和心理上的。捐税和地租的重担从穷人的背上移开了；拥有土地不再意味着拥有支配别人的权力；农耕一步一步地变成集体性的活动，而不仅仅是父子间的活计了。

毛主席逐渐被看成一个新的“好皇帝”，像人们习惯地看待历史上的明君那样。

把地主的财产分配给穷人的“清查运动”，有一种神圣的庄严性。中国农民实利主义的倾向并没有减弱，反而是增加了分配时其精神上的振奋效果。

“要想让一个男人讲话，你要做的就是在火里烧一根铁棒，”一个新的权威主义人士对一个美国作家说到对富人的报复时说，“但是女人更难对付。她们宁可死掉，也不愿意告诉我们金子藏在哪里。烧得皮焦肉绽对她们没有恐吓作用。”[1]

毛泽东从没有参加过近距离的阶级惩罚。他青年时期的农村经历是混杂的，不会受任何简单的个人仇恨冲动的摆布。他从没有挨过饿或受过奴役。然而，虽然他反对酷刑，但是当愤怒的农民在土地改革中为所欲为时，他并没有出面阻止。

农村的精神生活得到改造。权威一直就像是自然法则，现在遭到批评。传统习俗曾是另一条自然法则，现在新思想则雨点般的落在农村：阶级、对苏联的热爱、斗争、翻身。

农民开始问美国来访者一种新的问题。“为什么杜鲁门支持老蒋？”“你们在美国用筷子吃饭么？”“拖拉机是什么样子？”“美国共产党也像我们这里一样有军队吗？”[2]

毛泽东年轻时对妇女解放的关注终于结出了果实。财产是关键。毛泽东的政府赋予中国妇女用自己的名义拥有土地和其他财产的权利。总之，土地改革把40%的可耕地重新分配给了60%的农村人口。

毛泽东自己现在住在城市里。城市的变革不是疾风骤雨式的，而是一点一点实现的。

中共在治理城市方面，不像治理农村那样有经验。它的干部们不是城市类型的人，于是，不得不把国民党的300万政府职员接收过来为新事业服务。

然而，与农村相比，城市的事情并不那么难办。资本家并不多。他们几乎没有道德权威，因为他们一直在和外国人共进晚餐，而外国人被认为是中国的剥削者。他们是暴发户，只是以土地为基础的社会制度下草叶上的露珠而已，而这种制度在中国已经成长了两千年。

毛泽东用不着在北京或上海或广州**消灭一个阶级**。很多资本家就像放在热水中的大龙虾那样，当温度升高时，不声不响地就变成了红色。

毛泽东的目标是把“消费城市”变成“生产城市”。大都会不再只是外国人做买卖的基地，也不再是拥有土地的绅士们在城里养尊处优的基地，他们曾一方面靠农村的产品生活，一方面为他们拥有的房产收取租金。新的小工厂，成为城市社区的生活中心。

外国商业骤然停止了。房产的租赁逐渐萎缩了。激动人心的夜生活的灯光被熄灭，这更多地是因为要把能源用于制造机床、自行车和塑料鞋，而不是出于清教徒式的生活准则。

由于朝鲜战争造成的紧张，城市政权的巩固变得更为严酷。随着朝鲜的战火突然旺起来，毛泽东觉得“反革命分子”也好像更多了，他取得的对蒋介石和美国的胜利，开始显得并不彻底。

成千上万的人或被处决或被投入劳改农场。这是中华人民共和国历史上的一次城市运动，它使大批人员被有意识地从肉体上消灭——这是毛泽东自己使用的词。[3]

铲除“反革命分子”不是以非常毛泽东式的方法进行的。这和其他警察行动是一样的，范围和规模之大是毛泽东监督控制不了的。“治病救人”不是此次运动的基调。

另一方面，毛泽东在接管城市工商业方面则极为审慎。其中大部分直到1955年还保留在私人手里。

以令人战栗地称为“思想改造运动”的重塑知识分子运动，也因朝鲜战争而带上残酷的味道，它的确有毛泽东的烙印。

梁漱溟是个半儒学的农村民粹主义者。虽然他不是共产党人，但是毛泽东喜欢和他争论。他为梁漱溟搞到一些款项启动了一个小规模的研究机构。

但是，在1953年秋天，毛泽东向梁漱溟猛烈开炮，致使两人绝交。场合是在梁漱溟作为非共产党员而参加的一个政府委员会的会议上。梁漱溟作了一次演讲，提出了在农业、朝鲜战争和阶级理论上不同于中共路线的观点。

毛泽东愤怒地抢过话筒。“你认为你美得很，”他讥笑地提到唐朝一个著名的妃子，“比得上杨贵妃。在我看来你臭不可闻。”

毛泽东极为愤慨，他一会儿对着一千人的听众讲话，一会儿用手指着梁漱溟（仍然尴尬地站在台上）对他进行攻击。“（国民党）那么高兴你，”毛泽东怒斥道，“骂我是‘土匪’，称你是‘先生’。”人们不可能不注意到这里有一种个人竞争的味道；虽然可能让人觉得奇怪，但毛泽东竟然觉得受到这位想成为中国未来的甘地的人的挑战。*

毛泽东问委员会，梁漱溟怎么居然认为自己在农村问题上比中共英明？这就像“班门弄斧”。

毛泽东这个半知识分子嘲笑梁漱溟这个纯粹知识分子无用。“你说他有没有工商界那样的供给产品、纳所得税的好处呢？没有。”他讽刺地建议，梁漱溟既然那么急切地要帮助农民，他可以这样做，但不是通过削减工人的工资，而是自愿削减他自己丰厚的薪水。

“蒋介石是用枪杆子杀人，”毛泽东叫喊道，“梁漱溟是用笔杆子杀人。”他详细叙述了这两种杀人方法，就像是在回顾他自己35年斗争中的双重性格。总结“用笔杆子杀人”时，他转向梁漱溟，嘲讽道：“你就是这样一个杀人犯。”[4]

毛泽东的干预，把会议的情绪导向反对梁漱溟。大声的喊叫从听众席上响起。梁漱溟被高声诘问，他只得放弃讲话。另一位非中共人士站起来要求镇定：“我们今天不必这么激动。”

但是毛泽东确实非常激动，他命令这位要求镇定的、年长的前国民党人做一段时间的自我批评。

然而，毛泽东坚持主张保留梁漱溟的职务**！他希望梁漱溟写一篇坦白书（虽然这既不给中国带来税收也不带来产品）。他希望这位老封建“成为活教材”。这种把教育作用置于惩罚之上（或者把教育作用当作惩罚）的做法，在毛泽东之前的共产主义历史上还

* 三十多年前，毛泽东在北京大学作为没注册的学生听过梁漱溟的课，当时梁漱溟是印度哲学教授。在延安，毛泽东还记得在北京大学时见过梁漱溟，而梁漱溟却不记得见过毛泽东。梁漱溟很可能为这一事实而付出了代价。“（当时）我是个小小图书管理员，”他们1938年谈话时毛泽东对梁漱溟说，“我常替你开门。”梁漱溟结结巴巴地说：“当然……是的……我想起来了……对了……”但是，非常清楚，他不记得毛泽东。

** 中国人民政治协商会议全国委员会委员。

没有见过。

毛泽东令人吃惊地宣布，梁漱溟应该继续留在政协全国委员会，“除非他自己不愿意借政协的讲坛散布他的反动思想了。”他和梁漱溟较量是因为他想要俘获梁漱溟的灵魂，以作为毛泽东主义控制中国思想界的证据。

毛泽东已经开始了一个将持续25年的斗争，要把边缘粗糙的现实强行纳入理想的光滑轮廓中，这个理想对他来说，比约束他手脚的混杂的现实更为生动。

“我们必将再次信仰宗教，”路德维希·费尔巴哈一百年前说，“政治必将成为我们的宗教。”这位《基督教的本质》的作者预见到了世俗意识形态的时代，毛泽东以其中国方式，使自己稳固地置身在这一时代。在他之前的中国圣人们寻求大同世界，毛泽东向前迈出了新的一步：他把真理和权力融合在一起。

毛泽东作为半知识分子，长期以来一直对待在象牙塔里的人感到愤懑。他不喜欢他们为细枝末节的分歧而进行的争吵，他们不偏不倚的态度，他们的缺乏激情，他们明澈的怀疑眼光，他们超过他自己的对技术的掌握。

毛泽东把政和教融合在一起，不仅仅是出于权宜之计，而是——这更糟糕——由于他深切地相信，两者应当融合。

焦虑，成为思想改造运动期间的一种生活方式。预测思想鞭子的下一个目标，成为一种残忍的游戏。一位新闻工作者有节奏地进出监狱，这种节奏，先是让他觉得迷惑，后来让他觉得厌烦了。有一次他又“进去”了，坐在监狱的院子里，告诉自己说，待在铁窗后面大概更好些。“在外面，随时都有被捕的可能；而在狱中，至少没有这种担心。”[5]

毛泽东有时候听起来像弥尔顿（“我不赞颂修道院里的美德”），或穆勒（“宁愿做不满足的苏格拉底，也不做一头满足的猪”）。[6]然而，毛泽东不同意穆勒说真理是有变化的东西。他相信辩论，但不是为了发现真理，而是为了在每个人心里竖起一个先验的真理。

像弥尔顿一样，而不是像穆勒，毛泽东有个“上帝”。真理不是一个过程的终端产品，而是从某个固定源头发送出来的东西。在这方面，中年的毛泽东是个不动摇的马克思主义者。他在20世纪50年代相信，社会思想是个科学问题。就像穿着袍子的牧师一样，毛泽东是个穿着白大褂的科学家，看着知识分子在试管里生长。他对自己的配方很有把握，时不时地加入一些正确思想的结晶体，耐心地等待着预期的合成物出现。

正是在这样的情况下，毛泽东很喜爱的训诫“斗私”成为焦点。毛泽东的意思不仅是《圣经》所要求的“不要有私心”。“私”这个词既是“自我”的意思，也是“私人”的意思。毛泽东是在告诉人们，不要试图离开已有的共识。在新中国，没有地方，也没有思想空间，留给那些认为对真理有自己的理解的人。

毛泽东是个整体论者，中国式的。他有一次宣称，确实有一个上帝——就是群众。如果群众是个集体，是个单一人格的实体，那么可走的道路就只有一条，而不是多条。人们不可能按自己的方向而离开这条道路。*

甚至可以说毛泽东的群众是“它”，而不是“他们”（中国人民）。[7]（请回想一下这个关于戴高乐的妙语：他热爱法国，但不热爱法国人。）对毛泽东来说，支持多元性就是支持6亿个人的自私自利。“斗私”的意思不是“利他”。它的意思是“和群体打成一片”。这既是道德法则，同时也是社会学的原则。

“斗私”包括“斗家长制”。因为家庭可能成为私人价值观的汇聚之地，这违反毛泽东要把一切私人价值观都纳入大同世界的努力。

在思想改造期间，许多人都在被要求谴责他或她的父亲时，精神垮掉了。毛泽东对这种无奈的处境一点也不同情，他认为孝顺是来自旧中国的垃圾。毕竟，在毛泽东的眼里，他自己的父亲既是封建秩序的象征，又胸襟狭窄、吝啬小气。

因此，毛泽东认为，一只驯服的羊和一只与羊群在一起的羊是有区别的——这在西方人眼里是很细微的差别。在羊群里，他希望每只羊能说出心里话，自力更生，实行自我修养，而不要驯服。但是，像毛泽东所认为的那样，脱离羊群的生活是不可取的，他需要的是一个羊群。

*对于人们各行其是，毛泽东有一种恐惧，他称之为“拉山头”。在后来的生活中，他回顾过去，悲哀地看到这种缺乏团结的情况甚至像一条黑线贯穿于中共的历史中：

在延安党校，当日落西方我们去散步时，我们分成山头。甚至当我们到饭馆吃饭时，我们也分成山头。在［每个］山头里，我们无话不谈，［但是］对其他山头的人讲话就不容易了。在陕北，甚至当［我们］躲避飞机时，外来干部和本地干部也分别走不同的路。甚至当我们有生命危险时，我们也不会合在一起。

对这种人群分裂的倾向，应该无动于衷地接受吗？

我们应该认识山头，承认山头［的存在］，留意山头，消灭山头。山头是由历史原因和地域差异造成的。

见*CLG*, 9-4, 1976-77, p. 85。

毛泽东发动了一场反贪污、反浪费和反官僚主义的“三反”运动。官员们是靶子。他们有些人已经开始认为新政权本身就是目的，而这不是毛泽东的想法。

与此同时进行的是清理经济生活的“五反”运动：反行贿受贿、反偷税漏税、反盗窃国家财产、反偷工减料、反盗窃国家经济情报。这里的靶子是私营工商业者。在20世纪50年代，他们仍然是中国城市生活中的一部分。这个运动榨出了额外的收入，帮助支付朝鲜战争的费用。

这两场运动的意图，是赋予毛泽东控制一切的权力，这种控制权，在所有马克思主义领袖们看来，是一种道德权利。然而，所使用的方法，大部分是思想改造运动的方法。不是像在斯大林的苏联那样半夜里破门而入抓人，而是造成一种社会压力，使你坦白。在当时，这是一种让个人的良心同公共福利相一致的大胆做法。

“三反”、“五反”运动有列宁主义的影子，但是它们也散发着儒教道德主义的味道。

毛泽东既是新中国马克思主义的作者，也是旧中国的产物。在中国，从没有人说，一个人要完全靠自己的力量去提高或改善自己的境遇。他不是孤独地在和上帝或超巨大的新教的良心进行搏斗，他是在**群体**里受到大家的推搡才能这样做。

在毛泽东的中国，人民没有像信徒圣保罗那样突然改变信仰而成为社会主义者。新生——如果发生了的话——是社会性的。在西方，我们认为人们可以在与世隔绝的状态下改变自己；在毛泽东的中国，没有人期望能发生这种灵魂的变化。

毛泽东为“三反”、“五反”运动提出了口号。但是，他对官员们和工商业者的批评，比对思想界人士的批评要温和些。

胡风是个农村出身的顽皮的诗人，他曾在上海的文学天空中闪烁。他早先是个左翼分子（虽然他批评毛泽东的《在延安文艺座谈会上的讲话》）。他的诗《时间开始了》是庆祝1949年胜利的，绝不可能是反毛泽东的。其中一句感情充沛地说：“你一跃地站了起来！/毛泽东，他向世界发出了声音/毛泽东，他向时间发出了命令。”

但是，在50年代初期，胡风开始抱怨“舆论一律”。他觉得毛泽东的延安讲话变得太不能碰了，人们已经把这个小册子“当图腾崇拜”，他反对道。他把思想改造运动中爱管闲事的组织者们称为“官僚”。[8]

《人民日报》开始刊登一系列批判胡风的文章，有一些是毛泽东亲笔写的。当然，对胡风的标准反驳就是，公众舆论像任何其他的东西一样，是个阶级问题。在人民民主专政下，允许人民有表达的自由，而不允许反革命分子有这种自由。* 胡风是试图在空中高高地飘荡在阶级之上。

* 这里“人民”的意思是指公民中不是反动分子的那些人。

毛泽东更进了一步。他认为，当社会主义建设向前开展时，敌人并没有逐渐消亡，而是在扩张！人民也不总是善于辨别出反革命分子。“我们的人眼睛不亮，不善于辨别好人和坏人。”毛泽东说。[9]

这是悲观主义的第一次流露，这里有一串致命性的推理。

一致性还没有达到，知识分子仍然在高唱着他们不和谐的声调。然而，一致性已经提到历史无情的日程表上。旧的阶级差别一定正在重新抬头，还有什么别的东西能够解释他们高唱的这种声调呢？

按照毛泽东的观点，唱走调就是犯罪。“胡风……这样的人不杀，”毛泽东解释说，“不是没有可杀之罪，而是杀了不利。”[10]

至于胡风，他被重新涂抹得完全认不出来了。正像麦卡锡把每个对蒋介石有怀疑的人称为共产党人一样，胡风对毛泽东《在延安文艺座谈会上的讲话》的怀疑被视为一种证据，说明他终归是一个反革命分子。不久这位有棱角的诗人就被发现是个“间谍”，这就使那些红色“官僚”能够把他投入监狱。在那里，他曾一度精神崩溃。

毛泽东怀疑胡风是一群发牢骚的作家的中心。这种怀疑是正确的。“因为我想要写作，”他们之中一个人在给胡的信中透露说，“所以我看了毛主席在延安的《讲话》。但是在看了《讲话》以后，我不再想写东西了。”[11]

然而，毛泽东把争论归入阶级斗争的范畴，就像试图用纸把云彩包裹起来一样。

1951 年中期，《人民日报》开始引人注目地发表了一系列文章。作者是毛泽东，发表的文章就出自他的《毛泽东选集》。

其中的文章确实是精选的。在本传记中引用的许多文章，都没有在经批准的《毛泽东选集》中占有一席之地。20 世纪 20 年代的一些文章太缺乏马克思主义的内容。另一些江西时期的文章——当时毛泽东在权势圈内还立足未稳——则包含了一些他虽然说出来了，但可能并不真正相信的思想。他的诗作也没有收入。

被选中的文章经过润色，泥土气的形象比喻和俏皮话都消失了。某一支超过文学权威的笔，使作者免于犯下关于世界政治的若干小错误。编辑的笔还删去了年轻时的毛泽东关于某些亚洲国家如何有一天可能被并入中国的想法。

一块白色的毯子盖住了一批不符合马克思主义的观点和提法，也盖住了毛泽东在另外的语境下所说的对西方友好的若干言论。提到苏联但非赞扬的言论都没有了；甚至对李立三的批评，也因为怕得罪李立三在莫斯科的导师而被压住了。[12]

毛泽东做到了帝王们未能做到的事。话语就是准则；发表出来的东西，就是统治者认定要求被统治者听从的健康的东西。

1955 年 3 月，中国共产党全国代表会议讨论通过了“一五”计划草案，并建议由国务院提请全国人大审议批准，颁布实施。这是毛泽东在会上致开幕词。侯波　摄

中国字不仅是一个字，还有象形、表意的作用。六画就代表“草”（艸）；屋顶下面一头猪（豕）这个符号意思是“家”；表示“日”和“明”的字包含了太阳的图形（⊙）。

对列宁主义者来说——在这点上，列宁主义者是儒教信徒的孪生兄弟——一句口号常常像一辆坦克一样有用。几乎没有哪一种语言能像中文那样适用于干脆利落的口号。四个表意字，甚至两个字，就能含有包罗万象的意思，在口号里有着迷人的暗示意义。毛泽东是这种艺术的大师。

对受过教育的人来说，表意汉字是一道电

光，能照亮长长的历史的知识领域。毛泽东驾驭文字的熟练技巧，使他成为需要对付的一支力量，即使对那些不喜欢他的马克思主义的知识分子来说，也是如此。

毛泽东的诗词，恰恰让人产生了这种印象。大多数人只能看懂一半，毛泽东的朋友郭沫若就坦白地这样说过。[13]但是这没有关系。最高领袖的诗词给他头顶上的光环增加了光辉，这实际上是一种统治技巧。

毛泽东在 1952 年末把主要注意力从政治运动转向了经济任务。不久，《人民日报》宣布了中华人民共和国第一个五年计划的开始。异常大的 58%的投资用于重工业（苏联的第一个五年计划有 41%这样使用，美国在 1880—1912 年间是 19%）。基础建设的 60%要依靠苏联提供技术帮助。

毛泽东有一天在一次党的会议上承认，中国的奇迹可能会变得不那么了不起，这似乎是个新的调门。“我们吹不起牛皮……我们竟然都比不上比利时这样的国家。”[14]毛泽东刚刚察看了一个钢和煤的产量表。

识字和有文化，在一支造反者的军队里已算不上什么大财富。但道路交通，肯定是不利因素。人民解放军在创建空军和海军之前，也没有电力供应。现在，这些东西对毛泽东征程中的下一段进程则是至关重要的。

毛泽东在社会主义思想领域比在延安时期更亲近苏联。在 1945 年，他曾说到把马克思主义与中国具体实践相结合；这没有给苏联模式留下多少用武之地。然而，五年以后，北京的一条关键性口号令人吃惊：“苏联的今天就是中国的明天。”这两种社会主义难道是相同的吗？

毛泽东出席了苏联援助中国的建设项目签字仪式。侯波　摄

第一个五年计划效果很好。工

业年增长率是11%。铁钢产量是原来的4倍，煤和水泥是原来的2倍。在这个时期，来访者离开中国时谈论的是中国强烈的目的感。对有些人来说，中国人是“蓝蚂蚁”，对另一些人来说，是“崭新的人类”。无论属于哪一种情况，中国都似乎是在前进。桥和铁路出现了；文盲大量减少；人民的健康状况有所改善，平均寿命高过了一般亚洲水平。几乎是第一次，一个非西方大国，好像向着工业化起飞了。

中国并没有改变贫穷。经济作为整体，发生了三件事。在农村，封建框架被打碎，新的能量得到释放；采取了走向工业化的最初步骤；以及，对50年代毛泽东的中国的精神来说至关重要的是，利益的大饼比中国历史上任何时候都更为平等地进行分配了。

一个过去的声音在1953年讲话了。当时在香港惨淡度日的张国焘对他的老对手进行了描述；透过其中的偏见，还是揭示了一些真相。

“毛泽东的生活没有规律，而且颇有些神经质，”张国焘说道，“在与别人交往时，他常常谦恭有礼。然而，又常常固执己见。”中南海的工作人员，应该能从这些话中认出他们的领袖。

“他虽然知道身居高位该怎样行使权力，”张国焘判断说，“但是，他缺乏吸引追随者的才能，人们只能对他敬而远之。”毛泽东的确渐渐发现，虽然他在群众眼中是巨人，但仍然必须在政治局大力争取支持，并使革命制度化。

既然张国焘关于毛泽东的话并不只是负面的，因此是值得考虑的。“毛泽东在很多方面甚至比斯大林更有手腕，”这位对两个人都了解的人写道，“但是他并不那么狠毒。”张国焘半遮半掩地承认，毛泽东比他更有能力，所以打败了他。“同中国历史上众多的君主相比，”这位前对手觉得，“毛泽东的确更有才能。”[15]

跟比尔·克林顿一样，毛泽东一时兴起就会在半夜给工作人员和同事们打电话。他把专家叫来并长时间严厉地盘问他们。他会漫步到花园里，把重大政策的建议抛向安全警卫，征求他的意见。他伸手去取他的古书（他跟克林顿的相似之处在这里断开）以核对某个先例或者找一个例证。

他会驱车来到苏联大使尤金的家里作夜晚拜访。尤金是个知识分子；毛泽东会跟他讨论哲学问题，直到天亮。毛泽东的有些文章在重被选入《毛泽东选集》之前做了理论上的修改，这大概在一定程度上也归功于这些夜猫子似的对话。

中国是世界上最大的烟草使用国，而毛泽东在60年间至少吸掉了他那一份。可能没有任何国家的政治领导人曾经像毛泽东一样吸掉那么多的香烟。

好像只有一段较长的时间毛泽东戒了烟。伏罗希洛夫元帅在斯大林去世后访问中国时告诉毛泽东，根据苏联的医学观点，如果不是吸烟，斯大林不会死得那么早。毛泽东戒了烟。

十个月之后，他又开始吸烟了。

“没用处，”他说，“工作太辛苦；不能不抽。”[16]

毛泽东在50年代没有写很多文章，但是他在以前的任何十年里，从没做过那么多的讲演。他不是一个有造诣的群众演说家。相比而言，王明讲话情感更充沛，朱德有更多的人与人之间的真诚。史沫特莱说，在公众集会上，毛泽东讲话就好像嘴里含着热米汤，他几乎不做任何手势。[17]

不过，在听众不多时，毛泽东能够表现得很卓越。他很认真、直率，他喜欢微妙的隐喻。这些特质更适合研讨会，而不是群众大会。

毛泽东讲话主要都是根据一个简要的草稿作提示。在50年代早期，他只有一两次坐下来写成重要的文章。在1953年中期，他又拾起了英语，但是在东北发生的一次严重危机，使他终止了学习。学者让位于政治家。

毛泽东一生读了许多文史哲书籍，写了大量批语，提出精辟独到的见解。这是他写的一部分批语。

“官越大就越无知，”毛泽东有一天高声对着一屋子的地方干部说，“北京不是获得知识的好地方。”[18]在掌权3年以后（尽管这一时期很成功），他对政治制度感到不安。

毛泽东在飞机上学英语。(1957年) 侯波 摄

“宝塔尖”是普通人(当他们确信没有干部在听时)用以窃笑在他们头上架起的多层官僚体系的词语。毛泽东觉得自己像一个被困在宝塔顶上的人。

他决定走到下面到处看看。“我在北京，差不多听不到什么，”他在 1953 年中期向一群财政官员宣布说，“以后还要出外走走。”[19]

毛泽东不喜欢飞机，他坐在有 11 节车厢的专列上旅行。毛泽东的车厢里有他的大木床和许多书；江青有她自己的包厢；4 节车厢是给警卫和工作人员用的；医疗设备、餐厅和厨房各占一节车厢。有 6 条保密电话线路把随行人员和中南海的机要秘书们联系起来。毛泽东正在使用的铁路干线上的交通会全部中断。沿线的车站都要清场，到处布满安全人员，铁路沿线每 50 米都布置有哨兵。行程并没有固定的计划，因为火车只能在毛泽东醒着的时候开行，而没有人事先知道，他什么时候睡下，什么时候起来。[20]

当毛泽东从莫斯科之行途经东北回来的时候，在他到达之前，战士和民兵在隆冬季节沿铁路线站了两周的岗，他们都不知道他们是在保卫毛泽东的火车。毛泽东从来理解不了这种高度安全的必要性，因为他相信，群众热爱他，不想伤害他。

当毛泽东不在北京的时候，经过密码加密的电报在首都和他的随行人员之间飞来飞去。每个汉字都指定一个数码——经常变换——一组机警的年轻人把全部数码都记在心里，不准写下来。

毛泽东派自己的卫士到农村去。保卫中南海的部队的番号是 8341。[21]这支精英部队是从 1949 年以前的毛泽东的警卫员发展来的。年轻的战士们做很多事，从帮助他整理西瓜地，到擦亮眼睛警惕任何政变的迹象。

1955 年，大概其他时间也有过，有一次他要 8341 的战士们帮他做一件他需要做的事。他派了一些 8341 的人到他们的家乡村庄完成一项使命，这些人来自中国各个地区。他希望了解农村的情况。

他的8341眼睛和耳朵到处探听，询问人们的看法，向家庭成员核对事实。随后他们就回来秘密地当面向毛泽东汇报，绕过一切正规渠道，而且也不与他们通气。过去帝王们曾经这样做，但是毛泽东的同事们，或许不会同意一个工人阶级政党的领袖也这样做。

有一天，毛泽东走出书斋，到怀仁堂里作报告；这是紫禁城里一个漂亮的旧殿堂，当时用作中央委员会的总部。许多党外人士到场，钟敬文是其中之一，他在20世纪40年代是一个“第三势力”的领袖，像许多人一样，在1949年转向了共产党。

毛泽东已经习惯了这种情况：每当他出现时，中国的任何观众都会起立并鼓掌。但是，毛泽东的助手们并不总是相信自发性。在毛泽东到来之前，一个管礼仪的人走到钟敬文面前，告诉他这件事的步骤。因为钟敬文坐在门口附近，所以他会先看到毛泽东。一旦看到毛泽东，他必须站起来并鼓掌。这会给整个大厅一个信号，为向主席表示敬意而迸发出掌声。

于是事情就这样进行了。据钟的回忆，毛泽东缓缓沿走道走来，显然暴风雨似的掌声没有让他感到不自在。[22]

如果说毛泽东还有一点接近群众的意识，那么他的确是走出来见群众。在开会时，他会到处走走，向老相识打招呼；他倾听别人的长篇发言；他听取自己受到的批评；他回答听众席上向他提出的问题；他对别人的插话也做出回应。但情况将不会永远是这样。

第十二章

建设（1953—1956）

毛泽东于1954年在政府的外在形式上作了一些改变。这些改变反映了1953年党内的紧张关系。

毛泽东在中华人民共和国的生命刚开始时作了3个让步。尽管他对非中共的党派抱有并不乐观的看法，但是他让他们在国家事务中扮演一定的角色。尽管他坚定地相信，军队应该由非军人控制，但是他给了人民解放军参与统治国家的权力。他冒着削弱自己从北京进行个人指挥的风险，给了6大行政管理区很大的机动空间。

到1954年，毛泽东希望有一套更严密、更有效的管理体制。朝鲜停战以后，城市经济有了一定程度的稳定，并且土地改革成功地结束了，这些似乎使得更强的中央控制成为可能。

1954年9月，总共1 226名代表在北京参加了第一届全国人民代表大会；毛泽东的讲话差不多只有一页，它的主旨像黑色夜空的一颗星一样显眼："领导我们事业的核心力量是中国共产党。"[1]这就给全国人民代表大会的位置定了调子。

毛泽东撤销了6个大区，包括邓小平的西南局。邓小平不久就被提升去担任更高的职务。毛泽东也解除了人民解放军直接管理行政的作用。总之，在1954年新宪法形式的背后，事实是中共加强了对全国的控制。"独立王国"的可能性被排除了。

特别是有一个独立王国，东北领导人高岗的独立王国，曾在1953年给毛泽东造成麻烦。毛泽东把它打下去了，但是他自己也病倒了，而且觉得共产党正直团结的性格在他脚下动摇了。

高岗是个容易激动、"左倾"、难以相处的人，毛泽东个人很喜欢他。长征能够在陕西省有了立足之地而胜利结束，高岗起了非常重要的作用，而且他从来没有忘记这点。他曾回忆说，长征的战士到达时像“破衣烂衫的乞丐”[2]。他甚至自吹自擂说：“要是我当时不接受毛，他哪里会有今天呢？”高岗心中的一丝诡诈，竟让他极为天真地引用毛泽东本是讽刺他的话：“只有高岗同志不犯错误。”[3]

1954 年 9 月 15 日，在中华人民共和国第一届全国人民代表大会第一次会议上，刘少奇代表宪法起草委员会作《关于中华人民共和国宪法草案的报告》。

毛泽东不是解放初拜访斯大林的第一个中共领导人。在 1949 年中期，高岗曾代表他的东北地区到莫斯科同苏联签订了贸易协定。东北是中国工业的展示窗，根据 1950 年毛泽东和斯大林协议的条款，它仍然是苏联的势力范围。1950 年经双方同意，由苏联援建的 50 个项目中，有 30 个是在高岗的这个地区。*

*在沈阳的集会上可以听到和看到“高岗万岁”的口号。见 Yilou 于《明报月刊》，HK，1966/2。

若干年以后，毛泽东提到东北和新疆时，还说它们是解放初期的“两个殖民地”。[4]

高岗越过毛泽东跟斯大林打交道。他向苏联人提供特别的情报（跟斯大林送给高岗一辆小轿车一事不无关系[5]）。结果，据赫鲁晓夫说，高岗在中国被认为是“苏联的人”。

苏联人士说，高岗 1949 年在莫斯科建议，让东北成为苏联的第 17 个加盟共和国。半年以后，毛泽东去莫斯科见斯大林时，在沈阳停了一下。毛泽东在作为高岗基地的这个东北城市到处看了看之后，发现斯大林的肖像远比他自己的多。回到火车上以后，毛泽东命令把装着高岗（以及林彪）送给斯大林的礼物的箱子从火车上卸下去。[6]“难道东北不是中国的一部分吗？”他粗声粗气地说。[7]

斯大林把高岗和苏联驻北京的大使之间关于中国事务的谈话备忘录转给了毛泽东。“天晓得斯大林怎么想到会这样做。”赫鲁晓夫正中要害地说。[8]

在毛泽东的眼里，高岗最大的错误是，他把毛泽东对刘少奇和周恩来的某些批评，解释成了为他玩弄宗派政治开绿灯，从而他自己可以替代刘少奇而成为毛泽东理所当然的接班人。在1953年下半年进行的这项冒险计谋中，高岗的同伙是上海领导人饶漱石。高岗甚至向这个或那个同事许诺在未来的高岗政权中给个职位。一些高级官员，包括林彪，出于各种动机，都在一定程度上与高、饶走到一起。但是邓小平和陈云最终把这个计谋告诉了毛泽东。毛泽东和高岗的谈话触发了高岗的行动的动机，因此毛泽东抢先迅速行动起来反对高饶。

斯大林刚一去世，毛泽东立即开始对付高岗。[9]他向高岗开刀的目的，既是为了防止高岗未来再要任何花招，同时也是为了警示其他人。

因为还有其他人。几个高层同事给毛泽东写了封信，建议他“去休养”。* 这封信或许来自饶漱石的地盘（他因为说世界上最伟大的政治领袖是亚伯拉罕·林肯和富兰克林·罗斯福而没能让毛泽东对他有好感）。

* 若干年后，在压力下，这封信的签名者之一声明说：“写这封信是为了毛主席的健康。”见 Shanghai Radio，3/20/1968。

1953年圣诞节前夜，在北京的一次政治局会议上，双方摊牌了。毛泽东对高岗和饶漱石展开了攻击。两个人都被解除了职务。然后毛泽东退至浙江省，一连4个月见不到他的人。官方的说法是他在“休假”。这是个熟悉的模式。紧张让他生病了，他退避了很长一段时间；等他重新充好电，就又回到斗争中来。但是，高、饶斗争是解放以来第一次使毛泽东罹患严重的身心失调症的事件。

当中央委员会在1954年2月开会时，毛泽东仍然在别处郁闷地沉思。他因“休假”而缺席了这一会议，非常引人瞩目。中央委员会自1950年中期以来就没有开过会，到1955年4月以前，也没有再开会。在这次会议上要正式清洗高和饶，或许是毛泽东不愿意在场亲眼看到结局。**

** 出席会议的人中，有两人随之替代了政治局里倒台的高和饶，他们就是林彪和邓小平。关于他们两个人，我们后面还将讲到很多。

刘少奇主持会议。高和饶依次被叫进会议室听取对他们的指控。高岗进来了。他不承认进行了任何反党活动。然后他拔出手枪，把枪口对准太阳穴。紧挨着他的人撞了一下他的臂肘，子弹打穿了天花板。[10]

这只是死亡的延期。后来高岗在狱中服毒自杀了。

然而，结果已然如此，毛泽东不能抗拒把对高岗的斗争神圣化。6个月以后，他为这场斗争找到了道德上的理由：高岗是“不继续革命”的人之一，高饶事件不是“对什么黄金时代造成了破坏”。[11]

在北京游泳池旁边和毛泽东一起消磨时间的那个人是谁？不是别人，正是尼基塔·赫鲁晓夫。身着紧绷着他们庞大身躯的游泳裤，这两个世界马克思主义的领袖，正在谨慎地辩论核战争。

我们时代的大争辩之一开始了。这两个人谁是国际共产主义运动中斯大林的真正继承人？在对付扩张的美国这一至关重要的任务中，谁的路线将取胜？赫鲁晓夫不擅长游泳——乌克兰农民几乎都不擅长游泳。就短期而论，在会谈中毛泽东占了赫鲁晓夫的上风。

中华人民共和国已经5岁，赫鲁晓夫在庆祝国庆的阅兵、宴会和演讲中都是贵宾。赫鲁晓夫后来回忆说，毛泽东的好客几乎超过了可能期望的程度。[12]两个人互相亲吻双颊。世人则开始郁闷地低声嘀咕牢不可破的共产主义磐石。（在这一年的秋季，东南亚条约组织成立，美国和蒋介石也缔结了一个条约。）

作为男人，他们两个除了腰围都很大以外几乎没有什么共同点。毛泽东总是转弯抹角，“我从来都不能确定，我是不是真的明白他的意思了。”像炮筒子一样直截了当的赫鲁晓夫说。毛泽东喜欢书籍，赫鲁晓夫喜欢玉米棒子。（用赫鲁晓夫的话说）毛泽东“走起路来像熊一样镇定而缓慢”，而赫鲁晓夫则像公牛一样莽撞。毛泽东眼睛盯着世界未来的前景，赫鲁晓夫在日复一日地和美国强权的挑战打交道。

这次北京会面，是将近5年中第一次中苏峰会。周恩来到过莫斯科两次，刘少奇到过一次（待了3个月）。次一级的苏联领导人来过中国。毛泽东在这些年中，根本没有离开过中国。

虽然毛泽东没有那样说，但是莫斯科在斯大林逝世以后开始对他

1954年9月29日，苏共中央第一书记赫鲁晓夫率领苏联政府代表团来中国参加中华人民共和国成立5周年纪念活动，并进行国事访问。这是毛泽东在欢迎赫鲁晓夫的到来。侯波 摄

表现出更多的信任和慷慨。原本堆积在莫斯科“来件”箱里的各种各样的问题，都在1953—1954年得到解决。《真理报》出现惊人的态度转变，甚至称毛泽东是“伟大的马克思主义理论家”。赫鲁晓夫愿意到北京来——他第一次的亚洲之行——似乎是又一个好的迹象。

峰会的具体结果大部分对毛泽东有利。他得到了更多的贷款；收回了一直在苏联控制下的两个东北港口；他不喜欢的俄中联合股份公司，比毛泽东和斯大林会谈中同意的日期提前25年解散了。苏联声明中前所未有地用“平等伙伴”指称中国。

然而，赫鲁晓夫离开中国时深感不安。他回到莫斯科以后告诉同事们说：“和中国的冲突不可避免。”[13]

毛泽东向赫鲁晓夫提出了蒙古问题。他曾同意斯大林的主张，认为外蒙古是独立的——他不能不这样做，但是他觉得莫斯科对待乌兰巴托就像对笼子里的猴子一样。“我们提出了这个问题，”毛泽东后来报告说，“但他们（赫鲁晓夫和布尔加宁）拒绝回答我们。”[14]

从文化上说，这次会面像是两艘战舰在黑夜里擦肩而过。赫鲁晓夫这样说：“我们每次一转变话题，中国人就上茶——请喝茶，请，请……而且，按照中国传统，如果你不把它立即喝掉，他们就把杯子拿走，在你面前再放上一杯——一次又一次，没完没了。”褊狭的赫鲁晓夫觉得，毛泽东在捉弄他。[15]

赫鲁晓夫要求100万中国工人到西伯利亚搞开发，毛泽东觉得

这个想法有点唐突，赫鲁晓夫放弃了。随后（据赫鲁晓夫说）毛泽东又说这个计划可以试试。这时赫鲁晓夫胆怯了，但是，他不得不将自己的建议进行到底。20万中国工人到了西伯利亚。这项计划夭折了。

赫鲁晓夫越来越觉得毛泽东太过聪明了。“他真的知道怎样贬低我们。”[16]

毛泽东和赫鲁晓夫站在天安门城楼上观看国庆节大游行。赫鲁晓夫像个盯着庄稼看的农夫。观赏焰火时，毛泽东比赫鲁晓夫更高兴。在某一时刻，周恩来看见了毛泽东的妻子，他走上前准备把她介绍给赫鲁晓夫。但是毛泽东制止了。他迅速跨过那紫红色的观景台，把江青领到赫鲁晓夫看不到的地方。在一个很远的角落，夫妻两个一起观看焰火。[17]

很难说毛泽东是不想让赫鲁晓夫见江青，还是不想让江青见赫鲁晓夫。

在游泳池旁边，毛泽东敦促赫鲁晓夫相信他的观点：帝国主义是纸老虎。让赫鲁晓夫吃惊的是，他把美国的威胁不当回事。“我

1954年10月1日，毛泽东与赫鲁晓夫（右）在北京天安门城楼上。

试图向他解释，”这位苏联人报告说，“一两颗导弹就能把中国所有的军事力量化为尘土。”[18]

1954年的这次交流，让人回想起毛泽东9年前对广岛原子弹爆炸的看法。中共最初的反应与几十个国家的反应是一样的。“这是军事技术的一次革命。”重庆的共产党报纸《新华日报》在广岛突袭的第二天说。毛泽东不同意。

“原子弹能决定战争?”他四天以后在会上问听众，“不能。”[19]这是毛泽东自己丢出的一枚炸弹。“我们有些同志，”他抱怨说，“也相信原子弹了不起，这是相当错误的。”毛泽东是极为严肃的。“原子弹是美国反动派用来吓人的一只纸老虎，”他向来自内布拉斯加州、关心中国革命的记者安娜·路易斯·斯特朗重申，“看样子可怕，实际上并不可怕。”[20]《解放日报》只得改变自己的观点。

毛泽东在1954年仍然相信，人的意志比武器重要。对赫鲁晓夫来说，如果你能吃到或触摸到一个东西，这个东西就是真实的。相比之下，毛泽东是个预言家，他对自己、对中国和对历史定将螺旋形地上升到共产主义都信心十足。赫鲁晓夫觉得，毛泽东认为他是个胆小鬼。*

*毛泽东和赫鲁晓夫当时都同意的一件事不久就被遗忘了，只是20年后在不同的情况下，这件事才又被提起。当时赫鲁晓夫建议就欧洲安全问题开一次会，毛泽东说这是个好主意。苏联人向23个欧洲政府和美国发出了请柬，但是西方不感兴趣。当赫尔辛基大会真的在1975年召开时，毛泽东对它进行了攻击，说这是对苏维埃的背叛。

在赫鲁晓夫会见毛泽东以后，互相攻讦开始了。赫鲁晓夫几个月以后向德国的阿登纳暗示说，中国很可能成为“让西方头疼的问题”。毛泽东显然相信他听到的报告，说苏联把中共称为“儿子党”和只是一个“爱国党”。[21]赫鲁晓夫5年后对艾森豪威尔说，他和毛泽东是“好朋友”，这不很真实。[22]

游泳池的一幕是中苏分裂的前奏。战争到底有多可怕?这是呈现在毛泽东与赫鲁晓夫之间的问题。赫鲁晓夫到达北京的前一晚上，毛泽东提供了他的立场的线索。作为对“意图的测试”[23]——这是北京方面的说法——他命令暴雨般地炮击台湾和大陆之间的岛屿。这些炮弹的回声将越来越响亮。

“做好分内的工作。”毛泽东在1951年末对江青说。[24]这是他对一种进退两难窘境的解决办法。同时，这也意味着毛泽东的第三次和最长的一次婚姻步入一段微妙的时期。

党在1950年给了江青一些有分量的工作。她负责中共中央机关的部门管理工作，也管理文化部电影处。

但是“绣花枕头”（赫鲁晓夫这样称呼她）[25]已经是敌人多过朋友。已经有压力要迫使她脱离党的工作。她向毛泽东告状，但是她承认，毛泽东基本上站在她的批评者一边。让她做好分内的工作，是毛泽东的解决办法。

事实上，江青是在病床上或在莫斯科或两者兼有地度过她的大部分时光的。

20世纪50年代，她确实常常生病。但是，毛泽东认为，她的病更多地是她狂热的想象造成的，而不是实际上有病。若干年以后，他在一次会议上说的话，似乎是对她的猛烈攻击：“过分讲究吃、穿、住和小汽车，是高级干部生病的四个潜在原因。”[26]

有时候可以见到江青和毛泽东一起接待客人[27]，但是有好几个月，这两个人分开生活。1949—1957年间，江青4次到苏联治病。她在国外总的时间将近3年。虽然毛泽东在这期间到莫斯科去了两次，但是他们在这个苏维埃首都并未住在一起。

至少有一次江青的苏联之行是极为违背她本人意愿的，然而毛泽东赞同那些坚持要把她送走的人的意见。她在1956—1957年第4次在苏联逗留期间，情绪非常低落，一心要回中国。然而，周恩来1957年1月去莫斯科和赫鲁晓夫会谈时，带去毛泽东明确的指示，要他妻子在莫斯科待到恢复健康为止。

或许不会有人感到吃惊，萦绕于江青脑际的，是她自己和毛泽东的前妻贺子珍之间可能的相似境遇。贺被毛泽东送到苏联，最后流落到一家苏联精神病院。

就党的观点来说，让江青凭自己的能力工作，大概意味着让江青不做任何重要的事。然而，她封自己为毛泽东的秘书。这似乎不是个妥帖的安排，因为不到一年，她就被推

1949年春夏之交，分别7年多的大女儿李敏从苏联回国了。毛泽东十分兴奋，说李敏是他的“洋宝贝”。侯波　摄

出去到了莫斯科。江青说这是“某些领导”做的决定。[28]但是，如果毛泽东不满意他们的决定，他本可以否决它。

据她自己讲，无论如何，她在20世纪50年代断断续续为毛泽东工作过。她躺在一张特制的后背倾斜的床上，将在文件堆中发现的重要内容转呈她称之为“主席”的那个人。他坐在她的床边，她则给他念电报和报纸。她了解的比他多是可能的。

毛泽东从来没有公开提过，在这一时期他从江青那里得到过什么帮助。他没有做任何事改善她在50年代所处的不受重视的境遇。可以肯定，这一切部分地是党对毛泽东施压的结果。这个婚姻，在党政圈子里一直不是很受欢迎。

在北京，毛泽东见到两个女儿的机会很多。李讷（讷于言）和李敏（敏于行）都住在家里。50年代中期，她们都成为北京大学的学生*。李讷显然在两人中比较聪明，她像她父亲喜欢做的那样，学习历史。李敏学的是自然科学。

*李敏就读于北京师范大学化学系。——编者注

经常进出这户人家的，还有毛泽东弟弟泽民的儿子远新。泽民在1943年被国民党杀害。

5年过去了，毛泽东的中国是什么样子？

毛泽东在天安门城楼上谈论“革命”。革命那么长时间之后，

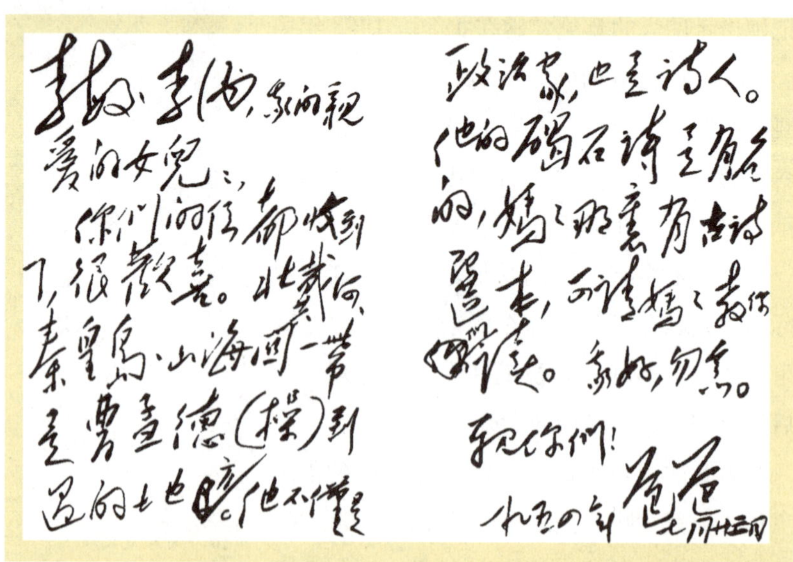
李敏、李讷，爸爸亲爱的女儿：
你们的信都收到了，很欢喜。北戴河、秦皇岛、山海关一带是曹孟德（操）到过的地方。他不仅是政治家，也是诗人。他的碣石诗是有名的，妈妈那里有古诗选本，可请妈妈教你们读。爸爸好，勿念。
祝你们！
一九五四年 爸爸 七月廿四

1954年毛泽东写给在北戴河度假的两个女儿的信。

其成功的光环曾为世界所瞩目；而现在，革命像以前从未打开的衣箱，里面所装的每一样东西都显露无遗。

它似乎不再是从前的那项事业。

革命意味着在工厂工作台旁一天的工作。它意味着学习毛泽东的思想。它意味着一个小女孩教奶奶认她刚刚从学校学来的汉字。它意味着北京来的年轻理想主义者作为干部走到农村，把共产主义的信息带给农民，而农民在他看来似乎只对天气和吃饱肚子感兴趣。

革命就是更好的健康，冗长的会议，纸糊的高帽子，关闭的寺庙，新的桥梁，配给券，印度尼西亚的苏加诺到来向“人民中国”致敬。

在乡村，还有很多小的战斗，但几乎已没有大的战役。再也没有地主，也没有日本人了。只有富裕一点的互助组取得比穷一点的互助组多一点的好处。有个别的懒惰农民要加以训导，有多事的人需要对付。

以农村为主的中国，远不是福利国家。收入不平等，没有社会保险。人们靠做工生活。你出生在什么样的家庭，仍然很重要。

但是，每个人都由于互相负有义务而被紧密联系在一起，甚至比过去更严密。社会主义就是这个意思。而这意味着，执著的干部们召开没完没了的会议，告诉你应怎样生活。他们工作努力，常常是真诚的，你很难跟他们争辩，但是他们事无巨细地干涉每件事。

当毛泽东在人口问题上转变了观点，要求控制生育时，干部们就为此赶着农民去开会。“哎呀，他们甚至告诉你什么时候跟老婆同房。”一个人抱怨道。

新年时张贴的对联也不一样了。以前在门上贴着关于美德和家庭兴旺的格言，现在贴上关于“五年计划”的口号。另一件新鲜事，是无处不在的喇叭传来的新口号。“中国共产党万岁”是最普通的口号之一。

女播音员在火车车厢清脆地播送诸如“我们就要到达北京了——那是毛主席工作和生活的地方”这样的信息。这些广播员身兼音乐节目播放员和启发式宣传者的角色，她们响亮的声音，让新中国在意识形态上保持警觉。[29]

或者，他们这样做了吗？其主要问题是社会性的，不是意识形态上的。人们以一种建设性的方式，在一起做对中国重要的工作。至于他们心里感觉怎样，脑子里在想什么，甚至毛主席也很快就发现，他并不了解。

毛泽东已经让中国追求一种世界观的同一性。他喜欢听到人民解放军军官们为战士们洗袜子和内裤，这表示人和人之间的差别已被扔到九霄云外。这种姿态，有他不断地迁移时期的影子。在一个地域辽阔、等级意识很强、相当讲求物质主义的社会，这种做法绝不可能真正制度化。然而，一位将军替士兵洗袜子的可能性的确存在；它容忍了落后状态，但它激励人们向前，如果没有这种偶然的姿态，中国也不一定会更好。

20世纪50年代，毛泽东的中国是比斯大林的苏联更为轻松、更为朴实的地方。大多数人似乎都精神百倍地工作，而不是眼睛不断地盯着时钟。他们好像能在公园或家里放松下来。社会主义没有削弱中国厨师们的专业奉献精神。

另一方面，毛泽东并没有打开中国人古老的自我封闭的状态。他还没有激发起人民对非中国事情的好奇心。中国就是他们的世界，他们没有把它置于更广阔的视野之中。

毛泽东的中国意在要像个家庭。毛泽东敦促人们一丝不苟地尊重新的同志关系的纽带，就像尊重旧的宗族纽带那样。他对他自己大多数的家庭成员都不重感情，通常都不如对待他喜欢的工作人员那样宽宏大量。提到他儿子在朝鲜战争中死亡时，他沉默了许久才说："没有牺牲就没有胜利。牺牲我的儿子和牺牲别人的儿子是一样的。"[30] *

* 足以令人感叹的是，岸英的尸体从未运回中国，他埋在朝鲜的土地上。金日成每年给坟墓送一个花圈。见 *CB*，900，p.6。

这样一个中国的愿景，并不完全是新的。"大家"，是中文表示"每个人"的词。帝王和臣民之间的关系被认为是父与子之间更高一层的版本。知县被称为"父母官"。没有人是真正与别人无关联的个体。每个人都有理由受到任何另外一个人的支配。

于是，法律机构的作用很小。父母不用法律管教子女，同时，他们也拒绝让子女拥有诉诸法律所意味的自主权。

80岁的毛泽东会见新民学会老友——曾为杨开慧接生毛岸英的李振翩博士。杜修贤　摄

在毛泽东的中国，情况也是这样。就像小孩子在旧中国的家庭里感到安全一样，公民在毛泽东的人民共和国里，也有某种安全感。如果父亲指控孩子做了错事，孩子没有权利要求辩护律师和公开审判；毛泽东的公民也没有这种权利。父亲的意志和他的爱是不可分的。因此，毛泽东的权力和他的学说的威望，也是分不开的。毛泽东的中国的目标，是一个家庭而不是一个有限公司。[31]

这是说毛泽东与中国存在着对抗吗？不完全是，现在还不是。

他追逐权力的方法一直是本土式的。他把马克思主义的西方外衣剥掉，换上中国的长袍。他没有试图在上海重演列宁在圣彼得堡所做的，而是像中国农民造反者几世纪以来所做的那样，走向山区。他也没有在中国传统之外去达到他的全部目标。他把共产主义的未来状态，设想为实现古老理想中的大同。

他不需要与宗教做多少斗争。卡斯特罗像波兰人那样与宗教做了激烈的斗争，甚至苏联人在一定程度上也那样做了。比起信奉天主教的古巴和波兰或是信奉东正教的俄国来，中国的神界意识比较薄弱。

毛泽东试图像把手伸进手套那样，把自己的思想塞进中国的精神传统中。孔子不相信作为个人的神，所以没有什么东西需要从神位上拉下来。但孔子的确相信存在于万物之中的宇宙规律，毛泽东也如此。

对毛泽东主义者和对中国传统继承者来说都一样的是，道德真理像自然秩序一样是固定不变的。

然而，毛泽东的确跟中国有冲突——跟两个中国。在这个主要依靠社会纽带结合在一起的文明中，几乎从来没有很强的国家政权。毛泽东的北京把人民用各种规章制度捆绑起来，自2 200年前秦始皇这样做过以来几乎没人这样做。秦始皇用一位中国法家人物的“异教”传统把中国敲打成很规整的样子*，比起公认的儒家道德社会的思想来，这位法家人物更相信行政处罚。

*法家学说是通过真实政治实践演化而来的权力科学，创始于两千多年以前。

毛泽东也跟他自己创建的新中国有冲突。作为新的法家，他把中国人从这些束缚和神秘化中解放出来：家庭压迫、关于宇宙的迷信、极端的地方主义。但是他是个中国整体主义者，这足以使他希望把中国的千千万万人捆绑在新设计的安排之中。他的新国家开始制造出现代公民。毛泽东主义制度从现代之前的历史中借用了那么多东西，这些公民还要花多长时间，才能跳过这一制度设置的一个个铁环呢？

这是一个未来才会爆发的危机。

1954年末，缅甸联邦总理吴努来中国访问。期间，毛泽东同吴努多次会谈。他说：我们应该在合作中增进了解，国家不论大小应该一律平等。侯波　摄

在20世纪50年代中期，毛泽东坐在书斋里，注视着中国的威望在国外不断提高。他没有出国访问，也没有就外交事务写多少文章。他的《毛泽东选集》中覆盖1950—1957年的那一卷，99%是关于国内事务的。同时，在那些年的非正式谈话中，他也很少讨论外交政策。

出国的事，是周恩来在做——在1954年关于印度支那问题的日内瓦会议上扩大中国的影响，在1955年万隆会议上赢得（甚至亲吻）不结盟国家的朋

友——而毛泽东做的只是运筹帷幄。毛泽东通过古老中国的“无为”这一诀窍而取得了很大的成功。*

* 在传统的中国，“无为”意味着通过放弃统治而进行统治。

确实，中国在朝鲜的行动为毛泽东赢得了国际上相当大的尊敬。（在朝鲜战争期间，没有一个国家承认中华人民共和国。战争一结束，许多国家相继承认了中国。）斯大林的逝世，通过排除法而让毛泽东看起来更高大。但首要的是，他在中国国内所取得的成就，尤其在整个第三世界产生了惊人的影响。

外国人纷纷**来见**毛泽东。** 主要是亚洲人。缅甸的吴努 1954 年来北京向毛泽东表示敬意，而且像他预料的那样毛给他留下了深刻印象。西哈努克 1956 年第一次来见毛泽东。毛泽东对这位柬埔寨人说：“我喜欢那些亲王们，因为当他们不反对革命时，会像你一样反对帝国主义。”[32]另一位亲王，老挝的苏发努冯·富马，也在 1956 年来了，但是毛泽东不像喜欢西哈努克那样喜欢他。毛泽东确实持续支持柬埔寨中立的（即亲王的）势力比支持老挝中立的（即亲王的）势力时间要长。

** 苏加诺抱怨说，他曾八次邀请毛泽东访问印度尼西亚，但没有任何迹象表明毛泽东接受了邀请。见 *CQ*，62，p. 188。

“就像是进入路易十四的宫廷，”印度尼西亚第一任驻中华人民共和国大使莫诺努图回忆他拜访毛泽东并呈递国书时说，“仪式很威严。”

一天上午 10 点，莫诺努图大使在紫禁城的朱红大门前受到毛泽东的礼宾司官员的迎接。军乐队演奏了印度尼西亚和中国的国歌。莫诺努图的六个印度尼西亚同事被留下来，他自己则被引进一个古香古色的大厅，大厅两边摆放着明朝的瓷瓶，中间是一条无尽头的红色地毯。一道门在他面前无声无息地打开了。和第一个大厅相似的第二个长长的大厅向他敞开。当他走到尽头的墙壁时，又一道门不知怎么就打开了。毛泽东站在那里，高大、沉默、慈祥。[33]

1956 年 2 月 28 日，来访的柬埔寨国王西哈努克亲王为毛泽东佩戴柬埔寨王国的最高勋章。

毛泽东的礼宾司官员希望毛在接见外国大使时穿一身深色西装和黑色皮

鞋。毛泽东拒绝了，他更喜欢穿随意的旧裤子和衬衫；最后达成妥协，穿一身中山装和褐色皮鞋。[34]

仪式上没有讲话，毛泽东和莫诺努图互换了国书。然后，一直陪同的周恩来把客人领进一个侧面的房间。在这里，毛泽东和这位印度尼西亚人按照讲话稿就爱国主义与和平作了简短交谈。（与此同时，另六位印度尼西亚人已经被带到另一房间去喝香槟和吃中国甜点。）毛泽东在会谈结束之后离开了。莫诺努图从另一道门退了出来。“我觉得我不该问毛泽东任何问题，他像个神。如果你有真正的问题，你就问周恩来。”

毛泽东似乎的确对来到他面前的亚洲人呈现出帝王的样子（对西方人则不是这样）。有些人喜欢这样：“他整张脸都显得很仁慈。”吴努说。[35]别的人则不愉快地在他脸上看出了古老中国的傲慢。“毛泽东从没有向我提到过天国，”莫诺努图说，“然而我认为他信仰这个。”即使充分考虑到那些喜欢他的亚洲人的说法，但毛泽东给人的印象总是欠欠身子，似乎屈尊俯就，敷衍他的亚洲来访者。

毛泽东在 50 年代几乎没有留意非洲，也没有会见几个非洲人。他关于这个大陆所做的少有的几次讲话之一，其中讲中国和讲非洲一样多。当得知南非提出的种族隔离立法将会对那里属于少数族群的华人实行种族歧视时，他支持非洲黑人抗议该法案的做法。

1955 年 10 月 14 日，毛泽东和周恩来在中南海会见日本恢复日中、日苏邦交国民会议会长久原房之助（右二）。仿佛老朋友见面，亲切自然。左二为廖承志。侯波　摄

1955 年秋天，毛泽东接待了可能是战争结束以来他的第一个日本来访者。几周之内，他又会见了两个日本团体。他在重新审视日本。在后来的 20 年中，他会见日本人的次数多过任何其他国家的国民。

在 20 世纪 50 年代初期，毛泽东曾希望日本左派

赢得政权。他太乐观了。整个亚洲不会因为中国闹了革命，其他国家就都会这样做。到1955年，毛泽东已经调整了目标。他跟任何日本人握手，无论是左派还是右派，只要这只手有助于让东京的天平向承认中华人民共和国这边倾斜（而且和蒋介石断交）。

在1956年中期，毛泽东向日本提出签订“太平洋条约”的建议，条约将把中国、日本和美国联系在一起。虽然当时被轻蔑地拒绝，但是，这个条约在20世纪70年代，在精神上，虽然不是在形式上，诞生了。这时，毛泽东让中国与日本和美国心照不宣地站在同一个对付苏联的方阵里。

毛泽东没有会见美国的任何来访者。杜勒斯在对他咆哮，在“遏制”他——忙于遏制地球上最为自我遏制（自给自足）的一个大国，真是一种讽刺——并预言毛的政权将“垮台”。毛泽东时不时地会接见苏联官员。他不得不与苏联人打交道，他悄悄地和他们妥协了。

主要是亚洲（以及第三世界的其他一些国家）让毛泽东展示了

1954年10月1日，毛泽东和朝鲜民主主义人民共和国元首、朝鲜劳动党总书记金日成在中华人民共和国成立5周年庆祝大会上。侯波 摄

自己在外交事务中的形象。第三世界是他能被判断为英雄的舞台——即使他只待在舞台侧面并委托周恩来到前台念台词，他的形象也不会失色。*

中国曾经受压迫，亚非国家也是这样。中国贫穷，是农业国，亚非国家也是这样。中国人不是白种人，在欧洲，即使共产党人也不可能跟第三世界的黑人、褐色人以及黄种人等有色人种达到如此真诚的团结。

万隆时代，对毛泽东在中国之外的形象，是个丰收的时代，因为无数第三世界国家和他的政府建立了关系。

在这个时代，毛泽东脚踏两只船。他已经开始打第三世界这张牌，而这张牌，他知道他的苏联朋友不可能随意就打；有一天这张牌会导致中苏关系紧张。然而，在50年代中期，他是谨慎小心地在打第三世界这张牌。

作为亚洲第一个伟大的马克思主义革命和马克思主义国家的领袖，他在共产主义阵营内，有着特别的作用。但是他没有挑战莫斯科的主导地位，没有说第三世界对世界政治是关键，没有把中国革命的首创性，当作新的马克思主义世界观的跳板：那是后来的事。

来自前殖民地的很多领导人都会因毛泽东的隆重接见而激动万分。他首先见到的就是他自己约9米高的笑容灿烂的画像，它竖立在从机场直达城市的宽敞的林荫大道起始之处。当天早晨的《人民日报》已经告诉亿万中国人，来访者是这个时代的重要人物。报纸在头版文章里向他表示热烈欢迎。

来访的领导人从没见过像天安门国庆大游行那样壮观的场面。彩车引领着游行队伍的洪流，最前面是毛泽东的巨型半身像，塑像的一只手向前伸出，就好像要触摸那些飞舞的彩色气球。外国政治家的心绪也跟气球一起翱翔。

宴会一个接一个。中国承诺要为该国经济发展提供援助。和毛泽东会面的最高荣耀，使来访者异常兴奋地旋转着回到他自己较一般的位置上。[36]

狱中生活——他们中许多人像尼赫鲁一样在狱中度过了好些

*周恩来在出席毛泽东和外国人的会面时，他说得很少或根本不说话。不过，当周恩来单独和外国领导人在一起时，他以坚定的权威履行职责，这一点迷人地揭示了毛泽东和周恩来的关系。

吴努的诚实让自己显得有时天真，有时冒失。有一次他当着毛泽东的面发表了关于中国在缅甸边界的“侵略行为”的激烈讲话。毛泽东反应镇定，而周恩来则沉默地坐着。吴努自己的同事觉得他由于直接跟毛泽东交涉反而“使事情办不成”。

“周总理，”第二天这两人驱车前往北京机场时，吴努诚心诚意地问道，“像我昨天晚上那样跟毛主席讲话，是不是错了?”

“吴努，”中国总理平心静气地回答道，“你和我经常见面。你也许应该先向我申诉，而不是向毛主席讲。”

“非常抱歉。”

“没事，”周恩来热情地说，“没关系。”见*Saturday's Son*, p.264。

年——可从来不是这个样子。华盛顿或巴黎或莫斯科，似乎也不像北京及其成百万组织起来的群众那样高兴见到这样的人。

印度尼西亚的苏加诺在1956年秋天来见毛泽东。“他们像多年的朋友那样互相拥抱。”苏加诺的一位副官回忆说。[37]他们俩一起站在一辆缓缓穿过北京街道的敞篷汽车上。毛泽东半微笑着，向人群举起右手；苏加诺像个小学男孩一样笑着并做着手势。泛亚友谊飘荡在空中。人们来到离车不到两米的地方挥动着手中的鲜花，从容漫步的警察们没有阻止他们，根本看不到任何带武器的士兵。

礼炮放了23响。当毛泽东和苏加诺在天安门城楼上站好时，每排16人构成的游行方队开始行进，接受检阅。锣鼓喧天中，坦克隆隆开过，大炮构成钢铁的巨流。体操运动员在横翻跟头。当游行者上下挥舞彩扇使整个方队变幻出花朵或标语的造型时，那是一片彩色的海洋。太阳好像也为这种欢快场面增加了光辉。那是一个50万的人群……

前一天晚上快到8点时，一个家庭妇女在紫禁城旁边的南长街各个院子进行巡视。每到一家，她就清脆地宣布：“苏加诺总统明天到达北京。政府决定动员50万居民隆重欢迎他。”这位女士是这一地区居委会没有报酬的工作人员。

在其中一家，她加了一个特别指示，大致是说：“你们家有四个人。居委会希望你们去两个，下午两点以前在南长街集合。你们的位置是在这条胡同口上。苏加诺总统和毛主席通过以后你们才能解散。”[38]

欢迎场面的辉煌不仅仅是由于太阳。

南长街的居民对毛泽东和苏加诺有什么感觉？只要适度——在50年代都还是适度的——感觉不是关键。这是个爱国的场合。居民们为毛泽东领导下的中国新的活力感到自豪。每个人都要尽一份社会职责，在不愁吃穿，工作稳定，生活安定的情况下，这种任务的辛劳对许多人来说是可以忍受的。

尼赫鲁来了，这是一次严肃的访问，因为印度对毛泽东很重要，而且尼赫鲁引起了他的兴趣。尼赫鲁不像大多数印度人那样神秘，他是一个现代人。毛泽东非常佩服他和英国人的斗争。虽然毛泽东在1949年谴责这位印度人是命定要走进历史垃圾堆的资产阶级分子，但是现在他怀着极大的尊敬接待他。

但是，毛泽东关于核战争的冷静的议论让尼赫鲁很震惊。“他［尼赫鲁］相信，如果核战争爆发，”毛泽东叙述说，“整个人类将毁灭。我认为，即使发生最坏的事情，也不过是有一半人死去，另一半人会活下去直到消灭帝国主义，全世界都变为社会主义。”*[39]

*我们发现，在这件事情上跟在许多其他事情上一样，毛泽东的信心来自对古代中国历史的研究。他1958年在中共第八次代表大会上说：“战争危险的存在用不着害怕。死掉一半人在中国历史上发生过不止一次。汉武帝时中国人口5 000万，到三国两晋和南北朝时期减少到了1 000万。”毛泽东继续给出更多的例子，说明损失一半人口并没有导致文明的灭绝。见*Wan Sui*—1969，p. 208。

1954年10月21日，毛泽东和印度共和国总理尼赫鲁在印度驻华大使举行的招待会上。侯波　摄

毛泽东和尼赫鲁当时——1954年——在大多数问题上看法一致，但是在战争问题上交换的看法，则显示了两个人之间尖锐的差别。尼赫鲁在国际事务上是道德家，毛泽东只在中国事务上是道德家。

这两个人在风格上很不相同。毛泽东认为尼赫鲁太啰唆，就像中国人常常觉得印度人啰唆、毛泽东在20年代觉得M. N. 罗易话多一样。尼赫鲁则认为毛泽东狡猾——这是印度人对中国人通常的看法。

毛泽东对印度这个国家是没有偏见的。他尊重列宁的观点，认为德里将是未来世界革命的一个支点。然而，使毛泽东同中国之外的任何事业团结起来的动力比较薄弱，这就使得毛泽东与尼赫鲁在仅仅反殖民主义的道路上不可能一起走得很远。

毛泽东通过中国的语言、历史和文化的透镜看世界。（确实，大多数大国的公民都有一种民族优越感，特别是像中国这样的大陆大国的公民。）中国历史上非常罕见到国外寻找她自己想要的什么东西；直到19世纪为止，她也极少需要这样做。中国是中央之国，不仅仅在于其自我的理解，而且也在于它的地理现实。

对毛泽东个人来说，还有另外的因素。他是在山区而不是在海边长大，他在性格形成的时期不是生活在任何大的中心城市。这位主席是在内陆偏僻地区铸造出来的。

他从延安看世界——但不是看中国——在相当大的程度上跟斯大林看世界差不多。像所有忠实的共产党人那样，他不能理解希特勒和斯大林签订盟约。他50年代的观点大部分都是他30年代后期所吸收的马克思主义世界观稳定发展的结果。与这个正统思想不相适应的那些倾向和爱好，毛泽东都暂时自己保留着。

毛泽东不是从第一手材料了解外部世界。没有任何出国旅行能动摇他的思想，就像赫鲁晓夫1959年因参观美国，或像哈罗德·麦克米伦1960年因其非洲之行而动摇了他们的思想那样。

毛泽东知道很多关于外部世界的事。他坚持读书。20世纪中期的世界领导人中，没有一个——甚至包括戴高乐——像毛泽东那样自己读书并写出自己的发言稿。* 历史和地理是他外国知识的两根支柱。科学技术问题以及政党的更替，他并不很感兴趣。

*在某些细节上，戴高乐和毛泽东是一样的。他们发送手写的函件，都不喜欢口述文稿而让别人记录，都不用打字机。

对毛泽东来说，外交政策暂时只有一个目标：允许新中国毫无阻碍地进行社会主义建设。他对到中国以外去进行十字军式的征讨不感兴趣。“你到我们这里来”概括了他对除苏联之外的每个国家的态度。至于和“帝国主义国家”建立联系，他曾告诉他的同事：“不但现在不应急于去解决，而且就是在全国胜利以后的一个相当时期内也不必急于去解决。”[40]

在生活方式上，毛泽东是个过着帝王生活的农民。[41] 他的生活方式的“奢侈”，主要在于大量的服务和奉承。虽然做好的猪肉片很油腻，但是摆在桌上就是美味。毛泽东从来不必自己梳头、把书送回书架、穿袜子、使用门钥匙。他不吃专业的食物品尝师事先没

毛泽东一生勤奋读书，直到生命的最后一息。这是毛泽东在中南海丰泽园的书房。

有尝过的菜，也不必用自己的手指拨电话号码。

毛泽东不能很容易地放松自己。他不怎么听音乐、玩牌，也不常参加宴会。传统的中国戏剧时不时地能使他感兴趣；他第一次看川剧时，发现川剧非常吸引人，以至他盯着舞台看时，一时间竟把香烟点着的一头放进嘴里。游泳和跳舞是他喜爱的娱乐方式。最先在延安倡导的舞会，在50年代延续下来。有一些舞会在中南海举行，还有一些在北京饭店或国际饭店举行。中南海的舞会，有一种家庭的氛围。特别是毛泽东的孩子和机要秘书叶子龙的孩子会加入到成人跳舞者中间，随着音乐声响起，狐步舞开始后，她们一会儿和毛泽东，一会儿和朱德一起跳舞。[42]

第十三章

怀疑（1956—1957）

有的时候，一年能让人感觉像是一生。在美国和欧洲很多国家，1968 年就是这样的一年。对中国（以及整个共产主义集团）来说，1956 年也是这样的年份。它改变了国际共产主义内部的游戏规则。自解放以来，毛泽东还从没有像非斯大林化这个又苦又甜的时期那样，必须非常小心翼翼地运用策略。

1954 年对毛泽东来说是个好年头。政权得到巩固；五年计划开了个好头；秋天他与赫鲁晓夫打交道占了上风。到 1955 年，他觉得能够登上扶梯向着某些期望已久的目标更快地前进了。

随后，在 1956 年，他感到，让人无能为力的多种逆流从远近各个方向朝他涌来。

“我们的某些同志却像一个小脚女人，”1955 年中期，他在对农村工作的猛烈攻击中咆哮道，“东摇西摆地在那里走路，老是埋怨旁人说：走快了，走快了。”他认为他在农村看到了风暴，就像他 1927 年见到的那样。“在全国农村中，新的社会主义群众运动的高潮就要到来。”[1]

争论的焦点是，如何走向世界上从没有见过的一种农业集体化。5 亿农民正在被鼓励着在党的监护下大家一起干活儿，而不是每个人独自干活儿。

第一步是每组十户左右的互助组，小农所有制没有大的变化。下一步是合作社，实质上是集体所有制。*

*两个阶段都不影响农民对其自己房屋的私人所有权。

对毛泽东来说，这是令人兴奋的事。自从 50 年前他强烈地意识到他父亲的压迫行为以来，就一直为土地问题所困扰。既然一种解

1955 年 10 月,毛泽东在中共七届六中全会上。这次会议根据同年 7 月毛泽东《关于农业合作化问题》的报告作出决议，加速推进农业合作化。

决办法就在手边，他觉得没有理由不立刻抓住它。实现农业集体化，就是确保社会主义政权。

并不是每个人都同意他的意见。“从现在开始，大规模的运动已不再合适，”刘少奇在彻底完成土地改革以后向农民们保证说，“主要的问题是集中力量进行经济建设。”[2]另外一位高级人物在起草 1954 年新宪法过程中，也表达了类似的观点：“过去，共产党依靠搞运动取得了胜利，今后，必须依靠法制建设社会主义。”[3]

农业部迟疑不前。毛泽东不得不把他精明但靠不住的信徒陈伯达*安置在农村工作部担任二把手，以便按他的意思办事。与此同时，一些地方干部则在解散合作社！总共 67 万合作社中，有大约两万被认为不成功而被命令解散。刘少奇也同意的一种广泛的观点，认为只有当农村有了大型机械时，大的合作组织才有意义。

*我们将看到陈伯达在“文化大革命”期间升至最高领导层。

毛泽东为农村兴起的潮流拟定了一个口号：“多、快、好、省。”但是农村工作部在口号的措辞上浪费时间，拖延了很长时间才在《人民日报》上发表。

毛泽东在 20 世纪 50 年代不是斯大林。他不能只是把那些让他难以按自己意愿行事的人枪毙或送到西伯利亚去。他必须使用诱导和巧妙操作的方法办事。

一天晚上，毛泽东和 80 名上海企业界领袖会面。这些人经营私

1955年10月29日，毛泽东在中南海勤政殿邀集全国工商联执行委员座谈私营工商业的社会主义改造问题。

有公司，中共称他们是“民族资本家”。出于尊重他们的爱国主义，也由于需要他们的工业经验，毛泽东一直允许他们相当自由地运作。直到这时为止。

毛泽东以他说话时慢吞吞的语调，开始异常成功地让这些巨头们放松下来。“你们怎么不抽烟？”他和蔼可亲地问这一群精神紧张的人，“抽烟不一定对你们有害。丘吉尔一生抽烟，身体很健康，我所知道的唯一不抽烟而命长的人是蒋介石。”

毛泽东说，民族资本家一直干得不错。但是在北京，他听说企业家们**自己**在敦促国有化，毕竟，他们不想在穿越高尚的社会主义大门方面落后于新中国的其他人。然而，毛泽东宣称，他对此拿不准，他有怀疑。他到上海这个伟大的城市来听一听。“我今天只带两个耳朵来参加会议。”[4]

这就是毛泽东的方式。当然，资本家们像是脱毛凤凰，能够看到并感觉到正在发生的变化。在两个小时中，他们一个接一个地发言，赞成转为国家所有。他们得到了他们“所要求的”。星期一还拥有一个公司的人，到星期五就发现自己是挣薪水的公司经理了。除了农业，毛泽东也在为工业寻求一种更为鲜明的社会主义的形式。

这次会面之后，关于毛泽东的方法的一个故事就在上海其余的管理人员中传开了。毛泽东把刘少奇和周恩来叫到一起，他有个问题要问他们：“你们怎样使猫吃辣椒？”

1956年1月10日，毛泽东在上海市长陈毅（右三）陪同下，视察上海公私合营申新九厂，和荣毅仁交谈。吕厚民 摄

刘少奇先发言。“这还不容易，”这位二号人物说，“你让人抓住猫，把辣椒塞进猫嘴里，然后用筷子捅下去。”

听到这个莫斯科制造的解决办法，毛泽东惊恐地举起双手：“绝不能使用武力……每件事都应当是自觉自愿的。”周恩来一直在听。毛泽东问总理要对猫怎么做。

“我先让猫饿三天，”周恩来回答道，“然后把辣椒裹在一片肉里。如果猫非常饿的话，它会囫囵吞枣般的全吞下去。”

毛泽东像不同意刘少奇的做法一样，也不同意周恩来的做法：“不能用欺骗手段——绝不能愚弄人民。”那么，主席自己怎么做呢？“这很容易，”他说——至少在这点上跟刘少奇一致，“把辣椒擦在猫背上，它感到火辣辣，就会自己去舔掉辣椒，并为能这样做感到高兴。”[5]

无论这个故事的前情是什么，毛泽东不喜欢强迫手段是真的，认为比起唤起人们热情参与的方法来，狡猾的行政手段则是次得多的次好办法。这并没有减弱他在确定目标时的权力主义。

毛泽东的动力，不仅仅来自于对社会同一性的抽象愿景，他还希望有更多的粮食和更多的机床。在此时，对他来说，物质的丰富和社会主义是一枚硬币的两面。对刘少奇来说也是如此，但永远是如此。毛泽东的立场的特别之处在于，他强调道德意志。

他觉得，农村的新精神，无论是否伴随着机械化，都能把中国农业急速推向一种社会组织的新的高级形式。当然，这是把中国的落后合理化。公共精神，除了别的作用以外，是对付缺乏个人物质刺激的一个手段。

加速农业发展，也是为了促使工业起飞。1955 年末，一个现代的社会主义未来，在毛泽东眼前闪耀着光辉。

1956 年是共产主义世界发生重大事件的一年。在这一年，“自由”成了从布拉格到北京的口号。毛泽东甚至在 1955 年末第一场雪花飘落在他住所之前，就已经开始提倡自由化精神。他的目标主要是经济方面的——他那个类型的经济学。

毛泽东卸掉了禁锢知识分子的螺丝钉。他宣布，在结束中国令人痛恨的落后状态方面，知识分子将是“决定性因素”。他也向富农扔了一根骨头。他把以前的政策作了修正：在 1956 年 2 月，他明白地表示，将允许他们加入合作社（留在合作社之外，意味着成为让人避之唯恐不及的人）。

要想让“进入丰裕王国”这场头脑发热的运动获得成功，这两群人都是需要的。他们都将被诱使去“把背上的辣椒舔掉”。可悲的矛盾之处在于，无论是知识分子还是富农，在毛泽东要达到的社会中都没有位置。最终，每个人都是万金油，因过度专业化的学术分科而为细节争论不休的事将过时。出现在农村地平线上的是一种新秩序，在那里，土地所有权几乎没有什么意义。

1956 年 5 月 2 日，毛泽东在最高国务会议上作《论十大关系》的讲话。侯波　摄

然而，这没有降低 1956 年春天中国的兴奋情绪。

《论十大关系》是毛泽东 1956 年 4 月对政治局所作的重要讲话。长长的文本充满政策性决定。对毛泽东来说，这也是一种哲学的回归。50 年代初期，他把大翅膀收起来了；现在又把翅膀张开了。

报告的标题暗示，毛泽东不相信固定的、线性的发展。“过程”不是他常用的词，“关系”才是。他坚持认为，一切都在不断地变动。看到矛盾存在于一切现象的核心处，这是智慧的起点。“一万年都有两点。将来有将来的两点，现在有现在的两点，各人有各人的两点。”[6]

任何东西都不是稳定的。好，那就让我们利用这种不稳定性，让每个人都不停地忙碌。让我们在相互争斗的意志的消长之中，去找到显现出的真正的平衡，而不是从周密的计划中去寻找平衡。

“两条腿走路。”毛泽东喜欢这样说，而这就是总的概括。单是每条腿自己，都有不足。秘密在于两条腿运动之间的关系。存在于毛泽东的马克思主义背后的，是阴与阳、黑暗与光明、雌与雄这种古老的中国思想。它代表一切事物的不可化约的两重性，包括毛泽东自己老虎与猴子性格的两重性。

经济仍然是毛泽东的主题。但是他正在推行的，是一种更为中国化的经济发展模式。

他规定，对重工业少侧重一点，对轻工业多侧重一点。中国不可能一夜之间变成另一个苏联；与此同时，应该允许中国人民拥有更光鲜和更充裕的消费品。有一天谈到苏联人时，毛泽东对他所信任的喜欢搞阴谋诡计的康生说：“他们是竭泽而渔。”[7]“渔”指的是工业生产，“泽”指的是人民的生活。

他说，要砍掉党和政府机构的三分之二。虽然表面上看这行不通，但这是个激动人心的建议，它表明了毛泽东的思想倾向。他希望把中国僵硬的官僚机构放松一点。

在相关的段落里，他首次讨论了中央控制和基层积极性之间的关系，他长期以来一直很关注这个问题。这回轮到他的猴性发挥了：“统一性和独立性是对立的统一，要有统一性，也要有独立性。比如我们现在开会是统一性，散会以后有人散步，有人读书，有人吃饭，就是独立性。如果我们不给每个人散会后的独立性，一直把会无休止地开下去，不是所有的人都要死光吗?”[8]他还把这个道家式的自明之理用于工业。

毛泽东现在觉得国防预算应该削减。“你对原子弹是真正想要、十分想要，还是只有几分想，没有十分想呢?”他问政治局，“你是真正想要、十分想要，你就降低军政费用的比重，多搞经济建设。”

“如果将来爆发战争，”国防部长彭德怀在同一个会议说，“由我们出军队，苏联出原子弹。”[9]这是个意味深长的构想，然而对彭德怀和毛泽东的关系而论，则是致命的。

毛泽东从三个层次看待国防预算。他已经开始窥视一个中国和苏联不再携手一起行走的未来。

1956 年，他强烈地相信经济即将加速增长，而这对中国 60 年代的任何发展都是关键。

他是在表达他个人的国防哲学：人民战争加原子弹。他对拥有昂贵的传统武器装备的、中等层次的职业武装部队不很热心。

当鲜花在中国绽放时，东欧的大炮在冒烟。毛泽东在发表他第一个关于新的温和路线的报告后几周之内，收到赫鲁晓夫关于斯大林的秘密报告。毛泽东不喜欢赫鲁晓夫的报告。*[10]

* 在苏联共产党第 20 次代表大会上，朱德和邓小平作为中国代表团领导人，在场听了赫鲁晓夫令人瞠目结舌的对斯大林的攻击。朱同意对斯大林独裁的谴责。邓有些怀疑，要等毛泽东的指示再作出反应。于是他们把赫鲁晓夫报告的内容用电报传到北京。结果政治上笨拙的朱德又陷入麻烦；而邓小平则表现了自己的审慎。

毛泽东两年以后在成都的一次讲话中说：“一则以喜，一则以忧。”[11]事实上，这个报告使他从心底里受到震动。在 1956 年余下的时间里，它像恼人的鼓点一样回响在毛泽东的一切行动背后。

毛泽东在《人民日报》一篇 6 000 字的文章里，小心翼翼地试图让感情和理智一致起来。毛泽东理论道，斯大林的错误是个人的错误，不是制度的错误。

在 6 个月里，毛泽东四次接待苏联官员的来访，以前他极少如此频繁地接待任何国家的领导人。到 10 月份，他甚至亲自打电话邀请苏联大使过来，因为他对波兰和匈牙利的政治动乱感到非常心烦意乱了。

他在 4 月份告诉米高扬，他认为“斯大林的功大于过”。这是他向每位莫斯科来访者表达的主要精神，跟他的《人民日报》的文章的主要论点一样。他认为，对国际共产主义运动来说，不这样看问题，就等于打开潘多拉的盒子。

难道这不会在中国的斯大林身上投下阴影吗？毛泽东没有大声问出这个问题。但是这是他关于非斯大林化的关键性恐惧。他对赫鲁晓夫报告的其他反对意见都现实得很，莫斯科本应该就如此出人意料的事件事先跟他商量。如果斯大林如此邪恶，那些在他身边工作了那么久的人怎样呢？毛泽东推论说，人们必然会断定，赫鲁晓夫自己若不是个“帮凶”，就是个“傻瓜”。[12]

但是，跟他自己在中国的权力这个最大的问题比起来，上面两个反对意见都算不了什么。毛泽东不只是中国的斯大林，他还是中国的马克思，也是中国的列宁。但是他当前的角色是中国的斯大林。

在一系列演讲中，毛泽东要求知识分子说出心里话。“百花齐放，百家争鸣”这一提法不是源自马克思，而是源自早先的中国传统。

刘少奇公开指出，毛泽东并不是全靠自己想出了这个口号。“还多许多事并不是毛主席先想到的，”这位第二号人物告诉北京大学历史系的学生，“他仅仅加工改造了它们。”[13]这是大胆的说法。(还有许多事！刘少奇的心里还想到什么其他的事情呢？)

毛泽东把中国精神生活上的盖子揭开了，这是世界上任何马克思主义政党从来没有自愿做过的事，而且是当非斯大林化在欧洲引起类似的效应之前，他就这样做了。

毛泽东希望唤起每个中国男人、女人和孩子对经济和其他任务的热情，而不是仅仅点头默认。他相信，中国的成就已经达到一定的高度，可以以它为起点考虑一系列新的前景。

毛泽东身上的虎性希望经济上有更多的行动；猴性则希望得到证据，看看他究竟受爱戴到什么程度。

毛泽东说，可以把美国之音的广播抄写下来，还有蒋介石的讲话。[14]刘少奇最后也加入进来，敦促把新闻工作从国家结构中撤出而使它更独立。他建议，记者可以署名，保证他们有高薪——“或许甚至高过毛主席的薪水”——那时他们就会“讲真话”。[15]

许多年纪较大的自由主义知识分子，明确地讲出了他们的心里话。他们只是从字面上理解毛泽东关于爱国与参政的意思。“中国属于六亿人民，”一位学究在《人民日报》上写道，“它不只是属于共产党。”[16]这个反对一党统治的叫喊，是突然包围了毛泽东的大量开放的花朵中最常见的一种。

第二种花几乎同样常见。一个声音喊起来，反对中共对中国生活的全面控制。文化人希望有更多的精神空间。

毛泽东后来问赫鲁晓夫——不知是出于好奇抑或就是要激惹这位苏联人——他认为“百花齐放”这个口号怎么样。赫鲁晓夫表示强烈反对。他反驳说：“任何农民都知道，有些花要培育，而有些花则应除掉。”赫鲁晓夫后来声称：“毛泽东同意说，这对苏联人或许不是个好的口号。”[17]

这的确是个非常毛泽东主义的口号，它显示了毛泽东本性深处的双重性。内心里，毛泽东看不起一般的知识分子。这部分地是由于列宁主义的理由，这些理由赫鲁晓夫也认同，部分地是由于毛泽东早期生活中对“学阀”的亲身体验。但是，毛泽东不同于许多中国的和别处的列宁主义者，他认为知识分子可以改造。

“在团结他们的同时，要教育他们。”这是毛泽东风格的统一战线背后的哲学。[18]另一方面，对斯大林来说，统一战线是出于对权力的计算，单纯而简单。对毛泽东来说，在统一战线内部的事，几乎和统一战线有效地反对敌人一样重要。

斯大林把他和美国与英国的战时同盟称为统一战线，目的就是为了打败希特勒及其盟国，他没有试图改变美国和英国的社会制度。毛泽东和蒋介石的抗日民族统一战线则有双重目的：打败日本，并且在表面上与蒋一起工作的同时挖他的墙脚。

毛泽东比斯大林的政治手法更温和、更有耐心，但是从根本上讲，大概并不那么有妥协性。他的教师气质甚至在他掌权时也从未消失。

1956 年底，毛泽东说了一句逻辑上他或许应该在几年以前就说出的话：共产党内部那些在 20 世纪 20 年代末期和 30 年代初期打击他的人，是斯大林的追随者。[19]他没有更早地说出这一点，表明了他对这位苏联独裁者挥之不去的敬畏。

鲜花中间长出了杂草。在武汉出现了大规模的学生运动。在 1956 年夏闷热的天气下，运动达到了高潮，发生了大规模的示威活动，其中一个突出的口号是：“欢迎国民党！欢迎蒋介石！”[20]

鲜花或许真的已变成毒草。在英国和美国受过教育的著名社会学家费孝通在《人民日报》上写了一篇文章，拒绝接受毛泽东的游戏规则。费孝通冷冰冰地评论说，毛泽东号召百花齐放的演讲像是“早春的天气”，“乍暖还寒，”他指出，“开放的鲜花易遭霜打而凋落。”[21]

毛泽东和生物遗传学家童第周（右二）、语言学家胡愈之（右三）、数学家华罗庚（左三）、社会学家费孝通（左二）等在一起交谈。（1956年2月）吕厚民　摄

这种深深扎根的怀疑主义——它非常普遍地存在着——大概比那些要求开放的议会和新闻自由的人们直率表达的不同政见，更让毛泽东沮丧。

毛泽东下令把花砍掉。这部分地是由于刘少奇和其他同事施压。他在1957年初的一次演讲中首次谈到两类矛盾的区别：人民内部矛盾和敌我矛盾。这是个模糊不清的区别。* 这一模棱两可的办事标准，在毛泽东余下的20年里一直像一片吓人的乌云笼罩在中华人民共和国上空。

费孝通的怀疑是英明的。到1957年末，许许多多几个月前怀着希望和胸腔里不断增长的妄自尊大而直言不讳的学究们，现在都在打扫那些不那么大胆的人的办公室隔壁的厕所。与毛泽东曾经有过时冷时热关系的丁玲，开始在作家协会大厦里擦地板。

*上海公园里的一个无赖，演示了这个区别有多么难以捉摸。当他企图强奸妇女而被抓到时，他愤怒地公然向警察挑战，大声问道：“你们干涉是什么意思？这是人民内部矛盾，跟你们没关系。”警察迷惑了，最后没有管他。见Loh，p. 301。

“我国现在的社会制度，”毛泽东在同一次讲话中说，“比较旧时代的社会制度要优越得多。如果不优胜，旧制度就不会被推翻，新制度就不可能建立。”[22]他的调子已经变了，言辞几乎是哀怨的。在未经修改的2月讲话里，毛泽东根本没有用“修正主义”这个词，而在经过修改的文本里，这是用来打击国内异见者的大棒子。

对于到1956年在把中国改造成有组织的大家庭方面已经取得的成绩，毛泽东的估计过于乐观了。他当时认为“急风暴雨式的群众阶级斗争已基本结束”[23]。但是后来他改变了主意。恰恰是这种斗争，他以后每隔一段时间就要发动一次，无论是不是“阶级”问题。

毛泽东还把一种有缺陷的自由讨论的思想引入“双百”运动中。他相信，为了防止专政僵化，同时也为了确保中国新一代人思想活跃，一定的思想交锋是需要的，但是花蕾一定要按照园丁的要求发育和开放。自由鸣放不能成为对真理的追求，它只能是一种治疗方法。

并不是政治局里的每个人都认为“双百”方针有必要性（他们也并不都有毛泽东1955年末那种急切的心情）。刘少奇和其他人对于中共领导机构在闹哄哄的公众集会上受到批评感到不快，只有毛泽东一个人认为邀请党外人士对中共提出批评意见是应该的。

甚至当毛泽东在1957年初往回拉的时候，也有些人觉得转得不够快。2月份，当毛泽东在讲台上讲话时，显然有高层人士离开了大厅以示抗议。[24]随后关于是否应该发表讲话的文本，产生了分歧。《人民日报》发表的会议照片里没有刘少奇，缺席的还有政治局的另外五名成员，包括朱德。

毛泽东对未来信念的一个关键性支柱，在1957年冬天的雪层下面消失了。他在社会制度方面促成的改变是成功的。土地集体化了，农村正在出现新的心态。这些变化似乎是不可逆转的。

但是，毛泽东在塑造政治制度方面，却不那么成功。他不顾别人反对而号召发表不同政见，然后又挥手阻止，结果造成知识界谨小慎微，甚至是沉闷不语。在毛泽东当权的历史中，“双百”运动这件事是一系列之字形发展中的第一例，都是为了寻求一种政治制度而要做不可能的事。以民主的方式处理冲突，但是仍然在中共监护的框架之内；在公民中唤起辩论，然而目标是事先已确定的。“我告诉右派，要他们批评是帮助整党，”他对一位工作人员说，“绝不是要他们反党或向党夺权。”[25]

在 1956 年时局正紧张的时候，毛泽东做了一件典型的有他自己特点的事。他离开了北京，尽管首都的气候在五六月比他要去的广州、长沙和武汉更宜人。而且他喜欢上了下水游泳，尽管他的同事试图阻止他。

他在广州珠江里游了一次泳，这让他的医生很担心，因为他看到江水的卫生条件并不好。随后，毛泽东提出要在长江里游一次。没有人，甚至当地的渔民中也没有人，在这条滔滔的激流中游泳。毛泽东的工作人员和同事都吓坏了。“每个人或多或少都有点主观主义，毛主席也不例外。”邓小平咕哝说。[26]两名负责安全警卫的官员被派到武汉去先试水。两人都认为毛泽东下水不安全，但是他们在毛泽东的面前没了勇气，其中一个人说了谎，说他认为这条河适合主席游泳。

与此同时，毛泽东到了长沙并在湘江里游泳，多年以前他对这条江就很了解了；他的一位卫士被水蛇咬了，但是毛泽东很幸运，高兴地爬上岸来抽支烟。在武汉的长江，后来在“文化大革命”中成为闻名人物的军事领导人陈再道，当他勇敢地要在毛泽东之前进入激流时，差一点被淹死。甚至周恩来和林彪也试图劝毛泽东不要下长江。但是谁的话他都不听。他从轮船的甲板上顺着一部绳梯下到黄色的波涛之中。毛泽东避免了陈再道企图逆流而游的错误，只是随水流向下游漂流。他从武汉三镇的武昌出发，在汉口登岸，花了两个小时。[27]身上滴着泥水，他坐下来享用著名的武昌鱼，然后拿起毛笔：

不管风吹浪打，
胜似闲庭信步，
今日得宽馀。

他不能抗拒把自己和孔子相比，就好像他不仅在使用他自己的身体能力，而且也在使用他的政治能力：

> 子在川上曰：
> 逝者如斯夫！

毛泽东完全有理由请出孔子，因为他的游泳确实像是企图把自己置于统治者显示个人价值的传统之中。毛泽东给古老的模式增加了一点现代性。帝王们曾经通过漂亮的书法，或通过高尚地不受淫欲的诱惑而显示他们的价值，但是从来还没有通过游泳来这样做。

毛泽东的心思也在关心经济发展，这一点可以从《水调歌头·游泳》一词的下片看出一些端倪。他提到了当时在建的一座桥，这座桥连接守卫着武汉长江两岸的两座山：

> 一桥飞架南北，
> 天堑变通途。
> …………
> 神女应无恙，
> 当惊世界殊。[28]

人们不免会觉得，毛泽东对改变中国的痴迷或许伴随着一种气馁的感觉，觉得要把这个难对付的古老庞然大物改造一番太不容易了。

1953年2月，毛泽东在“长江号”舰上听取长江水利委员会主任林一山的汇报，提出兴建三峡大坝的远景设想。吕厚民　摄

在长江游泳以后，工作人员和同事们都夸赞毛泽东。但是毛泽东俏皮地对朱仲丽（一位医生出身的作家，毛泽东的亲密同事王稼祥的妻子）说：“人可不能逞强啊。我这次在长江游的时间太长了，已经感到全身疲乏，还要逞强，继续游，要不是［警

卫员］叶子龙叫我上船，我只怕淹死了。”

“我不相信，”朱仲丽回答说，“您很会游泳。”

“你不相信，”毛泽东说，“群众也不相信，这种心情我理解。所以，我就越游越起劲啰。”[29]

他一直在华南流连不去（直到波兹南的暴乱把波兰闹得底朝天，而且中国自己的后院西藏也酝酿着叛乱为止）。他试图在远离北京办公室的日常关注的情况下，把事情仔细想一想。他要通过他钟爱的与大自然相融合的方法来缓解紧张。

当中共八大于 1956 年 9 月召开时，毛泽东的心情是复杂的。这是自 1945 年以来的第一次代表大会；中国在 11 年中的进步，以任何尺度衡量都令人印象深刻。然而，毛泽东不能在所有方面都随自己的意。

当毛泽东宣布大会开幕时，有 56 个外国共产党代表团坐在大厅里。事实上，中国的威望在国外是很高的。讲坛上的演讲中提到中国国际成就的段落，常常赢得代表们的掌声。那些声称国内胜利的段落，则不那么经常得到掌声。

1956 年 9 月 15 日，毛泽东在中国共产党第八次全国代表大会上致开幕词。

对于毛泽东的口味来说，代表大会过于自鸣得意。确实，他赢得了一些胜利。国防费用削减了；毛泽东当时喜欢的邓小平，被提升到党的总书记这个新且重要的位置上，就毛泽东对抗二号人物刘少奇强大的权力来说，这是很好的保障。

但是，代表大会没有认可毛泽东搞经济的“大跃进”前进的方法。会议寄希望于稳健的计划。甚至更恼人的是，它遏制了对毛泽东的个人崇拜。在 1945 年的党章中，规定中共“在毛泽东思想的指导下”。这句话在1956年的章程中删掉了。当然，代表大会受到了七个月前赫鲁晓夫把斯大林拉下神坛的影响。在毛泽东的账上，又多了一个反对赫鲁晓夫的黑色标记。

在表面之下，中共团结上首次出现的大裂缝开始了可怕的发展过程。在代表大会的文件中，对历史观的信念仍然完好，争吵还在限度之内。毛泽东容忍了对他的批评。（只要回顾一下李立三和王明被允许重新选进毛泽东的中央委员会就可明白。）但是分歧依然存在。其中两个分歧在十年之内会像大窟窿一样张开。

刘少奇唱出了一个与毛泽东不同的调子。毛泽东现在是个有着瑕瑜互见记录的政治家，不再是在山区行进时把整个革命担于一身的孤独的英雄。在1945年的第七次代表大会上，刘少奇的报告提到毛泽东的名字105次。在第八次代表大会上，只提到4次。“集体领导”的提法，从不离刘少奇的嘴。他说，中国基本的政治斗争已经结束，现在的工作就是经济建设；他试图以此压一压毛泽东对政治运动的热情。他坦率地说出了很多经济计划者会很乐意让大家知道的话：“在革命战争中行之有效的经验不能够用于新中国的经济建设。”[30]

刘少奇不动感情地解释为什么把“毛泽东思想”从党章里删除了：“七大已经确立了毛主席在全党的领导地位，即使现在不再提毛泽东思想，我们每个人仍然知道它。”刘少奇又加了一句含义中性的话：“另外，如果总是重复已经习惯了的东西，也没有什么意义。”[31]

毛泽东完全了解，赫鲁晓夫对斯大林的攻击，已经使他自己的最高权威成了问题。当时亲近毛泽东的邓小平在一次共青团的会议上说：“毛主席从来没有说过他不会犯错误。”[32]这听起来是在作辩解。交通部长（党外人士）说：“社会主义民主应当比资本主义民主更优越。资本主义国家的总统有三年或四年的任期……谁知道毛主席要当多少年的主席？”[33]

毛泽东确实在1957年初想到过退下来。他把自己比作戏剧名角，并且说出了自己的疑问：他是不是已经太老了，唱不好自己的戏了。但是他没有退下来。虽然他仍是党和国家两个机构的首脑，但是他放松了对它们的要求。

对苏联，他在公开场合讲话谨慎小心。但是在背后，他骂莫斯科。他决定同时接见米高扬和波兰领导人奥哈布。这是个恶作剧的行为。在谈话中，他严重地倾向于波兰方面。他甚至赞扬哥穆尔卡，此人的名字对苏联人来说是个诅咒。

毛泽东对波兰第一书记说："好像不谋而合，中国和波兰一直是很好的伙伴，我们对此很满意。"米高扬很生气。奥哈布非常受鼓舞，他当时就对莫斯科进行了批评。毛泽东是在怂恿这两个外国领导人在他自己的办公室里辩论。

米高扬反对奥哈布对波兹南暴乱的冷静分析。奥哈布反驳说，波兰人比苏联人更知道波兰在发生什么事。米高扬接着就爆发了："说出这种反苏思想的人只能被认为是敌人，并且被当敌人对待。**听他们话的人也一样。**"[34]

奥哈布很尴尬，他和毛泽东握了握手后走出了毛泽东的房间。

但是毛泽东站起来和波兰人一起走了，留下米高扬一个人气急败坏地继续说。米高扬不顾大会还没有开完，当天就飞回了莫斯科。

1956年接近年末时，毛泽东使用了一个不久就在排字工人中非常出名的词。对"修正主义"，应该像反对"教条主义"一样加以反对。这个词晦涩难解，但很重要。斯大林被判定是教条主义者。毛泽东是在指出有一种同教条主义相反的错误。

虽然这是一片不合时令的雪花，但是这片雪花将变成暴风雪。*

* 毛泽东很奇怪地对奥哈布说："中国也有哥穆尔卡，但绝不会把他开除出党，仍把他留在中央委员会里。尽管总是不同意他的观点，但他们经常征求他的意见。"毛泽东是不是在夸张地、伤感地指他自己以及他在中共党内受到的挫折呢？见F. Lewis's *A Case History of Hope*, p. 182。

到1957年初，毛泽东就像一个波斯地毯的织造工，他拿着各种颜色的线坐下来，却在地毯完工以前不知道会出现什么样的花样。他有6条线要织进互相的关系中。花园里长的草已经比花多；关于斯大林，必须保持一种平衡；波兰的起义不能谴责；然而，匈牙利的警告，绝不能忘记；他必须慢慢地从个人崇拜的边缘撤回来；而且中国的经济，必须以尽可能快的速度向前推进。

有几个月的时间，毛泽东试图就这些问题有组织地开展一定程度上公开的辩论。但是匈牙利的情况，在毛泽东自己的心里埋下了怀疑的种子：应该允许党外的批评走多远？

“匈牙利事件发生以后，我国有些人感到高兴。”毛泽东在《关于正确处理人民内部矛盾的问题》的讲话中说，“他们希望在中国也出现一个那样的事件。”[35]这是个悲哀的报告。因为毛泽东自己最初绝不反对匈牙利事件。他像个不诚实的情人，调情一阵子以后又把人家给甩了。*

* 埃德加・福尔在布达佩斯起义以后不久跟毛泽东谈到匈牙利这个话题，他发现这个话题“似乎触到了主席的痛处”。见 Faure, p. 31。

1956 年 10 月，毛泽东从容不迫地走进怀仁堂主持政治局扩大会议。他穿着睡衣。他告诉严肃的大会，从莫斯科来了一封电报。苏联人说，在波兰，反苏势力正在增长，在这种情况下，莫斯科有权派苏联军队进入波兰，以稳固东欧的安全。它正准备这样做。莫斯科询问北京对这个行动方案的意见。

他解释说，就是在这个危急情况下，他才召开了这次会议。他转向新华社社长吴冷西，吴冷西是受邀来提供最新消息的。吴冷西报告了在苏联和波兰的军事准备，以及波兰境内出现了对抗苏联威胁的工人起义的苗头。毛泽东严肃地说：“孩子不听话，父母拿出棍子。一个社会主义国家出兵反对另一个社会主义邻国，完全违背国际关系的原则，更不用说在社会主义国家中的原则了。这是不能容许的，是大国沙文主义。”

1956 年 12 月 4 日，毛泽东在给黄炎培（字任之）的信中第一次论述了社会主义社会中存在两类不同性质的矛盾的问题，并提出了对两类不同性质的矛盾不同的处理方法。

会议决定告诉莫斯科，中国反对干涉波兰，并警告说中国反对这一行动方案。被召来听取这个消息的苏联大使尤金，不到半小时就在菊香书屋的卧室里受到毛泽东的接见；毛泽东仍然穿着睡衣。毛泽东不容置辩地告诉尤金中共中央政治局的决定，并要求他立即打电话给赫鲁晓夫转达这个决定。[36]

毛泽东开始克制自己。在国内，他命令把“右派分子”追查到底。他把武汉的学生运动称为“小匈牙利”。在国外，他很快就唱起了对莫斯科在布达佩斯的新的学生班长卡达尔的赞歌；而且一年里两次在北京款待了他。他在与匈牙利领导人的谈话中透露，在

1957年2月27日，毛泽东在最高国务会议第十一次（扩大）会议上作《关于正确处理人民内部矛盾的问题》的讲话。侯波　摄

1956年的危机中，他发了一封急电给赫鲁晓夫，催促他快些采取军事行动对付布达佩斯的“修正主义分子”。[37]

毛泽东对波兰改革的同情蒸发掉了。4月份，他曾宣布他要在即将到来的夏天访问华沙。[38]但是他突然取消了行程——原本这会是他一生中唯一一次对苏联之外的国家的访问。到1957年末，他以激进的语言谈论起社会主义阵营需要团结，需要对其领导者莫斯科效忠！

北京保持了稳定和平静，因为毛泽东妥协了。经济没有如他所望在1956年开始“跃进”。他在马克思主义经济框架内实行言论自由的实验，失去了势头。这两个挫折，让毛泽东的许多同事觉得有正当理由咕哝着说“我告诉过你会这样”。毛泽东缩回来跟他们站在了一起。

但并不是很彻底。在他自己心里，在斯大林的神话被打破以后，任何东西都不可能跟以前一样了。他对莫斯科所主张的信念的敬畏，跟以前也不一样了。某种东西在他心里冒出来了。他要走上一条更加理直气壮的中国式道路。

由于苏联医生说过，鸡蛋和鸡汤对年长的人不好，所以毛泽东的医生有3年时间不许他吃鸡蛋或喝鸡汤。有一天，苏联医生们改变了主意，他自己的中国医生也改变了主意，他又能吃鸡蛋喝鸡汤了。这件事之后，毛泽东发誓说，他不再盲目相信苏联方式了。

1957年10月29日，毛泽东观看苏联新西伯利亚歌舞剧院芭蕾舞团演出《天鹅湖》，接受演员赠送纪念章。侯波　摄

他抱怨说，当把他和斯大林画在一起时，中国画家总是把他画得比斯大林矮一些。[39]

毛泽东的确提到过这一类的小烦恼。然而他继续在执行一些政策，表明他对莫斯科方式的信任并没有死亡。他把很多东西暂时掩盖起来了。

如果刘少奇以为，经过1957年的发展之后，一切就可以按部就班地进行了，那他就错了。他和毛泽东都在全神贯注于经济发展问题。但是经济问题“如何搞”，将把他们分开。虽然两个人都被匈牙利事件所震撼，但是刘少奇认为，更好的生活水平，是防止中国出现任何此种危险的最好保证，而毛泽东则优先考虑道德革新。

毛泽东和早年挚友柳直荀的夫人李淑一在长沙合影。(1959年6月) 侯波　摄

在1957年中期——毛泽东后来称这一年是个坏年头——他写了一首优美且震撼人心的词。《游仙》是怀念他前妻杨开慧的。当乌云在毛泽东四周聚集时，他决然地跳入他个人过去的一段幸福时光，并且将它与荣辱遭际联系起来。

坐落在湖南省长沙县开慧乡开慧村的杨开慧陵园。

他把诗文念给一位女士听，这位女士像毛泽东一样，在30年代蒋介石的屠刀下失去了配偶。四个人当时同在湖南党组织中工作，互相认识。他用双关语指杨（这个字可以指“杨树”）和这位妇女的丈夫柳（这个字可以指“柳树”）：

我失骄杨君失柳，
杨柳轻飏直上重霄九。

然后，毛泽东用了一个关于吴刚的古老传说：吴刚不顾后果地寻求永生，“学仙有过”，神罚他在月亮上砍伐桂树。吴刚把树刚一砍倒，它就又长回到原来的样子，所以他得永远不停地砍伐。

毛泽东把上天的保佑和地上正义的进步联在了一起。这里的“虎”是指蒋介石，眼泪是欢喜之泪：

忽报人间曾伏虎，
泪飞顿作倾盆雨。[40]

这是无拘无束的浪漫主义。上天、个人的喜悦、光荣的壮举、受难，全都交织在一起。

这首《蝶恋花·游仙》不是毛泽东一直在怀念他早期婚姻的唯一迹象。他在写了这首词几个星期以后，把20年代曾给他和杨开慧做保姆的陈玉英召到他的书斋。在与陈玉英两小时的谈话中，他很怀旧。“我今天看见你就像看见了开慧一样。”据北京发表的谈话版本说，毛泽东的眼睛里充满了泪水。他建议：“为什么不每年来北京看看?”他用一件公众关心的事掩盖了他个人的愿望：“来看看这里的发展变化也好嘛。”

毛泽东对待陈玉英同对待其他来访者很不一样。他扶她坐进椅子，搀她站起来，并且在她下台阶时体贴地说：“小心点。”在保姆方面，她把这种特殊对待完全当作理所当然，以好心抱怨的语气说：“放松点，我老了，走不稳了，你晓得的。”根据记录，除了这个长沙保姆，江青大概是唯一的不遵从毛泽东的女人。[41]

江青已经在这一年早些时候从苏联医院回来，但是她的身体还是很不好。毛泽东外出旅行有时也带上她，然而事情并不尽如人意。南京天气太热，青岛气候太潮湿，她感冒了。毛泽东把她匆忙送回北京[42]，他则留在青岛这个北方港口，计划新的行动以揭露“右派分子”。

在毛泽东有生的82年中，他只参加了一次国际会议。那是1957年晚秋为纪念十月革命40周年而在莫斯科召开的世界共产党领导人的峰会。莫斯科派出两架图—104去接中国代表团。毛泽东、宋庆龄和毛泽东的医生坐一架，中国一行的其他人坐另一架。

1957年11月6日，毛泽东在苏联最高苏维埃庆祝十月革命40周年大会上讲话。侯波 摄

在莫斯科机场，他热情地赞扬苏联。然而，在访问期间，他好几次微妙地用了“人民”一词，以避免说莫斯科曾帮助了中共：“中国人民得到了苏联人民的巨大同情和慷慨援助。”[43]

毛泽东觉得有资格摆一摆架子。的确，他就要发表一些他知道赫鲁晓夫会不同意的观点了。但是，跟赫鲁晓夫一样，他的心意是要团结。他在会议上扮演了重要角色。一些东欧人后来抱怨说，毛泽东和赫鲁晓夫在幕后操纵了一切；这样说并不过分。[44]

毛泽东对那些仪式感到不满，并且装作不喜欢克里姆林宫豪华奢侈的环境。在视察了分配给他的一行人的房间以后，他把翻译李越然叫来，李越然和随团医生住一个较小的房间。“你去告诉苏联同志，说这房子太大了，”他对李越然说，“请他们给调一下。”年轻的李越然慌乱地试图反对；他不得不请杨尚昆进行干涉，以便让毛泽东住在他那宫殿式的卧室里，这个房间曾经是女沙皇叶卡捷琳娜住的。毛泽东拒绝使用冲水马桶，而坚持使用他从北京带来的夜壶。受邀观看芭蕾舞团的演出时，他迟到早退，并且在演出中间发表吹毛求疵的评论。[45]

毛泽东拜谒列宁墓时对莫斯科大学的中国留学生讲话。“我们社会主义阵营要有个头，这个头就是苏联。”[46]当他开始讲话时，他问有多少人难以听懂他的湖南口音。大多数人举了手。因此，对着中国听众，他需要一名中国同胞做翻译，这个人把他的话从湖南话译成普通话。

毛泽东向哥穆尔卡施加压力，要他接受苏联是社会主义阵营的“领头人”。“帝国主义是有一个领头人的，”他对这位波兰人说，“我们需要一个领头人。”他解释说，必须有一个国家来召集会议，只有苏联才有力量成为领导人。哥穆尔卡走开了，低声咕哝着他对毛泽东坚持共产主义阵营内要“保持团结”的做法感到失望。[47]南斯拉夫人则对毛泽东走忠于苏联主张的、认为集团内必须有权威的路线，非常反感。[48]毛泽东也没有在公开场合为他的“双百”方针进行辩解。他也像赫鲁晓夫一样，被匈牙利事件吓住了。

战争与和平，以双重的方式压在毛泽东的心上。他飞往莫斯科的两周前，苏联人签署了一项协议，要帮助中国制造原子弹。

如果没有那个背景，毛泽东也许不会来参加十月革命庆祝活动。他仍然需要苏联人的军事援助。但是在战争与和平的问题上，毛泽东不同意赫鲁晓夫的观点。他轻描淡写地谈论核武器，就像他在1954年对尼赫鲁谈到这一问题时一样。这让东欧人和苏联人都很震惊。* 毛泽东说了一句不久就很出名的话：“东风压倒西风。”[49]他的意思是，现在是社会主义集团更自信地反对美国的时候了。是的，是由苏联领导的集团，但它是个更具战斗性的集团。

* 赫鲁晓夫对毛泽东的用词也很吃惊，他显然比起毛泽东稍微不那么粗俗。在提出核战争后仍然可以生存下去时，毛泽东说：“岁月会过去，我们会比以往生更多的孩子。”毛泽东说这话时，赫鲁晓夫坐在孙中山遗孀的旁边。她大笑起来。赫鲁晓夫一本正经地说：“他应该注意自己的语言。”毛泽东常常是自然主义的粗鲁，赫鲁晓夫另有他自己类型的粗鲁，比如称江青为“绣花枕头”。见 *KR* (*LT*), p. 290。

1957年11月5日，毛泽东率中国党政代表团前往莫斯科红场拜谒列宁、斯大林陵墓，敬献花圈。侯波　摄

听到毛泽东讲话的人觉得，苏联新近发射的人造卫星让毛泽东印象深刻。一到莫斯科机场，他就说：“苏联发射的第一颗人造地球卫星是一项伟大的成就，它标志着人类进一步征服自然开始进入新纪元。”在毛泽东身上，仍然有五四运动时期知识分子

被科学的前景冲昏头脑的印记。他觉得，有人造卫星武装起来的社会主义集团，能够对帝国主义者表示蔑视。

私下里，毛泽东对赫鲁晓夫进行劝说，敦促赫鲁晓夫不要跟西方进行裁军谈判。但是，如果说毛泽东和赫鲁晓夫在对西方的政策上有一米的距离，那么他们在防卫思想的根基上，就有一公里的距离。

“如果苏联遭到西方的袭击，”毛泽东敦促吃惊的赫鲁晓夫，“你不应当抗击，而应该后撤。”[50]

“你所说的‘后撤’是什么意思？”

“就是有目的地撤退，并准备打一年、两年甚至三年的持久战。”

毛泽东想到的是苏联在第二次世界大战中向斯大林格勒的撤退。赫鲁晓夫吃惊得大口喘气。他向毛泽东解释说，在希特勒进攻时撤退是**被迫的**，还说，下一次战争会因为核武器而不同于第二次世界大战。

“如果你们后撤到乌拉尔山，”毛泽东平静地建议说，“到那时我们中国就可以参战。”这使我们眼前出现这样的场景：黑暗中，两艘战舰在三条航线上擦肩而过。

毛泽东在处理敌强我弱时采用的方法教会了他防御性战略的价值，而这根本不是苏联人思想世界的构成部分。

毛泽东不害怕核武器——当然，关于核武器他比赫鲁晓夫懂得少——他相信，只有人们害怕核武器时，核武器才是有威力的。不然的话，威慑手段起不到威慑作用。

最重要的是，毛泽东在赌时间。他的目的是把中国建设得至少跟苏联与美国一样强大。在那时之前——当然还很远——绝对重要的是，他要阻止苏联和美国以任何形式的联盟串通一气来对付中国。

毛泽东对赫鲁晓夫讲了很多关于他中国同事的事。据赫鲁晓夫说，他们大多数后来没有好的人生结局。高岗是极端的例子：“你甚至不能当着毛泽东的面提高岗的名字。”[51]这全都是毛泽东在北京所经历过的挫折的反映，虽然有趣的是，他现在觉得这些挫折已经成为过去，因而可以向赫鲁晓夫提起了。

毛泽东确实对之表示出热情的，只有一个同事。“你看到那个小个子了吗?”他一边指着一个代表团成员一边对赫鲁晓夫说，“他聪明能干，很有前途。”[52]那就是邓小平。事实上，这位有着上窄下宽面庞的四川人，以后将会三起三落——其中“两落”是由毛泽东造成的，因为他对这位不听使唤的同事改变了心意。但那是后来的事了。

赫鲁晓夫也开起了玩笑，他告诉毛泽东，布尔加宁工作干得不好。毛泽东问谁可能会取代他。赫鲁晓夫提出会是柯西金。“柯西金是谁?”毛泽东问道。[53]他对柯西金的了解跟赫鲁晓夫对邓小平的了解一样——一无所知。赫鲁晓夫把柯西金介绍给毛泽东，这两个人走到一个角落去谈话了。后来柯西金的确替代了布尔加宁，毛泽东 8 年以后在北京跟他的那次会面是他最后一次跟一位苏联领导人会面。

毛泽东在告别词中呼吁团结，他对他的听众既很在意又很蔑视，他用一个典故来做解释。“中国有句古语，”他告诉那些共产党领袖们，“两个泥菩萨，一起打碎，用水调和，再做两个。我身上有你，你身上有我。”[54]

尽管毛泽东在莫斯科代表社会主义集团表现得很有战斗性，但是他心里正在形成另一种想法。他看到马克思主义的历史观已有所贬值。“我看有两把‘刀子’，”他回到北京时说，“一把是列宁，一把是斯大林。”[55]这个形象的比喻表明，苏联仍然是他马克思主义思想的摇篮。

“现在，斯大林这把刀子，俄国人丢了，”他继续说，“列宁这把刀子现在是不是也被苏联一些领导人丢掉一些呢?”毛泽东回答了自己的问题：“我看也丢掉相当多了。”

“十月革命还灵不灵?”毛泽东问自己和同事。他让这个问题悬着。在他有生的最后 19 年中，这个问题以一系列不同的方式一直悬在那里。

第十四章

修补体制（1958—1959）

“到1957年，他变成了另一个人。”从20世纪50年代初期就认识毛泽东的一位缅甸人说，“他更多时间在沉思，显出老年的迹象，行动更迟缓。”他们两个人在天安门城楼上交谈。“毛泽东的目光盯着远方。他回忆着朝鲜战争……”[1]

1957年这困难的一年过去之后，从莫斯科一回来，毛泽东就把希望寄托于1958年的“大跃进”上。

他很快就把5亿农民纳入到2.4万个人民公社思想一致的集体生活中。他试图把经济发展的速度至少提高1倍。他把一种想法强加于中国人民，让他们觉得，革命并非人们可能感觉的那样，是从上面强加给他们的一种统治形式，而是根据道德选择的一朵明媚之花。

“我在北京住久了，”1月份他在一次首都干部会议上冷不防地说，“就觉得脑子空了，一出北京，又有了东西。”[2]

他以沉着而镇定的心情南下南宁。他在蜿蜒流过这座西南城市的邕江里游泳，在南湖公园的兰花丛中散步。他觉得接触到了真实的中国。

在南宁的一次会议上，他对积习难改的官僚作风大发雷霆。“这个问题我讲过一万次了，但是一点用处也没有。”另一次，他使着性子大声说：“不管怎么说，我还有点资历吧，有些事应该给我打个招呼吧。”[3]

“你们的文件，我两年不看了，”他告诉经济计划制定者们，“今年还不准备看。”[4]他对官僚机构的迟缓磨蹭感到不耐烦。他希望

1958年3月，毛泽东在四川郫县红光农业生产合作社视察。侯波　摄

下面有更多的主动性。

他挑衅地对一位曾经为北京城墙被拆掉而落泪的高级知识分子说，拆掉城墙是好事，拆毁雅致的旧房子是好事。他这样大声喊叫，很明显，他试图要除掉的比旧城墙要多。他是在跟一个他认为不适应那个时代的旧世界观作战。

水对毛泽东来说是"大跃进"的象征物。他命令对党内人员进行思想整顿时说："脸是天天都要洗的。"他在提到变得傲慢的官员时说："要浇上一盆冷水。"他还提到了"细菌"和"洗掉"腐烂的沉积物。*

他自己喜欢下水。在武汉的长江，他游了7次，每次都游了相当长的距离，被媒体广泛报道。激流是个挑战，水让皮肤光洁。1957年，毛泽东像个好久没有洗澡的人一样感到不安。1958年，当他跳进水里并擦洗时，他感到放松、解脱。

50年代后期，毛泽东从没有长时间消停，总在琢磨谁跟他站在一起、谁反对他这个问题。当他发现花园里杂草长得比他培育的花

* "病菌不讲迷信，而且精力充沛，"毛泽东在1958年的中国共产党第八次代表大会上说，"它们谁也不怕。它们的大无畏精神是不是比有些人还强?"见 *Wan Sui*—1969, 4/6/58, and *CLG*, 9-3, 1976, p. 51。

还要多时，他在一次会议上说："现在，全国究竟有多少人赞成社会主义，我正在和地方上的同志摸这个底。"[5]

1958 年对毛泽东来说，在 1956 年就开始了。"百花齐放"的号召令毛泽东失望，知识分子拆了他的台。他现在只信任未受过教育的基层老百姓的能量。

"青年人不压迫老年人，"他在北京的一次政府规划会议上宣称，"老年人不会进步的。"[6] 大多数的知识分子年纪都大了，沾染着 1949 年以前社会的旧习。更为纯洁——"更为空白"——而且对新的社会秩序更为热情的年轻人，正在成长起来。

"譬如积薪，后来居上。"毛泽东在同一次会议上总结说。

在一定程度上，毛泽东从 1958 年起所做的一切，都有他早些年未实现的想法的影子。不过，也是他对苏联道路以及到那时为止中国向苏联学习的做法的反弹。同时，毛泽东开始和一个幻影进行战斗——新中国的现实和他的期望之间差距很大。

毛泽东修补体制还有一个原因，即他越来越清醒地意识到终有一天自己将会死去。

"就像养猪一样，"这个农村出身的孩子这样说他的"大跃进"，"骨架在头 4 个月就定形了。""大跃进"的目的是"建造这种骨架"。[7]

"大跃进"的确是个发展的概念，而不是明确的、大家都同意的、详细的发展计划。

五四运动的儿子毛泽东，在"大跃进"期间居然创造了一种近乎宗教信仰的精神状态，这真是一个巨大的悖论。**"敢教日月换新天"**，**"改天换地"**，标语中这样说。当工人在压力下夜以继日地完成过高的定额时，他们看到墙上的宣示："一夜赛千年。"

这很天真，但很有感染力。甚至对监狱中的生活都有所触动。有一个服刑的人（他后来离开了中国）接到妻子的一封信，那是"大跃进"的象征。他妻子在信中宣布，为了支持"大炼钢铁"运动，她已经把两人结婚时的铁床捐献给国家了。在同一所监狱里，为了支持消灭苍蝇的运动，每个服刑的人每天要完成打死 50 只苍蝇的指标。超出定额的苍蝇可以储存起来，用来换取香烟。[8]

毛泽东的情绪最初由于“大跃进”而提高了。尽管他的一些同事持保留意见，尽管后来很多中国人对他们自己诚心诚意的努力被操控感到愤怒，毛泽东个人由于1958年的新政策而恢复了活力。

“我们国家像一颗原子弹，”他说，“一旦爆炸，就会释放出巨大的能量。我们能够做到以前从未做过的事情。”[9]他大胆使用的这个比喻，或许反映了他新近和莫斯科就获取核武器进行的谈判。

他在中南海的住所打苍蝇；他傍晚在杭州的住所外散步时，伸手猛拍打在路上遇到的零散的蚊子。他很遗憾自己不能抓老鼠（加上麻雀，它们构成“四害”）。“几千年来，”他在把自己和中国的至圣先师作新的比较时说，“包括孔夫子在内都没有搞过除四害。”[10]

毛泽东的头脑随着对统计数字的估计而膨胀。

难道10个月之内建成人民大会堂（在苏联顾问们宣布这项任务不可能完成以后）不能表明真正的共产主义精神正在中国兴起吗？“他们需要物质刺激吗？”他问道，说的是1.2万建设者们，他们每天投入12小时工作，而不是标准的8小时，“他们需要额外的报酬吗？他们不需要，他们不需要那些东西。”毛泽东为这种从社会主义道德向共产主义道德跨越的一步而无比兴奋。“这不只是‘按劳分配’的问题，”他宣布，“其中还有列宁的‘共产主义星期六’的伟大思想。”[11]

一天晚上，在参观了几家工厂之后，他挥毫抄写了一首诗，赞扬工人们的生气勃勃，也批评组织工作的不得力：

九州生气恃风雷，
万马齐喑究可哀。
我劝天公重抖擞，
不拘一格降人才。

1958年夏的另一天晚上，毛泽东拿起《人民日报》，看到一条让他激动的消息。江西省的一个县已经消灭了血吸虫病，这个县离毛泽东在井冈山的老根据地不远。

他异常兴奋，睡不着觉，黎明时分就起床，坐到书桌旁。温暖的晨风微微吹着，第一缕阳光抚摸着他的窗户。他凝视着南方的天空，然后写了一首诗。

他描写了充满悲凉与病痛的旧时岁月，当时钉螺和水蛭好像占据了一片令人沮丧的土地：

绿水青山枉自多，
华佗无奈小虫何！
千村薜荔人遗矢，
万户萧疏鬼唱歌。

他以豪爽的词句展望当前的时刻：

坐地日行八万里，
巡天遥看一千河。
牛郎欲问瘟神事，
一样悲欢逐逝波。

《送瘟神》继续形象地描写水、发展和大自然，贯穿全诗的是这位“大跃进”时期的普罗米修斯的澎湃激情：

红雨随心翻作浪，
青山着意化为桥。
天连五岭银锄落，
地动三河铁臂摇。[12]

中共第八次代表大会在 1958 年夏天召开了第二次全会，但和 1956 年的第一次全会气氛迥异。毛泽东获得了解脱。

“我问我身边的同志：我们是住在天上，还是住在地上？”他告诉吓了一跳的代表们，“他们摇摇头，说是住在地上。”猴子般精明的毛泽东另有看法。“我说不，我们是住在天上。如果别的星球有

1958年5月，中共八大二次会议在北京举行。会议根据毛泽东的提议，通过“鼓足干劲，力争上游，多快好省地建设社会主义”的总路线。

人，他们看我们不是也是住在天上吗？所以，我说，我们是住在地上，同时又是住在天上。”[13]

毛泽东还编织了同样充满悖论的“网”，他问：“我们是神仙吗?”“我们是洋人吗?”*

所有这一切都有一个中心思想，在后来的10年里，毛泽东用它四个方面的影响治理中国。一切都不能只看表面；不断的变动是唯一真实的现实；未来并非在“远处”，而是必须现在就把它抓住；混乱是大多数美好事物的催化剂。

“长江后浪推前浪，”毛泽东有一天说，“一切事物都在不断的变化之中。”[14]这与其说是一种历史观，不如说是对历史观的否定。

一条湖南谚语说：“草鞋无样，边打边像。”[15]毛泽东在他的余生里治理中国就好像在编草鞋。

毛泽东声称“大跃进”“破除了”迷信。他心里所谓的迷信是：外国比中国好，中国必须接受其永远的落后状态，看上去真实的东西**就是**真实的。[16]

毛泽东对迷信的定义确实变得更宽泛了。在1919年，迷信指宗教和受祖先的束缚；封建迷信的含义当时对每个人都很清楚。到

* “人类或许会变成另一种东西，”毛泽东还说，“到那个时候，地球就不存在了。太阳会冷却。”这些思想或许反映出毛泽东在主张进化论的德国人厄恩斯特·海克尔19世纪的著作中读到的东西。毛泽东在他生命的后期说过，他受到4个德国人思想的强烈影响：黑格尔、马克思、恩格斯和海克尔。见J.B. Starr's *Continuing the Revolution*, p.42。

1958年，它似乎是指对当时纯粹意志的任何束缚。

“那些近来攻击人民公社的人们，”他在一个旁注中抱怨说，“就是指把马克思（《政治经济学批判》序言）这一科学原则当作法宝祭起来打我们，你们难道不害怕这个法宝吗？”[17]

那么现在，是不是甚至马克思也成了要加以反对的迷信呢？

毛泽东轻轻地把马克思放回到他自己的位置上。“马克思也是两只眼睛两只手，跟我们差不多，”他在一次党的大会上提醒说，“只是他脑子里有一大堆马克思主义。”[18]

马克思不是没有进行革命吗？列宁不是在这方面超过他了吗？“中国这样的革命，马克思没有做，我们做了。”他得出结论说，“我们的实践超过了马克思。”

“大跃进”并没有废除法宝。它只是用毛泽东的法宝代替了一切竞争对手的思想方法的法宝，包括马克思的一部分。

1958年8月6日，毛泽东视察河南新乡七星营人民公社。

如果说毛泽东对最终目标有怀疑，那么他对如何去做，却有强烈的信心。他觉得经验已经教会他政治行动的秘密。

- 利用矛盾是获取和掌握权力的方法。
- 平衡只是假象，甚为不利，不平衡才是最有创造性的事物的状态。
- 进步靠“波浪式”推进来实现。
- 如果变革只有上面的命令，而没有群众热情投身于变革运动的积极性，那就不会有什么结果。
- 斗争保持纯洁，它不仅能让你得到想得到的东西，而且是政治中的神圣的东西。
- 可信赖的人不是专家，而是老粗、外行、卑贱者或所有那些愿意为公众服务的人。

“从现在开始十五年以后，当我们变成一个现代化的、工业化的、文化高度发展的强国时，”他在第八次党代会上说，“我们可能会变得趾高气扬，尾巴会翘到天上去。”[19]这是一种过于乐观的预见和意识到成功也有负面影响的怪异的结合。

“大跃进”的热情，对很多被毛泽东的口号所“鼓舞”的中国人来说，是由现代化的未来即将来临的幻想所激发起来的：钢产量将在 15 年内增长 8 倍，超过英国，小轿车将遍地都是。

但是，对毛泽东来说，战斗本身和目标一样具有根本的重要性。如果说毛泽东是个乌托邦主义者，那么他的乌托邦更多地是和进程而不是和目标有关。即使并不是很清楚道路到底通向何方，人们的思想也会在途中发生某种奇妙的变化。

他把统计数字当作一种象征来使用。确实，许多夸大的数字公布出来，仅仅是因为允许操弄真实数据以便讨得大家的欢欣。不过，毛泽东自己处理统计数字的哲学思路，也对“大跃进”期间产生的那些令人难以置信的文件有影响。

中国语言适于让人们非字面地看待统计数字。在中文里，“一万”的意思常常仅指英文里的“几千”或“许多”。毛泽东自己的想法强化了这种趋势。“百分之九十的人是拥护我们的。”这只是自我打气。毛泽东会说某项任务要在两年内完成，要不然就四年，或者如果还不成就五年。数字起着鞭子的作用，而不是经过认真计算的结果。

毛泽东现在相信，钟摆效应是哲学的真理。在一次关于辩证法的谈话中，他举了休息和起床的例子。“中国有句古话叫‘久眠思起’，眠后即醒，醒后又眠。”这是道家的古训。[20]

有一天，毛泽东请来一位学者谈话。那是在西方受过教育的社会学家费孝通教授。他在“百花齐放”期间很谨慎地“鸣放”过。毛泽东不想对费孝通放弃希望。“你能不能转变一下?”这位统治者问那位公民。

这是一个尖锐的问题，这表明毛泽东不只是个专横跋扈者。

费孝通解释说，他的习惯已经成形，而且身处于一个有两百个中国顶级知识分子的圈子里，他们常常起到互相帮助的作用。

“不要同那两百个人打交道，”毛泽东反驳道，“另外找两百个人嘛。到工人农民中走一走，在那里就会找到两百个人。”费孝通对此心存疑虑。

“真正的朋友要到工人农民中去找。”毛泽东大声地说。[21]

毛泽东不喜欢任何种类的专家，“大跃进”是对非专业观念的庆祝。

知识分子专家对毛泽东来说就像是一种特别枯燥乏味的标本。这位半知识分子喜欢嘲笑那些偶然跟他打交道的教授们，然而同时又喜欢与他们竞争。

在汉口的一次谈话中，他罗列出一大批取得伟大成就，但不是靠教育、职位或年龄背景的历史人物，指责专门知识、名声和高职位无用。“范文澜同志，”——他停下来转向正在听他讲话的一位著名学者——“我说得对不对？你是历史学家，我说得不对，请你纠正。”但毛泽东毫不停顿地继续说下去：“马克思也不是在中年或晚年以后才创立了马克思主义，而是在青年时期。列宁创立布尔什维克的时候也只不过三十二岁……”

几年里毛泽东有五六次以这种方式装作听取范老先生的意见。范文澜没能——要么就是觉得不宜——在任何场合说句话作为回答。毛泽东喜欢显示他对历史懂得很多，同时对历史学家们表示轻蔑。[22]

他在“百花齐放”夭折以后一次强硬的讲话中阐明：“无产阶级必须建立自己的知识分子队伍，用资产阶级建立他们的知识分子队伍的方法。”[23]

在摸索一条符合中国之“道”的道路时，毛泽东重新开始做他在延安停下的事。中间插进来的一些妥协——与国内同盟者的妥协是为了赢得政权，与苏联的妥协是为了争取时间和援助——他在“大跃进”中通通都置诸身后了。

公社这个词本身，就容易让人想到那个像中国本身一样古老的原始共产主义理想。任何中国人，一听到“人民公社”这个词，不必提到马克思或列宁，就能明白它的意思。*

*其他关于共产主义的词汇就不是这样了，例如“阶级”，这个词丝毫没有中国历史的基础。

“山沟里出哲学。”毛泽东重申。[24]自从30年代他与28个布尔什维克进行斗争以来，他就再没有这样讲过。

“得道者昌。”毛泽东对大吃一惊的高级官员听众们说。[25]“道”

1958年11月28日至12月10日，中共八届六中全会在武昌举行。会议讨论通过由毛泽东主持起草的《关于人民公社若干问题的决议》。侯波 摄

这个词是孔子的话，表示真正道德的政治。毛泽东把他的马克思主义置放于这个高尚的——如果说是精英的——中国传统中。有记录显示，毛泽东的听众听他提到这句经典的话时都笑了。对一些忠诚的马克思主义者来说，这无疑是一种苦笑。

有一天，一个同事温和地向毛泽东指出："在《孙子兵法》里没有马克思主义。"毛泽东很气愤，中国的一个共产主义者，竟然能如此机械地将一位圣人从中国丰富的历史中排除出去。虽然毛泽东的观点也许站不住脚，但是他觉得《孙子兵法》里面有马克思主义。[26]

或者说，他的真正意思是，马克思主义里面有孙子呢？而且能让他和孙子在一起时利用马克思？

"中国有自己的语言，"他在中共第八次代表大会上说，"在俄语和英语中，'共产主义'和'帝国主义'的发音，基本上是一样的。但是在我们汉语中就完全不同。"[27]随着这一语言学分析的提出，他在精神上已经离开了苏联阵营，苏联终归不过是腐朽西方的一部分。

在批评苏联经济学的过程中，毛泽东向儒学迈了一大步，从而离开了欧洲的马克思主义。“中国的‘**道**’能否和中国的经济规律一致，还需要研究。我看，一般来说，它们是一致的。”[28]他准备把中国的**道**，看得比具体的经济结果更重要。这样做符合儒学传统，但不符合欧洲马克思主义。欧洲马克思主义的**基础**是经济规律，它不承认经济规律之外的什么“**道**”。

在主张任何事物都有两面性的这点上，毛泽东在1958—1959年走上了极端。他在一个地方干部的集会上说怀疑是好事，虽然没有说为什么；同样，失败也是好事。他敦促召开好人和坏人都邀请的会议。“如果没有坏人，也就没有了好人。”[29]

“台湾打炮是件好事，”他在1958年11月的一个会议上说，“不然民兵不可能这么快就组织起来。”[30]这个对台湾海峡危机的评论，就像是说生病是好事，因为它让医生有了用武之地。

他不断地告诉那些升至高位的人，社会地位卑微永远是好事。广州附近的一个男孩偶然发现了消灭白蚁的方法，当这个报告送到他的办公桌上时，他非常高兴。“全世界都没有发现有效地控制白蚁的方法，”他向第八次代表大会尊贵的代表们指出，“广东的一个中学生就发现了一种方法。”[31]

毛泽东甚至开始声称美国是个好事。“要两条腿走路，”他在1958年11月敦促一些官员说，“要有俄国的革命热情和美国的实际精神。”[32]几个月后，他在美国历史上为“大跃进”找到了一个先例。“在一百多年的时间里，就变成了世界第一，这只能被认为是大跃进。”[33]

他甚至说，“国家的消亡”[34]是一个应该辩证地看待的可能性，尽管它表面上似乎很可怕。

所有这一切，都使中国的精英们感到震惊。这似乎不符合马克思主义。* 它摒弃了中国（以及列宁主义）关于秩序的珍贵价值观。它没有引导形成具体的政策。它不包含任何对共产党人来说是不可或缺的那种乐观主义。

“大跃进”时期的毛泽东最让人不能容忍的是，他衷心地确信中共的分裂是一件好事：“世界上永远存在着分裂现象。”他在第八

* 虽然毛泽东觉得他的“大跃进”是受到马克思的启发。“我最近见到一位西德的朋友，”他在1959年春天说。“我对他说：‘你们的马克思完全忽视了他自己国家的事，他一直忙于我们国家的事。’”见*Sonntag*，Berlin，12/16/56。

次代表大会上说。没人能否认这一点。但是毛泽东所用的比喻，让人觉得分裂是新生的自然方式。“这不过是新陈代谢!”他告诉代表们说。“就像细胞的死亡一样，每年、每月都存在分裂。”[35]他好像很喜欢“分裂”这个词。

毛泽东关于分裂是健康现象的这种信念，即将付诸可怕的试验。

毛泽东胁迫中国参加的这个试验没有成功。欢快的夜晚让位于沮丧的清晨。很快，“大跃进”就倒向了悲惨的一面。

每一代人都必须找到使自己兴奋的东西，1958年，毛泽东为千百万的年轻农民提供了一些这种东西。地方的积极主动性被激发出来，群体精神加强了，普通人觉得自己的中国精神得到新生。农村政府的新框架——把劳动与公民的生活结合起来——诞生了。

但是，作为经济政策，“大跃进”是个灾难。中国在走向现代化的新长征中损失了5年。* 而新的农村框架也没能持续多久。

* 据说邓小平曾批评毛泽东的“大跃进”说：“驴子肯定慢一些，但是至少它极少出事故。”见Bouc，p.22。关于饥荒，Beckers，chs.9，10。

粮食产量减少了。到1960年，在毛泽东的中国第一次出现了大面积的饥荒。毛泽东对钢产量和农业机械化所需时间的预计，被证明是荒谬的乐观。

资本主义生活方式复活了，这极大地伤害了毛泽东。当食物缺乏时，手边有粮食和蔬菜的农民骑车进城，把它们在黑市上高价出售，然后把赚来的钱花在非毛泽东主义的毫无节制的挥霍浪费上。

1959年3月1日，毛泽东在中共中央政治局扩大会议（第二次郑州会议）上讲话。这次会议进一步纠正高指标、“共产风”等“左倾”错误。侯波　摄

麻雀的命运沉浮说明了很多事情。宣布麻雀为“四害”之一是毛泽东的主意。它们不是吃掉了宝贵的粮食吗？看到6亿中国人响应英明的北京提出的口号而追杀妨碍经济进步的害虫，是不是很令人兴奋呢？

但是，向麻雀开战并不英明，因为这些鸟除了吃粮食还吃粮食的敌人。

昆虫像龙卷风一样袭击了中国的庄稼。毛泽东默默地接受了对“四害”的重新定义。麻雀被缓期执行，臭虫将取代它面对群众的愤怒！[36]（老鼠、苍蝇和蚊子仍在邪恶的万神殿上占有它们的位置。）[37]

1959年4月15日，毛泽东在北京主持召开扩大的最高国务会议。他提出辞去国家主席职务，推荐由刘少奇担任。会上，毛泽东轻松自如，笑容灿烂。侯波　摄

“大跃进”最初在政治上是成功的，因为6亿人以让人印象深刻的忠诚响应了毛泽东的号召——这是中国农民最后一次这样做。“大跃进”是个令人痛苦的经济败笔，因为毛泽东的计划是脆弱的，而且没有协调好。

把高度的信任和低下的效果两者放在一起，我们就会看到为什么“大跃进”在中国身上留下了巨大的伤口。

“我的思想也起了变化。”当1958年末批评日益增多时，毛泽东有点悲哀地说。[38]他认识到公社太大，不能一下子消化掉。公社要求一种平均化——富裕的村子要和贫穷的村子分享他们所拥有的一切——这引起了激烈的反对。这样的平均像“绿林豪杰的剪径”，毛泽东自己在1959年2月一次烦躁的讲话中承认，因此他接受退到以大队——比公社小一点的单位——作为农村新秩序的核算操作单位。

“大队**就是**公社。”他厉声说。这只是玩弄词句。他像刚把爪子从热锅里抽出来的猫一样满意地说：“什么事情都要一步步来。”[39]这让人想到一个中国谚语：“打肿脸充胖子。”

1959年4月18日至28日，全国人大二届一次会议在北京举行，刘少奇当选为国家主席。图为毛泽东和刘少奇步出会场。

不知是赌气，还是在同事的压力下，抑或是为了以退为进而用的计策，毛泽东于1959年中，让位给刘少奇做国家主席，同时保留中共中央主席这个最高职务。

1959年6月25日至27日，毛泽东回到阔别32年的故乡。这是他在韶山故居和家乡的干部、群众合影。侯波　摄

毛泽东用松枝向双亲献上一份敬意。侯波　摄

毛泽东能在一句话里既表忏悔又表反抗。“谁要是说这么一个大的社会运动不会发生任何偏差，”他宣布说，“谁就是空想家、观潮派、算账派，或者就是反对派。”[40]这是狂野的、横扫一切的、挑衅性的说法，这是典型的毛泽东。他痛恨算账派，他们使他想起他的父亲。他蔑视那些害怕下一次浪潮会到来的人。他对反对派的影子过于敏感。

无情的现实戳破了毛泽东式乐观的纸墙壁。每一家后院里有一个高炉曾好像是提高钢产量以及社会觉悟的奇妙方法。北京大学建起了自己的高炉，这让毛泽东特别高兴。或许他终于打破了学院式傲慢的硬壳？

但是，在他曾经于1919年受到冷遇的这所大学可爱的校园里搞的那个丑陋的高炉，最后证明并不是达到任何目标的有效手段。它吐出来的钢的质量非常糟糕。热切的学生们把厨房用具拿来填进高炉，产生的是粗糙的铁块，然后用它制作刀和勺，重新放回原来的厨房！

在1959年的紧张形势中，毛泽东退到了山区。那是在他辞去国家主席职位仅仅几星期之后，在赫鲁晓夫撕毁中苏核协议几天之后，在和一位很重要的同事可怕的摊牌的前夕。他选择了湖南。

他在32年后，再一次看到了韶山。他来到在1927年那次灾难中从他手里没收去的农舍。他像一尊雕像一样站在父母的照片前。“如果是现在，他们患这样的病，”他最后小声咕哝道，“就不会死了。”他可能在想他自己的年龄以及中华人民共和国在健康保健方面的进步。“那个时候医疗条件太差了，”66 岁的毛泽东补充道，“尽管他们年纪不大，但还是死了。”（他父亲 52 岁时死于伤寒，他母亲在同样的年龄死于肺结核。）

毛泽东来到父母的墓前。有人把一束松枝递给他。他沉默地接过树枝，送到墓前，说：“前人辛苦，后人幸福。”然后他在墓碑前恭敬地弯腰鞠躬。

离开墓地以后，毛泽东漫步下山，向毛氏祠堂走去，但是他停住了，疑惑地寻找什么东西。他母亲以前为之烧香并在儿子生病时用香灰喂他的菩萨神位没有了。这是“大跃进”的牺牲品，砖头都用来修后院的高炉了，木头用做燃料。“多么可惜，”毛泽东对随行人员说，“应该留下的。没有钱求医，穷苦农民还要来求神许愿，吃香灰。神龛能给他们精神作用，给他们希望。人们需要这种帮助和鼓励。”[41]

夜晚，毛泽东独自坐在油灯旁，就像 50 年前他违抗父亲时所做的那样。他写了一首诗。像他写的许多诗文一样是一首律诗，一种古老的诗体。在《到韶山》这首诗中，“大跃进”风格的豪情中夹杂着其他感情：

别梦依稀咒逝川，
故园三十二年前。
红旗卷起农奴戟，
黑手高悬霸主鞭。
为有牺牲多壮志，
敢教日月换新天。
喜看稻菽千重浪，
遍地英雄下夕烟。[42]

像其他的诗词一样，毛泽东对正在成形的新社会感到欢欣。但是，他的胜利感中第一次出现了一些低潮时期的抑郁。我想，他不仅在诅咒过去那些可悲的日子，也在诅咒岁月流逝本身。

“遍地英雄下夕烟”的画面，增强了一个人痛苦地意识到自己生命正在走下坡路的印象。引人注意的“牺牲”一词也是如此。不

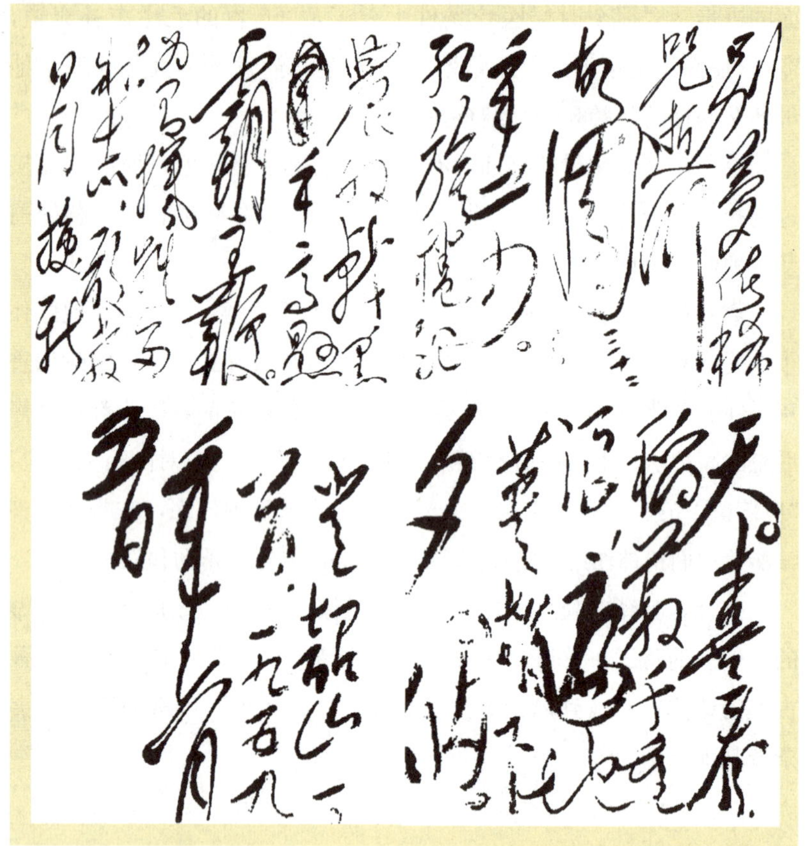

《七律·到韶山》手迹。

仅是“壮志”——这是毛泽东从青年时期起就喜爱的主题——还有苦难也打开了通向新社会的大门。令人心痛的“牺牲”是这首诗情感的支点。

在韶山，陪同毛泽东的是当地一位热情的年轻干部，充满对“大跃进”的赞扬。他看上去像一个朴实的童子军领队，当时正担任毛泽东家乡所在地湘潭的地委书记。毛泽东喜欢上了他，就好像是在他与同一代人的政治局成员痛苦而紧张的关系中，伸手抓住一只年轻的手一样。这位年轻干部的名字叫华国锋，我们以后会更多地听到他的事。

毛泽东找到他第一任妻子杨开慧的长兄杨开智，及她一个多年的女友进行了一次亲密的谈话。这次谈话的内容没有公布。但是38岁的华国锋在谈话时在座。[43]

当毛泽东远在湖南山区时，匈牙利的总理明尼希来到北京。他的计划中最重要的部分就是和毛泽东会面。“主席现在乡下某地，在作意识形态和哲学方面的思考。”这是中国方面的礼宾官员关于毛泽东的行踪所能对明尼希讲的全部内容。这位匈牙利人很不高兴，他对随从们嘀咕道，甚至“人间上帝”斯大林，也没像毛泽东这么神秘。

毛泽东在庐山。吕厚民　摄

访问接近尾声时，有一天，当美食家明尼希正吃着北京烤鸭进午餐时，他得到通知说毛泽东正在等他。“让老板等几分钟，”这位匈牙利人一面大嚼烤鸭一面厉声说，“为听他的消息，我等得够久了。”但这不是北京的风格。明尼希被巧妙地说服了；几分钟之后，他已经在中南海毛泽东的书斋里了。[44]

似乎在南方逗留时又充了电，毛泽东礼貌而有主人风度。“我们有了一位新主席。”他指着刘少奇说，刘少奇马上站了起来。* 那一刻的气氛似乎愉快而轻松。

* 刘少奇对毛泽东从国家主席位子上退下来的看法，可以从他妻子的话中看出些端倪。“爹爹非常忙，”有一天她对孩子们说，“他没时间休息。毛主席现在从国家具体事务中脱手了，把它们都交给你们的父亲了。你们不要打搅他。”见 *CB*，834，p. 18。

庐山是比炎热的长江岸边高出 1 200 多米的一个凉爽而美丽的胜地。但是，当毛泽东于 1959 年 7 月乘车上山去见他的中央委员会同事们时，他知道自己面临着麻烦。

他坐在柳条椅里，目光凝滞在远处山脊的上方，眼睛深陷。在斗争开始前他写了一首诗。虽然 7 月 1 日是中共建党纪念日，但是在这个 7 月 1 日，他的思绪超出了政治之外：

一山飞峙大江边，
跃上葱茏四百旋。
冷眼向洋看世界，
热风吹雨洒江天。
云横九派浮黄鹤，
浪下三吴起白烟。

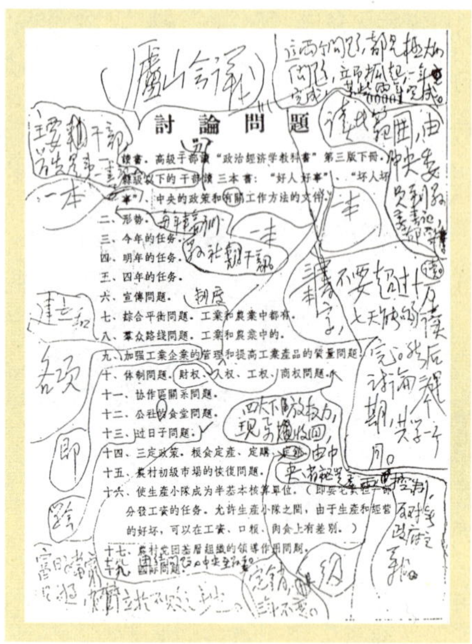

討論問題

讀書。高級干部讀“政治經济学教科書”第三版下册。縣級以下的干部讀三本書：“好人好事”、“坏人坏事”、中央的政策和有關工作方法的文件。

二、形势。

三、今年的任务。

四、明年的任务。

五、四年的任务。

六、宣傳問題。

七、綜合平衡問題。工業和農業中都有。

八、羣众路綫問題。工業和農業中的。

九、加强工業企業的管理和提高工業產品的質量問題。

十、体制問題。財权、人权、工权、商权問題。

十一、协作區關系問題。

十二、公社的食堂問題。

十三、过日子問題。

十四、三定政策。粮食定產、定購、定銷。

十五、農村初級市場的恢復問題。

十六、使生產小隊成为半基本核算單位。（……分發工資的任务。允許生產小隊之間，由于生產和經營的好坏，可以在工資、口粮、肉食上有差別。）

十七、農村党团基層組織的領導作用問題。

十九、國际問題。

1959 年 7 月毛泽东修改的关于庐山会议讨论问题的讲话提纲。

毛泽东又一次想到不朽。黄鹤是传说中的不死鸟。离庐山不远的地方有一座黄鹤楼，据说一位得到永生的古代圣人骑着黄鹤从这座山旁飞过。毛泽东以两行超自然的诗句结束《登庐山》：

> 陶令不知何处去，
> 桃花源里可耕田？[45]

陶渊明是 4 世纪时的一位官员，他跟毛泽东一样也是诗人。他在年老之前就辞官隐居，并营造了一个叫做“桃花源”的文学乌托邦。毛泽东或许在思考现已消失的一种过往的朴实生活，或者想到了退休，或者在想他自己辞去中华人民共和国主席的事，又或者在沉思超越任何特定社会秩序的宇宙和谐。

国防部长彭德怀是个能干但有缺点的人。他看上去像一头牛头犬，没怎么上过学，也几乎没有什么风度。他的直率很早就有表现：还是孩子的时候，他踢翻了祖母的鸦片炉，结果被赶出家门。他的战士们非常敬佩他，但他不像朱德那样是个好相处的同事。毛泽东比较机巧，而彭德怀不会拐弯抹角，所以他常常无法领会毛泽东微妙迂回的军事战略思想。

在延安，有一天，有人问彭德怀：“你看的这本书是谁写的？”“他写的。”彭德怀从毛泽东《论持久战》的草稿上抬起头来回答说。“他还想出版呢！”那是毛泽东于 1938 年在 9 天之内写就的文章，很快就成为经典著作了。“个人写的书只能以个人的名义出版，”彭德怀没好气地对来访者说，“不能以中央的名义出版。”[46]

彭德怀只比毛泽东小 4 岁，他们从井冈山时期就在一起。彭德怀曾经见过毛泽东犯错误，不把主席看得高过其他凡人。在尊称毛泽东为人民解放军的缔造者以后很久，他还称朱德为人民解放军之父。

这位国防部长在中央委员会的一个分组会上说：“人民公社我认为办早了一些。”[47]这在毛泽东所钟爱的这个新事物身上投下了阴影。“毛主席家乡的那个公社，去年搞的增产数，实际上没那么多嘛。”这可是圣地！“主席去过这个公社，”彭德怀继续说，“我曾经问过他，你了解怎么样？他说他没有谈这个事。**我看他谈过了**。”[48]这是对毛泽东的诚实和权威的直接挑战。

彭德怀并非单枪匹马。跟他结成同盟的是强有力的军队领导人，包括人民解放军总参谋长。人民解放军是支农民军，而彭德怀这位高级将领觉得他能让中央委员会确信，农民被毛泽东的“大跃进”推动得太快了。

老的28个布尔什维克集团残留下来的人，包括遵义时和毛泽东站在一起的张闻天，在庐山也和彭德怀站在了一起。张闻天近期曾任驻莫斯科大使。跟那年春天东欧之行中抱怨毛泽东的彭德怀一样，张闻天认为“大跃进”偏离了基于莫斯科的马克思主义的历史观。可能是张闻天鼓动彭德怀去攻击毛泽东的。

毛泽东和彭德怀。(1953年) 侯波　摄

“大跃进”是个错误，彭德怀对他的朋友们说，“大跃进”的责任应该由大家来负，“包括毛泽东在内”[49]。他们坚决主张，意识形态的辞藻不能替代搞经济的专门知识。浮夸风在中国是个疾病，应该祛除。

毛泽东受到震动。他把他的痛苦写信告诉在北戴河海边休假的江青，随附一份他打算对彭德怀做出回答的底稿。江青打电话给毛泽东，说她要立刻飞到庐山，以便在对抗发生时在他身边。

“不要来了，”毛泽东说，“斗争太激烈了。”[50]不管怎样，她还是来了，还带着相机，拍摄松树和别墅。她任性地不请自来出席了

贺子珍在庐山。

紧张的会议。她的在场没有让毛泽东镇静下来，反而让他沮丧。

在江青不知情的情况下，毛泽东还在紧张的政治形势下安排会见了前妻贺子珍。贺子珍曾从上海——她仍在上海接受治疗——给毛泽东写过一封信，警告毛泽东小心“王明派”里的敌人，“王明集团中有人要害你”。这是她在精神混乱的情况下说的，指的是延安时期，那是贺子珍最后一次见到毛泽东，脑筋还清楚。现在毛泽东送了她一条“555”牌香烟和1 000元钱，并邀请她到庐山来（毛泽东在前一封信里敦促她戒烟，她照做了，但是有了这份礼物她又抽起来了）。满头银发、步履蹒跚的贺子珍见到毛泽东很激动，但是几乎说不出话来。毛泽东很温情地对待她。他请她留下吃饭，但是她拒绝了。她走以后，毛泽东默默地坐着，一支接一支地吸烟，沉浸在忧郁之中。“她老得这个样了，”他自言自语说，“病得这个样了。”[51]

毛泽东已经有多年没有感受到如此沉重的压力了。他无法入睡。在对彭德怀做出回答的头天夜里，他吃了三片安眠药，但是仍然在房间里走来走去，等着天亮。他像是东方的李尔王，受着折磨来到上午的会上。

“你们讲了那么多，”他含糊地开始说，“允许我讲个把钟点，可以不可以？”[52]他东拉西扯，像念经一样重复钢铁生产的数字。然而，毛泽东在规定的40分钟用完之前，又作了一段机敏的演讲。彭德怀后来承认，他自己像张飞——中国古代一个爱冲动，但很成功的英雄——一样鲁莽（粗），但是不如张飞精明（细）；毛泽东在动人的演讲快结束时对彭德怀批评得很对。“我像张飞。虽有其粗，亦有其细。”[53]

毛泽东撤退了，但毫不低三下四。“公社食堂不是我们的发明，”他装作从“左倾”图腾下摆脱出来时说道，“而是群众创造的。”[54]他接受了一种改造过的集体就餐的形式，这种集体食堂让几亿农民非常厌烦。

毛泽东吁请团结。这不是他通常的特点；他在任何情况下都喜欢当一把快刀，而不是泥铲。但是目前他已经做够了切割的事。“因为在建设方面基本上不在行，”为对团结作一点卑微的贡献，他承认，“我对工作计划一无所知……主要责任在我身上。”[55]

他在承认错误时，对词语的选择颇为巧妙。“说要快，”他说，“马克思也犯过不少错误。”而且说：“我见过列宁的手稿，里面改得一塌糊涂。他也犯过错误。”

在会议厅外，当这些领导人漫步下山时，彭德怀遇到了毛泽东。“彭总，我们谈谈吧？”毛泽东对他的国防部长说。彭德怀红着脸做出一个不值一谈的姿势，表示“有什么好谈的”！毛泽东平静地说：“没关系嘛，我们有不同意见可以坐下来好好谈谈嘛。”彭德怀开始向前走，超过毛泽东。“你不是谈过了吗？”他厉声说，走开了。[56]

对毛泽东的一项批评是，为了不可能达到的生产目标这一祭坛，而不惜牺牲人的生命。这一批评引用了孔子的话。这位圣人在反对用泥俑为死人陪葬时宣称：“始作俑者，其无后乎！”毛泽东在睡不着觉的夜晚，想着别人说他不顾道德地把人作牺牲品这一含蓄的指控，心烦意乱。

“我无后乎？”毛泽东问中央委员会，“一个儿子打死了，一个儿子发了疯。”

庐山上活跃着各种谣言，说如果毛泽东把彭德怀解职，他会面临军事叛变的麻烦。既然潮流已经转而对彭德怀不利，毛泽东迎头面对这种谣言。

“你解放军不跟我走，”他转向在场的部队高级领导人说，“我就找红军去，一切从头开始。”许多人心绪难平。当他猛烈地抨击说他要“回到井冈山”时，一些人肯定会回想起他 1938 年的威胁，说如果对江青的攻击不停止，他就要“回韶山”。

毛泽东聪明地给了冒汗的将军们一条出路：“我看人民解放军会跟我走。”彭德怀像往常一样发起脾气来。他回顾了在延安与毛

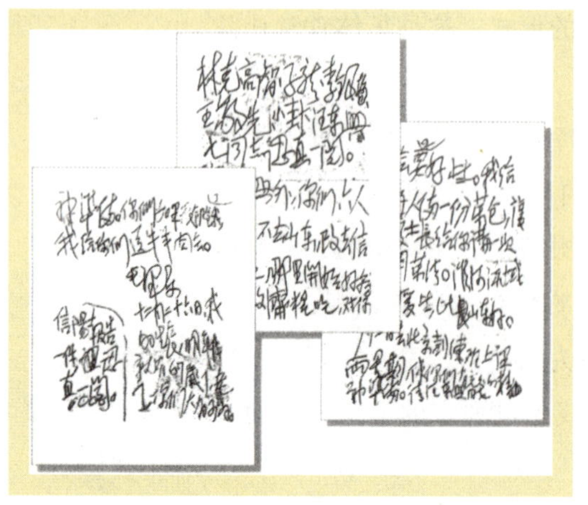

毛泽东在67岁生日时写信给身边的工作人员，派他们下去调查。

泽东持续了一个多月的争吵。“在延安，你操了我40天娘，”他用粗话高声叫喊，“现在我操你20天娘还不行？”[57]

原则规范没有了。有人听到踹跚走出这场对抗会议的朱德喃喃自语：“谁能相信我们曾经在同一个饭碗里吃过饭啊！”[58]

一个月之内彭德怀就出局了。林彪替代他成为国防部长。邓小平成为军事委员会常委会的一员。

毛泽东的胜利不是轻易得来的，在庐山会议期间，他没能最后搞定。他必须召开后续会议。他在领导人中传阅的文件上写下重要的边注，并寄出微妙的信件以把敌手和动摇者分开。

“怎么搞的，你陷于那个军事俱乐部去了。”他给张闻天写道。然后他唱出一个较温和的调子：“承你看得起我，打来几次电话，想到我处一谈，我愿意谈。”[59]

跟彭德怀的斗争比1954年高岗事件更严重。高岗不过是个阴谋家，彭德怀则在根本政策上不同意毛泽东的意见。高岗认为毛泽东的个人统治走得太远，而彭德怀类似的观点对毛泽东则是个更大的挑战，因为当时斯大林已由于这方面的错误而被拉下神坛。高岗惹得差不多全体政治局成员都反对他。而在“大跃进”问题上，陈毅和朱德同意彭德怀的意见，刘少奇中立，政治局里几乎没有人完全认同毛泽东的意见。*

在庐山的幽灵是斯大林。毛泽东找到了对付因斯大林逝世而产生的世界共产主义危机的中国方法。但是，他在这一过程中也分裂了中国共产党。

在1959—1960年冬天，毛泽东重新给彭德怀定了调子，说他是“右倾机会主义分子”。

*毛泽东关于公社脆弱的一番话，可能比他相信它们有优点更使他在庐山的听众害怕。他声称公社没有显出要垮台的迹象，然后他突然说：“我们做好了它们一半会垮台的准备。70%垮台以后，我们还有30%留下来。如果它们必定垮台，那就让它们垮台好了。”见*CLG*, 1—4, 1968, p. 38。

第十五章

苏联以及苏联之外（1958—1964）

“什么是毒草?”毛泽东在“大跃进”准备阶段问布尔加宁。这位苏联人并没有被激出令人难忘的回答。毛泽东开始给他上课，向他讲述西红柿的历史。“一百年前，西红柿在欧洲被认为是毒草。”[1]除了变化是永恒的，任何东西都不是一成不变的——耶稣和哥白尼最初不也被认为是毒草吗?

如果说布尔加宁并没有真正被说服，那么毛泽东则更为坚定了他的信念，即苏联人已经对辩证法不感兴趣，他们现在希望的是一个稳定的世界。而毛泽东则对流变中的世界感到欣喜。

这是中苏伙伴关系急剧走下坡路的原因吗?这解释了为什么长期存在不和的气氛。既然分歧在类型和数量上都是不清晰的，那么分歧一旦出现，不信任的气氛或许就是关键。毛泽东于1958年换了挡，原因可追溯至非斯大林化，此后不久莫斯科就认定他诡计多端而且疯狂。

苏联人对“大跃进”感到震惊是正确的。“大跃进”是毛泽东要独立于以莫斯科为基础的正统观念的宣言。跟布尔加宁关于西红柿历史的谈话是个小小的征兆，表明毛泽东正在抛弃在苏联指导下演化来的国际共产主义传统。他要在“非辩证”的思想现在认定是毒草的幼苗中，寻找明天的更加鲜红的西红柿。

赫鲁晓夫意识到这对苏联利益和国际共产主义的团结意味着什么。没有了对马克思主义的共同信念，毛泽东和赫鲁晓夫之间的纽带就像中国豆腐从盘子里掉出来一样破碎了。

赫鲁晓夫在“大跃进”达到顶峰时第二次来到北京。这次到

1958年7月31日至8月3日，苏共中央第一书记赫鲁晓夫访问中国。在会谈中，毛泽东严词拒绝了苏方要在中国建立联合舰队和长波电台的损害中国主权的建议。图为毛泽东在机场迎接赫鲁晓夫。侯波　摄

访短暂（3天）而务实。此前，毛泽东跟军事顾问们在密室里关了几个星期。眼前的紧迫问题是台湾海峡的紧张局势，其背后更大的问题是，对美国应强硬到何种程度，以及如果爆发战争，应该怎样打。

毛泽东和赫鲁晓夫——旁边坐着他们的国防部长——表面上谈的是中苏军事合作，实际上，赫鲁晓夫的目的是遏制毛泽东。

“军事合作”是一块五彩斑斓的宝石，其色彩取决于从哪个角度看它。“我们需要在中国有一个无线电台，”赫鲁晓夫后来说，“以便跟我们的舰队保持联系。”他平静地回忆说：“我们提出把我们的几个截击机中队的基地设在他们的领土上。”[2]关于这次会谈，毛泽东提供的是另一个版本：“他想与我们组建一支联合舰队，想控制沿海，封锁我们。”[3]

赫鲁晓夫判定毛泽东处于头脑发热状态，这是对的。赫鲁晓夫害怕台湾海峡危机会让苏联阵营卷入一场大的战争。他希望苏联掌握决定权。

然而，他仍然认为中国是坚定的盟友。他完全支持毛泽东对台湾的权利主张，并且给了他为收回台湾而计划的军事援助。

对毛泽东来说，和赫鲁晓夫之间的问题要更深刻。中国的主权受到轻视。苏联不再同情中国抗击“帝国主义”的愿望。赫鲁晓夫认为，毛泽东的“大跃进”是个拙劣的玩笑。“跃进到共产主义是不可能的。”这位苏联领导人宣称。[4]

虽然赫鲁晓夫早在1954年说过恼怒的话，但是，是毛泽东而不是赫鲁晓夫看到分裂正在到来，是毛泽东故意走进分裂的纷乱的深

渊，是毛泽东希望发生分裂。

如果赫鲁晓夫知道了峰会之前毛泽东在一次军事会议上的讲话，他或许会努力更深入地解决苏中问题。那个讲话的主题不是外交政策，而是苏联。

“现在，有些教条主义者主张照抄苏联，”毛泽东抱怨说，“我想知道，苏联过去又照抄了谁呢？”

他奇怪，为什么总是中国学习苏联，而从来不是苏联学习中国。他怒斥“对外国人的盲目崇拜”。他直截了当地宣布，中国比苏联有“丰富的经验”可利用。[5]

赫鲁晓夫是在与此完全不同的水平上对待毛泽东的；他认为他在最好地利用与一个低一级的伙伴的基本健康的同盟，而这个伙伴需要管教和遏制。毛泽东在峰会之后承认，他一直“用针扎驴子（赫鲁晓夫）屁股”。

跟赫鲁晓夫告别 3 周之后，毛泽东开始炮击金门岛和马祖岛，这震惊了世界。然而，在紫禁城看来，这只是个附带的事件。因为，毛泽东外交政策的路线，源自他试图在**中国国内**要赋予社会主义的新面貌。

毛泽东开始越来越多地用他过去枪杆子生活时期的颜料盘中的色彩，来描绘政治斗争。他有点自我辩解地说，“我看还是农村作风、游击习气好，二十二年的战争中它们总是管用。”[6]

毛泽东在台湾海峡挥舞刀剑的同时，将中国农民推进了人类史上最大的社会实验之中。在这两者之间，大多数西方观察家看不到什么逻辑关系。但是，对这个把斗争看作救赎之路的人来说，这样做是有意义的。

“全民皆兵”成了“大跃进”的主题口号。“人民公社里头都搞民兵，全民皆兵。”毛泽东在 1958 年 9 月号召道，“各省造轻武器，造步枪、机关枪、手榴弹、小型迫击炮、轻迫击炮。”[7]台湾海峡上空的确悬着战争之云，但是这不是重视军事的根本原因。

毛泽东坦率地承认，是他而不是蒋介石发动了这场金门和马祖危机。他谦虚地称他的冒险行为是“只是打了几炮”。[8]他并不希望要一场真正的战争，他承认：“我并不指望引起这样的一场

＊毛泽东自己后来显然认为，他在台湾海峡的行动或许是轻率的。“如果我们仓促行事，”他在1958年12月的会上说，“我们有可能在国际事务上犯错误。”

风暴。”[9]＊

但是，外部危机对“大跃进”之火而言是燃料。“除了其不利方面，”毛泽东在同一场合说，“危机的局面使我们动员了很多力量——使落后阶层和中间派也做好了战斗准备。”

年纪渐长的毛泽东要把军事精神注入政治，在1958这一年，他进行了若干次努力中的第一次。这是返回激动人心的往昔之努力。当然，这也让许多计划者皱起了眉，包括让赫鲁晓夫大吃一惊。

“他瘸着一条腿，”关于赫鲁晓夫，毛泽东概括说，“不是用两条腿走路。”[10]他这是在讽刺莫斯科在政治和经济方法上的不灵活。“他们相信技术和干部可以决定一切。”他在提到苏联人时这样说[11]，当时他正为自己喜欢把问题直接抛给群众的做法作辩解。

毛泽东不喜欢苏联文件中“全面巩固”这个提法，这体现了他对莫斯科的世界观的反对。他说：“在宇宙中，在地球上，万事万物都是不断地发生、发展、消亡，不可能有全面的巩固。”[12]这与导致他放弃第一个五年计划沿平稳的轨道前进，而改为波浪式“跃进”的是同一个哲学。

像对待赫鲁晓夫的恶作剧式的态度一样，他把第一个人民公社称为放了一颗“卫星”。

莫斯科的世界是静态的；毛泽东的世界是流变的，而且他无法认同他周围当前的世界。

一年以后，毛泽东和赫鲁晓夫又见面了。中苏关系已蒙上了更多的阴影。印度和中国正在边界打仗，而莫斯科偏向于印度一方。赫鲁晓夫对毛泽东的善变感到惊恐，他说：“毛泽东出于某种病态的怪念头而发动了战争。”[13]赫鲁晓夫曾在美国旅行了一圈，并跟艾森豪威尔一起吃晚饭，毛泽东认为这是在拍美国的马屁。苏联人也谴责毛泽东的公社是“疯狂行为”。

最糟糕的是，苏联对中国核武器能力的援助在互相攻击不断升级中瓦解了。

1959年10月12日，毛泽东、刘少奇、朱德接见参加国庆10周年典礼的各少数民族观礼团。

赫鲁晓夫不想再去北京，难道不是该轮到毛泽东到莫斯科来了吗？但是毛泽东一动也不想动。在一种不耐烦的氛围中，峰会于1959年秋天在北京举行。

赫鲁晓夫有点欠考虑地从美国直接飞来，及时到达中国首都参加中华人民共和国成立10周年庆典。这是节庆场合，以后来中华人民共和国的标准衡量，是至当时为止最具国际性的一次，有胡志明、金日成和许多其他外国人物出席，还有贝多芬《第九交响曲》作为主题音乐。

但是，毛泽东和赫鲁晓夫在一起的照片更像参加葬礼而不是庆典。两个人的眼睛都闭着，甚至完全闭上了。赫鲁晓夫后来说，“我一到就意识到一种寒意”[14]。江青说赫鲁晓夫的到访“让人厌烦又令人痛苦”[15]。

让毛泽东气愤的是，赫鲁晓夫赞扬艾森豪威尔是个和平人士。然后赫鲁晓夫批评中国人——在北京正式宴会上是罕见的——是“好斗的公鸡”。赫鲁晓夫谈到苏联和美国是两个大国，对保证世界和平负有特别的共同责任，这让毛泽东非常愤怒。

赫鲁晓夫甚至再次要求在中国土地上建立无线电台，以便帮助他的舰队在太平洋上穿行。“我最后一次告诉你，**不行**，”毛泽东说，声音里带着极大的怒气，“我不想再听到这个问题。”[16]

1957 年，在莫斯科，毛泽东在有争议的问题上采取了主动。可能 1958 年在北京也是如此，当时他让赫鲁晓夫猜测台湾海峡的事。但是，在 1959 年的交锋中，主动权好像在赫鲁晓夫手里，毛泽东只是从赫鲁晓夫的背后进行冷枪式的攻击。

“有多少征服者侵略过中国？”他有一天下午一边喝茶一边问赫鲁晓夫。“可多啦，”他自问自答，“但中国人同化了所有征服者。”赫鲁晓夫对毛泽东究竟要表达什么的疑问并没有持续多久。“想一想，”毛泽东继续说，“你们有两亿人，我们有七亿人。”[17]

在同一次峰会上，毛泽东向赫鲁晓夫谈论——像他以前只在中国人圈子内谈论的那样——中国语言的独特性。“世界上所有的语言中都有‘电’这个词，”他慢吞吞地说，“但是它们都是从英语中借来的。只有我们中国人才有自己的词。”[18]毛泽东选择的对付赫鲁晓夫的方法，是抛出泛泛的、无法正确估计的、没有谈判余地的主题。

1959 年峰会期间，最让毛泽东怨恨的是，赫鲁晓夫要求见彭德怀，并且为这位被撤职的元帅带来了珍贵的礼物！这在毛泽东看来是对中国内政的干涉。

赫鲁晓夫的做法，是把责备的手指令毛泽东很不舒服地指向了“大跃进”，暗示中苏危机是中国造成的；关于“大跃进”，毛泽东已经受到彭德怀和其他同事的不少责难了。

赫鲁晓夫在一种冰冷的气氛中离开北京回去了，而且没有见到彭德怀。没有发表公报。毛泽东此后再没有见过他。*

先是彭德怀，随后是赫鲁晓夫，毛泽东一个秋天都不高兴。他到最南边安谧的海南岛度假去了（没有带江青）。

不到一年的时间内，苏联对中国的援助终止了。在 1959 年的峰会以后，这似乎是不可避免的。然而，毛泽东又一次高估了自己对付外国伙伴的能力，用赫鲁晓夫受不了的刺人话刺了这位俄国佬一下，致使苏联在 1960 年中期就撤走了大约 1.2 万名技术人员。有迹象表明，毛泽东对突然撤援的速度大吃一惊。

* “我到过苏联两次，”毛泽东 1964 年向一位到访者若有所思地说，“但是我永远不再去了……苏联人让我们处境狼狈。”见 Marcuse，p. 288。

后来，在赫鲁晓夫倒台以后，毛泽东向柯西金建议，莫斯科送赫鲁晓夫“到中国大学来学习马克思主义”。见 Bouc，p. 166。

赫鲁晓夫叫喊说，喝醉的中国人（一个稀有物种）滥用了苏联恩人。毛泽东回应说，苏联顾问们总是把关键的计划和信息对中国人保密。

“还不如法国的资产阶级，”毛泽东咆哮道，“他们还有一些商业道德观念。”[19]他过了很长时间才发现苏联产品“笨重、原始，而且价格昂贵”。

表面的礼貌持续了一段时间。在1960年秋冬之际，毛泽东还是出席了苏联使馆每年一度庆祝布尔什维克革命周年纪念日的聚会。但是，苏共1961年第21次代表大会（1956年雷霆似的非斯大林化的大会以来苏共的第一次代表大会）上发生了公开的大斗争。阿尔巴尼亚是话题，而中国的立场是关键。中国代表团团长周恩来怒气冲冲地离开莫斯科，而毛泽东非常不寻常地到北京机场迎接他的这位同事。

1962年末，毛泽东采取了对世界马克思主义来说是致命的一步。他宣布，苏联政权“已经被修正主义分子篡夺”[20]。这就把分裂敲定了。党对党的关系结束了。1963年，在毛泽东和苏联人之间交换了一系列互相指责背叛了意识形态的信件。

所有这一切都是释放一下怒气的方法。实际上，意识形态层面的斗争已几乎没有什么新内容。到现在，斗争的焦点是谁将占有国际共产主义了。

到1964年，毛泽东在苏联这个“魔鬼”头上看到的犄角的数目已经不可胜数了。他在一次计划会议上眼也不眨地宣称：“现在的苏联是资产阶级专政，是大资产阶级专政，德国法西斯专政，希特勒式的专政。”由于觉得跟纳粹主义作比较不太合适，他又转向跟他略有了解的一个西方国家进行比较：“他们是一伙比戴高乐还卑鄙的家伙。”[21]

在思想概念上，毛泽东只剩下一步棋，1964—1965年他走了这一步：**苏联比美国还坏。**

在这个来自中国内地的“沙文主义者”眼中，二者都坏，这是肯定的。但是苏联更具欺骗性。“美国人是坏蛋，”他说，“他们是诚实的坏蛋。苏联人还是骗子。”[22]苏联人正在崛起，而他注意到美国人要控制别人的意愿正在减退。

从他不同意邓小平的意见中可以看出他新思维的线索。当邓小平按照既定政策说，亚洲和太平洋是全球紧张局势的重心时，毛泽东纠正他说，不，现在欧洲才是重心。[23]这样，在毛泽东的眼中，美国的威胁减弱了，而苏联人的威胁增加了。

毛泽东做了令人难以置信的事。他把中国的救星改贴上欺负中国的无赖的标签。对他的许多同事来说——不仅仅是已倒台的高岗和彭德怀——他已经走得太远了。

然而，在这个问题上，毛泽东赢得了来自普通城市居民和乡村农民的支持。多数中国人不喜欢苏联人，许多受过教育的非党人士从一开始就反对中苏联盟。甚至在台湾，毛泽东也因为跟贪得无厌的北极熊断绝了关系而赢得了勉强的私下赞扬。

虽然如此，政治局的意见才最重要；在苏联问题上，还有一些斗争在等着毛泽东。

既然毛泽东如此不顾后果地发泄自己，人们一定会问，他为什么此前要压抑那么长时间呢？他后来说，在20世纪50年代，中国没有别的选择，只能追随莫斯科。“我们什么都不懂，”他说，“完全没有经验，没有人能分清正确与错误。我们只能照抄别人，虽然

1960年6月，毛泽东在上海举行的中共中央政治局扩大会议上讲话。会议期间，毛泽东写了《十年总结》一文，指出：我们对于社会主义时期的革命和建设，还有很大的盲目性。我们要以第二个十年去调查研究它，从中找出固有的规律。

我们对他们一直就不满意。”[24]

这还不是故事的全部。直到非斯大林化为止，毛泽东是相信以莫斯科为其源泉的马克思主义历史观的。

就像许多宗教的发展历程中发生过的那样，在强烈怀疑的时刻之后，仍然会存有一丝丝原有的信仰。迟至1962年，毛泽东还显示出，这位失去信仰的人有时还会仰视教堂的塔尖。在一次中央委员会会议上，制定了两点理论宗旨以后，他古怪地补充说：“莫斯科认为这两点是我提出来的。”[25]那是毛泽东主义的提法，毛泽东为它们感到自豪。莫斯科把它们作为他的精神产物而引用，仍然打动了他，给了他深刻印象。

毛泽东对中国以外的世界了解极少，不过，毛泽东在20世纪60年代初期对苏联阵营之外的世界表现出活跃的兴趣，而且在外交政策方面取得若干令人瞩目的成功。1960年跟苏联的决裂，就好像是搬掉了压在中国外交上的一块大石头。中国不再是陪衬别人的小伙伴，毛泽东使中国在第三世界日益扩大的舞台上演出自己的独角戏。

从1960年中到1964年末，有17个国家承认了中华人民共和国。中国援助开始流向一部分第三世界国家。一些革命运动人士觉得，苏联只追求跟美国一起成为一个稳定的世界的共同老板，在他们的眼中，中国则闪烁着光芒。

在“大跃进”期间，中国跟一些国家的友谊出现紧张。毛泽东有一种既能导致挫折，又能使人心平气和地承认挫折的能力。他在1962年的一则旁注里说：“1959年是一个马鞍形，全世界转而反华。”[26]*

毛泽东在60年代的前五年不仅仅收复了失地。

“我想，你知道你是在和一位侵略者谈话。”1960年毛泽东说道，眼睛里闪着自信的光辉。当时，英国的蒙哥马利勋爵正跟毛泽东在晚间进行长谈。“联合国就是这样称呼我的。同一位侵略者谈话，你不介意吗？”[27]**

他不想跟印度重修旧好。他不顾政治局里一些反对意见，坚持要在喜马拉雅山脉进行军事行动。从军事角度说，那是中国的

* 中国留住了忠实的阿尔巴尼亚。但是当时的一份狱中回忆录显示，对一个普通中国人来说，巴尔干这块土地的规模让人不可能认真地看待它。一个狱中人说：“如果我们6亿中国人站在一起，只要我们朝它撒尿，就能把阿尔巴尼亚淹没。”毛泽东去世以后，中国官方对阿尔巴尼亚的政策很快就降到了普遍轻视它的那个水平。见Bao，*Prisoner of Mao*，p.296。

** 当毛泽东年纪渐长，他相当经常地问这类玩笑似的问题，这种问题并不像表面看来的那么谦恭。“既然蒋介石和西方说我是土匪、罪犯、杀人犯，”几年以后他对泰国领导人克立说，“难道你不怕我吗？”（过了一会儿，当毛泽东说他就要死了时，克立说那不可能。“为什么？”毛泽东问。“主席，”克立回答说，“世界可舍不得失去像你这样的头号坏人。”这话“让毛泽东非常高兴……他拍着椅子的扶手，笑得前仰后合，站起来和房间里的每个人握手”。）见Kukrit to RT，Bangkok，11/10/79。

一个辉煌胜利。人民解放军沉重地打击了印度人，然后像不耐烦的冠军一样撤退，使印度内部因战争失败而陷入互相指责的泥潭。

但是，好像在展示他外交政策的唯一目的是防御世界，而不是赢得世界，毛泽东没有在军事胜利之后发动任何外交攻势。直至毛泽东去世，中国与印度的关系一直不好。

毛泽东发现了非洲。1960 年以前，罕见他提到非洲。甚至当他开始对这个大陆感兴趣时——以及当中国在那里取得一些成功时——他对非洲的了解仍很模糊。1964 年在接见阿尔及利亚的来访者以后，他不得不在谈话结束时要求他们写下他们总统本·贝拉的全名。

同一年，他跟一个桑给巴尔人进行了这样的交谈："肯尼亚有多少人口？300 万？"尴尬的到访者告诉毛泽东，人口是 850 万。毛泽东关于桑给巴尔的地理位置的问题也表明他对这个问题没有多少了解。"你们国家在北半球还是南半球？"毛泽东问道。"实际上是在赤道上。"这位非洲人回答说。"赤道上一定很热吧？"这是毛泽东的下一个问题。[28]

1963 年 8 月 8 日，毛泽东会见非洲朋友，并观看非洲留法学生联合会代表团赠送的礼品。吕厚民　摄

关于非洲的这种天真的话（大概为了掩盖他的屈尊）并不意味着毛泽东对国际事务没有做出精明的私下判断。尽管在意识形态上吹胡子瞪眼，但毛泽东私下里承认了古巴倾向于苏联而不是中国的真正原因。古巴缺少石油和武器，而莫斯科能够提供这些东西。[29]

毛泽东还精于施加影响的基本技巧。1964 年，罗马尼亚渐渐疏远苏联，要求中国派高级代表团访问布加勒斯特。毛泽东对做出任何承诺十分小心，但是他放下话说："即使只与他们握握手，也是很重要的。"[30]

"我们孤立吗？"他在一次会议上叫喊道，这是对约翰·福斯特·杜勒斯固执地要将中国排斥在国际组织之外的运动的回应，"不孤立……我们国家有六亿人。六亿人口孤立吗？"[31]*

*毛泽东给出的关于中国人口的数字前后不一致。

国外的"反华"态度与其说让他愤怒，不如说让他吃惊。他向他本土主义不那么强烈的同事们保证——也向自己保证——反华势力并不很强大。1960 年，中国在巴基斯坦的展览遭到反华示威者的围困，这让毛泽东极为恼火，他就此写了一篇名为《关于反华问题》的文章。对人民共和国在世界上已经赢得的接受程度所感到的自豪，和对有些人似乎仍然仇恨人民共和国而感受到的伤害，在他心中互相纠缠。他规劝同事们要"接受世界上大约有百分之十的人，在一个很长的时期内会经常反对我们这一事实"[32]。这一规劝中有某种非常片面的东西。

1964 年秋天，几个小时之内就爆出了两条大新闻。第一个是赫鲁晓夫在克里姆林宫被推翻。第二个是中国引爆了它的第一颗原子弹。对毛泽东来说，两件事都是大胜利——而且在他心里是互相联系的，因为二者都推动了中国的自豪感和独立性。

1964 年 10 月 16 日，中国第一颗原子弹爆炸成功。

毛泽东对赫鲁晓夫倒台的反应显示了他中国帝王式思维方式的迹象。埃德加·斯诺不久以后问毛泽东，苏联人认为中国滋长了个人崇拜，这是否有任何真实性。毛泽东承认有一些，但是赫鲁晓夫倒台，可能就是因为他根本没有个人崇拜![33]

毛泽东说，对中国人来说，要从几千年对帝王的崇拜中走出来是很难的。确实如此。而且，甚至对一个中国马克思主义统治者来说，要让他不要个人崇拜，大概也很难。

毛泽东对赫鲁晓夫的继任者持开放态度，这也是传统的做法。从马克思主义观点看，如果赫鲁晓夫是“法西斯主义者”，那就几乎没有理由认为勃列日涅夫和柯西金会是“社会主义者”。难道苏联的制度不是已经回复到未被救赎时的状态了吗?

然而，毛泽东从更为个人的角度看待一位新领导人的到来；不到4个月他就会见了克里姆林宫第二号人物柯西金，并同他进行了会谈。

在原子弹试爆的当夜，人民解放军的卡车在北京到处转，散发一页纸的《人民日报》号外，它以7.6厘米高的红色字体宣布了这个消息。第二天，每个店铺的窗户里都有一块牌子：原子弹爆炸成功。

此前不久的一张照片让看过它的美国人感到不安：毛泽东在一个军事基地跟钱学森一起坐在木桌旁边。这位加利福尼亚理工学院的科学家是中国原子弹之父，曾受到美国政府重重阻挠，最终于1955年回到中国。[34]

1956年2月，毛泽东和物理学家钱学森在宴会上。钱学森当时已被公认为世界力学界和应用数学界的权威学者之一。他放弃美国的优越条件，怀着参加祖国建设事业的热烈愿望，克服重重阻挠，于1955年10月回到祖国。吕厚民 摄

毛泽东非常热心于要有中国的原子弹。他亲自鼓励钱学森和其他科学家。他以罕见的热情向外国到访者讲述中国为什么**不得不**制造原子弹，尽管牺牲生活水平这样的代价让他内心不安。

毛泽东所了解并相信的战争，是人民战争，是作为社会主义政治的延伸。由于奇怪的类似理由，他坚持要拥有核武

器这份完全不同的财产。他想要原子弹，更多地是出于政治原因，而不是军事原因。跟戴高乐一样，他把它看作是他的国家有行动自由的保证。跟多数军事战略家不同的是，他认为有几颗原子弹就够了。他 1965 年对安德烈·马尔罗说，有 6 颗就行了。[35]

他的目的是“打破两个超级大国的核垄断”。他否认使用核武器就能有效地取得任何有价值的结果。它们能震慑任何害怕它们的人，但是他说这不包括他本人。“如果你把所有的人都杀死，即使占有了土地，又能作何用呢？”[36]

因此，毛泽东的防御观——拖拉机加原子弹——是他关于战争是政治的延伸这条格言的符合逻辑的结论。如果有人攻击中国，他会诱敌深入，包围之，然后以经过检验的对付日本的方式猛扑上去。

原子弹还在另一个层面上起作用。“是的，我们需要它们，”当两名高级经济官员提出核武器问题时他叫嚷说，“不管是什么国家，不管他们有什么弹，原子弹还是氢弹，我们都必须超过他们！”[37]他在电报里对军事同事说：“没有那小小一点物质（原子弹），我们就不受人尊敬。”[38]

1964 年的试爆鼓舞了毛泽东。他努力确保使中国科学家得到快速进行核计划所需的各项设备。仅仅 32 个月以后，中国就进行了第一次成功的氢弹试验。这的确非常迅速：同一过程美国用了 7 年零 4 个月，苏联用了 4 年，英国用了 4 年零 7 个月。

1967 年 6 月 17 日，中国第一颗氢弹爆炸成功。

20 世纪 60 年代前半期，毛泽东对美国的政策提出许多批评。他谴责美国对黑人的迫害，美国对巴拿马运河的控制，以及华盛顿在世界各地扩张军事基地网络——“就像一头牛把尾巴拴在桩上，这还有好日子过吗？”[39]

不过，他反美已经不像 40 年代末那么激烈，原因可能仅仅因为 15 年后中国已经不那么容易受到伤害了。他对美国的攻击，在语气上是嘲讽的，但却奇怪地有一种超然的心态。在情绪上，他的这种攻击，不能与他已经开始的和他新近的背叛者苏联人的徒手搏斗相提并论。

一头尾巴拴在桩上的公牛，毕竟不可能像一头自由闯荡的熊那样危险，因为这只熊潜在的邪恶仍然是个未知数。

毛泽东现在对美国期待很少，他甚至开始纳闷，美国对它自己到底有多少期待。尽管他关于美国生活状况的概念模糊，但他精明地看出，美国不适于扮演英国或法国那种持续的帝国主义角色。

“美国人只知道赚钱，”1956 年他在一次知识分子的聚会上说，“如果没有人给它抬轿子，它就得考虑走路了。”

“帝国主义、修正主义联手，”毛泽东在 1964 年的春节谈话中说，“要打到我们中国来。”[40] 这话令人吃惊，但也很说明问题。两个“主义”是他关于美国和苏联的思想产物。毛泽东对这两个大国感觉差不多。世界革命的源泉？世界反动的源泉？都不是。两者都不过是冲撞中国大门的掠夺者。

重要的是，毛泽东讲话的漫不经心让我们印象深刻。让他们来吧：“我们顶多退到延安。”他说。同时挑战两个大国，并且蔑视利用一方反对另一方这种政治策略，这似乎并不英明。然而，这正是毛泽东准备在 20 世纪 60 年代后半期要做的。

第十六章

退却（1961—1964）

从1961年开始，毛泽东很少再出头露面。他心绪迷茫，不得不向政治和经济现实让步，虽然他内心仍然充满火花。刘少奇和邓小平强调有秩序的政治和有效果的经济，这符合当时普遍的心情。与其说是刘邓与毛泽东发生了冲突，不如说是他们沿着自己实用主义的道路加快了步伐，他们的权力自然也增长了。毛泽东没有采取什么决定性的步骤阻止他们。

作为党的主席，他在1961年至1966年只召集了一次中央委员会的会议！在政治局里，毛泽东遭到不声不响的漠视，这是绝无先例的。他极少会见外国到访者，也不再到群众中参加什么活动了。

他知道中国许多地方活跃着对北京愠怒的情绪。他在1962年的一次会议上，大胆地重复了一个传到他耳朵里的故事。“当火车向南开时，”广州一个心怀不满但喜爱插科打诨的人说，“它的隆隆声似乎在说：‘前途光明，前途光明，前途光明’；但向北开时（去北京），它似乎在说：‘没有希望，没有希望，没有希望’。”[1]

当时的基调已有变化，这在后来对邓小平的一项指控中得到反映，该指控说他在20世纪60年代初“见到毛主席时以平等身份自居，不拘礼节”[2]。报纸上对毛泽东的崇拜退潮了。把党刊《红旗》看上一个小时可能也难得碰到引用毛泽东的话或甚至是毛泽东的名字。

公社实际上被打散成生产大队，农村市场上私人交易合法化了，工厂里的经理人员又能自由行事了。一时冲动的行为在中共

1961 年 1 月，毛泽东在北京举行的中共八届九中全会上讲话，要求全党大兴调查研究之风，1961 年要搞个实事求是年。会议正式批准对国民经济实行“调整、巩固、充实、提高”的八字方针。侯波　摄

的工作作风中被排除。1957 年被当作毒草而拔掉的知识分子，在刘邓管理系统的市场花园里找到了新鲜土壤。在这种新的气氛下，经济振兴起来了。毛泽东不能反对，他也没有试图要反对——在当时。

毛泽东确实开始看到“大跃进”作为经济政策是失败的。但是，他仍然相信，“大跃进”是社会主义的政策；为此，他拒绝在众多的听众面前承认经济失败。如果真理来自不合适的人（与他相关），他会把通向真理之路挡住。

毛泽东接受了退却（如果说仅仅为了战术的目的），这一事实由于他机巧的否认，而更加明显。“大家都是好同志嘛。”他亲切地说。“一个人不可能没有一点缺点。”他以一个接受严峻结果的人的口吻补充道。[3]

“肥猪只有在栏里才能养出来。”1961 年初他告诉中央委员会。一句话，要整顿。建筑家不该再对大厅进行修补，是该利用大厅的时候了。

“我们凡事都要从实际出发，不能照搬照抄不懂的东西。”毛泽东让不肯宽容的甚至是无情的与会人放心。“我们不可能改造我

们并不了解的东西。”这个曾试图那样做的人说道。[4]

“我是个走中间路线的人。”他这样说，但未必相信这个说法。

打击个人崇拜？这是一个针眼，1956 年以来中国政治的所有线索都在这里汇成一束。毛泽东觉得他自己的意志体现了他那个时代中国的“道”。他觉得他能超出那些规则，跳过那些机构。但是，刘少奇、邓小平和其他人相信，应该遵守规则，他们看不到在一个有 6.5 亿人口的国家撇开那些机构，还有什么更安全的道路。

“他们把我当作亡人。”毛泽东后来抱怨刘少奇和直率的邓小平时说。他们总是用诚恳的目光对他表示赞同，为他的话鼓掌，但随后不做任何事情加以贯彻。他们“忘记”向他汇报。开会时他们会朝房间另一面走去，以避免听到节外生枝的询问或尖酸刻薄的指示。

随着北京市副市长写的一部引起大家兴趣的剧本的发表，人们对毛泽东把彭德怀降职的不满达到了顶点。该剧写明朝一个受人尊敬的宰相，他因为提出诚实的批评而被皇帝罢官。

毛泽东立即看出（虽然他有一段时间保持平静），《海瑞罢官》能够解读为对他自己鲁莽地罢免彭德怀的讽刺性评论。

一位北京专栏作家写了关于一个天赋平庸的运动员的故事，他在一种伟大的幻象中自吹自擂，说自己破了奥林匹克跳远纪录。警觉的读者会看得很清楚，这个运动员指的是谁。

同一作者还写了一篇关于健忘症的讽刺作品。作者描绘了一名健忘症患者的画面——没有提到名字——他脾气暴躁，忘记自己以前说过的话，正在走向精神失常。“如果有人发现自己有这些症状，”文章神秘地警告说，“他必须赶紧完全休息（朱德在高岗危机中对毛泽东提出的忠告!），什么话都不要说，什么事情都不能做……”[5]

就像在中国表达不同意见时所采用的典型方式那样，这些全是伊索寓言式的，但是却非常大胆。*

* 专栏作家邓拓以及剧作家吴晗（都是在死后）于 1979 年恢复了名誉。

毛泽东在 60 年代初讲话的调子是有节制的。他不再那么东拉西扯了，似乎意识到，他现在已经不再长缨在手了。他在组织自己的论点时，几乎和别人赌气似的关注形式和顺序。

“我没有太多的东西要讲，”他会这样开始。或是，“我想讲六点……”他用数据塞满他的讲话，似乎要证明，如果他愿意，他也能当个单调的专家。

埃德加·斯诺1960年访问了北京。他问毛泽东，他对中国的长期计划是什么。“不晓得。”毛泽东不尽如人意地回答。

“您太谨慎了。”斯诺回应说。

“这不是什么谨慎，”毛泽东坚持说，“就是不晓得呀，就是没有经验呀。”[6]

他几乎无法掩盖“大跃进”时期所犯的错误。1958年，他曾说中国会在15年后超过最先进的资本主义国家。到1962年，他说要50年至100年。

然而，毛泽东的话里也有刺。1962年，他在这些年中唯一的一次中央委员会会议上沉思着说：“过去这些年，我们不是做了很多愚蠢的事吗?”[7]这让他的听众拿不准这话是不是在忏悔。

他在1962年另一次会上爆发了：“不许人讲话，老虎屁股摸不得，凡是采取这种态度的人，十个就有十个要失败。人家总是要讲的。”毛泽东在全力以赴地抨击他喜欢的靶子——粗暴的官僚作风。

“你老虎屁股真是摸不得吗？偏要摸!”[8]

在毛泽东的眼里，官僚主义者正在失去对基层群众意见的了解。企业管理人员又开始摆架子，就好像他们拥有工厂一样。医务工作者拒绝到边远的村庄工作，因为舒适的城市生活吸引了他们。应该定期参加体力劳动的官员们，把稻田劳动当作郊游野餐对待。“有么新闻吗?”他会这样问身边的工作人员，当作见面打招呼。这是一种控制机制，一种把信息集中于他自己手中的方法。可是，这样得来的信息和中国基层的实际情况并不总是那么接近。

作为一个普通人，毛泽东日益关心生活中那些特定的、零星的、简单的、不可预知的事情。作为一个政治家，他对人民共和国拥有的多层次组织缺乏耐心。作为一个哲学家，他认为除非干部们诚心诚意地和群众一起，像二重奏一样共同参与到事业中去，否则中国的革命就没有希望。

甚至书籍现在在他看来也只不过是又一个权威的标志。“有人写出书来，然后就让那些没有经验的娃娃们去读。”[9]由于没有在实际生活中奋斗的直接经验，“娃娃们”会由于用二手知识填塞自己而变得故步自封。

一天，来了几个智利新闻工作者。作为关于中国和智利友谊的讲话的引子，一个编辑告诉毛泽东，最近在圣地亚哥举办的中国经济展览引起了人们很大兴趣。但是毛泽东有另外的考虑。“我还是从你这里，才知道有这么一个展览，”他躁动不安地说，然后冷嘲热讽地对房间里在座的中国官员发起了攻击，“看来，我的官僚主义很严重啊。”[10]

六十多岁的毛泽东仍然是个复杂的人，但是，他不再容忍改造6.5亿人口的社会所需要的复杂机构。他希望能亲眼见到每件事，能伸出自己的手摸到中国革命的纹理。

毛泽东从第一线退下来之后，在1961年，他写了比一生中其他任何一年都多的诗词。

有一篇是赞扬军人美德的呐喊，他开始希冀凭借这种美德在政治上获得重生。一张女民兵的照片放在他的桌上，他在照片上写道：

> 飒爽英姿五尺枪，
> 曙光初照演兵场。
> 中华儿女多奇志，
> 不爱红装爱武装。

《答友人》是一首表达强烈向往的诗，背景是湖南。毛泽东借用了舜帝的传说。当这位贤明的统治者逝世时，他的两个妃子娥皇和女英泪如雨下，泪珠掉在竹子上，留下斑斑泪痕，这些痕迹仍然能在江西省和湖南省著名的斑竹上看到。

> 九嶷山上白云飞，
> 帝子乘风下翠微。
> 斑竹一枝千滴泪，

红霞万朵百重衣。
洞庭波涌连天雪，
长岛人歌动地诗。
我欲因之梦寥廓，
芙蓉国里尽朝晖。

毛泽东把一丝永恒的品质赋予了他的家乡。两个妃子身着万朵红霞裁成的“百重衣”走向人间。洞庭湖上的波涛——萧瑜和毛泽东在毛于 1921 年去参加中共成立大会时曾在湖上穿行过——似乎在拍打着天堂的大门。他年轻时曾游历过的靠近长沙的岛屿震颤得如此厉害，以至把它系在地球上的“缆索”是否牢靠都成了问题。在结尾的两行诗里，毛泽东自己在梦想中重生。到那时，他身上还未解脱的束缚会不会解脱掉呢？

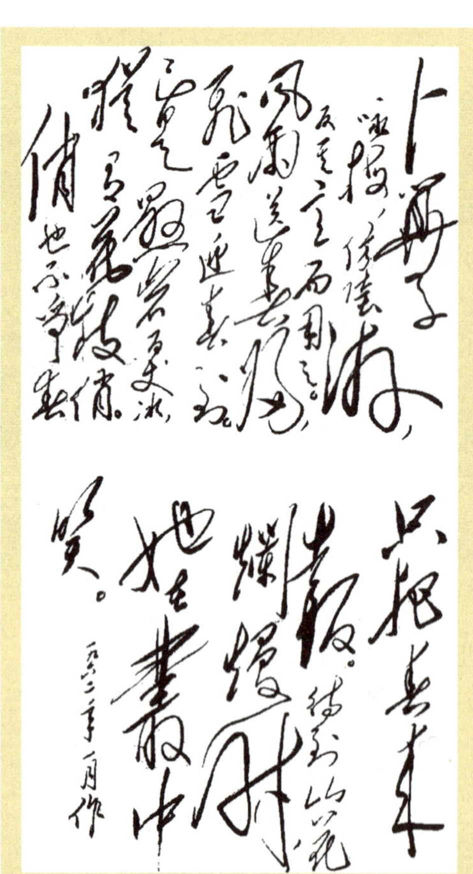

《卜算子·咏梅》手迹。

《咏梅》在他 1961 年的诗词中最为突出。毛泽东说，他偶然看到陆游于 12 世纪写的同一题材的词以后，就写了一首“反其意而用之”的词。

写这首词是为了在即将来临的和苏联的斗争中鼓舞中国的士气，但是毛泽东心里也在想着自己。

风雨送春归，
飞雪迎春到。
已是悬崖百丈冰，
犹有花枝俏。

俏也不争春，
只把春来报。
待到山花烂漫时，
她在丛中笑。[11]

正如毛泽东觉得一切好的东西都受到其对立面的限制一样，春天也受到限制。梅花是中国传统文化中刚正高洁的象征，它独自开在冰雪覆盖的悬崖上。这里毛泽东是在形容中国在苏联阵营内的孤立，或许还有他自己在中国的孤立。

但是，如果说陆游只看到梅花悲哀的一面，那么毛泽东则在它身上发现了伟大的——虽然是谦卑的——天命。由于这种高尚的花放弃了自私的愿望（“俏也不争春”），它为自己赢得了最高的位置。的确，最后一行的“笑”暗示着永恒。

孤独，是的，像陆游诗中那样；但是，陆游深表伤心，毛泽东却在追求一种崇高的思想境界。*

* 陆游的原词：
驿外断桥边，
寂寞开无主。
已是黄昏独自愁，
更著风和雨。

无意苦争春，
一任群芳妒。
零落成泥碾作尘，
只有香如故。

从1959年开始，佛教思想重又出现在毛泽东的谈话和形象化的描述中。

当“大跃进”开始出问题时，毛泽东说道：“自己做个菩萨自己拜，我们必须打破这种偶像。”他在彭德怀被罢官后写给他的“检讨”信上潦草地写道：“如果他彻底转变了，就会‘立地成佛’，成为一个马克思主义者。”[12]

在敦促干部应该走出城市到农民中重新学会谦虚时，毛泽东说，他们“应该每年离开北京四个月，到劳动人民那里去取经”。这种想法来自小说《西游记》，故事中猴王到远方去寻找真正的佛经。

“和尚念经为什么要敲木鱼呢?”毛泽东1962年在一次中央委员会上发问。他此前一直在重读《西游记》。故事说，在印度取来的经让黑鱼精给吞进肚子里去了，每敲一下它就吐出一个字。“不要和黑鱼精一样采取这种态度。”毛泽东说。[13]佛教传说表达了毛泽东的论点：党的领导人不该吞吞吐吐地说话（“敲一下吐一点”）。

毛泽东开始赞扬信仰宗教的君王。柬埔寨的西哈努克亲王难道不比南越那个傀儡总统好吗？尼泊尔这个王国难道不是比总统制的共和国印度更令人满意的一个邻居吗?[14]

一个叫王海容的拘谨女孩正在北京外国语学院学习英语。她是毛泽东的一个远房亲戚，她的祖父王季范是毛泽东的表兄。1964年她来看望毛泽东。令她吃惊的是，他敦促她学习圣经和佛经。

毛泽东在和彭德怀的冲突之后，开始谈论佛教并不是偶然的。由于对欧洲的马克思主义失去信心，他开始转向中国传统，并且表现出对宗教的新的开放心态。他越来越多地在中国的经验中为一切美好的东西找到先例。他开始把过去看作是道德故事，认为历史不仅是马克思主义历史规律的精美呈现，而且是一场好人与坏人之间永恒的、反复发生的战争。

王海容碰巧向毛泽东抱怨说，北京外国语学院的一个同学总是在读《红楼梦》，而不念他该念的英语语法。毛泽东似乎呆住了。"你读过《红楼梦》没有?"这位年轻姑娘说她看过。毛泽东问："你喜欢《红楼梦》中哪个人物?"王说她谁也不喜欢。"《红楼梦》可以读，"毛泽东继续说，"是部好书。"事实上，毛泽东认为，这部小说是中国对世界文明的三大贡献之一（另外还有中医学和麻将游戏)。当王海容忙于把自己教育成世界主义的现代女性时，毛泽东已经第五次读《红楼梦》了。

毛泽东又问她：读过唐朝诗人杜甫的《北征》吗？王海容给出典型的学生式的回答："没看过，《唐诗三百首》中没有这首诗。"毛泽东从椅子上站起来，走到放诗集的书架旁。他找到《北征》，递给王海容，并且告诉她要多读几遍。

"读这首诗要注意什么问题？要先打点预防针才不会受影响。"王问道。

毛泽东激动起来："你这个人尽是形而上学。为什么要打预防针？不要打，要受点影响才好，要钻进去，深入角色，然后再爬出来。"[15]

20 世纪 60 年代中期的毛泽东发现他的这个亲戚太传统（他告诉她在学校里要多造反)，同时又过于随波逐流而"左倾"（他告诉她要多学一点中国的历史传统)。

毛泽东在 60 年代读的中国历史，比 1918 年从师范学校毕业以来的任何其他时候读的都要多。他在从历史中寻求安慰。

孙子不膑脚，能修列兵法？他问一位与会者。韩非不囚秦，能写出他的《孤愤》?《诗》三百篇，不也多是贤圣发愤之所作吗?

毛泽东把中共历史（在他自己取得控制权之前）划分为五个“朝代”[16]。他把陈独秀和其他人比作失败的、昏庸的皇帝，不言而喻，他把自己比作成功的明君。

在毛泽东内心，日渐强烈地意识到与命运先生——一会儿称为“上帝”，一会儿称为“马克思”——的相会已迫在眉睫了。

“帝国主义分子前不久还叫嚣中国政府要垮台，”1964 年他对阿尔及利亚到访者说，“现在不做声了，因为没有垮。”[17]

但是，毛泽东内心里远不是如此乐观。“不过，我就要垮了，要去见马克思了。医生也不能保证我还能活多少年。”

几周以后，四位副总理来和他讨论第三个五年计划。“制定计划要从实际出发。”这位在 1958 年不相信这一点的人说道。“我已经七十多岁了，”他继续说，“但我们不能把在有生之年看到共产主义，作为制定计划的基础。”[18]

“如果原子弹投下来，”在当年年中他对几位军官说，“只有去见马克思一条路了。不过，年纪大了，终究要死的。”他唱起了属于个人的调子：“负担太重时，死是很好的解脱方法。”[19]

埃德加·斯诺在和毛泽东一起进餐时问，能否把这个晚上拍成电视片。“谣言说您病得很重，”这位美国人冒险地说，“如果将今晚的情景通过屏幕公之于世，不就证明那些谣言纯属夸大其词吗？”[20]毛泽东苦笑了。他回答说，这可能有些不妥，因为事实上，他的确是不久就要见上帝了。或许他是在试探外国对他死亡的反应；然而，毛泽东的确预感自己的死亡正在到来，他也接受了这一现实。“谁都难免一死，”他对阿尔及利亚人说，“（最起码）在中国历史上没有先例。”

但是，在和阿尔及利亚人的谈话中，把他自己的垮台和中国的垮台相提并论，表明在心里他很难把自己的命运和中国的命运区分开。他接受了毛泽东这个人的死亡，但是他不接受中国可能在他死后选择脱离毛泽东主义道路。他对军事官员们说：“每个人都应该选好接班人。”[21]

毛泽东的脸庞，没有像邓小平的脸那样，随着岁月更加容光焕发，而是变得病态地胖起来，表情也不那么丰富了。他光洁的皮肤上几乎没有什么皱纹，眼睛深不可测，浓而黑的头发则一如既往。

在1964年和1965年间，在来访者跟他谈话时，经常有护士来回照应。肢体僵硬、颤抖以及动作不协调的现象经常出现。他的支气管炎常常发作。然而，他对自己的健康并没有变得小心翼翼。他抽用弗吉尼亚烟草生产的“中华”牌香烟，抽得很凶，跟埃德加·斯诺在一起的一个晚上，他抽了十多支。

由于看不起任何种类的专家，他对待医生就像对待打扫卫生的女工一样。“医生的话我只听一半，”他宣称，“另一半他要听我的。”

现在，毛泽东有很多时间不住在菊香书屋，而是待在附近的室内游泳池那边；为了他的方便，那里已经加建了会客室、书房和卧室。[22]

他像很久以来一样，过着简朴的日子。他从不把喝过的茶叶扔掉或留在茶杯里。他会用手指把茶叶末抠出来放进嘴里，嚼过以后咽下去。这是他在湖南还是小孩子时就学会的处理茶叶的方法。他不喜欢在房间里放花或其他装饰物。[23]他只吃少数那几样辣味十足的湖南菜。他会咕嘟咕嘟地喝汤，吃过丰盛的一餐之后打嗝，而不管同桌的是江青还是一位外国国家元首。

他在60年代的薪水是每月430元，只是工厂的高级技术人员薪水的两倍。[24]毛泽东对昂贵的物品不感兴趣。另一方面，他真正需要的任何东西，党都会为他采办，所以很难以字面上的价值看待他1964年的抱怨：“我需要秘书，可是又雇不起。”

虽然他似乎已经超凡入圣，人们仍称呼他“毛主席”。这与“周总理”或“林（国防）部长”之类的称呼，有一种不同的感觉。

红色中国真的不知道该如何为毛泽东贴标签；但是，它知道应该不为他贴什么标签。他是位将军；但是，控制枪杆子的这个党，不喜欢使用华而不实的军事职业术语。他变得像个皇帝；但是，不允许用语言把这种想象公然表示出来。

于是，毛泽东使用了带有小镇居民大会朴实无华特点的“主席”这个称呼，虽然他所据的最高职位，在中国千百年来都是由天老爷来任命的。这一平淡无奇的标签掩盖了一个事实：一个半人半神极为不伦不类地主持一个平等讨论问题的委员会会议。*

毛泽东变得迟钝而主观。他喜欢大声评论来访者的外貌。“都

* “主席”的称呼虽然平淡无奇，但是不停地叫毛“主席”还是激怒了刘少奇。“为什么他那么喜欢被称为‘主席’?”这位国家元首咕哝道，“‘毛主席’，‘毛主席’。你们听到过有谁说‘列宁主席’吗?”见*l'Express*, Paris, 9/13-19/76。

很年轻嘛!”“那么高啊!”“她准有七十多岁了!”

他不耐烦听新来的人的恭维。1964 年，一位桑给巴尔到访者说:“能允许我表达对您的崇敬吗？从一到中国，我就盼望着这一天。没有语言能表达我的强烈感情。”

毛泽东凝视着他，干巴巴地问:“你读过马克思、列宁的书吗?”

过了一会儿，这位非洲人又说了一些礼貌的话:“您的著作实在是好。”

毛泽东漠视他的话，说:“我写的东西不多。”

这位桑给巴尔人坚持道:“不，您的著作很多。”

毛泽东干脆挡住了这个话题:“好了。我们今天就谈到这里吧。”随着一声“再见”，会面结束了。[25]

毛泽东自己亲笔写信，并且常常签上“早晨四点”或“早晨六点”的字样，这似乎是用“早晨”来证明他辛苦了一夜。跟他的许多同事不一样的是，他读书。有来访者在场的情况下，他常会伸手找一首诗词或一本字典，以便说明或核对一个论点。

“解剖麻雀”是毛泽东所喜欢的处理问题的方法之一。“麻雀虽小，五脏俱全。中国麻雀和外国麻雀都差不多。”[26]他觉得，精细地研究小的东西，能让他就大的东西得出有效的结论。

关于政策，毛泽东极少谈论。哲学和工作方法，才是他钟爱的话题。

毛泽东几乎不善于也不喜欢对大量听众讲话。60 年代，他不再尝试这样做。他与普通人聚会进行对话的日子结束了，越来越多地逗留于想象的世界中。

在私人聚会上，他的言谈变得极具个人性质。他谈论他早年的生活，讨论自己的家人——这对中国政治家来说是极为罕见的——并且从自己的经验中找到榜样，供别人仿效。

他劝一个年轻的来访者说，当兵，半年时间就足够了；他没有补充说，他于 1911 年在长沙驻军里当兵，就是半年时间。[27]他举出明显个人的例子，来说明他喜爱的哲学原理:“任何事物都是一分为二的。我自己也可以一分为二。我是一个小学教员，(然而)我又信神。”[28]

谈及自己的婚姻时，他的确像是个一分为二的人。他的妻子杨

1962年9月，毛泽东在中共八届十中全会上讲话，重提阶级斗争。

开慧的母亲于1962年去世时，他写了一封信给杨家。“葬仪，”他以女婿尽孝的传统语调写道，“可以与杨开慧同志我的亲爱的夫人同穴。”他说：“我们两家同是一家，是一家，不分彼此。”[29]这相当令人吃惊，因为他在此前的岁月里已经两度再婚。

当他设想遥远的未来时，有人觉得那极具挑战性，也有人则只是觉得很奇怪。“一万年以后北京会变成什么样子呢?”[30]1964年的一次会上他问自己。在一次科学会议上，他引用一首不可能做出结论性分析的词《天问》（“姮娥不嫁谁留?”）结束他的讲话。

“请问，”在1964年的一次吹风会上，他努力使任何事情都有疑问，他说，“马克思年轻的时候，读过马克思主义的著作吗?”[31]

大概听众里有些人同意他后面的话：“讲哲学不要超过一小时，讲半小时内，讲多了就糊涂了。”

有许多年，毛泽东持有一种微妙的、按照马克思主义标准是相当温和的阶级斗争观。他坚持主张，对抗性的（阶级）矛盾不得与非对抗性的（人民内部）矛盾相混淆。在延安，他指责28个布尔什维克把过多的冲突归入前一范畴。[32]

在20世纪50年代，他仍然不愿意给对手贴上“阶级敌人”的标签。他在跟东北的“独立王国”作斗争时，没有给高岗贴这一标签。另外，毛泽东迟至1957年10月还一直认为，由于社会主义政权得到巩固，阶级之间的斗争会逐渐消亡。[33]

所有这一切都在彭德怀事件之后改变了。他开始相信阶级斗争正在变得更加尖锐。

这一次思想上的换挡使毛泽东在其生命的最后几年中完全变成另一个人。*

很快，他就以态度为标准来划分阶级。“重要的是区分一个人的阶级出身和他本人的表现，重在表现。”[34]

毛泽东自感得意的观点是说95％的干部是好的，这一观点被庄严地说成是阶级分析的观点，而实际上只不过是个数学观点。一个派别被可笑地定义为某个阶级的一翼。资产阶级被说成是已经**进驻到**共产党内！“所有的好党员都死了，”他抱怨道，“只剩下一帮牛鬼蛇神。”毛泽东还有一块理论基石，要用于他专心建造的那座不合常理的意识形态大厦：国内新的敌人正在跟国外新的敌人联起手来。

“修正主义”是毛泽东用来指莫斯科斯大林的继任者们不坚定的观点的术语。“右倾机会主义”是他用来指彭德怀的立场的术语。毛泽东认定，它们是同一枚硬币的两面。“看来给中国的右倾机会主义改个名字，”他1962年对中央委员会说，“叫中国的修正主义，更好。”[35]这多方便。

1964年出现了修正主义和阶级敌人之间的联系。“修正主义的上台也就是资产阶级上台，”毛泽东在一个边注上写道，“这是令人痛心的事实。”[36]

他的新思想像一团怪异但不致命的烟雾在北京上空盘旋。正如毛泽东自己注意到的那样，他认为阶级斗争仍然很激烈，这让同事们非常吃惊。但是，只要这种看法仍停留在语言上，他们就可以容忍。

“好人犯错误，”毛泽东1962年秋天在避暑胜地北戴河的一次会议上说，“同走资本主义道路是有很大区别的。”[37]这绝对是关键性的区别，但也令人恼火地难以捉摸。暂时没有人觉得需要追究其确切含义。

* “划清阶级界限就是要查出坏分子。”这一模棱两可的说法——没有日期，但大概出自1964年——似乎是在毛泽东脱离马克思主义阶级观的关键时刻冒出来的。清除“坏分子”是一项政治上必做的事，已经优先于划清阶级界限所需的分析任务。见*Wan Sui*—1969，p. 602。

1964 年底，国民经济的调整工作基本完成。周恩来根据毛泽东的提议，在 1964 年 12 月召开的三届全国人大一次会议上，提出实现四个现代化的宏伟蓝图。这是毛泽东、刘少奇等在会议结束时会见全体代表。杜修贤　摄

1963 年毛泽东的一首词透露出他新近躁动起来的情绪。形式上它只是回应政府里一位知识分子的一首词，但也出自毛泽东对自己的同事和莫斯科的感觉。

他觉得他的敌人毕竟不过是一群昆虫而已：

小小寰球，
有几个苍蝇碰壁。
嗡嗡叫，
几声凄厉，
几声抽泣。
蚂蚁缘槐夸大国，
蚍蜉撼树谈何易。

一种要把它们消灭的急切愿望又攫住了他。难道宇宙本身不会在这项任务中与他联手合作吗？

多少事，从来急；
天地转，
光阴迫。
一万年太久，
只争朝夕。
四海翻腾云水怒，
五洲震荡风雷激。
要扫除一切害人虫，
全无敌。[38]

有一天毛泽东把侄子叫来谈话。“看来你好像是属于左派，”他对毛远新*说，毛远新当时是哈尔滨军事工程学院的一个学生。“什么叫先进？你知道吗？”毛泽东随即告诉这个年轻人他自己的定义。“先进就是要作落后人的工作。”[39]这概括了60年代中期毛泽东的自我形象。

《满江红·和郭沫若》手迹。

许多同事在毛泽东看来已经落后了。他不得不替他们做他们那份工作——有时还得从他们手里把他们的工作夺过来——以便让共产主义目标保持活力。

这位怀疑一切的圣人，即将祈求降临一种伴随重生而来的天真无邪的欢乐。阴影里的这个人即将作为半人半神登上圣坛。这位喜欢用关于永恒的思考让来访者茫然的领导人，仍然有满肚子马基雅维利式的外交权术，这将使中国成为世界上最主要的三个国家之一。这位因见到刘少奇正在按秦始皇的模式成为强硬的管理者而愠怒的政治家，不久就将把他扫入历史的垃圾堆。

*毛远新是毛泽民的儿子。40年代初期，他母亲与他父亲同在新疆监狱时有了这个男孩。之后不久，他父亲就被当时控制着乌鲁木齐的反动当局折磨致死。

第十七章

乌托邦的愤怒（1965—1969）

安德烈·马尔罗来拜访毛泽东。这位法国文化部长本来是来拜访刘少奇的，要向他递交戴高乐给中国国家元首的一封信，但是，那天下午的情况却事与愿违。

马尔罗进入人民大会堂内一个大厅，厅里没有装饰着拖拉机和炼钢炉的照片，而是装饰着传统画卷。马尔罗一进入大厅就认出了刘少奇的“长脸”，并向他走去。中国的几个部长跟刘少奇并肩而立。

毛泽东单独站在他们附近，像是一位教练带领着一群杂技演员。

马尔罗跟刘少奇说了话，并把戴高乐的信交给他。刘少奇没有作答。是毛泽东开始和马尔罗及其同事——法国驻中国大使交谈起来：“听说你去了延安，有什么印象？”整个下午刘少奇都没有机会插嘴说一句话。

“我要独自和群众站在一起——我在等待着。”毛泽东含糊地说。就好像刘少奇和其他人不是他的同事而只是沉默的见证人。

在1965年夏天的这个下午，毛泽东的谈话不断有长时间的停顿，而且常常是转弯抹角。对谈及的问题他态度很悲观，但与此同时，他又表现出一种局势在握的意识。

在马尔罗眼里，他似乎像个帝王的铜像。一个僵硬的、有压倒一切之势的人物，像是传说中刚刚从坟墓里回到人世的泰坦。

当谈话转向法国独立于美国，中国独立于苏联时，马尔罗偶尔用到“同盟国”这个词。毛泽东在此之前一直一动不动，只用右手把香烟从嘴边移到烟灰缸磕磕烟灰。但是这时，他突然把双手举向天花板，然后又猛的放下来。“我——们的同盟!”他用略带讽刺的语调慢吞吞地说着这个中文词，“你——们的，还有我——们的!”[1]

毛泽东也没有让巴黎来的自由主义者们听到关于中国状况的任何乐观的说法。“我们的工农业问题都没有得到解决，”他说，“作家们总是反对马克思主义。”毛泽东和马尔罗谈话的法文和中文记录显示，毛泽东对马尔罗的乐观态度的不赞同，甚至比马尔罗的记录中所写的更尖锐。[2]

法国大使试图在这种诊断中注入某种希望，他冒险说，中国的年轻人似乎是真诚地相信毛泽东为他们制定的路线。

“你到这里多久了?”毛泽东反问。

这位早有准备的外交使者详细讲述了他基于最近华南和华中之行的乐观印象。

“你看到的只是一面，”毛泽东回答说，“你没有注意到另一方面。”

毛泽东远没有把中国理想化，对它目前的状况，他几乎像20年代反旧传统时那样愤怒。在这种情况下，对于一位高尚的、努力要扮演伏尔泰而对中国表示敬佩的高卢人来说，所受到的对待也就是这样了。

毛泽东回忆柯西金在苏联共产党第23次代表大会上的话：“共产主义意味着提高生活水平。”他嗤之以鼻地说出他的反感，“游泳是为了穿上条游泳裤!”难道世界上的马克思主义者都忘记夺取政权要达到的那些伟大目标了吗?

“我们的革命不能只是简单地巩固已有的胜利。”毛泽东对这几位法国人补充说。

毫不奇怪，刘少奇在那个下午始终保持沉默。

这些就是1965年冬天临近时毛泽东谈论的话题。毛泽东是个失意的人，然而，某种傲慢自大又回来了。

在离开38年之后，他悄悄地又去重访井冈山，并且在那里填了一首很能“言志”的词。开头的几行说出他未尽的渴望：

久有凌云志，
重上井冈山。

但是，在《重上井冈山》里也有大胆的希望：

可上九天揽月，
可下五洋捉鳖，
谈笑凯歌还。

毛泽东仍然觉得，凡事都取决于主人自己的意志：

世上无难事，
只要肯登攀。[3]

“现在，几盒香烟就能收买一个党支部书记，”毛泽东在一次党内会议上说，“如果把女儿嫁给一个干部，那就要什么有什么。”[4]无论毛泽东的期望有多高，他都不指望党来完成。

“我们党内至少有两派，”毛泽东爆炸性地补充道，“社会主义派和资本主义派。”[5]

直接的障碍是刘少奇，他跟他资本家出身的、会讲英语的妻子住在紧邻毛泽东的一座优雅住所里。对中国人民来说，刘少奇现在是个地位很高的人。在党内，他被看作几乎跟毛泽东相当。刘少奇是个瘦高、满头银发、总是很有尊严的人，从1921年在安源煤矿遇到毛泽东之前，他就一直是中国革命的一部分。现在他似乎是其首席执行官。刘少奇的一本书名极具权威性的小书《论共产党员的修养》，从1962年再版到1966年这一期间售出1 500万册，超过了那个时期毛泽东的任何著作的销量。60年代的报刊社论敦促干部们学习毛泽东和刘少奇的著作。出版《刘少奇选集》的计划也在进行之中。

毛泽东自己也曾说过——甚至对外国人——刘少奇是他的自然接班人。[6]

毛泽东对刘少奇的不满，在“社会主义教育运动”上凸显出来[7]；这是一场在农村提高政治觉悟的运动。毛泽东主持制定了

《中共中央关于目前农村工作中若干问题的决定（草案）》，即以阶级斗争为主旨的《十条》草案，跟他自己在1962年提出的激进思想一脉相承。刘少奇以较温和的态度看待社教运动，认为它是一场在英明的中共密切领导下反对腐败和行政管理不力的运动。*

《十条》第二和第三个修改稿出来了，加进了彭真、邓小平和刘少奇的很多重要意见。有些低层官员开始纳闷：社教运动是否只是一个政治足球，在毛泽东和抗拒他的较为温和的领导人之间踢来踢去？毛泽东认为，第二稿和第三稿形左实右。他在1965年初出台了新的草案——扩大成《二十三条》——明显地把矛头指向刘少奇："这次运动的重点，是整党内那些走资本主义道路的当权派。"毛泽东补充说："那些走资本主义道路的当权派，有在幕前的，有在幕后的。"[8]

刘少奇不肯支持这个《二十三条》。毛泽东决定搞掉他。[9]他心里已经有了一个理想的继承人。

林彪看上去更像个童子军，而不是世界上规模最大的军队久经沙场的元帅。他比毛泽东个子矮，有一只对中国人来说很大的鼻子。林彪说话嗓音细而音调高，总是戴着帽子以掩盖他的秃头，身上的军装就像挂在挂钩上。他57岁，身体很差，在公共场合不是很引人注目。

但是，林彪在20世纪30年代和40年代是个卓越的指挥员，虽然毛泽东在长征期间曾对他发火说：关于军事战术，"你还是个娃娃，你懂什么？"[10]

林彪已于1959年从倒台的彭德怀手里接管了国防部。

与彭德怀相反，林彪不反对跟苏联决裂。林彪很高兴把意识形态工作在人民解放军各项工作中提到很高的地位，而彭德怀不愿意这样做。

甚至比彭德怀和林彪之间的差别更为重要的是，毛泽东在1959年危机之后得出了关于党的灰暗结论。在庐山上失去的，是中共的集体领导机制。从那以后，党成了一部被争相控制的机器，而不再是高于一切个人和争议的整体力量。

毛泽东一步一步地开始认为，自己的个人权威可以跟共产党的

* 毛泽东和刘少奇在对"大跃进"进行事后总结分析中交换的意见，很能说明问题。刘少奇说，失败70%是由人为的错误造成的（七分人祸），30%是由于洪灾、旱灾和其他自然原因（三分天灾）。毛泽东评论说，刘少奇的百分比弄颠倒了：70%是大自然的过错（七分天灾），只有30%是由于计划差劲、领导的头脑过热以及其他人为的过错（三分人祸）。见Baum，p. 163。

权威分离开来。

林彪领导下的人民解放军承担起令人吃惊的作用。当党的官僚系统在60年代初把毛泽东当作“亡人”对待时，军界把他当作自己活着的恺撒。林彪就是一个奥列弗·克伦威尔，他的人民解放军就是17世纪40年代英国人纯洁而心明眼亮的“新模范军”的亚洲版。

林彪要求其部队成为学习“毛泽东思想的大学校”。军官们组成合唱队歌唱毛泽东的思想和“四个第一”*。人民解放军的报纸《解放军报》早在1962年就在第一版以花边框和黑体字发表毛泽东的语录了。

*林彪的一个口号，后来成为“文化大革命”的主题：人的因素第一，政治工作第一，思想工作第一，活的思想第一。

《毛主席语录》最早由解放军出版社出版。1965年以后的各个版本，都有林彪的前言。前言第一句是“毛泽东同志是当代最伟大的马克思列宁主义者”。

在毛泽东的心里，林彪似乎已经取代刘少奇的位置。在林彪的心里，毛泽东是他通向未来的大道，刘少奇则是主要的绊脚石。表面上是平静的，但是新的权力现实，正在平静之下逐渐形成。

邓小平知道毛泽东对刘少奇不满以后，向毛泽东建议不要出席1965年1月召开的社教运动会议。毛泽东坚持出席。他在讲话中宣布，社教运动是“要社会主义还是要资本主义的问题”，而不仅仅是“四清”还是“四不清”的问题。刘少奇插话解释“清”的真正性质。毛泽东很生气：“我这里有两本书，一本宪法，一本党章。我是国家公民，是党员，我有权讲话。一个（邓小平）不让我参加会议，一个（刘少奇）不让我讲话。”[11]

毛泽东在全国发起了“向解放军学习”的运动。中国到底要向解放军学习什么呢？最初的迹象很吊诡。“江青同志昨天跟我谈话了，”林彪在上海对一个小组说，“她在政治上很强，在文艺上也很内行。”[12]

许多年以来，江青的健康状况时好时坏，情绪脆弱。大多数情况下，她都待在家里，照顾他们的两个女儿。毛泽东很多时候都不和她住在一起，即使他们在一起时，她也发现他是个“话很少的人”[13]。

但是，她的本行——文化——是毛泽东挑选出来用以进行他正在准备的第一轮斗争的武器。带着对文艺界长期以来排斥她而积累起来的不满情绪，江青冲入文艺圈里。很快，战士们就按她的“训谕”创作并演出歌曲和舞蹈了。她给中国文化生活穿上紧身衣的可怕的征讨运动拉开了序幕。

不久，毛泽东的女儿李讷就坐上了《解放军报》主编的位子，他另一个女儿李敏则在（负责核武器开发的）国防部科工委掌权。

毛泽东于1965年秋离开北京到上海，江青陪同前往。这对夫妇在这座港口城市的前法国俱乐部住了几个月。毛泽东时不时地会到附近旅游胜地杭州西湖边上他的别墅里小住。地方领导为毛泽东建别墅，以备万一他视察他们的城市。有些这样的住宅，例如杭州的刘庄，有很多花坛，有风格优雅的亭台、池塘和汉白玉小桥，不逊于世界上任何其他地方的高级官邸。地方领导急于讨好他，就准备了西式床垫。但毛泽东不喜欢这样的床垫。他旅行时都带着他那特制的木床。

有十个月的时间，他远离了让他觉得窒息的北京。其中有五个月，中国人民根本听不到有关他行踪的消息。离开北京的这段时间是他的又一次退却，随后将经过充电而强势回归。他到了上海，为的是招募一些机灵的年轻知识分子，作为对付刘少奇的政治工具——人民解放军之外的第二支力量。

有一天，上海的《文汇报》刊登了一篇长篇的戏剧评论文章。至少11月10日下班之后在上海外滩漫步的人们打开报纸时，是如此认为的。但事实上，这篇文章是射向自己政府的最令人惊讶的炮火中的第一炮，这种自己打自己的事是任何马克思主义政府前所未有的。

“文化大革命”已经开始。只有在中国，一部政治剧场的史诗，才能从真正的剧场里的一出普通戏剧开始。

文章的作者是姚文元，一个44岁的上海小品文作家，他有一张圆脸，目光狡黠。作为戏剧批评，他评论的不是什么新东西。因为他诅咒的这个剧本不是别的，正是《海瑞罢官》，那位北京市副市长1961年的作品。

吴晗的剧本或许是抗议毛泽东将彭德怀从国防部罢免的巧妙的

毛泽东会见历史学家吴晗。（1960年8月）侯波　摄

讽喻。毛泽东四年前就看出了其背后的钩刺，现在他觉得可以反击了。

只有毛泽东才会把吴晗的剧本搞成巨大的争议——因为他是它的靶子。当毛泽东对阿尔巴尼亚到访者说“文化大革命”从《文汇报》文章开始时，他承认他自己在中国政治中的角色是争论的首要问题。[14]

然而，毛泽东发动“无产阶级文化大革命”，的确有一些广泛的甚至是高尚的动机。他告诉马尔罗，饥寒交迫到吃树皮的村民，比起上海油嘴滑舌的汽车司机，会是更好的战斗员。他担心1949年后出生的3亿年轻人太软弱，必须让他们经历自己的斗争。

毛泽东也在重申自己的信念：人比物重要。“我们把重点是放在人身上，还是物身上，或二者平行看待呢?”他在一项关于劳工改革的指示中问道。这是中国传统思想长期以来一直关注的问题，毛泽东给出的答案非常符合儒家思想。“如果我们把人的工作做好了,”他得出结论说,“其他一切都好办了。”[15]毛泽东正试图在中国革命的流沙中重建优先顺序,让社会关系超过经济产量。

他深切地相信净化和重生。“有尿拉出来,有屁放出来!”他有一次在党的会议上叫喊道,“肚子就舒服了。”[16]跟过去一样,是大自然让他拥有了他觉得舒服的思维模式。

“农民不是一年要除几次草吗?草除掉后还可以做肥料。”[17]这种思想隐含的意义令人毛骨悚然。然而,毛泽东已经行动起来了,其中并不是没有好的愿望。

他以向《海瑞罢官》开第一枪为始,其原因还不仅是虚荣心受过伤害。像任何中国领导人一样,他对文学的作用有一种正面的关心,因为它可以强化或是破坏一个政治朝代的合法性。

他自己作为半知识分子,并不十分信任文化界。然而,他又对他们非常着迷。他逐渐开始相信,而且在1964年中期对一些来开会的搞经济规划的干部也这样说,苏联新的享有特权的精英们,首先产生于文学和艺术圈子。

“北京要这么多的文艺团体干什么?”他恼怒地诘问,“他们根本无事可做。”他接着说:“节日期间,总是部队的节目最好,其次是地方,北京的最差。”[18]

他对苏联放不下的关注、他的沙文主义、他对不朽的渴望,所有这一切都在同一批经济规划者面前抖搂出来了。“你们的这个协会,那个组织,都是从苏联搬过来的,被一群洋人和死人统治着……”

毛泽东对北京的文化官员发怒,其实他还有更大的目标。在向副市长开火时,他希望能向市长身上泼溅一些谴责之血。

彭真是个有品位、思想境界高的人。在有些人眼里,他是毛泽东可能的接班人。他那文雅的、常规化的工作作风,使北京变成一座让毛泽东感觉是没有灵魂而且妄自尊大的城市,就像美国南方人对华盛顿的感觉一样。

这些年来,毛泽东一直生气地拒绝阅读《人民日报》。他更喜欢军队的报纸《解放军报》。

他讥讽地说,北京的科学院更像是“不食人间烟火的仙境”[19]。

他厌恶地说，那里的“文物工作者”阅读的恰恰是毛泽东自己觉得不对口味的那些刊物。但是，市长认为，科学院的工作严肃认真，而且是专业化研究的最好典范，是中国未来发展所必需的。

彭真回敬江青搞的那些过于简单化、政治化的“样板戏”说：像“穿开裆裤的孩子一样不成熟”[20]。

两种观点即将对撞。

毛泽东使用一种螃蟹似的手段对彭真和北京当局施压，他指定包括市长本人在内的一个小组指导他已经称呼为“文化大革命”的运动。这不会有什么其他结果，只能是一场斗争。

市长试图把姚文元的文章限制在学术争论的范畴内。毛泽东则一心追求长远的政治变革。“文化大革命”的第一波，是针对那些把中华人民共和国统治大厦看作目的本身的官员们。一场斗争，就是毛泽东心里所想的。1966 年春，他从上海这个优越的位置严密注视着斗争的酝酿过程。彭真和其他人绝没有准备好向毛泽东摊牌；他们若无其事的，甚至是天真的行为证明了这一点。

毛泽东接见了老资格的美国激进派人士安娜·路易斯·斯特朗和她的几个朋友，以庆祝斯特朗女士 80 寿辰，这恰在他 11 易其稿完成修改姚文元的文章以供在《文汇报》上发表之后。在这个凉爽的早晨，他心情平静。

他步入上海接待室，江青走在旁边。他仔细端详墙上的一幅竹雕，十分专注地站在那儿，似乎只是他独自一人，忘却了还有妻子在旁边。他移到第二幅竹雕，然后是第三幅。与此同时，满屋子的客人静默地站着，等着他说话，或是向已准备好的午餐走去。

他一边说着医生告诉他要戒烟，一边点着了一支香烟。他慢吞吞地说，他不打算戒烟。他邀请房间里其他的吸烟人跟他一起点烟。有些人这样做了。

过了一会儿，他注意到不吸烟的人是多数。“不要担心我们是少数，”他对吸烟的人说，“我行我素嘛。”

他的贵宾是个强烈反对越南战争的美国人，然而毛泽东并未提及越南战争。他针对外部世界的所有钩刺，都对着苏联。

毛泽东问斯特朗女士的六个朋友他们对国际形势的看法。答案没有引起他的兴趣。他说，六个人观点一致，这表明是事先协调过的。如果有人观点不一样，那会更有意思。[21]

谈话中出现了尴尬局面，其真正的原因是，毛泽东的左派到访者只是反华盛顿，而毛还反莫斯科。*

毛泽东对国际关系进行了新的分析：理论上说，苏联和美国作为中国的阶级敌人，是一样的。这是个混乱的分析，冒失地把民族因素和阶级因素混为一谈，武断地把苏联重新界定为资本主义国家。然而，这中间却暗含着中国新的、稳定的外交政策的种子。

在毛泽东同时诅咒两个超级大国存在的问题时，大多数政治局成员不同意他的意见。

北京的每个人都清楚，美国仍然是中国的一个威胁。毛泽东不否认这点。毛泽东立场的新鲜之处在于，他坚称，在对付这一威胁时，**苏联对中国毫无帮助。**而与此同时，刘少奇和许多人民解放军的领导人仍然相信，面对美国的威胁，和莫斯科"联合行动"是可能的。

1965年初，在越南的压力下，毛泽东和柯西金在这位苏联人从河内回国的路上会面了。毛泽东这时对苏联尽是冷嘲热讽。他在柯西金到达北京之前就放弃了"联合行动"的可能性。

他以戏剧性的方式向这位苏联人抛出一个问题，使话题超出了争议。如果美国把越南战争升级为对中国的进攻，苏联会援助中国吗?

柯西金不仅不肯做出这样的承诺，而且没能说出一个字作为回答![22] **

毛泽东在随后的谈话中以惊人的直率向柯西金承认，他自己的"某些"同事在他对待苏联的态度上跟他并不一致。[23]

人民解放军总参谋长罗瑞卿拒绝把苏联和美国等同起来。他认为，毛泽东既背离了马克思主义传统，又违背了军事常识。罗瑞卿满怀热情地谈论苏联红军，满怀希望地谈论社会主义阵营。他敦促为了越南而采取"联合行动"。

毛泽东策划了一系列突然行动，把罗瑞卿解了职。罗瑞卿从六

* 毛泽东对美国的敌意，在1965年迅速减弱。1964年9月跟他一起交谈过几小时的一位法国人对当时的回忆是："他对美国不可调和的仇恨，使他戴着有色眼镜看待美国的一切事物。"见 *Saturday Evening Post*，11/14/62。

** 人们怀疑，柯西金不作回答是否让毛泽东回想起，苏联官员在1941年9月问他，如果日本进攻苏联，中共会采取什么军事行动保卫苏联时，他自己是如何支吾搪塞的。见 Vladimirov and Ryazantsev，p. 89；Goncharov. p. 8。

层楼的窗户跳了下去（抑或是被人推了下去?)。* 在高层领导人中，他是“文化大革命”的第一个牺牲品。

*他要自杀的努力没有成功；没有多久，红卫兵就对这位杰出的军官进行严厉的拷问和羞辱。罗瑞卿的左腿严重骨折，绷带缠得厚厚的。他拖着病体来到工人体育场，在那里两万红卫兵对他进行了“审判”。

在打压罗瑞卿的同时，毛泽东把林彪树得更高，因为这两位将领在1965年提倡不同的军事和政治路线。罗瑞卿之所以遭到清洗，是因为他坚持的立场是：尊敬苏联，对社会主义集团有信心，制定方针以欧洲为中心，在越南战争上采取鹰派姿态。林彪的立场则与此大相径庭，他的路线忠实地反映了毛泽东60年代对世界的看法。

毛泽东和林彪把全球形势看作是中国自己革命的放大版。就像毛泽东的农民革命者们包围上海和北京那样，农村（第三世界）总有一天会包围城市（西方和苏联)。

世界政治已经被搞成游击战的一个分支。

这看上去非常好战，但实际并非如此。毛林路线跟罗瑞卿和刘少奇的“联合行动”路线相比，是有鸽派味道的：

- 人民解放军不得出境。
- 只有敌人入侵中国领土时，中国才给予反击。
- 中国不是反帝力量的前哨，整个第三世界才是（特别是正处在战争中的越南)。

毛林路线浸透着民族主义。在苏联阵营内，中国只能是老二。但是，作为第三世界的发言人，中国能成为某种老大，而且没有同盟关系的负担。

中国人曾被当作社会主义阵营的一个小楔子，挂在以欧洲为中心的、土豆烧牛肉式共产主义的社会主义观点上。现在，他们可以在自己的旗帜下前进了：

- 革命的关键力量是农民，而不是产业工人的共产党。
- 改变世界的方法应是武装斗争，而不是议会道路。
- 未来的颜色是黄色和棕色，而不是白色。
- 中国经验，而不是苏联经验，是第三世界的大多数国家的借鉴点。

与此同时，美国炸弹正落向离中国南方城市不远的地方。从美国的观点看，这就像是墨西哥正在受到美国全球对手的飞机的轰炸。然而，毛泽东对越南战争保持着惊人的冷静。

毛泽东的战略观没有因越南战争的结果而改变。到60年代中期，他已经认定，苏联是个上升的威胁，美国是个衰落的威胁。* 美国在印度支那稻田里的失败，只是为他的论点提供了迟到的例证。

* 毛泽东后来就美国在越南的表现向德国施密特总理做出一个令人印象深刻的评论："如果美国在损失了五万人以后放弃了，"他对这位德国人说，"就不能认为它有那么强大了。"见 *NYT*，1/19/77。

1965年秋，毛泽东一到上海就填了一首好战的词——《鸟儿问答》。一只鲲鹏和一只鹦雀发现自己处于炮火之中。鹦雀吓得昏了头：

> 怎么得了，
> 哎呀我要飞跃。

鲲鹏的气概不同。它怀疑地问哪里是可能的避难所。鹦雀心中有"仙山琼阁"。这只容易上当受骗的鸟——毛泽东这样认为——从诸如《禁止核试验条约》和赫鲁晓夫土豆烧牛肉式共产主义错误的幻象中得到安慰：

> 不见前年秋月朗，
> 订了三家条约。
> 还有吃的，
> 土豆烧熟了，
> 再加牛肉。

鲲鹏下了最后的定论：

> 不须放屁，
> 试看天地翻覆。[24]

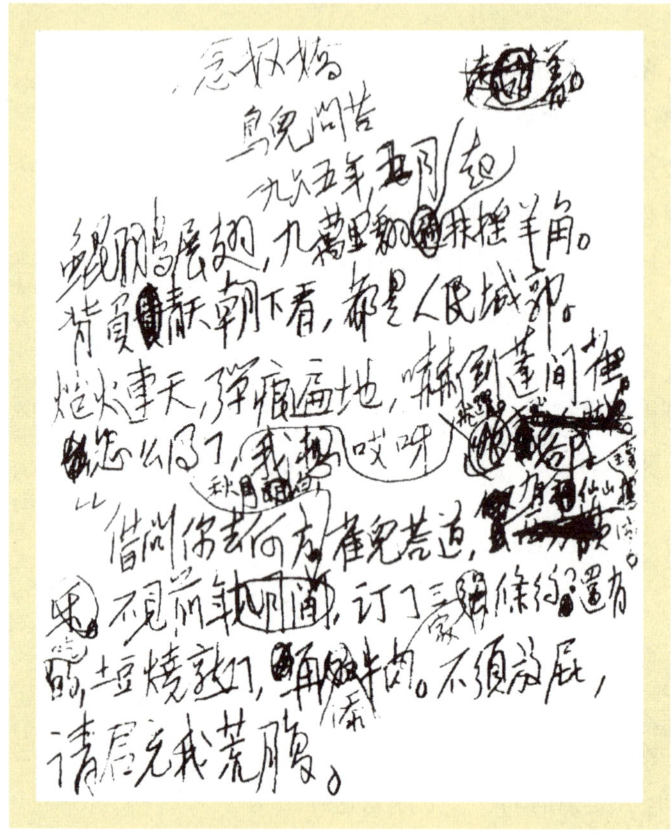

毛泽东《念奴娇·鸟儿问答》初稿手迹。

这首词肯定是反对苏联的，但是，它也写到了事物的流变和顺序的颠倒。一种长久的哲学观点，而不只是战略的算计，引导毛泽东制定了新的外交政策。

日本共产党领导人宫本显治，于1966年初到北京进行诚恳的会谈。日本共产党是毛泽东主义的拥护者，说到莫斯科时，不断地使用“修正主义”这个词。然而，他们害怕在亚洲出现美国挑起的大规模战争。因此，他们在进行中国、越南和朝鲜之旅，为毛泽东的一些同事也赞同的、同苏联采取“联合行动”的主张进行游说。

在北京，日本人跟中国高层领导人打造出一份部分地倾向于这个立场的公报。但是，毛泽东正远在广州，暂时避开上海3月的天气。对北京一些人来说不妙的是，他发话说，他希望在日本共产党人离开中国内地到香港的途中见见他们。

毛泽东当时逗留在广州市外一处安静的温泉旅游胜地，附近是山区的军事基地。日本人到达时，那里的竹子肯定会因毛泽东的语言而震动。

宫本显治刚刚礼貌地深深低头鞠完躬，毛泽东就开始了激烈的长篇演说。他谴责公报草案。他对着邓小平和其他到南方来参加会见的中国高层高喊：“你们这些在北京的软骨头！”这使邓小平和他同行的人很生气。这场面让日本人目瞪口呆。

毛泽东希望公报呼吁建立既反对“美国帝国主义”又反对“苏联修正主义”的联合阵线。日本人不能同意。然后毛泽东说，在北京起草的公报无效，干脆不要公报也罢。结果是没有公报。

毛泽东接着敦促日本共产党，把武器直接放到日本人民手中，并准备进行“人民战争”，这进一步疏远了宫本显治。[25]

这令人难堪的一幕，结束了中共和日本共产党之间的紧密关系。

这也激起了毛泽东采取新一轮的行动，对付北京那些反抗他的人。宫本显治刚走，他就设法罢免了北京市市长彭真。他又毫不吝啬地在他政敌的名单上添加了一些名字，特别是他和邓小平之间的鸿沟开始加大了。

在离开北京期间，毛泽东重读了《西游记》。小说的主人公是一只红屁股的猴子，名叫孙悟空，身手不凡。

孙悟空偷吃了天上王母娘娘蟠桃园里让人长生不老的仙桃。他冲击阎王殿的大门，以便把自己的名字从阎王的生死簿上勾掉。他一个跟头就是十万八千里，到达标志着世界边缘的柱子，并且在其中一根柱子上撒尿以表现他的自由精神。

在挑战命运时，猴王孙悟空对待逆境有一个绝招。他从身上拔下毛来——“毛”这个字恰巧跟毛泽东的姓是同一个中文字——把它咬碎，再喊一声：“变!”随后每段碎毛都会变成一只小猴子，于是他身边就有了一支支持者大军。

我们必须“打倒阎王，解放小鬼”，毛泽东 1966 年 3 月对一个政治局同事说，“各地都要有孙悟空大闹天宫。”[26]

这一年还没过完，他，以及北京，就变出了大批孙猴子。

毛泽东在早些年总是负面地运用猴子形象，例如在第二次世界大战期间用以指法西斯。但是从 50 年代晚期开始，他就正面运用这一形象了。猴王孙悟空的勇敢、顽皮、笑傲一切以及无穷的抱负，都很贴合毛泽东的心理状态。1966 年，他把这种古怪的用法推到了极致，他宣布革命者和猴王属于同一类型!

到 1966 年中期，毛泽东准备好亲自返回公众角斗场，带着一堆令人意想不到的计谋，丝毫不逊于猴王孙悟空。

他在一个未加披露的地点接见了忠诚的阿尔巴尼亚的总理，从而让中国知道他还活着（但是不说他逗留在哪里）。然后，他提供了他身体仍有活力的证明。他到了武汉，并在很多摄像机前畅游长江。“那天的江水好像也在笑。”官方通讯社说。[27]

毛泽东 1966 年 7 月回到北京。

毛泽东在考虑中国的未来：“我们需要一批立场坚定的青年人来接替我们的工作，他们文化程度不怎么高，意志坚强，有政治经验。”[28]

他自己的经验就是指南。“我们开始闹革命时，也不过是二十多岁的娃娃，”他指出，“那时的当权者是老年人，有经验。**论知识他们多，论真理我们多。**”[29]

“文化大革命”对这一思想进行了试验。年轻人被认为没有受过旧习惯的腐蚀。他们的教育是纯粹中国式的，没有受到来自中国以外世界的歪曲。作为新中国原生态的产品，难道不是已证明他们有“更多的真理”了吗？

在这个意义上，“文化大革命”是又一次的努力，要做“百花齐放”没能做到的事：使道德的一致性具体化。

从另一个意义上说，“文化大革命”背离了毛泽东以前试图要做的任何事情。毛泽东希望年轻人能具有的“政治经验”通过跟共产党作斗争而获得！

这一博弈也源自 1956—1957 年的冲击。那个时候，毛泽东失去了对公认的马克思列宁主义理论的信仰。此后，在毛泽东的思想中，真理和党的权威完全是可以分离的。他的这种观念非常强烈，以至到 1966 年，毛泽东相信真理可以脱离党的权威而建立起来。

“大跃进”时，毛泽东相信可以把党当作工具来利用。“文化大革命”时他不相信这一点了。他把小鬼儿们招呼来攻击共产党。毛泽东放出红卫兵，并且让他们确信“造反有理”是马克思主义的精髓。他邀请他们“砸烂旧世界”。

开始的时候，他们的目标是文化方面的。他们砸烂寺庙，抄知识分子和富人的家，寻找看上去是“资产阶级的”或“修正主义的”东西。

1966年8月1日至12日，中共八届十一中全会在北京举行，通过了《关于无产阶级文化大革命的决定》。

首先，太阳镜是不能接受的；国际象棋苏联味太浓，过不了第二关。除了马克思主义理论著作以外，几乎所有的书都是可疑的。烧书就像激动人心的篝火，观看烧书是有趣的娱乐。*

*埃德加·斯诺的书在南京大学遭到焚毁。这是Friedman教授的个人观察。

如果说红卫兵有时候似乎像宗教狂热分子，那么毛泽东则为他们提供了恰当的教义。他的思路让人想起"为爱上帝，从心所欲"这句格言。若干世纪以来，一些基督徒信奉这一格言。它认定，如果人的心在正确的地方，那么，善行就会像水向低处流一样自然地流淌出来。

1966年，毛泽东给了马克思主义一种类似的曲解。他把"造反"置于中心位置，而新教的那个教派则是把"爱"置于中心。1966年和1967年的毛泽东相信，如果年轻人有了造反精神，他们就会为中国做好事。

红卫兵们在造反中找到快乐，有他们自己的理由。他们是失落的一代，突然之间意识到被别人发现了。他们上了中学，但是在那里被唤起的期望不可能实现。大学里的位置或城市里的工作岗位对他们来说都太虚无缥缈了。

从来没有机会无拘无束的一代人，现在终于可以发泄了。这些中学生，即使与真正的资本家面对面也未必能认出来，却指控与资本主义斗争了几十年的老革命们是资本主义的黑爪牙！

一群红卫兵在半夜冲进彭真的家，打开卧室里的灯，命令这位倒台的市长起床到闹市区接受批判。“彭真惊讶得脸都变得灰白了，”年轻的狂热者在令人透不过气的报告中写道，“他甚至连衣服都没有穿好。”[30]

红卫兵献身于毛泽东犹如信徒们对待先知，很多人都是真诚地献身。但是，一个17岁的中学生是不能真正理解毛泽东的“文化大革命”意图的。对他或她来说，批斗那些“黑帮分子”是一件令人振奋的事，乘专列到北京见毛主席并“参加革命”，使他们树立了自信心。简单模仿行为远远超出了这些话的含义。

“中央当局不断地督促我们，”一个最终游泳偷渡到香港的广州青年回忆说，“要随身带着《毛主席语录》，有时间就学习。可我们却是带上一副扑克牌，有时间就玩。”[31]

毛泽东看来好像忘记了，学生政治和管理一个7亿人口的国家的政治之间有很大差别，学生政治有极大的不稳定性和极其混杂的动机。*

笔和枪，永远是毛泽东的两样武器。他是在北京的驻军得到加强以后才回到这个城市的。不过，一回到家，他又拿起了笔。

他写了一张大字报，标题是“炮打司令部”。大字报说，“文化大革命”受到中央的阻碍，因此，中央应该解散。他把大字报拿到中央委员会的大楼，并把它钉在一道内门上。**

毛泽东的行动产生了重大影响。在全中国，大字报像雨后春笋一样冒出来了。中国成了史无前例的新闻的天堂，流言蜚语、观点、事件报道以及各方论战都一股脑儿倾泻进大字报。各种信息贴在墙上，钉在树上，挂在石狮子上，甚至当无处可贴时就平铺在道路上。北京看上去就像一个巨大的布告牌。

庞大的人群聚集起来阅读写在白色、黄色或粉色纸上的信息。对普通人来说这都十分有趣。几乎每个小时都有人对毛泽东赞颂奉承。

不过，大字报的声音最后变得非常刺耳，在很大程度上，只表达不同派别之间毫无结果的派性纷争。由于数量过大，这些大字报

*尽管红卫兵们自己对毛泽东的思想掌握得有限，但他们却常常吃惊地发现农民们掌握的更是有限得多。

“我问她天上有什么，”一个红卫兵谈到他和福建省偏远山村的一个农妇的谈话时说，“她说毛主席在天上，不断地盯着每个人。他知道谁没有努力干活，就让他受罚。”这有点背离了毛泽东关于提高阶级斗争意识的号召。

“我问她除了中国还有什么国家，”这个红卫兵继续说道，“她摇摇头。我问她是否知道地球是圆的。她摇头。”毛泽东的这位新世界的使者宣称：“最后我只能跟她一起摇头。”见K. Ling's *Revenge of Heaven*, p. 317。

**原文不实。毛泽东的《炮打司令部》并未张贴，而是用铅笔写在一张日报的空白处。并且他也仅写过这么一段文字，并非如作者宣称的“又写了一张大字报”。——编者注

已变得不重要了。小孩子们把掉落下来的大字报收集起来，当作燃料卖出去，换几个小钱儿。[32]

毛泽东又写了一张大字报，兼有浪漫主义色彩和挑战意味，半是诗词半是政治宣言：

> 运动后期中国就不是无产阶级专政而是资产阶级专政了吗？答曰：肯定不会！……
>
> “帽子”满天飞，棍子满地来，身上挨过老拳，头上起过“漂齿”……
>
> 那么，运动后期到底要见什么呢？
>
> 见到的是：玉宇澄清万里埃！
>
> 见到的是：芙蓉国里尽朝晖，
>
> 　　　　　待到山花烂漫时，
>
> 　　　　　她在丛中笑。
>
> 谓予不信，请拭目以待！[33]

有更多的“帽子”将要飞起来，更多的棍棒将要打下去，而阳光和花朵则难觅踪迹。在1966年5月的一次政治局会议上，出席的

1966年8月5日，毛泽东写了《炮打司令部——我的一张大字报》，群众游行表示拥护。

人发现每张椅子上都有一张复印的文件："叶群是处女。林彪"作为政治斗争的暗流，陆定一的妻子（在延安时曾是叶群的同班同学）显然散布了关于林彪的妻子（那时还未嫁给他）在延安时经历复杂的情况。林彪是在用他不友好的方式引人注目地否认这一谣传。[34]

甚至周恩来也不得不在毛泽东面前卑躬屈膝，以尽力转移开显然是江青挑起的对他的批评。据传，30 年代，上海的《申报》发表了署名为伍豪的一篇文章，作者宣布放弃共产党员身份。而伍豪是当年周恩来从事地下工作时的化名。有一天，周恩来挟着图书馆中找到的《申报》文章原文的复印件来到毛泽东的游泳池住所。周恩来以详细的证据向毛泽东表明，在文章发表的时候他已不在上海地区，不可能是文章的作者；他说那是假冒的。毛泽东相信了周恩来，而且骂了"左派"。

起初，红卫兵写大字报只批判所有旧的东西。但是在 1966 年末期，毛泽东给了小鬼们更重的任务。他要求他们整顿甚至推翻一半的政治局成员。好像是为了给他们的辛劳加油，毛泽东在天安门前的清晨群众集会上八次接见了 1 100 万红卫兵。

年轻人穿着绿色军衣，胳膊上戴着标有"红卫兵"的红底白字的袖章。人民解放军那些饱经风霜的老战士们会怎样想呢？红卫兵

1966 年 8 月 18 日，毛泽东在天安门城楼上第一次检阅来自全国各地的群众和红卫兵。

1966年8月18日，毛泽东在天安门城楼上接见红卫兵代表。

每人手里拿着一本《毛主席语录》。无数红色封面的书在空中挥舞，广场就像是红色的海洋。

毛泽东穿着解放军的作训服，帽子上带有红星，从而增加了军事气氛。松垮的绿色服装，掩盖着他现在已是梨形的躯体。在北戴河游泳时，毛泽东拍着一个警卫战士的肚子说："肚子变大了，可以和我的相比了。"[35]

在这些集会上毛泽东不作任何演讲（经常是林彪讲话）。他只是站在天安门城楼上，举起一只手致意。江青站在他边上，也穿着解放军军装。然而，上百万的人仅仅因为他的在场，欢欣得流泪、咬自己的袖子并且不停跳跃。

"文化大革命"使自我表达呈现为各种类型。在毛泽东时代接近尾声的岁月里，他以不可思议的方式使旧中国的宗教仪式复活了。曾经写过长篇专著的这位哲学家写了200字的大字报。这位以前用几个小时的演说来说服他的追随者相信一项新政策好处的领袖，现在出现在他们的面前，仅仅举着一只手，面带凝滞的微笑。

这位曾经总希望他的学生进行独立思考的导师，现在似乎满足于让他们单调而有节奏地喊叫一句表示崇拜的话；而他们对这种话的理解，不比一个小孩子对他或她反复背诵的《教理问答》答案的理解好多少。

在1966年末和1967年疯狂的几个月里，艺术家不以他们自己的姓名——也不以任何别人的姓名——签注自己的画作，而是以“毛主席万岁”来签注。

毛泽东为什么变了呢？因为在他老年时，他不再相信共产党的集体权威，而他自己的自我形象，也转为传统中国统治者的样子。因为，正如他对斯诺所说赫鲁晓夫缺乏个人崇拜这句话让人想到的，个人崇拜在他看来，在一个落后的社会中是必要的，即使这个社会是在马克思主义政治体制下。还因为，林彪为了自己的目的正在推进对毛泽东的个人崇拜，而缺乏精力和缺乏意愿两者加在一起，又使毛泽东对此听之任之。

“你们应该关心国家大事，”有一天他对中央委员会大楼外的人群说，“要把无产阶级文化大革命进行到底。”[36]

刘少奇和邓小平试图限制红卫兵的活动范围，就像彭真曾试图把《文汇报》上姚文元的文章限制在学术争论范围内一样。但是，他们不敢谴责红卫兵的行为是无政府主义，尽管实际上确实如此。

毛泽东惊人地不顾历史背景，把他同事对学生的“压制”[37]比同于20年代反动军阀对学生的镇压。他用心理的迷雾掩盖起别人的疑虑。他对他高层的同事说：“你们应该把‘怕’字换成‘敢’字。”[38]

毛泽东的许多同事确实“怕”。但是他们也不知道要求他们的到底是什么样的“敢”。

邓小平在默默地蔑视“文化大革命”。刘少奇说他根本不理解这场运动时，大概说的是实话。陈毅说：“我总是对跟我相处较好的人讲，如果让我领导这场‘文化大革命’，就不会有文化大革命。”[39]

与此同时，当中国部分地区处于内战边缘时，中国的第一颗氢弹爆炸了。毛泽东希望既有原子武器，又有政治混乱。这位老虎加猴子看不出二者之间有什么矛盾。* 中国同时拥有了这二者，表明毛

* 然而，“文化大革命”的混乱确实至少影响了一些中国核科学家的士气。钱学森在极少的和其美国前同事的联系中，送给加州理工大学一位系主任一张圣诞卡。卡上一幅传统中国画中有一枝梅花，在花的旁边，钱学森用工整的英文写着：“这是开在苦难中的花朵。”见 *The China Cloud*，p. 270。

泽东正在按自己的意愿行事。

毛泽东没有像周恩来那样出席大型会议，发表演说。他躺在游泳池边上，通过在别人的文件上写下含义模糊的指示而解决问题。

他的住所不再是菊香书屋，而是附在游泳池边上的一套房子。在中南海，“到游泳池去”，就意味着去见毛泽东。泳池边的生活意味着身体的懒散和感官的享受。在水里和池边的生活还有某种补偿性的东西：跳入水里意味着把已有的东西清洗掉，使身体获得新生。当生命渐渐老去时，这种生活或许有助于他抓住青春，把死神推开。这也是毛泽东回归的一部分，回归到他在农村成长的世界(以及他一直坚持的军事美德和反知性主义)。童年时，他在家乡的池塘里学会了游泳。老年时，他把游泳变成他生命的中心；他要游泳的意志——即使有生命危险、他的工作人员被吓呆了时，他仍坚持要下水——成了他政治决心的象征。[40]

1967 年初的空气中充满暴力、不稳定和仇恨。已经有好几万人在“文化大革命”中遇害。然而在 2 月份，毛泽东向阿尔巴尼亚到访者宣布，他对局势的感觉，比一年前更乐观！[41]

毛泽东是在对中国进行某种高级治疗，抑或是在为控制中国而进行生死斗争？最主要的是前者。

从 1962 年开始，毛泽东搞出了一些用以使中国革命精神重生的新思想。这些思想，包括阶级斗争的长期性、文化与经济制度的关系以及苏联的威胁，都遭到了刘少奇和邓小平以及其他人的抗拒。

正如毛泽东告诉斯诺的，他已决定让刘少奇“下台”。

然而，他是在和一个比刘少奇和邓小平更大、更难捉摸的敌人进行斗争。他正在以他想象中的社会主义的名义，同眼前社会主义的现实作斗争；而他心中的社会主义，是永恒的斗争，他看到的现实，是不断增长的官僚主义。

他没有能力面对他所创造的政权的某些冷酷而不容忽视的事实，这使他杜撰出一些奇谈怪论，以便解释为什么事情发展总是不对头。其中主要的内容，就是夸大阶级斗争在 60 年代的中国所起的作用。

毛泽东向一些阿尔巴尼亚军人解释他所说的“走资本主义道路的当权派”是什么意思。他们是新中国成立前就投入到阶级斗争之中，而在1949年以来不同的情况下，已看不到这样做的意义的那些人。毛泽东击中了要害。

的确，他那“走资本主义道路的当权派”以及诸如此类的说法像是胡说八道，但他从分析中得出了符合逻辑的推论。“不妨说是‘老革命遇到了新问题’!”[42]无疑，毛泽东这话有些讽刺的意味。但是，他的话贴切地点出了“走资派”这可笑的外壳内真理的核心。

“文化大革命”并不主要是个人之间的权力之争。最基层的学生像是由幕后的拉线人支配、排好阵势互相厮杀的木偶。他们用真刀真枪互相残杀，但是领导人之间并没有刀兵互见。

1966年仲夏，毛泽东在人民大会堂召开万人学生大会，要听关于解散派到大学校园的“工作组”的消息，工作组是刘少奇和他的朋友于毛泽东不在北京时派到大学去的。毛泽东本来没有计划去参加这个会，但是在最后时刻他还是去了，秘密地躲在舞台的幕后。刘少奇对人群作了有限的自我批评，描述自己和邓小平是“老革命遇到新问题”。跟工作人员坐在一起的毛泽东嗤之以鼻地说：“老反革命倒差不多!”毛泽东做了个冲动的决定，他命令将舞台后面的幕布拉开。他走出来面对这一万听众。当他绕着舞台走时，“毛主席万岁”的呼喊声爆发了。他不说话，也不看刘少奇或邓小平一眼，完全无视他们的存在。这两个人留在台上，目瞪口呆。

毛泽东没有把刘少奇和邓小平突然解职，或把他们关起来，更没有枪毙他们。有几个月的时间，他向他们施压。他们的反应可能会有各种可能性。有一段时间，邓小平多少认可了毛泽东文化革命的思想。刘少奇则很固执，很有尊严地选择宁愿下台，也不支持他认为是错误的观点。*

* 周恩来和其他一些领导人几乎完全跟着毛泽东走，因此没有被清洗的问题。见MacFarquar，origins，1，p.237。

毛泽东并不打算把中国交给红卫兵；他希望把中国青年发动起来并锻炼他们，而不是要跟他们分享国家政权。因此，“夺权”是个误导的口号。清洗一些“右倾”分子是没错的，但并非是另搞一种新的政治制度。

1967年初的一天，毛泽东问周恩来夺权进展得怎样。“在一些单位，”周恩来回答说，“一派被夺了权后，另一派又去夺，就这样夺来夺去。”[43]周恩来微妙地绕过了整个事情的可笑性质。来回反复，丝毫不假！

与此同时，毛泽东和周恩来——真正的掌权者——坐在办公室听取“夺权”的报告，就好像夺权是足球比赛。

人民日报社大楼的布告栏上贴着一张惊人的照片，照片上是1966年国庆节庆祝会上一组三个人。毛泽东在左边，孙中山的遗孀在右边，中间是刘少奇！[44]

人群带着一种含有内疚的震惊望着这张照片。照片在中国政治中有强大的力量，而这张照片，好像颠倒了天与地。在这个阶段发表刘少奇的照片非同小可，而且毛泽东应该处在中间！不久，《人民日报》的负责人就丢了工作。他是刘少奇的支持者，试图以图片的力量遏止国家主席下滑的趋势。

毛泽东和刘少奇在45年的大多数时间里都在一起工作。他们都来自湖南，讲话都带湖南口音，但彼此能听懂。在延安，是刘少奇策划了树立毛泽东为领袖和思想家地位的行动，并在1945年的第七次中共代表大会上确定下来。

没有任何证据显示，刘少奇曾试图把毛泽东从第一把交椅上赶下去。真相是，刘少奇把毛泽东看作中共的主席，而不是皇帝。

这两个人在大的观点上有分歧。刘少奇不像毛泽东那样看重农民对革命的贡献。他像天主教徒相信教会一样相信党的权威，不像毛泽东那样热衷于邀请群众批评党。* 他的性情是喜欢以有条不紊的步骤办事，而不是像毛泽东那样喜欢波浪式地发展经济。**

刘少奇没有毛泽东那种根深蒂固的民族主义，他对苏联的各种缺点也不像毛泽东那样看得那么重。很难想象毛泽东会使用从刘少奇的嘴里自然说出的国际主义形式的语言：“中国共产党是世界共产党的一个优秀支部。”[45]

对毛泽东来说，任何中国的东西都不能称为某种非中国的东西的“支部”。

最大的差别在于刘少奇身上没有那种“猴子”气。他不具有毛泽东以倾斜的视角看事物的地习惯。他不像毛泽东那样把生活看作

* 有趣的是，不像共产党执政的主要国家的任何其他领袖那样，毛泽东从没有当过党的总书记。见*Collected Works of Liu Shao-chi*，Union Research Institute，HK，Preface by Zhang。

** 张国焘对刘少奇的评论很典型。他记得20年代的刘少奇是个“个子高高的、瘦削的、面色苍白的年轻人”，有的人“觉得他有点阴郁，缺乏年轻人的朝气”。跟张自己一样，刘少奇强调“行动和实践”，而不是“意识形态和理论”。

永远处在流变之中并从中获得乐趣。

在刘少奇看来，历史是向上的扶梯。在毛泽东看来，它是个波涛汹涌的海洋。对刘少奇来说，社会主义是门科学，要以理智的步骤加以追求。对毛泽东来说，社会主义是一种道德，不允许在最后的胜利中被扭曲。

然而，这些差别并没有妨碍他们极为成功地在一起工作。（毛泽东在讲话中常常用“少奇”这个称呼热情地提到刘少奇，这在毛泽东提到同事时是罕见的做法。）只是“文化大革命”时期的毛泽东，才觉得刘少奇不能容忍。

毛泽东和刘少奇的分裂，在非斯大林化时就开始扩大了。毛泽东对来自莫斯科的冲击的最终反应，是决定找到一条走向社会主义的中国道路，即使它不再是一条马克思主义的道路；这让固执地抱着正统不放的刘少奇落在后面，只感到对猴王的胡闹不理解。

回想一下当初毛泽东是如何反对赫鲁晓夫攻击斯大林的：斯大林的行为“有时代的烙印”；作为赌注的，不仅仅有斯大林的名声，而且有共产主义运动的权威。

刘少奇的行为同样有时代的烙印。他的名声难以与他在其中起了如此突出作用的运动相分离。

但是毛泽东丧失了集体意识。他远不像以前那么关心以刘少奇为主要支柱的权威大厦。

像政治上总是出现的情况那样，一些具体的争议问题强化了总体上的政见分歧。在60年代初期，刘少奇不像毛泽东那样愿意提供对外援助，或通过对“民族解放运动”做出巨大的承诺而打第三世界这张牌。[46]达到高潮的可能是，两个人在如何开展社会主义教育运动上闹翻了。但是，如果不是这些问题，也会是其他问题。

刘少奇表现倔强。如果刘少奇像周恩来一样有杨柳般的柔韧性，分裂或许能得到遏制，但是他没有。1966年4月底，毛泽东已经开始挥起鞭子进行新的冒险了，而刘少奇在对一批阿尔巴尼亚人讲话时，没有一次提到“文化大革命”这几个字，甚至没有提到“毛泽东”！[47]

刘少奇进行反抗最极端的一步，是他典型的组织观念：他试图召开一次中央委员会全会，重新审议毛泽东的“文化大革命”。但是，1966 年不是党的规章条文能够胜利的时刻。

毛泽东贴出他的大字报以后不久，就开始认识到事情的进展不对头。他承认了这一点。他或许喜欢这种混乱——他 1966 年 8 月说应该允许混乱继续下去——然而他和任何别的人都不可能对随之而来的伤亡和破坏感到高兴。[48]

“运动来势很猛，我也没有料到，”10 月份他向中央委员会承认道，“所以你们有怨言，也是难怪的。”[49]

到 1966—1967 年冬天，不断发生的事件对毛泽东的打击就像闪电劈向一棵树一样不可预知，“文化大革命”变成对一系列这类事件做出的就事论事的因应。当 1968 年到来时，它已经变成一种救援行动，尽管使用的仍然是好斗的语言。

毛泽东的回应是越来越反“左倾”了。“文化大革命”开始的阶段，1965—1966 年，是针对那些“遇到新问题的老干部”（“走资本主义道路的当权派”的代用词）。

从 1967 年开始的下一个阶段，是针对狂热的煽风点火的年轻人，他们证明自己更善于破坏而不是建设（代名词是“极左派”）。《人民日报》仍在设法鼓励造反。然而，字里行间透出的是关于维护法律和秩序的忠告。刘少奇在 1968 年 10 月正式被免职；此前很长时间，毛泽东焦虑的重点已经从刘少奇的错误转向“红小鬼”们的错误，他们打倒了刘少奇并希望“立刻实行共产主义”。

转折点发生在上海。好斗的极左分子按照毛泽东的要求“夺了权”。他们按照 1871 年巴黎公社的乌托邦路子宣告成立“上海公社”。毛泽东没有同意。

他于 1967 年 2 月把上海“文化大革命”的两个领导人召唤到他的办公室：张春桥，曾是新闻工作者，其事业发展一直受到毛泽东的庇护；姚文元，那位曾写过《海瑞罢官》批判文章的圆脸庞的宣传家。

毛泽东迫不及待地要见到他们。他们的飞机从上海一起飞，他就不停地问他的秘书飞机是否已经到了北京。这位最高领袖最后站在门口等着这两位狂热分子进入他的住所。

他给他们泼了冷水。他说，应该避免无政府主义。各种组织都必须有人负责。

上海的“左派”们一直在引用毛泽东“五四”时期的一个口号。青年们的呐喊是：“天下者，我们的天下；国家者，我们的国家；社会者，我们的社会。”毛泽东说，不要再继续引用了，同时嘀咕说他“根本不记得”用过那样的词语。

至于上海公社，毛泽东反对它，却给出一个出奇而令人难以信服的理由。如果全中国的城市都建立起公社，那中国的名字不就要从中华人民共和国改成什么别的了？外国会承认一个“中华人民公社”吗？

张和姚回到上海，把“文化大革命”的温度从热降到了温。上海公社只持续了19天。[50]

毛泽东改变初衷的原因，是他对极左分子的派性感到沮丧。他们在打倒什么方面是杰出的，但是说到建设，则有成百上千的监工，却没有砌砖的工人。

虚荣心占了上风。极左分子对教条所作的琐细无益的追究，足以让任何普通人发疯。红卫兵越左，就越不愿意屈尊跟任何好像信仰不够纯洁的人联手。

愈演愈烈的红卫兵派系斗争成倍成倍地增加，相比之下，基督教世界的不同教派看起来像是铁板一块。光是三个省（湖北、湖南、广西）和三个市（北京、广州、上海）就有1 417个不同的红卫兵组织。

在法国，革命吞噬了它的孩子们。在中国，孩子们几乎吞噬了革命。

毛泽东到中国各地旅行。他不喜欢所见到的情况。红卫兵不仅内部互相争斗，而且作为整体，正在跟产业工人发生激烈的冲突。在军队里，也能察觉到酝酿着的不满。

毛泽东沮丧地对周恩来说：“中国像是分成了八百个诸侯国。”[51]

毛泽东派了两个高层人物作为他个人的使者到武汉解决一个僵局。在武汉，和别处一样，“文化大革命”的第一阶段是反对“走资本主义道路的当权派”的运动，当时引发了愤怒。红卫兵不像毛泽东所希望的或以为的那样受欢迎。武汉军区司令员陈再道与他们对抗。这座城市众多的大工厂的工人组成的广泛的战线也反对他们。

毛泽东的两位使者都是极左分子，他们寻求消除对抗。一两天之内，他们自己几乎被除掉。陈再道拘留了这两个人——他们都位列当时中国最高级别的20名领导人之中。周恩来冒着生命危险，一个月内第二次飞到武汉，去为这两个“左派”分子的释放进行谈判。毛泽东也秘密地到了武汉。陈司令员的一些支持者，虽然仍扣押着王力，但他们也崇拜毛泽东。他们游泳穿过湖面，试图与住在招待所里的毛泽东谈话。他们被捕了。毛泽东不赞成逮捕，并宣布他将跟双方一起坐下来。林彪插手干预了。这位国防部长感到，混乱局面对毛泽东的安全造成了威胁，他直接命令把中共主席从武汉护送到较为安全的上海附近。毛泽东进行了抵制——“我宁愿被抓”——但是最终他还是离开了这座城市，而在这里，他自己的“左派”和他自己的人民解放军正在准备激战。[52]这对1949年后的毛泽东来说，是史无前例的侮辱。

这一次，这位武汉的解放军司令员走了麦城，周恩来陪同他回到北京。然而，这位武汉“军阀”的事业却胜利了；毛泽东不得不接受这样的事实：跟极左分子相比，人民解放军的立场更符合大众的情绪。

武汉事件没有遏制，反而相当程度上加强了人民解放军在中国政治中的势力。《人民日报》尖声尖气地宣布，人民解放军已经走上“支持左派”的舞台。但是，无论在武汉还是在别的地方，人民解放军都没有一贯地“支持左派”。

红卫兵谴责外交部长陈毅。他们占领了他的外交部。他们向世界各地中国驻外大使馆发电报，命令他们做出激烈的姿态。中国与柬埔寨、缅甸和其他友好国家的关系变得极为紧张。

周恩来本人也有几天成为俘虏。“资产阶级的臭老板，”一个红卫兵小组给总理贴标签，“善于玩弄反革命伎俩。”[53]另一个小组要让周恩来受审判。“那好，”据报道毛泽东对他们的请求如是反应，“我跟他站在一起挨斗。”[54]

使红卫兵的外交政策新路线达到顶点的是，他们成群结队地向英国使馆进军。他们把使馆烧了，辱骂面孔阴郁的工作人员，拽一些人的生殖器，并强迫所有的人向毛泽东的巨幅照片鞠躬。

毛泽东判定这种程度的无计划造反是他忍受的最后限度。1967年秋，他像一年前反复说“造反”一样频繁地说到“团结”。他提到对英国人的袭击时说，这是“极左行为”[55]，然而他并没有去阻止。

陈毅用1966年的毛泽东会觉得不能容忍的话回敬扣押他的人，居然逃过了一劫。“我以前曾经多次反对过毛主席，”这位朴实的外交部长宣称，“今后也不敢保证不再反对他。”[56]

陈毅的话几乎说到极点了：“马克思是德国人，于是德国产生了考茨基和伯恩施坦与他分庭抗礼，来修正他的学说；列宁是苏联人，苏联就出了赫鲁晓夫；毛主席是我们国家的人，肯定中国会出现一个人反对他，你们等着瞧吧。”[57]

毛泽东没有同意，也不能同意对陈毅的攻击。“‘此话不黑’，”毛泽东看完一摞关于外交部长“黑话”的材料以后说，“口快心直。”

1967年末，当毛泽东要求结束对陈毅的折磨时，显露出他尴尬处境的另一面：“他体重已减轻了二十七斤，”毛泽东宣称，“我不能让他那个样子去见外宾。”[58]

陈毅是幸运的。风暴袭击他时——跟刘少奇的时候不一样——毛泽东对风暴已经不热心了。“我肯定要保护陈毅，”毛泽东说，“但是先让红卫兵给他加加热。”但在刘少奇、数十名其他高级干部或成千上万的中层干部身上，毛泽东并没有遵循这个战略。陈再道得到拯救是因为毛泽东需要以秩序代替自发性。

在1967年漫长而炎热的夏天的高潮时，毛泽东离开了北京，让周恩来去处理“文化大革命”若干最糟糕的时刻。他去了武汉，后来在上海停留四周，并且造访了长江沿线的其他几个地方。他的新路线在行程中成形了。

“你们不能用斗地主的方法对待干部。”他在杭州说。他反对给犯了错误的官员戴高高的纸帽子。然而，他恰恰就曾鼓励“左派”分子对刘少奇这样做。“你们不能怀疑一切，你们也不能打倒一切。”他告诉武汉的同志们，而没有承认他最近恰恰就是这样做的。

经受一系列教训之后，毛泽东不像两年前那样确信造反有理了。他需要弥补损失。“应该挽救那些能够挽救的干部。”他在江西时阐明。

到 1967 年末，毛泽东赞成维护法律和秩序。“小鬼们”被勒令回到学校。他们仍然要“闹革命”，但是学校重新开课使得这不现实。

“如果不对左派进行教育，”他在江西说，“就会成为极左派。”[59]

“红卫兵能掌权吗？他们今天掌权，明天肯定就被推翻。他们政治上还幼稚……红卫兵还不成熟。”[60]毛泽东从他自己创造的“小鬼”身下挣脱出来。

“文革”小组的高层极左分子不能用同样的方法挽救自己。好几个人在 1967 年结束之前就被捕了。毛泽东甚至开始批评自己的妻子是“左倾机会主义分子”。

毛泽东转而反对极左派以后，他选择了合乎逻辑的另一个同盟：他要求解放军出来恢复秩序。人民解放军把工厂、学校和办公室从“能力不够”的红卫兵手中接管了过来。

毛泽东对自己把军队叫来的决定作了永远合理化的解释：“军人不过是穿着军装的工人和农民。”[61]他自己早年的格言可能更中肯一些：“枪杆子里面出政权。”

很快就出现了一种扭曲了的新的组织形式，“革命委员会”这个名称没有说明它的实质。形式上是红卫兵、军人和自 1966 年以来得到改造的干部的三结合，实际是三条腿的怪物，什么也干不成。“革命委员会”是回到“文化大革命”以前政治秩序的稍稍有点遮掩的一步——增强了人民解放军的力量。

1968 年初的一天，毛泽东与周恩来和林彪一起出席一个社交集会。《人民日报》对这个场合的报道包括一张照片，林彪站在中间，周恩来在他右边，毛泽东在他左边。[62]照片让很多中国人觉得，好像人民解放军的首领是当时中国最重要的人。难道这就是“文化大革命”最重要的结果吗?

由于1967年“二月逆流”的尖锐斗争期间老干部们的行为使毛泽东感到受挫，他愤怒而讥讽地向王力发泄说：“陈伯达、江青枪毙!康生充军! 文革小组改组，让他们来搞，陈毅当组长，谭震林、徐向前当副组长，余秋里、薄一波当组员。再不够，把王明、张国焘请回来。力量还不够，请美国、苏联一块来!”[63]

进入1968年，他的挫折感甚至更加严重。那是夏天的一个夜晚，午夜已过。毛泽东在他中南海的家里。到场的是领导“文化大革命”的两组人、两代人、两部分人。

毛泽东一直依靠的政治局同事跟他坐在一起：林彪和他的妻子、江青、康生、上海的姚文元、公安部长谢富治（在武汉被捕的毛泽东的两个使者之一）和左翼理论家陈伯达。

还有五个关键性的北京红卫兵领导人，其中有聂元梓（她名字的谐音是“原子”)，领导一个极端的红卫兵集团的哲学老师；还有蒯大富，一个热切的、戴眼镜的清华大学自然科学学生，他对权力很着迷。

毛泽东批评红卫兵领导人在派系斗争中使用武力，同时嘲笑他们缺乏真正的权力。“给聂元梓充当炮灰的人数有限，蒯大富也一样，”他说，“多时有三百人，少时不过一百五十人。能和林彪的解放军数量相比吗? ……”

他试图把“文化大革命”转回到它早期开始时的文化性质：“我们要文斗，不要武斗。”

毛泽东跟红卫兵领导人打交道毫不转弯抹角，就像老政治家对新手讲话。“我就是压制红卫兵的黑手。”他对这些年轻人说。他们曾期望“夺权”能带来新的政治制度。

他以干脆的权威口吻（而准确度可疑）宣布说：“我以前讲话从不录音，今天我录了。不然的话，你们回去后就会按照自己的意愿篡改我的讲话。”

在他脑海里闪过对过往的悔恨。“被抓的人太多，”毛泽东谈到

“文化大革命”暴力阶段时说，“只因我当时点了头。”谢富治插话说，他作为公安部长才应该为逮捕人过多而受责备。

“不必为我文过饰非。”毛泽东伤感地回答说。

陈伯达插话，对红卫兵提出忠告：“要紧跟主席的教导。”

毛泽东厉声说：“不要再提教导了。”

毛泽东（以及坐在他身边的政治局的一些左翼成员）这方面带有某种负罪感地认识到，红卫兵是被1966年来自高层的意义含糊的命令逐渐推上极端主义道路的。

毛泽东有一两次还来了一点苦涩的幽默。“小孩们在收集大字报当废纸卖，”他突然问，“多少钱一斤？”

公安部长回答说：“七分。孩子们可发财了。”

毛泽东没有就“文化大革命”背后存在的秩序与自发性之间的关系这个根本问题提供一种解决办法。他不能在自己对斗争的信念与意识到的现实之间保持一致性；他相信斗争对锻炼性格（一个个人的问题）有好处，同时又意识到上千万的人互相斗争将产生混乱（一个政治秩序的问题）。

他作为中国的领袖，做出了明确的指示：“谁如果还继续违犯，打解放军、破坏交通、杀人放火，就是犯罪……就要实行歼灭。”

然而，他还是不肯放弃他那种类型的无政府主义。“大打，打他十年八年地球还是照样转动，”他大声说，“天也不会塌下来。”

不久，蒯大富（以及聂元梓和多数其他红卫兵领袖）就要睡到中国偏远地方的农舍里去，把开展“文化大革命”换成开展养猪。

“什么是把文化大革命进行到底？”毛泽东于1968年10月问道，“我估计三年，所以明年夏天收尾。‘到底’的意思是大批判、清理阶级队伍、精简机构和改革不合理的规章制度。”[64]人们或许可以得出结论，毛泽东对结束“文化大革命”并没有明确定义，是在凭空指定个日期。

毛泽东希望有个新的社会。但是，在“文化大革命”中，与其说他的驱动力是对未来的憧憬，不如说是要逃避他不喜欢的此前的状况。他寻求净化共产党，但是，红卫兵以为他希望用某种别的东

1968年10月，毛泽东和林彪在中共八届十二中全会主席台上。

西代替它。

毛泽东开始着手搞“文化大革命”时，他思想上已经对中国社会主义的缺点做了一个诊断。他宣称，资本主义在卷土重来，必须在思想领域进行一场斗争——进行文化革命，否则经济可能会从社会主义倒退回资本主义。这个诊断大概是谬误的。

被砸烂的东西后来大部分又恢复原样了。没有刘少奇的刘少奇主义回来了。毛泽东砸烂了他的敌人（人），但不是他真正的敌人（主张和目标）。

毛泽东开始“文化大革命”时，决心更牢固地建立他长期以来坚持的社会主义价值观：

- 人与人之间的关系胜于物质生产。
- 斗争所起的医治社会弊病作用会超出斗争目的本身。
- 生活是一个胜无恒胜、高下易位的永恒战场。

虽然他提醒中国应注意毛泽东主义的信念，但是他并没能说服中国皈依它。同时，成千上万的人死去，整整一代人的生活都被打乱，政治局和中央委员会的许多人被扔进了历史的垃圾堆。

“文化大革命”没有产生新型的统治，只是这位统治者有了几个新助手，以及，在一段时间里，有一种新的社会气氛。不过，它确实把不受限制的权力放回到毛泽东苍白而衰老的手中。“我们两个都七十多了，”他在“文化大革命”的高潮时对胡志明说，“马克思在召唤我们了。我们的接班人是谁，伯恩斯坦、考茨基还是赫鲁晓夫？不晓得。不过，还有时间准备。”[65]但是，毛泽东的准备工作，在达到他为自己设定的目标上，将变得越来越无效。

第十八章

峣峣者易折（1969—1971）

毛泽东驱车来到人民大会堂，要为党的第九次代表大会揭幕。大会的召开意在把“文化大革命”的“成果”加以落实。但是，中共第九次全国代表大会内容空洞，而且关系紧张，几乎没有解决毛泽东设想的任何问题。

毛泽东做了一个很糟糕的开幕式讲话。[1]大会将是一次团结的大会，他开始说道，热烈的欢呼声回荡在大会堂里。但是，他讲话的大部分内容都在为中共的分裂事件作粉饰，并声称是正当的；就是在这种分裂过程中，他把老同事们丢在了一边。

由于林彪的关系，经修改的党章宣称，“毛泽东思想”以及马克思列宁主义是中国共产党的指导思想（这比起 1956 年党的第八次全国代表大会有了明显的变化，当时，在刘少奇的全盛时期更有集体领导气氛的情况下，没有举起任何在世的人的“思想”旗帜）。“文化大革命”把毛泽东推到了新的高度，而永远带着微笑的林彪是首要推动者。

“文化大革命”已经让位于稳定而和谐的毛林时代，这不是顺理成章的吗？

第九次全国代表大会选出的中央委员会，看来的确像是毛泽东和林彪的工具。新的中央委员会的 167 名成员中，只有 54 名是前一届连任的人。

然而，在毛泽东看来，前景很难说。

在大会的前夕，政治上受到迫害的外交部长陈毅，以其出名的机智和尖锐，对毛泽东说：“我怎么能参加大会呢？人家说我是

‘右派’。”毛泽东回答说：“那你就来代表右派么。”[2]

1969年4月，毛泽东在中国共产党第九次全国代表大会上讲话。大会错误地肯定“文化大革命”的理论和实践，还把林彪作为“接班人”载入党章。

跟1956年的“八大”不同的是，“九大”是秘密召开的，没有向外界透露任何相关的详细消息。这是气氛多变的迹象。这是第一次中共召开代表大会而没有任何外国共产党的观察员出席。

毛泽东在会议期间的行为像个佛祖（而且受到佛祖一样的对待），会上更多的是仪式而不是辩论（1 512名代表中，只有11个人在大会上发了言）。

密室中的气氛则极为紧张，整整花了一个多星期才选出了新的中央委员会。代表们排着队走过大厅前面的一个木质投票箱，投票的方式回到了延安时代。为了调和、平衡各派之间的关系，中央委员会的规模不得不臃肿到原来计划的两倍。

在可怕的风暴之后，毛泽东稳住了这条船。他似乎已经得到了马克思主义最高圣人的地位，尽管刘少奇和邓小平在第八次代表大会时就曾反对这种做法。然而，晴空中还是有一些阴云。

一半以上的代表穿着军装。毛泽东已经让军队介入，以便收拾“文化大革命”的残局；这种介入的结果就是在大会上军人坐在他面前。在中南海里，他自己的工作人员也改穿军装。毛泽东是否放弃了他自己党指挥枪的原则？在一些务实的军官和极左派别之间，还有未解决的问题，这是“文化大革命”强加在中国头上的。

大会给“文化大革命”期间在毛泽东的庇护下升上来的“直升机们”* 安插了高职位。毛泽东的妻子进入了由21人组成的政治局，进入政治局的还有她的两个上海同伙姚文元和张春桥；这3个人在

* 邓小平的讽刺性说法，指那些“文化大革命”中过快地升至超出他们能力的高位的“左派”们。

"文化大革命"期间是毛泽东的左手。

甚至红卫兵运动的那两个煽动分子，北京大学哲学系的聂元梓和清华大学化学系的蒯大富也设法得到了大会代表的席位。

在新的中央委员会中层人员中，有另一张新面孔：华国锋。他和蔼可亲、五官分明而目光有神。华是来自湖南的办事有条理的政治家，毛泽东 1959 年回韶山时发现了他。新的中央委员会里没有邓小平的名字。

同时，大会把林彪的追随者推到了突出地位。如果有不祥预兆的话，作为一种完美的对称，林彪的妻子叶群跟毛泽东的妻子一样也提升进了政治局。

恶作剧之神正在为未来播下种子，因为林彪一群人和"文革左派"在社会背景和观点上是大相径庭的。虽然林彪在"文化大革命"中崛起（也许只是因为许多人垮台了），但是他与极左派的联系在很大程度上是偶然的。

毛泽东曾依赖军界，而且仍然需要他们，但是，他更赞同"文革左派"分子们的观点。暂时来说，他跟两翼共事，没有特意走向哪一边。

看来，毛泽东对林彪的妻子和他自己的妻子同时进政治局有着复杂的感情。[3]他担心江青容易"被胜利冲昏头脑"，并在一封信中这样对她说了。[4]至于林彪那个难对付的年轻的第二任妻子叶群（她还是林办主任，是林身边工作人员的行政主管），毛泽东不久就用相当带有性别歧视的词语——林彪的"老婆"[5]——来称呼她了。帮派的发展是马克思主义已在毛泽东的"中央帝国"衰败的又一个迹象。

林彪和妻子叶群。

阴云中最暗的一块是毛泽东对林彪有所怀疑。他与林彪相识已有 40 年了，并且跟他一起工作也有 30 多年了。但是，1966 年以后，两人的关系因为接班人这个问题而蒙上了阴影；这个问题在任何政治制度下都是很微妙的。

“像戴高乐和我本人这样的人，”毛泽东 1965 年对安德烈·马尔罗说（刘少奇在座），“都没有接班人。”[6]然而，三年以后，“九大”的一则新闻确实宣布林彪为毛泽东的接班人。*

* 以前从没有第二号人物（包括刘少奇）曾被正式指定为毛泽东的接班人。

除了二号人物的存在提醒毛泽东死亡正在来临以外，毛泽东和林彪之间的问题还有更多的方面值得注意。第一，林彪的军队 1967 年后作为政治体制基石的作用越来越大了。毛泽东现在一心要重建他在 1966 年如此坚决地抛到风中的党的机构，但林彪的军队中并不是所有的人都愿意回到营房里去。

第二，毛泽东觉得 60 年代的林彪滋长了一种权势政治心理。林彪提到“绝对权威”[7]，这激怒了毛泽东心中的猴性。毛泽东跟林彪不同，他并不把不计一切代价保卫政权大厦置于最优先的地位，他也不像林彪那样倾向于使用军事权威的盖子来窒息政治上的观点分歧。

第三，赤裸裸的野心起了作用。毛泽东在 1966 年给妻子的信中曾经表达过，他对林彪把“毛泽东思想”包装成神奇的包治百病的灵药的做法感到愤怒。“我历来不相信，”他写道，“我那几本小书，有那么大的神通，现在经他一吹，全党、全国都吹起来了。”[8]到 1969 年，毛泽东怀疑，林彪奉承他是别有用心。

他在“九大”召开之前就告诉一位同事：“如果林彪身体不行，就让邓小平回来。”他不久就让林彪大吃一惊：提出林彪应该选好接班人，并且推荐张春桥。[9]

毛泽东和林彪都坚持“文化大革命”的某些关键性价值观，甚至当他们在如何贯彻这些价值观上意见不一致时，也是如此。两个人都比周恩来和其他一些领导人左，其中包括几个重要的军区司令员。例如，两人都鄙视在工业管理中实行物质刺激，在文化政策方面都反对为艺术而艺术的观念。

但是，林彪希望以军管的方式继续推行“文化大革命”的政策。毛泽东不仅由于林彪的野心而不信任他，而且觉得军事方法不能代替政治方法。“我赞成军队雷厉风行、令行禁止的传统军人作风，”他对地方官员们说，“但在思想领域里行不通。”[10]

毛泽东希望推进会“触动人的灵魂的无尽头的革命”。林彪则希望巩固在军界领导下的“文革”的“成果”。

毛泽东对大会作了总结性讲话。在对批评会议进程不透明的外国记者挖苦一番以后（“在北京的记者不大安分”[11]），他盯着到会人员，咕哝说：“就说这些。会议闭幕。”

并不是所有的人民解放军领导人都喜欢林彪，或他的“左倾”主义，或军队直接扮演政治角色的主张。这样的异见者，大部分担任军区级的而不是中央级的军事职位。但是朱德是其中之一。“你以为你是谁?”林彪在他们的一次争论中对着德高望重的朱德大喊大叫：“你是什么总司令，你没有真正当过一天总司令。”[12]*

* 林彪指的是对日本和蒋介石的作战。

毛泽东的问题在于，这些非意识形态主导的旧式的军事指挥官们，不是林彪主义者，但也不是毛泽东主义者。在摊牌的时候，可以期望他们放弃林彪。但是，毛泽东的“文化大革命”伤了他们的心。

毛泽东责备林彪搞了怪诞的毛泽东个人崇拜，这让他更像个宗教领袖，而不是政治领袖。的确，林彪给毛泽东贴上了“天才”的标签。“毛主席的话，”林彪装腔作势地说，“一句顶一万句。”

“你说过头了嘛，”毛泽东后来声称他对林彪说过，“一句就是一句，怎么能顶一万句?”[13]

毛泽东担心，神的一贯正确也会意味着神远离人间。他怀疑林彪正试图把他踢到圣人高高在上的座位上去。

1971 年的一天，江青在颐和园散步，在排云殿的墙上看到一段话：“读毛主席的书，听毛主席的话。”一条完全无害的标语。但是，话虽然是雷锋（一位著名的年轻烈士）说的，但那些将近两米高的字，却是林彪的书法!

江青很愤怒，林彪竟然给公众这样一种印象：他是这条标语的作者。他不是在利用毛泽东的个人崇拜提高自己的声誉吗?[14]

林彪把对毛泽东的个人崇拜加以歪曲，让毛泽东心里感觉不安，是可以理解的。林彪把“毛泽东思想”，而不是单纯的“毛泽东”，说成是理论正确性的法宝。1970 年，无线电广播开始宣称：

左图　1963年八一建军节，毛泽东观看沈阳军区抗敌话剧团演出的《雷锋》后会见演员。
右图　1963年3月5日首都各大报纸刊登的毛泽东题词："向雷锋同志学习"。

"毛泽东思想是最红最红的红太阳。"[15]换句话说，毛泽东思想的魔力能比毛泽东本人活得更长，而且能由一只全新的手作为中介加以传播。

毛泽东和林彪之间紧张关系的产生，还因为林彪希望任命一个人填补国家主席的空缺；此前刘少奇一直担任这个职务，直到"文化大革命"把他打倒。"不设国家主席，国家没有一个头，"林彪说，他应用的逻辑思路显示了他心里所想的和毛泽东所想的有多么不同，"名不正，言不顺。不适合人民的心理状态。"[16]

林彪说他希望毛泽东成为国家主席，就像在人民共和国早年那样。毛泽东不想要这个基本上是象征性的职位。但是，林彪始终坚持他的意见，毛泽东则抱怨说他不得不六次宣布他不想再当国家主席。

"我讲了六次，一次就算是讲了一句吧，"毛泽东后来说，讽刺性地暗指林彪假装尊敬主席的话，"那就是六万句。"他气愤地说，显然"半句也不顶用，等于零"[17]。

毛泽东逐渐觉得，林彪在试图引诱他把国家最高职位交给林。毛泽东的感觉大概是对的，但他无意这样做。

表面上看，林彪在天才论和国家主席问题上笨拙地做过了头，很令人吃惊。在新的党章中不是已经指定他做毛泽东的接班人了吗？根据形势，耐心的谨慎不是最重要吗？

但是，在二号人物位置上，林彪深感焦躁。处在毛泽东的阴影里，距最高职位那么近，同时又无限遥远，这似乎影响了他的判断力。（对二号人物来说，这并非是罕见的情况，正像安东尼·艾登在丘吉尔的阴影里、休伯特·汉弗莱在林登·约翰逊的阴影里，以及乔治·布什在罗纳德·里根的阴影里那样。）

对林彪来说，另一个问题是，不仅毛泽东，还有许多中国人开始怀疑，他是否具备当中共主席应该具备的条件。[18]

1969 年 10 月 1 日，在第九次全国代表大会以后的第一个国庆节庆祝大会上，林彪和毛泽东一起出现在天安门城楼上。林彪讲了话。他那细声细气带着鼻音的发言，丝毫不能引起人们的兴奋。他的头埋在讲稿里，甚至当他念稿子时，广场上的 100 万人还在喊："毛主席！毛主席！"

人群中的许多人肯定会怀疑——城楼上的一些领导人的确在怀疑——林彪患有肺病的身体是不是当主席的料。

枪声在遥远的东北黑龙江和乌苏里江岸边响起。"兄弟"、和平友好条约的伙伴以及自认为是黑暗世界中无产阶级国际主义灯塔的苏联和中国，因为几小片冰冻的荒地而兵戎相见。

在"九大"召开前夕的战斗中，有将近一千人被打死，其中大部分是中国人。

毛泽东并不吃惊，他甚至可能还残忍地觉得这证明自己正确。* 他若干年来一直认为，苏联，而不是美国，是中国最大的问题。中国谚语说："不怕南面虎，要防北方熊。"毛泽东把这谚语当作制定政策的根据。

* 虽然战斗有可能是林彪为了政治权力而挑起的。见 MacFarquhar, ed., *The Politics of China*, p. 263。

当毛泽东发动"文化大革命"时，对他来说，主要的国际问题是如何对付美国。他向苏联提出的问题——例如 1965 年他在跟柯西金那次会谈中提出的——是衍生的问题：在中美发生战争时，莫斯科是否能给中国施以援手。

到党的第九次全国代表大会在"文化大革命"的断壁残垣上降下帷幕时，在毛泽东看来，形势正好反过来了。他能打美国牌对付苏联吗？

毛泽东的世界观之所以产生剧烈变化，有两点原因。美国的政策在变。毛泽东觉得，美国已经在越南遇到了麻烦，将来不会为中国制造麻烦了。1969 年中，尼克松的确在关岛告诉世界，美国在亚洲进行军事扩张的时代结束了。

与此同时，苏联的外交政策完全符合毛泽东十年来对其所持的阴暗观点。莫斯科派坦克进入布拉格，以便结束杜布切克在马克思主义之内实行民主的试验。毛泽东立即称勃列日涅夫和柯西金是“新沙皇”。

如果“有限主权”的理论能促使苏联人干预并“拯救”捷克斯洛伐克的社会主义，那么难道不可能激励他们努力在中国也拼凑出亲苏的一小撮人，并且在苏联的刺刀下支持他们上台吗？

当勃列日涅夫于 1969 年中召开共产党国际会议，并以亚洲集体安全条约的形式提出搞一个莫斯科牵头的东南亚条约组织的翻版时，毛泽东说：“他就像臭名远扬的婊子坚持要为自己立贞节牌坊。”[19]

毛泽东无情地剥掉了俄国熊脸上的马克思主义假面具；但似乎没有意识到，他正在为后来的一种观点树立先例：他自己的马克思主义，已经被浓厚的民族主义涂抹得难以辨认。

毛泽东的同事中并不是所有人都同意他在外交政策路线上惊人的转变。

苏联已经开始使毛泽东心神不安。一方面是毛泽东真诚地觉得，斯大林死后苏联社会主义的演化不合他的口味，另一方面是毛泽东和赫鲁晓夫的争论十分鲜明地显现出他和苏联之间在文化上存在鸿沟。很难把这两个因素分割开来。

如果毛泽东像张国焘一样曾在 20 年代访问过苏俄，他或许会跟张国焘一起发现，甚至列宁领导下的俄国社会主义，对中国口味来说，也不是一道开胃的菜。

到 1969 年，毛泽东对苏联的敌意还有出于简单的民族主义的考虑。美国处于顶峰，而苏联正在崛起。向美国一边倾斜会对中国有利。

毛泽东对苏联的烦恼，还有一丝不合理的因素。苏联是一面镜子，毛泽东在其中看到了某种丑陋现实。

他变得憎恶苏联搞“土豆烧牛肉式共产主义”，很大程度上是因为中国太穷，而不能使消费水平成为衡量真正社会主义的尺度。他嘲笑苏联“修正主义”是对马克思主义的歪曲，不是因为他有明确的另一种观点，而是因为他对所信仰的马克思主义的未来有些悲观，而他正在这一悲观的泥潭中苦苦挣扎。

毛泽东正处于一种演变的边缘，即放弃阶级分析，而把势力均衡作为国际政治关系的关键。

得到毛泽东和林彪赞同的60年代末的路线，是号召全世界起来“推翻”美“帝国主义”和苏联“修正主义”。然而，进入70年代后，林彪继续煽动动乱，毛泽东则变成了东方的俾斯麦。

这一变化的线索是毛泽东开始使用“霸权”一词。[20]这个丑陋的词不同于“帝国主义”，更不同于“修正主义”。它不像另两个词那样是出自马克思主义的术语集，而是中国一个古老的词语，基本意思是“对别人施加控制的权势”*。

权势，而不是某种特定的社会制度，是它的基点。任何把权势强加于别人的人都是霸权主义者。

毛泽东做了很多事，促成了全球性战略三角的确立；这种三角关系成为20世纪70年代早期世界舞台的标志。

林彪在1970年仍然主张对两个超级大国采取强硬的、不偏不倚的并武装到牙齿的态度。虽然这种主张似乎是符合逻辑的，它来自毛泽东“文化大革命”时期对华盛顿和莫斯科的“帝国主义”的分析，但它不是一项精妙的政策。

大概毛泽东在做出这一分析时自己也不是很有把握。无论如何，他不打算长期对美国和苏联保持等距离的姿态。**

林彪根本不同意毛泽东向西方倾斜的观点。周恩来跟林彪不一样，这位总理对西方有第一手的了解，他更容易作调整。这种转向西方的政策给了周恩来一个他很欢迎的机会，使他能重启他以前与美国人、法国人以及其他一些国家的人的联系。

* 中文词“霸权”隐含有暴政、专横的意思，最接近的英文词“hegemony”不能把它完全表达出来。

** 毛泽东曾对安德烈·贝当库表示，他怀疑中国能否像这位法国政治家说法国所做到的那样，跟苏联和美国都有良好的关系。“这个在华盛顿和莫斯科之间周旋的游戏，”毛泽东说，对法国来说比对中国要容易些；中国没有如此的行动自由度。见*Le Monde*，9/10/76。

在第九次代表大会之后的一段时期里，毛泽东不得不同时费力处理好几个问题。其中就有赫然逼近的林彪作为他接班人的问题。怎样稳妥地把他从二号人物的位置上移开，而投入那早已存量丰富的历史垃圾堆呢?

一个尴尬的事实摆在那里：许多人民解放军的军官仍然把美国，而不是苏联，视为中国的主要敌人。

还有苏联人和美国人对毛泽东的转向会如何反应这一关键性的变数。莫斯科能在多大程度上容忍他的反苏主义？他的亲美主义会得到长期陷入反中共情绪中的华盛顿的回报吗?

越南战争使毛泽东制定新的亲西方的外交政策变得很困难。然而，毛泽东觉得，印度支那局势的发展，使中国的亲西方政策更合乎逻辑。到1970年，毛泽东已经对印度支那战争本身不那么感兴趣了，转而更加关注战争之后会出现什么样的力量组合。

日本似乎是毛泽东通往亲西方政策之路上的一个障碍。当华盛顿仍然是北京以如此惊人的色彩描绘的“日本军国主义”的赞助者时，毛泽东怎么能倒向美国呢？然而，毛泽东曾长期观察日本，主要不是从北京跟东京双边关系的角度，而是从全球战略形势的角度；他对日本的观点，是随着他对任何特定时段的主要矛盾的看法而变化的。

只要美国是中国主要担心的对象，日本的力量就的确是对中国在亚洲的利益的挑战。但是，如果美国变温和了，对日本的担忧，就可以在一代人的时间里忘却。而且，如果苏联成为中国主要担心的对象，日本就会（跟美国一起）成为对付北极熊的统一战线的潜在候选者。

北极熊也没闲着。莫斯科至少跟北京一样被黑龙江—乌苏里江冲突震惊了。如果毛泽东能把勃列日涅夫和柯西金称为“新沙皇”，那么这两个起疑心的人肯定能意识到，他会转向华盛顿以寻求安全保障。

不过，苏联人也意识到，北京的林彪和其他人，不像毛泽东那么反苏。他们寻求在毛泽东的外交政策发生显著变化之前行动，或至少把它降到最低限度。他们施以压力要求跟中国人会谈。

当胡志明逝世并留下让两个马克思主义巨人因相互争斗而感到

羞愧的遗嘱时，这种压力不可抗拒了。中国不得不接待柯西金。但是，当他 1969 年 9 月到达时，只有周恩来跟他会谈，而且是在北京机场的航站楼。毛泽东不肯再见任何苏联领导人。

实际情况是，毛泽东不想跟他已决定要公然反抗到底的政权最终解决任何问题，无论是边界争端还是其他问题。他的坚定，因为下述事实而增强了百倍：林彪希望保持中共第九次全国代表大会制定的对美国和苏联保持等距离的政策。

林彪完全可能会苦涩地想，不是他，而是毛泽东在改变他的路线。毛泽东 40 年代在说到美国正在其国土上建立军事基地的那些国家时说："我相信，不要很久，这些国家将会认识到真正压迫他们的是谁，是苏联还是美国。"[21]

毛泽东 1970 年一次尖锐的谈话表明，他认为莫斯科已继承了华盛顿的衣钵（一年以后周恩来在我面前重复过）："约翰·福斯特·杜勒斯的阴魂已进入克里姆林宫。"[22]

1970 年 8 月，在庐山上召开的一次中央委员会会议上，毛泽东和林彪之间的紧张关系公开化了。在两天半的时间内，展开了一场极度紧张的斗争，其激烈程度，不亚于 11 年前在同一座山上毛泽东和彭德怀元帅之间的那场斗争。这震惊了中共与会的 255 名领导人物，也让毛泽东夜不成眠。

1970 年 8 月 23 日至 9 月 6 日，中共九届二中全会在庐山举行。杜修贤　摄

虽然毛泽东抱怨说，林彪和他的"高级将领们"搞"突然袭击"[23]，但是，早已感受到毛泽东吹出的凉风的林彪，大概只是处于防御。

争论的问题跟以前一样：国家主席问题，"天才"问题，人民解放军在政治中的作用问题，美帝国主义是否仍然是个威胁的问题。

不同的是，毛泽东公开

而明确地反对林彪的观点、他的背后活动以及他继续作为接班人的身份。林彪又一次敦促将毛泽东任命为国家主席。但是，毛泽东现在相信，既然林彪知道他不想要这个职位，那么林彪的真正目的是他自己要夺取这个职位。毛泽东在江青的帮助下，不声不响地挖林彪的墙脚，并采取行动除去了他的助手陈伯达。林彪的计划失败了。他对他的亲信、空军将军吴法宪说："用政治方式做事行不通。用武力能干成这件事。"[24]

跟 1959 年在庐山一样，毛泽东赢了。林彪对毛泽东没有像彭德怀那样粗鲁，但是，他的行为比彭德怀更狡猾。实际争论的问题似乎没有 1959 年冲突时那样有分量。在 1970 年，野心（在林彪的方面）和复杂心理（在毛泽东这方面）起了很大作用。

庐山的后果很明显。政治上，林彪从此开始与周恩来处于尖锐的冲突之中。他和"文化大革命左派"们（例如江青）的联合开始解散。不久，他就只是一群心怀不满的将军们组成的阴谋小集团的头目了。就政策而论，在"天才"、国家主席和美国问题上，潮流对林彪不利。

1970 年 10 月 1 日，在明亮的阳光下，毛泽东在天安门城楼上检阅国庆游行队伍。彩车、礼炮、气球和体操运动员的表演，都非常精彩。在他旁边，站着两个正在访问北京的美国人，埃德加·斯诺和路易斯·斯诺夫妇。《人民日报》后来在头版发表了毛泽东跟这位资深记者及其妻子的照片。

"美国友好人士"是对斯诺的称谓，而在该页右上角神圣的方框里，则选用了毛泽东的一条语录："全世界人民，包括美国人民，都是我们的朋友。"

当毛泽东和斯诺从天安门城楼上向下凝视游行队伍中毛泽东的全身像、半身像以及语录时，这位美国人不禁询问道："感觉如何?"毛泽东做了个怪相。他后来向斯诺解释说，个人崇拜是件"烦人的事"[25]。它已经起到了它应起的作用，再继续搞下去只能对林彪有利。

两个月以后，吃早饭时，毛泽东告诉这位左翼记者说，欢迎理查德·尼克松访华，作为旅游者或作为总统都可以。这一谈话为

1970年10月1日，毛泽东和斯诺及其夫人在天安门城楼上。同年12月，在和斯诺的谈话中，毛泽东表示欢迎美国总统尼克松访问中国，改善中美两国关系。

1971年春毛泽东跟林彪在外交政策上的冲突设立了舞台。

毛泽东和尼克松握手的最后障碍，是2月美国支持的南越武装力量对老挝的入侵。[26]对毛泽东的亲美政策来说幸运的是，“入侵”几乎没有什么收获。它只再次表明西贡政权的脆弱性，于是成了毛泽东正在形成的世界观的一个说教性寓言。

毛泽东开始着手制定尼克松的国家安全顾问亨利·基辛格先期访华的计划。这位德国出生的奇才，在杜鲁门总统把“中国丢失”给毛泽东的时候，是哈佛大学的学生。一两年以后，人们从了解中国外交政策内幕的人士那里听说，林彪在坚持“九大”对两个超级大国保持等距离外交政策时，对毛泽东大为光火地说：“如果你能邀请尼克松到中国来，我就不能邀请勃列日涅夫?”

毛泽东为他生涯中最大的——虽然不是最危险的——战斗之一制定了策略。这场战斗只能是大而血腥的。在中国公众的眼里，林彪的地位已经提升得非常高了，甚至已规定了他是中国的下一代最高领导人。

林彪是在“文化大革命”的极左思潮中崛起的，很难把这个初露头角的背叛者重新描绘成“右倾分子”。而且林彪掌握着枪杆子。连彭德怀的身边也没有聚集起这么一帮高级的军事领导人；到1971年中期，他们已经在密谋以“林彪王朝”代替“毛泽东王朝”了。的确，自从长征途中跟张国焘的斗争以来，毛泽东还没有遇到过那么多的中共军事力量摆好阵势反对他。

除掉林彪，是值得为此而付出代价的。毛泽东花了几个月的时间作权衡，他必须谨慎地行动。于是，在1970年8月的庐山会议上，他首先把跟林彪结盟的理论家陈伯达当作靶子，切断林彪和极左派的联系[27]；然后，在1970年12月和1971年4月的会议上，他向围在林彪周围的“大将军们”开火。

对法定接班人本人，毛泽东则假装要“保护”，甚至是“拯救”。

当时军界内部关键性的分裂，以及周恩来一番漂亮的工作，为毛泽东赢得了胜利。

人民解放军曾经长期是一支自力更生的政治军队，其生存和土地紧密联系着。50年代，在取得政权以后，以及军队经历了苏联式的职业化以后，这种情况改变了。解放军在北京的中央级领导层和军区领导层之间出现了鸿沟。

中央一级（特别是规模虽小但在成长中的空军和海军）变得更像其他国家的现代军事机构。而军区一级，则在很多情况下由长征时的朴实的老红军领导，仍然更为传统，较少受到当时时兴的意识形态的影响。

“文化大革命”无意造成的结果，加剧了这种分歧。

毛泽东曾经鼓励林彪把社会秩序军事化，把军事秩序政治化。他已经用同一手法除去了许多军区的军事司令员。到1971年初，毛泽东需要改变敌友关系。

周恩来和那些司令员们，不像毛泽东和林彪那样死抓住“文化大革命”的价值观不放。他们的联盟（一个非常反“文革”的联盟）现在从林彪手中救了毛泽东。周恩来代表毛泽东从这次分裂中收获了反林彪的果实。

早些时候，毛泽东曾经宣传“全国人民学解放军”的口号。现在他冷冷地说：“这还不完全。”他又补上了一句爆炸性的、使前面的口号无效的话："解放军学全国人民。"[28]

人民解放军也不再能幸免于这只猴子不断改变念头的"辩证法"的摆布。

不久，最后一个省的党委会宣告建立。这只能意味着剪去了人民解放军的翅膀。当初由于被红卫兵砸烂，党委会已名存实亡，而军人走上了政治舞台。现在要求他们放弃光辉的政治行为，重新回到战壕里去。

每当毛泽东把对内的门关紧一些以对付林彪时，他都把中国对外的门向美国人再开大一些。

他召开了中央工作会议，强迫林彪信任的核心人物作自我批评，一直逼近到林彪的妻子。就在这同一个月，即1971年4月，他向华盛顿发出一条信息说，既然老挝危机已经平静下来，美国官员在仲夏到北京来的道路已畅通了。

在基辛格越过喜马拉雅山进入中国之前不久，中国报纸发表了一系列文章，讲述中共党指挥枪的光荣传统。正当世界因看到基辛格进出毛泽东的大门而震惊得头晕目眩时，一个同时进行的二元性行动，使中国建军节低调的庆祝活动染上了另一种颜色。林彪的朋友、人民解放军举止文雅的总参谋长黄永胜，在演讲中攻击了美国，而一次都没有提到苏联。

与此同时，毛泽东命令重新发表1945年的一篇文章《论政策》，文章说他当时决定和蒋介石谈判是正确的，从而暗示他新近跟美国人打交道也是正确的。

然后，毛泽东开始在华南视察军事基地，为反对林彪作辩解；在这过程中，迫使闷闷不乐而沉默的总参谋长黄永胜戏剧性地跟他对峙。"我就不相信我们军队会造反。"他在党的会议上开始时说。然后，他显然把脸转向了总参谋长。"我就不相信，你，黄永胜，能够指挥解放军造反！"[29]

毛泽东在视察上海时，接见了与黄永胜关系最亲密的一位军官，问他："你对黄永胜的印象怎样？"这位军官起先没有意识到毛泽东的敌对意图，热情地赞扬了他的那位上级。

毛泽东冷冷地说："黄永胜是刘少奇一类的骗子。"

据广州一个可信的故事说，后来这位浑身冷汗的军官卑躬屈节地承认，他把“骗子黄永胜”看错了。毛泽东像猫一样愉快满意，认真地就该军官在反林彪和反黄永胜事业中未来的角色给他下达了“秘密指示”。[30]

毛泽东自己承认，他在庐山会议之后运用了所有这些方法反对林彪。他提升会削弱林彪权力的人，他称为“掺沙子”。他重组了北京军区，以便为摊牌做好准备。林彪圈子里的人越来越意识到毛泽东积极的反林彪举动，变得气急败坏，于是策划了一个刺杀或废黜阴谋，从而引起了1971年秋天的大决斗。

林彪撤退到景色宜人的苏州，在杨柳下和运河边同他妻子及莽撞的26岁儿子林立果进行紧急磋商。林立果借裙带关系已经快速提升为空军副司令。虽然他们初春这次会谈的确切结论不得而知，但是后来事件的发展让人觉得他们没能达成一致意见。

冲动鲁莽的林立果以及另外几个空军的专横凶残的年轻人开始策划针对毛泽东的政变。在没有得到林彪及其高级追随者的同意，甚至并不完全知情的情况下，他们就按照一个粗糙的计划干起来了。林彪的第二任妻子、比林彪小22岁的叶群，在阴谋进行的过程中加入进来。

大概林彪听说时，政变企图已是既成事实。黄永胜及其他林彪的亲信可能根本没有卷入其中。

同时，林彪肯定始终因毛泽东而心神不宁，现在可能已经恨他了。他曾说毛泽东或许能活“100多岁”，这暴露了他对接班一事的焦虑。[31]

政变代号是“571”。按中文的发音，它是“武（装）起义”的意思。计划蓝图以“B—52”指称毛泽东。使用仍在进行中的越南战争里臭名昭著的这个词，肯定是一种侮辱，或许它还暗指毛泽东的亲美主义。

- “今天是他的座上宾，明天就成为了他的阶下囚。”
- “[B—52]是一个怀疑狂、虐待狂……是中国历史上最大的封建暴君。”

●“B—52宠爱笔杆子，不喜欢枪杆子。”

●“B—52的整人哲学是一不做，二不休，他每整一个人都要把这个人置于死地而方休。”

●“甚至[B—52]亲生儿子也被他逼疯。”

●“目前，我们力量准备还不足，群众对B—52的个人崇拜迷信很深。”[32]

林彪的亲信心里有一些愚蠢而不切实际的计划。一个是让毛泽东在交通事故中被杀。（1971年的北京有足够的交通量上演一场有说服力的事故吗?）无论是因为什么，林彪一伙人的离奇计划几乎都没有真正付诸实施。

林彪倒台以后，中国政府指控说，他们还有其他一些图谋杀害毛泽东的计划。据说曾把毒药放入毛泽东的食物中。毛泽东1971年秋天在上海逗留时，所住的公寓遭到空军战斗机的“扫射”。当毛泽东结束南方视察向北进发，准备在北京做最后的摊牌时，一包炸药放进了他乘坐的火车里。（阴谋分子惊慌失措了；毛泽东的随员得知了炸药的事；毛泽东下了火车，乘汽车继续向北京行进。）在林彪死亡前的几小时之内，一个军官“出现在中南海”，做破釜沉舟的努力，要把毛泽东当场击毙。（他因为内疚而畏缩了；枪从他手上掉下来；他跪在地上，乞求饶恕他的罪大恶极。）

这些令人震惊的指控不可能核实，可能是夸大了林立果和那些专横的年轻人多少已开始实施的行动。林彪自己不大可能试图亲手杀死毛泽东。

无论如何，毛泽东个人处境极不安全，他觉得他必须搬出中南海的住处。据江青说，他不能“在那里安全地睡觉或吃饭”，他的住所已遭到“敌人的渗透”[33]。

夫妻两个带着工作人员，搬到了一个宾馆。由于宾馆不方便，他们后来又搬到人民大会堂的防空洞里。

希望摆脱紧张的压力是毛泽东一生中一再出现的冲动，为此，他于8月中离开北京到南方旅行了一个月。在武汉、长沙、南昌和其他城市，毛泽东讲他“无限忠心”的接班人的坏话。毛泽东的火车上又额外增加了一百多个穿军装的战士。[34]

毛泽东一回到北京，就预示着戏剧走向了高潮。9 月 10 日以后，政治局里 4 个亲林彪的人民解放军领导人，就没有再在公众场合露面。从第二天晚上起，中国的高层领导有几天时间全都不见了，他们是在人民大会堂内进行紧急磋商。在这期间，中国的空中飞行活动实际上停止了。

从五一劳动节以后，毛泽东只有一次公开报道的露面，那是跟缅甸的吴奈温会面（不是在北京）；从 8 月初开始就没再露面。人们开始流传关于他健康状况的流言蜚语。外国人会意地点头，他们已注意到，美国心脏专家保罗·达德利·怀特医生应中国医学会的邀请，已于 9 月 18 日到达北京。而中共党员们由于了解到不少敏感信息，足以对毛泽东和林彪的紧张关系进行猜测，也开始感到不安。

在香港，上演了一场惹人注意的“语言体操”。中国银行是北京插在香港心脏的一只手，银行大楼上一段时间以来一直有一条灯光组成的标语：“战无不胜的毛泽东思想万岁”。这话是林彪说的。它非常适用于林彪的目的。

9 月初，这些红色的霓虹灯管被卸了下来。一条新标语装上去了：“毛主席万岁”。[35]一条不符合林彪心愿的标语。法定接班人显然不再是接班人了。

不久，一份中共内部文件登载消息说，林彪企图政变，他逃跑时乘坐的飞机在蒙古人民共和国失事坠毁，他死了。然后，蒙古人简明地宣布，一架属于中国空军的三叉戟“闯入”并在温都尔汗坠毁。

但是，林彪究竟是怎样死的呢？有可能是**毛泽东杀死了林彪**吗？

据北京的说法，林彪死于飞机失事。蒙古（及其老大哥苏联）以朴实而简短的话向世界作了报道。为了飞往苏联，林匆忙登上了一架没有加好油的飞机。它飞不了那么远的距离。[36]

像中国所有优秀的故事一样，除了一些坏人以外，还牵涉到一位英雄——林彪的女儿林豆豆。

9 月初，林彪一家人在海滨胜地北戴河度假。杀死毛泽东的企图没有成功，迫使林彪一家人撤退并进行磋商。他们制定了一项逃往广州或逃往莫斯科的计划（林彪曾在莫斯科生活过四年）。豆豆认为这太过分了。

“豆豆”（这样叫她是因为他父亲一生都有在作战时嚼炒豆子的习惯）是林彪和叶群 29 岁的女儿。她并不非常喜爱自己的母亲，曾因为对家庭紧张关系绝望而两次企图自杀。她向周恩来泄露了她父母恶毒的计划。[37]

周恩来拿起电话，向北戴河打了一个似乎不知情的试探性电话。林彪正在出席一场音乐会，不在家。叶群接的电话。她让周恩来放心，她和她丈夫只是在安静地度假，没有打算飞往任何地方。

她放下电话以后，飞快地来到音乐厅警告林彪。肯定又有什么地方不对了，她小声说，周恩来怀疑他们有逃跑的计划。

在汽车队护送下，林彪一家匆忙赶到北戴河机场。一个反抗林彪的警卫被林立果开枪打倒，并且尚未咽气就被推出了高速飞驰的汽车。负责加油而心存怀疑的人在跑道上停了两辆大卡车以便阻止林彪的三叉戟起飞。

林彪的飞机掠过一辆油料卡车，迂回穿过一片空地，然后才飞上天空，在这过程中耗费了大量的燃料。一架随行的直升机里坐满了林彪的亲信，同时还载着一箱一箱的文件，包括林彪的日记。当飞行员因拒绝跟林彪走而被枪杀后，直升机没有走成。三叉戟在越过中国边界 250 公里以后，由于燃料用完而在蒙古首都乌兰巴托以东坠毁并燃烧起来；林彪本打算到乌兰巴托加油的。

这些可能是真的。但是我们不能肯定，飞机失事是由于缺少燃料，还是由于机械故障，抑或是因为受到暗中破坏。中国驻乌兰巴托大使说，见到林彪的尸体躺在蒙古草原上。非常奇怪的是，尸体跟另外 8 具尸体一样，几乎完好无损，尽管飞机已成碎片。大使披露了北京多么焦虑地要求得到在失事现场所发现的确切细节，并且要求把请蒙古政府就地掩埋 9 具尸体的最初决定，改为将所有的遗体都返还给中国。

飞机失事**有可能**像大使所说是“失控着陆”，也有可能是驾驶员的“自杀性着陆”，如果飞行员被要求让飞机坠毁，从而让世界得出这些尸体是飞机失事的遇难者的结论的话。

“林彪不敢实施他的计划。”[38]周恩来 1973 年告诉一群美国新闻界人士。那么，是在谁的利剑逼迫下走到如此下场呢？

可能的情况是，当时在毛泽东的眼里处于高位的周恩来觉察了主席的心思，并且在没有得到毛泽东正式点头的情况下自己做主，决定下令把林彪的飞机打下来。但在最后时刻周恩来请示毛泽东的指示的时候，他只得到毛泽东这样的回答：“天要下雨，娘要嫁人，由他去吧。”

无论怎样，清楚的是，毛泽东至少在一年的时间里都在暗中提防林彪。清楚的是，暗杀毛泽东的企图给了毛泽东充分的理由逮捕林彪团伙中的一部分或全体人。还清楚的是（在莫斯科宣布以后得到北京的确认），在温都尔汗的残骸里找到的 9 具尸体中，有的满身是子弹窟窿。

不清楚的是，为什么莫斯科没有比他们实际做的更充分地利用那些过得硬的证据：林彪从忠于毛泽东转而忠于莫斯科。人们注意到，北京指控林彪和莫斯科有秘密接触，是在它最初于 1971 年 9 月向党的干部们秘密讲述危机情况之后很久以后的事。[39]

总的来说，在 9 月的第二周，林彪不太可能是事态的主使人。不能排除他在 9 月 12 日到 13 日的高潮之前，甚至是之前很久就已死亡。（自 6 月 3 日以后就没有在公开场合见过他。）

莫斯科声称，在温都尔汗烧焦了的 9 具尸体中，没有一具是“超过 50 岁的人”的尸体。这有苏联式欺骗的影子。北京驻乌兰巴托大使馆的一队中国外交人员很快到达坠机现场并掩埋了尸体。他们说尸体已经烧得无法辨认。一年多以后，在较为冷静的日子里，柯西金告诉德国总理勃兰特，情况确实是这样。[40]当追问到“超过 50 岁”的问题时，苏联消息人士默默地躲开了这个话题。[41]*

*难道苏联人试图让毛泽东相信林彪还活得好好的，并且在莫斯科讲话吗？

如果苏联人在残骸里确实找到了可辨认的尸体和文件，并且觉得证据可以用来使北京尴尬，那就令人难以理解为什么莫斯科拒绝三叉戟的英国制造商对残骸进行检查的请求。

北京后来所说的一切，都取决于尸体是否能辨认。中国的历史制造者们确信，莫斯科不能向世界证明林彪不在三叉戟飞机上，因此他们可以自由地宣称林彪在上面。这使他们能够不露马脚地掩盖起那天夜里飞往蒙古之前，在中国的权力回廊里可能发生的任何可怕的暴力行为的细节。

“他［B—52］对我们不放心，”《“571工程”纪要》中有这样一段话，是1971年春写的，“与其束手被擒，不如破釜沉舟。”[42]这是林彪为什么会毁灭的一个线索。他被夹在上下两块磨石之间：他失去了毛泽东对他的信任，而他自己阵营内那些专横凶残的年轻人对这一巨大转变做出了鲁莽反应。

毛泽东结束了林彪的政治生命；他是否还采取措施结束了林的自然生命，不得而知。

1971年的国庆节在怪异得可怕的气氛中度过。中华人民共和国历史上第一次没有盛大的国庆游行，毛泽东仍然没有露面。9月初曾经搭起了看台，以备观看大游行和国庆焰火；月中的时候又被匆匆拆掉了。

在公园里进行了低调的庆祝活动。中午时分，周恩来陪着西哈努克亲王出现在颐和园的游船上。三位美国黑豹党领导人在场，还有应西哈努克邀请来华的一位法国厨师。但是，几乎没有政治局成员参加活动。

周恩来似乎像个要把葬礼办成派对的主持人。

毛泽东只以巨幅的放大照片的形式出现。在北京机场，为国庆节而发布的一套50幅的毛泽东生活照一夜之间缩减到39幅。其中有林彪出现的11幅已经被突然拿掉了。[43]

《人民日报》没有像通常那样在10月1日发表国庆社论，也没有毛泽东和林彪在一起的照片（1970—1971年期间政治摄影的顶点）。中国国内以及国外的一些人以为毛泽东已经死了，或者在保罗·达德利·怀特照顾下，病得很厉害。

10月7日，毛泽东终于露面了。人们见到他在电视上慈祥地和埃塞俄比亚的海尔·塞拉西打招呼。在头天晚上的欢迎宴会上，这位埃塞俄比亚的国王受到只以毛泽东一个人的名义发出的欢迎。看到《人民日报》这项欢迎词后，有见识的公民就会明白，这很是不同寻常。海尔·塞拉西在宴会讲话中，既向毛泽东也向林彪表达了祝福，很多外国外交家和中国干部都听到了。

《人民日报》处理这个棘手问题的方法是，在关于这次宴会的报道中干脆略去了祝酒词。细心的读者能够猜到，已经发生了权力的大改组。

10月4日，人们从拉萨广播电台在中国最后一次听到著名而空洞的“以毛主席为首、林副主席为副”的提法。此后，就连西藏也掌握了毛泽东独自掌权而没有副手的信息。

与这一切同时，长期以来被几十个国家认为“不配”加入国际大家庭的毛泽东中国，经投票以压倒性多数的优势，像过节一样进入了联合国，并成为安全理事会的常任理事国。

在北京的外国大使馆得到通知，在他们向中国政府祝贺在纽约的胜利的电报中“不必”包括林彪的名字。与北京关系密切的朝鲜发了一封可作范例的电报，里面只提到毛泽东和周恩来。

其他政府也跟了上来。全世界已经确认了林彪的倒台。

林彪危机极为严重，而且代价高昂。

“文化大革命”取得“胜利”刚过两年，中共高层领导中三分之一已经成为“党的敌人”。

人民解放军在其历史上从来没有像1971—1972年那样受到如此巨大的分裂及随之而来的清洗的震撼。这种景象对作为人民解放军统帅的毛泽东来说，是骇人听闻的打击。

在林彪这方面，他任人唯亲、野心勃勃，蛮横地漠视规章制度、漠视群众参与政治。

在毛泽东这方面，也有类似的规避规章制度；对他那“无限忠诚的”接班人极为缺乏正确判断，或决断，或二者都缺乏；当他批判林彪的时候，没能紧紧抓住在北京的人民解放军总部的领导权。

这场危机使毛泽东有一年的时间没有精力关注紧急的国内问题。这在“文化大革命”的棺材上又多钉了几颗耻辱的钉子。关于中国革命未来的道路，这次危机大大滋长了毛泽东内心的悲观情绪。

对各种违法、违纪和堕落行为的指控增加了：违法的外汇交易、中国空军飞机驾驶舱里的枪战、从“颓废的”香港进口的间谍设备、谋杀计划、毒气和绑架，以及一些人民共和国领导人沉迷于中国封建传统的思想和计谋。

把林彪的名字从中华人民共和国成就光荣簿上抹掉牵涉到丧失可信性。中央委员会分发了下述文件：

> 中国共产党中央委员会决议：《中国共产党党章》、《党的“九大”文件汇编》和《人民战争胜利万岁》交由中央处理。有关林彪的其他书籍文件，以及林彪的题词和肖像，由各基层收集起来，交由县、团级党委处理。[44]

由于这种要消除林彪和他的所作所为的努力，还有很多噩梦在前面等着毛泽东。*

*在混乱的反林彪宣传中，有一种对比似乎比任何其他对比都更贴切一些：毛泽东和林彪的斗争与毛泽东和张国焘的斗争极其相似。

毛泽东在给江青的一封信中，试图区分他自己的立场和那些他觉得在共谋反对他的人（包括林彪）的立场。“他们是要整个打倒我们的党和我本人，”他说，“这是我跟黑帮们的区别。”[45]

但是，这种区别只有充斥着战斗热情的眼睛才能看得清楚。

第十九章

尼克松（1972）

1972年2月寒冷而清新的一天，美国总统理查德·尼克松的“76年精神号”总统专机降落在由沥青和碎石子铺成的、空旷而广阔的北京机场上。飞机在一根飘着美国国旗的旗杆前停下，另一根旗杆上飘着中华人民共和国国旗，中间是毛泽东的巨幅照片。

总统微微笑着，脚步轻快地走出机舱。周恩来面无表情地在舷梯旁等候。尼克松记起约翰·福斯特·杜勒斯1954年曾在日内瓦拒绝跟周恩来握手，他赶紧把手向周恩来伸去。

几个小时后，尼克松就跟毛泽东并排坐在中南海里罩着宽松布罩的沙发上了。到当天夜晚，就美中关系而言，仅仅由于尼克松坐在了那张沙发上，他就在12小时之内做得比任何一届美国总统此前24年中（自马歇尔调解的努力失败以来）能做到的都要多。

在尼克松到达的那天，《人民日报》没有提到尼克松及他的到达。[1]这份有6版的报纸上唯一提到美国的地方，是一篇关于一周前毛泽东的美国朋友埃德加·斯诺去世的文章。

1972年2月21日，毛泽东在中南海会见美国总统尼克松。

既然尼克松和斯诺说不上是思想意识上志同道合的人，那么毛泽东的典型做法就是把他们并列起来。通过让报纸在尼克松到达之日只提到斯诺，他设法做到了让美国方面慌乱不安，并让中国人民感觉到，他关于“美国人民”站在光明一边的观点永远有效，也传达出一种在重大的交战行动前夜令人印象深刻的逍遥自在、满不在乎的气氛，最后，但并非最不重要的，要加大第二天《人民日报》上关于尼克松到访消息的冲击力。*

*当尼克松回想到离开美国去中国前不久，他给病危的埃德加·斯诺写了一封热情友好的信，并且在信中提到“你出众的成就受到广泛的尊敬和欣赏”时，他无疑觉得松了一口气。毛泽东没有料到尼克松对这位左翼记者评价那么高。的确，毛自己对斯诺的赞扬或许本意是要提醒尼克松，作为中国的朋友，斯诺的声音许多年以来一直是孤独的。

局势对毛泽东来说跟对尼克松一样，是微妙的。他不能把这位总统介绍给政治局全套人马，林彪及其同伙留下的大窟窿还没有填补上。

除了江青之外，“文化大革命”的“左派”分子都没有露面。江青很难拒绝她丈夫要她陪同尼克松夫妇去看《红色娘子军》演出的要求。

在8天的访问期间，除了毛泽东和周恩来以外，只有两位政治局成员跟美国人多说过几句话：反林彪的稳健派、现在主持人民解放军工作的叶剑英，和另一个稳健派——负责经济的李先念。

毛泽东在把中国公众引入峰会的气氛方面也很小心。有些事实是不可能绕过去的：中国和美国没有建立外交关系，普通中国人20年来一直被灌输着反美主义的宣传。

有些多少同情林彪观点的军官对会谈采取不冷不热的态度，他们念念不忘华盛顿一直把蒋介石政权视作中国政府。

就在两个月以前，一本跟毛泽东和周恩来的美国路线有不同见解的小册子《中美关系问题》在北京的一些书店开始发售，但几个小时以后就被禁售了。[2]这本书无疑源自一位军界人士；不像毛泽东现在觉得的那样，他认为苏联没那么危险，而美国则更为危险。[3]

毛泽东在印度支那的朋友，仍然跟美国处于每天互相残杀的关系之中。中国最亲密的盟国朝鲜心中既想着尼克松，也想着毛泽东，它在这次访问的前夕宣称，美国总统到北京是“一只手举着白旗，另一只手拿着乞讨的饭碗”[4]。阿尔巴尼亚和越南民主共和国对尼克松之行则以沉默表示抗议。

毛泽东在做准备时，甚至比尼克松更注意保密。他没有让全体政治局成员都了解这些计划，在中国方面有不止一个“威廉·罗杰斯”*。北京向北越、柬埔寨和其他敏感的盟国进行通报，大部分是周恩来在半夜做的，只比华盛顿在最后一分钟赶着对日本、南朝鲜、南越和其他国家进行通报早了几个小时。

*即美国国务卿，在制定对华政策方面，他处于边缘地位。

保密对毛泽东来说比对尼克松来说要容易得多。在毛泽东的北京，外交政策不是探头探脑的新闻界的课题（基辛格多么为此而喜欢中国!），而只是用于礼仪方面的课题。

从基辛格1971年夏天第一次访问中国，到基辛格的二次访华，再到亚历山大·黑格和新闻秘书罗纳德·齐格勒的中国之行，以及一些其他的先行活动，直到总统到访的前夜，北京的报纸关于尼克松访问的各个方面总共只用了1 647个字。[5]不多的几项报道，文字简洁，像天气预报一样置于头版的右下角。所有这些报道都是严格的事实叙述，没有作任何分析评论。

在尼克松到来之前的几周里，中南海私下里的气氛是时而焦虑、时而恐慌的。毛泽东患了充血性心力衰竭和水肿。由于拒绝治疗，他身体垮了，差一点死去。为了准备好在游泳池边的住所接待尼克松，急诊医疗设备从毛泽东的房间搬到了走廊里。氧气瓶隐蔽地安置在一个巨大的漆皮箱子里，其他设备放在盆栽植物的背后。

美国总统在离开华盛顿的时候，把他的中国之行和他同胞的月球之旅相比拟。对毛泽东来说，美国不像中国对尼克松来说有那种非人世间的味道。尼克松在20世纪50年代曾挑选中国话题作为来自远方的魔棍来打击民主党。而在此之前很久，在打败蒋介石的斗争中，华盛顿在中国的所作所为，曾是毛泽东所面对的变数之一。

不过，毛泽东还是觉得不那么有确凿把握。从他上次跟美国官员打交道以来，已经过去了四分之一世纪。他决定温习一下他不怎么样的英语。当毛泽东和基辛格第一次会面时，毛泽东的朋友郭沫若告诉我说：“目前他喜欢说的两个新词语是‘law and order（法律和秩序）’和‘anti-Mao（反毛）’。”[6]

毫无疑问，这两个词语是在跟林彪的斗争中引起毛泽东注意的。尼克松是个右派人士，这有助于毛泽东转向美国；因为尼克松

1949年7月2日，毛泽东出席中华全国文学艺术工作者第一次代表大会，向大会祝贺。主席台右起：郭沫若、茅盾、周扬。

的总统任期，跟毛泽东厌烦中国内部的“左派”的时间正好相重合。

毛泽东和尼克松！以1971年之前的眼光来看，这个二重奏似乎是十分奇异的。

- 在尼克松担任副总统的时候，美国曾三次用核武器威胁毛泽东的中国。
- 美国十多次阻止毛泽东的政府获得联合国的席位。
- 直到尼克松前一年夏天派基辛格到中国来之前，在毛泽东入主紫禁城的22年中，双方没有任何一位政府官员访问过对方的首都。
- 在1969和1970年期间，中国报纸把尼克松称为“战争瘟神”，就好像这个尊称取代了“理查德·米尔豪斯”一样。

然而，情况就是这样：一位美国总统还没有访问过东京或莫斯科，就先访问了毛泽东的北京。在中国逗留的8天是这位美国总统对任何外国所作的访问中时间最长的。这是美国总统第一次在跟美国没有外交关系的国家的土地上进行谈判。

两个人都对对方有戒心。但是，尼克松一旦决定去见毛泽东，就觉得有必要以爽朗的语言描述他的使命。去上海途中在关岛机场停留时，他想起，若按日期和时间论，关岛是美国的一天开始的地方。“我希望，在这里，你们大家都跟我一起祈祷，”他高声说，“有了这次中国之行，全世界都会开始新的一天。”[7]

在华盛顿飞往北京的途中，工作人员向美国一行人提供了筷子，用以吃飞机上西式的饭菜！一到北京，尼克松就引用毛泽东的诗词，好像是引用圣经经文一样。

毛泽东没有以这样的方式给他的思想换挡。他没有给尼克松贴新的道德标签。据了解，说到这次峰会时，他没有用过像尼克松的“改变世界的一周”那样崇高的话。可以肯定的是，他并不喜欢使用刀叉吃饭，也没有引用尼克松《六次危机》里面的话。

然而，中国方面也不是完全没有感染上对峰会的陶醉。若干建筑物和街道在尼克松到来一个月之前神秘地改了名字。

尼克松夫人参观了首都医院。几周之前，它的名字是反帝医院。靠近紫禁城毛泽东自己的寓所北边的那条大街，曾被红卫兵不贴切地命名为工农兵大街；在尼克松夫妇乘车穿过这条街道时，它已经改回到它原来的名字地安门大街。

不过，在这两个伙伴之间仍然有道德预期方面的鸿沟。

诚然，在尼克松的动机里，势力均衡的政治考虑不比毛泽东的少（特别是如果包括国内政治的话），而且，两个人都有一只眼睛盯着苏联。但是，毛泽东是个中国的实用主义者，他不为势力平衡的政治穿上道德的外衣；而有美国理想主义色彩的尼克松则这样做了。

毛泽东不期望跟尼克松达成精神上的一致。他提议在会谈结束后发表一份“有区分的”公报，就表明了这点。美国人心里没有双方要以如此明确的方式（公报里要有“美国方面”和“中国方面”）来表述他们的分歧的想法。但是，有一天夜里，周恩来来找基辛格，说毛泽东坚持要这样做。“这样更诚实。”他强调说。[8]他如愿以偿，《上海公报》坦诚地表露了分歧。

尼克松做了长途旅行。他派出了80人的先遣队，自己带了总数达168人的新闻报道团。毛泽东则待在家里。他没有到机场去迎接“76年精神号”，也没有出席欢迎宴会，或任何政策会谈。周恩来代表中国方面处理这些事。毛泽东的亲属王海容全都在场，每次会议之后都向毛泽东作汇报。

毛泽东跟尼克松会面是在尼克松8天中国之行的第一天，在那以后，毛泽东甚至没有在电话里跟尼克松说过话，或在尼克松逗留的其他几天里跟他有过任何书面交流。

尽管如此，尼克松之行的高潮时刻还是出现在四周放满明版书籍的毛泽东的起居室里；这一住所环绕着一个室内游泳池。对于尼克松的到来，毛泽东很激动。为做好准备，他在5个月中第一次理了发。在尼克松到达的那天，他早早起来，穿上一套新衣服和新鞋，心神不安地坐在沙发上，不停地打电话给周恩来，询问尼克松在离开北京机场后开始他第一次中国之行的确切行踪。

当尼克松步入毛泽东摆满书籍的房间时，他觉得很受感动，并且认为毛泽东也很感动。一个助手扶毛泽东站起来。提到他心脏和支气管有问题时，他嘀咕着说："我说话不大利索了。"[9]同时，两个人握了手。"我喜欢右派。"这位78岁的主席对尼克松说，抓着他的手足足有一分钟。

1972年2月21日，毛泽东在中南海会见美国总统尼克松。2月28日，中美双方在上海发表联合公报，决定实现两国关系正常化。杜修贤　摄

他一边握着尼克松的手，一边跟他开玩笑说："我们共同的老朋友——蒋委员长可不高兴了。"[10]这是个有力的开场白，然而美国人情绪很高，没有把这话当作反对他们的意思。

房间里的三个美国人（尼克松、基辛格和温斯顿·洛德）全都立即感受到毛泽东的意志力量。"我相信，即使我从来没见过这个人，"温斯顿·洛德说，"不知道他是谁，在步入有他在场的鸡尾酒会后，我也会被他的力量所吸引而对他有好感。"[11]

毛泽东说基辛格很聪明，1971年溜进溜出中国而没有被人注意。尼克松回应说，基辛格能力独特，到巴黎和北京旅行，"除了可能有几个漂亮的女孩子之外"，都没人知道。

"那你常常利用你们的女孩子喽？"毛泽东问尼克松。[12]

关于国际政治，没有谈论很多。"那些问题不是在我的位子上该讨论的问题，"当尼克松提到美国和中国应该就一些国家做点什

么时，毛泽东有点傲慢地说，“这些问题应该跟总理讨论。我只讨论哲学问题。”

毛泽东常常微笑——“一种既锐利而又微带嘲弄的微笑”——并引导进行苏格拉底式的讨论。对每个话题，他都用一个警句或另有所指的话来谈论。“实际上，”他在第二次提到蒋介石时向尼克松指出，“我们与他的友谊要比你们与他的友谊长得多。”[13]

“他不像周恩来那样表现出才华横溢，”温斯顿·洛德说，“但是有一种暗示的、简略的、似乎是漫不经心的风格，这实际是非常微妙而机巧的。”[14]

如果说毛泽东和尼克松的对话还达不到让世界燃烧起来的程度——他们没有进行谈判，甚至没有怎么谈论到政策——那么，仅仅是进行了对话这一事实本身，就差不多让世界燃烧起来了。

美国记者们正确地判断说，毛泽东和尼克松第一天下午的谈话保证了此行的基本成功。

《人民日报》用了两个版面和 7 幅照片报道尼克松那一天的活动。[15]中国电视台放了一个 10 分钟的片子。在那之后，如果普通中国人见到美国到访者经过的话，大多数都会毫不犹豫地看着他们，并冲着他们微笑。

在双方来说，这种心境的改变来得非常突然，似乎不是毛泽东那一个小时能做到的。但是，这种改变的事实是不容否认的。毛泽东坐在他的沙发椅上发挥了控制力。难道他不是有生以来第一次赢得了至关重要的、如果说仍然不够明朗的对美国人的胜利了吗?

对毛泽东来说，“改变世界的一周”不是突然的铺张华丽的表演，而是逐渐演化的战略的一部分。若干年以来，他都觉得，美国对中国来说是个日益缩小的问题。当 1970 年尼克松表现出想跟中国打交道的兴趣时，毛泽东已早有准备了。

一支美国乒乓球队 1971 年 3 月到日本参加世界锦标赛。中国邀请了几个国家的球队在回国途中到北京去打球。有几个美国球员非常渴望到中国去。凑巧的是，他们出发去日本那天，美国政府完全取消了对美国人去中华人民共和国的限制。美国球员向中国球员表达了他们的愿望。

北京做出决定，反对邀请美国人，而且周恩来显然把这个意思传到了日本。[16]但是，服用了大剂量安眠药的毛泽东又有了新的想法。1971 年 4 月 6 日午夜，他又看了看内有外交部建议不邀请美国运动员的文件——已经得到周恩来和他本人的赞同。他“昏昏欲睡，说话含混不清”，让他的护士打电话给外交部的王海容要求改变决定。护士既没有磁带录音机，也没有人能给她指点，她犹豫不决。她决定给王海容打电话。[17] * 美国人于是受到了邀请。

* 关于北京制定政策的过程，毛泽东对尼克松说了一句有趣的话。毛泽东说，中国政府一直主张，主要争议问题解决以后才能进行民间互访。“后来我看到你是对的，”他承认，“于是我们打了乒乓球。”见 Kissingner，p. 1061。

这一举动为尼克松来访迈出了重要的、象征性的一步。周恩来清楚地领会到毛泽东在美国问题上的观点的实质。正如他几个月以后不露声色地向一些美国到访者所说的那样：“毛主席碰巧”对改善与华盛顿的关系“感兴趣”。[18]这位舞台监督颇有风度地巧妙地传达了出品人的意图。

毛泽东和尼克松握手的直接背景是美国的越南问题。尼克松正在以娴熟的技巧尽力跟中国和解，以便用这种吉利的薄雾来掩饰美国无力在越南打赢的窘境。

如果越南问题对尼克松来说是个促进，那么，从毛泽东的观点看，越南却是中美和解的障碍。尼克松仍在受着这场战争活生生的折磨，他希望毛泽东能帮他摆脱这一烦人的苦恼。毛泽东希望目光超出越南，但是，他很难那样做；马克思主义世界内部的压力要求他继续支持他那些烦人的印度支那朋友。

当尼克松走进毛泽东的书斋时，毛泽东就已经在某种程度上达到了他的主要目的。

四分之一世纪以来，他只希望美国**不要**做某些事。在 20 世纪 40 年代末期（当华盛顿在援助蒋介石的时候），在 1950 年（作为朝鲜战争的扩展），在 1953 年（当艾森豪威尔试图压中国达成朝鲜停战时），在 1954 年和 1958 年（台湾海峡危机时），以及在 1966 年（当有些美国将领沉醉于通过打击中国而赢得越南战争的想法时），他都担心美国会进攻中国。

在毛泽东看来，美国在亚洲的扩张主义，似乎在他本人和尼克松之间的小地毯上已经停住了。正如我们将看到的那样，他夸大了美国的衰落；但是，他感觉到，尼克松的到来会保证美国和中国在许多年内不会互相打仗，这倒是很正确的。

如果毛泽东觉得，美国关于中国的一些错觉，已经躺在两位首脑脚下的尘埃之中，他是有道理的。

已经成为美国干涉远东事务标志的那种清白无辜感，在哪里呢？既然尼克松是脸上带着越南乌云的影子来的。美国在东方的那种单方面的使命感，在哪里呢？既然尼克松到来是要说，美国准备跟中国共同分享亚洲的未来。美国在第二次世界大战之后在亚洲角色的普罗米修斯主义，究竟在哪里呢？既然尼克松是随着衰落的美元而来，并且要求毛泽东"帮忙"结束越南战争。

然而，积极的合作并不容易。美中对话几乎没有超过幼儿对话的阶段。每一方对对方的政治都比十年后了解得少得多。

毛泽东和美国人只在一项当时的国际争端上看法一致。双方都支持巴基斯坦反对印度肢解东孟加拉湾。

毛泽东对越南采取长远的观点，而这对仍然纠缠在战争中的尼克松来说是不可能的。另一方面，这位美国人希望从他的"和平结构"的长远标准来讨论亚洲的未来。毛泽东在这个问题上只得一带而过，因为他害怕被别人看成是背弃他的印度支那朋友。

在苏联问题上也一样，时间和空间对双方来说都有不同的关系。足以令人瞠目结舌的是，尼克松这位以本能地给别人扣赤色帽子进行政治迫害而著称的人，竟然比毛泽东更担心苏联对"改变世界的一周"的反应。毛泽东向前看得很远。他的反苏主义和亲西方主义比美国方面在1972年认为可能的程度，要更深刻。

尼克松直率地问毛泽东："对中国来说，哪一个危险是最直接的：是美国入侵的危险，还是苏联入侵的危险？"[19]毛泽东的回答强调了苏联的危险。然而，美国方面是否抓住了并欢迎这一暗示呢？

毛泽东希望尼克松把中国放在他考虑的首位。尼克松不可能合乎情理地这样做。以前已经有过两次，毛泽东期望华盛顿比它实际上做的更认真地对待中共。他觉得，罗斯福和杜鲁门都在第二次世界大战结束时低估了中共，而杜鲁门在中国涉足朝鲜战争的前夕再一次低估了中共。难道毛泽东仍然没有在美国那里确立起他的地位吗？

然而，毛泽东也应为在中美和好上的犹豫不决而受责备。他对美国的看法存在着矛盾心理。一个强大的美国在过去阻碍了毛泽东的中国。但是，毛泽东极想知道，美国会不会从一个极端走向另一个极端。华盛顿能在自命不凡的力量和消极悲观的被动状态之间找到一条中间道路吗？

毛泽东矛盾心理的根源在于他年轻时对西方的复杂情感。美国既是资本主义的，又是非中国的。毛泽东难以让自己依靠这样的势力。是的，美国先进，但是也可能沉溺于其财富和舒适，或许马克思的“规律”注定它垮台的速度比它崛起的速度还要快。

毛泽东是否像尼克松一样也梦想人类有“新的和平结构”呢？他极少说到任何真正的国际目标。的确，他是用了“世界革命”这个短语，然而，它缺少国际大蓝图的含义。它的意思是外国像中国所做过的那样进行革命，或者对中国的敌人采取敌对的立场。

国际关系作为一种**过程**让毛泽东极为着迷，他跟到访的政务活动家们也按这一思路进行讨论。他坚持一系列的价值观：变化的永恒性、斗争的无所不在、大规模军事设施的祸福兼有、空间本身的无用性。

看到超级大国、“反动分子”和其他坚持特权的人的计划被这些“不可抗拒的力量”搅乱，他感到很满意。然而，在冲突和衰落的上滚下翻的过程中，除中国的安全之外毛泽东似乎并不寻求很多东西。他像是站在山顶上俯视动乱的预言家，令人奇怪地不纠缠于国际关系的细节。

这是毛泽东第二次见到基辛格，而且以后还会见到他。中国消息人士说，毛泽东发现跟基辛格谈话比跟尼克松谈话更令人兴奋，而且，在毛泽东和外国政府首脑的谈话中不常有的是，他常常把基辛格拉进他跟尼克松的谈话中。

“毛泽东佩服尼克松的政策，”曾5次拜会毛泽东的温斯顿·洛德说，“他对基辛格的在座和交流感到高兴。”[20]然而，毛泽东对基辛格的评价不如基辛格对他的评价高。*

基辛格1970年风趣地说，在之前民主党执政时，迪恩·拉斯克

*毛泽东1973年对蓬皮杜说：“基辛格喜欢作简要说明，但他的话常常不是很有才智。”见 *Nouvel observateur*，9/13/76。

曾把毛泽东跟希特勒作恶意的比较，而尼克松政府的人把毛泽东跟希特勒作善意的比较。毛泽东显然知道这个风趣的说法[21]，因为他对蓬皮杜总统说："美国说我们比希特勒还坏。"[22]

毛泽东知道，基辛格1971—1972年热心于中国事务的背后有很多偶然因素。基辛格兴奋的部分原因是，他在中国身上发现了一张他可以用来对付莫斯科的牌。这意味着，正如后来毛泽东彻底明白的那样，是苏联而不是中国，才是基辛格考虑的中心。

和尼克松而不是和基辛格在一起时，毛泽东更清楚地知道自己在外交政策方面站在哪里。毛泽东把尼克松看作是正统的右翼政治家，他对世界相当了解，现在正领导着美国面对70年代的现实进行调整。"有人说你是右派，"毛泽东对尼克松说，"相比之下，我更愿意（西方人）从右边掌权。"[23]他在《外交事务》上已经看到尼克松的文章[24]，在文章中，"新尼克松"——在其当选为总统以前——表明他已经摆脱了50年代的反华情绪。

他看待尼克松比看待杜勒斯较为宽容，因为他现在是依据苏联在世界上改变了的角色来看待问题。还有比尼克松更合适的人能跟他站在一起对付苏联人吗?

毛泽东对西方保守派的热情使左翼的人士震惊了。但是，毛泽东对西方政治并不充分了解，看不出自由民主党或工党的立场可能是站得住脚的。他喜欢来自资本主义国家的领导人像个资本家那样行事，这会验证他的世界观。

此外，毛泽东需要统一战线以对抗苏联。尼克松（以及欧洲的爱德华·希思和佛朗茨·约瑟夫·斯特劳斯）在反苏方面似乎比自由民主党人（以及欧洲的工党领导人，像哈罗德·威尔逊和赫尔穆特·斯密特）更可靠。

周恩来到上海为尼克松送行，这回是微笑着。然后，周恩来回到北京去跟毛泽东一起谈论"改变尼克松的一周"。在紫禁城，这次到访的分数得了个 A^- 。

毛泽东对世界的战略分析以苏联为中心问题，通过这次峰会，世界意识在他的分析中得到加强。

在台湾问题上，毛泽东取得了相当大的收获。美国向中国大陆和台湾之间的争端迈出了一大步，它声明它对台湾属于中国的观点“不提出异议”，它希望“台湾问题由中国人自己和平解决”。

在未来，尼克松将谋取在半正常化的状态下与中国接触，进行广泛的文化交流、贸易往来。毛泽东将谋取快速地走向完全的外交关系；尼克松答应他，这会在尼克松期待的第二个总统任期之初完成。[25]

在某些方面，毛泽东和尼克松都有收获。中美双方在心中均有如释重负的感觉。苏联不能再放心地认为北京和华盛顿互不接触。

这次北京之行的事前活动创造了一种气氛，使得足够多的国家转而投票支持北京取得联合国的席位。尼克松离开北京后九个月之内，又有 20 多个国家承认了毛泽东的政府。

中国的“和平共处五项原则”自 50 年代以来就遭到华盛顿的拒绝，现在则写入了公报的共同声明部分。台北政权的国际地位由于尼克松之行而开始受到侵蚀。在“帮助”尼克松甩掉越南战争这个累赘方面，毛泽东把握的程度是不让河内公开叫喊他背叛。

然而，尼克松的突破给毛泽东带来的益处有点晚。毛泽东本来希望为了中国经济的利益而更早地借助美国的技术。他几乎没有剩余时间用于巩固这一新的跨太平洋纽带，印度支那局势在毛泽东人生余下的四年中，有三年继续成为障碍。

会有时间哄得华盛顿放松对台湾的控制，从而让毛泽东在去“见马克思”之前或许能看到中国内战的最终结束吗？

在尼克松访问之后，毛泽东改变了他对日本的政策。的确，日本人采取了主动。东京对“尼克松冲击”做出反应，抢着拥抱北京并跟台北断绝了外交关系。这不仅仅是由于尼克松劝说的力量。对毛泽东来说，与美国和解合乎逻辑地使他对美国在太平洋的关键盟友日本的看法较前乐观了。*（不久他就敦促基辛格对日本要更尊重些。他敦促这位国务卿在东京逗留的时间要跟在北京一样长。“我接受了这个建议。”基辛格说。[26]）

毛泽东为尼克松写了一首寓意深长的短诗，并送给这位美国总统作为他到访的纪念：

* 几年前，毛泽东就提到过中国、日本、西方之间的谅解，现在已成事实。他 1964 年对法国到访者说：“有一个伦敦、巴黎、北京、东京轴心会是件很美好的事。”见 Marcuse，p. 289。

1972年9月27日，毛泽东在中南海会见日本总理大臣田中角荣（中）、外务大臣大平正芳（右）。9月29日，中日两国政府发表联合声明，宣布实现中日邦交正常化，正式建立外交关系。杜修贤　摄

老叟坐凳
嫦娥奔月
走马观花[27]

坐凳的老叟是帝国主义。嫦娥（公元前3000年时的神话人物，为了逃避她令人讨厌的丈夫而飞往月亮）是代表人造卫星的美丽形象。短暂访问中国的尼克松本人是那走马观花的人。

毛泽东称赞了他的客人。尼克松至少来看了看"中央帝国"，而不是像个典型的帝国主义首领，只是自鸣得意地坐在凳子上。

然而，毛泽东的其他看法，则让任何可能希望与他携手的西方领导人感到不安。帝国主义的日子完结了。不仅美国和苏联，而且还有中国，现在都能把人造卫星送到月球。尽管尼克松可能开明，但是他只在表面上滑过，只瞥见了从奔驰的马背上能看到的那点现实。

毛泽东后来在武汉的一次军事人员的会议上说："尼克松没理解我的意思。"[28]或许那样倒还好。短诗虽然不是对尼克松不友好，但是显得傲慢而带揶揄。虽然毛泽东不是真的以类似于尼克松的角度看世界，然而，他个人对这位美国总统是有好感的。在1972年的选举活动期间，毛泽东周围的人员选择要支持某一方，一个护士说她要"投票给"麦高温。毛泽东不同意，说他选尼克松。[29]

虽然尼克松的访问使毛泽东振奋，但这不能阻止他身体状况的下滑。他只能用放大镜看书，而且透镜还不得不定期加深。他戒了烟，看书少了，在江青的建议下，他开始看电影。他喜欢香港和台湾的功夫片。除了张玉凤，几乎没人能轻易听懂他的话。

第二十章

破碎的幻梦（1973—1975）

毛泽东跟周恩来长期的伙伴关系在1972年达到顶峰。虽然毛泽东没有公开称赞周恩来（他没有称赞副手的习惯），但是，周恩来在林彪叛逃和尼克松访华期间对毛泽东的辅佐是十分出色的。

这位总理从来没有跟毛泽东如此接近于平等关系。大概自从长征期间在遵义会议那个转折点以来，毛泽东还极少像1971—1972年这样迫切地需要周恩来。

毛泽东为了击败林彪不得不转向右翼，这使他投入了周恩来的怀抱。他不顾一些极左派和军方的反对而向美国开放了国门，周恩来又一次成为他合乎逻辑的盟友。

毛泽东并不十分情愿地依赖周恩来。毕竟，周恩来的天性跟他不同。如果老谋深算的、率性的毛泽东是老虎和猴子的结合物，那么，周恩来则是个把保守主义知识界的传统延伸到共产党时代的人，而毛泽东痛恨这种传统。

周恩来远不像毛泽东那样，相信世界持久地处于流变之中，或者把斗争置于一切其他价值观之上，或者把一切现象都看作充满矛盾。

周恩来没有像毛泽东那样，在20世纪50年代末期非斯大林化危机后变成充满怀疑的人，因为马克思主义对周恩来来说，从来不像对情感更为强烈、更有棱角、更有独到见解的毛泽东那样意义重大。

周恩来不像毛泽东那么爱冲动，所以从来没有从党的职位上被赶下来过，毛泽东则有三次[1]；他更没有像刘少奇、邓小平和其他人那样遭受过全面清洗。

周恩来逐渐把毛泽东看作中国 20 世纪的伟大人物。“他教导我们认识了一切。”他说时声音特别慷慨激昂。[2]

然而，周恩来不得不谨慎对待毛泽东。他看到毛泽东接二连三地对高级同事产生不满。他小心地不对武断的、过度敏感的、晚年的毛泽东提出异议。

当周恩来 60 年代批评毛泽东时[3]，或者是在私下里，或者是用模棱两可的词句。“毛主席是正确的，”他在一次紧张的、冗长的“文化大革命”会议上简略地说，“他非常谦虚。”为了让别人明白他的意思，周恩来补充说：“我们大家，包括我自己，都犯过错误。”[4] *

然而，到 1971 年末，周恩来觉得跟毛泽东的关系比任何时候都更安全。

“怎么会有绝对权威呢?”周恩来对一位美国到访者直接说出他的想法，“毛主席在某些问题上可能是权威，但如果有些问题他不熟悉，他又怎能成为这些问题的权威?”周恩来提出了第二个爆炸性的问题。“这里还存在一个时间问题，”他在一次对话中说，“你今天是权威，但是否意味着你明天还是权威?”[5]

的确，周恩来的话是反林彪的，因为“绝对权威”这个短语是林彪的图腾之一。但是，周恩来也是在对毛泽东神一样的地位提出尖锐批评。

周恩来的勇气没有持续多久。70 年代中期令人痛苦的争吵将证明，跟对待以前的二号人物一样，毛泽东不会允许总理成为真正与他地位平等的人。凑巧的是，1971—1972 年周恩来在其中担当必不可少的执行官的两项重大成就，不久就成了问题。

林彪除掉了；但是，到 1973 年，毛泽东对反林彪的联盟并不十分满意。大门向美国打开了；但是，到 1974 年，毛泽东听到了一些批评，有人质疑穿过这座大门的交流对中国有没有好处。对周恩来来说，甚至更糟糕的是，他自己的健康状况在恶化，而且毛泽东了解这一点。

* “我们追随毛主席到现在已经几十年了，”周恩来另一次在“造反派”的令人精疲力竭的“文化大革命”会议上说，“我们大多数时间都保持沉默，因为我们要顾全全局。”

尽管周恩来很谨慎，但他自己还是时不时地受到批评。1969 年，媒体提出实际有 29 个布尔什维克，这是极左派就周恩来与 28 个布尔什维克（他们是毛泽东在 30 年代早期的对手）的联系打出的一记重拳。见 *WIT*，P. 342。

毛泽东自己曾敦促林彪把人民解放军政治化，使它成为“全国人民的大学校”。林彪给了毛泽东他想要的那种类型的军队，而彭德怀没能做到。毛泽东正是骑在这支军队的背上而奔向他“文化大革命”的战斗的。

有足够讽刺意味的是，1972 年，毛泽东又一次坐在了一支彭德怀式的人民解放军的领导者马鞍上。

许世友是地区军事司令员中的典型，现在由他们为人民解放军定调子。这位广州军区司令员在反对林彪的“左倾”农村政策时曾宣称：“没有必要为了进行一场革命而把贫富拉平。”[6]反林彪联盟就其性质而言，不可能长期存在。许世友一类的人不是毛泽东的天然盟友。时间很快就十分清楚地表明了这点。

毛泽东并没有在 1971—1972 年的冬天因为胜利而得意。他没有指名道姓地斥责林彪，也没有重新选择“接班人”或“最亲密的战友”来代替他。如果周恩来的支持者们期待这项荣誉落在他们的英雄有耐性的肩上，那他们就失望了。

毛泽东似乎缺乏信心。林彪事件的结束至多是个解脱，而不是为新一波毛泽东主义政策的制定开绿灯。“文化大革命”的一切理想主义、信仰和斗争在毛泽东的手里像很多泡沫一样破碎了，留在他手指上的是权势政治湿乎乎的汗迹。

一种右翼情绪明显地体现在：农村政策较为宽松了；“文化大革命”的一些受害者又重新安置到高级岗位上；学校又回到正常的秩序，不那么强调意识形态了；工厂里在某种名义的掩饰下采用了物质刺激手段；对历史和其他思想性话题的讨论，相对来说不再那么受当时政治需要所强加的偏见的影响了。

1972 年的向右摆动，肯定让毛泽东想起“大跃进”失败之后发生于 1962 年的类似摆动。

这是毛泽东不得不付出的代价，因为，他正在为对抗自己的死亡而进行病态的战斗，他要重新控制枪杆子，而且在对待“无限忠于”的林彪上，他自己改变了主意。

在复杂的政治局势中，老革命和前外交部部长陈毅死于结肠癌。当消息于 1972 年 1 月初传到毛泽东那里时，毛泽东正因为患支

1972年1月10日，毛泽东到八宝山参加陈毅追悼会。在同陈毅夫人张茜的谈话中，毛泽东充分肯定陈毅光辉的一生，并表示要请邓小平出来工作。杜修贤 摄

气管肺炎而非常虚弱，他不断咳嗽，晚上很难入睡。中央向陈毅的家属和各政府单位传话说，毛泽东不出席葬礼。但是，当到了追悼会召开的时间，毛泽东的工作人员注意到他烦躁不安。他突然宣布，他要去出席葬礼。八宝山公墓礼堂里没有人想到他会来。他的助手们吓坏了，他们甚至没能给他穿好衣服。这位最高领袖穿着睡衣，套上不整洁的衬衫和裤子，外面再裹上一件掩饰性的大衣，就驱车去向陈毅作最后的告别了。

在八宝山，毛泽东在陈毅的遗孀面前哭了。他对她说："我也来悼念陈毅同志。陈毅同志是一个好同志。"毛泽东还跟柬埔寨的西哈努克亲王说了话，借这个机会告诉他，林彪已经在企图逃往苏联时死于飞机失事。"林彪是反对我的，陈毅是支持我的。"毛泽东对这位柬埔寨人说。[7]

有些人看到毛泽东出席葬礼并与陈毅的遗孀和子女长时间说话，惊奇得瞪大了眼睛。是的，他跟这位军界老兵交往已经有40年了。但是，陈毅却成了毛泽东的"文化大革命"的受害者，当毛泽东出来保护他时，已经太晚了。

毛泽东几乎不出来参加同事的葬礼。为什么这次他到八宝山来了呢？

毛泽东喜欢这个精力充沛而且爱斗嘴的陈毅，尽管并不总是喜欢他的观点；当阴谋似乎成了北京的正常情况时，失去一个总是直截了当地开炮的人，使毛泽东动了情。

但是，殡仪馆冷冰冰的大理石休息室里挤满了穿解放军军装的人，这说出了更充分的理由。毛泽东对军事司令员们欠着一份债。他对这位外交部部长表示称赞，也是在抚慰一些军人的积怨。*

*甚至朱德也得到允许送了花圈，并到医院和陈毅的遗体告别。这个拒绝认可毛泽东的"文化大革命"的人，已经好几年没在公开场合露面了。

1972年年中，毛泽东为了说出自己的心意，试图利用两个不大可能的、且未准备好的媒介。斯里兰卡总理班达拉奈克夫人正在北京，她代表斯里兰卡的孩子们送了一头小象给中国的孩子们，然后乘车到中南海与毛泽东聊一聊。

毛泽东在大略地描画世界景象的过程中，突然开始告诉这位好脾气的斯里兰卡人关于他自己政府内的迫害和谋杀。班达拉奈克夫人既迷惑又尴尬。有那么一会儿（甚至可能当她离开毛泽东的书斋时还是这样），她不知道毛泽东正把哪一个特定的“两面派”钉入耻辱的棺材。

毛泽东说的是林彪。残余的林彪同情者现在已经吓得差不多了，中南海可以泄露一些秘密了。毛泽东已准备好让世界了解他精心制作的真相版本。

> “两面派”死了……他“试图谋杀我（毛泽东）”……他反对整党建党以及向美国开放大门……

五个月以前，关于前国防部部长的简单事实性的问题，甚至尼克松也没有得到任何答案。现在，毛泽东则在向一位来要求经济援助而不是政治秘密的妇女透露林彪的信息。

两周以后，毛泽东向法国外交部部长舒曼提供了类似的关于林彪危机的权威版本。“一杯苦酒，”毛泽东为他的法国到访者总结说，“林彪就完了。”这个说法没能让人感觉到，林彪为了反对一个处于被动的毛泽东在搞阴谋，至多意味着1971年的大事年表会记录此事。[8]

毛泽东在命令对人民公社采取一套温和政策的文件中和善地说：“我们必须兼顾国家、集体和个人这三者之间的利益。”[9]文件以社论的口吻接着说：过去“人为的平均主义已经阻碍了贯彻执行毛主席的革命路线”。这明显地表明，政策向右转了。

在多变的季节中，“毛主席的革命路线”是个多么方便而又有多种用途的万金油！

然而，无论这个教条式的短语能被持各种观点的官员们怎样到处抛来抛去，毛泽东本人还是非常活跃的。他暂停了一段，但并没有退出混战。别的领导人可以梳理出任何一部分适合他们自己的目的的毛泽东思想；但是，唯有毛泽东保有任用和罢免他们任何人的最高权力。

到1973年春天，毛泽东冲上了外交政策的顶峰。

在尼克松之行之后的一年中，有二十多个国家承认了中华人民共和国。毛泽东在他的书斋里和蔼可亲地一个接一个地接见了其中许多国家的领导人。* 他给他们讲至理名言。他礼貌地询问他们遥远的国家的情况。他拉上一层薄纱盖住那些互不承认的荒漠般的岁月，谈论历史的大趋势，轻蔑地抛开由于过去相互的孤立而杜撰出的那些小小不言的责备，把谈话的调子定成好像中国和该国真的是老朋友，它们之间轻松的互动就像空气或水一样自然。

*仅仅在1973年一年中，他就接待了五位非洲国家元首。

毛泽东是在反日主义的浪潮中得到政权的，而现在他对待田中角荣首相却好像田中是个小弟弟。[10]

周恩来带着田中穿过前厅来到毛泽东的沙发旁。毛主席面带欢迎的微笑对二人说：“你们吵完了吗?”没等回答他又说：“吵吵架对你们有好处。”

“我们谈得很友好。”田中大胆地说，掩盖了关于中日战争是给中国造成“灾难”（中方建议的词）还是仅仅是“麻烦”（日方的建议）的争论。[11]

毛泽东把自己置于哲学层面，高高地凌驾于真诚而具体的谈判努力之上。“不打不成交嘛。”他一边挥手让两位总理坐下，一边宣布道。

毛泽东劝这位其貌不扬的日本人少喝茅台。田中回答说：“我听说茅台是65度，但是我真的喜欢它。”

“不是65度，而是70度，”这位中国领导人说，“谁给你的错误信息?”

毛泽东下面的话，则让他远远地离开了茅台。“顺便说一下，中国有太多古老的东西。让旧的东西捆住手脚可不好。”

这使毛泽东自顾自地说起自己的父亲，最后又无目的地转向日本政治这个话题。

“小时候，”他继续说，“父亲对我很严厉，我就造他的反。儒家的‘四书’、‘五经’上说父慈子孝，我问父亲为什么对我不好。不扯远了，日本竞选时，角逐很激烈吧?”

当田中说到日本选举活动的艰苦时，毛泽东纳闷地摇摇头，喃喃道：“到街上去做竞选演说谈何容易！……”这位老战士把精神手臂搭在这位年纪较轻的政治家的肩头。“在街上演说可是件苦差事，”半世纪前在长沙做过大量演讲的这个人说，“请多多保重。”

“你们的议会制度是怎么回事?”他问田中。这位首相小声说：“它也有它的问题。”毛泽东高傲地总结道：“日本一定存在很多问题，是吧?”

毛泽东就好像回到了几个世纪之前中国是老师、日本是小学生的历史点，跳过了可怕的中日战争，把日俄战争之后日本在亚洲的领导地位曾赢得他少年时代的羡慕的时期，只看作是过去的插曲。

“周恩来在毛泽东面前是个无足轻重的人物，”田中回到东京后告诉一些日本政治家朋友说，“他在毛泽东面前的举止像个伴随一名杰出议员的笨拙的秘书。”[12]

即使人们觉得，田中说到的周恩来在毛泽东面前的情况，也适用于他自己在毛泽东面前的情况，这也还是个很有趣的评论。

毛泽东的政府在联合国仍是个新来的孩子。纽约的中国代表根本不像有些人预言的那样“搅乱”这个组织，而是完全以惯例的方式玩这里的公文、辞令和外交礼节的游戏。

同时，在海洋法、债务、贸易结构和其他使“富有”和“非富有”国家相抗衡的问题上，中华人民共和国成为在特图湾为第三世界说话的最有分量的声音。

《人民日报》大量报道了中国在安理会（中国是五个常任理事国之一）和其他机构中的言论和行为。

然而，毛泽东似乎对联合国感到厌烦。在他所有关于外交政策的讲话和谈话里，几乎没有一次涉及联合国的话题。他把这些事留给北京庞大的官僚体系里弱小的国际主义派去处理，这一派在外交部仍立足不稳。

毛泽东对那些委员会讨论和平、给侵略下定义以及对国家间争端的纸上谈兵没有信心。他是把中国摆在第一位的人，心里想的是势力均衡问题，而不是一个欢迎合作计划的国际主义者。

至于“富国”和“穷国”之间的紧张关系，虽然毛泽东非常强烈地在意第三世界观点的道德公正性，然而，他对所涉及的复杂经济问题的了解并不很详细，或者是过时的。

相对于超级大国的第三世界对手们在联合国所讲的话来说，他似乎对在全球范围竞争的超级大国的行为更感兴趣。这很自然。毛泽东把中国看作是正在为了进入超级大国的大联盟做准备活动，而不满足于在“新兴国家”的温顺的伙伴中做领头羊。

当1973年从蒙古吹来的早春的沙尘弥漫北京时，毛泽东和基辛格第三次一起坐下来。中国和美国刚刚同意在对方首都设立联络处(其实就是大使馆)，这是向前迈出了重要的一步。

中美联系在国际事务中已成为确定的事实。然而，在中国国内，仍然对毛泽东和尼克松握手有一些怀疑的声音。“有的同志说，”在昆明一次军队的秘密会议上，演讲人紧张而不安地承认，“过去我们把苏联与美国的谈判说成是美苏勾结，但是现在我们也在与美国谈判。”[13]的确，人们可能会这样说。

1974年4月，毛泽东提议由邓小平率中国代表团出席联合国大会第六届特别会议。4月10日，邓小平在大会上发言，全面阐述以反对霸权主义为宗旨的毛泽东关于三个世界划分的理论。

演讲人（他的讲稿落入台湾间谍手中）实际上是在为毛泽东的亲美倾向做辩解。他告诉人民解放军连级或更高级别的军官们：“尼克松只是个过渡性的人物”，中国的真正目的是“要与美国人民接触”。

关于毛泽东从以前苏联阵营的兄弟国家中孤立出来，能说什么呢？讲稿小心翼翼地提到“真正的社会主义国家暂时减少，只是表面现象”。

跟尼克松一样，毛泽东在下苦工夫告诉他的人民，政策并没有变。然而，特别是人民解放军的军官们知道，中国对美国的政策已经变了，正像美国人能看出尼克松对中国的政策已经变了一样。

在政治局里，出现了新的紧张关系，而且很大程度上是毛泽东自己造成的。1973 年 11 月，江青尖锐地批评周恩来，甚至说，对他的抗击将是中共历史上“第十一次路线斗争”。12 月，毛泽东支持他妻子对周恩来的某些批评，虽然他拒绝把这些跟周的分歧与党过去十次大的权力斗争同等看待。[14]

在战术上，毛泽东总是更喜欢在政治局的各派中占据中间位置(跟他在原则问题上信念的强度完全不相干)。从这个位置，他可以根据辩证法的翻转或自己的一时之念而转向左边或转向右边。

1973 年，当他发现反林彪联盟把他向右拉得太远时，他觉得有一种向左转的冲动。他在意识形态的橱柜里翻找弹药，以便向他判定为太保守的同事开火。

大自然在中国政治高层酝酿的新危机中起了有害的作用。医生们 1972 年发现周恩来的膀胱、结肠和肺有癌症症状。[15]这一消息，肯定像疾病破坏了周恩来的活力一样，破坏了毛泽东和周恩来的伙伴关系。

毛泽东自己在体力上迅速失去了指导政治局工作的能力。他的健康状况有起伏，但好的时候极少。他会连续几天惊人地工作。在另一周里，影响到他行动的肌萎缩性脊髓侧索硬化* 和心脏的毛病又会让他卧床不起，除了签署文件和在重大事情上进行简短的商讨以外，他不再露面。

能否跟毛泽东取得联络，对北京的权力赌注来说变得至关重要。谁能从这位老人那里得到签名或点头同意？而在这个时候，政治局里人人都知道，周恩来作为毛泽东和全国之间桥梁的作用，最多在几年之内就将结束。

当周恩来在人民大会堂设宴招待西哈努克亲王时，令前来出席的客人们震惊的是，邓小平竟来了！[16] **

这位耿直、结实、精力旺盛的人，现在跟中国领导人在一起，有点不安地缓慢移动着脚步。被流放 6 年之后，他看上去身体还不错。

*肌萎缩侧索硬化症（amyotrophic lateral sclerosis，ALS）是一种运动神经元病，也是四大常见的神经退行性疾病之一（其他三种为亨廷顿氏病、阿尔茨海默氏病、帕金森氏病）。主要症状是运动神经坏死和肌肉萎缩。——编者注

** 我在别处（《铁树开花》，1975 年，201 页）也描述过一家杭州电影院经历的如遭电击的效果，当时观众在新闻纪录片中于 6 年或更长时间里第一次看见了邓小平的面孔。

毛泽东和邓小平 1974 年在北京。1973 年 3 月 10 日，中共中央根据毛泽东、周恩来的提议，决定恢复邓小平的党组织生活和国务院副总理职务。随后，又委任他担负党政军的重要领导职务，在周恩来病重后主持中央日常工作。杜修贤 摄

这位脸上泛着灿烂笑容的，就是那位“走资本主义道路当权派”的二号人物，如金属般强硬的中共前总书记，他曾坐得尽量离毛泽东远一点以避免听到主席的最新指示。毛泽东在私下里说：“他是个决定性人物，三七开。”

毛泽东的亲戚王海容（以前是学生，现在是外交事务助理）拉着邓小平的手臂，把他重新介绍给一群不敢相信的外国新闻记者。他鞠了宫廷式的一躬，说他很高兴回来。此前他一直在江西省做钳工，改造自己；他说明了情况，就像小孩子在解释为什么旷课一样。

他现在是副总理，王女士和蔼而冷淡地解释道。几周以后，毛泽东告诉别人，他现在觉得 1966 年以后邓小平遭受的谴责和困苦“太严厉”了。[17]

尽管大会堂里的气氛看上去很和谐，但是，邓小平的重新出现表明了毛泽东那正在塌陷的权位下面蕴蓄着地震般的力量。生病的周恩来或许希望邓小平回到领导岗位上来；然而，按照可怕的反林彪斗争及其后果的逻辑发展，毛泽东应该是不得不接受邓小平。

邓小平一听说林彪垮台，便立即精明地从身处的江西给中央委员会写了一封信。他宣称，他对林彪的背叛非常愤怒。有没有可能让他参加“批林”呢？[18]

邓小平的回归是毛泽东不得不为回报帮他打倒林彪的联盟而开出的又一张支票。毛泽东曾依靠军区的司令员们，这些倔强的老兵大部分是邓小平的好朋友。毛泽东已经向几十位“文化大革命”中被打倒的高级官员打开了门，邓小平自然是（刘少奇之后）他们的英雄。

然而，邓小平复出所面临的局势并不是简单的“左”对抗“右”的形势。毛泽东不稳定的健康状况、他时不时显示他的权力的那种不可预测性、他那堂·吉诃德式的对真理的跳跃式追求，使无论来自哪个方面的精心做好的计划都具有了不确定性。

毛泽东不再能发起并持续地主持一项政治行动。但他可以发出最高指示，他能随意任用和罢免，他有否决权。

医生和护士占据了中南海舞台的中央。[19]与此形成对照的是，在早些年，毛泽东的工作人员中几乎不包括医务人员，而是有许多警卫员。现在形势反过来了，警卫员少了，医务人员成倍地增加，毛泽东的身心状况似乎跟国家的状况有相关关系。

毛泽东扮演的是最高立法者的角色。在任何观点的冲突中，他可以通过喃喃吐出一个短语或涂写出一句格言就能获胜。但是，他不能跟踪到底（像在“文化大革命”中那样），并让现实跳过来而符合他的格言。

林彪把他老板的代号定为“B—52”，是相当恰当的。毛泽东现在的确像个重型轰炸机，能够时不时地造成巨大冲击力，但是在间歇时间里，他对他下面发生的事情几乎没有重要影响。这架特定的“B—52”据了解正在耗尽其燃料，已接近飞行的终点；只有不多的几次空袭可能使（那些要被击中的人）害怕或者被（那些希望插进来并从瓦砾堆里得到好处的人）盼望。

毛泽东 1973 年 8 月“主持”了中共第十次全国代表大会。[20]《人民日报》报道说，当毛泽东出现在主席台上时，“全场响起了雷鸣般的掌声”，主席“向代表们亲切地招手致意”。毛泽东没有作演讲。

代表大会只持续了五天，而 1969 年的“九大”开了 24 天。第九次代表大会已经秘密得够可以了，但是第十次代表大会直到安全

1973 年 8 月，中国共产党第十次全国代表大会在北京举行。大会肯定毛泽东、周恩来领导全党粉碎林彪反革命集团政变阴谋的历史功绩，并使一批众望所归的老干部重新进入中央委员会；但又肯定中共“九大”的错误指导方针，并使江青反革命集团的势力得到加强。

地结束以后才宣布，而且开会的地点从未泄露。

在其文件里也没有任何思想上的活力——一部新的党章和两三个陈词滥调的发言，耍弄了一些旧的口号，仅此而已。

会议如此枯燥乏味，有两个原因。第一，毛泽东仍在迁延，有统治之名，但无统治之实，这就抑制了他周围的人智力上的创造性。第二，如果 1973 年要出台新政策，就会像在上帝面前提出对十诫进行修正一样。

大权在握的周恩来和那些在政策上跟他想法一致的人，与江青和她那些靠不住的、急切的朋友间存在着紧张关系。江青一帮人在老年毛泽东反偶像崇拜的情绪中，嗅出了他们爬上中国政治顶峰最后机会的气息。

新党章说：“前途是光明的，道路是曲折的。”换句话说就是：我们最终会成功，但是，在目前的形势下，上帝才知道怎样才能做到。

就个人而论，周恩来成了“十大”的明星。他在外交政策圈子里的一些追随者，在权势地位上有所提高。同样得到提升的还有一些非毛泽东主义的官员，其中大部分是周恩来的熟人，他们通过反林彪而得到了回报。跟“九大”相比，大输家是“左倾”的人民解放军军官。

然而，这还远不是1973年大会全部的故事。极左派在快速前进；如果没有毛泽东的风为他们的帆船助力的话，这是完全不可能的。好斗的王洪文以前是上海的一个年轻英俊的纺织工人，除了周恩来以外，他有幸作了大会的两个报告之一。“敢于反潮流”是王的主题口号。

大会彻底结束了林彪事件。林彪的过错被以中国通常的极为夸张的方式加以利用。他被“永远”开除出党。

毛泽东拒绝挑选新的二号人物。林彪的副主席职务由五位副主席平分。看来，毛泽东希望让所有的竞争者都找不到平衡，这或者出于他对自己越来越抓不住控制权的愤懑，或者出于他对因自己的日益衰弱而引出的那些卑鄙花招进行的苦涩揶揄。

毛泽东79岁，周恩来75岁。除周恩来之外，担任副主席的四个人中有三个都接近70岁。39岁的王洪文，则像是处在年长的叔伯中的一个孩子。

令人害怕的是，20年代参与塑造中共的这位老兵，在领导着这次代表大会，而王洪文和他的朋友们（包括江青）不可能在中国被接受为新兵，因为他们不具备必要的才能或声望。

毛泽东并非真的在特地安排一种平衡行动。他只是站在阴影里，并（或者由于老迈，或者由于任性乖张）发出让人难以确切解读的信号，从而造成了混乱。

周恩来看到了他想看到的成熟稳健的毛泽东。由于周恩来生病而变得大胆的江青，则看到皇冠正在滑入皇后的手中。

毛泽东的地位比“九大”时大幅度地降低了。有时只称他为“毛泽东同志”，这个提法曾在60年代末期消失，而代之以“伟大的舵手”、“伟大的领袖”、“我们心中的红太阳”或最低限度也是“毛主席”。周恩来在本来能引用毛泽东的话（在60年代末期他会这样做）的地方引用列宁的话。

中央委员会看上去不像1969年那样是毛泽东的工具了。它的人数增加了，有319名成员（前一届是279名），这让人想到是为了在互相竞争的利益之间维持均衡；这一届中央委员会中，来自毛泽东家乡省份的委员名额也比前一届少。

林彪死了，毛泽东则身心俱损。

这是1973年11月凉爽的一天。在人民大会堂，澳大利亚总理正在和周恩来谈到孟加拉。一位外交部官员递给周恩来一个纸条。“我们能私下谈谈吗?”周恩来立即对惠特拉姆总理说。

当这位高大的澳大利亚人站起来要跟随周恩来进入侧室时，会议桌上绿色台布的流苏挂住了他扣着扣子的上衣。整块布像从香蕉上剥离的皮一样从桌子上掉下来。由于重力的关系，便笺本、铅笔、茶杯都向惠特拉姆的方向冲过来。

“大概是见毛泽东?”澳大利亚驻中国大使在便笺本上草草写了一下，把便条推给离他不远的澳大利亚外交部部长。当然，他是对的。这样的戏剧性，只有与毛泽东会面才会发生。

“写了几个问题的那张纸条哪里去了?”惠特拉姆问他的大使斯蒂芬·菲茨杰拉尔德。谁也没找到。碰巧，毛泽东有他自己的一些问题。

下午四点半，两辆黑色中国小轿车驶过位于长安街的红色大门进入中南海。每个乘车人下车时，都有一位中国副官在车门上方伸出放平的手掌，以确保不会有人碰着头。

在接下来的一百分钟里，毛泽东一边品着瓷杯里的茶，用光滑而苍白的手抚摸着面颊上粗糙的老年斑，一边把自己对生活和政治的观点（在他将近80岁生日时）异常坦率地摆了出来。

他步履蹒跚，他向澳大利亚人抱怨他的脚有毛病。他的听力似乎不大好，房间里的其他中国人（包括周恩来和王洪文，后者因三个月前在“十大”上令人震惊地提升到中共三号人物位置而志得意满）对他讲话时都把速度放慢一些。

不过，他能不用人帮忙而站起坐下。他活跃的双手让人感觉他是个年轻一些的人，而且是有强烈主见的人。他的身体绝没有垮到让他的客人跟他在一起时会感到尴尬的程度。

在前一半的谈话中，毛泽东是被动的，几乎听不到他说什么。惠特拉姆是个热切的、毫无保留地展示自己的知识的人，大部分时间是他在说话。毛泽东把惠特拉姆的大部分问题都转给他的两个同事。周恩来说话几乎跟毛泽东一样多，甚至王洪文也说了一两次。

惠特拉姆向毛泽东提出了几个关于新的中央委员会构成成分的问题。有没有新鲜血液？妇女是否被赋予了更重要的职责？主席对“十大”产生的新的领导团体是否满意？

毛泽东不是讨厌这个话题就是太疲倦而不想多说。周恩来和王洪文为澳大利亚人列举了一些事实和数字。毛泽东只在中央委员会的军人代表问题上开了口。他说，数量不小，大约占30%。

会谈进行到一半的时候，毛泽东活跃起来。在又一次表现出漠不关心以后（这次是关于台湾的未来的问题），他把双手坚定地放在沙发椅的扶手上，突然说：“现在让我来问问题。”

他问惠特拉姆，澳大利亚工党的哲学和共产党的哲学之间有什么区别。惠特拉姆回答说，他信仰慢慢演化而来的社会主义，而共产党人主张只有革命才能带来社会主义。

“噢，你的观点是达尔文派的啰？”毛泽东继续说。很快他就转到地理上去了：“澳大利亚的达尔文港是以生物学家查理·达尔文命名的么？”*

毛泽东能言善辩，拒绝接受许多向他提出的观点。当惠特拉姆说到毛泽东对现代中国的巨大贡献时，毛泽东回答说他的作用不是那么大。

惠特拉姆说，苏联人在1949年以前对中共帮助不大。毛泽东又一次修正了他的说法。莫斯科“有时”帮不上什么忙，他慢腾腾地说。

毛泽东对惠特拉姆真诚地反对中国核试验好像并不在意。“我们不在乎你提出这个话题。”毛泽东说，像是父亲告诉儿子，无论怎样愚蠢的话题都不禁止讨论。他说到澳大利亚、日本和其他国家抗议中国核试验时宣布说：“这是必要的例行公事。”毛泽东甚至觉得没必要为中国的核试验政策进行辩解。

*惠特拉姆答不出毛泽东的问题，但是，当他回到堪培拉后，他给毛泽东寄去一份讲述达尔文这个北方城市是如何被命名的材料，并对自己没能当场回答作了“自我批评”。这个城市于1839年以查理·达尔文的名字命名为达尔文港，虽然这个小城城区本身在1911年前一直叫帕默斯顿。

惠特拉姆对“必要的例行公事”的提法提出反对。但是，他后来后退了。他承认，中国的立场不应像法国的立场那样受到直截了当的谴责。爆炸发生在中国自己的土地上，而不是像法国那样发生在远离本土的殖民地土地上。另外，中国真的受到核武装敌人的威胁；法国则没那么严重，而且巴黎享受美国的保护。但是，惠特拉姆要修好的努力没有成功。

毛泽东活跃起来。说法国受到苏联的极大威胁，因之它需要独立的威慑力量。它应该拥有这种力量！

扮演完辩论对手并也表达了他的信念以后，毛泽东抛出一个“毛泽东主义”的哲学格言，这个格言显得背弃了他认为原子弹是国家力量利刃的现实政治的立场。“不管怎么说，核武器并不起多大用处，”毛泽东沉思着说，“起主要作用的还是人。”

这还不是毛泽东在其简明扼要的下午谈话中掺进去的唯一一项基本“教义”信条。

这位澳大利亚人赞扬人民共和国在国内取得的进步。毛泽东表示异议，并说，到现在为止的成就仍微不足道。**“不过，中国的贫困是件好事，”**他宣布说，**“它使得人民要革命。”**

毛泽东看来像是不能或者不愿意把自己的思想层次排列成前后一致的模式的人。

毛泽东的同事中几乎没人赞同他关于贫穷是优点的怀旧式战斗精神，邓小平也不赞成。然而，毛泽东善意地提到邓小平的名字，当时他正在向惠特拉姆解释中国的军队跟别的国家的军队不一样。毛泽东以邓小平的情况为例，说他“打过仗，懂军事”。

惠特拉姆对毛泽东说，这位副总理告诉他们这些澳大利亚人，他出席了中共的第八次和第十次代表大会，但是没出席第九次代表大会。为什么邓小平缺席了1969年的大会?

虽然外国到访者很少问毛泽东关于政治局的事务，但是这位主席并不在意这个好问题。他回答说，邓小平1969年不在台上，“那时林彪的问题还没有解决”。

换句话说，毛泽东在1969年仍然跟极左派打成一片，他不希望也不需要邓小平出场。

1973年，毛泽东对极左分子的态度更为复杂。他曾在1970—1972年离开他们，现在渴望从他们储备丰富的弹药库里得到一些军火。但是他摇摆不定。部分原因是他的心绪和身体状况一天天地恶化。部分原因是他现在对下属的看法非常古怪，朝令夕改，变幻莫测。

惠特拉姆说，王洪文在“十大”上闪电般迅速升起以后已是“世界名人”。“你是在哪里发现他的?”澳大利亚人问。

毛泽东本可以轻松愉快地回答，因为惠特拉姆的问题有玩笑的意味。但是，回答确实很干脆。**“不知道。”**毛泽东咕哝着说。中文中表示“不知道”的词，真的是所有语言中最简洁的。

这几位澳大利亚人的目光集中在毛泽东身上，因此，我们不知道当时王洪文的脸上是什么表情。

在回顾毛泽东和周恩来在中国革命中漫长的记录时，惠特拉姆说，当他们两人参加长征时，王洪文还没有出生。王想要说话，但是被周恩来和惠特拉姆打断了。

在会见快结束时，王洪文找到个机会回到惠特拉姆的话头上来。“长征的时候我出生了，”他设法插进来说，“我一岁了。”他又补充说，从那以后，他已经“革命好多年了，就像毛主席和周总理那样”。这一表白似乎只是加重了他资历较浅的状况。[21]

王洪文在中国政府里听上去不像第三号人物，毛泽东和周恩来也没有把他这样来对待。毛泽东曾对王洪文在“十大”的提升作了首肯。“瞧着他吧，”他在大会之后对法国的蓬皮杜总统提到王，“他前程远大。”[22]但是，他现在开始清醒了。*

周恩来是毛泽东与他神奇的书斋之外的世界相联系的桥梁。然而，周恩来对他上司的这种工作既具保护性又稍有点支配性。有好几次，惠特拉姆试图为他跟毛泽东的尴尬而直率的对话注入一点乐观的调子。他说，尽管中国有种种问题（毛泽东一直在说这些问题)，“革命的未来”肯定因为有中国茁壮成长的年轻人而得到保证。

“我和周恩来都活不到革命结束的那一天了。”毛泽东回应说。他拒绝和惠特拉姆一起唱希望的调子，拒绝以惠特拉姆提出的结构方式讨论中国革命的未来。个人的必然死亡是他谈论的主题。

* 王洪文了解这点。1974年1月，他作了一次讲话(从未在中国发表)，是典型的受了伤的自我辩护。以前的中共领导人从未像王洪文对中央委员会学习小组的这次讲话这样，那么多地引用毛泽东的话。他拼命地试图提醒听众，他是，或曾经是，毛泽东喜欢的最年轻的“左派”。见*IAS*，1975/2。

“我已疾病缠身。”他宣布说。

周恩来微笑着插进来，说：“他只是膝盖有点风湿痛。”他这样说或许是出于幽默（像他希望他的客人们认为的那样），或许是出于解脱窘境，或许也可能是温和地批评毛泽东的自我怜悯。

“我已和上帝打过招呼。”毛泽东继续对惠特拉姆说。他不想拉上一层薄纱遮掩他黯淡的健康前景。

周恩来只是听着。但是周恩来跟上帝的约会（他从未用过这个说法）比毛泽东的更近在眼前。

在那个11月寒冷的下午，和毛泽东在一起的，是证明他悲剧性孤独的两个活生生的图解。周恩来比毛泽东更接近于死亡；毛泽东让王洪文坐上“直升机”后仅仅几个月，就已经对他产生了疑问。这一对是他政权中的二号和三号人物，但是毛泽东正在拖着脚步走向一个没有他们两个人的未来。

死亡和疑虑又要剥夺掉他的另两个可能的接班人。

周恩来看看手表，提示会见已经进行得足够长了。毛泽东向拘谨而安静地坐在周恩来旁边的王海容（一个思想有点左的小人物）打了个手势。“她老是不让我说得太长，”这位主席开玩笑说，“她把我看得很紧。”

极左分子和反对他们的人们之间，都以不搭边的“批孔”的名义，在地位和政策上开始了一场紧张而耗费精力的跷跷板式竞争。

“每隔那么七八年，”《人民日报》引用毛泽东的话说，“牛鬼蛇神就要跳出来。”[23]这话发表于1973年末，是要重启1966年打倒“牛鬼蛇神”的斗争的号召。*

或许是毛泽东身体太衰弱，或许是他太狠心，或许是他也拿不定主意，总之，他不能帮助公众识别牛鬼蛇神，这就必然造成混乱。到1974年初，他已看不见面前的手指，而只能分辨亮和暗。他的舌头不听使唤了，讲话不清楚，也不能闭拢嘴。

毛泽东亲自发动了“批孔”运动（虽然什么人也不可能设计出它最终的非常古怪的发展过程），“批孔”（“批判孔子”的容易记住的缩略形式）运动成为极左派各种疯狂行为的理论根据。

*向“左”倾斜实际上是从教育界开始的，时间是1973年年末。是由一个叫张铁生的在中国东北农场里劳动的高中毕业生引起的。他在辽宁省大学入学考试自然科学考试中交了白卷。他还附了一封信，愤怒地批判关于考试和书面知识的整个体制。

张铁生的信在六个省通过广播电台播放了出来。《人民日报》也刊登了，还附了一个夸赞的前言。不久，《人民日报》又在头版刊登了一篇12岁小学生写的激烈的文章，她说她已经受够了老师专制的教学方式。

“我们毛泽东时代的儿童难道要被当作奴隶对待吗?”这个孩子愤怒地问。

这场在东北反对教育权威的造反活动，大部分是由毛泽东的侄子毛远新编导的。他当时30岁，是辽宁省的宣传部部长。他的鼓励使得辽宁年轻的“造反派”们能搞“反潮流”而不会因此吃苦头。

“文化大革命”期间的套话像雨后春笋般突然出现，毛泽东的像章又广泛地戴起来了。* 在高层极左分子的基地上海，出现了一份新杂志《学习与批判》，其目标似乎是要比中共官方月刊《红旗》更红一些。

* 我在 1973 年周游中国时，几乎没见到有人佩戴。

内部士气的低落与政治温度升高的速度一样快。不像林彪事件之后的两年间那样只要做好自己的本职工作就够了，现在你必须滔滔不绝地讲意识形态，讲得声音越大、越具戏剧性就越好，并且要把一切邪恶都跟“阶级敌人”孔子联系起来。

海南岛的一则广播说，减少交通事故的关键在于批判孔子。

意大利电影导演米开朗琪罗・安东尼奥尼带着摄像机于 1972 年来到中国，当时他曾受到欢迎。现在则被称为“反华小丑”。[24] 他冷静甚至冗长的电影也变成“对中国人民的疯狂挑衅”。

对来自罗马的“小丑”的攻击又被加上反美的味道，很快成为“批孔”的副主题。《人民日报》嘲笑说，美国人发现安东尼奥尼的有毒电影“很迷人”，因此，看来在美国“杜勒斯的阴魂仍然未散”。

贝多芬被判定是“颓废派艺术家”。1973 年，费城、维也纳和伦敦交响乐团曾在中国巡演并受到好评。但是，在毛泽东的中国，任何事都不是安全的。“对我们来说，不难察觉出这些荒诞、离奇的旋律背后所反映出的淫秽、腐朽的生活和颓废的情调。”这是《人民日报》在评说一批欧洲乐曲。老迈的毛泽东（他不是个西方音乐迷）显然向一只倾听着的耳朵嘀咕说，音乐，像任何事情一样，只有进行阶级分析才能将其秘密揭露出来。

孔子曾说过“过犹不及”。毛泽东不相信。他看不出“中庸”有什么大优点。

然而，1974 年的滑稽表演，不仅是毛泽东主张变化的思想和孔子主张有秩序的思想之间的较量。

孔子的影响的确阻碍了毛泽东主义对中国的改造。特别是在农村，对妇女的态度、对社会地位的态度以及对过去的惯例和进步所给予的不同重视程度，所有这一切都仍然带有儒家的味道。然而，在毛泽东的中国，像“批孔”这样的运动也是一种迹象，表明政治局里有人害怕某种东西或者努力要争取到某种东西。

1974年，毛泽东接见的外国要人（二十多个）比以前任何一年都多，而与此同时，每一天他都在自己的报纸上看到一些排外的评论，这些评论让人想起当初义和团运动的狂热程度。

这些是船只失控的突然倾斜，还是表明存在着向不同方向推进的行动的迹象，抑或反映了毛泽东自己的前后不一呢？每种成分都有一些，但是最后一种成分相当大。

“吃饭于前，又拉屎于后，”毛泽东说，“并不等于白吃。”[25]这句在延安就说过的经典论断，在1974年秋天北京的报纸上重新醒目地刊载。毛泽东曾经给过相当明确的警告，他信奉此一时开绿灯，彼一时就开红灯。

江青把孔子视为“文化大革命”前所有曾获得成功的东西的代名词。为了以足够的热情投入运动以使现在似乎跟他有距离的毛泽东满意，周恩来在孔子之外又增加了林彪的名字。

总理把“批孔”变成“批林批孔”，使得一场闹剧变得更接近于喜剧。一个圣人和一个国防部部长被当作两个那种“七八年必定要跳出来”的牛鬼蛇神（毛泽东不是说过吗?）一起推到长期受苦受难的中国人民面前。一个已经死了两年半，一个死了两千五百年。

周恩来觉得整场运动荒谬可笑。的确是这样。对一个伟大的文明古国来说，这是奇耻大辱。这个运动之所以能够发生，就是由于毛泽东有统治之名而无统治之实，使得政治局瘫痪了。

对江青来说，“批林批孔”运动中的混乱，从反孔的角度看，是向“左”推进了一步。对周恩来来说，“批林批孔”则被看作是反林彪联盟的延伸，因而是套在极左派脖子上的套马索。

毛泽东虽然赞同江青的观点，但是他不能跟这位“文化大革命”的梅德·玛丽安（侠盗罗宾汉的女友）一路走下去；无论如何，他的身体状况使他无法跟上她的活动。

“水至清则无鱼，”毛泽东在1974年冬天提醒他精神紧张的同事们，“人至察则无徒。”[26]他能无动于衷地给极左派沉重的一击，就像他不止一次地沉重打击他传统的右派反对者们一样。

“近来形而上学猖獗，”毛泽东在1974年2月说，“片面性。”[27]

然后，他提到用以指称有特权的干部子女上学受到特殊待遇的一个词，“批林批孔又夹着走后门，有可能冲淡批林批孔。”这位老人用他颤抖的手指指出了一个问题。

但是他解决不了这个问题。而且他仍然是个具有强烈的革命性的人，不能同意周恩来的一种不抱希望的“解决办法”：仅仅让这场运动以一堆杂乱无害的、无意义的抽象概念自行盘旋消失。

毛泽东和极左分子在人民解放军的问题上有分歧。对江青来说，既然“左倾”的军官们已经跟林彪一起被清除了，从文化事务的丝绸沙发上向军队打冷枪没什么关系。她在军队这个角落里几乎不会损失什么。

毛泽东作为国家最高领导人，无法疏远军界，因为在这个国家，人民解放军跟群众的关系在某种程度上比党跟群众的关系还要紧密。

确实，毛泽东在1973—1974年冬天让大军区司令员们受到了冲击。他让11个人中的9个人轮换了岗位。一下子命令那么多地区巨头离开他们的辖区到新的城市去，是没有先例的。他成功地实施了这一举措，回应只是抱怨而没有开枪反抗，这完美地展示了毛泽东的权力。

但是，如果毛泽东没有在这次行动前夕让邓小平重回领导岗位，如果邓小平不是毛泽东的马戏团主持人，并将他担任新职位的消息告诉了每头狮子，人们或许会怀疑，毛泽东是否能重新安置他那些咆哮的军界狮子们。

然而，即使毛泽东也不能再一次做这样的事。一年以后，1974年年末，他要把11个军区司令员召集到他在杭州的住所。他们中有些人说不能出席会议。[28]只是在毛泽东答应政策上作让步以后，他们才同意跟他们的最高统帅集会。这些政策上的让步在一个月后以实用主义为主调的全国人民代表大会上公开了。

中国古话说：“水能载舟，亦能覆舟。”人民解放军从“文化大革命”中期起，就是毛泽东的“水”。但是他必须十分小心，以防这些水升得太高而把他淹没。

巴基斯坦总理布托于1974年5月步入毛泽东的书斋。礼宾司的负责人把每位贵宾引到他们自己的沙发椅上。像为外国客人历来所安排的那样，布托坐在毛泽东的左侧。但是在毛泽东的右侧（在翻译旁边）"周恩来的位子"上坐着邓小平！周恩来也在场，但是坐在布托一边的远端。[29]在北京，照片就如同新闻报道，新的座位排序就相当于许多外国政府的内阁改组。

四天以前，在毛泽东会见塞内加尔总统桑戈尔时，周恩来坐在毛泽东右边"他的"沙发椅上，较低层的领导人像通常一样坐在外国客人的左边。

很多情况下都是这样。* 许多年来，周恩来在毛泽东与外国政治家的正式且拍照片的会见中，没有坐过别的位置。但是此后他再没有坐过"他的"沙发椅。**

1974年年中，毛泽东去了南方。对他来说，在夏天的月份里离开北京非同寻常；在大多数情况下，他离开首都是为了享受杭州、长沙或广州温暖的气候。更不寻常的是（为作对比，人们只需回顾一下1965年的情况），他离开北京长达八个月。

就在毛泽东出发去武汉之前，周恩来住进了305医院。"我老了，不行了。"周恩来说。[30]他继续做了一些工作，但是只从医院出来在公众场合露面三次。这三次（1974年的建军节、国庆节和1975年1月的中共代表大会及全国人大会议）毛泽东都没有出席。***

从此再没有在公众场合看见这两个人在一起。

即使适当考虑到由于疾病和机遇的关系两个人有可能不能在一起，但是，在这些表面现象的背后，还有内在的、后果极为严重的事实：他们的伙伴关系基本上结束了。[31]

不管中国现在是如何运行的，它都不是以毛泽东为设计师、周恩来为建筑师运作的了。值得怀疑的是，在没有建筑师的情况下，设计师还能不能创造出实质性的东西来。

毛泽东远在南方时，有一天下午，北京光明日报社大楼内由于受到指责而一团乱。该报的早版被召回并销毁，因为它在第二版上刊登了一篇题为"孤愤"的文章，某个很高层的人认为这有引起在中国罕有的公众大混乱的危险，因此决定不让这篇文章与读者见面。新的版面以五篇地方新闻替掉了《孤愤》。[32]

* 在1974年春天毛泽东会见阿尔及利亚的布迈丁、赞比亚的卡翁达、坦桑尼亚的尼雷尔和柬埔寨的乔森潘时，周恩来都坐在毛泽东的右边。

** 在1974年晚些时候毛泽东的三次会见中（跟塞浦路斯的马卡里奥斯、马来西亚的拉扎克和英国的希思），周恩来都在场，但坐在层次较低的位置上。见*PD*, 5/8/74 (Senghor), 2/26/74 (Boum Ediene), 2/23/74 (Kaunda), 3/26/74 (Nyerere), 4/3/74 (Khien), 5/19/74 (Makarios)。

*** 在八个月的时间里，毛泽东和周恩来大概只见了一次面：1974年12月27日，周恩来飞到长沙向毛泽东汇报即将召开的党代会和全国人大的准备情况。毛泽东给周恩来的诗可能就是这次见面时写的。Edward Friedman教授让我关注周的长沙之行，他是从中国一个展览的图片说明中了解到的。

《孤愤》是 2 200 年前主张实力政治的韩非子写的。然而，跟《光明日报》的编者按一起考虑，这篇文章非常明显是影射毛泽东和他的一套人马的。

韩非子确实孤独而愤怒。他抱怨说，他被“奸臣”所包围。朝臣们奉承君主，但是截断他跟现实世界以及他能够信任的官员们的联系，如此地对待统治者是“罪大恶极”。文章作者还断言说，统治者允许这样充满危险的状况存在是“大错误”。

《孤愤》描绘的景象是深深陷入谎言和宗派主义而正在走向毁灭的王国。

《光明日报》，或说它命运不好的前一版，为确保它的读者不会误把文章只当作研究古籍的一则寓言，以古文和白话文两种形式刊登了这篇文章。编者按说，韩非子邪恶的大臣们就像林彪和林彪之流。

谁决定发表《孤愤》，谁命令撤回？有两种主要的可能性，其中任一种可能性都能证明毛泽东的政府的混乱。

重新发表这篇文章有可能是毛泽东的主意，他跟韩非子一样觉得自己受到“奸臣”的包围。如果他通过仿效韩非子激烈的悲观主义的方方面面而作些自我批评，也并非不符合他的个性。

如果是毛泽东去南方以前授权发表这篇文章，则不难想象有些——也许是大多数——政治局成员希望把它压下去，理由是这样公开展示厌恶和悲观情绪，用一个美国的表达方式就是，不符合国家的安全利益。

然而，《孤愤》的发表也许是江青对周恩来的攻击。以江青歪曲的观点看，周恩来在 1974 年期间是林彪“一类”。她在跟这个成为她面前主要障碍的人（还有他的同盟者）争夺毛泽东之后的未来。

这位演员出身的女士有权指使编辑们，在那个夏天，她在北京特别春风得意。她在利用毛泽东不在的机会攻击周恩来。

然而，如果这种解释成立，那么，周恩来的朋友能如此迅速地扣下《光明日报》的寓言，则令人感叹。

毛泽东和江青的长期伙伴关系从个人来讲已基本结束，虽然从政治上讲还不完全如此。这位眼里闪着未来女皇光辉的前演员已经搬出了中南海。从1973年起，如果江青想要跟毛泽东谈话，她必须向张玉凤递上书面申请，说明理由，得到毛泽东的同意以后才被允许来到他的住所。在“批林批孔”期间，毛泽东至少有一次拒绝见她。

“不见还好些，”他写信给她说，“过去多次同你谈的，你有好些不执行，多见何益？”[33]

毛泽东1974—1975年长期离开北京期间，江青没有跟毛泽东在一起。猫儿不在，老鼠真的是玩得自在。

毛泽东1974年最后一次在首都露面是在6月。7月，江青成了重要人物。《人民日报》认为她是毛泽东思想的“宣传人”[34]，这是远超出她以前能够得到的罕见的荣誉。她负责接待菲律宾的马科斯夫人和其他外国客人，这是她的新角色。

在浙江省，出现了“江青和王洪文的指示”，而以前只有毛泽东，可能还有二号人物，作“指示”。江青1964年以来的讲话，以十周年纪念的形式在媒体上受到吹捧。

对那些藐视毛泽东妻子的人来说，最后的一根稻草是关于汉王朝开国皇帝的一篇奇怪的历史性文章。在1974年谈论历史上伟大女性的许多文章中，这篇文章过分地强调汉高祖妻子的品德和作用，认为她意志坚定，在丈夫死后，她掌管了权力，因执行丈夫的路线而赢得荣誉。

毛泽东对其已疏远的妻子在1974年的政治活动感到厌烦。* 当她这一年得意洋洋时，他说道：“她四处插手，四处抛头露面。”在江青飞黄腾达时，他这样说：“江青野心有没有？我看是有。”

* 有一些证据是事后公布的。毛泽东去世后北京宣称，他7月在给他妻子的信中写道：“你们要注意呢，不要搞成四人小宗派。”据说他12月又写给全体上海极左头目们：“不要搞宗派，搞宗派要摔跤的。”

1975年初的一次政治局会议上，毛泽东终于气愤地否定了她有权解释他的任何观点。“她并不代表我，她代表她自己！”[35]

“我重病在身，八十一岁了，”他1975年在给她的便条里哀叹，“你也不体谅。”这是一个不能有效处理与其夫人复杂的情感和政治关系的男人发出的信息；但是，虽然这位夫人野心很大，一旦他发出信号或者死去，她就注定失败。

“我真的嫉妒周恩来的婚姻。”毛泽东在不同寻常地提到他的总理的私生活时补充道。[36]

在毛泽东离开北京自我流放的八个月的最后几个星期，他妻子在北京西郊的香山饭店召集外交人员开会讲话时，宣布她是代表毛泽东讲话。

江青说，基辛格的“基本观点受资产阶级利益的局限”。然而她又提醒说，基辛格信奉“保持势力均衡”，而且他“承认”国际关系中存在的种种“矛盾”。[37]

江青在她混乱的自视甚高的谈话中表达了作为毛泽东外交政策标志的二元性。

但是，70 年代中期在毛泽东的外交政策考虑中，不存在这些意识形态上模棱两可的东西。江青可能抓住了毛泽东的某些词语，但是几乎没有抓住他思想的任何含义。

毛泽东跟基辛格打交道（江青在香山长篇大论讲话的那一年里两次会见他），是因为中苏敌对是北京主要的战略关注点，北京需要向亲美倾斜。

当毛泽东的确批评基辛格时，也不是像江青所说因为基辛格是资产阶级冒险家，而是因为他是个不够劲的资产阶级，不能站出来反对那贪婪的、远不那么资产阶级的北极熊。

在某种程度上，毛泽东跟江青一样，也对与西方进行文化交流可能产生“污染”感到不安。但是，他特别不同意极左分子要重新回到林彪的对美国和苏联“等距离”政策的主张。

江青或许看到“杜勒斯的幽灵”从太平洋彼岸窥视，毛泽东却肯定这个幽灵现在住在克里姆林宫。

对北京最高领导层十个人中的另两个人，毛泽东在犹豫。虽然江青让他烦恼，但是，某种情感，某种行动要得体的意识，某种残留的认为实用主义者比极左分子甚至更坏的怀疑，让他不能出手阻挠她，更别说清除她了。

邓小平，毛泽东在依靠他，然而，他好像在用长把勺子跟这位副总理进餐。邓小平到 1974 年底已经坐在周恩来的椅子上。邓小平无疑仍是“很聋”（就像毛泽东 60 年代生气地谴责他的那样），但是他现在已足够圆滑，当毛泽东讲话时他就专注地看着他，也不再用手指轻敲桌子，就好像他觉得该转到日程表上的下一项了。*

毛泽东派邓小平和王洪文一起作视察。[38]复出的邓小平和“直升机”王洪文在各省巡视期间相处得如何，没有记录。当他们回到北京以后，毛泽东把他们召来，让他们就自己的所见作汇报。

他的问题是：“我死后，中国会发生什么情况?”**

年轻的王回答道：“全国人民一定会紧跟毛主席的革命路线，坚定地团结起来将革命进行到底。”毛泽东是否期望他的这个神童说这样的空话呢？几天以后听到王洪文在中央委员会小组会议上讲话的人中，没有人会期望能听到任何别的东西。

“一场内战将会爆发，”邓小平尖锐地指出，“全国将一片混乱。”据提供这信息的香港共产党消息人士说，毛泽东倾向于相信邓小平的回答。

毛泽东虽然非常脱离现实，但是他仍然看《人民日报》，这可能有点像受虐狂。这个六版的报纸似乎是由一个宣传委员会撰写的，新闻不是它喜欢的东西。《人民日报》不是要报道，它是要提醒。它基本上是每日的“教义问答手册”，如果说它还有一些新闻性，那是因为它将其永恒的真理扎根在近期发生的具体道德故事中。不管怎样，年迈的毛泽东甚至在1974年尖叫刺耳的各期中发现了真相。

这个真相是对他所了解的过去的反响。他看到关于杭州一个丝织厂的“两条路线斗争”，认为这听起来很真实。他认为，自从20年代开始他向权力长期攀爬以来，两条路线斗争一直伴随着他。他觉得他知道分界线是什么。他能说服自己相信，只有“工人阶级路线”战胜“资产阶级路线”，丝的产量才会提高。

但是，毛泽东是生活在过去；不然的话，他不大可能会认为1974年的《人民日报》可信。越来越多的中国人觉得毛的情况就是这样。与此同时，毛泽东的身体日渐垮下来。1974年9月，他游了最后一次泳，差点被水呛坏了。随后，他只能向左侧躺着，任何其他姿势都让他不能顺畅地呼吸。褥疮和刺痒的皮疹折磨着他。

载着2 885名代表的汽车开到人民大会堂。街上的人们猜测，第四次全国人民代表大会终于开幕了。它不断地被推迟，已经成为

* 当“批孔”开始时，邓小平刚刚复职几个月，他对这个运动相对比较圆通。他在私下里总结说：“孔子死了，他的思想过时了，因此应该反对。我们不久也会死掉。过了几千年以后，我们的思想也会遭到反对，因为它跟那个时代人们的思想不一致。”见*WHCM*，4/30/76。

** 几年以前，当毛泽东告诉蒙哥马利勋爵刘少奇会继他之后成为中国领导人时，这个英国人追问继承问题。“我问(毛泽东)刘之后会是谁。他不知道或不在意，他说他自己要见卡尔·马克思了。在中国，他们会自己解决这个问题!”但是他大概还是很在意的。见*Sunday Times*，London，10/15/61。

海市蜃楼了。看来这次是开始办真事了：周恩来从医院里出来，显示出权威的形象；新的国家宪法揭开面纱，给予工人罢工的权利，给予农民拥有自留地的权利；极左分子几乎没有进入新一届政府；邓小平得到提升；会议文件要求恢复秩序，并且强调搞好经济工作。[39]

这难道不是周恩来的胜利，“批林批孔”运动的结束，以及邓小平的东山再起吗？

但是，一张空着的椅子使大会堂里的气氛沉闷：毛泽东不在那里。

1975年1月，周恩来在第四届全国人民代表大会第一次会议上抱病作《政府工作报告》，重申我国实现四个现代化的宏伟目标。大会根据毛泽东的意图，产生了以周恩来任总理的国务院领导机构。在周恩来病重治疗期间，由邓小平全面主持党、政、军的日常工作。杜修贤　摄

他是病得很厉害甚或已经死亡？不是的，因为在北京开大会期间，马耳他的总理和德国右翼的佛朗兹·约瑟夫·斯特劳斯偷偷地被带到华南去见他。

无论他是否完全掌握自己政府的复杂局势，他都在他的“帐篷”里生闷气。

全国人大的公报没有解释毛泽东的缺席，也根本没提到他。毛泽东也没有出席人大开幕前的中央委员会会议。

新宪法给予毛泽东思想的地位不如1970年准备的草案和1969年的党章那么突出，甚至不如1973年较温和的党章那么突出。它提到毛泽东思想和中共主席的职位，但是没有提到毛泽东本人。

更不寻常的是，周恩来的报告，而不是“左倾”分子张春桥的报告，竭尽全力地引用毛泽东的话。周恩来的讲稿提到毛泽东的名字不下26次。

距此几周以前，毛泽东曾长时间地跟王洪文谈话。这个“直升机”施加压力，想让毛泽东把更多的职位给予极左分子。他暗示说

（这个想法来自江青），周恩来病得不像他装得那样厉害，正在医院里忙于策划未来。他怀疑邓小平的可靠性。在这种情况下，难道毛泽东不同意张春桥担任总理吗?[40]

毛泽东没有同意王洪文的计划。他准备让张春桥当国防部部长，直到刘伯承和其他将领联合起来反对这个主意他才停止。[41]他也许愿意点头让他妻子担任文化部部长。但是，老迈的毛泽东发现，政治过程从未停止过讨价还价；对他这样的计划有太多的反对意见。

不久之后，政治局开会，毛泽东主持了会议。他说，宗派主义是件可怕的事。他低声说，每个人都犯错误，包括他自己，比如他就跟林彪一起走了那么长时间。对邓小平，他说了一句赞扬的话，说他是“务实的人”。[42]同时他警告他的同事们，警惕“资产阶级修正主义”复辟的危险。

毛泽东解释了他为什么要在即将召开的党和人大的会议期间离开。他在等待时机，脚踏着两只船，把他更可怕的怀疑掩藏起来，暂时让形势自然发展，不予干涉。

周恩来在向全国人大所作的报告中那么频繁地提到毛泽东，大概既是为了抚慰这位主席，也是为了由于他的缺席而给予自己的额外自由得体地说声谢谢。*

的确，要问这些日子里毛泽东是不是个毛泽东主义者已经没有意义了。今天他是，明天可能就不是了。由于毛泽东的眼睛自1974年以来已几乎失明，他开始和北京大学中文系的助教芦荻定时见面，芦念古诗，毛泽东则哼唱并作评论。不幸的是，大学的党组织指示芦荻：“不要问不妥的问题。”芦荻由于害怕摸不准妥当的问题和不妥当的问题之间的界线，所以她什么都不问毛泽东。[43]这是被雇来当毛泽东工作人员的人常犯的典型错误。毛泽东称她是“笨人”，说如果她是个有点用处的老师，她就必须问学生问题！

全国人大的实用主义思想倾向，似乎两个月之内就过时了。在毛泽东的新语录“认真学习无产阶级专政的理论”的鼓舞下[44]，来自“左派”新的一股风在1975年春天开始刮起来，敌人是“经验主义”。

*一个资历很浅的极左分子不像他的导师们那样小心谨慎，的确批评了毛泽东的缺席。张铁生（在大学入学考试时写了一封愤怒的信以后成名的那个辽宁学生）说，毛泽东由于没有接见全国人大代表而“给第四次全国人大泼了冷水”。张铁生像“直升机”一样升为这次大会的代表之一。后来，这架直升机坠毁了。毛泽东去世后，张铁生被判15年监禁。见*IAS*，1979/1。

也许全国人大的路线从来就没有在政治局里取得过一致意见。毛泽东的缺席，使得持不同意见的同事甚至比以往更加容易从毛泽东的词句里“按各自需要领会毛泽东的指示”。周恩来的生病增加了离轨的机会。

张春桥警告说：“我们有些同志，组织上入了党，但思想上并没有入党。”这位上海“左派”分子猛烈抨击那些高高在上的“骗子”，说他们在年轻人中间兜售金钱刺激这种“像臭豆腐”的思想，“闻闻很臭，吃起来很香”。[45]这听上去像是为新的一场“文化大革命”吹响了喇叭，张春桥的极左派同伙姚文元也挖掘出“文化大革命”的论题。工资太不平等，货币制度是最终必然消失的资本主义残余。这位上海小品文作家预言说，新的阶级敌人可能会利用这些弊病策划资本主义复辟。[46]

毛泽东给上海的这两位以一定程度的鼓励。两人都得到了主席最新的语录，还跟毛泽东一起照相，这都是得到了他的护佑的确定无疑的证明。

这场学习令人难以捉摸，而抽象的“无产阶级专政”学习运动唯一确实的结果，就是让工业生产混乱不堪。这场运动的不利之处，在于它的主题和对象不明朗，同时进行的势头又很执著。* 在杭州，愤懑、混乱和武斗非常严重，以至毛泽东同意派王洪文到这座湖边城市去进行调解。而他的到来，似乎使局势变得更糟糕。

正在此时，克立总理目睹了周恩来正在失去权威的迹象。“克立啊，”这位生病的总理在医院的套房里说，“你回去告诉所有的人，特别是你的儿子和孙子，中国永远不会侵略泰国。”

“总理先生，”这位泰国领导人回答说，“这是最让人放心的话。”克立从口袋里拿出一张长条纸，弯腰向前，要求周恩来亲手写下这一承诺。“我要复印几百万份，把它们挂在我的子女和孙子女的脖子上，挂在泰国每个人的脖子上。这会是我一生中最宝贵的东西。”

“我的手发抖，”周恩来回绝说，“我病得太厉害，写不了。”[47]克立在采访时告诉我说，他从表面看待周恩来的理由；然而我相信，周恩来在1975年年中这个时间不愿意写，有其政治因素。**

足以令人迷惑的是，间歇吹起的“左派”的风，到夏末时渐渐

* 我在别的地方(《中国的未来》)描写过1975年夏末我对王洪文推崇的一家上海工厂的访问，这家工厂试图把学习无产阶级专政的逻辑推行到底。

** 克立回忆说，周恩来戴了一枚毛泽东像章，这在1975年不同寻常；即使在1971年，当“文化大革命”的影响还十分显著的时候，他注意到周恩来也只戴了一枚“为人民服务”的徽章。

停下来，因为毛泽东身上的猴性又活动起来，要攻击极左派了！

毛泽东在一阵子不活跃期以后——圭亚那、莫桑比克和刚果到访的政府首脑都没见到他——在5月召开并主持了政治局会议。会上，他批评了极左派的宗派主义。张、姚和江青都向发牢骚的主席写了自我批评的信件。[48]

当这场道德剧上演的时候，邓小平开始安排自己进入权力的操控室；“文化大革命”中遭清洗的人民解放军军官们，像上班时的人潮一样回来了。其中就有著名的罗瑞卿，这位前总参谋长由于对苏联仇视不够而成为毛泽东的“文化大革命”的第一个高层牺牲品。

毛泽东作为仲裁人对邓小平点了头。毛泽东似乎在问自己，难道邓小平真的要比其他那些令他失望的要人们还要坏吗？*

* 当克立1975年中期拜访毛泽东时，邓小平和毛泽东的关系看来有点尴尬。“邓小平坐在远远的角落里，非常拘谨，而且循规蹈矩……他一个字也没说。”在友好地责骂唐闻生不可信赖以后（“永远别相信一个美国女孩”），毛泽东相当屈尊地朝邓小平那边点点头说：“但是他没事，你可以信赖他。”然后邓小平“真心地笑起来”。见Kukrit to RT, Bangkok, 11/10/79。

在部分报纸上，经济取代意识形态成为主要话题。“安定、团结，把国民经济搞上去”这个邓小平的口号，成为跟春天里“学习无产阶级专政理论”差不多的引人注意的用语。

这种务实精神在1975年秋天达到高峰。在若干反映了务实精神的经济会议中，邓小平在其中一次农业会议上讲了话。讲话的还有在湖南以抓农业起家的第二号人物华国锋，他胜利的时刻很快就要到来。

江青也出现在演讲台上。虽然在全国人大会议上她没当成文化部部长，但是现在她能给农民一些文化上的建议。

《人民日报》只发表了邓小平和华国锋的讲话，毛泽东不准发表他妻子的讲话。当华国锋把江的讲稿拿给他看时，他在上面写道：“放屁！文不对题。稿子不要发，录者不要放，讲话不要印。”[49]

他还批评了江青跟美国学者罗克珊·维特克的会见。在这次会见中，江青乱说一通，暴露了自己很多的弱点。当毛泽东看到她对维特克教授所作的自负的、政治上站不住脚的谈话记录时，显然极为震怒。[50]

毛泽东对江青的情绪极为强烈，以至在中国的政治制度方面触发两次地震。第一次是他对“左派”的斥责，这就把球传给了邓小平。第二次即将到来。

当毛泽东逐渐衰弱，周恩来因住院而不能到场时，翻译似乎成了外国领导人到访中南海时关注的焦点。泰国总理克立在 1975 年 7 月与毛泽东会见后说："他的嘴唇不那么听话了，而且有时候他的话根本就听不清。"[51]

当克立步入书斋时，"毛高声呼唤……他同我握手后嗓门更高了，直到女翻译、护士以至每个人都来了。"毛泽东的很多话，翻译都听不懂。他们转向护士求助。有时候护士也不知所云，"然后把毛泽东的生活秘书张玉凤叫进来听他说话"。

会谈结束的时候，克立送了一件礼物，毛泽东好像在发愣。"他开始像孩子一样摆弄手里的雪茄盒，直到有人从他手里把雪茄盒拿开。"原来的毛泽东在某种程度上已经不存在了。"所有的机智、知识、智慧突然间从他的眼睛里消失了。当我们握手时，他呆呆地从我头上看过去。"[52]

这位主席得靠别人把他从床上扶起来，为他穿好衣服，才能去会见外国人。

他步履蹒跚，像在踩高跷。他拖着疼痛的双脚走路，他的双臂僵直地悬着，让人难以察觉胳膊在晃动，像是人工假肢。然而，毛泽东一点也没有丧失让外国人听从于他的能力。

"对塔玛和我来说，"新西兰的马尔登总理在说到他和妻子会见毛泽东时说，"当我们驱车进入紫禁城大门并被引导去见他时，那是个有点让人敬畏的时刻。"*[53]

他跟菲律宾第一夫人伊梅尔达·马科斯讨论潜伏在任何取得高位的人身上的个人悲剧。"官做得越大，"他对马尼拉这位硬派的美人说，"别人向你甩过来的石头就越多。"[54]

"每一个来见过我的人，我喜欢的人，回国后差不多都没走好运。"毛泽东对克立说。[55]他指的是像尼克松、田中角荣、恩克鲁玛、希思、苏加诺、惠特拉姆和西哈努克这样的人（这里只说 7 位），他们对中国友好，却在国内遭逢厄运。

当克立礼貌地祝愿毛泽东长寿时，毛泽东沉思着回敬说："有什么用呢?"

"他是个仍然相信自己有最高权力的老人，"克立总理总结说，"但是，如果有人在他的房间以外假造他的签名，或以他的名义发

*约瑟夫·艾尔索普曾写道，克立弯下腰来按摩毛泽东的小腿和脚踝，但是这故事也可能是克立在泰国国内的敌人杜撰出来的。克立自己向我断然否认有过这样的事。不过，这位泰国领导人说："我跟他谈话就好像我是他儿辈或孙辈。"见 J. Alsop in *Reader's Digest*, 1975/12; denial, Ku-Krit to RT, Bangkok, 11/10/79。

布命令，他不会知道。”

政治和文化的落后状态，使得任何要科学地治疗毛泽东疾病的努力受挫。毛泽东自己拒绝治疗。

不过，对毛泽东视力的治疗是成功的。张玉凤希望注入葡萄糖治疗他的失明，但是医生们坚持主张认真的治疗，或者做白内障手术，或者采取介入比较少的传统中医金针拨障手术。毛泽东选择了介入较少的中医手术。手术于 1975 年 8 月进行，用了 12 分钟。“我又见天日了，”毛泽东自言自语，“可是看不清楚。”

自从 1973 年初中美两国关系达到高峰期（当时两国在对方首都设立办事处）以来，毛泽东的美国政策在某些方面受到损伤。基辛格本来要在 8 月到北京，但是由于当月的“十大”（会上周恩来对美国冷淡），旅行被推迟了。

“批林批孔”运动兴高采烈地把美国树为靶子之一。正如我们所见到的，军界的声音在质疑对华盛顿的倾斜。越南仍在遭受美国炸弹暴雨般的轰炸，它对北京的亲美主义不断地抱怨。驻华盛顿的中国使者认为，毛泽东整个 1974 年春天都不在北京，倒是很合适的。

毛泽东和周恩来伙伴关系的衰退也帮不了忙。它只能使美国政策愈发受到极左派和人民解放军操纵的影响，并且使得美国方面怀疑中国的亲美政策是否能“坚持下去”。

基辛格发现毛泽东的新执行官邓小平对美国不如周恩来热情。[56]他奇怪为什么邓小平常常引用毛泽东的话，而对有关周恩来的状况的提问甚至不作反应。“一个不好对付的小个子。”他甚至这样说邓小平。[57]

1974 年末在中国，基辛格到 305 医院去看望周恩来，却发现总理对人谨慎得让人奇怪。虽然周恩来似乎健康状态良好，但是会见只有 30 分钟就突然结束了，这让基辛格很困惑。[58]

更糟糕的是，毛泽东没有接见基辛格，这可是这位美国人历次访问北京第一次发生这样的事。

毛泽东当时正在江南；即使这样，6 位其他外国领导人都在基辛格到中国之前和之后的几个月内，南飞去跟他会面（在事先不知情的状态下去的)。问题的关键是，虽然毛泽东跟他政治局里的一些人比较而言是亲美的，但他对基辛格直接从海参崴来到北京感到不高兴；基辛格和福特总统曾在那儿与勃列日涅夫共进晚餐。*

* 报道基辛格的新闻工作者在他们北京饭店的房间里发现了一张西伯利亚地图，其中有“符拉迪沃斯托克”，这是座距离中国边境只有大约60公里的城市，俄文的意思是“统治东方”，地图上标注的是它从前的中文名字海参崴。见 Reston in *NYT*, 11/30/74。

毛泽东的有些同事，在毛泽东和周恩来的合作关系中得不到好处，又受到中苏紧张关系缓和下来的想法的吸引，他们1974年悄悄地向中美关系的机器里投放了沙子。

基辛格对即将到来的福特总统中国之行的前景非常担心；虽然他1975年10月在北京逗留期间，毛泽东邀请他聊聊让他大松了一口气，但是这位国务卿还是要求毛泽东用笔写下来，承诺在福特到北京后接见他。

虽然毛泽东可能对美国人的实用主义爱好不禁莞尔（或许他首先考虑的是他那时是否仍活着），但是他没有犹豫。他取了一支毛笔，龙飞凤舞地写下了基辛格所祈求的承诺。[59]

毛泽东和福特的峰会平淡无奇。对福特来说，在尼克松之后来华，有点像到月球上着陆的第二人。这位美国总统对来自右翼罗纳德·里根的挑战感到焦虑，他到北京来，文件包里几乎什么也没有。令人敬畏，但是非常虚弱的毛泽东，似乎就像月球上的人一样不真实。

日益加剧的观点冲突，扰乱了中国的政策。西贡的陷落也没有改善中美关系，就像它没有解放南越人民一样。

“**我们**（在越南）被打败了，”基辛格1975年春悲哀地对一个中国官员说，“而**你们**得收拾残局。”[60]毛泽东比他的有些同事更了解基辛格究竟是什么意思。

“越南是一座有四个方丈的庙，”毛泽东不久以后对江青说，“任何给过它施舍或救助的人都是它的施主。”[61]

毛泽东的健康状况起起伏伏。由于做完了白内障手术，在福特访问期间，他恰巧正处于精力充沛的时候。跟总统110分钟的谈话，比1972年跟尼克松的谈话在细节上更丰富，时间也更长些。毛泽东挥舞着双手做着各种手势，有一次还笑得前仰后合。他似乎意识到这是最后一次一位美国总统坐在他的书斋里，他似乎要激励自己做出最后一次努力，表达自己的主张。

1975 年 12 月，美国总统杰拉尔德·福特和国务卿基辛格应邀到中国访问。图为毛泽东会见福特和基辛格。杜修贤 摄

据贝蒂·福特说，当毛泽东见到她的女儿苏珊时，“眼睛亮起来了”[62]。

但是，双方的勉强和不确定性，困扰了此次峰会。对中国和美国官员来说，以及对看过毛泽东和福特会面的新闻片的中国人来说，心里都清楚的是，毛泽东不久于人世了。无论是邓小平还是福特，这两个接下来进行政策讨论的人，都不是强权的领导人，都还没有得到自己国内人民明确的授权。

1972 年曾让毛泽东和尼克松走到一起的苏联问题，在 1975 年成了毛泽东和福特之间的障碍。在美国人看来，向中国开放本身就是目的。中美在亚洲紧张关系的引信已经拆除，与中国和解同与苏联和解是并行不悖的。

在毛泽东看来，游戏的名称是强权而不是和平。他设想一场对付苏联全球强权的长期斗争，在其中，美国和中国站在一边，共同完成抗击苏联“霸权”的任务，中国由于太弱而不可能单独完成。

因此，峰会事实上失败了。福特由于美国国内的政治原因而不愿在台湾问题上（中美关系正常化的主要障碍）改变态度。毛泽东则不断批评美苏和解，并告诉他的客人这“只是使克里姆林宫受益”。悲剧在于，双方都没有把这个双边问题和战略分歧结合起来看。

毛泽东在 50 年代末期曾一度反对美苏和解，虽然路子不同，但出于相同的理由。苏联，而不是美国，在那些日子里是他的朋友。他当时认为，苏联，而不是美国，有被和解的承诺诱惑的危险。到 1975 年，这两个超级大国交换了位置。

然而，从其民族主义和长期愿景的意义上看，毛泽东的战略前后是一致的。他不希望苏联和美国互相打起来，但他也不希望它们勾结起来对付中国。他希望他们相互之间不信任，从而让中国争取时间变得强大起来，成为可以与他们之一或二者相匹敌的对手。

在一系列令人心酸的对话中，毛泽东告诉他的护士吴旭君说，当他死的时候，他希望她不要在他身边。“我母亲去世前，”他解释说，“我对她说，我不忍心看她痛苦的样子。我要让她给我留下一个美好的印象。我要离开一下。母亲是个通情达理的人，她同意了。你明白我为什么不要你在我跟前了吧?”护士说：“咱们别老说死的事吧。”但是毛泽东坚持要说。

“我们生活在地球上吃了不少鱼，”他说，“我在世时吃鱼比较多，我死后把我火化，骨灰撒到长江里喂鱼。你就对鱼说：‘鱼儿呀，毛泽东给你们赔不是来了，他生前吃了你们，现在你们吃他吧。’”他一面沉思，一面跟吴旭君谈论在自己葬礼上应作的贴切评论，他说出了这样的话：“今天我们这个大会是个胜利的大会，毛泽东死了，我们大家来庆祝辩证法的胜利，他死得好。如果不死人，从孔夫子到现在地球就装不下了，新陈代谢嘛！这是事物发展的规律。”[63]毛泽东曾经是个焦虑的年轻人，现在他是个焦虑的老人。

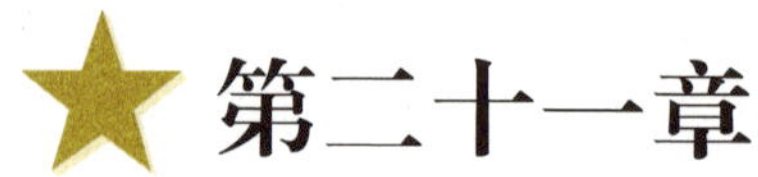

第二十一章

飞鸣镝将坠（1976）

当 1975 年的最后一分钟滴答过去时，毛泽东正默默地坐在他书房外间的沙发里。他面色蜡黄僵硬，目光呆滞，显得像德累斯顿细瓷一样脆弱，而且似乎和瓷器一样没有生命力。

朱莉·尼克松·艾森豪威尔和她丈夫戴维从夜色中走来。两名年轻女护士帮助毛泽东挣扎着站起来。他踉跄了一下，然后稳住自己，两名护士退了回去。他在照相机的嗡嗡声中和刺眼的电视摄像机照明灯光下跟这两个美国人握手。那两位护士又把他搀回到沙发上。

朱莉从厚纸信封中抽出一封信放到毛泽东瘦削而苍白的手里。这封信是一位下了台的男人写给另一位即将下台但还没有下台的男人的。

毛泽东在回忆起 1972 年与尼克松那奇异的政治联姻时恢复了活力。“尼克松先生的腿怎么样了?”他问道，似乎要营造一种怀旧的氛围。

“我在等你父亲。”毛泽东说到尼克松即将成行的第二次访华时说，他把双臂重重地放在沙发两侧的扶手上，以强调他的话；这是他这一晚上最有生气的一句话。*

* 朱莉说到当时也在座的北京驻华盛顿的特使时说：“他没有坐在那里专注地听这位主席说的每句话，这让我很诧异。”黄镇的目光“漫不经心地在房间里到处看”。

考虑到谈话中那些令人厌烦的辞令和陈腐的内容，这就不那么令人吃惊了。毛泽东似乎只是个展品，而特使以前已经看过这个“展品”了。

当毛泽东站起来结束会见时，一位年轻姑娘拿梳子为他梳了梳头发，然后电视工作人员录下了最后的握手画面。

在 1976 年开始的这个时候，朱莉和戴维偶然发现了毛泽东身上的一个矛盾。他们发现，他对一切美国的事都很热情。“毛主席一直跟踪着你们的行程，”当艾森豪威尔夫妇离开上海前往华盛顿时，一位中国高层人物对他们说，“他把你们当成他的家里人。”[1]

然而，这对夫妇碰到了许多极左主义的泛滥，其中有一些是毛泽东自己的杰作。

“不值得提起，”毛泽东对朱莉和戴维提到一首充满战斗精神的词（当时正在排版以便重印）时说，“那是我1965年写的。”但是，《重上井冈山》这首词是一枚“左倾”主义的手榴弹。

“可上九天揽月，可下五洋捉鳖。”它那预示大动乱的诗句这样说。

报道毛泽东和艾森豪威尔夫妇谈话的那期《人民日报》，也登载了《重上井冈山》和写于“文化大革命”前夕的同样好斗的词《鸟儿问答》，《鸟儿问答》的最后一句是“试看天地翻覆”[2]*。

*我们在前面提到过这两首词。

如果说1975年1月自右翼吹来了一股微风，现在1976年1月，则从“左翼”刮来了一阵强风。虽然毛泽东不像一年前那么直接地管事情（当全国人大的“问答”落在了错误的“鸟儿”一边时，他愤怒不已），但他还关注着风的走向，这是一位老人非常认真的最后一搏。

清华大学一个“工农兵”小组写给毛泽东的一封信，是导致1976年春收获极左思潮泛滥的谷壳的一粒种子。

这封信写于毛泽东的82岁生日，信中反映说，这座中国著名的技术大学的“资产阶级”，已经“掀起一股右倾翻案风”。换句话说，常识，已经回来反击“文化大革命”教育“改革”的闹剧。

这封信在另两封来自清华务实派的信之后来到毛泽东的桌子上。该校的党委副书记刘冰写信给毛泽东说：“如果不改变教育体制，学生离开学校时恐怕连一本书也不能读。”[3]

邓小平支持刘冰。当刘告诉这位脾气火暴的副总理说，“左倾”分子抱怨有“右倾歪风”时，邓小平骂起来，并蔑视地发誓说：“我们要刮它一场台风。”[4]

问题是互相联系的：“红”对“专”。毛泽东能鼓起精神作一个裁决吗?

毛泽东年龄越大，越相信人的主观意志的作用，即使当他对学校的仇恨增长时也是如此，而学校的任务正是要培养这种主观的意志。他甚至说：“书读得越多，就越蠢。”[5]他贬低教授们。他告诉学生在课堂上可以睡觉，考试时可以作弊。他把作家们送到偏远的村庄去种稻子。

然而，毛泽东从来没有失去儒家的一个信念：认为教师和书本能铸造世界。即使在他贬低教授们的时候，他也害怕他们；北京版的1956年布达佩斯“裴多菲俱乐部”的幽灵，纠缠了他多年。[6]即使他诋毁作家们写的故事是废话，他也情不自禁地要读一读。

要想寻找悲剧的根源，可以回到20世纪20年代他穿越湖南的旅行。他在《湖南农民运动考察报告》中欢欣鼓舞地说：“开一万个法政学校，能不能在这样短时间内普及政治教育于穷乡僻壤的男女老少，像现在农会所做的政治教育一样呢？我想不能吧。”[7]

1976年不是1927年。在心怀绝望的农民寻找词语来总结毁坏他们生活的弊端时，政治口号会传播得很快，但口号在清华不能像那时一样“长翅膀”。年轻的毛泽东，只从和革命的关系的角度看待知识。年老的毛泽东认识不到，对70年代的普通的化学或物理学专业的学生来说，“教育为革命服务”毫无意义。

毛泽东没有作任何批复就退回了刘冰的信。但极左分子的“生日”来信，他很喜欢；他看过之后不久就刊登在《人民日报》的头版上。[8]

极左分子经毛泽东点头发表的关于教育的连篇累牍的文章中，有一句典型的话是：“难道你（刘冰）要像扫除废物一样把工农兵驱赶出校园吗?”[9]

一场小型的“文化大革命”似乎又发动起来了，毫无例外，也是从教育和文化领域开始的，因为在这里，容易把言词和现实混淆起来。

“敌人”像是来自装配线一样涌现出来。生活和工作的各个方面，都被说成是卷入到“两条路线斗争”之中。说“革命”比“生产”更重要，成了时髦话。周恩来和邓小平阵营的官员被吓住了。外贸也蒙受损失。

到处都是关于“文化大革命的辉煌成果”的喊叫，好像滔滔不绝地喊叫，就能把大多数中国人认为“文化大革命”是场灾难的内心感受清除得一干二净。这种气氛是由自我陶醉的活跃分子制造出来的，正像毛泽东鼓励他们的那样，他们觉得自己“可上九天揽

*当年晚些时候，毛泽东接见一位教育家蒋南翔，他在“左翼”风暴中从高位上被清除。当蒋南翔进来时，正在毛泽东的床边转来转去的江青警告他说，他就教育形势给毛泽东的汇报“不能超过三分钟”。

蒋南翔曾是清华大学校长，现在对政策不再抱希望，他冷冷地低声说：“我的汇报30秒就够了。”他直截了当地为毛泽东概括说：“大学生在学中学的课本，他们的文化水平相当于小学生。”

老年的毛泽东，这位教育衰落的幕后制造者，叹了口气说：“这样下去，要亡党、亡国。”见*CIS*，77－81。

月，可下五洋捉鳖”。

这只是一场教育公众的争论，还是毛泽东为了从政治局赶出某个人，像以前几次一样，用报纸上的争论铺平道路？毛泽东在新年前夕，已经给出了答案。

“党内将有一场斗争。”他对朱莉·艾森豪威尔说。[10]

尽管毛泽东很衰弱，他还是又打起了精神，试图挽救“文化大革命”正在消失的成果。作为“文化大革命”的前奏，他写了《重上井冈山》和《鸟儿问答》，并不是偶然的。

毛泽东怀疑，60 年代的“新生的社会主义事物”，在邓小平的手里会前途暗淡。他的怀疑是正确的。

“文化大革命”只是插曲，它没有带来新的结构。毛泽东曾希望全民都有“为人民服务”的利他主义精神。他把“文化大革命”说成是“一场触及人们灵魂的大革命，目的是要解决人们世界观问题”[11]。

他一直在寻求新的政治方法。“过去，我们搞了农村的斗争、工厂的斗争、文化界的斗争，但不能解决问题，因为没有找到一种形式、一种方法，公开地、全面地、由下而上地发动广大群众来揭发我们的黑暗面。……答案就是无产阶级‘文化大革命’。”[12]

毛泽东也希望除掉那些已经背离毛泽东主义路线的同事。

一种新的心态，在 60 年代的确控制了许多年轻人；他们对权威和旧事物的敬畏削弱了。一种新的政治方法的确显现出来；对草根们的动员，导致过去消极而忧郁的千百万人在一定程度上直接参与了政治。毛泽东在高层的敌人被搬掉了，一半的政治局成员在“文化大革命”的风暴中倒台了。

然而，这些变化都没有持续下来。到了 70 年代，年轻人的兴奋被相当普遍的玩世不恭所代替。自下而上的群众动员，没有成为中国政治制度的组成部分。“文化大革命”的受害者，作为 70 年代的胜利者又回来执政（邓小平是其中的代表）。如果说对权威的敬畏减弱并延续了下来，那它现在正转变成对共产党的怀疑。

让“文化大革命”复活，没有任何意义，一个插曲只是一个插曲而已。但是，人们大概可以看出，为什么像往常一样把导师角色和领袖角色掺合起来的老年毛泽东，想要在他辞世前再次尝试这样做。

上海和平饭店的糕点师精心制作了两块可爱的蛋糕，用来祝贺理查德·尼克松 63 岁生日。

有白色和褐色糖霜的香草味蛋糕，是为当时饭店的贵宾朱莉和戴维准备的。一块较大的蛋糕装在丝绸面的盒子里，上面饰有“尼克松先生生日快乐”的字样，是让这对夫妇带回圣克莱门蒂的。[13]

当厨房工作人员在制作要拿到楼上艾森豪威尔夫妇房间的蛋糕时，一位信使来到他们的房门口，带来了一个来自北京的不幸消息：周恩来因癌症去世，享年 78 岁。

朱莉和戴维早餐吃了蛋糕。中国的生活表面上似乎没有什么变化，即使当报纸从猛烈批评周恩来的政策转而赞美周恩来时也是如此。

周恩来的遗体从他去世的 305 医院运到了紫禁城里的一间大厅里。在零度以下的严寒中，将近百万默默哭泣的人群怀着复杂的情感目送送葬队伍，灵车上悬挂着黑黄两色的玫瑰状缎带。

到医院对周恩来遗体作最后告别的悼念者人流中，中国领导人里唯有毛泽东没有出现。连 90 岁的朱德也来与这瘦削而僵硬的遗体道别；遗体上覆盖着中共党旗，周围装饰着鲜花和苍松翠柏。

十里长街送总理。

毛泽东也没有出席追悼会。会上，邓小平面对中国最高层的5 000人致了溢美夸赞的悼词，而尴尬地主持追悼会的王洪文，就像个误入教授们集会的学生。

自50年代以来，毛泽东只参加过很少几个葬礼。自从参加过1972年陈毅的葬礼以来，再没有参加过其他人的葬礼。

他送了一个纸花圈，放在这位担任中国总理长达26年的人的遗像旁，另一边放着中共中央送的花圈，两个花圈中间放着骨灰盒(周恩来要求火化，并把骨灰“撒在我们祖国的江河大地上”)。[14]

也许毛泽东只是不想让很多人见到自己。但是很多中国人对毛泽东的缺席感到诧异。他从没有像跟陈毅那样跟周恩来亲近过，他在听到周恩来逝世的消息时没有流泪。[15]

中国古代学者司马迁曾写道：“人固有一死，死有重于泰山，或轻于鸿毛。”周恩来的逝世重如泰山，而且，出人意料地，他的逝世早于毛泽东。

周恩来如果在世，可能会缓和毛泽东过世的冲击。但是，毛泽东的在世，不能减弱（实际上反而增长了）从周恩来的骨灰里冒出的政治火焰。

由于没有了周恩来，毛泽东又处于“李尔王”的境地，并具有猴性，极左派对邓小平生硬的作风提出挑战，就是个必赢的赌注。

总之，1976年初周恩来的逝世导致了两派分化。单是毛泽东的存在（加上他变幻不定的偏爱）就已事先为反邓赌博的色子做了手脚。

江青去告别周恩来的遗体时没有脱帽。一段电视新闻捕捉到的这种明显的轻慢态度，引发了激烈的情绪。沈阳的一个战士激愤地把椅子扔向电视机，广州北京路聚集在邻居家看电视的一群人开始齐声喊：“打死她！”[16]

当邓小平走近棺材时，周恩来的遗孀、俭朴而广受尊敬的邓颖超友爱地迎接他。但是邓女士对江青却是冷漠的。她对待张春桥的态度在两个极端之间：不冷不热。

像往常一样，图像是中国最接近于西方调查报告的对应物：毛泽东向艾森豪威尔夫妇提到的“党内斗争”，在周恩来尸骨未寒之时，已经正式开始了，电视录像片提示了斗争的轮廓。

由于周恩来的辞世，邓小平失去了他意欲安排毛泽东之后权力组成的关键性支柱。极左分子看到了向他们亮起的绿灯，开始寻求一种完全不同的权力组成，江青会在她最大的一次赌博里掷出色子。毛泽东看的文件比以前少了，因此“宫廷阴谋”加剧了。江青在她反邓小平的运动中，把材料拿到毛泽东的床边，要求医生们用大号字重写，以便毛泽东能够辨认。医生们抗议说，他们的职责只是照看毛泽东的健康。“给他看点文件，好让他感觉好一些。”江青把她的反邓材料推过去说。

尽管毛泽东对周恩来有一些友爱的情感，而对他疏远了的妻子没有这种情感，但是，毛泽东仍是处于好斗的情绪中，对邓小平很生气。如果毛泽东加入了在305医院的悼念者队伍，周恩来的遗孀几乎没有什么理由拥抱他。

“不斗争就不能进步，”冬至时毛泽东又口出格言，“八亿人口，不斗行吗?”[17]甚至当毛泽东亲切地询问朱莉她父亲的腿时，这些话所传达的信息，也是表达了确切的对邓小平全部政策的不满。

当一轮折磨人的政治局会议开始时，这些问题像浓雾一样悬浮在半空。毛泽东的每条语录的小土堆，都被争斗的不同派别夸大成令人惊讶的大山，而且形同桂林奇形怪状的山峰。一场对总理位置的争夺战正在上演。

邓小平是代替周恩来的一名候选人。张春桥是另一名。

刀已经出鞘，毛泽东的在场不足以制止他们。邓小平对15人的政治局作了经济政策报告。姚文元批评这一报告理论上有问题。有人（不是毛泽东）大胆抓住了这个棘手的问题，提议邓小平为总理。极左分子直截了当地说，他们不会在他手下做事。[18]江青提名张春桥作为反击，张春桥是她的圈子里能推出的最可能被广泛接受的人选。包括军事领导人叶剑英在内的邓小平的支持者，设法阻止了张春桥被任命为总理。

毛泽东自己的目光则转向了来自他家乡省份的得意门生华国锋，他从来没有给毛泽东惹过麻烦。毛在1976年2月让华当了代理总理。温厚的华国锋54岁，是个谦逊的人，而且直到这时为止，他有充分的理由保持谦逊。毛泽东至少可以信任他——在非常缺乏信任的被毒化的气氛下，这是华国锋极大的优势。

华国锋1969年才从湖南来到全国的政治舞台上，比久经战阵的邓小平的敌人要少。在一些关键性的政策问题上，他站在邓小平和极左分子之间。在当时普遍头脑发热的情势下，他是冷静的。

然而，山西出生的华国锋主要的资本，就是他为毛泽东所做过的事，再加上毛泽东不喜欢别的候选人。他在毛泽东的家乡搞了灌溉工程；监督建造了无疑是谄媚奉承之作的韶山毛泽东纪念馆[19]；他在毛的授权下，修建了一条连接该地区和长沙的铁路（这对这个小村子来说，无疑是前所未有的好运），并在韶山建了一座彩色电视机厂，把有吸引力的职务给了毛泽东的许多远亲；更有实质意义的是，他向林彪投掷了政治石块。

毛泽东似乎意识到他选择了一个二流人物，而不是最好的备选人来代替周恩来。他知道有人说华国锋"蠢"，是个"土包子"（很可能是他疏远的妻子说的）。他反驳说，他发现华国锋"无私、不蠢、厚重少文*"。

* 此话引自一位汉朝帝王为他的一位大臣所作的辩护。

毛泽东还觉得有必要为华国锋的"不蠢"多作宣传。他承认华国锋身上有不尽如人意的地方。在华国锋被任命为代总理以后，老人指示说："要宣传华国锋同志，要让全国人民认识华国锋同志。"[20]

如果说华国锋是个让人能够接受的妥协性的选择，那么这并没有使斗争结束。

毛泽东心里的某个魔鬼希望斗争继续下去，即使其目标只是幻象。"搞社会主义革命，"他在华国锋被提升后不久的一次破坏性极大的宣告中写道，"不知道资产阶级在哪里，就在共产党内，党内那些走资本主义道路的当权派。"[21]

这就是最典型的毛泽东，一个仍在探索而不相信平衡的人，一个在倾慕光明的同时常常提醒人们还存在黑暗的人。

"他从来就不是一个马克思主义者。"毛泽东突然爆发似的说到邓小平。[22]癌症夺走周恩来的生命以后，无论邓小平的处境多么困难，这些话才是钉在邓小平1976年的政治棺材上的钉子。

说邓小平“歪曲”了毛泽东的话，这很容易，而且很多人在这样说。[23]他曾列出一个主席坚持的方针政策——安定团结、发展国民经济、阶级斗争。但是，到1976年，据说毛泽东本来的意思，不是说这些方针同等重要。

报纸叫嚣说（虽然没点邓小平的名），邓小平违背了毛泽东的路线，把“阶级斗争”从“纲”降到了跟其他各项同等的“目”的地位。这个副总理是个“死不悔改的走资派”。

毛泽东称邓小平及其朋友是“走资派”，不仅违背事实，而且弄巧成拙。邓小平的一些高层支持者（军界领导人叶剑英是其中之一）非常反感对这位副总理的攻击，他们示威似的走出政治局的房间，离开北京到南方去了，同时高声说他们不再进一步参加这种破坏性的会议，并对毛泽东的武断牢骚满腹。

同时，邓小平确实从不是个深奥的马克思主义者。他的著作很少提到马克思或列宁。“马克思和恩格斯生活并逝世于上一个世纪，”邓小平在一次少有而典型的评论中说，“他们是伟大的，但我们不能指望他们能帮助我们解决今天的全部问题。”

毛泽东曾经令人着迷地谈到孙中山是怎样弃医从政的。“那样他就能控制医生们，”毛泽东说，“政治家是掌握人与人之间的相互关系的医生。”[24]这一极端儒家式的议论，表达了一种深刻的政治观。

在毛泽东看来，孙中山从政是选择了一条更高尚的道路。这样，一个人可以在更宏大的层面上当导师，其对象就是人们的灵魂。孙中山做过的，毛泽东也做了。

毛泽东经常说到探求灵魂的必要性。他在中共第八次全国代表大会上说：“吾日三省吾身，内省不疚。”[25]这句话很有冲击力。**直到没人再有意见。**

同一性是毛泽东的理想。讲课必须把意思交代清楚。政治上也一样。统治者是放大了的教师，因为他要把人民聚合到一起，使他们感觉已经成为一个整体。

因此，民主和权威这奇怪的双人舞，在毛泽东的心里跳起来

1953年2月24日，毛泽东在南京拜谒中山陵，向民主革命的伟大先行者孙中山先生坐像敬献花圈。

了。他说："没有高度的民主，就不可能有高度的集中。"这段话让不少人觉得难解。当然了！只有当群众把他们的内心奉献出来，统治者才能加以协调，并编织出作为政治的道德目标的集体同一性。这里面的可怕问题，在毛泽东和他侄子毛远新的一次对话中显现出来。毛远新在1975年9月急速地升到毛泽东内阁的核心。毛泽东在告诉这个年轻人该做什么不该做什么时说："在党的政策要改变时，你必须有清醒的头脑。"[26]毛泽东在说出"清醒的头脑"之前肯定停顿了一下，以便找出一个更好的表达方式。当党改变主意时，你究竟该做什么？你赞成政策的改变吗？或者，应不应该坚持不同意见呢？头脑清醒，只会加剧这种进退两难的状况。

毛泽东是一个导师；他的确希望他的学生，即中国人民，自己头脑要清醒。但只能有一个头脑，一种思想。对中国人民来说，思想不一致是不道德的。这就是进行说教的毛泽东和挥舞权力的毛泽东之间不幸的一环。到70年代，这"不幸的一环"已经导致中国政治制度中久治不愈的疾患。

虽然1949年的毛泽东没有期望"解放"以后会一帆风顺，但是他把未来紧张关系的性质搞错了。他在取得政权的前夕说："在过了几十年之后来看中国人民民主革命的胜利，就会使人们感觉那好像只是长剧的一个短小的序幕。"[27]25年以后，这句话确实应验了。

不过，这出长剧，不是如毛泽东所预料的那样是道德性的，而是制度性的。毛泽东多次寻求通过英雄行为更新制度，不断地渴望有一个层次更深的道德社会。但是，这一探索，只在毛泽东的个人世界里有意义，在中国的社会环境里没有意义。

毛泽东的革命胜利本身，就造就了将超越他而继续前进的一代人。当昨天的愿景挣扎着完善自己的时候，历史不会停滞不前。毛泽东就像一个演讲人对着一群听众在说话，而他们已经离开去进行下一步的活动了。

年轻时，毛泽东有一天跟他弟弟打了起来。他父母不久以前才去世。韶山正在筹备建立中共的一个支部。继承了父亲作风的毛泽东，把家庭事务和中共事务混为一谈，弟弟泽覃则反对这样做。他脱口对毛泽东说："共产党不是毛家的家族祠堂。"[28]

这话（其背后潜藏着什么样的亲密家族生活的鬼魂！）激怒了毛泽东。他抓起一根棍子，想要打泽覃。*

*原文表述有误。毛泽东四次在不同场合谈起自己在江西君埠与胞弟毛泽覃争吵之事，反复作了自我批评。那是1930年红军第一次反"围剿"前夕，有一次毛泽覃和毛泽东争论一个问题，兄弟二人谁都说服不了对方。毛泽东当时大发脾气，挥拳就要揍泽覃，泽覃也很要强，拍着桌子大声质问道："怎么，你要打人？这是革命的地方，是红军的队伍，不是毛氏宗祠！"以后毛泽东多次以此为例说明共产党人要讲民主。——编者注

"批孔"运动的一部分灾难性后果在于，已经从"长剧"里删掉了意识形态的作用，不管是儒家的还是毛泽东的。对千百万中国人来说，国家的经济未来，优先于长期累积下来的信条的荣耀，孔夫子和毛泽东之间的争斗，在他们看来是书呆子之间的事。

"我们可爱的同胞，将能像人一样生活，他们可以选择他们喜欢的政府。"毛泽东在赢得权力之前写道。[29]

"人民"对毛泽东来说，意味着一个集体的抽象概念，而不是兴趣各异、观点多样的一群公民。他说"人民"在1949年取得了政权。这有一些真实性，他的政府广泛地代表了普通人的意愿，而且也确实给他们带来了好处。然而，"人民"决不会只因为代表他们的人换了，就取得了政权。

毛泽东的确把自己看作圣人，圣人跟群众的直接联系不需要中间机构，而这种中间机构，正是属于现代意义的政治范畴。这种中间机构的模式在旧中国就已确立。但是，由一位集真理和权力于一身的圣人统治现代的人民共和国，确实是个非常有害的模式，而且是个越来越多的中国人不能接受的模式。

"如果我们今天不反对新八股和新教条主义，"毛泽东在延安批评28个布尔什维克时曾说，"则中国人民的思想又将受另一种形式主义的束缚。"[30]这已经发生了；这个极端主义，就是毛泽东的极端主义。

用红黑两色漆着"中国民航"字样的波音707飞机停在洛杉矶机场，这可算是新景象。飞机是来接理查德·尼克松的，这是他离

开白宫以来第一次在重要的公众场合露面。

中国政府派出一架飞机到外国接一名因私的外国客人飞往中国，这还是第一次。飞机在凉爽的雾气中降落在北京机场，新任代总理华国锋满面笑容地站在跑道上。

毛泽东和尼克松像老朋友似的相见，并且谈了将近两个小时。

尼克松坐在江青旁边听关于“解放台湾”的歌曲。尼克松笑着参观了精心制作的关于无所不在的、血腥的阶级斗争的展览，内容覆盖了从穴居人时代到邓小平时代。[31]邀请声名不佳的尼克松回访，是毛泽东做出的姿态；看来这是一位在证据不足的基础上作决定的老人的又一个错误判断。

在许多人看来，但不包括毛泽东，尼克松如此戏剧性地再次露面，似乎像社交聚会上泄漏的瓦斯的味道一样不受欢迎。就在三天前，在新罕布什尔州的初选中，福特受到里根的挑战，让人重新想起福特对尼克松的“特赦”，这对白宫来说是极为痛苦的。

后来得知，甚至中国驻华盛顿的外交家们也曾向北京指出，邀请尼克松回访“可能会被误解”。[32]但是这些负责中国美洲事务的新人的建议被否决了。

毛泽东希望见尼克松。1974年下半年，他曾嘱咐伊梅尔达·马科斯把这一点转告尼克松，并向随后的三位来宾重复了这一信息。[33]按毛泽东的看法，无论中国外交部是否赞同，都得接受这项安排。

毛泽东从来不是个要费心弄清楚别国内政微妙之处的人，82岁的毛泽东就更不会这样做。对他来说，有象征意义就有现实意义，过去的记忆对当前仍有意义，而且中国在很大程度上仍然是个与世隔离的世界。

毛泽东并不是像有些美国人怀疑的那样，在试图为尼克松“恢复名誉”。他正在做的比那要简单，也在更大程度上以中国为中心。毛泽东佩服尼克松在中美关系政策方面做出的突破，为什么不应该尊敬他呢？他对福特的墨守成规感到气馁。当福特在反苏方面几乎没做什么，对中国也几乎没做什么时，有什么可损失的呢？

尼克松受到和两个月前给予福特一样的政府首脑的待遇。他用了6个小时跟华国锋会谈，对于这个世界对之几乎还一无所知的人，他成了探索其内心的第一个外国人。他是第一个得到允许，在人民大会堂以私人名义向中国政府举行答谢宴会的外国人。

毛泽东从不理解在“水门事件”上的反尼克松观点。难道不应该允许统治者进行统治吗？“水门事件的处理太出格了。”他向泰国的克立抱怨说。[34]“我们不能理解对这种事为什么要如此小题大做。”他对蓬皮杜说。[35]他不懂为什么在他看来那么小的一个事故，能让尼克松总统下台。为了中国的利益，他不喜欢美国这种翻肠倒肚造成的后果。

“言论过分自由，”这是毛泽东对造成“水门事件”可笑结局的原因做出的诊断，“你身上正好带着一个录音机，你就想给这场谈话录音，这又有什么要紧呢？”毛泽东问。他说在1968年他自己也已开始做同样的事。“美国人大多喜欢摆弄录音机。”他若有所思地说。他还向克立宣布说：“我看尼克松下台是美国的战争贩子搞的鬼。”

“请写信告诉尼克松，”他以惊人的坦率对克立说，“说我很想念他。”在说到尼克松的倒台时，毛泽东的话语中有困惑，有感伤，还有深深的中华民族中心主义。

在邀请尼克松回访中国时，毛泽东是在试图激励福特，而不是要让他窘迫。毛泽东对美国的总统初选几乎不懂；而且，尼克松之行时间的最后确定，是由圣克莱门蒂做出而不是北京做出的。毛泽东在集中思考一个更大的问题：中国应该重申跟美国的联系，还是让它萎缩下去转而求得跟苏联和解？

当中国千百万人在《人民日报》头版看到尼克松跟这位主席握手时，得到的信息不是批评福特，而是确认美国对中国的重要性。

尼克松对美苏和解表示了怀疑，这就达到了毛泽东的目的。尼克松在一次宴会讲话中说，如果相信“仅仅签订原则性声明或召开一次外交会议”就能确保和平，那就“太天真了”。[36]这种对讨论欧洲安全的赫尔辛基会议提出尖锐批评的言论，毛泽东听起来十分悦耳，就像音乐一样，虽然对福特来说不是这样。

美国问题和邓小平问题在毛泽东的心里——如果不是在事实上——是有联系的*，而去年发生的两段奇怪的插曲已经变得清晰了。

*邓小平好像跟尼克松一起被困在了一个横跨太平洋的转门里一样：当尼克松"进来"时(1972 年)，邓小平"出去"了；当邓小平"进来"时（1973—1975 年)，尼克松"出去"了；现在当尼克松又挤"进来"时，邓小平又"出去"了。

福特来中国之前，脍炙人口的中国古典小说《水浒传》突然遭到批判，认为它是奸诈阴险的。毛泽东觉得，这个农民造反的故事在精神上是"投降主义的"。一反长期以来普遍的观点，他宣布，《水浒传》里的农民英雄宋江根本不是英雄。在张玉凤和助教芦荻在场时，他咕哝着提出这样的批评。[37]张玉凤让芦荻把毛泽东的话记下来，因为它们等于是重大的政策。于是，北京的走廊里开始悄悄流传小道消息，说邓小平（还可能有他的一些人民解放军朋友）准备向莫斯科"投降"，就像宋江一方面假装要反抗到底，一方面向帝王"投降"一样。

邓小平对有关《水浒传》的批判中勉强的类比和草率的结论不屑一顾。"有些人听见风就是雨。"他讥笑地说。[38]

第二个插曲也同样怪诞。21 个月之前在中国西北遭扣留的一架苏联直升机机组人员曾多次被北京宣布是"间谍"，恰在福特蹒跚地从北京回家以后，他们突然被开释了。中国政府说他们根本不是间谍，让他们享受了一顿精美的筵宴之后，令人难以置信地把他们送回了莫斯科。

在人民共和国的历史上，北京从来没有在间谍指控上以这种方式改变自己的立场，并在多次指称侵入者为间谍后，又宣布他们无罪。难道在毛泽东和福特峰会失败的时候，中国政府内部对苏联不只有一种观点?

似乎可以肯定，毛泽东不赞成在福特毫无生气的访问刚刚结束时，就开释苏联直升机机组人员。而只可能是邓小平，当时作为毛泽东的首席主管，授权对莫斯科做出姿态。

最后的结果是，尼克松之行既没有像美国报纸所说会危害美中关系，也没有像毛泽东所希望的那样，把中美关系推进一大步（除了在中国公众的心里以外)。

尼克松把毛泽东的诗句用于北京与华盛顿的关系，他说："世上无难事，只要肯登攀"[39]。这两个人都给对方留下深刻印象，他们似乎是在攀爬个人的高峰，而不是给外部世界带来任何变化。

对尼克松来说，此行主要是对1972年之行的怀旧性脚注。对毛泽东来说也是怀旧，但是它还是扔到政治局斗争战场上的一颗手榴弹。

就在《人民日报》刊登毛泽东对邓小平个人的第一次谴责（“那个人从来不讲阶级斗争”[40]）刚刚一周以后，毛泽东得到消息，在不远的天安门广场上，正在酝酿一场悄悄的但很激情的示威。

当时是清明，是纪念亡灵的时节。在人民英雄纪念碑的台阶上出现了悼念周恩来的花圈和诗词。许多人聚集起来围观这盛大的场面。情形似乎是平静而无害的。

但是，空气紧张。有些诗词不仅纪念周恩来，而且攻击极左分子；这些极左分子在周恩来去世后的三个月里大肆鼓噪。毛泽东前妻杨开慧受到赞扬，意在对江青进行挞伐。有人还提到妖魔，用了姚文元的姓的谐音字“妖”。这很微妙，但极具爆炸性。*

*无论是清明节还是其他时间，虽然“左倾”的安全部头头康生也是新近去世的，但是没有人给他送花圈。

第二个主题是对中国现状的忧虑。“目前最大的问题是什么？”一个人从通常禁止人们上去的人民大会堂的台阶上向人群呐喊，“中国向何处去？这是最大的问题。”[41]

对毛泽东的批评是背后的第三个主题。有个标语说：“秦皇时代已经一去不返了。”[42]提到的这个帝王是毛泽东心目中的英雄，他常被提出来当作完美典范，用以替代“腐朽”的孔子。在这基本是年轻人参加的示威中，有人暗暗地表示了对毛泽东家长式的武断作风的不满。一首诗挑战性地甚至以警告的语气说：“中国已不是过去的中国，人民也不是愚不可及。”[43]

这不是仅仅在纪念备受爱戴的周恩来。纪念碑前群情高涨，很可能是对几个月以来极左派间接攻击邓小平是“死不悔改的走资派”的有力回击。

毛远新把广场的消息传过来以后[44]，毛泽东做出了若干决定，像一串点燃的爆竹一样一个接一个炸响了。北京市政府从纪念碑周围挪走了花圈。这个行动把平静的纪念活动变成一场动乱，持续了14个小时，卷入了至少10万人。有人遭到暴力袭击，车辆被烧，近百人受伤。一个年轻人，清华大学的学生，无疑是极左分子的赞美者。他作了一个简短的演讲，大意是说周恩来有时犯有“反对毛主席”的罪。随后，一群愤怒的人用电线把他双手绑起来，从纪念碑台阶上推上推下，直到他头破血流。[45]

政治局召开了紧急会议，投票解除了邓小平的所有职务，正式把华国锋提升为总理和中共第一副主席（一个新职位），使他成为毛泽东的接班人。这一切都是毛泽东亲手操办的。[46]

邓小平成为不稳定的政治继承方式的牺牲品，成为他自己强硬作风的牺牲品，成为不合时宜的、务实主义者的不走运的牺牲品。没有证据表明邓小平支持动乱。如果北京市市长没有在得到毛泽东的点头之后命令把献给周恩来的花圈挪走的话，可能就不会出现这场动乱。

毛泽东甚至放任自己称呼邓小平（他个子不高）为“矮子”。[47]据说政治局解除邓小平职务的决定是“一致”通过的。这不可信。人民解放军的领导人叶剑英、许世友和其他人都同意吗？无疑，他们都没有出席会议。邓小平也投票赞成解除自己的职务吗？“一致通过”意味着，不能允许任何人记录在案表明他曾反对过毛泽东的意见。

官方点名道姓地正式谴责邓小平，说他“死不改悔”，这倒是事实。[48]他没有对毛泽东全力反击（他只是寻求保留一些地盘以便东山再起），但是他的确用舌头战斗了。

“如果他们说你是个走资派，”他对支持者说，“那意味着你做得很好。”

新西兰的马尔登总理在4月末来到了中南海，发现那里的景象令人尴尬。毛泽东几乎只能把头懒洋洋地靠在沙发背上，费很大的劲才气喘吁吁地说出几个词。

“我心里明白，”不安的马尔登说，“他不久于人世了。”[49]

有时候，毛泽东会伸出他那光滑而衰老的手去拿便笺本，在上面涂上几个字。对任何习惯了毛泽东龙飞凤舞的手写体的人来说，写出的表意字是足够清楚的，但并不总能看懂它们的意思。

毛泽东在和马尔登10分钟的谈话之后回到床上之前，在纸上为华国锋写下“你办事，我放心”几个字。[50]但是，办什么事？下周的养猪会议？让马尔登安全地回到新西兰？反邓小平运动？还是中国的未来？

同一天晚上，毛泽东还写下“照过去方针办”。究竟毛泽东心里想的是什么？毛泽东肯定经历了一场激烈的思想斗争，这一点也不奇怪。但他是一般地指过去的惯例，还是指某个新出炉的指示？

5月里，新加坡总理跟毛泽东一起度过了令人痛苦的几分钟。李光耀提到毛泽东跟外国人倒数第二次的这次会见时说：“那不是一次实质性的交流。他的话听不清楚。得先由王海容辨别一番，然后译成英语。偶尔地，王会把它们写下来再跟他核对一下。”[51]

尽管张玉凤有时跟毛泽东争吵，但是她仍是他固定的助手。自从毛泽东的侄子毛远新头一年从东北到北京以后，他就是毛泽东政治上信赖的关键性人物（他跟江青也很亲近）。[52]

政治局成员发现在1975—1976年间难以在任何事情上达成一致意见，尤其是如何对待这位半神半人式的人物，因为他仍然是他们每个人政治命运的支点。于是，毛泽东继续留在舞台上，喃喃着他的台词，而高级同事们像传信的小天使一样在舞台两侧飞翔，不能负任何责任。

“毛主席年事已高，仍在忙于工作，”一位级别较低的外交部官员6月里说，“党中央决定不再安排（他）会见外国贵宾。”[53]

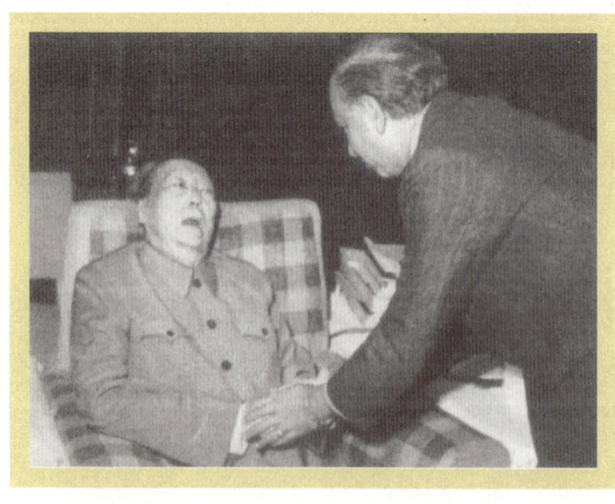

1976年5月27日，毛泽东在中南海会见巴基斯坦总理布托。

从上次中国官员就毛泽东的个人状况发表声明以来已经过去很久了。这条信息很清楚：毛泽东已奄奄一息，而多年以来一直只见到毛泽东会见外国人照片的中国人民，不会再见到他活着的形象了。然而，没有提到毛泽东的肌萎缩性侧索硬化症或心脏病。考虑到此前几周里毛泽东跟新西兰、新加坡、老挝和巴基斯坦领导人令人痛苦的、短暂的会见，这个决定做得太晚了。但是，这是难以做出的决定。无论谁作决定，都肯定不是“党中央”的全体。

看来极左派反对这一步。对上海的激进分子、江青和毛泽东亲近的其他人来说，毛泽东是他们赖以围着跳舞的五朔节花柱。*

* 五朔节，欧洲传统民间节日，用以祭祀树神、谷物神，庆祝春天的来临，并祈望丰收，每年 5 月 1 日举行。五朔节前夕，欧洲一些国家会有“五月柱”活动，用挺拔的树干做柱，漆成彩色，装饰上树叶、鲜花、缎带，人们盛装围绕花柱歌舞。——编者注

虽然政治局里剩下来的务实派欢迎这一决定，但是这些领导人势力太弱，不可能强行通过这一决定。

无疑，华国锋带了头。这位腼腆的新总理跟毛泽东很亲近，他策划这项决定不会有引发毛泽东发怒的危险。他不是极左派的一分子，他不会允许江青一伙把毛泽东当作遮羞布抓住不放以凌驾于国家利益之上。

毛泽东是否也参与了作决定，或者是他自己作的决定？我们不得而知。

因毛泽东生命垂危，又因为没有正常的转交权力的程序能让他自然地把权力交给大家商定的继承人手中，毛受到奉承者的摆布。毛泽东不再接见外国到访者并不意味着他已退出政坛。

近水楼台、枪杆子、个人忠诚、血缘关系变得比宪法或任何其他的规定都更重要。

政治局的各位成员互相争着要得到从毛泽东那里出来的文件和信息。很多权力转到了毛泽东的长期警卫员汪东兴手里，他现在控制着 8341 部队这个精英警卫团、间谍工作和中共中央办公厅。汪东兴的权力对江青不利，他看不起江青，对“左派”极为厌恶。而且邓小平及其支持者也绝没有放弃任何机会。在“左派”方面，毛泽东的侄子毛远新成了向政治和媒体圈子传达毛泽东对邓小平的所有批评的渠道。

毛远新上任后不久的一天，进来告诉他伯父，上海一个有影响的人物贴出一张令人不安的大字报。[54]

大字报说，邓小平在周恩来的悼词里对周的赞美过头了。“那个定论应该改过来。”不管毛远新讲这张大字报时自己有什么动机，据说毛泽东做出了意思明确的回应。“攻击周恩来，人民一定会起来反对，”他推论说，“周恩来追悼会上的悼词中的结论不能改。”[55]

几天以后，中国人民手里拿到了一条新的毛泽东的语录，语录模糊的含义，形象地表明了由一位行将死去的圣人进行统治，而又无力实施实际统治的尖锐问题。

语录说："翻案不得人心。"但是，它究竟是什么意思呢？中国公众并不知道毛泽东和他侄子的谈话，而"左派"媒体告诉他们说，毛泽东的意思是人民不会支持邓小平翻"文化大革命"的案！

这并不是说毛泽东仍然同情邓小平。但是，极左分子在利用毛泽东对邓小平的不满，而且为了他们自己更大的目的，说不定还伪造了毛泽东不满的程度。

甚至当毛泽东和政治局成员会面时，他的名字也在激烈的争辩中被抛来抛去。在一次会上，张春桥批评中国进口全套工厂项目背离了自力更生的原则。华国锋大着胆子说："所有这些重大的引进项目，都是经过毛主席批准的。"张春桥高声回嘴说："你总是拿主席来压人民！"[56]

毛泽东显然坐（或躺）着经历了许多这样的斗争场合。他的病情越来越重，脾气越来越坏，只是偶尔做个手势，然后在当晚写下一句关键的格言，并且为了表明他的同情在哪一方面，要求一方或另一方的主要领导人来见他。

"人到七十古来稀，"毛泽东对在他卧室开会的人说，"我已经八十多岁了，早就该死了。"这似乎不是可供讨论的事。毛泽东的心境是要暴露人生无情的一面，他凝视着沉默而焦虑的同事们。"你们中不是有人希望我早点见马克思吗？"他继续无情地说。

华国锋好不容易能开口说话了："没有。"

毛泽东不接受华国锋的遁词："真的一个都没有吗？我不信！"

死神似乎在1976年对中国没有发善心。好像清明的政治地震还不够，就在朱德逝世不久，在仲夏发生了令人震惊的大地震，唐山市被彻底摧毁，大约25万人罹难。

唐山大地震把毛泽东的床摇晃得很厉害。他对唐山大地震的反应是情绪化的，甚至有些害怕。他的住处不得不搬到也是在中南海里面的可以抗地震的202号楼。

如果这一场悲剧没有让他感觉到某种先兆，倒是令人惊诧了。

在中国农村，长期以来人们就相信，自然现象预示着政治事件。农民们认为，严重的地震意味着一个朝代及其统治的天命即将结束。毛泽东头脑里有大量的传统思想，他肯定想到了同样的联系。

谣言满天飞，大部分都说毛泽东的死亡近在眼前。官方报纸发表社论反对传播谣言，意味着承认谣言失控。

地震之前，龟鳖变得不安，熊猫抱着头尖叫，老虎和牦牛感觉到地面震动就躺倒在地上。动物们先察觉了大自然的不稳定。

地震之后，谣言甚嚣尘上，银行被抢，社会关系中的不文明行为比以前频繁，工作人员拒绝负责任。人们感到了政治的不稳定。

无论 1949 年以来路线上的所有左倾右摆有多么吓人或有风险，毛泽东的存在一直是个不变的因素，是权威的最终源泉，是任何动荡的一个底线。

那个时代即将结束。在人民共和国的历史里，还没有出现过现在这种隐隐显现的断层的先例。

“负担太重时，”毛泽东在一次关于战争的谈话中曾说过，“死亡是一种解脱。”[57] 到 8 月底，毛泽东的负担就太重了。9 月 2 日，他发作了第三次也是最严重的一次心肌梗塞。

是时候了，那些叙写偶像传记的笔开始搜罗沉重的词语。华国锋也还有时间为继承制订计划。江青和邓小平及邓的支持者们也该忙着制订对抗计划了。

他真的可能仍然活着吗？躺在防震的 202 号楼里的毛泽东似乎有些虚幻。因为政治局里各派都开始用毛泽东思想代替毛泽东。这样，82 岁的现实中的毛泽东，就被再造成十多个符合再造者需要的“毛泽东”。

江青及其同伙对即将到来的后毛泽东时代最不乐观。虽然他们试图从毛泽东颤抖的双唇里挤出一条最后的指示，但是他已经不能再谈论政治了。

外电总是说毛泽东去世后将带来**不确定性**。然而，毛泽东的**存在**长时间以来成为中国不确定性的主要来源；而他辞世的时间，则是最大的不确定性。

毛泽东的住处现在摆放了众多的医疗设备。在任何时间都有两名政治局成员在那里值班。其中之一的王洪文是“四人帮”里最年轻的，为了消除紧张，他就看香港电影，或溜出去到离西苑军用机场不远的田野里打兔子。

那是北京秋天里一个温和宜人的下午。三点半时，收音机事先宣告，半小时以后将有最重大的消息要宣布。在北京中心区工作的一些人猜到了消息要说什么，因为他们在上午看到小汽车不断从中南海进出。

“毛主席逝世了。”[58]

在那个9月的凌晨时分，毛泽东离开了人世。政府只花了16个小时就把消息告诉了全国和全世界（按北京的标准，这是闪电般的速度）。

在地方，有的人哭了，更多的人是感觉懵了。

毛泽东领导中共比现代任何人领导一个主要国家的时间都长。几亿中国人无法想象没有他的中国将会是什么样子。

各地降半旗志哀。很多人若干年来第一次把好几个毛泽东的像章同时挂在胸前。几十万平常从不仔细看一看《人民日报》毫无新意的文章的人，都买来一份报纸，以便了解一些细节，这份报纸在北京的销量达到通常销量的9倍。

然而，首都的气氛相当平静（甚至在这个国家的其他地方更是如此），跟平时没什么两样。不存在当年斯大林去世时笼罩苏联的那种怪异的瘫痪的感觉。在群众中没有任何自发的“事件”，人们像往常一样进行自己的工作和日常生活。

对中国人来说，死亡在自然界的秩序里有其位置。极少有中国人对毛泽东的敬爱强烈到让他们流泪的程度。发布的讣告《告全党全军全国各族人民书》充满了感情。“他赢得了中国人民和全世界革命人民衷心的热爱和无限的崇敬……”

这位使中共脱离国际共产主义运动并使中国震撼西方的农民领袖，被称为“国际无产阶级和被压迫民族被压迫人民的伟大导师”。

悼念活动宣布要进行一周。在9亿人的土地上将没有体育运动或娱乐活动，毛泽东的遗体将在人民大会堂供人瞻仰。任何人，无论高低贵贱，都可排队走过灵柩“致以最后的敬意”。

这至少是新华通讯社最初的说法。在这条消息发布之前又做了小小的变更。“最后的”三个字被删掉。人们将“致以敬意”。[59]

这一变更表明，如何处理毛泽东的遗体（更不要说他的精神遗产）对面色阴郁的政治局委员们来说是棘手的问题。

1956年，毛泽东曾写下指示，他的遗体要火化。[60]他在另一场合说：“我死后，把我送回湖南湘潭。”后来他曾多次驱车到八宝山公墓为自己和江青选定墓地。他还不止一次在江青陪同下重访公墓里的那块地。[61]

在1976年，对有些中国领导人来说，把毛泽东与江青安葬在一起的丧葬计划是不能接受的。火化并把毛泽东的骨灰撒在“祖国的江河大地”（周恩来对自己丧葬的指示），在许多人看来，是最适宜的解决办法。

但是，在他死后几个小时之内，政治局就做出决议，毛泽东的遗体要永久保留。医生们怀疑这项任务能否完成。他们听说，在莫斯科，列宁的鼻子和耳朵已经因腐烂而脱落，换成蜡制的，而斯大林的胡子也已经掉了。不过，还是向毛泽东的遗体注入了22升甲醛。这只能是临时性措施。古老的中国方法被认定没有用处，因为帝王的尸体都深埋在地下，从没有暴露在氧气中，而毛泽东的遗体要暴露在空气中，以便向中国老百姓展示。

天安门广场：毛泽东追悼大会。

中央派出人员到河内了解胡志明遗体的处理方法。但是，越南人三缄其口，有谣传，胡的遗体在7年后也开始腐烂。医生们决定变更一下甲醛的用法，先把心脏、肺、胃、肾脏、肠、肝脏、膀胱、胰腺、胆和脾脏摘除，然后把一根管子装到毛泽东的脖子里，以便能把甲醛时不时地泵入没有内脏的空腔里。作为备份，工艺美术学院受命制作一个毛泽东的遗体的复制品，他们真的制作了一个毫发不差的复制品。

30万人排队走过灵柩台“作告别”。为外国的外交人员保留了瞻仰的时间，为中共的意识形态盟友安排了单独的时段。在各委员会送的花圈之中，有一个上面写着：“深切悼念敬爱的伟大导师毛泽东主席，您的学生和亲密战友江青……”[62] *

*此外还有毛泽东的子女和一些其他亲属的名字。

123个外国政府发来了唁电。很多是赞扬的官样文章；越是在五六十年代曾中伤过毛泽东的外国政府，在1976年对毛泽东的赞颂越是热情洋溢。毛泽东对这种矛盾会感到很愉快。

在纽约，联合国总部降了半旗。在莫斯科，《消息报》在倒数第二页的底部用两行字刊载了这条消息。在香港，股市指数下跌。在台湾，有兴高采烈的庆祝活动。

自多伦多传来了伤感的话。“我们的时代已经过去了。”当有人要求80岁的张国焘就他老对手的去世发表评论时他说。“像我一样，”这位疲惫的老人没有怨恨地说，“毛泽东也是凡世之人，死亡只是时间问题。”[63]

百万人来到天安门广场，参加在哀悼周结束时举行的追悼会。下午3点整，全中国停工3分钟。9亿人（无疑会有一些例外）安静地站立默哀。中国所有的汽笛（火车上的、工厂里的、轮船上的）都在那3分钟里拉响了。

背离逻辑常常使葬礼成为谎言。正是这样，王洪文走上了讲台主持追悼会。华国锋致悼词，以他审慎的话语赞颂毛泽东的伟大。

华国锋大谈特谈党内“走资派”仍在走“资本主义道路”，“资产阶级”就“在党内”。这时，孙中山的遗孀就站在华国锋的旁边。

会议结束时，在场的人（跟全中国观看或倾听的亿万人一起）对着天安门城楼上的毛泽东巨幅肖像庄严地三鞠躬。随后，一个500人的乐队奏出响亮的赞歌《东方红》，其最后一句称毛泽东是“人民大救星”。[64]

到下午4点，人群散去。自行车潮开始像往常一样涌过天安门，碾在追悼会留下的印有大会程序的废纸屑上。毛泽东时代结束了，邓小平时代即将诞生。

1946 年，延安军民向毛泽东献“人民救星”金匾。

注　释

关于注释的说明

对于那些已知的并能够在20世纪中国的标准文献中查到的事实或描述以及那些很明显的事实，我就免去了资料参照注释。

凡是一段话所在的地方并非显而易见的，我都给出了书的页码参照。在少数情况下，例如《毛泽东思想万岁》中的文件，似乎给出该片断的日期更好些，而不是给出页码参照。只有当一个条目的日期无从查考时，我才给出页码参照。

期刊的日期和期号按下列范例标出：

1972/4	1972年4月号（月刊）
5/7/56	1956年5月7日
2—4，1968	1968年第2卷第4期

有一些材料来自同中国人或外国人（主要是官员）的谈话——例如第20章中同高夫·惠特拉姆、关于西安事变同黄华，或第19章中同温斯顿·洛德的谈话——但是，既然有些提供谈话内容的来源不便给出，似乎在这里给出一个部分的单子并不恰当。

有些事实和描述根据我自己参观毛泽东生平中涉及地点的所见：韶山的毛家房屋和展览；长沙原先的学校、房屋和其他场地；武汉的农民运动讲习所和原先的住处；广州的农民运动讲习所和毛泽东住过的房子、办公室；北京大学原先的一座建筑物中毛泽东的老办公室；参加中共第一次全国代表大会的代表在上海开会和居住的房子；延安的各个场所。

缩略语

出版物

AJCA　　*Australian Journal of Chinese Affairs* (later，*China Journal*)

BJR　　*Beijing Review* (formerly *Peking Review*)

CB	*Current Background* (U. S. Consulate General, Hong Kong)
Ch'en	Jerome Ch'en, *Mao and the Chinese Revolution*
CIS	China Information Service (New York office of Taipei government)
CJ	*China Journal*
CLG	*Chinese Law and Government*
CQ	*China Quarterly* (London)
FEER	*Far Eastern Economic Review* (Hong Kong)
Goncharov	Goncharov, Lewis, and Xue Litai: *Uncertain Partners*
IAS	*Issues and Studies* (Taipei)
JPRS	Joint Publications Research Service (U. S. Department of Commerce)
KR	*Khrushchev Remembers* (1970)
KE (*LT*)	*Khrushchev Remembers*: *The Last Testament* (1974)
Li Jui	Li Jui [Li Rui], *The Early Revolutionary Activities of Comrade Mao Zedong*
LT	*London Times*
Mao Ji	《毛泽东集》, 10 卷本, 中文版（东京）
MC	*Modern China*
Mianhuai	《缅怀毛泽东》, 两卷本
NCNA	New China News Agency (Beijing)
NYT	*New York Times*
PD	《人民日报》
PKR (*BJR*)	*Peking Review* (*Beijing Review*)
Poems	《毛泽东诗词》（北京, 1976）
RF	《红旗》
Rice	E. Rice, *Mao's Way*
Road, 1	Stuart Schram, *Mao's Road to Power*: *Revolutionary Writings* 1912—1949, *Volume* 1: *The Pre-Marxist Period*, 1912 - 1920
Road, 2	Stuart Schram, *Mao's Road to Power*: *Revolutionary Writings* 1912—1949, *Volume* 2: *National Revolution and Social Revolution*, *December* 1920-*June* 1927
Road , 3	Stuart Schram, *Mao's Road to Power*: *Revolutionary writings* 1912—1949, *Volume* 3: *From the Jinggangshan to the Establishment of the Jiangxi Soviets*, *July* 1927-*December* 1930
Road, 4	Stuart Schram, *Mao's Road to Power*: *Revolutionary Writings* 1912—1949, *Volume* 4: *The Rise and Fall of the Chinese Soviet Republic* 1931—1934
RS	Edgar Snow, *Red Star over China*

SCMM	*Survey of China Mainland Magazines*
SCMP	*Survey of China Mainland Press*
SS's *Mao*	Stuart Schram, *Mao Tse-tung*
SW	Mao's *Selected Works*, 5 vols (Beijing)
Talks	Schram, ed., *Chairman Mao Talks to the People*
Thought	Schram, ed., *The Political Thought of Mao Tse-tung*
Tian	Dong Bian et. al, eds.,《毛泽东和他的秘书田家英》
TLR	Edgar Snow, *The Long Revolution*
TMD	Han Suyin, *The Morning Deluge*
Wan Sui	《毛泽东思想万岁》(3卷本，分别标为："1967年"、"1967年4月"、"1969年"。此条目后标明毛泽东讲话的日期，若在书中并未给出确切日期，则加上了页码参照)
WHCM	*What's Happening on China Mainland* (Taipei)
WIT	Han Suyin, *Wind in the Tower*
Witke	Roxane Witke, *Comrade Chiang Ch'ing* (Jiang Qing)
WP	*Washington Post*
Xiao San	萧三 (or Hsiao San, or Emi Hsiao, or Emi Xiao),《毛泽东同志的青少年时代和初期革命活动》
Xiao Yu	萧瑜 [Siao Yu],《我和毛泽东行乞记》
Zhang	张国焘 [Chang Kuo-t'ao], *The Rise of the Chinese Communist Party*，两卷本（回忆录）

其他缩略语

FN	Footnote (in RT's text)
HK	Hong Kong
NY	New York
RT	The author

引子

[1] A Burmese leader to RT, Rangoon, 11/15/79.

[2] Kukrit Pramoj（泰国前总理）to RT, Bangkok, 11/10/79。

[3] *RS*, p. 79.

[4] Robert Elegant's *China's Red Masters*, p. 247 使我注意到毛泽东面部的双重特征。

[5] Smedley's *Battle Hymn of China*, p. 123; Chang Tung-ts'ai's *Sancho Nosaka and Mao*

tse-tung, p. 46.

[6] Ganis Harsono to RT, Jakarta, 11/29/79.

[7] *Tian*, p. 57.

[8] Snow's *Journey to the Beginning*, p. 165.

第一章　童年（1893—1910）

[1] 关于韶山地名来源的说明，见 *TMD*，p15.

[2] R. Payne's *Mao Tse-tung*, p. 30.

[3] *CB*，900，p. 10.

[4] *TMD*，p. 16（trans. Adjusted）.

[5] *RS*，p. 124.

[6] Li Jui，p. 6；Xiao San，ch. 1，section Ⅲ 中有个不同说法。Liu Dawen 在《新华日报》上（9/8/45）说到泽东给一个穷人钱。

[7] Xiao Yu，pp. 6-7.

[8] Xiao San，p. 11.

[9] *RS*，p. 128.

[10] Ibid，p. 125.

[11] Ibid，p. 125.

[12] *Wan Sui*—1969，8/18/64.

[13] 关于包办婚姻，见 Si Mashu in *Tianwen taibao*，HK，12/20/58。

[14] *RS*，p. 131.

[15] 萧三说（ch. 1，VI）是米商，而不是大豆贩子。

[16] *CB*，900，p. 10.

[17] Xiao San，p. 14.

[18] *RS*，p. 130.

[19] Ibid.，pp. 126，130.

[20] Xiao Yu，p. 11.

[21] Ibid.，p. 13.

[22] *RS*，p. 130. H. Cummins's *Mao Tse-tung*：*A Value Analysis*（Edmonton），一项对毛泽东和另一个中共人物萧克生活的对比性研究表明了毛泽东本能的造反性格的局限性。

[23] Zhang，I，ch. 1.

[24] *RS*，p. 127.

[25] "个人性格"和"社会性格"的提法来自 E. Fromm's *Escape from Freedom*，Appendix。

[26] *RS*，p. 126.

[27] 李银桥：《在毛泽东身边的15年》，p. 28。

第二章 为何求知（1910—1918）

[1] Xiao Yu，pp. 14-15.

[2] Ibid.，pp. 19-22.

[3] *Rs.*，p. 133.

[4] Xiao San，ch. 1，VIII.

[5] 1959年毛泽东承认他讨厌受批评，*CLG*，1-4，1968，p. 33.

[6] *TMD*，p. 34.

[7] Xiao San，ch. 2，IX.

[8] *RS*，p. 135.

[9] *CB*，900，p. 10.

[10] *RS*，p. 129.

[11] Ibid.，p. 138.

[12] Ibid.，p. 139.

[13] Ch'en，p. 44.

[14] *RS*，p. 140.

[15] Ibid.，p. 140.

[16] Li Jui，p. 40.

[17] *RS*，p. 141.

[18] Xiao Yu，pp. 32-34.

[19] *RS*，p. 141.

[20] Xiao San，ch. 3，XIII.

[21] *RS*，p. 142.

[22] Ibid.，p. 142.

[23] *Road*，1，pp. 34，73.

[24] *RS*，p. 143.

[25] 毛泽东在长沙第一师范生活的很多细节，见于周世钊发表在《新观察》（Beijing，no. 2.）上的文章。

[26] *RS*，p. 143.

[27] Li Jui，p. 45.

[28] *RS*，p. 143.

[29] *Road*，1，p. 82.

[30] *RS*，p. 143.

［31］ Li Jui，p. 23.

［32］ *RS*，p. 149.

［33］ 引自 SS's *Mao*，pp. 40，46；毛泽东在一封信中（Li Jui，p. 83）坚持认为西方思想中的错误并不比东方思想中的错误少。

［34］ Xiao San，ch. 3，XVI；cf. English version（Bombay，1953），p. 42；see，too，*CB*，900，p. 17.

［35］ Li Jui，p. 30.

［36］《新青年》，April 1917。

［37］ 萧瑜（《明报月刊》，HK，1968/10）对“二十八画生”有个很牵强的解释，说它是“共产党员”的意思，因为“共”字同“廿八”很相像。

［38］《中央日报》，台北，11/4/72。

［39］ 前身为劝学会的学友会包括了前校友，是个相当有影响力的组织。见萧三：《毛泽东同志在五四时期》一文，刊载于《光辉的五四》，Beijing，1959，pp. 19ff。

［40］《新湖南报》，7/1/50。

［41］ *CB*，900，pp. 21，15.

［42］ *Road*，1，p. 104.

［43］ Li Jui，p. 61，and RT's 800 000 000：*The Real China*，p. 124.

［44］ Li Jui，p. 64.

［45］ Lynda Shaffer's *Mao and the Workers Movement*，p. 113.

［46］ *RS*，p. 144；Li Jui，p. 74 说收到“五六份”回信；又见 *IAS*，1973/12，p. 72。

［47］ *Road*，1，p. 73.

［48］ 把“新”和“民”两个字合在一起用，似乎是受到经典的《大学》中“在新民”和《尚书》中“作新民”的启发。

［49］ Xiao San，ch. 4，XIX.

［50］ *Road*，1，p. 136.

［51］ Li Jui，p. 52.

［52］ Ibid.，p. 82.

［53］ Ibid.，p. 24.

［54］ Xiao San，ch. 3，XV.

［55］ Li Jui，p. 38.

［56］ *Road*，1，p. 218.

［57］ *RS*，p. 149.

［58］ *Mianhuai*，2，pp. 661-62.

［59］ Li Jui，p. 320. 另一版本见 *Road*，1，pp. 419-20。

第三章　北京和上海的广阔世界（1918—1921）

［1］Xiao San，p. 61.

［2］何长工，《勤工俭学生活回忆》，p. 8。

［3］*RS*，p. 151.

［4］Ibid.，p. 150.

［5］Ibid.，p. 150.

［6］Ibid.，p. 151；关于毛泽东在北京的被动状况，见 *IAS*，1973/12，p. 74。

［7］*RS*，p. 149.

［8］Ibid.，p. 152.

［9］*CB*，900，p. 23.

［10］周世钊：《工人日报》，4/20/59。

［11］*Mao Ji*，I，pp. 57ff.

［12］*Mao Ji*，I，pp. 61-62.

［13］《工人日报》，4/20/59.

［14］关于赵，见《湖南历史资料》，8，1959；Witke in *CQ*，31；《工人日报》，4/20/59；*Thought*，pp. 334ff；关于"囚笼槛车"，见 Li Jui，p. 121。

［15］张敬尧在湖南的暴行，在周世钊《光辉的五四》一书中有详细的描述，pp. 57ff。

［16］斯诺把它称作"试婚"（*RS*，p. 156），但我们应注意，他在其《西行漫记》1968 年的修订版中把这一说法删掉了。关于第一个孩子的出生日期，见《毛泽东的家》（《明报月刊》，HK，1967/3）一文。

［17］《文汇报》，HK，11/20/57。

［18］*RS*，p. 155.

［19］Ibid.，p. 157.

［20］《五四时期期刊介绍》（Beijing），1959，vol. 1。

［21］《解放军文艺》，no. 36。

［22］*Thought*，p. 18.

［23］在学校的门上，毛泽东题写了一个口号："世界是我们的，做事靠大家来。"（《毛主席年轻的时候》，载《工商日报》，Cambodia，1/13/67）。

［24］Shaffer 在其书中（pp. 55ff，65，246-248，and passim）介绍了使毛泽东能够一只脚踏入长沙高层社会圈子的方法，其中包括通过从前一些老师的关系。

［25］据萧瑜讲（《明报月刊》，HK，1968/8 和 10），毛泽东和书店的女同事曾发生过性行为。

［26］*Wan Sui*—1969，8/18/64.

［27］A. McDonald 在 *Hogaku Kenkyu*，16：2（Tokyo）中提供了毛泽东关于湖南自治的文章（中文本），并在 *CQ*，68 上对这些文章进行了分析；引语来自 pp. 771，775，770 of *CQ*；行文来自 *Road*，1，pp. 546-53。

［28］Xiao Yu，p. 249.

［29］《新青年》，1919/12 以及随后各期。

［30］Zhang，I，pp. 140，141.

［31］Li Ang's *Hongsi Wutai*，p. 98.

［32］*CQ*，68，p. 771.

［33］Xiao Yu，p. 256.

［34］Ibid.，p. 258.

第四章　组织工作（1921—1927）

［1］《工人日报》，4/20/59。

［2］*Mao Ji*，I，pp. 81ff；*Road*，2，p. 89.

［3］Li Jui，p. 173.

［4］关于毛泽东为学校筹款表现出的精明，见 Shaffer，p. 100。

［5］《毛主席在安源》，载《解放军文艺》，6，1968。

［6］*CB*，900，p. 25.

［7］关于毛刘之间的关系的变化，见 Peng Shuzhi 刊登在《明报月刊》上的文章，HK，1968/12。关于毛泽东在安源有限的作用，见 Shih Zheng's article in *Zuguo*，HK，1968/9。

［8］《解放军文艺》，3/25/68，trans. In *SCMM*，621。

［9］*CQ*，45，p. 103.

［10］在湖南自治和其他问题上，毛泽东曾和《大公报》的编辑合作；见 Shaffer，p. 248。

［11］*CB*，900，p. 25.

［12］Smedley，*Battle Hymn*，p. 44.

［13］H. Isaacs in *CQ*，45，p. 104.

［14］《解放军文艺》，3/25/68，trans. In *SCMM*，621。

［15］Li Jui，pp. 270，266.

［16］*RS*，p. 159.

［17］*TMD*，p. 107.

［18］Zhang，1，p. 309.

［19］*Road*，2，pp. 195-96.

［20］SS's *Mao*，p. 73；*CQ*，142，pp. 446ff.

［21］蒋介石夫人在她的 *Conversations with Mikhail Borodin*，p. 4 中证明鲍罗廷与 Buster

Keaton 有联系。

［22］V. V. Vishnyakova-Akimova's *Two Years in Reveolutionary China*, pp. 228ff（关于胡志明和鲍罗廷圈子里其他方面的情况）。

［23］*Wan Sui*—1969，12/20/64.

［24］Zhang，I，p. 342.

［25］*Mao Ji*，I，p. 98. 为了取得最强烈的效果，毛泽东在对农民讲话时把“打倒帝国主义”说成“打倒洋财东”；Li Jui（中文），p. 248。关于彭，Galbiati，passim。

［26］Zhang，I，p. 380.

［27］*RS*，p. 159.

［28］关于毛泽东为儿童的教育赞助相当数额的款项，见 Liu Dawen 登在《新华日报》9/8/45 上的文章。

［29］《中国文学》，1978 年 9 月号。

［30］Vishnyakova-Akimova，p. 163.

［31］*Mao Ji*，I，p. 247.

［32］*Poems.*

［33］John Fitzgerald 找到了毛泽东以“子任”的笔名所写的若干篇文章，这些文章加强了毛泽东在 1925 到 1926 年期间是个热情的国民党积极分子的形象，*AJCA*，9。

［34］*Mao Ji*，I，p. 151.

［35］关于周恩来的生平背景，见司马长丰的《毛泽东与周恩来》一书的导言及 pp. 2-3。

［36］*TMD*，p. 119.

［37］SS's *Mao*，p. 91.

［38］《中国社会各阶级的分析》见 *SW*，I；《国民革命与农民运动》见 *Mao Ji*，I，pp. 175ff；我采用了 Schram 在其 *Cambridge History of China*，vol. 13 一章中所作的一些精彩分析。又见 *Road*，2。

［39］*Mao Ji*，I，pp. 207ff.

［40］RT 于 1973 年参观了毛泽东早先在武汉居住、活动的场所，并察看了那里的有关资料。

［41］*Poems.*

［42］*SW*，I，p. 56.

［43］Chiang Yung-ching，p. 291.

［44］*TMD*，p. 162.

［45］*RS*，p. 165.

［46］Saich，*The Rise*，p. 316.

［47］SS's *Mao*，p. 121.

［48］Schram in *CQ*，18，p. 64 and 司马长丰：《毛泽东与周恩来》，p. 10.

第五章 斗争（1927—1935）

注：毛泽东在这个时期的很多活动在J. Rue的*Mao Tse-tung in Opposition*一书中有精彩的分析。我也参考了Hsiao的书（下面将提到）和他的*The Land Revolution in China, 1930—1934*一书，两本书都严格地基于现有的文件。我还参考了I. J. Kim的*The Politics of Chinese Communism*，D. J. Waller的*The Kiangsi Soviet Republic*，P. C. Huang的文章in *MC*，1-3，*Road*，4，以及T. Lotveit的*Chinese Communism 1931—1934*。

［1］*TMD*，p. 176.

［2］*RS*，p. 163.

［3］*SW*，I，p. 80.

［4］Ibid.，II，p. 151.

［5］《李大钊选集》，p. 237。

［6］*TMD*，p. 177.

［7］王明在他后来流亡莫斯科期间声称，毛杀害了那两个土匪首领，并称“在30年代晚期”，毛曾向王明和其他人透露：“那件事以后我觉得王佐和袁文才死得冤枉了，因为他们本人和他们的部队差不多都改造过来了。”见《蒙古消息报》，Ulan Bator，6/15-29/74（王明的回忆并不公正，特别是由于他有受迫害妄想症，这使他所有的关于毛如何对待他的讨论都有一定的不客观性）。

［8］*SW*，I，p. 81.

［9］*Thought*，p. 269.

［10］Gong Chu，p. 124.

［11］关于毛泽东和朱德最初的军队人数的各种估计，见《毛泽东生平》，p. 94，Lu Qiang，pp. 8，11 and 司马长丰：《毛泽东与周恩来》，p. 11。

［12］*Road*，3，p. xliii.

［13］*Mao Ji*，II，pp. 20ff.

［14］《回忆井冈山区的斗争》(Beijing)，p. 11。

［15］*TMD*，p. 201.

［16］*Road*，3，p. xxxix.

［17］*PD*，12/8/76 and *Eastern Horizon*，HK 1977/3 and《杨开慧烈士生平》，载《工商日报》，Cambodia，1/9/67。

［18］龚楚，pp. 142，145。

［19］关于贺子珍的背景，见司马长丰：《毛泽东评传》，p. 299。

［20］鲁强，pp. 13-14。

［21］Smedley's *Great Road*，p. 238.

[22] *Nianpu*，1，pp. 281ff.

[23] *Nianpu*，1，p. 156.

[24] *Road*，3，pp. xliii-xlv.

[25] *Mao Ji*，II，p. 78.

[26] Vladimirov 和 Ryazantsev 在其书中（p. 57）称，毛公开批评了朱。又见司马长丰：《毛泽东评传》，pp. 263，264；（有关毛朱冲突总的情况）《毛泽东与周恩来》，pp. 11-12；鲁强，pp. 22-23；《中共中央文件选集》，1929 年，pp. 473ff。

[27] *Mao Ji*，II，p. 140.

[28] SS's *Mao*，p. 149.

[29] Hsiao Tso-liang's *Power Relations Within the Chinese Communist Movement*，vol. 2，p. 157.

[30] *Road*，3，p. lv.

[31] Saich，*The Rise*，p. 289.

[32] *Road*，3，p. 492.

[33] 当国民党人冲进韶山时，毛的亲属为了避开迫害，把他学生时代留下的一筐日记、学习笔记和剪报拿去烧掉了。少部分从火中被抢救出来，李锐详细地引用了其中的材料。关于毛家坟墓的叙述，见 Liu Dawen 刊于《新华日报》9/8/45 的文章。

[34] *RS*，p. 180.

[35] *TMD*，pp. 228-29.

[36] Steven Averill in Saich and van de Ven，*New Perspectives*；Dorrill in *CQ*，37；P. C. Huang's *Chinese Communists and Rural Society*，*1927—1934* （with L. Shaffer and K. Wlker）。一些幸存者称，在富田镇死了两万人（《毛泽东与周恩来》，pp. 30-31）。就这一事件，朱德当然对毛泽东持批评态度。又见鲁强，p. 38；Huang：《毛泽东生平资料简编》，p. 117 和 Road，4，pp. xxix-xxxviii。

[37] Hu Chi-hsi 在其文章中对江西政权的（自由意志主义）进行了很好的分析（"Mao Tse-tung，la Revolution et la Question Sexuelle，" in *Revue Française de Science Politique*，vol. 23，no. 1，1973）。

[38] *Mianhuai*，1，p. 400.

[39] *Peoms.*

[40] *Talks*，p. 291. 又见 *Road*，4，pp. xlviii-lxxiv。

[41] *Talks*，p. 116.

[42] Waller，p. 55；司马长丰：《毛泽东与周恩来》，pp. 34-35；Wang Xingjuan，pp. 167ff，*Nianpu*，1，pp. 389-91。

[43]《红旗飘飘》，XI；又见 *Road*，4，pp. xi。

[44] *SW*, I, p. 150.

[45] C. McLane's *Soviet Policy and the Chinese Communists*, pp. 266ff.

[46] *TMD*, p. 259.

[47] 龚楚, p. 399。

[48] O. Braun's *Chinesische Aufzeichnubgen 1932-39*, p. 79.

[49] 傅的回忆录。

[50] Yang in *CQ*, 106, p. 254.

[51] 司马长丰：《毛泽东与周恩来》, pp. 60-62。

第六章　把握未来（1935—1936）

[1] G. Stein's *The Challenge of Red China*, p. 118.

[2] *RS*, p. 196.

[3] Paine's *Mao Tse-tung*, p. 140.

[4] Dick Wilson's *The Long March*, p. 93.

[5] Ibid., p. 111.

[6] Kampen, *CQ*, 117, pp. 120-22.

[7] *TMD*, p. 281；韩素音注意到周和毛的一些冲突，司马长丰在其书中讲到了这些冲突。

[8] Malraux's *Antimemoires*, p. 533.

[9] 陈昌奉：《跟随毛主席长征》, pp. 29-31。

[10] E. Faure's *The Serpent and the Tortoise*, p. 32.

[11] *Peoms*.

[12] *Peoms*.

[13] 刘伯承等, *Recalling the Long March*, pp. 62-78。

[14] *TMD*, p. 312.

[15] Paine, p. 156.

[16] *TMD*, p. 294.

[17] Ibid., p. 293.

[18] Zhang, II, p. 377.

[19] *Great Road*, p. 329.

[20] *Mianhuai*, 2, p. 477.

[21] Zhang, II, p. 388.

[22] Snow's *The Other Side of the River*, p. 141, and *TMD*, p. 295.

[23] *RS*, p. 214.

[24]《星火燎原》, vol. 3, p. 233。

［25］在与 Malraux 的谈话中（*Antimemoires*，p. 528），毛泽东把长征描绘成在某些方面是一次撤退。

［26］这种与《出埃及记》所作的比较出自 Kazuhiko Sumiya jn RT and Douglas，eds.，*China and Ourselves*，pp. 189ff.

［27］Yang，《邓小平》，p. 82。

［28］*Poems.*

第七章　抗日（1936—1945）

［1］陕西农村地区的详细情况主要选自 *RS*，Smedley，and M. Selden's *The Yenan Way*。

［2］张国焘（*NYT Magazine*，8/2/53）和梁漱溟（在 G. Alitto's *The Last Confucian*，p. 285 中引用）说到毛泽东喝酒的事。

［3］Vladimirov and Ryazantsev，p. 44.

［4］陈昌奉，p. 85。

［5］*Poems.*

［6］*RS*，p. 455.

［7］SS's *Mao*，p. 201.

［8］*Mao Ji*，V，p. 60 (trans. by Schram)。根据 Vladimirov and Ryazantsev，p. 83，成吉思汗和毛泽东两人的画像并排挂在中共总部的一个房间里。

［9］Snow's *Random Notes on Red China*，p. 6.

［10］*Battle Hymn*，p. 101. 又见司马长丰：《毛泽东与周恩来》，pp. 99-101，and Saich，*The Rise*，Docs. E-18，E-19，E-20。

［11］Snow's *Random Notes on Red China*，p. 3；黄华（后来成为中国的外交部部长）和本作者也讨论了毛泽东在这个时期的行动。

［12］Garver in *CQ*，113，pp. 30-31.

［13］Smedley's *China Fights Back*，pp. 122-23.

［14］*SW*，II（这里提到的文章中的两篇；第三篇，即 *Basic Tactics*，没有收进 *SW*，但在北京出版了单行本）。

［15］翟作军：《在毛主席身边》，pp. 11ff。

［16］*Road*，3，p. 31.

［17］SS's *Mao*，p. 213.

［18］*Mao Ji*，VI，pp. 79ff.

［19］*Battle Hymn*，p. 129.

［20］师哲：《峰与谷》，p. 221；林青山，p. 385。

［21］Rice，p. 108.

[22] *Battle Hymn*, p. 122.

[23] 程修甲 in *IAS*, 1973/11, p. 65。

[24] *CB*, 900, p. 5, and D. and N. Milton's *The Wind Will Not Subside*, p. 155.

[25] 根据鲁强, p. 63, 上海当局给予贺子珍的物质待遇相当好。

[26] Witke, p. 160.

[27] 郑宜和贾梅, p. 266。1950 年夏天, 毛泽东将再一次督促他的儿子学习自然科学, 见(《缅怀》), 1, p. 30。关于毛泽东对坂田、爱因斯坦及其他科学家的极大兴趣, 见 Friedman, *CQ*, 93, pp. 51-75。

第八章 圣人(1936—1945)

[1] H. Forman's *Report from Red China*, p. 178.

[2] C. and W. Band's *Two Years with the Chinese Communists*, p. 252.

[3] *Battle Hymn*, p. 121.

[4] J. Marcuse's *The Peking Papers*, p. 287.

[5] *Journey to the Beginning*, p. 162.

[6] Ibid., p. 167.

[7] Zhang in *NYT Magazine*, 8/2/53.

[8] *Two Yeas with the Chinese Communists*, p. 248.

[9] *Battle Hymn*, p. 121.

[10] Ch'en, ed., *Mao*, p. 20.

[11]《解放日报》, 重庆, 12/14/41。

[12] Epstein's *I Visit Yenan*, p. 27.

[13] 社会变化在 Selden's *The Yenan Way* 一书中进行了探讨。

[14] Saich, *The Rise*, p. 975.

[15] Ibid., p. 119.

[16] M. Goldman's *Literary Dissent in Communist China*, p. 93.

[17] *Mao Ji*, VIII, pp. 111ff.

[18] Compton, p. 23.

[19] Ibid., p. 44.

[20] Ibid., p. 4.

[21] 陈永发, pp. 40ff; Cheek, "Fading…";《年谱》, 2, pp. 371-72。

[22] Zhang, II, p. 563.

[23] Saich, *The Rise*, p. 972; 胡乔木, pp. 175ff, 274。

[24] Compton, p. 12.

[25] *SW*, I, p. 300.

[26] Compton, p. 57.

[27] Ibid., p. 41.

[28] Ibid., p. 16.

[29] Ibid., p. 47.

[30] Ibid., p. 63. 又见胡乔木, pp. 213ff。

[31] Compton, p. 21.

[32] Ibid., p. 21.

[33] Ibid., p. 65.

[34] *Wan Sui*—1967, 1/18/61.

[35] *Thought*, p. 172.

[36] Compton, p. 53.

[37] Ibid., p. 58.

[38]《年谱》, 2, p. 431。

[39] Saich, *The Rise*, pp. 666, 1190; 胡乔木, p. 274。

[40] *TMD*, p. 422.

[41] 胡乔木, p. 280。

第九章　正在成熟的桃子（1945—1949）

[1] Payne, pp. 238-39.

[2] J. Service's *The Amerasia Papers*, passim.

[3] Hurley的访问是根据D. Barrett的*Dixie Mission*; Service; J. Esherick, ed., *Lost Chance in China*; Theodore White的*In Search of History*, pp. 198ff; 以及D. Lohbeck的*Patrick Hurley*, pp. 312ff。Lohbeck（一个赫尔利的崇拜者）说，这种喊声是一种"科曼切印第安人的战争喊叫声，他曾在斯大林格勒用这种叫声逗得苏联士兵大笑"。

[4] *Great Road*, p. 424.

[5] B. Tuchman, in *Foreign Affairs*, October 1972.

[6] *SW*, p. 1133.

[7] Ibid., p. 1133.

[8] Barrett, p. 75; He Di, *CQ*, 137, p. 147.

[9] J. Ch'en's *Mao papers*, p. xxx探讨从亲美言谈中进行编辑的问题。

[10] *NYT*, 8/27/45.

[11] Goncharov, p. 7.

[12] *Mianhuai*, 1, p. 30,《年谱》, 3, p. 13。

［13］Carson Chang's *Third Force in China*, p. 140.

［14］*SW*, IV, p. 60.

［15］左舜生，p. 90。

［16］*SW*, IV, p. 313.

［17］*TMD*, p. 463.

［18］*SW*, IV, p. 54.

［19］李银桥，pp. 9-10。

［20］阎长林：《警卫毛泽东纪事》，p. 338。

［21］阎长林刊载于《中国工人》（1960，nos. 12，17，18）上的回忆录。又见 Ch'en，pp. 282ff。

［22］阎长林。

［23］*SW*, IV, p. 29.

［24］阎长林。

［25］*TMD*, p. 476.

［26］Ibid., p. 477.

［27］Ibid., p. 473.

［28］阎长林，pp. 276-79。

［29］*SW*, IV, p. 135.

［30］聂，pp. 675-76，678-79。

［31］Payne's *Journey to Red China*, p. 41；又见 *TMD*，p. 489。

［32］XiaoYu, p. 251.

［33］*SW*, IV, passim.

［34］*Poems*.

［35］*SW*, IV, p. 361.

［36］J. Archer's *Mao Tse-tung*, p. 109.

［37］*SW*, IV, p. 327.

［38］Ibid., IV, p. 402.

［39］V. Dedijer's *Tito Speaks*, p. 331. 又见王力，p. 113。

［40］S. Topping's *Journey Between Two Chinas*, p. 88.

［41］*SW*, IV, pp. 433ff.

［42］Topping, p. 56.

［43］J. Melby's *Mandate of Heaven*, p. 286.

［44］*Mao Ji*, X, p. 213.

［45］Melby, p. 359.

[46]《年谱》，3，p. 469。

[47] Elegant's *China's Red Masters*，pp. 229-30. RT 在引语中已把“20 年”改为“30 年”。

[48] *PKR*，10/14/77. 又，关于陈玉英以及杨家一般情况的细节，见 BBC，Far East，5617，BII，9/17/77。

[49] J. Kinoshita's “The World Viewed from China,” in *Sekai*，Tokyo，1963/9.

[50]《年谱》，3，p. 511。

[51] 阎长林，p. 430。

第十章　“我们熟习的东西有些快要闲起来了”（1949—1950）

[1] *SW*，IV，p. 422.

[2] C. Roy's *Premieres Clefs pour la Chine*，p. 7.

[3] *SW*，V，pp. 15-17. 在场的人记得毛泽东在 10 月 1 日的这些话，但是找不到他讲话的记录。引文是根据他十天前在中国人民政治协商会议上的讲话。

[4] Ibid，V，p. 22.

[5] Ibid，IV，p. 414.

[6] Ibid，V，p. 18.

[7] Ibid，IV，p. 458.

[8] Ibid，IV，p. 422.

[9] Ibid，IV，p. 418.

[10] *Talks*，p. 191.

[11] *KR*，p. 512.

[12] Pye's *Mao Tse-tung*，p. 134.

[13] A. Whiting's *China Crosses the Yalu*，p. 179.

[14] *SW*，IV，p. 416.

[15] *Mianhuai*（《缅怀》），2，p. 70。

[16] *Amerasia*，I，Aaugust 1937，p. 267.

[17] *KR*，p. 514.

[18] *Thought*，p. 429.

[19] Wu Lengxi [吴冷西]，p. 20。

[20] *SW*，I，p. 47.

[21] R. Loh's *Escape from Red China*，p. 122.

[22] *SW*，IV，p. 411.

[23] Ibid，IV，p. 420.

[24] Ibid，V，pp. 95，96，99.

[25] *Wan Sui*—1969，10/24/66.

[26] *SW*，V，p. 104.

[27] *SW*，IV，p. 344.

[28] Ibid，V，p. 38.

[29] Goncharov，p. 130.

[30] Shi Zhe [师哲]，《在历史》，p. 496。

[31] 关于毛泽东和朝鲜战争的主要论文有 Goncharov，Lewis 和 Xue 的 *Uncertain Partners*，Chen Jian 的 *China's Road to the Korean War*。总的来说，赫鲁晓夫的话说到最关键处："金日成是发起人。当然，斯大林没有试图劝阻他。"（*KR*，p. 401）

[32] *PD*，1/11/77，以及一位缅甸领导人对本作者讲的话，Rangoon，11/15/79。

[33]《毛泽东军事文集》，6，p. 97。

[34] Goncharov，p. 197.

[35] Goncharov，p. 153.

[36] Nie [聂]，pp. 634-35；齐德学，p. 49；《明报月刊》，HK，1967/5；*PD*，11/6/50 (editorial)。

[37]《建国以来》，毛对周说，10/13/50。

[38]《毛泽东军事文集》，6，p. 117。

[39] Quan [权]，pp. 168ff，200。

[40]《工人日报》，7/18/61。

[41] Wang Li [王力]，p. 114。

[42] *SW*，V，p. 78.

[43] A. and A. Rickett，*Prisoners of Liberation*，pp. 45ff；Goncharov，p. 185.

[44]《建国以来》，电报，9/29/50。

[45] *Talks*. p. 103.

[46] *Wan Sui* —1969，p. 546.

[47] Wang Li，p. 114.

[48] *Mianhuai*，1，pp. 286-96.

第十一章　改造（1951—1953）

[1] W. Hinton's *Fanshen*，p. 207.

[2] Ibid.，p. 399.

[3] *SW*，V，p. 215；Ben Stavis，*The Politics of Agricultural Mechanization*，p. 29.

[4] *SW*，V，pp. 121ff；关于梁漱溟对毛泽东的影响，见 Alitto，pp. 290，322；Wang Donglin [王东林]，p. 3。

［5］E. Chou's *A Man Must Choose*, p. 211.

［6］Milton 的话引自 *Areopagitica*，Mill 的话引自 *On Liberty*。

［7］在 *Mao Papers*, p. xxvi 中，Ch'en 讨论了毛泽东的一个有趣的语言习惯，他使用“他”字替代“它”和“他们”。

［8］M. Goldman's *Literary Dissent in Communist China*, pp. 130，291-92，321；《文艺报》(1955) 和《胡风文艺思想批判论文汇集》(1955) 载有胡风的资料。

［9］*SW*，V，p. 177.

［10］Ibid.，V，p. 299.

［11］Goldman，p. 131.

［12］在 *Mao Papers*，pp. xxviii ff. 中，Ch'en 很有学术价值地探讨了《毛泽东选集》的选材问题。

［13］*PD*，5/12/62.

［14］*Talks*，p. 92.

［15］Zhang in *NYT Magazine*，8/2/53.

［16］毛泽东说“没用”，是根据南斯拉夫一位外交人士的材料。

［17］Marcuse，p. 286；see also V. Cressy-Marcks's *Journey into China*，p. 188.

［18］*Wan Sui*—1969，p. 80.

［19］*SW*，V，p. 104.

［20］Ye［叶］，《毛泽东的衣食住行》，p. 4。李银桥说，共产党有过一项决定，不允许毛坐飞机出行。毛泽东自己也曾对他的护士吴旭君提到过这个规矩。

［21］*PD*，9/8/77.

［22］Zhou Qingwen［钟敬文］，*Ten years of Storm*，p. 83。

第十二章　建设（1953—1956）

［1］*SW*，V，p. 149.

［2］Rice，p. 131. 关于毛泽东和高岗总的情况，见 M. Nakajima 刊载于 *Review* (Japan Institute of International Affairs)，44，1977 的文章，Xu Guansan［徐冠三］载于《明报月刊》HK，1966/3 的文章，以及 Teiwes，*Politics at Mao's Court*。

［3］*WIT*，p. 62.

［4］*Wan Sui* —1969，March 1958.

［5］G. Segal in *Jerusalem Journal of International Relations*，Fall 1976，p. 103.

［6］Goncharov，pp. 68，84.

［7］*KR* (*LT*)，p. 278.

［8］关于高岗与莫斯科特殊关系方面来自苏联人士的证据，见 Vladimirov and Ryazantsev，

p. 37；并在 p. 77 提出证据，说明高岗在延安整风运动中所受的折磨可能使他对毛泽东反感。

［9］如果不是由于东北的工业对中国在朝鲜打仗有不可或缺的作用，毛泽东可能更早就对高岗采取行动了。关于这一点以及高与莫斯科关系的总的情况，见 Cheng Hsueh-chia，*Hei Mao zhizheng*，pp. 4，12 and passim。

［10］Xiang De in《明报月刊》，HK，1967/5。

［11］Teiwes，*Politics at Mao's Court*，p. 153.

［12］*KR*，p. 517.

［13］Ibid.，p. 517.

［14］FEER，5/5/78.

［15］*KR*（*LT*），p. 279.

［16］Ibid.，p. 284.

［17］Witke，p. 262.

［18］*KR*，p. 519.

［19］*SW*，IV，pp. 21-22.

［20］Ibid.，IV，p. 100.

［21］Witke，p. 263.

［22］Eisenhower's *Waging Peace*，p. 445.

［23］*WIT*，p. 112.

［24］Witke，p. 255.

［25］*KR*（*LT*），p. 322.

［26］*Wan Sui*—1969，p. 454.

［27］作者对 Mononutu 的访谈，Jakarta，12/1/79，以及与一位缅甸领导人的访谈，Rangoon，11/15/79。

［28］Witke，p. 256.

［29］这些社会观察有一部分取自 S. de Beaufort's *Yellow Earth*，*Green Jade*（1979）。

［30］董林（音）的《毛主席革命的一家》（红卫兵出版物），p. 10。毛泽东在 1954 年的一封信中严厉地申斥了对他的亲属的任何特殊待遇。关于他的亲属，他说："我爱他们，因为他们是工人队伍中的一部分，也因为他们是我的亲属。"（《青年一代》，上海，1979-09，以及《华侨日报》，纽约，1979-10-05）。

［31］Jerome Alan Cohen in TR，ed.，*The China Difference*，p. 256.

［32］西哈努克在北京把毛泽东的话转述给作者，1971-06-29。

［33］作者对 Mononutu 的访谈，Jakarta，1979-12-01。

［34］*LT*，p. 121.

［35］吴努的 *Saturday's Son*，p. 238。甚至对吴努，毛泽东说起话来都"像一个年长的老伯

进行教导”（引自 Gopal's *Jawaharlal Nehru*，II，p. 229）。

［36］C. Tailor's *Reporter in Red China* 描述外国人对北京进行的国事访问。又见 Marcuse，p. 281。

［37］作者对 Ganis Harsono 的访谈，Jakarta，79-11-29；又见他的 *Recollections of an Indonesian Diplomat in the Sukarno Era*，p. 162。

［38］Chou，*A Man Must Choose*，pp. 221ff.

［39］*PKR*，9/6/63.

［40］*SW*，IV，p. 371.

［41］Rice，233.

［42］阎长林，p. 416。

第十三章　怀疑（1956—1957）

［1］*SW*，V，p. 184.

［2］Rice，p. 127.

［3］Ibid.，p. 126.

［4］R. Loh's *Escape from Red China*，pp. 179ff.

［5］K. Eskelund's *The Red Mandarins*，p. 150.

［6］*SW*，V，p. 303.

［7］*WIT*，p. 53.

［8］*SW*，V，p. 290.

［9］*SCMM*，653，p. 37.

［10］毛泽东对非斯大林化的反应没有收入他的《选集》中，但刊登在《人民日报》上，1956-04-05。

［11］*Talks*，p. 101.

［12］*PKR*，9/20/63.

［13］MacFarquhar's *The Origins of the Cultural Revolution*，I，p. 53.

［14］*Wan Sui*—1969，p. 85.

［15］MacFarquhar，I，p. 75.

［16］*PD*，5/31/57.

［17］*KR* (*LT*)，p. 309.

［18］*SW*，IV，p. 210.

［19］*China News Analysis*，HK，11/9/56.

［20］*PD*，8/8/57；8/17/57.

［21］Ibid.，3/24/57.

[22] *SW*, V, p. 393.

[23] Rice, p. 145.

[24] Ibid. , p. 145.

[25] Ibid, p. 202.

[26] *SCMP* (Supplement), 208, p. 1.

[27] Guo,《我眼中的毛泽东》, p. 84;《中国青年报》, 1957-05-17。

[28] *Poems*.

[29] Guo,《我眼中的毛泽东》, p. 84。

[30] *WIT*, p. 85.

[31]《打倒刘少奇——反革命刘少奇的一生》(1967)。

[32]《邓小平自白书》。

[33] Rice, p. 146.

[34] F. Lewis's *A Case History of Hope*, p. 183. 斜体为作者所加。

[35] *SW*, V, p. 388.

[36] Wu Lengxi [吴冷西], pp. 10-13。

[37] *CQ*, 43, p. 127.

[38] Cheng Hsueh-chia's *Hei Mao shizheng*, p. 42.

[39] *WIT*, p. 94.

[40] Mao's *Nineteen Poems* (1958) .

[41] PKR, 10/14/77; Quan , p. 160.

[42] Witke, p. 266.

[43] *Thought*, p. 436.

[44] Zagoria's *The Sino-Soviet Conflict* 1956-61, ch. 4.

[45] Guo,《我眼中的毛泽东》, p. 114。

[46] *PD*, 11/20/57.

[47] Guo,《我眼中的毛泽东》, p. 117。

[48] D. Barnett's *Communist China and Asia*, p. 362.

[49] Edward Friedman 教授指出,“东风”那个公式化的表述,可能只是表示不接受把僵局看成是永恒状态这种观点。

[50] *KR* (*LT*), p. 292.

[51] Ibid. , p. 228.

[52] Ibid. , p. 228.

[53] Ibid. , p. 289.

[54] Guo,《我眼中的毛泽东》, p. 119。

［55］MacFarquhar，*Origins*，I，p. 171.

第十四章　修补体制（1958—1959）

［1］对一位缅甸领导人的访谈，Rangoon，1979-11-15。

［2］*CLG*，9-3，1976，p. 67.

［3］*Wan Sui*—1969，1/11/58.

［4］Ibid. —1969，1/13/58.

［5］*CLG*，9-3，1976，p. 37.

［6］Ibid.，p. 80.

［7］*Wan Sui*—1969，2/2/59.

［8］Bao，*Prisoner of Mao*，pp. 181，67.

［9］*CLG*，1-4，1968，p. 12.

［10］Ibid.，p. 11.

［11］*Talks*，p. 156.

［12］*Poems*.

［13］*Wan Sui*—1969，5/8/58.

［14］*Wan Sui*—1967，p. 145.

［15］*Talks*，p. 94.

［16］*CLG*，1-4，1968，p. 16.

［17］Ibid.，p. 52.

［18］*Wan Sui*—1969，5/8/58.

［19］Ibid. —1969，5/8/58.

［20］Ibid. —1967，p. 125.

［21］*CLG*，9-3，1976，p. 49.

［22］*Wan Sui*—1969，5/8/58.

［23］*CLG*，9-3，1976，p. 52.

［24］*Wan Sui*—1969，May 1963.

［25］*CLG*，9-3，1976，p. 31.

［26］Ibid.，1-4，1968，p. 20.（中文是“公社”）Kudashev，p. 195。

［27］*Wan Sui*—1969，5/18/58.

［28］Ibid. —1967，p. 158.

［29］Ibid. —1967，p. 129.

［30］Ibid. —1969，11/30/58.

［31］Ibid. —1969，5/18/58.

[32] Ibid. —1969，11/30/58.

[33] Ibid. —1969，2/2/59.

[34] Ibid. —1967，p. 148.

[35] *Wan Sui*—1969，5/20/58；also ibid. —1969，12/19/58，and *CLG*，1-4，1968，pp. 60ff.

[36] *CLG*，9-3，1976，p. 58.

[37] Loh，p. 147.

[38] *CLG*，9-3，1976，p. 75.

[39] *Wan Sui*—1967，2/21/59.

[40] *CLG*，1-4，1968，p. 22.

[41] *Yangchengwanbao*（《羊城晚报》），Canton，4/23/66。

[42] *Poems*；北京的评论引自 J. G. Rush 未发表的"A Scrutable Mao"（1971）。

[43] *PD*，12/22/76.

[44] *CQ*，43，pp. 125-126.

[45] *Poems*.

[46] *CB*，851，p. 6.

[47] Ibid.，p. 25.

[48] Ibid.，p. 24.

[49] *CB*，851，p. 25.

[50] Witke，p. 301.

[51] *Wenhuibao*（《文汇报》），Shanghai，3/10/1985；Pei Jian，*Xiang hun*，pp. 117ff；Lin Ke et. al.，*Lishidezhenshi*（《历史的真实》），pp. 78-79。

[52] *CLG*，1-4，1968，p. 27.

[53] Ibid.，p. 41.

[54] Ibid.，p. 37.

[55] Ibid.，pp. 38，42，39，26.

[56] Quan，p. 53.

[57] *CB*，851，p. 14.

[58] *WIT*，p. 164.

[59] *CLG*，1-4，1968，p. 54.

第十五章　苏联及苏联之外（1958—1964）

[1] *Wan Sui*—1967，p. 130.

[2] *KR*，p. 521.

[3] JPRS，52029，p. 29.

[4] J. Archer's *Mao Tse-tung*, p. 147.

[5] *CLG*, 1-4, 1968, pp. 16-18.

[6] *Wan Sui*—1967, p. 248.

[7] *CLG*, 9-3, 1976, p. 88.

[8] Ibid., p. 83.

[9] *Wan Sui*—1969, 12/19/58.

[10] Ibid. —1969, 11/30/58.

[11] Ibid. —1967, p. 156.

[12] Ibid. —1969, pp. 337-38.

[13] *KR* (*LT*), p. 300.

[14] Ibid., p. 300.

[15] Witke, p. 263.

[16] *KR*, p. 522.

[17] Ibid., p. 524.

[18] Ibid., p. 524.

[19] *Talks*, p. 199.

[20] JPRS, 52029, p. 14.

[21] *Wan Sui*—1969, 5/11/64.

[22] 来自南斯拉夫外交人士。

[23] Milton, *The Wind Will not Subside*, p. 270.

[24] *Wan Sui*—1969, "Soviet Political Economy."

[25] JPRS, 52029, p. 26.

[26] JPRS, 61269-2, p. 311.

[27] *Sunday Times*, London, 6/18/60.

[28] *Wan Sui*—1969, 6/18/64.

[29] Ibid. —1969, 2/13/64.

[30] Ibid. —1969, 9/4/64.

[31] JPRS, 52029, p. 15.

[32] *Wan Sui*—1969, 3/22/60.

[33] *TLR*, p. 205.

[34] 在 W. Ryan 和 S. Summerlin 的 *The China Cloud* 中讲述了钱的故事。

[35] *RN*: *The Memoirs of Richard Nixon* II, p. 24.

[36] *Wan Sui*—1969, p. 256.

[37] Ibid. —1969, p. 605.

[38] *Mao Zedong junshiwenji*（《毛泽东军事文集》），6，p. 374。

[39] *Wan Sui*—1969，p. 33.

[40] Ibid. —1969，2/13/64.

第十六章　退却（1961—1964）

[1] JPRS，52029，p. 24.

[2] *SCMP*，4014，9/5/67.

[3] *Wan Sui*—1967，p. 62.

[4] Ibid. —1967，1/18/61.

[5] *PKR*，5/27/66.

[6] JPRS，52029，p. 10.

[7] Ibid.，p. 14.

[8] *Talks*，p. 167.

[9] *CLG*，9-3，1976，p. 95.

[10] Ibid.，p. 120.

[11] *Poems*.

[12] *The Case of P'eng Te-huai*，p. 413；毛关于佛教的其他言论，见 *CLG*，9-3，1976，p. 67，和 *Wan Sui*—1967，9/9/59。

[13] *Talks*，p. 193.

[14] *Wan Sui*—1969，2/12/67.

[15] JPRS，52029.

[16] *Wan Sui*—1969，6/16/64.

[17] *CLG*，9-3，1976，p. 117.

[18] *Wan Sui*—1969，p. 494.

[19] Ibid. —1969，6/16/64.

[20] *TLR*，p. 194.

[21] *Wan Sui*—1969，6/16/64.

[22] Ganis Harsono，Jakarta，于 1979 年 11 月 29 日跟作者讨论过毛 1964 年的状况。

[23] *Wan Sui*—1969，p. 532.

[24] Ibid. —1969，12/20/64.

[25] *Wan Sui*—1969，6/18/64.

[26] Ibid. —1969，p. 19.

[27] Ibid. —1969，7/28/68.

[28] Ibid. —1969，p. 477.

[29] *PKR*，10/14/77.

[30] *Wan Sui*—1969，8/18/64.

[31] Ibid.—1969，p. 477.

[32] Compton，p. 40.

[33] *CLG*，9-3，1976，p. 35.

[34] Ibid.—1969，p. 602.

[35] *CLG*，1-4，1968，p. 90.

[36] *Wan Sui*—1969，p. 604.

[37] JPRS，52029，pp. 19，25.

[38] *Poems*.

[39] JPRS，52029.

第十七章　乌托邦的愤怒（1965—1969）

[1] 关于毛泽东和马尔罗的谈话，见 *Antimemoires*（Gallimard），pp. 522-59，Andrieu，and *CLG*，9-3，1976。*Antimemoires* 的一位读者对作者说："唯一的问题是毛泽东像 Malraux 一样说话。"对此，Malraux 说："难道你想让他像 Bettencourt 一样讲话？"（另一位见过毛的法国官员）（J. Lacouture's *Maulraux*，p. 437）。

[2] Andrieu，p. 55.

[3] *Poems*.

[4] *Wan Sui*—1969，8/18/64.

[5] Ibid.—1969，12/27/64.

[6] *Sunday Times*，London，6/12/60 and 10/15/61.

[7] 引起毛注意的农村苦难，在由台湾得到的文件中可以明显看出。这些文件在 C. S. Chen 的 *Rural Peoples Communes in Lienchiang* 中有英文译文（1969）。关于社教运动，见 R. Baum 的 *Prelude to Revolution*，passim，以及 *Tian*，pp. 72-76。

[8] *Sekai*，Tokyo，1967/3.

[9] *CQ*，47，p. 571.

[10] Nie，p. 261.

[11] Yang［杨］，*Deng*（《邓》），p. 266。

[12] *PKR*，6/2/67.

[13] Pye's *Mao Tse-tung*，p. 216.

[14] *Wan Sui*—1969，5/1/67.

[15] JPRS，61269-2，p. 347.

[16] *Talks*，p. 146.

[17] *CB*, 897, p. 28.

[18] *Wan Sui*—1969, 6/6/64.

[19] Ibid. —1969, 8/18/64.

[20] *CB*, 842, p. 12.

[21] Milton, pp. 103ff; Porter, p. 252.

[22] K. Karol's *China*: *The Other Communism*, p. 350.

[23] *WIT*, p. 259.

[24] *Poems*.

[25] *CQ*, 35, p. 59.

[26] JPRS, 42349.

[27] *PKR*, 7/29/66.

[28] *Wan Sui*—1969, 3/20/66.

[29] *Talks*, p. 120.

[30] Rice, p. 272.

[31] Baun in RT. ed. , *The China Difference*, p. 169.

[32] *The Enigma of China*, Asahi, Tokyo, p. 92.

[33] J. Van Ginneken's *The Rise and Fall of Lin Piao*, p. 76.

[34] Wang Nianyi, pp. 18, 376.

[35] Quan, p. 188.

[36] Rice, p. 253.

[37] *Wan Sui*—1969, p. 650.

[38] *Talks*, p. 255.

[39] Rice, p. 333.

[40] Quan, *Lingxiu lei* (《领袖泪》), p. 65。

[41] *CLG*, 9-3, 1976, p. 144.

[42] *Wan Sui*—1969, 5/1/67.

[43] Rice, p. 324.

[44] *Enigma*, p. 27.

[45] Compton, p. 132.

[46] Rice, p. 192.

[47] *PKR*, 5/6/66.

[48] *Wan Sui*—1969, 8/23/66, p. 653.

[49] *CB*, 891, p. 75.

[50] *Talks*, pp. 277ff.

[51] FEER, 10/2/69.

[52] Wang Li, p. 6.

[53] *Time*, 2/3/75.

[54] W. Burchett, in *Nation-Review*, Sydney, 9/7-13/73.

[55] 1971年7月6日郭沫若与作者在北京谈话中引用了毛的话"极左分子"。

[56] *Hongwei zhanbao* (《红卫战报》), 4/13/67。

[57] Ibid., 4/8/67.

[58] *CQ*, 40, p. 92.

[59] *Wan Sui*—1969, pp. 682ff.

[60] *SCMP*, 4200, p. 5

[61] *PD*, 3/30/68.

[62] Ibid., 1/2/68.

[63] Wang Li, p. 59.

[64] Wang Nianyi, p. 312.

[65] Shao Huaze, p. 356.

第十八章　峣峣者易折（1969—1971）

[1] *Talks*, pp. 280-81.

[2] *WIT*, p. 336.

[3] Zhang [张], *Maojiawan jishi* (《毛家湾纪实》), pp. 247-55。

[4] *Zhongyang ribao* (《中央日报》), 11/4/72。

[5] *Zhonggong yanjiu* (《中共研究》), IV (3)。

[6] C. L. Sulzberger's *The Coldest War*, p. 11.

[7] *Wan Sui*—1969, 12/17/67.

[8] *Zhongyangribao*《中央日报》, 11/4/72.

[9] Wang Li, pp. 63, 96; Wang Nianyi, p. 387.

[10] *Zhonggong yanjiu* (《中共研究》), 9, 1972, p. 93。

[11] *Talks*, p. 289.

[12] *WIT*, p. 339.

[13] *Talks*, p. 294.

[14] Witke, p. 371.

[15] Radio Anhui, 7/16/70, Radio Hubei, 7/17/70.

[16] *WIT*, p. 343.

[17] *Talks*, p. 294.

[18] 关于对林彪领导能力的怀疑，见 *Red Guard*，p. 95，and Han Suyin in *NYT*，8/21/72。

[19] *WIT*，p. 359.

[20] 尼克松政府一位成员告诉作者，是尼克松给毛的一封信导致毛20世纪70年代频繁使用“霸权”这个词。

[21] *SW*，IV，p. 100.

[22] *WIT*，p. 357；Zhou to Whitlam，7/11/71.

[23] *Talks*，p. 292. Also Wang Dongxing [汪东兴]，chs. 2，3，4。

[24] Hu Hua [胡华]，*Zhongguo shehuizhuyi geming he jianshe shi jiangyi*（《中国社会主义革命和建设史讲义》），p. 302。

[25] *TLR*，p. 5.

[26] 作者当时把老挝问题看作中美和解的最后障碍（800 000 000：*The Real China*，pp. 145-46）；基辛格的回忆录似乎证实了这一点——如果周恩来1971年4月21日给尼克松的信中所说“由于当时的形势”是指老挝危机的话。（*White House Years*，p. 714）

[27] Hu Hua [胡华]，p. 302。

[28] *Talks*，p. 297.

[29] Ibid.，p. 296.

[30]《明报》，HK，3/7/72。1980年受审时，黄永胜的辩解是，他是林彪行动中的“普通一员”，而指控说他是一名“主犯”。（*A Great Trial in Chinese History*，pp. 117-18）

[31] Witke，p. 360.

[32] *Zhongyang ribao*（《中央日报》），4/13/72。

[33] Witke，p. 372.

[34] Ye，*Mao Zedong de yishi chuxing*（《毛泽东的衣食住行》），p. 4。

[35] Domes's *China After the Cultural Revolution*，p. 121.

[36] 除了所引用的文件以外，林彪危机还根据 M. Kao's *The Lin Piao Affair*，Burchett in *Nation-Review*，Sydney，9/7-13/73，C. Murphy in *National Review*，NY，6/8/73，*Lin Biao shijian yuanshi wenjian huibian*（《林彪事件原始文件汇编》），Taipei，Teiwes and Sun，*The Tragedy of Lin Biao*，MacFarquhar，ed.，*The Politics of China*，pp. 268-78，在苏扬（音）编辑的《中国出了个毛泽东》中和南光（音）编辑的书中纪登奎的回忆文章。

[37] Zhang，*Maojiawan jishi*（《毛家湾纪实》），pp. 257ff；Wang，pp. 437ff。

[38] *NYT*，10/12/72.

[39] Domes，p. 130.

[40] Murphy.

[41] Lelyveld in *NYT Magazine*，1/27/74.

[42] *Zhongyang ribao*（《中央日报》），4/13/72。

[43] AFP story in *NYT*, 10/1/71.

[44] Kau, p. 76.

[45] *Zhongyang ribao*（《中央日报》）, 11/4/72。

第十九章　尼克松（1972）

[1] *PD*, 2/21/72.

[2] *Shukan Shincho*, Tokyo, 1971/12.

[3] 毛向尼克松承认，中国方面对他的来访有抵触（Kissinger's *White House Years*, p. 692）。

[4] *NYT*, 2/23/71.

[5] 路透社的James Pringle报道了关于中国新闻报道的数字计算。

[6] 1971年7月6日郭沫若在北京与作者讨论了毛。

[7] *NYT*, 2/21/71.

[8] 在场的一位美国官员跟作者讨论过周恩来关于公报的言论。亦见Mann，pp. 45-50。

[9] *RN*：*The Memoirs of Richard Nixon*, II, p. 52.

[10] Kissinger, p. 1060.

[11] Lord to RT, NY, 9/27/79.

[12] *RN*, II, pp. 28-29.

[13] Kissinger, pp. 1060, 1058, 1062.

[14] Lord to RT, 9/27/79.

[15] *PD*, 2/22/72.

[16] *South China Morning Post*, a *NYT* News Service story by William Hill, October 1975（关于毛撤销周原来的传话，引自毛的朋友C. P. Li）。

[17] Lin Ke et. al, pp. 306-308.

[18] *NYT*, 2/6/72.

[19] Fumio Matsuo in *Bungei Shunju*, Tokyo, 1978/8. Also see Kissinger, p. 1062, Mann, *About Face*, ch. 2.

[20] Lord to RT, 9/27/79.

[21] 基辛格关于希特勒的趣话是1971年1月19日在剑桥向哈佛大学教职员说的，包括本作者。

[22] *Nouvel Observateur*, 9/13/76.

[23] *RN*, II, pp. 29-30.

[24] 作者从一位尼克松政府成员那里得知毛读过尼克松的文章。

[25] 尼克松的承诺是由卡特政府一位读过尼克松北京会谈记录稿的官员和一位会谈时在座的美国官员告诉作者的。亦见Mann，pp. 46，66。

[26] Kissinger, p. 1089.

[27] *NYT* Book Review, 6/13/76.

[28] *IAS*, 1975/2.

[29] Lin Ke et. al, p. 314.

第二十章 破碎的幻梦（1973—1975）

[1] 张国焘在1953年8月2日的 *NYT Magazine* 上引用毛关于他三次受排挤的讲话。

[2] H. Salisbury in *NYT*, 1/11/76.

[3] 关于周自1969年起对待毛的肯定，见司马长丰在《毛泽东与周恩来》中给出的二人关系"第六阶段"的说法，p. 9。

[4] 两个说法均引自1968年5月红卫兵小报《一月风暴》，刊载于《展望杂志》(Chih Luen Press, HK) 出版的 Smarlo Ma 的"Zhou Enlai as I Know Him"小册子（无日期）中。

[5] W. Hinton in *Boston Globe*, 1/11/76.

[6] Domes, *China after the Cultural Revolution*, p. 114.

[7] Zhang Yufeng in *Guangming ribao*（《光明日报》), 12/27/88。

[8] Witke, p. 365.

[9] *Cankao ziliao*（《参考资料》), Taipei, 8/16/72, p. 2。

[10] *Tokyo Shimbun*, 9/27/72.

[11] Huang Hua [黄华] to RT, NY, 11/10/72。

[12] *WHCM*, 6/15/74.

[13] *IAS*, 1974/6.

[14] Wang Nianyi, p. 471.

[15] 周去世以后 *PD*（1/8/76）才透露他早在1972年就已诊断出患了癌症。

[16] *Qishi niandai*（《七十年代》), Hong Kong, 1977/3。

[17] CIS, 74-091.

[18] *Qishi niandai*（《七十年代》), 1977/3。

[19] Wang, *Ziyunxuan zhuren*（《紫云轩主人》), p. 38。

[20] *PKR*, 9/7/73.

[21] 毛与惠特拉姆的会谈依据的是：本作者对惠特拉姆（Canberra, 1978年12月及其他时间）、菲茨杰拉尔德（Canberra, 1979年1月及其他时间）和中国官员的访谈，以及本人阅读的毛与惠特拉姆会谈的记录稿。

[22] *Nouvel Observateur*, 9/13/76.

[23] *PD*, 11/30/73. 参看毛1966年的说法："每七八年"就需要一次"文化革命"（*IAS*, 1973/1)。

［24］ *PD.*，1/30/74.

［25］ Ibid.，10/7/74. 引语可在 *Mao ji*，VI，p. 135 找到。

［26］ *WIT*，p. 381. 关于“批孔”，亦见 *Mingbao*（《明报》），HK，10/28/76。

［27］ *PD*，2/14/74.

［28］ *Daily Telegraph*，London，12/18/74.

［29］ *PD*，5/12/74.

［30］ *NYT*，5/14/74.

［31］ 基辛格说：“我确信（虽然我不能证明），唯有疾病和死亡才拯救了周，使他没有受到后来称为‘四人帮’的攻击；‘四人帮’如果说没有受到毛的支持，那么也得到他的容忍。”（*White House Years*，p. 1059）。

［32］ *Guangming ribao*（*Brilliant Daily*）（《光明日报》），7/23/74。

［33］ *Qishi niandai*（《七十年代》），1976/12。亦见 *Mingbao*（《明报》），HK，10/28/76。

［34］ *PD*，7/16/74.

［35］ *Qishi niandai*（《七十年代》），1976/12。

［36］ *Qishi niandai*（《七十年代》），1976/12，and *Mingbao*（《明报》），HK，10/28/76 and 10/29/76。

［37］ *IAS*，1975/7.

［38］ *Qishi niandai*（《七十年代》），HK，1977/3。

［39］ *PKR*，1/24/75.

［40］ *Qishi niandai*（《七十年代》），HK，1976/12. 亦见 *Mingbao*（《明报》），HK，10/26/76。

［41］ CIS，76-384.

［42］ *NYT*，5/5/75.

［43］ 芦荻与作者个人通信以及香港《文汇报》，3/3-8/92。

［44］ *PD*，2/9/75.

［45］ *RF*，1975/4.

［46］ Ibid.，1975/3.

［47］ Kukrit to RT，Bangkok，11/10/79.

［48］ *Qishi niandai*（《七十年代》），HK，1977/2。

［49］ 在作者的 *The Future of China*，p. 55 和 *Mingbao*（《明报》），HK，10/27/76 中讨论了关于江青讲话的插曲。

［50］ *Mingbao*（《明报》），HK，10/27/76。

［51］ *CQ*，64，p. 811.

［52］ Kukrit to RT，Bangkok，11/10/79.

［53］ R. Muldoon's *Muldoon*，p. 128.

[54] 毛对马科斯夫人说的话由菲律宾政府一位成员转述给作者。

[55] *CQ*, 64, p. 811, and Kukrit to RT, Bangkok, 11/10/79.

[56] Reston in *NYT*, 1/26/75.

[57] Butterfield in *NYT Magazine*, 8/1/76.

[58] Reston in *NYT*, 12/6/74.

[59] *Newsweek*, 12/8/75.

[60] J. Alsop in *Reader's Digest*, 1975/12.

[61] *IAS*, 1975/7.

[62] *South China Morning Post*, 12/4/75.

[63] *Mianhuai*, 2, pp. 663, 665.

第二十一章　飞鸣镝将坠（1976）

[1] Julie N. Eisenhower's *Special People*, pp. 153ff.

[2] *PD*, 1/1/76.

[3] *WHCM*, 1/31/76.

[4] van Ginneken, p. 309.

[5] *Wan Sui*—1969, 1/3/65.

[6] *PD*, 5/28/67.

[7] *SW*, I, p. 47.

[8] *PD*, 12/30/75.

[9] Ibid., 12/4/75.

[10] *Special People*, p. 161.

[11] *PD*, 11/6/67.

[12] NCNA, 4/27/69.

[13] *Special People*, pp. 184-85.

[14] 对围绕周恩来去世的各事件的叙述，基于对当时在北京的外交人员的采访。

[15] *SW*, III, p. 227.

[16] *Qishi niandai* (《七十年代》), HK, 1972/12。

[17] *PD*, 5/15/76.

[18] C. Hollingworth in *Daily Telegraph*, London, 2/19/76.

[19] *IAS*, 1976/3.

[20] *Qishi niandai* (《七十年代》), HK, 1977/2。

[21] *PD*, 3/10/76.

[22] Ibid., 3/10/76.

[23] Ibid., 2/17/76.

[24] *Wan Sui*—1969, 5/20/58.

[25] JPRS, 52029, p. 4.

[26] Ibid., pp. 6, 48.

[27] *SW*, IV, p. 374.

[28] *Wan Sui*—1969, 6/16/64.

[29] *SW*, IV, p. 152.

[30] Compton, p. 36.

[31] *PD*, 2/24-27/76 and *NYT*, 2/23-27/76.

[32] 源自中国外交人员与作者的谈话。

[33] 马科斯的信息由 Safire 于 1976 年 2 月 9 日在 *NYT* 上报道。

[34] *CQ*, 64, p. 811 and Kukrit to RT, Bangkok, 11/10/79.

[35] *Nouvel Observateur*, 9/13/76.

[36] *PKR*, 2/27/76.

[37] 毛此前常常正面提到宋江，例如在《矛盾论》（1937 年）、《中国革命和中国共产党》（1939 年）以及 1959 年在庐山对彭的回应中。芦荻的角色，见香港《文汇报》，HK，3/3-8/92。

[38] *PD*, 4/8/76.

[39] *LT*, 2/26/76.

[40] *PD*, 3/28/76.

[41] *Christian Science Monitor*, 4/6/76.

[42] *PD*, 4/8/76.

[43] Ibid., 4/8/76.

[44] Gao and Yan, p. 621.

[45] *LT*, 4/6/76.

[46] 1979 年华国锋声称，他的两次提升（1976 年 2 月和 1976 年 4 月）都是得到政治局正式批准的毛的个人行为（*PKR*, 10/19/79）。

[47] 1979 年 2 月 6 日 *NYT* 关于 Helen Foster Snow 中国之行的报道。

[48] *PD*, 4/8/76.

[49] *Muldoon*, p. 128.

[50] *PD*, 12/17/76.

[51] Letter of Lee Kuan Yew to RT, 11/28/79.

[52] Rice, pp. 607, 602.

[53] *WHCM*, 6/30/76.

[54] *Qishi niandai*（《七十年代》），HK，1977/3。See also *Mingbao*（《明报》），HK，10/29-

30/76。

［55］*PD*，3/10/76.

［56］*Qishi niandai* （《七十年代》），HK，1977/2。

［57］*Wan Sui*—1969，6/16/64.

［58］对围绕毛逝世各事件的叙述，基于对当时在北京的中国观察家和外交人员的采访。亦见 Wang Nianyi，pp. 601-602。

［59］*PKR*，9/13/76.

［60］*Mianhuai*，2，p. 666.

［61］*China News*，Taipei，11/5/75.

［62］*CQ*，68，p. 880.

［63］*LT*，9/11/76.

［64］*PD*，9/19/76.

Published by China Renmin University Press under the arrangement with the author.

图书在版编目（CIP）数据

毛泽东传：名著珍藏版（插图本）/（美）特里尔著；何宇光，刘加英译.
北京：中国人民大学出版社，2010
（国外毛泽东研究译丛/石仲泉，萧延中主编）
ISBN 978-7-300-12621-0

Ⅰ. ①毛…
Ⅱ. ①特…②何…③刘…
Ⅲ. 毛泽东（1893—1976）—传记
Ⅳ. A751

中国版本图书馆 CIP 数据核字（2010）第 162526 号

国外毛泽东研究译丛
主编　石仲泉　萧延中
毛泽东传
名著珍藏版
（插图本）
[美] 罗斯·特里尔　著
何宇光　刘加英　译

出版发行	中国人民大学出版社		
社　　址	北京中关村大街 31 号	**邮政编码**	100080
电　　话	010－62511242（总编室）		010－62511770（质管部）
	010－82501766（邮购部）		010－62514148（门市部）
	010－62515195（发行公司）		010－62515275（盗版举报）
网　　址	http://www.crup.com.cn		
经　　销	新华书店		
印　　刷	涿州市星河印刷有限公司		
开　　本	720 mm×1000 mm　1/16	**版　　次**	2010 年 8 月第 1 版
印　　张	35 插页 2	**印　　次**	2025 年 4 月第 36 次印刷
字　　数	499 000	**定　　价**	88.00 元
